Emmanuel Macron

Photo Raymond Depardon

Président de la République française

Liste alphabétique par département de Mesdames et Messieurs les députés à l'Assemblée nationale*

© Assemblée nationale

* Liste établie en juin 2022

AIN

Damien Abad
Apparenté au groupe Renaissance
Ain

Xavier Breton
Les Républicains
Ain

Jérôme Buisson
Rassemblement National
Ain

Romain Daubié
Démocrate (MoDem et Indépendants)
Ain

Olga Givernet
Renaissance
Ain

AISNE

José Beaurain
Rassemblement National
Aisne

Bricout Jean-Louis
Non inscrit
Aisne

Dessigny Jocelyn
Rassemblement National
Aisne

Dive Julien
Les Républicains
Aisne

Dragon Nicolas
Rassemblement National
Aisne

ALLIER

Bovet Jorys
Rassemblement National
Allier

Monnet Yannick
Gauche démocrate et républicaine - NUPES
Allier

Ray Nicolas
Les Républicains
Allier

ALPES-DE-HAUTE-PROVENCE

Girard Christian
Rassemblement National
Alpes-de-Haute-Provence

Walter Léo
La France insoumise - Nouvelle Union Populaire écologique et sociale
Alpes-de-Haute-Provence

ALPES-MARITIMES

Ciotti Éric
Les Républicains
Alpes-Maritimes

D'Intorni Christelle
Les Républicains
Alpes-Maritimes

Martin Alexandra
Les Républicains
Alpes-Maritimes

Masson Alexandra
Rassemblement National
Alpes-Maritimes

Masson Bryan
Rassemblement National
Alpes-Maritimes

Pauget Éric
Les Républicains
Alpes-Maritimes

Pradal Philippe
Horizons et apparentés
Alpes-Maritimes

Tabarot Michèle
Les Républicains
Alpes-Maritimes

Tivoli Lionel
Rassemblement National
Alpes-Maritimes

ARDÈCHE

Brun Fabrice
Les Républicains
Ardèche

Dussopt Olivier
Renaissance
Ardèche

Saulignac Hervé
Socialistes et apparentés (membre de l'intergroupe NUPES) *Ardèche*

ARDENNES

Cordier Pierre
Apparenté au groupe Les Républicains
Ardennes

Vuibert Lionel
Renaissance
Ardennes

Warsmann Jean-Luc
Libertés, Indépendants, Outre-mer et Territoires
Ardennes

ARIÈGE

Panifous Laurent
Non inscrit
Ariège

Taurine Bénédicte
La France insoumise - Nouvelle Union Populaire écologique et sociale
Ariège

AUBE

Bazin-Malgras Valérie
Les Républicains
Aube

Guitton Jordan
Rassemblement National
Aube

Ranc Angélique
Rassemblement National
Aube

Barthès Christophe
Rassemblement National
Aude

Falcon Frédéric
Rassemblement National
Aude

Rancoule Julien
Rassemblement National
Aude

AVEYRON

Alexandre Laurent
La France insoumise - Nouvelle Union Populaire écologique et sociale
Aveyron

Mazars Stéphane
Renaissance
Aveyron

Rousset Jean-François
Renaissance
Aveyron

BAS-RHIN

Buffet Françoise
Renaissance
Bas-Rhin

Fernandes Emmanuel
La France insoumise - Nouvelle Union Populaire écologique et sociale
Bas-Rhin

Hetzel Patrick
Les Républicains
Bas-Rhin

Kochert Stéphanie
Horizons et apparentés
Bas-Rhin

Morel Louise
Démocrate (MoDem et Indépendants)
Bas-Rhin

Regol Sandra
Écologiste - NUPES
Bas-Rhin

Sitzenstuhl Charles
Renaissance
Bas-Rhin

Studer Bruno
Renaissance
Bas-Rhin

Thiébaut Vincent
Horizons et apparentés
Bas-Rhin

BOUCHES-DU-RHÔNE

Agresti-Roubache Sabrina
Renaissance
Bouches-du-Rhône

Allisio Franck
Rassemblement National
Bouches-du-Rhône

Baubry Romain
Rassemblement National
Bouches-du-Rhône

Bompard Manuel
La France insoumise - Nouvelle Union Populaire écologique et sociale *Bouches-du-Rhône*

Davi Hendrik
La France insoumise - Nouvelle Union Populaire écologique et sociale
Bouches-du-Rhône

Delogu Sébastien
La France insoumise - Nouvelle Union Populaire écologique et sociale
Bouches-du-Rhône

Dharréville Pierre
Gauche démocrate et républicaine - NUPES
Bouches-du-Rhône

Gonzalez José
Rassemblement National
Bouches-du-Rhône

Laqhila Mohamed
Démocrate (MoDem et Indépendants)
Bouches-du-Rhône

Lelouis Gisèle
Rassemblement National
Bouches-du-Rhône

Mélin Joëlle
Rassemblement National
Bouches-du-Rhône

Petel Anne-Laurence
Renaissance
Bouches-du-Rhône

Pitollat Claire
Renaissance
Bouches-du-Rhône

Royer-Perreaut Lionel
Renaissance
Bouches-du-Rhône

Taché de la Pagerie Emmanuel
Rassemblement National
Bouches-du-Rhône

Zulesi Jean-Marc
Renaissance
Bouches-du-Rhône

CALVADOS

Blanchet Christophe
Démocrate (MoDem et Indépendants)
Calvados

Borne Élisabeth
Renaissance
Calvados

Bouyx Bertrand
Renaissance
Calvados

Delaporte Arthur
Socialistes et apparentés (membre de l'intergroupe NUPES)
Calvados

Le Vigoureux Fabrice
Renaissance
Calvados

Patrier-Leitus Jérémie
Horizons et apparentés
Calvados

CANTAL

Bony Jean-Yves
Les Républicains
Cantal

Descoeur Vincent
Les Républicains
Cantal

CHARENTE

Colombier Caroline
Rassemblement National
Charente

Marsaud Sandra
Renaissance
Charente

Mesnier Thomas
Horizons et apparentés
Charente

Sur les 577 députés de l'Assemblée nationale, l'âge moyen est de 49 ans, contre 42,2 ans pour la population française.

CHARENTE-MARITIME

Ardouin Jean-Philippe
Renaissance
Charente-Maritime

Babault Anne-Laure
Démocrate (MoDem et Indépendants)
Charente-Maritime

Falorni Olivier
Non inscrit
Charente-Maritime

Gérard Raphaël
Renaissance
Charente-Maritime

Plassard Christophe
Horizons et apparentés
Charente-Maritime

CHER

Cormier-Bouligeon François
Renaissance
Cher

Kervran Loïc
Horizons et apparentés
Cher

Sansu Nicolas
Gauche démocrate et républicaine - NUPES
Cher

CORRÈZE

Dubois Francis
Les Républicains
Corrèze

Meunier Frédérique
Les Républicains
Corrèze

CORSE-DU-SUD

Colombani Paul-André
Libertés, Indépendants, Outre-mer et Territoires
Corse-du-Sud

Marcangeli Laurent
Président du groupe Horizons et apparentés
Corse-du-Sud

CÔTE-D'OR

Bordat Benoît
Renaissance
Côte-d'Or

Brigand Hubert
Les Républicains
Côte-d'Or

Khattabi Fadila
Renaissance
Côte-d'Or

Martin Didier
Renaissance
Côte-d'Or

Paris Didier
Renaissance
Côte-d'Or

Le Bureau composé de 22 membres (le président de l'Assemblée nationale, 6 vice-présidents, 3 questeurs et 12 secrétaires), exerce une compétence générale sur l'organisation et le fonctionnement de l'Assemblée.

CÔTES-D'ARMOR

Berville Hervé
Renaissance
Côtes-d'Armor

Bothorel Éric
Renaissance
Côtes-d'Armor

Cosson Mickaël
Démocrate (MoDem et Indépendants)
Côtes-d'Armor

Le Fur Marc
Les Républicains
Côtes-d'Armor

Lepvraud Murielle
La France insoumise - Nouvelle Union Populaire écologique et sociale
Côtes-d'Armor

CREUSE

Couturier Catherine
La France insoumise - Nouvelle Union Populaire écologique et sociale
Creuse

DEUX-SÈVRES

Batho Delphine
Écologiste - NUPES
Deux-Sèvres

Fiévet Jean-Marie
Renaissance
Deux-Sèvres

Marchive Bastien
Apparenté au groupe Renaissance
Deux-Sèvres

DORDOGNE

Cubertafon Jean-Pierre
Démocrate (MoDem et Indépendants)
Dordogne

Martin Pascale
La France insoumise - Nouvelle Union Populaire écologique et sociale
Dordogne

Muller Serge
Rassemblement National
Dordogne

Peytavie Sébastien
Écologiste - NUPES
Dordogne

DOUBS

Alauzet Éric
Renaissance
Doubs

Croizier Laurent
Démocrate (MoDem et Indépendants)
Doubs

Genevard Annie
Les Républicains
Doubs

Grangier Géraldine
Rassemblement National
Doubs

Pacquot Nicolas
Renaissance
Doubs

DRÔME

Anthoine Emmanuelle
Les Républicains
Drôme

Clapot Mireille
Renaissance
Drôme

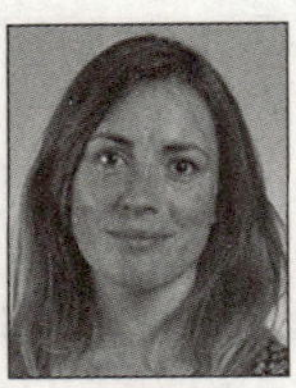
Pochon Marie
Écologiste - NUPES
Drôme

Pollet Lisette
Rassemblement National
Drôme

ESSONNE

Amrani Farida
La France insoumise - Nouvelle Union Populaire écologique et sociale
Essonne

Da Conceicao Carvalho Nathalie
Rassemblement National
Essonne

Dupont-Aignan Nicolas
Non inscrit
Essonne

Guedj Jérôme
Socialistes et apparentés (membre de l'intergroupe NUPES) *Essonne*

Guévenoux Marie
Renaissance
Essonne

Izard Alexis
Renaissance
Essonne

Léaument Antoine
La France insoumise - Nouvelle Union Populaire écologique et sociale
Essonne

Midy Paul
Renaissance
Essonne

Reda Robin
Renaissance
Essonne

Rixain Marie-Pierre
Renaissance
Essonne

EURE

Brun Philippe
Socialistes et apparentés (membre de l'intergroupe NUPES)
Eure

Houssin Timothée
Rassemblement National
Eure

Levavasseur Katiana
Rassemblement National
Eure

Loir Christine
Rassemblement National
Eure

Mauvieux Kévin
Rassemblement National
Eure

EURE-ET-LOIR

Kasbarian Guillaume
Renaissance
Eure-et-Loir

Lamirault Luc
Horizons et apparentés
Eure-et-Loir

Marleix Olivier
Président du groupe Les Républicains
Eure-et-Loir

Vigier Philippe
Démocrate (MoDem et Indépendants)
Eure-et-Loir

FINISTÈRE

Balanant Erwan
Démocrate (MoDem et Indépendants)
Finistère

Larsonneur Jean-Charles
Apparenté au groupe Horizons et apparentés
Finistère

Le Feur Sandrine
Renaissance
Finistère

Le Gac Didier
Renaissance
Finistère

Le Meur Annaïg
Renaissance
Finistère

Melchior Graziella
Renaissance
Finistère

Tanguy Liliana
Renaissance
Finistère

Thomin Mélanie
Socialistes et apparentés (membre de l'intergroupe NUPES)
Finistère

GARD

Berta Philippe
Démocrate (MoDem et Indépendants)
Gard

Bordes Pascale
Rassemblement National
Gard

Gillet Yoann
Rassemblement National
Gard

Meizonnet Nicolas
Rassemblement National
Gard

Meurin Pierre
Rassemblement National
Gard

Sala Michel
La France insoumise - Nouvelle Union Populaire écologique et sociale
Gard

GERS

Cazeneuve Jean-René
Renaissance
Gers

Taupiac David
Non inscrit
Gers

GIRONDE

Boudié Florent
Renaissance
Gironde

Cazenave Thomas
Renaissance
Gironde

Couillard Bérangère
Renaissance
Gironde

David Alain
Socialistes et apparentés (membre de l'intergroupe NUPES) *Gironde*

Diaz Edwige
Rassemblement National
Gironde

de Fournas Grégoire
Rassemblement National
Gironde

Lavergne Pascal
Renaissance
Gironde

Mette Sophie
Démocrate (MoDem et Indépendants)
Gironde

Panonacle Sophie
Renaissance
Gironde

Poulliat Éric
Renaissance
Gironde

Prud'homme Loïc
La France insoumise - Nouvelle Union Populaire écologique et sociale
Gironde

Thierry Nicolas
Écologiste - NUPES
Gironde

HAUT-RHIN

Becht Olivier
Renaissance
Haut-Rhin

Fuchs Bruno
Démocrate (MoDem et Indépendants)
Haut-Rhin

Klinkert Brigitte
Renaissance
Haut-Rhin

Lemaire Didier
Horizons et apparentés
Haut-Rhin

Ott Hubert
Démocrate (MoDem et Indépendants)
Haut-Rhin

Schellenberger Raphaël
Les Républicains
Haut-Rhin

HAUTE-CORSE

Acquaviva Jean-Félix
Libertés, Indépendants, Outre-mer et Territoires
Haute-Corse

Castellani Michel
Libertés, Indépendants, Outre-mer et Territoires
Haute-Corse

HAUTE-GARONNE

Arrighi Christine
Écologiste - NUPES
Haute-Garonne

Aviragnet Joël
Socialistes et apparentés (membre de l'intergroupe NUPES)
Haute-Garonne

Bex Christophe
La France insoumise - Nouvelle Union Populaire écologique et sociale
Haute-Garonne

Clouet Hadrien
La France insoumise - Nouvelle Union Populaire écologique et sociale
Haute-Garonne

Faure Dominique
Renaissance
Haute-Garonne

Iborra Monique
Renaissance
Haute-Garonne

Piquemal François
La France insoumise - Nouvelle Union Populaire écologique et sociale *Haute-Garonne*

Portarrieu Jean-François
Horizons et apparentés
Haute-Garonne

Stambach-Terrenoir Anne
La France insoumise - Nouvelle Union Populaire écologique et sociale *Haute-Garonne*

Vignon Corinne
Renaissance
Haute-Garonne

Valentin Isabelle
Les Républicains
Haute-Loire

Vigier Jean-Pierre
Les Républicains
Haute-Loire

HAUTE-MARNE

Bentz Christophe
Rassemblement National
Haute-Marne

Robert-Dehault Laurence
Rassemblement National
Haute-Marne

HAUTE-SAVOIE

Armand Antoine
Renaissance
Haute-Savoie

Duby-Muller Virginie
Les Républicains
Haute-Savoie

Petex-Levet Christelle
Les Républicains
Haute-Savoie

Riotton Véronique
Renaissance
Haute-Savoie

Roseren Xavier
Renaissance
Haute-Savoie

Violland Anne-Cécile
Horizons et apparentés
Haute-Savoie

HAUTE-SAÔNE

Salmon Emeric
Rassemblement National
Haute-Saône

Villedieu Antoine
Rassemblement National
Haute-Saône

HAUTE-VIENNE

Delautrette Stéphane
Socialistes et apparentés (membre de l'intergroupe NUPES)
Haute-Vienne

Maudet Damien
La France insoumise - Nouvelle Union Populaire écologique et sociale
Haute-Vienne

Meunier Manon
La France insoumise - Nouvelle Union Populaire écologique et sociale *Haute-Vienne*

DÉPUTÉS DE L'ASSEMBLÉE NATIONALE

Hautes-Alpes, Hautes-Pyrénées, Hauts-de-Seine, Hérault, Ille-et-Vilaine, Indre

HAUTES-ALPES

Boyer Pascale
Renaissance
Hautes-Alpes

Giraud Joël
Renaissance
Hautes-Alpes

HAUTES-PYRÉNÉES

Ferrer Sylvie
La France insoumise - Nouvelle Union Populaire écologique et sociale
Hautes-Pyrénées

Mournet Benoit
Renaissance
Hautes-Pyrénées

HAUTS-DE-SEINE

Attal Gabriel
Renaissance
Hauts-de-Seine

Bourlanges Jean-Louis
Démocrate (MoDem et Indépendants)
Hauts-de-Seine

Bregeon Maud
Renaissance
Hauts-de-Seine

Calvez Céline
Renaissance
Hauts-de-Seine

Cazeneuve Pierre
Renaissance
Hauts-de-Seine

Faucillon Elsa
Gauche démocrate et républicaine - NUPES
Hauts-de-Seine

Juvin Philippe
Les Républicains
Hauts-de-Seine

Le Grip Constance
Renaissance
Hauts-de-Seine

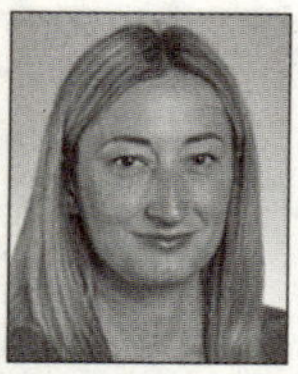

Pasquini Francesca
Écologiste - NUPES
Hauts-de-Seine

Pellerin Emmanuel
Renaissance
Hauts-de-Seine

Saintoul Aurélien
La France insoumise - Nouvelle Union Populaire écologique et sociale
Hauts-de-Seine

Sebaihi Sabrina
Écologiste - NUPES
Hauts-de-Seine

Thevenot Prisca
Renaissance
Hauts-de-Seine

HÉRAULT

Carrière Sylvain
La France insoumise - Nouvelle Union Populaire écologique et sociale
Hérault

Cristol Laurence
Renaissance
Hérault

Galzy Stéphanie
Rassemblement National
Hérault

Lopez-Liguori Aurélien
Rassemblement National
Hérault

Ménard Emmanuelle
Non inscrit
Hérault

Mirallès Patricia
Renaissance
Hérault

Oziol Nathalie
La France insoumise - Nouvelle Union Populaire écologique et sociale
Hérault

Rome Sébastien
La France insoumise - Nouvelle Union Populaire écologique et sociale
Hérault

Vignal Patrick
Renaissance
Hérault

ILLE-ET-VILAINE

Benoit Thierry
Horizons et apparentés
Ille-et-Vilaine

Bouloux Mickaël
Socialistes et apparentés (membre de l'intergroupe NUPES)
Ille-et-Vilaine

Bourgeaux Jean-Luc
Apparenté au groupe Les Républicains
Ille-et-Vilaine

Hignet Mathilde
La France insoumise - Nouvelle Union Populaire écologique et sociale
Ille-et-Vilaine

Le Nabour Christine
Renaissance
Ille-et-Vilaine

Maillart-Méhaignerie Laurence
Renaissance
Ille-et-Vilaine

Mathieu Frédéric
La France insoumise - Nouvelle Union Populaire écologique et sociale
Ille-et-Vilaine

Rouaux Claudia
Socialistes et apparentés (membre de l'intergroupe NUPES)
Ille-et-Vilaine

INDRE

Forissier Nicolas
Les Républicains
Indre

Jolivet François
Horizons et apparentés
Indre

INDRE-ET-LOIRE

Alfandari Henri
Horizons et apparentés
Indre-et-Loire

Colboc Fabienne
Renaissance
Indre-et-Loire

Fournier Charles
Écologiste - NUPES
Indre-et-Loire

Labaronne Daniel
Renaissance
Indre-et-Loire

Thillaye Sabine
Démocrate (MoDem et Indépendants)
Indre-et-Loire

ISÈRE

Abadie Caroline
Renaissance
Isère

Battistel Marie-Noëlle
Socialistes et apparentés (membre de l'intergroupe NUPES)
Isère

Chatelain Cyrielle
Écologiste - NUPES
Isère

Iordanoff Jérémie
Écologiste - NUPES
Isère

Jacquier-Laforge Élodie
Démocrate (MoDem et Indépendants)
Isère

Jolly Alexis
Rassemblement National
Isère

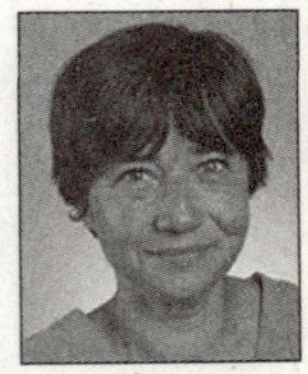

Martin Élisa
La France insoumise - Nouvelle Union Populaire écologique et sociale
Isère

Meynier-Millefert Marjolaine
Renaissance
Isère

Neuder Yannick
Les Républicains
Isère

Véran Olivier
Renaissance
Isère

JURA

Brulebois Danielle
Renaissance
Jura

Dalloz Marie-Christine
Les Républicains
Jura

Gruet Justine
Les Républicains
Jura

LANDES

Causse Lionel
Renaissance
Landes

Darrieussecq Geneviève
Démocrate (MoDem et Indépendants)
Landes

Vallaud Boris
Président du groupe Socialistes et apparentés (membre de l'intergroupe NUPES)
Landes

LOIR-ET-CHER

Chudeau Roger
Rassemblement National
Loir-et-Cher

Fesneau Marc
Démocrate (MoDem et Indépendants)
Loir-et-Cher

Marion Christophe
Renaissance
Loir-et-Cher

LOIRE

Bataillon Quentin
Renaissance
Loire

Cinieri Dino
Les Républicains
Loire

Mandon Emmanuel
Démocrate (MoDem et Indépendants)
Loire

Taite Jean-Pierre
Les Républicains
Loire

Taurinya Andrée
La France insoumise - Nouvelle Union Populaire écologique et sociale
Loire

Vermorel-Marques Antoine
Les Républicains
Loire

LOIRE-ATLANTIQUE

Amiot Ségolène
La France insoumise - Nouvelle Union Populaire écologique et sociale
Loire-Atlantique

Belhamiti Mounir
Renaissance
Loire-Atlantique

El Haïry Sarah
Démocrate (MoDem et Indépendants)
Loire-Atlantique

Errante Sophie
Renaissance
Loire-Atlantique

Haury Yannick
Renaissance
Loire-Atlantique

Josso Sandrine
Démocrate (MoDem et Indépendants) *Loire-Atlantique*

DÉPUTÉS DE L'ASSEMBLÉE NATIONALE

Loire-Atlantique, Loiret, Lot, Lot-et-Garonne, Lozère, Maine-et-Loire, Manche, Marne, Mayenne

Kerbrat Andy
La France insoumise - Nouvelle Union Populaire écologique et sociale
Loire-Atlantique

Laernoes Julie
Écologiste - NUPES
Loire-Atlantique

Raux Jean-Claude
Écologiste - NUPES
Loire-Atlantique

Tavel Matthias
La France insoumise - Nouvelle Union Populaire écologique et sociale
Loire-Atlantique

LOIRET

Brosse Anthony
Renaissance
Loiret

Janvier Caroline
Renaissance
Loiret

Ménagé Thomas
Rassemblement National
Loiret

Paris Mathilde
Rassemblement National
Loiret

Ramos Richard
Démocrate (MoDem et Indépendants)
Loiret

Rist Stéphanie
Renaissance
Loiret

LOT

Pradié Aurélien
Les Républicains
Lot

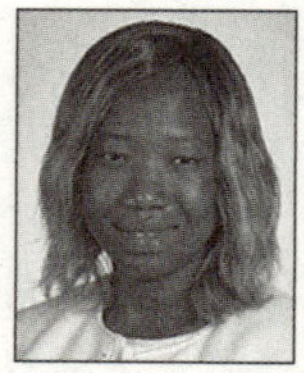

Tiegna Huguette
Renaissance
Lot

LOT-ET-GARONNE

Cousin Annick
Rassemblement National
Lot-et-Garonne

Laporte Hélène
Rassemblement National
Lot-et-Garonne

Lauzzana Michel
Renaissance
Lot-et-Garonne

LOZÈRE

Morel-À-L'Huissier Pierre
Libertés, Indépendants, Outre-mer et Territoires
Lozère

MAINE-ET-LOIRE

Blin Anne-Laure
Les Républicains
Maine-et-Loire

Bolo Philippe
Démocrate (MoDem et Indépendants)
Maine-et-Loire

Dubré-Chirat Nicole
Renaissance
Maine-et-Loire

Dupont Stella
Renaissance
Maine-et-Loire

Gernigon François
Horizons et apparentés
Maine-et-Loire

Masséglia Denis
Renaissance
Maine-et-Loire

Saint-Paul Laetitia
Renaissance
Maine-et-Loire

MANCHE

Gosselin Philippe
Les Républicains
Manche

Pic Anna
Socialistes et apparentés (membre de l'intergroupe NUPES)
Manche

Sorre Bertrand
Renaissance
Manche

Travert Stéphane
Renaissance
Manche

MARNE

Albertini Xavier
Horizons et apparentés
Marne

de Courson Charles
Libertés, Indépendants, Outre-mer et Territoires
Marne

Frigout Anne-Sophie
Rassemblement National
Marne

Girardin Éric
Renaissance
Marne

Magnier Lise
Horizons et apparentés
Marne

MAYENNE

Bannier Géraldine
Démocrate (MoDem et Indépendants)
Mayenne

Favennec-Bécot Yannick
Horizons et apparentés
Mayenne

Garot Guillaume
Socialistes et apparentés (membre de l'intergroupe NUPES) *Mayenne*

> Sur les 577 députés de l'Assemblée nationale, 215 sont des femmes.

MEURTHE-ET-MOSELLE

Bazin Thibault
Les Républicains
Meurthe-et-Moselle

Etienne Martine
La France insoumise - Nouvelle Union Populaire écologique et sociale
Meurthe-et-Moselle

Fiat Caroline
La France insoumise - Nouvelle Union Populaire écologique et sociale *Meurthe-et-Moselle*

Grandjean Carole
Renaissance
Meurthe-et-Moselle

Lacresse Emmanuel
Renaissance
Meurthe-et-Moselle

Potier Dominique
Socialistes et apparentés (membre de l'intergroupe NUPES)
Meurthe-et-Moselle

MEUSE

Goulet Florence
Rassemblement National
Meuse

Pancher Bertrand
Président du groupe Libertés, Indépendants, Outre-mer et Territoires
Meuse

MORBIHAN

Jacques Jean-Michel
Renaissance
Morbihan

Le Hénanff Anne
Horizons et apparentés
Morbihan

Le Peih Nicole
Renaissance
Morbihan

Métayer Lysiane
Renaissance
Morbihan

Molac Paul
Libertés, Indépendants, Outre-mer et Territoires
Morbihan

Pahun Jimmy
Démocrate (MoDem et Indépendants)
Morbihan

MOSELLE

Belhaddad Belkhir
Renaissance
Moselle

Di Filippo Fabien
Les Républicains
Moselle

Jacobelli Laurent
Rassemblement National
Moselle

Leduc Charlotte
La France insoumise - Nouvelle Union Populaire écologique et sociale *Moselle*

Loubet Alexandre
Rassemblement National
Moselle

Mendes Ludovic
Renaissance
Moselle

Pfeffer Kévin
Rassemblement National
Moselle

Rauch Isabelle
Horizons et apparentés
Moselle

Seitlinger Vincent
Les Républicains
Moselle

NIÈVRE

Goulet Perrine
Démocrate (MoDem et Indépendants)
Nièvre

Perrot Patrice
Renaissance
Nièvre

NORD

Bernalicis Ugo
La France insoumise - Nouvelle Union Populaire écologique et sociale
Nord

Berteloot Pierrick
Rassemblement National
Nord

Bricout Guy
Libertés, Indépendants, Outre-mer et Territoires
Nord

Catteau Victor
Rassemblement National
Nord

Chenu Sébastien
Rassemblement National
Nord

Christophe Paul
Horizons et apparentés
Nord

Darmanin Gérald
Renaissance
Nord

Decodts Christine
Renaissance
Nord

Descamps Béatrice
Libertés, Indépendants, Outre-mer et Territoires
Nord

François Thibaut
Rassemblement National
Nord

Gérard Félicie
Horizons et apparentés
Nord

DÉPUTÉS DE L'ASSEMBLÉE NATIONALE

Nord, Oise, Orne, Paris

Guiraud David
La France insoumise - Nouvelle Union Populaire écologique et sociale
Nord

Liso Brigitte
Renaissance
Nord

Marchio Matthieu
Rassemblement National
Nord

Parmentier-Lecocq Charlotte
Renaissance
Nord

Quatennens Adrien
La France insoumise - Nouvelle Union Populaire écologique et sociale *Nord*

Roussel Fabien
Gauche démocrate et républicaine - NUPES
Nord

Saint-Huile Benjamin
Non inscrit
Nord

Spillebout Violette
Renaissance
Nord

Taverne Michaël
Rassemblement National
Nord

Vicot Roger
Socialistes et apparentés (membre de l'intergroupe NUPES)
Nord

OISE

Ballard Philippe
Rassemblement National
Oise

Guiniot Michel
Rassemblement National
Oise

Habert-Dassault Victor
Les Républicains
Oise

Minot Maxime
Les Républicains
Oise

Sabatou Alexandre
Rassemblement National
Oise

Vatin Pierre
Les Républicains
Oise

Woerth Éric
Renaissance
Oise

ORNE

Jourdan Chantal
Socialistes et apparentés (membre de l'intergroupe NUPES)
Orne

Nury Jérôme
Les Républicains
Orne

Louwagie Véronique
Les Républicains
Orne

PARIS

Amiel David
Renaissance
Paris

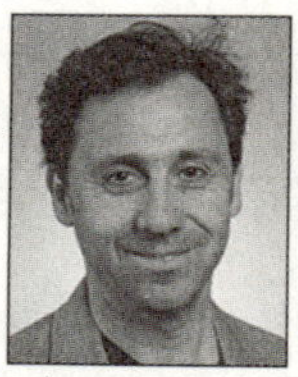

Arenas Rodrigo
La France insoumise - Nouvelle Union Populaire écologique et sociale
Paris

Bayou Julien
Président du groupe Écologiste - NUPES
Paris

Beaune Clément
Renaissance
Paris

Caron Aymeric
La France insoumise - Nouvelle Union Populaire écologique et sociale
Paris

Chikirou Sophia
La France insoumise - Nouvelle Union Populaire écologique et sociale
Paris

Gatel Maud
Démocrate (MoDem et Indépendants)
Paris

Grégoire Olivia
Renaissance
Paris

Guerini Stanislas
Renaissance
Paris

Haddad Benjamin
Renaissance
Paris

Le Gendre Gilles
Renaissance
Paris

Legrain Sarah
La France insoumise - Nouvelle Union Populaire écologique et sociale
Paris

Maillard Sylvain
Renaissance
Paris

Obono Danièle
La France insoumise - Nouvelle Union Populaire écologique et sociale
Paris

Panosyan-Bouvet Astrid
Renaissance
Paris

Rousseau Sandrine
Écologiste - NUPES
Paris

Sas Eva
Écologiste - NUPES
Paris

Simonnet Danielle
La France insoumise - Nouvelle Union Populaire écologique et sociale
Paris

PAS-DE-CALAIS

Bilde Bruno
Rassemblement National
Pas-de-Calais

Blairy Emmanuel
Rassemblement National
Pas-de-Calais

Dumont Pierre-Henri
Les Républicains
Pas-de-Calais

Engrand Christine
Rassemblement National
Pas-de-Calais

Fait Philippe
Renaissance
Pas-de-Calais

Frappé Thierry
Rassemblement National
Pas-de-Calais

Le Pen Marine
Présidente du groupe Rassemblement National
Pas-de-Calais

Maquet Jacqueline
Renaissance
Pas-de-Calais

Parmentier Caroline
Rassemblement National
Pas-de-Calais

Petit Bertrand
Socialistes et apparentés (membre de l'intergroupe NUPES)
Pas-de-Calais

Pont Jean-Pierre
Renaissance
Pas-de-Calais

Tellier Jean-Marc
Gauche démocrate et républicaine - NUPES
Pas-de-Calais

PUY-DE-DÔME

Chassaigne André
Président du groupe Gauche démocrate et républicaine - NUPES *Puy-de-Dôme*

Lingemann Delphine
Démocrate (MoDem et Indépendants)
Puy-de-Dôme

Maximi Marianne
La France insoumise - Nouvelle Union Populaire écologique et sociale
Puy-de-Dôme

Pires Beaune Christine
Socialistes et apparentés (membre de l'intergroupe NUPES)
Puy-de-Dôme

Vichnievsky Laurence
Démocrate (MoDem et Indépendants)
Puy-de-Dôme

PYRÉNÉES-ATLANTIQUES

Bru Vincent
Démocrate (MoDem et Indépendants)
Pyrénées-Atlantiques

Echaniz Inaki
Socialistes et apparentés (membre de l'intergroupe NUPES) *Pyrénées-Atlantiques*

Habib David
Non inscrit
Pyrénées-Atlantiques

Lasserre Florence
Démocrate (MoDem et Indépendants)
Pyrénées-Atlantiques

Mattei Jean-Paul
Président du groupe Démocrate (MoDem et Indépendants)
Pyrénées-Atlantiques

Poueyto Josy
Démocrate (MoDem et Indépendants)
Pyrénées-Atlantiques

PYRÉNÉES-ORIENTALES

Blanc Sophie
Rassemblement National
Pyrénées-Orientales

Dogor-Such Sandrine
Rassemblement National
Pyrénées-Orientales

Martinez Michèle
Rassemblement National
Pyrénées-Orientales

Sabatini Anaïs
Rassemblement National
Pyrénées-Orientales

RHÔNE

Amard Gabriel
La France insoumise - Nouvelle Union Populaire écologique et sociale
Rhône

Boumertit Idir
La France insoumise - Nouvelle Union Populaire écologique et sociale
Rhône

Brocard Blandine
Démocrate (MoDem et Indépendants)
Rhône

Brugnera Anne
Renaissance
Rhône

Fugit Jean-Luc
Renaissance
Rhône

Garin Marie-Charlotte
Écologiste - NUPES
Rhône

Gassilloud Thomas
Renaissance
Rhône

DÉPUTÉS DE L'ASSEMBLÉE NATIONALE

Rhône, Sarthe, Savoie, Saône-et-Loire, Seine-et-Marne, Seine-Maritime

Isaac-Sibille Cyrille
Démocrate (MoDem et Indépendants)
Rhône

Julien-Laferrière Hubert
Écologiste - NUPES
Rhône

Portier Alexandre
Les Républicains
Rhône

Rudigoz Thomas
Renaissance
Rhône

Serre Nathalie
Les Républicains
Rhône

Tanzilli Sarah
Renaissance
Rhône

Vincendet Alexandre
Les Républicains
Rhône

SARTHE

Delpech Julie
Renaissance
Sarthe

Grelier Jean-Carles
Renaissance
Sarthe

Karamanli Marietta
Socialistes et apparentés (membre de l'intergroupe NUPES)
Sarthe

Leboucher Élise
La France insoumise - Nouvelle Union Populaire écologique et sociale *Sarthe*

Martineau Éric
Démocrate (MoDem et Indépendants)
Sarthe

SAVOIE

Bonnivard Émilie
Les Républicains
Savoie

Coulomme Jean-François
La France insoumise - Nouvelle Union Populaire écologique et sociale
Savoie

Ferrari Marina
Démocrate (MoDem et Indépendants)
Savoie

Rolland Vincent
Les Républicains
Savoie

SAÔNE-ET-LOIRE

Corneloup Josiane
Les Républicains
Saône-et-Loire

Dirx Benjamin
Renaissance
Saône-et-Loire

Margueritte Louis
Renaissance
Saône-et-Loire

Rebeyrotte Rémy
Renaissance
Saône-et-Loire

Untermaier Cécile
Socialistes et apparentés (membre de l'intergroupe NUPES)
Saône-et-Loire

SEINE-ET-MARNE

Faure Olivier
Socialistes et apparentés (membre de l'intergroupe NUPES)
Seine-et-Marne

Ghomi Hadrien
Renaissance
Seine-et-Marne

Laisney Maxime
La France insoumise - Nouvelle Union Populaire écologique et sociale
Seine-et-Marne

Luquet Aude
Démocrate (MoDem et Indépendants)
Seine-et-Marne

Périgault Isabelle
Les Républicains
Seine-et-Marne

Peyron Michèle
Renaissance
Seine-et-Marne

Riester Franck
Renaissance
Seine-et-Marne

Roullaud Béatrice
Rassemblement National
Seine-et-Marne

Soudais Ersilia
La France insoumise - Nouvelle Union Populaire écologique et sociale
Seine-et-Marne

Thiériot Jean-Louis
Les Républicains
Seine-et-Marne

Valletoux Frédéric
Horizons et apparentés
Seine-et-Marne

SEINE-MARITIME

Adam Damien
Renaissance
Seine-Maritime

Batut Xavier
Renaissance
Seine-Maritime

Dufour Alma
La France insoumise - Nouvelle Union Populaire écologique et sociale
Seine-Maritime

Firmin Le Bodo Agnès
Horizons et apparentés
Seine-Maritime

Jumel Sébastien
Gauche démocrate et républicaine - NUPES
Seine-Maritime

Lecoq Jean-Paul
Gauche démocrate et républicaine - NUPES
Seine-Maritime

Leseul Gérard
Socialistes et apparentés (membre de l'intergroupe NUPES)
Seine-Maritime

Poussier-Winsback Marie-Agnès
Horizons et apparentés
Seine-Maritime

Vidal Annie
Renaissance
Seine-Maritime

Wulfranc Hubert
Gauche démocrate et républicaine - NUPES
Seine-Maritime

SEINE-SAINT-DENIS

Abomangoli Nadège
La France insoumise - Nouvelle Union Populaire écologique et sociale
Seine-Saint-Denis

Autain Clémentine
La France insoumise - Nouvelle Union Populaire écologique et sociale
Seine-Saint-Denis

Bourouaha Soumya
Gauche démocrate et républicaine - NUPES
Seine-Saint-Denis

Coquerel Éric
La France insoumise - Nouvelle Union Populaire écologique et sociale
Seine-Saint-Denis

Corbière Alexis
La France insoumise - Nouvelle Union Populaire écologique et sociale
Seine-Saint-Denis

Garrido Raquel
La France insoumise - Nouvelle Union Populaire écologique et sociale
Seine-Saint-Denis

Keloua Hachi Fatiha
Socialistes et apparentés (membre de l'intergroupe NUPES) *Seine-Saint-Denis*

Lachaud Bastien
La France insoumise - Nouvelle Union Populaire écologique et sociale
Seine-Saint-Denis

Legavre Jérôme
La France insoumise - Nouvelle Union Populaire écologique et sociale
Seine-Saint-Denis

Peu Stéphane
Gauche démocrate et républicaine - NUPES
Seine-Saint-Denis

Portes Thomas
La France insoumise - Nouvelle Union Populaire écologique et sociale
Seine-Saint-Denis

Trouvé Aurélie
La France insoumise - Nouvelle Union Populaire écologique et sociale *Seine-Saint-Denis*

SOMME

Maquet Emmanuel
Les Républicains
Somme

Menache Yaël
Rassemblement National
Somme

Pompili Barbara
Renaissance
Somme

Ruffin François
La France insoumise - Nouvelle Union Populaire écologique et sociale
Somme

Tanguy Jean-Philippe
Rassemblement National
Somme

TARN

Cabrolier Frédéric
Rassemblement National
Tarn

Erodi Karen
La France insoumise - Nouvelle Union Populaire écologique et sociale *Tarn*

Terlier Jean
Renaissance
Tarn

TARN-ET-GARONNE

Hamelet Marine
Rassemblement National
Tarn-et-Garonne

Rabault Valérie
Socialistes et apparentés (membre de l'intergroupe NUPES)
Tarn-et-Garonne

TERRITOIRE DE BELFORT

Boucard Ian
Les Républicains
Territoire de Belfort

Chauche Florian
La France insoumise - Nouvelle Union Populaire écologique et sociale
Territoire de Belfort

VAL-DE-MARNE

Boyard Louis
La France insoumise - Nouvelle Union Populaire écologique et sociale
Val-de-Marne

Descrozaille Frédéric
Renaissance
Val-de-Marne

Gouffier-Cha Guillaume
Renaissance
Val-de-Marne

Guetté Clémence
La France insoumise - Nouvelle Union Populaire écologique et sociale
Val-de-Marne

Herbillon Michel
Les Républicains
Val-de-Marne

Keke Rachel
La France insoumise - Nouvelle Union Populaire écologique et sociale *Val-de-Marne*

DÉPUTÉS DE L'ASSEMBLÉE NATIONALE

Val-de-Marne, Val-d'Oise, Var, Vaucluse, Vendée, Vienne

Lefèvre Mathieu
Renaissance
Val-de-Marne

Panot Mathilde
Présidente du groupe La France insoumise - Nouvelle Union Populaire écologique et sociale *Val-de-Marne*

Petit Maud
Démocrate (MoDem et Indépendants)
Val-de-Marne

Santiago Isabelle
Socialistes et apparentés (membre de l'intergroupe NUPES)
Val-de-Marne

Taillé-Polian Sophie
Écologiste - NUPES
Val-de-Marne

VAL-D'OISE

Bilongo Carlos Martens
La France insoumise - Nouvelle Union Populaire écologique et sociale
Val-d'Oise

Chandler Émilie
Renaissance
Val-d'Oise

Da Silva Dominique
Renaissance
Val-d'Oise

Folest Estelle
Démocrate (MoDem et Indépendants)
Val-d'Oise

Le Gall Arnaud
La France insoumise - Nouvelle Union Populaire écologique et sociale *Val-d'Oise*

Moutchou Naïma
Horizons et apparentés
Val-d'Oise

Rilhac Cécile
Renaissance
Val-d'Oise

Taché Aurélien
Écologiste - NUPES
Val-d'Oise

Vannier Paul
La France insoumise - Nouvelle Union Populaire écologique et sociale
Val-d'Oise

Vuilletet Guillaume
Renaissance
Val-d'Oise

VAR

Boccaletti Frédéric
Rassemblement National
Var

Chenevard Yannick
Renaissance
Var

Giletti Frank
Rassemblement National
Var

Lavalette Laure
Rassemblement National
Var

Lechanteux Julie
Rassemblement National
Var

Lottiaux Philippe
Rassemblement National
Var

Rambaud Stéphane
Rassemblement National
Var

Schreck Philippe
Rassemblement National
Var

VAUCLUSE

Auzanot Bénédicte
Rassemblement National
Vaucluse

Hébrard Joris
Rassemblement National
Vaucluse

de Lépinau Hervé
Rassemblement National
Vaucluse

Lorho Marie-France
Apparentée au groupe Rassemblement National
Vaucluse

Lovisolo Jean-François
Renaissance
Vaucluse

VENDÉE

Bellamy Béatrice
Horizons et apparentés
Vendée

Besse Véronique
Non inscrit
Vendée

Buchou Stéphane
Renaissance
Vendée

Henriet Pierre
Renaissance
Vendée

Latombe Philippe
Démocrate (MoDem et Indépendants)
Vendée

VIENNE

Belluco Lisa
Écologiste - NUPES
Vienne

Houlié Sacha
Renaissance
Vienne

Lecamp Pascal
Démocrate (MoDem et Indépendants)
Vienne

Turquois Nicolas
Démocrate (MoDem et Indépendants)
Vienne

VOSGES

Gaultier Jean-Jacques
Les Républicains
Vosges

Naegelen Christophe
Libertés, Indépendants, Outre-mer et Territoires
Vosges

Valence David
Apparenté au groupe Renaissance
Vosges

Viry Stéphane
Les Républicains
Vosges

YONNE

Grenon Daniel
Rassemblement National
Yonne

Odoul Julien
Rassemblement National
Yonne

Villiers André
Horizons et apparentés
Yonne

YVELINES

Barrot Jean-Noël
Démocrate (MoDem et Indépendants)
Yvelines

Bergé Aurore
Présidente du groupe Renaissance
Yvelines

Braun-Pivet Yaël
Renaissance
Yvelines

Hai Nadia
Renaissance
Yvelines

Lebec Marie
Renaissance
Yvelines

Lucas Benjamin
Écologiste - NUPES
Yvelines

Martinet William
La France insoumise - Nouvelle Union Populaire écologique et sociale
Yvelines

Millienne Bruno
Démocrate (MoDem et Indépendants)
Yvelines

Olive Karl
Renaissance
Yvelines

Piron Béatrice
Renaissance
Yvelines

Pouzyreff Natalia
Renaissance
Yvelines

Rodwell Charles
Renaissance
Yvelines

Seizième législature

Les groupes politiques sont constitués au minimum de 15 députés et jouent un rôle majeur dans le fonctionnement de l'Assemblée nationale. Ainsi :
- les présidents de groupe siègent à la Conférence des présidents ;
- les commissions sont composées en proportion de l'importance numérique des groupes ;
- le temps de parole est distribué en fonction de l'effectif des groupes.

Groupe	Total
Renaissance	172
La France insoumise Nouvelle Union poplulaire écologique et sociale	75
Libertés, Indépendants, Outre-Mer et Territoires	16
Horizons et apparentés	30
Rassemblement National	89
Les Républicains	62
Écologistes-NUPES	23
Socialistes et apparentés (membres de l'intergroupe NUPES)	31
Démocrates (MoDem et Indépendants)	48
Non inscrits	9
Gauche démocrate et républicaine NUPES	22
Total des sièges	577

DÉPARTEMENTS D'OUTRE-MER

GUADELOUPE

Baptiste Christian
Apparenté au groupe Socialistes et apparentés (membre de l'intergroupe NUPES)
Guadeloupe

Califer Elie
Apparenté au groupe Socialistes et apparentés (membre de l'intergroupe NUPES)
Guadeloupe

Mathiasin Max
Libertés, Indépendants, Outre-mer et Territoires
Guadeloupe

Serva Olivier
Libertés, Indépendants, Outre-mer et Territoires
Guadeloupe

GUYANE

Castor Jean-Victor
Gauche démocrate et républicaine - NUPES
Guyane

Rimane Davy
Gauche démocrate et républicaine - NUPES
Guyane

DÉPUTÉS DE L'ASSEMBLÉE NATIONALE

Martinique, Mayotte, Réunion, Nouvelle-Calédonie, Polynésie française, St-Barthélemy et St-Martin, St-Pierre-et-Miquelon, Wallis-et-Futuna et les Français établis hors de France

MARTINIQUE

Hajjar Johnny
Apparenté au groupe Socialistes et apparentés (membre de l'intergroupe NUPES) *Martinique*

Nadeau Marcellin
Gauche démocrate et républicaine - NUPES
Martinique

Nilor Jean-Philippe
La France insoumise - Nouvelle Union Populaire écologique et sociale
Martinique

William Jiovanny
Gauche démocrate et républicaine - NUPES
Martinique

MAYOTTE

Kamardine Mansour
Les Républicains
Mayotte

Youssouffa Estelle
Libertés, Indépendants, Outre-mer et Territoires
Mayotte

RÉUNION

Bassire Nathalie
Libertés, Indépendants, Outre-mer et Territoires
Réunion

Gaillard Perceval
La France insoumise - Nouvelle Union Populaire écologique et sociale
Réunion

K/Bidi Emeline
Gauche démocrate et républicaine - NUPES
Réunion

Lebon Karine
Gauche démocrate et républicaine - NUPES
Réunion

Maillot Frédéric
Gauche démocrate et républicaine - NUPES
Réunion

Naillet Philippe
Apparenté au groupe Socialistes et apparentés (membre de l'intergroupe NUPES)
Réunion

Ratenon Jean-Hugues
La France insoumise - Nouvelle Union Populaire écologique et sociale
Réunion

Sur les 577 députés de l'Assemblée nationale, 228 sont des femmes.

NOUVELLE-CALÉDONIE

Dunoyer Philippe
Renaissance
Nouvelle-Calédonie

Metzdorf Nicolas
Renaissance
Nouvelle-Calédonie

POLYNÉSIE FRANÇAISE

Brotherson Moetai
Gauche démocrate et républicaine - NUPES
Polynésie Française

Chailloux Steve
Gauche démocrate et républicaine - NUPES
Polynésie Française

Le Gayic Tematai
Gauche démocrate et républicaine - NUPES
Polynésie Française

ST-BARTHÉLEMY ET ST-MARTIN

Gumbs Frantz
Démocrate (MoDem et Indépendants)
Saint-Barthélemy et Saint-Martin

ST-PIERRE-ET-MIQUELON

Lenormand Stéphane
Libertés, Indépendants, Outre-mer et Territoires
Saint-Pierre-et-Miquelon

WALLIS-ET-FUTUNA

Seo Mikaele
Renaissance
Wallis-et-Futuna

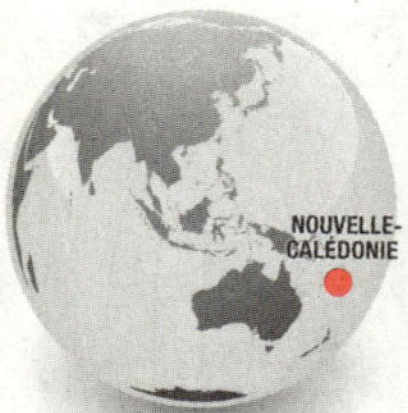

FRANÇAIS ÉTABLIS HORS DE FRANCE

Anglade Pieyre-Alexandre
Renaissance
Français établis hors de France

Ben Cheikh Karim
Écologiste - NUPES
Français établis hors de France

Caroit Eléonore
Renaissance
Français établis hors de France

Ferracci Marc
Renaissance
Français établis hors de France

Genetet Anne
Renaissance
Français établis hors de France

Habib Meyer
Apparenté au groupe Les Républicains
Français établis hors de France

Holroyd Alexandre
Renaissance
Français établis hors de France

Lakrafi Amélia
Renaissance
Français établis hors de France

Lescure Roland
Renaissance
Français établis hors de France

Petit Frédéric
Démocrate (MoDem et Indépendants)
Français établis hors de France

Vojetta Stéphane
Apparenté au groupe Renaissance
Français établis hors de France

Soleil
lever : **8 h 44**
coucher : **17 h 04**

Dimanche 1er janvier

Jour de l'An – On fête aussi les Fulgence

Jour de l'An beau, mois d'août très chaud.

HISTOIRES POLICIÈRES

LES CRIMES DES « CARDINAUX » DE VITTEL (VOSGES)

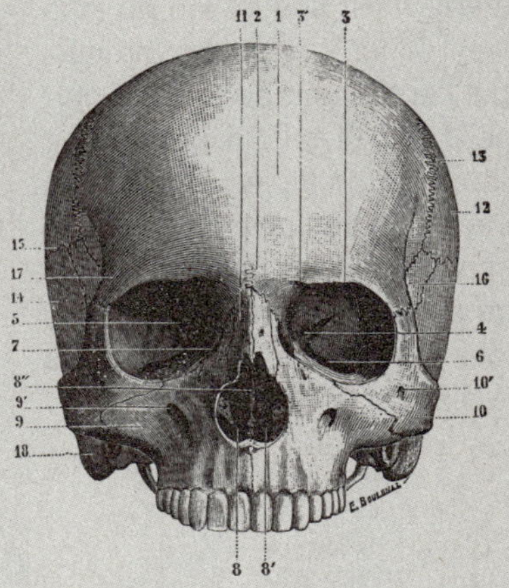

Le 10 mars 1804, deux ouvriers qui travaillent à la carrière communale déterrent des ossements humains, parmi lesquels deux crânes. Les 12 et 13 mars, trois autres crânes, des vertèbres, des tibias, des fémurs et des os de bras sont exhumés. La découverte de ce charnier met le village en ébullition. Ordonnées par un juge de paix, de nouvelles fouilles révèlent d'autres ossements. Aucune côte n'ayant été retrouvée parmi les débris, le magistrat en déduit que les auteurs des meurtres ont fait manger les cadavres par des chiens et que les os plus tendres, comme les côtes, ont été dévorés avec les chairs. Cette monstrueuse hypothèse est d'ailleurs étayée par les déclarations de villageois qui affirment que des fagots et des épines ont été déposés sur ce terrain pendant des années – certainement pour empêcher que des animaux déterrent les cadavres… À Vittel, une rumeur commence à enfler : ces squelettes sont peut-être ceux des marchands de bœufs du Morvan qui venaient chaque année, mais que l'on n'a pas revus depuis sept ou huit ans. Bientôt, certains se souviennent qu'à leur dernier passage, ces marchands commerçaient avec la famille Arnould. Il n'en faut pas plus pour que le 20 mars 1804, les trois frères Arnould, Sébastien, François et Joseph, leur mère et leur sœur soient accusés d'assassinat et incarcérés. Cent-vingt-neuf témoins se manifestent auprès des magistrats chargés de l'enquête. Tous ou presque se déchaînent contre les Arnould, surnommés « les Cardinaux ». On les décrit comme des « coquins », des alcooliques, agressifs et violents. Certains évoquent leur enrichissement soudain, il y a justement sept ou huit ans. D'autres se rappellent une odeur de cadavre près de chez eux, de traces de sang sur les murs de leur maison, de cris effrayants en pleine nuit, et même d'un panier rempli de mains tranchées… Les cinq inculpés, eux, nient en bloc. Et bien qu'aucune preuve formelle ne les incrimine et que la plupart des témoignages soient sujets à caution, les magistrats ont la certitude que les Arnould sont des assassins. D'ailleurs, tout Vittel en est convaincu. Le 4 août 1805, quand le procès des « Cardinaux » commence, son issue ne fait aucun doute. Et effectivement, les Arnould sont jugés coupables. Les quelques témoignages en leur faveur ont été écartés. Condamnés à mort, la mère, la fille et les trois fils sont exécutés le 16 septembre 1805 à Épinal. Fin de l'histoire ? Pas vraiment. Près de 125 ans après les faits, Louis Sadoul, ancien magistrat devenu écrivain, reprend toute l'enquête et démonte l'accusation point par point. Le seul témoin qui a assisté aux crimes ? Un simple d'esprit. Les marchands de bêtes à cornes assassinés par les Arnould ? Encore bien vivants dix ans après l'affaire ! Surtout, les médecins légistes et archéologues qui réexaminent les ossements trouvés dans la carrière sont formels : ces restes datent de… l'époque mérovingienne. Innocents, les « Cardinaux » ont donc été condamnés à cause de leur réputation et par le seul poids de la rumeur publique.

Ça s'est passé

Le 1er janvier 1523

Les chevaliers de l'ordre de Saint-Jean de Jérusalem sont chassés de Rhodes par Soliman, sultan de l'Empire ottoman. Commence alors pour eux sept ans d'errance qui les mèneront à Malte.

Unités de mesure

L'ampère

André-Marie Ampère, né à Lyon en 1775, membre de l'Académie des sciences, professeur à l'École polytechnique et au Collège de France, inventa l'électroaimant au début du XIXe siècle. Le Comité international des poids et mesures ne définira pourtant l'ampère qu'en 1948 comme l'unité de mesure de l'intensité d'un courant électrique, c'est-à-dire le flux d'électrons dans un conducteur.

Lundi **2 janvier**

Saint Basile – On fête aussi les Adélard, Macaire, Stéphanie

Soleil
lever : **8 h 44**
coucher : **17 h 05**

Quand le crapaud chante en janvier, serre ta paille, métayer.

Lacs de France et d'Europe

Le Lough Corrib (Irlande)

Au nord-ouest de l'Irlande s'étend le lac Corrib qui constitue, avec ses abords, la plus grande zone humide irlandaise. Il est alimenté par la rivière Clare et ses eaux rejoignent la mer à Galway. On est au cœur du Connemara. Avec ses 44 km de long et 16 km de large, le Corrib couvre 176 km². Ses eaux brunes, en raison des terrains tourbeux qui l'entourent, sont aussi parsemées de blocs de granit et de 1 327 îles ! Sa profondeur n'excède pas de 6 à 10 m. Ce lac a de multiples intérêts : le naturaliste y trouve une flore et une faune très diversifiées avec des espèces rares. L'amateur de canotage s'en donne à cœur-joie, au milieu des îles. Un passage obligatoire pour découvrir la vraie vie irlandaise organisée autour des fermes et des villages aux nombreux pubs, où coulent la bière et le whisky.

Pains & gâteaux

Le gâteau des rois de Bordeaux ou couronne bordelaise

Cette brioche en forme de couronne est servie pour tirer les rois lors de l'Épiphanie. Parfumée au cognac et à la fleur d'oranger, elle est décorée de granulés de sucre, citrons et oranges confits qui représentent les joyaux de la couronne. Comme avec une galette, on y glisse une fève. Le plus jeune de l'assemblée se met sous la table et nomme un à un les convives pour qu'une part soit donnée à chacun. Celui qui a la fève est couronné.

L'ACTU

GROSSE COLÈRE

À Blumberg, en Allemagne, le patron d'une entreprise de construction a employé les grands moyens pour protester contre l'accumulation de factures impayées d'un de ses clients, promoteur immobilier : il a partiellement démoli à la pelleteuse un immeuble bâti par sa propre société pour ledit promoteur. Il a détruit les fenêtres et les balcons ainsi qu'une bonne partie des garages construits. Une cinquantaine de passants ont assisté ébahis à la scène. Sans la panne soudaine de son engin de chantier, l'homme de 47 ans se serait probablement attaqué aux murs et aux cloisons ! Après s'être livré à ces dégradations, il s'est constitué prisonnier auprès de la police locale en expliquant la raison de son geste. Les dégâts ont été évalués à plus d'un demi-million d'euros. Heureusement, personne ne se trouvait dans l'immeuble.

SUDOKU

		6			5			1
		5		7			4	
1				3	2	5	8	
6						4		
	8	3	7	6		1		2
		4		9		3		6
				1				4
	9	1	4	2			6	5
	5	7		8		2		

Solution page 23

Soleil
lever : **8 h 43**
coucher : **17 h 06**

Mardi **3 janvier**

Sainte Geneviève – On fête aussi les Ginette, Gordius

Sainte Geneviève ne sort point si Saint Marcel ne la rejoint.

M. Guy Don
Spécialiste de la vente et de la réparation de vélos

Ouvert du mardi au samedi
9h à 12h et de 14h à 19h

FOOT

La reine Marta

Marta Vieira da Silva est une véritable légende et pas seulement du football féminin. Élue joueuse de l'année à six reprises, double médaillée olympique et vice-championne du monde, Marta détient deux records absolus, hommes et femmes confondus : unique buteuse lors de cinq phases finales de Coupe du monde, elle est la meilleure de l'histoire de l'épreuve (17 buts) mais aussi la meilleure buteuse de l'histoire de la sélection brésilienne (112 buts), devançant ainsi Neymar et Pelé. Ambassadrice de bonne volonté pour les femmes et les filles dans le sport à l'ONU depuis 2018, elle est aujourd'hui considérée au Brésil comme l'égale de Pelé. Première femme dont l'empreinte du pied est gravée dans l'enceinte du légendaire stade Maracanã, il est désormais envisagé de nommer un stade en son honneur.

Les pires prédictions de l'Histoire

Le 1er janvier 1962, Dick Rowe, directeur artistique pour la maison de disques anglaise Decca Records, reçoit un groupe inconnu se faisant appeler The Beatles. Les quatre jeunes musiciens lui font écouter une quinzaine de titres parmi lesquels des classiques du rock, des chansons traditionnelles arrangées et quelques-unes de leurs propres compositions. Dick Rowe juge que ces amateurs n'ont aucun avenir et leur lance : « Retournez à Liverpool, les groupes à guitares vont disparaître ! » Un an plus tard, *Love Me Do*, leur premier 45 tours, sort chez EMI. Le succès est immédiat. Surnommé « l'homme qui rejeta les Beatles », Rowe se rattrapera en 1963 en faisant signer un contrat à un autre groupe de légende : The Rolling Stones.

Citations

Dieu a créé l'homme. Et ensuite, pour le remercier l'homme a créé Dieu.

Philippe Geluck

Les scandaleuses

Wallis Simpson, duchesse de Windsor

Née aux États-Unis en 1896 dans une famille désargentée, Wallis Simpson a déjà divorcé une fois, s'est remariée et collectionne les amants lorsqu'en 1931, elle rencontre Édouard, prince de Galles et héritier du trône du Royaume-Uni. Subjugué, le futur roi s'amourache rapidement de la jeune femme qui devient sa maîtresse. Mais celle-ci a beau être entrée dans la vie intime du futur monarque qui la couvre de bijoux et lui fait de mirobolants dons d'argent, elle continue à fricoter avec d'autres hommes, parmi lesquels Ribbentrop, l'ambassadeur d'Hitler à Londres. Devenu roi d'Angleterre en janvier 1936, Édouard VIII annonce qu'il va épouser Wallis. Ce projet de mariage avec une Américaine deux fois divorcée qui traîne une réputation de séductrice provoque une crise constitutionnelle. Édouard VIII choisit d'abdiquer, il devient duc de Windsor et Wallis simple duchesse. Le couple s'exile en France et se marie en juin 1937. Pendant trente ans, la duchesse de Windsor sera une figure du Tout-Paris et une icône de la mode. Décédée en avril 1986 à presque 90 ans, elle a été inhumée aux côtés de son époux, dans le caveau royal du château de Windsor. Au cours de la cérémonie, son nom n'a pas été prononcé une seule fois.

Mercredi **4 janvier**

Saint Odilon – On fête aussi les Fata, Oringa

Soleil
lever : **8 h 43**
coucher : **17 h 07**

Janvier sec et sage est un bon présage.

La gaffe de l'Histoire

Biden, sa femme et sa sœur

Joe Biden, 46e président des États-Unis, est également le roi des gaffeurs. Lors d'un discours au printemps 2020, à l'occasion de sa victoire au « super Tuesday » à Los Angeles, il a confondu sa femme, Jill, avec sa sœur Valérie… Il faut dire, pour sa défense, qu'il était entouré à la tribune de l'une et de l'autre et qu'elles avaient inversé leurs places.

Citations

Frappe ta tête contre une cruche. Si tu obtiens un son creux, n'en déduis pas que c'est forcément la cruche qui est vide.

Jean-Marie Bigard

HISTOIRES DE SUPERMARCHÉS

La contrepèterie

Dans son sketch sur la publicité en 1979, Coluche révèle que le slogan de la chaîne d'hypermarchés Mammouth est une contrepèterie. « Mammouth écrase les prix » : en inversant le « outh » et le « i », ça devient nettement plus drôle, en effet ! Créée en 1968, cette entreprise est initialement une centrale d'achat utilisée par plusieurs groupes de distribution. Propriété de Docks de France et de Paridoc, elle ouvre son propre hypermarché en 1977 au Pays basque espagnol. En 1993, la France compte 89 magasins. En 1996, le groupe Auchan les rachète et l'enseigne finit de disparaître en 1998. Longtemps après les mammouths.

POULES, POULETTES

LA CRÈVECŒUR

Une poule qui a de la branche ! La crèvecœur est l'une des plus anciennes races françaises. On dit qu'elle a été rapportée par Philippe de Crèvecœur, qui a servi sous Louis XI, au xve siècle, dans son château de Crèvecœur, en pays d'Auge. C'est une solide Normande, parfaitement adaptée au doux climat (parfois un peu humide) de la région. Et elle est belle : un corps puissant, un dos large, une queue bien sortie et de grandes faucilles. C'est une forte tête, au physique comme au caractère : coiffée d'une huppe ébouriffée, elle cache deux petites cornes rouges au bout de la crête. Le coq, lui, est splendide et plutôt pugnace. Cette poule, réputée pour sa chair fine, pond de gros œufs blancs. Mais c'est surtout une volaille d'ornement. Son plumage est d'un noir lumineux, ou parfois blanc.

MÉTIERS IMPROBABLES

SIRÈNE

Claire Baudet a toujours été passionnée par les créatures mythologiques et le monde marin. Il y a une dizaine d'années, elle a décidé de vivre de sa passion en devenant la première sirène professionnelle de France. Importé des États-Unis, le *mermaiding* (de *mermaid*, « sirène » en anglais) consiste à « faire la sirène » pour des shows aquatiques ou des tournages vidéo. Si outre-Atlantique, ce concept, un brin farfelu, rassemble de nombreux émules, y compris parmi les hommes, en France les professionnelles sont rares et Claire est la seule à vivre de son art avec 200 à 300 représentations par an. Pensionnaire régulière de l'aquarium de Paris, la jeune femme doit prochainement ouvrir une école dédiée au *mermaiding* pour susciter des vocations.

Soleil
lever : **8 h 43**
coucher : **17 h 09**

Jeudi **5 janvier**

Saint Édouard – On fête aussi les Eddy, Eddie

À la Saint-Siméon, la neige et les tisons.

HEUREUX MARIAGES

Le 6 juillet 1887, Moïse Abraham épousa Célina Jacob à Rouen, en Seine-Maritime. Louis Abraham avait quant à lui convolé avec Adelina Jacob le 12 juillet 1875 à Reims, dans la Marne et Édouard Jacob choisit pour épouse Élisabeth Abraham le 17 décembre 1861 à Dieuze, dans la Moselle. Souhaitons qu'au moins un de ces couples ait prénommé son fils Isaac pour compléter la généalogie !

Onomatopées

dans différentes langues

LE CHIEN ABOIE ET LES ONOMATOPÉES PASSENT

Lorsqu'ils aboient, les chiens français font « ouah », voire « ouah-ouah ». Peut-être sous l'influence de l'anglais qui a tendance à envahir la langue, ils peuvent aussi faire « ouaf », « ouaf-ouaf » (à noter que ces deux dernières onomatopées ne sont enregistrées que par peu de dictionnaires). En effet, les chiens britanniques, eux, font « woof », « woof-woof ». Les chiens italiens aboient avec une consonne, puisqu'ils font « bau bau », tout comme les chiens espagnols qui font « guau ».

Solution Sudoku p. 20

7	3	6	8	4	5	9	2	1
8	2	5	9	7	1	6	4	3
1	4	9	6	3	2	5	8	7
6	7	2	1	5	3	4	9	8
9	8	3	7	6	4	1	5	2
5	1	4	2	9	8	3	7	6
2	6	8	5	1	9	7	3	4
3	9	1	4	2	7	8	6	5
4	5	7	3	8	6	2	1	9

Jeux de société

Le Monopoly® (Hasbro)

En 1904, pour dénoncer la spéculation immobilière, une Américaine, Elizabeth Magie, invente *Le Jeu du propriétaire foncier.* Plateau, propriétés, billets et maisons : les éléments du Monopoly sont déjà présents, à la différence que, dans un esprit de justice sociale, les loyers sont versés dans une caisse solidaire… Est-ce le manque d'âpreté de la règle qui nuit à la motivation des joueurs ? De réalisme, diront certains. Le succès n'est pas au rendez-vous. Puis, dans les années 1930, le concept est repris par Charles Darrow, qui commercialise le jeu sous sa forme actuelle : c'est un triomphe ! Il va gagner une fortune… L'histoire de ce jeu résonne donc à bien des égards avec l'actualité contemporaine.

Pour retrouver la règle et les innombrables versions du jeu, un site : monopolypedia.fr

POURQUOI LES MILLIARDAIRES VONT-ILS DANS L'ESPACE ?

au Jardin

LE COMPOST MÉNAGER

Le compost ménager, c'est celui que l'on confectionne à la maison, qui emprunte ses ingrédients davantage à la cuisine qu'au jardin. On le prépare souvent en composteur, mais un bac extérieur convient aussi. Il est parfait pour le potager ou les massifs, mais on l'utilise beaucoup pour le rempotage des plantes d'intérieur ou la culture sur balcon et terrasse. Ses premiers ingrédients sont les fanes et les épluchures de légumes et de fruits, y compris les trognons, noyaux et écales de noix et de noisettes, ce qui représente un volume conséquent. On y met aussi les fleurs fanées, le marc de café et les sachets de thé, les mouchoirs et les serviettes en papier, un peu de carton découpé… Le compost obtenu est riche en humus et peut être mélangé à la terre dans une proportion d'environ vingt pour cent.

Vendredi **6 janvier**

Saint Mélaine – On fête aussi les Gaspard, Balthazar, Melchior

Soleil
lever : **8 h 43**
coucher : **17 h 09**

Un temps clair au jour des Rois nous annonce un regain de froid.

OISEAUX MIGRATEURS

Les migrateurs et le vent

Vive le vent ! Quand on prend son vol pour gagner un autre continent, mieux vaut ne pas avoir le vent dans le nez. Les oiseaux le savent et chevauchent les courants éoliens, se laissant porter sur de longues distances. Ils s'élèvent à haute altitude parce les vents y sont plus forts : un groupe de cygnes chanteurs, repéré au radar, est ainsi passé d'Écosse en Islande à 8 000 mètres d'altitude et à la vitesse de 180 km/h, dans un courant-jet. Et les chevaliers à pattes jaunes, qui migrent du Canada au Mexique, attendent patiemment que se lève le vent du Nord qui les emportera comme des fétus de paille.

Charade classique

Mon premier a bon dos.

Mon deuxième qualifie un beurre fondu.

Mon troisième est le nom des esprits des morts dans la Rome antique.

Mon quatrième qualifie celui qu'on entend mais qui ne figure pas sur l'écran.

Mon tout est une humoriste et comédienne française.

ANNE ROUMANOFF (ÂNE – ROUX – MÂNES – OFF)

La bonne blague

Ha ! Ha ! Ha ! Ha ! Ha ! Ha ! Ha ! Ha ! Ha !

Une enseignante de cours préparatoire explique à sa classe le sens du mot « incontestablement ». Afin d'être certaine que ses élèves ont bien compris, elle leur demande de l'utiliser dans une phrase. Timothée lève la main et propose :

« Le ciel est incontestablement bleu. »

La maîtresse lui répond : « Eh bien, ce n'est pas tout à fait correct, car le ciel peut être nuageux et gris. »

À son tour, Léa propose : « L'herbe est incontestablement verte. »

L'enseignante lui répond : « Ce n'est pas correct non plus. Si l'herbe n'a pas assez d'eau, elle jaunit. »

Le petit Paul lève la main et demande : « Madame, est-ce que les pets font des grumeaux ? » La maîtresse fronce les sourcils et lui dit : « Non ! Mais cette question ne doit pas être posée en classe et elle n'a aucun rapport avec la leçon ! »

Alors le petit Paul lui répond : « Bah si, parce que je peux dire que j'ai incontestablement fait caca dans mon pantalon. »

PENDANT LA GUERRE,
LES UKRAINIENS TENTENT DE NOUS DONNER DES NOUVELLES

OPÉRAS

La Traviata
de Giuseppe Verdi (1853)

C'est l'œuvre la plus célèbre de Verdi. Signé par Francesco Maria Piave, son livret est une adaptation de *La Dame aux camélias* d'Alexandre Dumas fils. La Traviata, c'est Violetta Valéry, une courtisane qui renonce à sa vie mondaine par amour pour le bel Alfredo. Mais le père du jeune homme refuse cette liaison scandaleuse et impose à Violetta de rompre avec son fils… Particulièrement romanesque, cet opéra en trois actes, dont la musique est aussi entraînante qu'entêtante, offre un rôle en or aux plus grandes sopranos qui l'interprètent.

Le morceau à (ré)écouter : *Libiamo ne' lieti calici* (« Buvons dans ces joyeuses coupes », en italien) aussi connu que l'air de la Reine de la nuit, de *La Flûte enchantée*.

Soleil
lever : **8 h 42**
coucher : **17 h 11**

Samedi **7 janvier**

Saint Raymond – On fête aussi les Aymone, Ramsès

S'il gèle à la Saint-Raymond, l'hiver est encore long.

Recette — Gratin de brocoli et chou-fleur

Le mélange blanc et vert donne de la couleur et du peps au traditionnel gratin de chou-fleur !

Pour 6 pers. — **10 min de préparation** — **35 min de cuisson**

- 1 chou-fleur
- 1 beau brocoli
- 1 gousse d'ail
- 40 cl de crème liquide
- 100 g d'emmental râpé
- 15 g de beurre demi-sel
- Sel, poivre

Blanchissez les fleurettes de chou-fleur et de brocoli dans deux casseroles distinctes : 3 min dans un grand volume d'eau bouillante suffisent.

Beurrez un plat à gratin et frottez-le d'ail. Versez les légumes soigneusement égouttés dedans. Préchauffez le four à 210 °C (th. 7).

Dans un cul-de-poule, mélangez la crème et le fromage, assaisonnez de sel et de poivre et versez sur le gratin. Enfournez pour 30 min.

Conseils
Les légumes doivent rester un peu fermes, c'est le secret de ce gratin. Vous pouvez ajouter quelques tranches de jambon coupées en lanières pour encore plus de gourmandise ! Un repas complet très facile à préparer.

Étymologie

Une affaire de pécheur, peuchère !

Peuchère, dont l'emploi ne se limite plus aujourd'hui au sud-est de la France, n'a rien à voir avec quelque chose qui serait à bas prix. Cette interjection servant à marquer la surprise, l'admiration, l'attendrissement ou la pitié est la forme francisée du provençal *pécaïre* qui signifie « pécheur, celui qui commet un péché », lequel *pécaïre* s'employait, selon les historiens de la langue, dès le XIIIe siècle comme interjection de compassion (cf. *oh ! pauvre !*)

Espace

Le pionnier

Jean-Loup Chrétien est un pionnier. En juin 1982, il est le premier Français à s'envoler pour l'espace lorsqu'il embarque à bord de Soyouz pour rejoindre la station spatiale soviétique Saliout. Il retournera ensuite deux fois dans l'espace : en 1988, toujours avec les Soviétiques, puis en 1997 à bord de la navette américaine Atlantis. Il est aussi le premier à effectuer une sortie extra-véhiculaire.

Brèves régions

Ain/Les gorges de l'Ain

À 20 kilomètres à l'est de la préfecture Bourg-en-Bresse, la rivière d'Ain serpente dans un paysage grandiose, un canyon verdoyant. Les randonneurs la découvriront en parcourant les sentiers qui longent son cours puis s'élèvent jusqu'à des belvédères, d'où les paysages s'embrassent de manière majestueuse. Parmi les trésors à découvrir ici, la grotte de Corveissiat et son porche naturel haut de 30 mètres accueillent les promeneurs, l'été, pour des visites guidées. De ce site labellisé « espace naturel sensible » qu'on appelle une reculée, surgit une rivière venue des profondeurs qui descend ensuite en cascade jusqu'à rejoindre l'Ain.

Dimanche 8 janvier

Saint Lucien – On fête aussi les Gudule, Lucienne, Luciana

Soleil
lever : 8 h 42
coucher : 17 h 12

Bonnes sont les dents qui retiennent la langue. (XVIIe siècle)

Expressions disparues

Voir vaches noires en bois brûlé

Celui qui, aujourd'hui, bâtit des châteaux en Espagne, c'est-à-dire qui se forge d'agréables chimères et se berce de douces illusions, autrefois voyait vaches noires en bois brûlé. À l'époque, les vaches noires étaient réputées les meilleures laitières. Et l'on a ainsi l'image d'un vacher devant son feu qui croit y voir ces fameuses vaches. On disait aussi « chercher vache noire en bois brûlé » comme on dirait aujourd'hui « chercher une aiguille dans une botte de foin ».

Chantiers de restauration

Le château de Hérisson

L'association Sauvegarde du château féodal de Hérisson a pris en charge la restauration de cette forteresse du département de l'Allier, qui a été le siège d'une châtellenie depuis le XIe siècle. Accompagnés du Club du Vieux Manoir, des bénévoles développent des chantiers de jeunes dont les activités sont notamment consacrées à la taille de la pierre et à la maçonnerie dans le respect des techniques anciennes. Les objectifs sont multiples : redonner vie au monument démantelé par Mazarin pour que ne disparaissent pas les tours, courtines, donjon et restes du logis qui dominent la vallée de l'Aumance, préserver et transmettre les techniques ancestrales des bâtisseurs, sans oublier également l'émulation créée par le travail en commun.

TROP D'ARRÊTS MALADIE DANS LA FONCTION PUBLIQUE

L'humanité en chiffres

Le gourou des réseaux sociaux en politique est le Premier ministre indien Narendra Modi avec près de 118 millions de suiveurs en novembre 2021. Le record est atteint par Donald Trump qui, au moment de la suspension de son compte Twitter (janvier 2021), en comptait 121,5 millions. Le pape occupe la deuxième place du podium avec 52 millions d'abonnés, suivi du président américain Joe Biden avec 47 millions.

Citations

Hansel et Gretel ont découvert la maison en pain d'épices à peu près 45 minutes après avoir découvert les champignons.

George Carlin

CONDITION ANIMALE

PROBLÈMES DE MATHS DU CERTIFICAT D'ÉTUDES

Une cuisinière achète 8 kg de prunes pour faire de la confiture. Elle enlève les noyaux qui représentent un cinquième du poids total des prunes et ajoute un poids de sucre égal au poids initial des prunes. Sachant que la cuisson fera perdre au mélange le quart de son poids, combien de pots de 340 g notre cuisinière pourra-t-elle remplir ?

Solution : le poids des prunes dénoyautées est égal à 8 – (8/5) = 8 – 1,6 = 6,4 kg
Le poids initial des prunes dénoyautées et du sucre est égal à 8 + 6,4 = 14,4 kg
Après la cuisson le poids est égal à 14,4 – (14,4/4) = 10,8 kg ou 10 800 g
Nombres de bocaux : 10 800/340 = 31,76 donc 31 bocaux.

Soleil
lever : **8 h 42**
coucher : **17 h 13**

Lundi **9 janvier**

Sainte Alix – On fête aussi les Alice

Quand le chat n'est pas là, les souris dansent.

MOTS FLÉCHÉS

Oui / De rêve

Music-hall / Lumière d'étoile

Est cause de frictions / Sans impuretés

Unique

Peut être simple / Donne de l'oxygène

Dépassé / Ont un problème de taille

Ne pèse pas ses mots / Paysage australien

Donc présentable / Stimulai

A gagné son siège / Réorganiser

Jeu ou ordre / Mets oriental

Coup de patte / Menu

Mât / Ne se laisse pas abattre

Point d'attache / Arrive sur scène

Ruina / Signaux sonores

Devises roumaines / N'aimais donc pas

Un des Jackson / Remarqua

ctogramme / Pays du Proche-Orient

Roche volcanique / Oiseau à chair estimée

Soit tenu à

Leva l'encre / Desserts bretons

On compte ses points / Peut être concentré

Vedette / Démonstratif

Sort de l'ordinaire / Possessif

Ne s'abstenait pas / Calcium au labo

SOLUTION PAGE 30

Mardi **10 janvier**

Saint Guillaume – On fête aussi les Billy

Soleil
lever : **8 h 41**
coucher : **17 h 15**

S'il pleut à la Saint-Guillaume, peu de blé, beaucoup de chaume.

Pains & gâteaux

La whété ou tordée, brioche tressée de Metz

Cette recette de Lorraine des repas de fête est une brioche à la farine de gruau avec des raisins secs macérés au rhum. La composition est classique avec du beurre, des œufs, du lait et du sucre. Sa forme est obtenue en réalisant une natte avec trois boudins de pâte. Elle est décorée de sucre perlé. C'est un goûter parfait pour affronter les frimas de l'hiver avec une bonne tisane ou un chocolat chaud.

Ville en chanson

Paris

Difficile de choisir une seule chanson sur Paris, tant la capitale a inspiré les artistes ! L'une des plus emblématiques est sûrement *Il est cinq heures, Paris s'éveille* de Jacques Dutronc, qui décrit ce moment, au petit matin, où se croisent les oiseaux de nuit et les gens qui partent au travail. Et tandis que Charles Trenet veut *Revoir Paris* et que Juliette Gréco et Zaz se sentent bien *Sous le ciel de Paris*, la chanteuse Camille a plutôt envie de délaisser la ville dans *Paris tu paries, Paris que je te quitte*.

Patronymes animaliers

BRIGITTE BARDOT

Icône du cinéma français, Brigitte Bardot est aussi l'emblème de la liberté sexuelle et de l'émancipation de la femme. En 1956, âgée de 22 ans, elle est propulsée au rang de star internationale et devient « BB » après l'immense succès du film *Et Dieu… créa la femme* de son mari Roger Vadim. Ce surnom lui suffisait et c'est peut-être pourquoi Brigitte Bardot n'a jamais souhaité prendre un pseudonyme. Son nom est celui de ses ancêtres paternels originaires de la Meuse depuis la nuit des temps. Même s'il évoque un animal, le nom Bardot n'a rien à voir avec l'enfant d'un cheval et d'une ânesse puisqu'il vient plutôt de *barta*, mot germanique qui signifie « hache ».

AU CIRQUE, ON NE MONTRE PLUS DE FAUVES.

LE CHIFFRE

3 175

C'est, en millions d'euros, la somme à laquelle a été adjugé aux enchères le dessin signé Hergé pour la couverture de l'album de Tintin *Le Lotus bleu*. Il s'agit du record mondial pour une œuvre originale de bande dessinée. Les planches de cette aventure du reporter à la houppe sont d'abord paru en 1934 et 1935 dans la revue *Le Petit Vingtième*, avant la publication de l'album en 1936. *Le Lotus Bleu* est l'un des chefs-d'œuvre du dessinateur belge qui s'est passionné pour la Chine après sa rencontre avec un jeune diplômé de l'Académie royale des Beaux-Arts de Bruxelles, Tchang Tchong-Jen, avec lequel il nouera une amitié à vie. Un mystère entoure néanmoins ce dessin qui, trop complexe à reproduire, n'a finalement pas été retenu pour devenir la couverture officielle de la bande dessinée. Selon la légende, il aurait été offert par Hergé au petit Jean-Paul, le fils de son éditeur Louis Casterman. L'enfant l'aurait plié et conservé dans un tiroir, d'où il aurait été ressorti des décennies plus tard. Plusieurs experts doutent de la véracité de cette histoire un peu « trop belle ».

Soleil
lever : **8 h 41**
coucher : **17 h 16**

Mercredi **11 janvier**

Saint Paulin – On fête aussi les Salvia, Hortense

Au bout du fil l'araignée, la journée sera mouillée.

Vélo

Hors des frontières

Il faut remonter à l'édition 1954 pour trouver trace d'un départ du Tour de France hors du territoire. Depuis, celui-ci a été donné à 25 reprises hors de France. Les Pays-Bas ont historiquement été le pays hôte le plus souvent choisi depuis Amsterdam en 1954, lançant à six reprises la Grande Boucle, suivis de la Belgique (5 départs) et de l'Allemagne (4 départs).
En 2021, Copenhague devait accueillir pour la première fois le départ, une première reportée à 2022 avant un retour en Espagne en 2023.

Ça s'est passé

Le 11 janvier 1923

À la suite d'un défaut de paiement des indemnités de guerre dues par l'Allemagne, la France et la Belgique occupent les centres de production de charbon, de fer et d'acier de la vallée de la Ruhr jusqu'en août 1925.

Citations

Le point commun entre tous les hommes que j'ai aimés ? Moi !

Jeanne Moreau

Curiosités scientifiques

Eau métallique

Si vous parvenez à plonger au cœur d'une planète géante telle que Jupiter ou Saturne, et que vous restez vivant, vous trouverez des nappes d'hydrogène métallique. En effet, à très forte pression, n'importe quel matériau peut devenir métal. Même l'eau. Pour y parvenir, les scientifiques ont établi qu'il faudrait une pression supérieure à 48 fois celle de notre planète. Des scientifiques tchèques ont pourtant réussi cette prouesse sur Terre ! En la mettant en contact avec une petite goutte de métaux alcalins liquides à température ambiante, ils ont ainsi provoqué l'apparition d'une fine couche d'eau métallique. Sa couleur ? Dorée. Sans doute pour mieux nous rappeler à quel point elle est précieuse…

LES ADOS FRANÇAIS PASSENT PLUS DE QUATRE HEURES PAR JOUR SUR LEURS ÉCRANS.

ÇA, C'EST FAIT-DIVERS

Il y a quelques mois, l'artiste italien Salvatore Garau s'est fait remarquer en vendant 15 000 euros une sculpture invisible intitulée *Io sono* (« Je suis », en français). Une escroquerie de plus dans le marché de l'art contemporain pensez-vous ? Peut-être, d'autant plus que cette « œuvre » présente la particularité d'être une double filouterie, car elle serait… un plagiat ! Tom Miller, un sculpteur américain, affirme en effet que l'Italien s'est très fortement inspiré de l'une de ses créations baptisée *Nothing* (« Rien », en français). L'artiste, qui vit en Floride, accuse son confrère d'avoir copié — et vendu — un concept artistique imaginé et « exposé » par lui en 2016. D'après Miller, il aurait suffi à Garau d'effectuer une recherche sur Internet pour avoir connaissance de l'existence de cette œuvre invisible. Après avoir tenté en vain une médiation, l'Américain a décidé de porter l'affaire en justice pour faire reconnaître son antériorité dans la sculpture du néant.

Jeudi **12 janvier**

Sainte Tatiana – On fête aussi les Tania, Tanagra, Césarine

Soleil
lever : **8 h 40**
coucher : **17 h 17**

Le temps est un sabre tranchant. (Proverbe arabe)

Solution Mots fléchés p. 27

	R		S		E		R		C		D	
H	E	L	I	O	T	R	O	P	E		O	K
	D	U	O	D	I		C	A	S	I	N	O
C	O	R	N	E	R	S		L	A	D		A
	R	O	I		A	P	P	A	R	E	I	L
P	E	N	S	A		O	U	T		A	N	A
	R		M	O	N	T	R	A	B	L	E	
G	A	R	E	R	A		E	L	U		G	O
	I	E		T	I	R		E	S	P	A	R
R	E	M	M	E	N	E	E		H	I	L	E
	N	U	I		S	A	P	A		L	E	I
E	T	A	N	T		M	I	C	H	A	E	L
		I	C	O	N	E		T	U	F		L
A	L		E	P	O	N	G	E	A		D	E
	I	F		S	T	A	R		I	L	O	T
U	B	A	C		A	G	I	S	S	A	I	T
	A	R	E	C		E	V	A		I	V	E
I	N	S	T	A	U	R	E		E	T	E	S

ARCHIMÈDE, SEUL DANS SON BAIN SE POSAIT DES QUESTIONS

THÉÂTRES DU MONDE

Le théâtre Farnèse à Parme

Dans cet incroyable théâtre en bois bâti en 1618 par l'architecte Aleotti, le style Renaissance côtoie la fantaisie du style baroque de façon magnifique. Inauguré lors du mariage de Marguerite de Médicis avec le duc Édouard Farnèse en 1628, il n'a été utilisé que huit fois pour des représentations théâtrales, servant davantage de pièce d'apparat lors d'événements exceptionnels. En 1944, le lieu a été bombardé par les Alliés et totalement détruit. Reconstruit à l'identique à la fin des années 1950, il est désormais la grandiose entrée du musée national.

BD DE COLLECTION

Pim Pam Poum

À la suite d'un différend entre Rudolph Dirks, qui crée en 1897 le *comic strip The Katzenjammers Kids*, et son éditeur, il y aura deux BD avec les mêmes personnages, la seconde étant due au dessinateur Knerr. En France, la série de Dirks, baptisée *Les Méfaits des petits Chatperché*, sort dès 1911. Mais en 1935, c'est celle de Knerr qui paraît dans *Le Journal de Mickey* sous le titre *Pim Pam Poum*. Toutefois, il se trouve que les deux versions, bien que différentes, sont excellentes, pétillantes et iconoclastes.

TRICHERIE DANS LE SPORT : PLUS C'EST GROS PLUS ÇA PASSE.

L'ACTU

VOYAGE DANS LE TEMPS

Fermée depuis 70 ans, la station de tramway Kingsway, dans le centre de Londres, vient de rouvrir ses portes au public. Construite en 1906, cette gare, suffisamment élevée pour recevoir les véhicules à impériale, a connu son âge d'or durant les premières décennies du XXe siècle lorsque la capitale du Royaume-Uni disposait du plus grand réseau de tramway d'Europe. Mais au début des années 1950, les autorités ont décidé de favoriser le métro, plus rapide et confortable. Désaffectés, l'immense station souterraine et ses quais ont alors été réutilisés comme lieu de stockage (bus, poubelles, panneaux de signalisation, etc.), mais aussi pour des tournages de films comme *La Croisée des destins* (1958) ou le remake de la série *Chapeau melon et bottes de cuir* en 1998. Le billet pour un voyage guidé dans cette gare, qui est restée figée dans les années 1950, coûte près de 45 livres, soit 55 euros environ.

Soleil
lever : **8 h 40**
coucher : **17 h 19**

Vendredi **13 janvier**

Sainte Yvette – On fête aussi les Hilaire, Ivette

À la Saint-Hilaire, le vin gèle dans le verre.

OISEAUX MIGRATEURS

La sarcelle d'été

Les différentes espèces de canard migrent plus ou moins, en fonction des circonstances. Le colvert, par exemple, semble s'attarder de plus en plus en Europe, surtout dans les villes où il trouve de la nourriture. En revanche, la sarcelle d'été est strictement migratrice. Le plumage brun et gris est caractéristique, mais on reconnaît surtout le mâle à la large bande blanche qu'il a sur la tête. Toutes les populations d'Europe migrent vers l'Afrique en août et en septembre. Les oiseaux venant du nord traversent alors la France, en faisant des escales dans les zones marécageuses et sur le littoral.

NoTTo

LE SAVIEZ-VOUS ?

Selon un proverbe naturiste
rien ne sert de courir
il faut partir à poil.

Argot

Alpaguer

C'est parce qu'on arrêtait le plus souvent les malfaiteurs en les attrapant par leur manteau – leur « alpag » en argot, apocope du « nom alpaga » employé pour désigner une veste dont le tissu est à base de laine de l'animal du même nom – que l'argot des voyous a formé dans les années 1930 le verbe « alpaguer » dans le sens d'« arrêter ». Le verbe est passé aujourd'hui dans le langage familier avec le sens d'« apostropher ».

Les cuisiniers français

MOTS MÊLÉS

B	O	C	U	I	E	R	L	L	G	F	L	E	R
D	T	N	A	T	S	N	O	C	A	R	E	M	E
H	R	M	I	T	N	A	I	B	A	R	A	E	V
E	E	A	S	U	G	A	S	J	U	R	J	S	I
T	M	Z	T	O	T	G	E	B	T	C	Q	U	L
C	A	T	O	T	R	D	A	I	L	A	H	C	O
H	R	R	C	R	A	G	U	G	P	N	S	O	F
E	T	P	Y	A	R	R	S	C	N	G	N	B	N
B	I	A	I	E	N	A	G	I	A	A	F	F	Q
E	N	S	M	C	V	G	D	N	O	S	I	A	M
S	E	S	C	O	F	F	I	E	R	R	S	R	S
T	N	A	Y	S	C	N	A	L	B	U	T	E	E
O	C	R	O	E	L	L	I	N	G	E	R	L	A
H	T	D	U	R	A	N	D	U	A	S	I	O	L

Solution page 34

Cherchez les noms des cuisiniers français célèbres dont le prénom et l'initiale de leur nom vous sont donnés dans la liste ci-dessous. Les noms sont cachés dans la grille : vous les trouverez soit horizontalement, soit verticalement, soit en diagonale ; ils peuvent se lire de gauche à droite ou de droite à gauche. Notez que les noms sont dans l'ordre alphabétique dans la liste ci-dessous ; le nombre de lettres de chaque nom est indiqué entre parenthèses.

Ghislaine A... (7)
Georges B.. (5)
Paul B... (6)
Marie-antoine C... (6)
Christian C... (8)
Hélène D... (7)
Alain D... (7)
Charles D... (6)
Auguste E... (9)
Philippe E... (9)
Pierre G... (8)
Adeline G... (8)
Cyril L... (6)
Bernard L... (7)
Marie-Thérèse Ordonez dite M... (5)
David M... (6)
Raymond O... (6)
Alain P... (7)
Anne-Sophie P... (3)
Joël R... (8)
Olivier R... (10)
Guy S... (5)
Michel T... (9)
Marc V... (6)

Les plus vieux commerces du monde

Afrique du Sud – Sunland Baobab

Les baobabs, aussi appelés « arbres à palabres » dans la culture africaine, sont sacrés pour de nombreux peuples. Leur tronc est si gros qu'on y trouve fréquemment des cavités qui servent d'abris aux animaux et aux humains. L'un d'entre eux, le Sunland Baobab, se trouve dans la ferme Platland, en Afrique du Sud. Avec plus de 10 mètres de diamètre et 47 mètres de circonférence, son tronc abrite une cave à vin et un bar. Son âge a été estimé à 1 060 ans grâce au carbone 14 car, pour les baobabs, il est difficile d'estimer l'âge par dendrochronologie, c'est-à-dire en analysant les anneaux de leur tronc. Malheureusement, comme beaucoup d'arbres de cette espèce, le Sunland Baobab meurt petit à petit en raison, semble-t-il, du changement climatique.

Samedi **14 janvier**

Sainte Nina – On fête aussi les Odoric

Soleil
lever : **8 h 39**
coucher : **17 h 20**

Marsouins sautant annoncent le vent.

Le bon mot de l'Histoire et le gros mot

« Appelez-vous Messieurs, mais soyez citoyens. » François Andrieux, 4 janvier 1798

Révolutionnaire modéré et député au Conseil des Cinq-Cents, l'avocat François Andrieux exprime en ces termes son attachement à l'égalité et au mot « citoyen » qui s'est peu à peu imposé dans toutes les déclarations, proclamations et lois à partir de 1789. Considérés comme trop aristocratiques, les appellations « Monsieur » et « Madame » ainsi que le vouvoiement ont été bannis après la chute de la monarchie. Des rues et des villes ont d'ailleurs été renommées, à l'instar de Baume-les-Messieurs (Jura) devenu Baume-le-Jura. Mais, à partir de 1796, le Directoire a progressivement rétabli leur usage. Quant à la dénomination « citoyen/citoyenne », symbole de la période révolutionnaire et de la République, elle a disparu définitivement avec le Consulat.

L'ACTU

MON PRÉNOM SERA PORTENAWAK

Chaque année, les médias se font l'écho des prénoms les plus « tendance » donnés aux nouveau-nés. Ainsi, l'an passé, parmi les préférés des parents, on trouvait notamment Emma, Jade, Louise ou encore Rose pour les filles, et Léo, Gabriel, Jules ou Adam pour les garçons. Sauf que ces prénoms pourraient bien devenir vieillots dans quelques années. Afin d'être à la pointe de la « branchitude », Pamela Redmond, auteure de livre pour la jeunesse, vient de se pencher sur ceux qui seront à la mode en 2050. D'après elle, si Clément, Florian, voire Isidore, pourraient de nouveau séduire certains parents dans le futur, des prénoms (très) originaux vont probablement fleurir. Parmi eux, elle mise par exemple sur Kanoa, Vision et Escargot pour les garçons, et sur Lunarose, Vita et Prairie du côté des filles. En revanche, elle ne prévoit aucun avenir pour les Boghosse, Merdive, Djustyne et autre Anisette récemment inscrits à l'état civil. Dommage…

Chiffres et expressions

À deux vitesses

Lorsque l'on dit que quelque chose fonctionne « à deux vitesses », c'est pour marquer un écart important entre deux modes de fonctionnement et sous-entendre des passe-droits. Cette expression, toujours négative et souvent critique, est notamment employée par certains pour qualifier la justice qui fonctionnerait « à deux vitesses » selon que l'on est riche ou miséreux.

Randonnées

AUTOUR DE PONT-DU-CHÂTEAU, SUR LES RIVES DE L'ALLIER

Hérons cendrés et cigognes blanches, loutres et ragondins évoluent paisiblement le long de ce sentier bocager, paisible et enchanteur. Il faut compter 4 h 30 pour parcourir les 14 km qui se déroulent le long de l'Allier ; le sentier est aussi empruntable à vélo. On y découvre une nature protégée (zone Natura 2000), ponctuée de moulins à eau, d'une ancienne mine et de plusieurs falaises de moyenne hauteur, refuges des martins pêcheurs. En fin de parcours, la base de loisirs de Cournon réserve une belle baignade.

Dimanche 15 janvier

Saint Rémi – On fête aussi les Rachel, Racilia, Mortimer

Quand le coq chante le soir, c'est signe qu'il va bientôt pleuvoir.

La gaffe de l'Histoire

Capitole et Capitole

C'est une erreur d'illustration qui a provoqué les fous rires devant les écrans de télévision lorsque la chaîne d'information CNews a voulu évoquer les évènements qui se sont déroulés à Washington au Capitole, quelques jours avant l'investiture de Joe Biden. Car l'image qui a été choisie et qui s'est affichée à ce moment-là montrait un autre Capitole, celui de… Toulouse.

Rugby

Quarante ans de lutte

L'idée d'une compétition internationale de rugby voit le jour en 1947 et émane du président de la Fédération française de rugby, Alfred Éluère. D'abord jugée farfelue par les instances internationales, elle est remise au goût du jour par Albert Ferrasse, lui aussi président de la Fédération française de rugby. Une première tentative, fixée à 1983, est finalement repoussée par la crainte que le rugby sorte de l'amateurisme. C'est en 1987 que l'Australie et la Nouvelle-Zélande accueillent finalement la 1re édition.

Châteaux forts de France

LE CHÂTEAU DE GISORS (EURE)

Juché sur une motte castrale, ce château construit entre les xie et xvie siècles est caractérisé par un donjon circulaire, planté au centre d'une forteresse. L'édifice domine la vallée de l'Epte ; il appartenait autrefois à une ligne fortifiée destinée à protéger le duché de Normandie. Les différentes modifications témoignent de l'importance stratégique du site, mais aussi de l'évolution de la motte castrale vers le château fort. Les sièges répétés ont incité l'édification d'un donjon « enchemisé » de remparts en pierre de taille. Au fil des siècles, le château a été occupé par différents seigneurs et a assisté à plusieurs rencontres royales entre la France et l'Angleterre. Dirigé un temps par les Templiers, une légende raconte qu'il renfermerait leur fameux trésor…

Belles plantes

ELYMUS MAGELLANICUS

Cette espèce a récemment changé de nom. On l'appelait auparavant et encore souvent aujourd'hui Agropyron, mais également « blé bleu ». Car elle est vraiment bleue, beaucoup plus bleue que l'avoine bleue, d'un beau bleu clair lumineux. Ses feuilles assez fines forment une touffe dense de 60 cm de haut pour 40 cm de large. Elle vient d'Amérique du Sud, mais elle est rustique. En outre, elle est persistante et non invasive, contrairement à son cousin, le trop célèbre chiendent. Pour qu'elle reste au top, il lui faut un sol bien drainé et de la mi-ombre. Elle est particulièrement belle sous la lumière automnale, quand plus rien n'est en fleur au jardin. Associez-la à d'autres graminées bien colorées comme la pourprée Imperata cylindrica Rubra. Et rabattez complètement la touffe début mars.

Lundi **16 janvier**

Saint Marcel – On fête aussi les Bérard, Honorat

Soleil
lever : **8 h 37**
coucher : **17 h 23**

À la Saint-Honorat, rarement soleil il y a.

Solution Mots mêlés p. 31

B	O	C	U	I	E	R	L	L	G	F	L	E	R
D	T	N	A	T	S	N	O	C	A	R	E	M	E
H	R	M	I	T	N	A	I	B	A	R	A	E	V
E	E	A	S	U	G	A	S	J	U	R	J	S	I
T	M	Z	T	O	T	G	E	B	T	C	Q	U	L
C	A	T	O	T	R	D	A	I	L	A	H	C	O
H	R	R	C	R	A	G	U	G	P	N	S	O	F
E	T	P	Y	A	R	R	S	C	N	G	N	B	N
B	I	A	I	E	N	A	G	I	A	A	F	F	Q
E	N	S	M	C	V	G	D	N	O	S	I	A	M
S	E	S	C	O	F	F	I	E	R	R	S	R	S
T	N	A	Y	S	C	N	A	L	B	U	T	E	E
O	C	R	O	E	L	L	I	N	G	E	R	L	A
H	T	D	U	R	A	N	D	U	A	S	I	O	L

1. ARABIAN
2. BLANC
3. BOCUSE
4. CARÊME
5. CONSTANT
6. DARROZE
7. DUCASSE
8. DURAND
9. ESCOFFIER
10. ETCHEBEST
11. GAGNAIRE
12. GRATTARD
13. LIGNAC
14. LOISEAU
15. MAÏTÉ
16. MARTIN
17. OLIVER
18. PASSARD
19. PIC
20. ROBUCHON
21. ROELLINGER
22. SAVOY
23. TROISGROS
24. VEYRAT

HISTOIRES DE SUPERMARCHÉS

Le leader français

« Je vais faire des grands centres à mon nom, ça va hyper marcher. Édouard Leclerc. » En 1989, Les Nuls, dans leur émission parodique sur Canal+, inventent cette citation pour ironiser sur les centres E.Leclerc, dont le slogan était à l'époque : « E. Leclerc, de meilleurs achats chaque jour » (slogan auquel l'enseigne restera fidèle de 1949 à 2007, soit pendant 58 ans !). Créée en 1949, cette petite coopérative devenue un géant de la grande distribution revendique aujourd'hui la place de leader en France avec 21,6 % de parts de marché en 2019, 721 magasins en France, et 83 à l'international.

Duos du grand écran

Robert De Niro **Martin Scorsese**

Tous deux d'origine italienne, Martin Scorsese et Robert De Niro ont grandi dans le quartier de Little Italy, à New York. Lorsqu'ils se rencontrent au début des années 1970, chacun voit en l'autre un double cinématographique. En 1973, De Niro devient donc Johnny Boy dans *Mean Streets*. Le talent de l'acteur irradie. Avec *Taxi Driver* (1976), le duo plonge plus profondément dans la noirceur ; puis *Raging Bull* (1980) vaudra à De Niro l'Oscar du meilleur acteur. Après ces trois succès, les deux hommes continuent de mener leurs florissantes carrières en parallèle, se retrouvant à plusieurs reprises. Parmi leurs plus belles réussites, on pense aux *Affranchis* (1990) et à *Casino* (1995). Avec *The Irishman*, sorti en 2019, le duo signe sa neuvième collaboration.

PRENDRE UNE DÉCISION À LA SNCF.

LE CHIFFRE

99,9

C'est, selon une enquête portant sur plus de 88 000 études liées au climat publiées entre 2012 et 2020, le pourcentage des articles scientifiques prouvant que le changement climatique est principalement causé par l'être humain. Ce résultat confirme les conclusions d'une étude similaire réalisée il y a tout juste dix ans, qui évaluait le consensus sur le sujet à 97 %. Pour les auteurs, il n'existe ainsi aucun doute quant à la responsabilité de l'activité humaine dans l'augmentation des températures, et donc dans la fonte des glaces, la multiplication des ouragans, les incendies géants ou les inondations catastrophiques. Pourtant, les sondages d'opinion montrent que la cause du changement climatique reste contestée à travers le monde : 52 % des Américains ne croient pas à son origine humaine. Ils sont suivis de près par l'Arabie saoudite (51 %), la Norvège (50 %) et l'Australie (43 %). Au sein de l'Union européenne, l'Italie et l'Espagne sont à l'inverse les pays les plus convaincus par les causes anthropiques du réchauffement (75 %) alors que la France (68 %) et surtout l'Allemagne en sont moins persuadées (64 %). En outre, une moitié seulement de la population mondiale pense que le changement climatique n'a que des conséquences négatives. La mobilisation générale pour le climat n'est pas pour demain…

Soleil
lever : **8 h 37**
coucher : **17 h 24**

Mardi **17 janvier**

Sainte Roseline – On fête aussi les Roselyne, Anthony

Chenille pas sortie, mets-toi à l'abri !

OISEAUX MIGRATEURS

L'huîtrier pie

Les habitués des côtes bretonnes et normandes connaissent bien l'huîtrier pie. Avec son plumage noir et blanc, cet oiseau trapu et monogame vole en couple le long des plages en poussant des cris perçants. En dépit de son nom, il se nourrit surtout de moules, qu'il ouvre grâce à son long bec orange. C'est un migrateur occasionnel. En France, les populations sont souvent sédentaires, surtout celles des îles comme Chausey. Mais elles sont rejointes pour l'hiver par les huîtriers pies venant des îles britanniques et surtout des Pays-Bas, qui repartent nidifier dans le Nord de février à avril.

RÉBUS

Les livres français

LUNE
CIMETIÈRES

Les Grands Cimetières sous la lune de Georges Bernanos

Brèves régions

Aisne/Le champagne

Si vous interrogez quelqu'un à brûle-pourpoint sur la boisson alcoolisée la plus célèbre produite dans le département de l'Aisne, il y a de fortes chances pour qu'il vous réponde la bière, sachant que nous sommes dans les Hauts-de-France. Mais c'est négliger toute la partie sud du département qui se trouve proche de la Marne et qui est une zone de production de champagne. Ici, le pinot meunier domine sur les sols argilo-calcaires et les vignobles s'étendent sur 3 500 hectares. En les goûtant avec modération, les champagnes de l'Aisne vous surprendront par leur large diversité, leur séduisant bouquet et leur grande souplesse.

ÇA, C'EST FAIT-DIVERS

Cette affaire a été relatée il y a quelque temps par le quotidien espagnol *Diari de Girona*. Un homme d'une quarantaine d'années s'est présenté au commissariat de Badalone, en Catalogne, pour signaler la disparition de sa femme. Celui-ci a raconté aux policiers qu'il avait reçu plusieurs appels de son épouse sur son téléphone portable au cours desquels celle-ci lui avait affirmé avoir été enlevée. En échange de sa libération, ses ravisseurs exigeaient 6 000 euros. Après quelques vérifications, les agents ont alerté l'unité spécialisée dans les enlèvements et les extorsions de la police catalane afin qu'elle prenne l'affaire en charge. Ses limiers ont pu établir que la kidnappée avait elle-même empoché la part de rançon déjà payée par son mari. Rapidement, ils ont même acquis la conviction que la Catalane n'avait pas été enlevée et qu'elle avait mis en œuvre ce scénario pour soutirer de l'argent à son époux. Quelques heures plus tard, la quadragénaire a d'ailleurs été retrouvée en pleine forme dans une salle de jeu, s'apprêtant à jouer « sa » rançon. Interpellée puis présentée à un juge, elle a été inculpée pour simulation de crime et extorsion de fonds. Selon *Diari de Girona*, si les spécialistes des enlèvements ont très vite flairé l'arnaque, c'est que ce stratagème est souvent utilisé en Espagne pour s'adonner au jeu, régler une dette ou encore pour cacher une absence « difficile à justifier ».

Mercredi **18 janvier**

Sainte Prisca – On fête aussi les Priscilla, Gwendal, Messaline

Soleil
lever : **8 h 36**
coucher : **17 h 26**

Un seul bracelet ne tinte pas. *(Proverbe africain)*

FOOT

La Coupe du monde des records

Organisée en France, la Coupe du monde féminine 2019 a décroché quelques records. Plus d'un milliard de personnes ont ainsi suivi les retransmissions, soit une augmentation de 30 % par rapport à l'audience de l'édition précédente au Canada. À l'échelle nationale, les Bleues ont attiré près de 12 millions de spectateurs lors des duels face au Brésil et aux États-Unis, un record. Sur le terrain, trois autres marques historiques ont été atteintes : le total de buts inscrits dans la compétition (146), la meilleure attaque de l'histoire de l'épreuve (USA, 26 buts) et le plus gros écart enregistré lors d'un match avec la victoire 13-0 des États-Unis face à la Thaïlande avec, ce jour-là, cinq buts pour Alex Morgan, deuxième joueuse de l'histoire à y parvenir après sa compatriote Michelle Akers en 1991.

Citations

Un ami est comme un melon. Il faut en essayer plusieurs avant d'en trouver un bon.

Alfred de Musset

DONALD TRUMP CRÉE SON PROPRE RÉSEAU SOCIAL

Citations

Le mot infarctus est le seul mot irrégulier de la langue française. On dit : un infarctus, des obsèques.

Francis Blanche

30 morceaux de bœuf

L'AIGUILLETTE BARONNE

Tirant son nom de sa forme semblable à une aiguille, l'aiguillette baronne est située tout en haut de la cuisse du bœuf, à la pointe du rumsteck. C'est une viande persillée à fibres longues que l'on trouve rarement chez le boucher car elle est très recherchée. Elle s'épanouit au four sous la forme de rôti et peut également être tranchée pour préparer des steaks à poêler.

Belles plantes

CALAMAGROSTIS X ACUTIFLORA KARL FOERSTER

Elle fait partie des grandes, avec une hauteur de 1,2 m (et parfois bien davantage) à la floraison, et c'est l'une des plus colorées, ce qui explique qu'elle soit la graminée la plus cultivée au monde. Le feuillage fin est d'abord vert franc au printemps, avec une nervure centrale blanche. En été, les tiges dressées portent des épis plumeux et souples, dans les tons blanc, rose et bronze, très lumineux quand ils sont mouillés de rosée. Ces inflorescences, comme le feuillage, restent décoratives en automne, virant au brun et au blond. Autres atouts de Karl Foerster : il conserve sa forme de touffe dressée de 70 cm de large, sans s'étaler, et il n'est pas invasif. Une graminée qui aime les sols frais, mais qui accepte les sols secs. On rabat la touffe fanée en mars, quand la plante repart.

Soleil
lever : **8 h 35**
coucher : **17 h 27**

Jeudi **19 janvier**

Saint Marius – On fête aussi les Gabin, Mario, Audifax

Il ne faut jamais dire : « Fontaine je ne boirai pas de ton eau. »

Grandes écoles

HEC Paris

La prestigieuse école de commerce HEC a été créée en 1881 afin de former les futurs managers et entrepreneurs français. Financée par la CCI Paris Île-de-France, cette institution publique consulaire est aujourd'hui une référence internationale. Toutefois, il a fallu plusieurs décennies pour qu'elle s'impose et se départisse de son image d'établissement pour enfants de bonnes familles. À la fin des années 1950, la nouvelle direction décide de s'inspirer des modèles d'enseignement américains, notamment celui d'Harvard, et déménage sur un campus plus innovant et polyvalent. Dès lors, l'école s'impose progressivement, et son concours d'entrée devient plus élitiste. François Hollande et François-Henri Pinault sont issus de ces nouvelles promotions. HEC se démarque notamment par sa politique d'internationalisation, en multipliant les partenariats de recherche avec des universités anglo-saxonnes, mais aussi en établissant des centres de formation et de recherche dans le monde. Aujourd'hui, le campus d'HEC abrite quelque 4 000 étudiants, issus d'une centaine de nationalités. Parmi les récentes actions de l'école, on peut citer le partenariat avec l'Institut Polytechnique de Paris pour créer un centre de recherche en intelligence artificielle : Hi ! PARIS.

Argot

Auberge

Un voleur en prison est comme dans une auberge : il y trouve le gîte et le couvert, et qui plus est, à moindres frais ! Autant de bonnes raisons pour que l'argot des voleurs s'empare du nom « auberge » pour l'employer comme synonyme de prison. Et l'on comprendra ainsi pourquoi, aujourd'hui, alors qu'on se trouve dans une situation dont l'issue est incertaine, on dit que l'on n'est pas « sorti de l'auberge » !

Bibliophiles

Terre des oublis, Duong Thu Huong (Sabine Wespieser, 2006)

Le paysage vietnamien, avec ses fleuves tranquilles, ses forêts épaisses, ses vallées chatoyantes, ses collines où se nichent les toits de feuilles des villages, émet une pulsation tenace. Cette terre discrète se fait l'écho des sentiments filiaux et amoureux tout en faisant entendre la voix des vieux fantômes et des traditions ancestrales, grave et entêtante quand elle ravive le souvenir des victimes des guerres et du communisme. C'est le cœur intime du Vietnam que le lecteur écoute dans ce livre au romantisme flamboyant qui révéla Duong Thu Huong à la France, pays où elle a choisi de s'exiler en 2006.

Vendredi **20 janvier**

Saint Sébastien – On fête aussi les Bastien, Fabien, Fabienne

Soleil
lever : **8 h 34**
coucher : **17 h 29**

À la Saint-Sébastien, l'hiver s'en va ou revient.

Patronymes animaliers

DIDIER BOURDON

C'est comme membre du trio « Les Inconnus » que Didier Bourdon a acquis sa notoriété. Humoriste, il est aussi comédien et chanteur à ses heures. On a pu le voir dans de nombreuses comédies, que ce soit au cinéma ou même au théâtre, où il a notamment rencontré un grand succès en 2009 avec la reprise de la pièce de Jean Poiret *La Cage aux folles,* en compagnie de Christian Clavier. C'est dans le Pas-de-Calais et la Seine-Maritime que le patronyme Bourdon est le plus répandu. Il n'a rien à voir, d'un point de vue étymologique, avec l'insecte puisqu'il est dérivé du bâton de pèlerin appelé bourdon. Il a pu être donné à un ancêtre lointain qui avait effectué un pèlerinage significatif.

Chiffres et expressions

À nous deux !

Cette expression est légèrement raccourcie par rapport à sa forme d'origine que l'on doit à Honoré de Balzac. En 1835, dans *Le Père Goriot*, l'écrivain met dans la bouche de Rastignac un cri qui passera à la postérité comme le symbole des arrivistes : « À nous deux, maintenant ! » La scène se déroule lorsque le jeune étudiant devient l'amant de Delphine de Nucingen.

Argot

Baroud

L'argot militaire a emprunté, au début du XXe siècle, à l'arabe du Maghreb, le nom baroud – désignant alors soit une poudre pour armes à feu, soit une salve tirée lors d'une parade rituelle – pour en faire un synonyme de « combat ». Le nom est passé dans l'usage courant avec l'expression « un baroud d'honneur » que l'on emploie au sens figuré à propos d'un combat désespéré, pour lequel aucun espoir de victoire n'est envisageable.

Séries TV (acteurs et actrices)

GEORGE CLOONEY – *URGENCES*

Le Dr Douglas Ross a subjugué toute une génération de fans de séries télé. Pédiatre charmeur à la coupe de cheveux impeccable, c'est l'un des personnages principaux de la série hospitalière *Urgences* qui, elle aussi, a marqué les esprits en déroulant son lot de drames et d'aventures amoureuses durant 15 saisons. Ce rôle rendra George Clooney célèbre et lui permettra de lancer sa carrière au cinéma. Il quitte la série au cours de la cinquième saison pour se consacrer entièrement au grand écran, en 2000. On le voit dans *O'Brother* des frères Coen, puis dans les trois films *Ocean's* de Steven Soderbergh. L'acteur se lance même dans la réalisation avec *Confessions d'un homme dangereux* (2002). Il a depuis signé une dizaine de films, comme *Les Marches du pouvoir* (2011) et *Good Night and Good Luck* (2005) remarqués par la critique. En 2009, le Dr Douglas Ross a refait une apparition dans la dernière saison d'*Urgences*, dans le bien nommé épisode *Le bon vieux temps.*

Soleil
lever : **8 h 33**
coucher : **17 h 30**

Samedi **21 janvier**

Sainte Agnès – On fête aussi les Aïna, Ania

À la Sainte-Agnès, souvent l'hiver progresse.

VERMOT'ROSCOPE

VERSEAU (21 janvier – 19 février)

Votre caractère

Novateur, inspiré, inventif, avant-gardiste, communicatif, indépendant, humaniste, original, anticonformiste, clairvoyant, lucide, idéaliste, sentimental, aérien, adaptable, aventureux, autoritaire, pessimiste, désinvolte, nerveux, angoissé.

Vos planètes de l'année

Profitez des derniers transits de Saturne pour mieux organiser votre quotidien avant le premier passage de Pluton à partir de mars et préparez le terrain en vue des changements profonds qui commenceront à s'amorcer. Si vous rêviez de transformations, vous ne tarderez pas à être exaucé.

Vie relationnelle

Le premier trimestre 2023 sera très favorable aux échanges, aux sorties ainsi qu'aux invitations. Profitez de cette période pour renouveler votre cercle amical. Dites oui aux nouvelles rencontres qui pourraient s'avérer extrêmement bénéfiques pour vous. Dès l'été, votre sens de l'hospitalité sera très développé.

Amour

À deux, le premier semestre sera idéal pour donner une nouvelle dynamique à votre couple. Multipliez les projets et offrez à votre relation un second souffle qui vous permettra de mieux vous comprendre. Sur le second semestre, consolidez les bases de votre couple.
Célibataire, si l'amour n'est pas au rendez-vous, les flirts et les aventures le seront. Ne vous mettez pas martel en tête et prenez la vie comme elle vient. Savourez chaque rencontre comme un cadeau fait par la vie.

Famille

C'est une année intéressante qui vous permettra d'améliorer vos relations familiales. Si vous étiez en froid avec un membre de votre famille, 2023 vous verra peut-être vous réconcilier. Durant le second semestre, vos échanges seront plus constructifs et apaisés. Pour certains, vous devrez faire face à un événement qui vous obligera à faire bloc.

Quotidien et vitalité

2023 vous demandera de bien vous organiser. Ainsi, si vous désirez passer sans encombre ce nouveau cycle, vous ne devrez rien laisser au hasard. Restez maître de votre temps et ne surchargez pas votre planning, sans quoi le second semestre se révélera extrêmement difficile.

Budget

De mars à novembre, les astres vous donneront la possibilité de mieux gérer vos finances et de garder la main sur votre argent. Prévoyant, vous ne manquerez pas une occasion de préserver votre situation.

Optimisez 2023

2023 est une excellente année pour faire le point sur vous-même. N'hésitez pas à entreprendre un travail d'accompagnement psychologique si le besoin s'en fait sentir. Pour certains, ouvrez-vous à d'autres connaissances, d'autres loisirs ou d'autres horizons.

Brèves régions

Allier/La Loge des Gardes

Ceux qui ne savent pas encore qu'on peut faire du ski dans le département de l'Allier doivent absolument découvrir la Loge des Gardes, station de sports d'hiver située à la limite de la Loire et du Puy-de-Dôme, au cœur de la Montagne bourbonnaise. Classée « station de pleine nature », ses pistes se situent au cœur de la forêt de l'Assise, sur le flanc des Pierres du Jour, point culminant des monts de la Madeleine. En dehors de la saison neigeuse, c'est un parc de loisirs qui propose des parcours de VTT, de quad, de roller, mais aussi des tyroliennes et des descentes en bob-tubby, bouée conçue pour dévaler des pentes de gazon.

HEUREUX MARIAGES

Le petit Jean naquit le dimanche 13 janvier 1697 à La Neuville-en-Beine, dans l'Aisne. Il eut la chance d'être généreusement nourri pendant ses premiers mois par sa maman, Anne Biberon, mais une fois devenu adulte, il fit honneur au patronyme de son père, Antoine Bouteille. L'histoire ne dit pas s'il est devenu vigneron, ce qui aurait été logique quand on s'appelle Jean Bouteille.

Dimanche **22 janvier**

Saint Vincent – On fête aussi les Anastase

Soleil
lever : **8 h 32**
coucher : **17 h 32**

À la Saint-Vincent, cesse la pluie et vient le vent.

Pains & gâteaux

Le gochtial

Entre pain de mie et brioche, le gochtial est une tradition de la presqu'île de Thuys dans le Morbihan depuis le XIXe siècle. Produit pour la Saint-Vincent, le 22 janvier, il contient du lait et des œufs. Son nom viendrait du breton *gwastell* qui signifie « gâteau pour le goûter ». À l'extérieur, on dirait un pain rond, et à l'intérieur sa mie est peu aérée. Il se mange tartiné de beurre salé, de confiture, de miel ou avec du fromage, comme la tome de Rhuys.

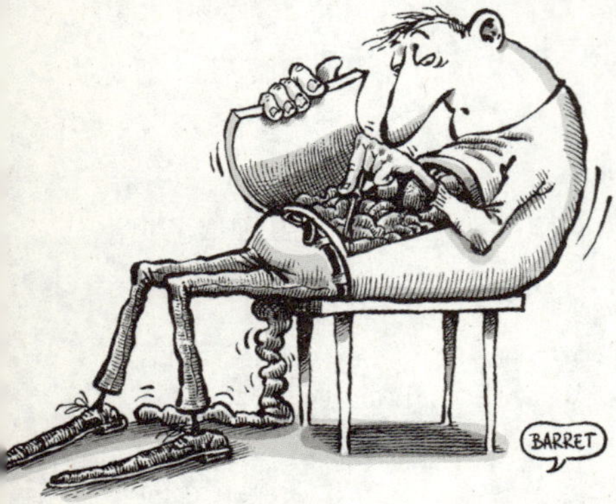

Célébrations en musique

Édouard Lalo (1823-1892)

Il y a 130 ans s'éteignait à Paris le compositeur Édouard Victor Antoine Lalo. Né à Lille soixante-neuf ans plus tôt, le créateur de la *Symphonie espagnole* a étudié le violon et le violoncelle au conservatoire de sa ville, avant de se rendre à Paris pour continuer sa carrière musicale. Chaque vendredi soir, cet homme discret organisait un salon de musique chez lui et fréquentait les autres salons musicaux parisiens. Ses premières œuvres passèrent inaperçues auprès du public français, mais furent remarquées en Allemagne. Il connut tardivement le succès avec des ouvrages symphoniques bien construits et originaux : la *Symphonie espagnole* (1873) et la *Rhapsodie norvégienne* (1881). Son opéra *Le Roi d'Ys* et son ballet *Namouna* complètent une œuvre peu abondante mais de qualité, ouvrant la voie à Fauré, Debussy et autres.

MACRON FACE AU DÉFI DU SURENDETTEMENT DE LA FRANCE

ENIGMES

À la suite d'une effraction, deux tableaux d'Adélaïde le Chevalet ont disparu du musée d'art moderne de Villepeinte. Peu après, agissant sur un indice d'une source que les policiers ne souhaitent pas dévoiler, ceux-ci les ont retrouvés dans une cache de tableaux volés. Malheureusement, il est difficile d'identifier les toiles originales parmi toutes les copies. Les enquêteurs les authentifient grâce à leurs signatures qui sont identiques. Saurez-vous les identifier parmi les six proposées ?

1	2	3
Adèlaïde le Chevalet	Adélaïde le Chevalet	Adélaïde Le Chevalet
4	**5**	**6**
Adélaïde le Chevalet.	Adélaïde le Chevalet	Adélaïde Le Chevalet

Solution : 2 et 6 car 1. Accent grave sur le e d'Adélaïde, 3. « le » a pris une majuscule, 4. Il y a un point après son nom et 5. La base du t est prolongé.

Rétro Vermot

Marchand de soupe cherche individu louche pour servir bouillon.

Citations

Le premier homme qui s'est marié, il ne savait pas. Le deuxième, il est inexcusable.

Henri Jeanson

Lundi 23 janvier

Saint Barnard – On fête aussi les Émerance, Alphonse

Quand les grenouilles crient, c'est pour la pluie.

Argot

Bavard

En argot, le bavard est… bavard ! En effet, ce nom désigne tout d'abord un avocat. On trouve alors des bavards talentueux, pourris et même des bavards peu bavards, ce qui ne représente pas les qualités les plus courantes d'un bavard « normal ». Plus dangereux, le bavard peut aussi être une arme à feu puisqu'il peut « débiter » ses projectiles, comme un bavard débite ses paroles. Enfin, les flatuosités s'échappant du postérieur, on comprend pourquoi l'argot désigne ce dernier par bavard.

La bonne blague

Un quinquagénaire se rend chez son médecin et lui demande de lui prescrire du Viagra doublement dosé. Le médecin lui répond que son état ne le justifie pas et qu'il ne peut pas lui en prescrire.
« Pourquoi pas ? demande l'homme.
– Parce que cela peut être dangereux, lui répond le généraliste.
– Mais j'en ai vraiment besoin ! supplie le quinqua.
– Pourquoi en avez-vous tant besoin ? l'interroge son docteur.
– Eh bien, ma maîtresse vient me voir vendredi ; mon ex-femme sera là samedi et ma femme rentre à la maison dimanche. Vous comprenez ? »
Le médecin compatissant finit par céder, mais à la condition que l'homme vienne le voir le lundi matin pour qu'il puisse vérifier qu'il n'a eu aucun effet secondaire. Comme prévu, le quinqua revient le consulter le lundi. Il semble épuisé et a le bras en écharpe.
« Qu'est-ce qui vous est arrivé ? »
Dépité, l'autre lui répond :
« Aucune n'est venue… »

L'humanité en chiffres

Les animaux de compagnie les plus présents dans les foyers français sont le chat et le chien. En 2019, plus de la moitié des Français déclaraient posséder au moins un animal de compagnie et 18 % de ceux qui n'en avaient pas projetaient d'en acquérir un jour. Toutefois, en République tchèque, plus de 40 % des ménages étaient propriétaires d'un chien, comparé à 20 % seulement en France.

Brèves régions

Alpes-de-Haute-Provence/La Vallée des Oliviers

C'est en novembre que commence chaque année la récolte des olives près du village des Mées, dans les Alpes-de-Haute-Provence. Depuis plus de 600 ans, les moulins de cette Vallée des Oliviers pressent une huile fruitée inimitable, porteuse d'une AOC depuis 1999. Ses bienfaits sont reconnus pour la santé, notamment grâce à sa richesse en omégas 3, 6 et 9, et on l'apprécie non seulement en cuisine pour son goût incomparable, mais aussi en cosmétique car elle possède de nombreuses propriétés pour la beauté des cheveux et de la peau. Les visiteurs découvriront ici des moulins centenaires et des processus de fabrication qui le sont tout autant.

Mardi **24 janvier**

Saint François de Sales – On fête aussi les Thimothée, Franz, Paco

Soleil
lever : **8 h 30**
coucher : **17 h 35**

Un bon coq n'est jamais gras.

Citations

Il était normand par sa mère et breton par un ami de son père.

Alphonse Allais

La gaffe de l'Histoire

Chanson bien choisie ?

À l'automne 2021, le ministère de la Transition écologique a lancé une campagne pour inciter les Français à réduire leur consommation électrique. Parmi les outils de communication figurait un clip vidéo illustré de la chanson *Comme d'habitude* de Claude François. Quand on connaît les circonstances de la mort de l'artiste, on peut se demander si ce choix était le plus adapté…

Citations

Ma femme est sans défense : heureusement pour elle, sinon on la confondrait avec un éléphant.

Pierre Doris

Espace

Le passeur

Membre du premier groupe de cosmonautes français aux côtés de Jean-Loup Chrétien, c'est finalement à bord de la navette Discovery que Patrick Baudry devient le deuxième Français de l'espace en juin 1985. Ayant été formé auprès des Soviétiques puis des Américains, il cherche ensuite à transmettre ce savoir en étant à l'origine du Space Camp, premier centre européen d'initiation au voyage dans l'espace.

C'ÉTAIT VRAIMENT MIEUX AVANT (?)

« AH ! LE FOOT DES ANNÉES 1970-80… »

Véritable « âge d'or » pour les nostalgiques du ballon rond qui évoquent, la larme à l'œil, l'élégance des joueurs, l'amour du maillot, la beauté du jeu, et regrettent le « football total » des Néerlandais, le romantisme des Brésiliens, le carré magique de l'équipe de France, le jeu offensif… Un brin amnésiques, les mêmes oublient de préciser que la victoire finale revenait souvent au « verrou italien », au « réalisme germanique », à « la filouterie des Argentins », bref aux équipes plutôt rugueuses. Ils ont également oublié que c'était l'époque de la coupe mulet et des shorts trop courts, des matchs de Coupe du monde truqués (en 1978 et en 1982) ou encore celle du célèbre tacle par-derrière qui découpait les attaquants. Surtout, « l'âge d'or », on l'appréciait principalement dans les journaux les lendemains de match. Aujourd'hui, on peut suivre en direct des centaines de matchs à travers la planète sans bouger de son canapé. Et apprécier, ou pas, « la beauté du jeu ».

MÉTIERS IMPROBABLES

FEUTIER

Cette profession méconnue n'est exercée qu'à Lourdes. Aujourd'hui au nombre de dix, les feutiers ont pour mission principale de s'occuper des 1,4 million de cierges déposés, chaque année, dans la cité mariale. En charge des stocks (800 tonnes de bougies par an), ils remplissent tous les présentoirs, s'assurent que les cierges déposés dans les brûloirs ne s'éteignent pas et nettoient la cire lorsqu'ils ont fini de se consumer. « Les feutiers veillent sur les intentions de prière des pèlerins », résume Pierre Lafaille, leur actuel responsable. Autrefois purement technique, ce métier consiste aujourd'hui aussi à accueillir et accompagner les fidèles sur le sanctuaire. Et chaque année, ils sont près de 6 millions à s'y rendre pour prier et, souvent, allumer un cierge.

Mercredi **25 janvier**

Conversion de Saint Paul – On fête aussi les Artémis, Juvence

Le jour de Saint-Paul, l'hiver se rompt le col.

PETIT, MICHEL-ANGE ÉTAIT SAGE, IL NE DESSINAIT JAMAIS SUR LES MURS DE SA CHAMBRE...

Brèves régions

Hautes-Alpes/Les tourtons

Les tourtons sont une spécialité des Hautes-Alpes et, plus précisément, de la vallée du Champsaur, au sud du massif des Écrins. Ce sont des petits chaussons farcis à la purée de pomme de terre, au fromage de chèvre, au reblochon, aux lardons, aux épinards ou à la viande, et servis chauds, accompagnés d'une salade verte. On en trouve également des sucrés, servis froids en dessert, fourrés à la compote de pommes ou de pruneaux, à la confiture de framboises ou de myrtilles et même à la pâte à tartiner. Les tourtons étaient autrefois une spécialité du repas de Noël, ce qui leur vaut le surnom de « coussins du petit Jésus ».

Ça s'est passé

Le 25 janvier 1623

Le jésuite allemand Johann Adam Schall von Bell arrive à Pékin. Il prévoit une éclipse en octobre, ce qui émerveille la cour des Ming. En 1653, il devient illustre mandarin, Maître des secrets du Ciel.

Ville en chanson

Mexico

En 1951, le ténor espagnol Luis Mariano va rendre Mexico incontournable et faire s'égosiller plusieurs générations sur son célèbre contre-ut final. La chanson est extraite de l'opérette *Le Chanteur de Mexico* composée par Francis Lopez. Le spectacle est adapté en film, quelques années plus tard, avec Annie Cordy, Bourvil et bien sûr Luis Mariano. C'est un succès, et plus de 70 ans après, cet air sonne toujours si familier : « Mexico, Mexico/Sous ton soleil qui chante/Le temps paraît trop court/Pour goûter au bonheur de chaque jour… »

L'ACTU

DURA LEX, SEX LEX

À Grand Rapids, dans le Michigan, huit mois après le procès, la sanction tant attendue par David Werking, la victime, est tombée : le juge Paul Maloney a condamné les parents du quadragénaire à lui verser 30 441 dollars. Ils doivent également régler 14 500 dollars à l'avocat de leur fils. Leur forfait : avoir jeté toute la collection de films, magazines et divers objets pornographiques amassés par leur fiston pendant des années. L'homme de loi a estimé que, bien qu'ils soient chez eux, les parents n'avaient pas le droit de s'en débarrasser sans l'autorisation de leur fiston. David Werking était retourné vivre dans leur maison pendant 10 mois après un divorce. Il avait apporté ses biens et notamment sa collection. Puis il avait déménagé dans l'Indiana. Le lendemain de son départ, ses parents s'étaient débarrassés des vidéos et publications scabreuses. Werking l'avait appris juste après par un e-mail de son père dans lequel ce dernier déclarait qu'en agissant ainsi il lui avait rendu « un grand service ».

Jeudi **26 janvier**

Sainte Paule – On fête aussi les Paola, Pauline, Paulette

Soleil
lever : **8 h 28**
coucher : **17 h 38**

Quand on n'avance pas, on recule.

DEVINETTES

Je peux vivre le temps d'une saison,

Je peux être prise de frissons,

Je peux préserver la pudeur,

Selon mon nombre, je peux porter bonheur.

Que suis-je ?

Réponse : UNE FEUILLE

Belles plantes

CANCHE CESPITEUSE

Cette canche (Deschampia cespitosa) est assez commune dans la nature. Persistante, elle forme des touffes denses, d'un feuillage assez raide, vert foncé, d'aspect hérissé, sans rien d'exceptionnel, mais elle se distingue par sa floraison. Au début de l'été, ses tiges dressées portent des inflorescences gracieuses, d'une grande légèreté, presque vaporeuses, d'abord vert clair, puis dans les tons jaune d'or. Plantée en large groupe, en sol ordinaire, cette canche est particulièrement belle sous le soleil déclinant, car elle en capte toute la lumière. Ses touffes sèches restent décoratives jusqu'à la fin de l'hiver. On retiendra la variété Goldschleier, aux épis d'un jaune d'or très soutenu, ou encore Bronzeschleier, dont les inflorescences sont d'abord vert brun, avant de virer au jaune.

COVID : CEUX QUI N'ONT PAS RÉUSSI À DÉVELOPPER LE VACCIN.

Bibliophiles

Le Mot frère, Stéphane Bouquet (Champ Vallon, 2004)

Stéphane Bouquet décrit ce qui anime le regard et parfois le trouble. Ce que l'on croise, ce que l'on remarque, ce qui éveille le désir.
À commencer par les autres, dont la présence suffit à nous rendre vivants, même quand ils disparaissent au coin d'une rue, ou parce qu'ils meurent. Pour le poète, les mots conservent la mémoire des noms, des corps, la trace d'un passage. Le mot « frère » en est une ; le prononcer, c'est commencer le geste de s'étreindre, déjà la promesse que vivre ensemble est possible. Et c'est ainsi qu'il dit : « Vivre est un chemin, joyeux et triste, à augmenter chaque jour. »

PROBLÈMES DE MATHS DU CERTIFICAT D'ÉTUDES

Un récupérateur d'eau de pluie, de forme cylindrique, est plein aux trois quarts.

1. Sachant que son diamètre est égal à 55 cm et sa hauteur à 0,90 m, combien de litres d'eau contient-il ?
2. Après une longue période de sécheresse, le récupérateur est vide et il est décidé de le remplir avec de l'eau de la ville. Sachant qu'un arrosoir d'une contenance de 10 l, rempli au 85e de sa contenance, est utilisé, combien de fois cet arrosoir sera-t-il utilisé pour remplir le récupérateur d'eau aux deux tiers de sa contenance ?

Solution : 1. Contenance totale du réservoir : $\pi \times r^2 \times h = 3{,}14 \times (0{,}55/2)^2 \times 0{,}9 = 0{,}2137$ m³ ou 213,7 l. Contenu actuel = (213,7/4) × 3 = 160,275 l.
2. 2/3 de la contenance du récupérateur d'eau = (213,7/3) × 2 = 142,47 l.
142,47/(10 × 0,85) = 16,76 ou 17 fois.

Citations

Un traître est un homme politique qui quitte son parti pour s'inscrire à un autre. Par contre, un converti est un homme politique qui quitte son parti pour s'inscrire au vôtre.

Georges Clémenceau

Soleil
lever : **8 h 27**
coucher : **17 h 40**

Vendredi **27 janvier**

Sainte Angèle – On fête aussi les Angie

Il n'est jamais trop tard pour bien faire.

Recette

Quatre-quarts au citron

Pour 6 à 8 pers. **10 min de préparation** **45 à 50 min de cuisson**

- 230 g de beurre demi-sel
- 1 à 2 citrons jaunes et/ou verts non traités
- 180 à 230 g de sucre (voir conseils)
- 4 œufs
- 230 g de farine
- 1 sachet de levure chimique

Sortez le beurre du réfrigérateur et laissez-le à température ambiante 15 min.

Préchauffez le four à 170 °C (th. 5-6). Lavez soigneusement les citrons puis prélevez leur zeste et pressez-les ; réservez le jus et les zestes ensemble.

Mélangez le beurre et le sucre puis cassez les œufs un par un et incorporez-les au mélange. Ajoutez le jus et les zestes des citrons puis mélangez bien. Incorporez finalement la farine tamisée et la levure.

Versez la préparation dans un moule à cake graissé ou en silicone. Enfournez pour 45 à 50 min. Laissez tiédir avant de déguster.

Conseils
Le poids de 4 œufs est approximativement de 230 g, mais en fonction de la taille de vos œufs, vous pouvez réduire la quantité ou l'augmenter. L'important est d'équilibrer la quantité des 4 ingrédients, d'où le nom du gâteau. En revanche, la quantité de sucre gagne à être diminuée, en fonction des goûts.

Argot

Bénard

Si, aujourd'hui, « bénard » en argot désigne un pantalon quel qu'il soit, à l'origine il ne désignait qu'un type particulier de pantalon, moulant jusqu'aux genoux puis s'évasant jusqu'aux pieds (l'ancêtre du pantalon à « pattes d'ef »). C'est le tailleur français Auguste Bénard qui lança le modèle à la fin du XIXe siècle à Paris. Succès assuré auprès des voyous de Belleville !
Et c'est ainsi que le pantalon à la Bénard s'est transformé simplement en bénard…

Rétro Vermot

Lorsqu'on est trop curieux des choses qui se pratiquaient aux siècles passés, on demeure ordinairement ignorant de celles qui se pratiquent en celui-ci. Descartes

BD de collection

Bécassine

La première bande dessinée française a été écrite par une femme, Jacqueline Rivière, et son héros est une héroïne. *Bécassine* paraît en février 1905 dans *La Semaine de Suzette*, destinée aux jeunes filles de bonne famille ; elle est dessinée par Pinchon et met en scène une jeune bonne bretonne qui paraît idiote, mais qui, en réalité, est pleine de bon sens. On dit que c'est la première BD parce que pour la première fois, c'est vraiment l'image, la vignette, qui raconte l'histoire, au lieu de simplement l'illustrer.

Samedi **28 janvier**

Saint Thomas d'Aquin – On fête aussi les Gentile, Tom

Soleil
lever : **8 h 25**
coucher : **17 h 41**

Coq à six heures chantant annonce le vent.

30 morceaux de bœuf

L'ENTRECÔTE

Contrairement à la côte de bœuf qui peut se préparer au four, l'entrecôte exige une cuisson à la poêle ou au barbecue. C'est un morceau très noble, souvent cher, mais dont la saveur est exceptionnelle. Elle ne doit ni être dégraissée avant la cuisson ni être piquée avec une fourchette car cela risquerait de l'assécher. Il faut donc la retourner avec une pince pendant la cuisson.

Citations

J'ai des tas d'idées brillantes et nouvelles, mais les brillantes ne sont pas nouvelles, et les nouvelles ne sont pas brillantes.

Marcel Achard

Vélo

Au bout de l'effort

Le 21 juillet 1910, il est 3 h 30 du matin lorsque la dixième étape reliant Luchon et Bayonne est lancée. Au bout de celle-ci, le Français Octave Lapize s'impose et montre sa colère traitant les organisateurs de « criminels ». Il faut dire que l'étape est d'une difficulté rare : 326 kilomètres avec les premiers passages de l'histoire sur les cols de Peyresourde, d'Aspin, du Tourmalet, ou de l'Aubisque. Une étape éprouvante que Lapize remporte en plus de 14 heures et que seuls 41 coureurs sur les 110 au départ terminent.

Pêche en mer

Le maquereau au train de mouches

Dès les premiers beaux jours, les maquereaux s'approchent de la côte, poursuivant alevins et crustacés. Les chasses des poissons sont facilement repérables les jours (pas les nuits !) de mer calme, le long des digues ou près des rochers. Les mouches spéciales maquereau leur semblent appétissantes et ils s'en saisissent aisément. Une canne à lancer de 3 m est de mise, munie d'anneaux et équipée d'un moulinet garni d'un Nylon 50/100. Une cuiller mer ou un plomb de 30 g termine la ligne. Les leurres (de 3 à 4 mouches à maquereau) sont installés au-dessus. Le lancer s'effectue au-delà de la chasse et on ramène par à-coups. Les touches sont violentes et lors de prises multiples la bagarre est rude. À ce petit jeu, les prises s'entassent. Dégustez les maquereaux très frais et faites-en profiter les amis.

Citations

Je sors tout juste d'une relation avec un pervers narcissique. Enfin, c'est ça qu'on dit maintenant les filles, quand on s'est fait larguer.

Blanche Gardin

VERS UN REVENU D'EXISTENCE POUR LES JEUNES ?

Brèves régions

Alpes-Maritimes/ L'écomusée de l'oranger bigaradier

L'écomusée de l'oranger bigaradier, installé dans la première usine de distillation construite à Golfe-Juan en 1904 et entièrement rénovée, propose un voyage dans le temps : matériels de récolte, balances, alambics et machine à extraire l'huile essentielle sont mis en scène dans un parcours ludique et pédagogique. Lors de la visite, qui dure environ une heure, vous assisterez également à la fabrication de confitures. L'écomusée vous invite à un retour à l'authentique et à revivre les grandes heures de l'histoire industrielle et culturelle de la région et de la ville. Il est ouvert de mai à mi-décembre.

Dimanche 29 janvier

Saint Gildas – On fête aussi les Sulpice

S'il gèle à la Saint-Sulpice, le printemps sera propice.

TAIS TOI !

Le bon mot de l'Histoire et le gros mot

« Si Le Pen est un salaud, ceux qui votent pour lui sont des salauds. » Bernard Tapie, 28 janvier 1992

Lancée lors d'un meeting à Marseille pendant les élections régionales de 1992, la violente charge de Tapie témoigne de la haine entre lui et le leader du Front national. Les propos du poulain de François Mitterrand choquent, y compris au PS. Le Pen porte plainte et un débat télévisé entre les deux adversaires est annulé. Le 22 mars 1992, les résultats des élections sont mitigés pour Tapie : certes le FN ne remporte pas la région, mais le président de l'OM n'arrive que troisième. Toutefois, dans le département des Bouches-du-Rhône, sa liste « Énergie Sud » arrive en tête. Ce succès relatif, alors qu'ailleurs le scrutin est cataclysmique pour la gauche, lui ouvre les portes du gouvernement : le 2 avril 1992, Bernard Tapie est nommé ministre de la Ville. Un mois et demi plus tard, une décision de justice l'oblige à quitter ce ministère spécialement créé pour lui…

30 morceaux de bœuf

L'ARAIGNÉE

L'araignée est un morceau de choix situé exactement au milieu de la cuisse du bœuf. Ce petit muscle persillé est difficile à trouver en boucherie car il est rare. Son nom lui vient des ligaments qui apparaissent quand on le coupe en deux et qui peuvent faire penser aux huit pattes d'une araignée entourant son corps. Tout juste poêlée, l'araignée de bœuf est un délice.

LE CHIFFRE

10

C'est, en centimètres, la longueur de l'ouverture buccale de Samantha Ramsdell, une Américaine de 32 ans, nouvelle détentrice du record de la plus grande bouche du monde. Véritable star sur les réseaux sociaux, la jeune femme a fait de son impressionnant orifice oral — 6,56 cm de long fermé et 10 cm de diagonale une fois ouvert — un véritable fonds de commerce depuis plusieurs années. Régulièrement, elle se met en scène dans des séquences vidéo où elle tente d'avaler des pizzas, des burgers, des sandwichs ou des beignets, toujours plus gros. Pourtant, sur CNN, Samantha Ramsdell a assuré que sa bouche XXL n'avait pas toujours été un atout. Durant son enfance, c'était même une (grande) source de moqueries à son égard. Aujourd'hui, c'est l'inverse : son organe buccal est, d'après elle, la « meilleure partie d'elle-même ».

Rétro Vermot

Les paroles dont la simplicité est à la portée de tout le monde et dont le sens est profond sont les meilleures.
Mencius

Lundi 30 janvier

Sainte Martine – On fête aussi les Aleaume

Soleil
lever : **8 h 23**
coucher : **17 h 45**

Quand la grive chante au genévrier, l'on n'est pas loin du mois de février.

LE SAVIEZ-VOUS ?

L'art contemporain donne du sens à rien en faisant beaucoup d'argent avec pas grand-chose.

Chiffres et expressions

Atteindre le risque zéro

Il faut malheureusement s'en convaincre, le risque zéro n'existe pas. Chaque action que nous engageons, chaque projet que nous nourrissons, chaque nouveau jour de vie même, s'accompagne de risques. La volonté qui consisterait à « atteindre le risque zéro » est donc une pure utopie, tout au plus peut-on ainsi exprimer l'espoir de réduire au maximum les risques d'une opération.

THÉÂTRES DU MONDE

Le théâtre des Célestins à Lyon

Ce théâtre à l'italienne typique, avec ses galeries en fer à cheval et ses couleurs rouge et or, est l'un des plus vieux de France. Ancien couvent, une première salle y a été créée en 1792. On doit sa construction actuelle à Gaspard André. Le théâtre peut accueillir plus de 1 000 spectateurs. Les fauteuils en velours et le tissu tendu sur les murs créent la même atmosphère feutrée qu'appréciait le public de la fin du XIXe siècle. La pièce maîtresse est un majestueux lustre qui ne compte pas moins de 194 ampoules halogènes et pèse environ 1,5 tonne.

Pas si bête

L'azuré du serpolet

Se faire passer pour une fourmi quand on est un papillon, il faut oser ! Pour finir par déployer ses belles ailes bleues, l'azuré du serpolet a choisi une voie inattendue et cette spécialisation poussée le fragilise, car, pour se reproduire, il a besoin de se faire aider. Après son éclosion et plusieurs mutations, sa chenille se laisse tomber sur le sol. Elle ne peut ni se déplacer ni se nourrir, mais elle secrète un miellat qui attire des fourmis du genre Myrmeca. Celles-ci, la prenant pour une de leurs larves, la transportent dans la fourmilière… où elle se nourrit des larves de ses hôtes. Au bout de plusieurs mois, elle sort, se nymphose et le papillon apparaît en juin pour partir chercher du serpolet. Mais seules 15 % des chenilles parviennent ainsi à pénétrer dans un garde-manger.

Les plus vieux commerces du monde

Allemagne – KaDeWe

Fondé en 1907, le KaDeWe est un des plus anciens commerces d'Allemagne et sans doute le plus célèbre. Son nom est l'abréviation de *Kaufhaus de Westens*, qui signifie « Grand magasin de l'Ouest ». Ici, depuis plus d'un siècle, les portiers sont coiffés d'un haut-de-forme et saluent les clients. Il faut dire que le magasin s'est toujours voulu chic, que ce soit pour les articles de mode qui y sont proposés, la parfumerie ou encore l'horlogerie. Au 6e étage, l'avant-dernier du magasin, le rayon « épicerie fine » est particulièrement renommé et plus de 30 stands gastronomiques y proposent des spécialités culinaires du monde entier. Avec plus d'une centaine de cuisiniers, une quarantaine de pâtissiers et 1 000 places assises, le KaDeWe est aussi le plus grand restaurant de Berlin.

Mardi 31 janvier

Sainte Marcelle – On fête aussi les Marcelline, Marcela

Vent en janvier, pluies en juillet.

Les pires prédictions de l'Histoire

En 1880, le fondateur des Témoins de Jéhovah, Charles Taze Russell, prédit que la fin des temps doit survenir en 1914. Aussi interprète-t-il la Première Guerre mondiale comme le début de l'Apocalypse. Décédé en 1916, le pasteur n'a pu vérifier l'échec de son pronostic. Pas découragés pour autant par ce qui ressemble à une erreur de calcul, ses successeurs ont continué à prophétiser l'anéantissement du monde pour 1920, 1925, 1941 et, enfin, pour 1975. Depuis, les Témoins de Jéhovah ont arrêté d'annoncer la date précise de la destruction de toutes les institutions terrestres. Mais d'après eux, c'est pour (très) bientôt.

Brèves régions

Ardèche/Le Phare de Gloria Friedmann

C'est une œuvre d'art contemporaine qui surplombe la vallée très encaissée de la Borne, une tour monochrome bleue haute de 7 mètres imaginée par l'artiste allemande Gloria Friedmann. Sa couleur nous rappelle que nous sommes précisément sur la ligne de partage des eaux, dans le département de l'Ardèche, sur un site naturel époustouflant par sa vue exceptionnelle sur les bassins-versants Atlantique et Méditerranée. D'accès libre toute l'année, le Phare est un repère, un refuge aussi, qui invite à la contemplation et au repos après la randonnée de 13 kilomètres qui permet de l'atteindre, notamment par le GR7.

ÇA, C'EST FAIT-DIVERS

Ce procès insolite a fasciné les Sud-Africains pendant des semaines. Dans le box des prévenus, une ancienne policière respectée, Nomia Ndlovu, est accusée d'avoir orchestré le meurtre de six de ses proches pour empocher des assurances-vie. Entre 2012 et 2017, son cousin, l'une de ses sœurs, son petit ami, sa nièce et deux de ses neveux ont successivement été retrouvés morts, matraqués, étranglés et/ou tués d'une balle. À chaque fois, Nomia Ndlovu avait contracté des assurances-vie au nom des victimes. À chaque fois, elle a réclamé l'argent après leur trépas. Si elle a personnellement occi sa sœur avec du thé empoisonné, elle a recruté deux tueurs à gages pour les autres meurtres. La « sous-traitance » de son activité criminelle a fini par causer sa perte. En 2018, elle prévoyait d'éliminer son autre sœur et ses cinq jeunes enfants en faisant incendier leur maison. Pour éviter leurs cris, elle voulait les droguer avant avec des somnifères et bourrer leurs bouches avec des chaussettes. Ce scénario a tellement horrifié le tueur qui devait l'exécuter que ce dernier est allé prévenir la police. Un agent s'est présenté comme assassin de remplacement chez l'ex-policière qui lui a répété mot pour mot ses abominables consignes. Malgré des preuves accablantes, Nomia Ndlovu a tout nié lors de son procès. Les juges l'ont condamnée à perpétuité.

Charade classique

Mon premier est habituellement répété pour transcrire des éclats de rire.

Mon deuxième est un textile d'origine animale.

Mon troisième renforce une affirmation.

Mon quatrième est une fleur célébrée pour sa beauté et sa senteur.

Mon tout est une grande cheffe cuisinière française.

(HÉ – LAINE – DA – ROSE)
HÉLÈNE DARROZE

Mercredi 1er février

Sainte Ella – On fête aussi les Viridiana, Sibert

Soleil
lever : **8 h 20**
coucher : **17 h 48**

Février veut pain, vin, viande et feu.

HISTOIRES POLICIÈRES

UN TRIANGLE DES BERMUDES DANS LES CÉVENNES ?

Situé à la croisée de l'Ardèche, de la Loire et de la Haute-Loire, le triangle de la Burle détiendrait le triste record des catastrophes aériennes en France. Si, depuis un siècle, environ 80 accidents – dont plusieurs mortels – ont en effet eu lieu dans cette zone à l'est du Massif central, la légende du « triangle des Bermudes français » a véritablement pris racine à partir de la Seconde Guerre mondiale. Le 3 novembre 1943, un appareil de la Royal Air Force, chargé de parachuter des armes pour la Résistance, s'écrase près de Marcols-les-Eaux en Ardèche. Bilan : sept morts et un rescapé. Ce dernier raconte qu'à la suite d'un orage soudain, plus aucune commande ne fonctionnait. Par ailleurs, les témoignages des personnes ayant aperçu l'avion sont troublants. Ils évoquent des sphères étincelantes entourant l'appareil avant la catastrophe. Fin juin 1944, nouveau crash inexpliqué d'un Halifax de la RAF à une cinquantaine de kilomètres de là. Après-guerre, la série noire continue. Le 13 mai 1948, le « triangle maudit » acquiert une réputation internationale. Ce jour-là, un petit avion qui vole vers Nice s'écrase sur le plateau du Coiron. Il n'y a aucun survivant. Parmi les passagers se trouvait Kathleen Kennedy, la sœur cadette de JFK, futur président des États-Unis.

Les drames se succèdent en 1952, 1956, 1959, 1963, 1964, 1966, deux fois en 1968, deux fois encore en 1969. Le 21 janvier 1971, un bimoteur de l'armée s'écrase à son tour, avec à son bord les plus grands cerveaux du programme nucléaire français. Officiellement, c'est la météo qui a provoqué l'accident. Mais les sauveteurs retrouvent 22 corps, alors qu'il n'y avait que 21 passagers à bord… Plusieurs avions de tourisme vont se crasher au cours de la même décennie. Le 18 septembre 1980, un appareil est aperçu en perdition dans le secteur par plusieurs témoins, dont certains sont des gendarmes. Mais on ne retrouve aucun débris et aucun aéroplane n'est signalé manquant dans la région. Six mois plus tard, nouveau « crash de rien ». Des agriculteurs et des automobilistes remarquent un appareil en difficulté dans le ciel du côté du Puy-en-Velay puis une grande colonne de fumée noire s'élevant dans les airs. Les secours ne trouvent aucune trace d'accident. Deux mystères de plus ! Entre 1980 et 2010, une quinzaine d'appareils civils et militaires s'écraseront dans les « Bermudes en Cévennes ».

La Burle, ce vent glacial qui souffle en bourrasques, et le relief de la région ne peuvent expliquer toutes ces catastrophes. Une hypothèse scientifique suggère que des perturbations magnétiques, liées à la nature du sol des anciens volcans, affoleraient les instruments de navigation. Des théories moins rationnelles évoquent la présence d'ovnis ou l'existence d'une base militaire secrète dans le secteur. D'autres rappellent la malédiction de « la Table d'or » : au IIIe siècle avant J.-C., les Gaulois auraient rapporté au Puy-en-Velay une main dorée arrachée à une statue d'Apollon, après le sac de Delphes en Grèce. Pour déjouer la colère du dieu, les druides firent fondre la relique pour la transformer en table d'or. Enfoui dans le massif du Mézenc, cet artefact maudit serait à l'origine du « triangle de la Burle ».

Ça s'est passé

Le 18 février 1923

Cérémonie d'ouverture de la chambre funéraire du pharaon Toutânkhamon dans la Vallée des Rois en Égypte avec l'égyptologue Jean Capart.

Soleil
lever : **8 h 19**
coucher : **17 h 50**

Jeudi **2 février**

Chandeleur – On fête aussi les Théophane, Jeanne de Lestonnac

S'il pleut à la Chandeleur, les vaches donnent beaucoup de beurre.

Étymologie

Le forain ne doit rien à la foire

Contrairement aux apparences, les noms *forain* et *foire* n'ont aucun lien de parenté étymologique et, si le forain est bien celui qui travaille à la foire, *forain* n'est pas un dérivé de *foire*. En effet, il vient du bas latin *foranus* qui signifie « qui dépasse à l'extérieur », lui-même issu du latin *foris*, « dehors », que l'on retrouve, par exemple, dans *forum*. *Forain* a eu d'abord le sens d'« étranger ». Le nom *foire*, lui, vient du bas latin *feria*, de même sens.

La gaffe de l'Histoire

Cher et mauvais

Distrait parce qu'il « était sur le point de devenir papa », selon la version officielle, un employé d'une grande chaîne de magasins discount a inversé les mots d'un slogan sur le site de celle-ci. Au lieu d'écrire « Qualité élevée, bas prix », il a inscrit en ligne « Prix élevé, basse qualité ». Selon le journal *La Libre Belgique* qui rapporte l'anecdote, son employeur ne lui en a pas voulu.

Pas si bête

L'aurore

Comment faire quand on est une larve (ou plus exactement une chrysalide) appétissante et que l'on doit rester accrochée sur une tige pendant dix bons mois sans se faire dévorer par les oiseaux ? L'aurore, un papillon blanc aux extrémités orange, ou blanc et noir pour la femelle, a trouvé la solution : il se déguise en grosse épine. Et s'il doit tenir aussi longtemps dans cette situation, c'est qu'il est obligé de sortir très tôt dans l'année, dès mars, car la plante sur laquelle la femelle pond uniquement, la cardamone, est, elle aussi, précoce à l'aurore du printemps. Les chenilles apparaissent rapidement, se nourrissent sur les fleurs et les graines de la cardamone et se transforment bientôt en chrysalides, qui doivent tenir jusqu'en fin d'hiver pour que les papillons adultes sortent enfin.

POURQUOI – ET COMMENT – LE GAZ RUSSE CONTINUE-T-IL DE TRANSITER PAR L'UKRAINE ?

L'ACTU

E.T. TÉLÉPHONE TERRE

Depuis la découverte de la première exoplanète en 1992, les astrophysiciens ont détecté plus de 4 200 exoplanètes situées dans plusieurs milliers de systèmes stellaires. Récemment, des chercheurs se sont demandé s'il pouvait exister de potentielles civilisations extraterrestres capables, selon leur localisation dans la galaxie, de détecter la Terre et des traces de vie à sa surface. Et selon les résultats de leur étude publiée dans MNRAS, il existerait au moins 1 004 systèmes stellaires où des aliens pourraient nous observer de loin. Ces systèmes ont la Terre en ligne de mire directe et sont suffisamment proches de nous pour pouvoir détecter des traces chimiques de notre présence. Près de 95 % de ces étoiles appartiennent à des catégories qui peuvent soutenir la vie pendant des milliards d'années, ce qui est suffisamment long pour que la vie intelligente évolue. Si la plupart d'entre elles se situent à plus de 300 années-lumière, l'étoile la plus proche n'est qu'à 28 années-lumière. Certaines sont suffisamment lumineuses dans le ciel pour être vues depuis la Terre. Une naine rouge, distante de seulement 12 années-lumière et qui possède des exoplanètes connues, entrera dans la zone de repérage de la Terre en 2044. Bientôt *Les Envahisseurs* en vrai ?

Vendredi 3 février

Saint Blaise – On fête aussi les Oscar, Anshaire

Soleil
lever : **8 h 17**
coucher : **17 h 51**

Quand le jour de Saint-Blaise est brumeux, il pleuvra dans un jour ou deux.

Curiosités scientifiques

L'indestructible marcheur

D'une taille inférieure au millimètre et au profil assez grassouillet, qui leur a valu le surnom d'« oursons des mers », les tardigrades sont une véritable curiosité pour les chercheurs. Et pour cause, ils sont tout simplement indestructibles : ils résistent aux températures extrêmes, survivant à -272 °C comme à 150 °C, peuvent vivre dans le vide spatial comme dans les profondeurs de la Terre, et se figent en cas de catastrophe naturelle ou climatique pour se réveiller une fois les conditions redevenues meilleures. Alors que les animaux de leur taille ondulent, les tardigrades possèdent huit pattes, marchant et courant comme des insectes. Ils intriguent tellement que Thomas Pesquet les a emmenés dans l'espace pour les étudier.

Citations

J'ai un truc pour se souvenir de la date d'anniversaire de votre femme : il suffit de l'oublier une fois !

Michel Galabru

Ça s'est passé

Le 3 février 1923

Le Conseil de la Société des Nations reconnaît l'annexion de Vilnius, actuelle capitale de la Lituanie, par la Pologne qui retrouve presque cette année-là ses frontières de 1793.

Espace

Le recruteur

Le troisième Français de l'espace est Michel Tognini. Avec deux missions à son actif, en 1992 avec le vaisseau russe Soyouz, puis en 1999 à bord de la navette américaine Columbia, il totalise 18 jours dans l'espace. Chef du Centre des astronautes européens, il est à l'origine du recrutement de Thomas Pesquet.

Belles plantes

CAREX OSHIMENSIS EVEREST

Botaniquement, les carex (ou laîches) sont différents des graminées, mais ils leur ressemblent beaucoup et sont utilisés de la même manière. Ce sont des plantes rustiques, peu exigeantes et faciles à cultiver. Carex oshimensis est une espèce asiatique à feuillage persistant, formant une touffe de 30 cm de haut et de large, à feuilles en rubans étroits et retombants. La variété Everest présente des feuilles largement marinées de blanc crème, couleur qui est plus marquée à mi-ombre qu'au soleil. Plantez-la en large masse dans les massifs, en l'associant à des graminées et à des vivaces, ou utilisez-la pour garnir le pied des arbustes d'ornement, ou en bordure et même en potées sur les terrasses. Chez une variété proche, Evergold, les feuilles sont panachées de jaune d'or.

Soleil
lever : **8 h 16**
coucher : **17 h 53**

Samedi **4 février**

Sainte Véronique – On fête aussi les Véronica

Si février ne « févrière pas », tout mois de l'an peu ou prou le fera.

HEUREUX MARIAGES

Si les défauts deviennent des qualités quand ils s'unissent, aucun doute que l'union de Jean Marie Borgne et Marie Anne Simplet le 22 mai 1856 à Ambérieu-en-Bugey, dans l'Ain, ait été une réussite ! Espérons également qu'après leur mariage célébré le 1er mai 1883 à Saint-Maurice-lès-Charencey, dans l'Orne, Constant Boucher et Pascaline Lemuet trouvèrent des sujets de conversation !

Bibliophiles

Naissance d'un pont, Maylis de Kerangal (Verticales, 2010)

C'est l'histoire du chantier titanesque d'un pont, qui doit dynamiser, enrichir et refaçonner une petite ville de Californie. C'est une tour de Babel qui réunit une multitude de personnages venus de tous les horizons, deux rives aux paysages antagonistes. C'est une épopée, un western où s'affrontent ambitions et espoirs, grands et petits. Maylis de Kerangal use d'une langue qui, pour la paraphraser, parle avec les mains, fait des bruitages, déplace et retourne dans tous les sens les choses, le ciel et les cœurs. Elle filme plus qu'elle n'écrit. En technicolor. En relief. Ce roman a reçu le prix Médicis.

LE SAVIEZ-VOUS ?

Vivre ensemble c'est apprendre aux autres à vivre avec moi.

POULES, POULETTES

LA GAULOISE DORÉE

Si c'est bien ce coq gaulois qu'évoque Jules César dans la *Guerre des Gaules*, alors il s'agit, et de loin, de la plus ancienne race française. Mais le doute subsiste. Toujours est-il que cette Gauloise dorée a gardé un côté sauvage et qu'elle est restée proche d'une race asiatique (bankiva), à l'origine de toutes les poules domestiques. Ainsi, elle est capable de voler sur une bonne trentaine de mètres et elle apprécie les grands parcours. Assez légère, elle arbore un riche plumage, réellement doré, se distinguant par ses tarses bleu ardoise. Le coq est superbe, avec une face rouge et une belle queue fournie et relevée, et il assume parfaitement son titre d'emblème national. Cette race, qui a failli disparaître, mérite d'être élevée pour sa beauté et pour sa chair, blanche et fine.

HISTOIRES DE SUPERMARCHÉS

Le pionnier des hyper

Originaire d'Annecy, l'enseigne Carrefour tient son nom de l'immeuble dans lequel a été ouvert le deuxième magasin en 1960. Six ans plus tard, l'entreprise ouvre à Vénissieux, près de Lyon, un hypermarché de 10 000 m². C'est le premier en France. Puis en 1969, le premier hyper ouvre en Belgique. Suivront des ouvertures en Italie, Espagne, Brésil, puis au Mexique, en Chine, Corée, Thaïlande, Colombie, Chili, Argentine. En revanche, les implantations en Allemagne et aux États-Unis sont des échecs. En 1999, Carrefour fusionne avec Promodès et devient ainsi le deuxième groupe de grande distribution au monde ! Avec son slogan « Avec Carrefour, je positive », l'enseigne invente le verbe « positiver », entré depuis dans le langage courant.

Sainte Agathe – On fête aussi les Agatha, Avit

Soleil
lever : **8 h 14**
coucher : **17 h 55**

Eau qui court à la Sainte-Agathe mettra du lait dans la baratte.

GAZOLE : LE MAL-AIMÉ

Brèves régions

Ardennes/Les pipes Gambier

La maison Gambier, fondée en 1780 à Givet, dans les Ardennes, était une fabrique de pipes en terre cuite dont la qualité était mondialement reconnue. Elles étaient fabriquées sur des modèles hollandais à partir d'argile extraite dans la région de Niverlée, à environ 10 kilomètres à l'ouest de Givet. Après avoir été un des fleurons de la région, elles ont subi la concurrence des pipes en bois et de la cigarette vers la fin du XIXe siècle. Une collection de 300 pipes conservée au couvent des Récollectines montre l'imagination débordante des décorateurs d'autrefois dont les inventions sont autant de témoignages originaux sur la société de leur époque.

– VOUS AVEZ MIS COMBIEN DE TEMPS POUR APPRENDRE À CONDUIRE LE VÔTRE ?

Chiffres et expressions

Avoir les deux pieds sur terre

Dans l'imaginaire collectif, la terre représente tout ce qui est rationnel alors que les cieux sont plus éthérés. Celui qui a « les deux pieds sur terre » est le contraire d'un rêveur, il est ancré dans la réalité du quotidien. Ses deux pieds sont posés dans le concret et il n'y a pas de meilleure base pour commencer un projet ou envisager l'avenir sereinement.

Les scandaleuses

Liane de Pougy, la « Reine du demi-monde »

Éduquée dans un couvent du Morbihan, Anne-Marie Chassaigne a 17 ans lorsqu'elle est mariée à un officier de marine. L'homme étant brutal, la jeune femme s'enfuit à Paris deux ans plus tard et divorce. Après avoir pris des leçons de danse et d'effeuillage, elle entame une carrière de danseuse de cabaret sous le pseudonyme de Liane de Pougy. Au début des années 1890, consacrée « plus jolie femme de son siècle » par Edmond de Goncourt, elle régale la presse de ses illustres amants : Maurice de Rotschild, le Prince de Galles, le maharadjah de Kapurtala… Reine du demi-monde et bisexuelle assumée, Liane de Pougy rencontre en 1899 l'écrivaine Natalie Clifford Barney avec qui elle vit une passion qui défraie la chronique. En 1910, alors qu'elle est au sommet de sa carrière, le prince Ghika, un aristocrate d'origine roumaine, la demande en mariage et elle accepte. Pas pour l'argent, mais pour tourner une page. Princesse et icône de la mode, Liane se lie d'amitié avec Jean Cocteau, Marcel Proust, Colette, puis se tourne peu à peu vers la religion. En 1943, l'ancienne étoile des Folies Bergère devient Anne-Marie-Madeleine de la Pénitence au sein d'une communauté dominicaine installée près de Lausanne. C'est là qu'elle s'éteint en 1950, à l'âge de 81 ans.

Ville en chanson

Barcelona

En 1987, la ville de Barcelone, qui s'est vue confier l'organisation des Jeux olympiques de 1992, contacte le chanteur de Queen pour en écrire la chanson officielle. Celui-ci se tourne vers Montserrat Caballé, qu'il admire, pour l'interpréter avec lui. Ce qui ne devait être qu'une chanson se transforme en un album éponyme qui sort en 1988. Malheureusement, Freddy Mercury, atteint du virus du sida, décède avant la cérémonie d'ouverture des Jeux olympiques et la chanson n'y sera donc jamais chantée en live.

Lundi **6 février**

Saint Gaston – On fête aussi les Dorothée, Doris, Melvin

Vigne taillée en février emplit de raisins le panier.

Rétro Vermot

On n'a jamais assez fait remarquer l'excès d'occupation des astronomes, pourtant il est visible que ceux-ci ont du travail par-dessus la tête.

FOOT
La pionnière

Au milieu des années 1960, Marilou Duringer n'avait qu'une obsession : pouvoir jouer au football. Au nord de Strasbourg, à Schwindratzheim, un village d'irréductibles pionnières, elle fonde la section football du club qui devient ensuite FC Vendenheim, club qui évolue aujourd'hui en deuxième division et dont elle est la présidente. Marilou Duringer ne s'arrête pas là. L'une des premières femmes à obtenir une licence de joueuse officielle devient quelques années plus tard la première à siéger au conseil fédéral de la Fédération française de football. Celle qui n'a jamais eu de cesse de défendre la reconnaissance et l'égalité de traitement du football féminin a aujourd'hui un Challenge qui porte son nom et met aux prises les sections sportives féminines des collèges de toute la France.

Les pires prédictions de l'Histoire

« La croissance d'Internet va ralentir drastiquement, car la plupart des gens n'ont rien à se dire ! D'ici 2005 environ, il deviendra clair que l'impact d'Internet sur l'économie n'est pas plus grand que celui du fax. » Ce magnifique pronostic est signé Paul Krugman, l'un des plus grands économistes américains. Éditorialiste vedette du *New York Times*, il publie cette affirmation en 1998, dans un article intitulé « Pourquoi la plupart des prédictions des économistes sont fausses » ! Un comble qui n'empêchera pas Krugman de remporter, dix ans plus tard, en 2008, le prix Nobel d'économie… pour d'autres analyses, heureusement.

PROBLÈMES DE MATHS DU CERTIFICAT D'ÉTUDES

Un oiselier a acheté un nombre d'oiseaux à 3 F l'unité. Il vend les canaris, qui représentent ⅓ du nombre total des oiseaux, au prix coûtant. Un quart des oiseaux, des sizerins, ont été vendus à 4 F chacun. Le cinquième du nombre total des oiseaux, des perruches, a été vendu à 6 F pièce. Enfin, le reste des oiseaux, des calopsittes, est vendu à 8 F l'oiseau.

Cette vente lui a rapporté un bénéfice de 348 F.

Quelle quantité d'oiseaux avait-il achetée ?

Solution :
représentons le nombre total d'oiseaux par x et le nombre de calopsittes par y :
canaris + sizerins + perruches + calopsittes = x ou $1/3 + ¼ + 1/5 + y = x$ ou
$20/60 + 15/60 + 12/60 + y = x$
$47/60 + y = 60/60$ donc $y = 60/60 - 47/60 = 47/60 = 13/60$
$(20/60x \times 3) + (15/60x \times 4) + (12/60x \times 6) + (13/60x \times 8) = 3x + 348$
$60/60x + 60/60x + 72/60x + 104/60x = 3x + 348$
$296/60x = 3x + 348$ ou $4{,}9333x - 3x = 348$ ou $x = 348/1{,}9333 = 180$

Mardi 7 février

Sainte Eugénie – On fête aussi les Aodren

Soleil
lever : **8 h 11**
coucher : **17 h 58**

Fleur de février va mal au pommier.

La bonne blague

Ha ! Ha ! Ha ! Ha ! Ha ! Ha ! Ha ! Ha ! Ha !

Perdus dans le Sahara, un Français, un Anglais et un Belge meurent de soif. Soudain, ils aperçoivent un petit serpent et l'Anglais propose de boire son sang. Le Français lui répond que cela ne vaut pas la peine de tuer ce serpent, car cela ne suffira pas à étancher leur soif, et qu'en plus, ils risquent de se faire mordre. À peine a-t-il fini de prononcer ces mots que pouf ! le reptile se transforme en une charmante fée qui propose à chacun de faire un vœu. Le Français déclare aussitôt qu'il voudrait se retrouver dans un bistrot à Paris devant un grand verre de Pastis bien frais et rempli de glaçons. Et instantanément, il disparaît. L'Anglais annonce qu'il aimerait être dans un pub à Londres devant une pinte de bière bien fraîche. Il disparaît également. Le Belge réfléchit un instant et déclare : « Moi, j'avais deux bons copains et j'aimerais bien qu'ils reviennent. »

L'humanité en chiffres

Chaque année, le temps passé à écouter de la musique progresse partout dans le monde. Selon le rapport 2021 de l'IFPI (la fédération internationale de l'industrie phonographique), les consommateurs y consacrent en moyenne 18,4 heures (16,6 dans l'Hexagone) par semaine, soit l'équivalent de 368 morceaux de trois minutes. 43 000 personnes de 16 à 64 ans ont été interrogées dans 21 pays, dont la France.

Vélo

8 secondes

Vainqueur du Tour à deux reprises en 1983 et 1984, Laurent Fignon aborde la dernière étape de l'édition 1989 avec 50 secondes d'avance. Si traditionnellement l'étape des Champs n'est pas la plus disputée, celle du 23 juillet donne lieu à un contre-la-montre. Dauphin au départ, Greg LeMond réalise l'impensable en remontant son retard sur les derniers kilomètres du parcours. Blessé depuis quelques jours, Laurent Fignon cède le maillot jaune pour huit petites secondes. Le plus faible écart de l'histoire.

Brèves régions

Ariège/La Gasconne des Pyrénées

C'est une race de vache rustique qu'on trouve notamment en Ariège et qui fait la fierté des éleveurs. On reconnaît les Gasconnes des Pyrénées à leur robe blanche contrastant avec leurs oreilles noires. Si leur lait et leur viande ont toujours été consommés, ces vaches sont aussi réputées pour leurs cornes, grandes, creuses et néanmoins solides. Elles ont servi à des générations de faucheurs pour conserver leur pierre à aiguiser à la ceinture : remplies d'eau, elles constituaient un réceptacle idéal. Aujourd'hui, alors que les pierres à aiguiser se font plus rares, les cornes des Gasconnes des Pyrénées sont transformées en objet d'artisanat.

Soleil
lever : **8 h 10**
coucher : **18 h 00**

Mercredi **8 février**

Sainte Jaqueline – On fête aussi les Jacotte, Jackie, Effie

À la Sainte-Jacqueline, froid et bruine.

Pains & gâteaux

Le pastéchou

Cette brioche du Finistère, aux œufs, lait et crème fraîche, se caractérise par une pâte pliée en deux, un peu comme un chausson et par le fait qu'on y insère des pruneaux ou des raisins secs. Certains ajoutent de la fleur d'oranger ou du rhum. Sa mie est moelleuse et compacte. Historiquement, elle était préparée le dimanche précédant le Carême et consommée jusqu'à Mardi gras.

Argot

Barbouze, barbouse

C'est bien de l'argot que provient le nom « barbouze » (ou barbouse), aujourd'hui entré dans le langage courant tout en restant familier. C'est un dérivé de barbe, avec le suffixe argotique -ouze (ou -ouse) que l'on retrouve dans partouze, binouze, etc. Nom féminin, il désigne la barbe. Nom masculin ou féminin, il désigne une personne se livrant à de l'espionnage. Pour ne pas se faire reconnaître, ne faut-il pas porter une fausse barbe ?

PÉDOPHILIE
souvent un proche de la famille

Célébrations en musique

Franz Schubert (1797-1828)

Franz Schubert nous a laissé une œuvre abondante qui contraste fortement avec sa brève existence. Initié au piano par son frère Ignace, le jeune prodige a ensuite étudié avec Antonio Salieri qui lui a appris la composition et lui a fait découvrir les musiques de Haydn et de Mozart. Considéré comme le fondateur du lied (*Marguerite au rouet*, *Le Roi des aulnes*, *Voyage d'hiver*…), Schubert a également écrit des sonates, des quintettes, des symphonies et des opéras. Sa « Grande Symphonie » (1826), la n° 9, reste la clé de voûte de la littérature orchestrale moderne. Ce jeune homme solitaire et complexé par son physique vouait un véritable culte à l'amitié : il aimait convier ses amis à des soirées bohèmes où l'on lisait des vers sur fond sonore des impromptus qu'il jouait lui-même au piano – les fameuses « schubertiades ».

L'ACTU

CHERCHER AVEC SES PIEDS

Dénichée par la RTBF, cette histoire plutôt cocasse n'a pas eu lieu en Belgique, mais en Turquie, près de la ville d'Inegöl, dans la région de Marmara. Alors qu'il profitait d'une soirée très arrosée avec ses amis, un quinquagénaire a décidé de prendre le large. Complètement saoul, il s'est enfoncé dans le bois voisin. Alertée une heure plus tard par ses amis qui craignaient qu'il ne se soit égaré, la police locale a envoyé une équipe de recherche pour le retrouver. Policiers et amis ont organisé une battue dans les bois et, alors que tout le monde se mettait à crier son nom pour essayer de le retrouver, quelqu'un dans le groupe a lancé : « Je suis là, qui cherchons-nous ? » L'homme participait à la battue sans savoir que c'était lui que les autres recherchaient. Aucun de ses amis ne l'ayant reconnu au cours de cet épisode, il n'était assurément pas le seul à être encore (très) alcoolisé…

Jeudi **9 février**

Sainte Apolline – On fête aussi les Ansbert, Tyliann

Soleil
lever : **8 h 09**
coucher : **18 h 00**

Quand le carnaval est sans lune, de cent brebis n'en reste qu'une.

THÉÂTRES DU MONDE

Le Globe à Londres

Sur la rive sud de la Tamise, le Globe permet d'imaginer le théâtre au temps de Shakespeare. Pourtant, ce n'est pas le bâtiment d'origine inauguré en 1599 et disparu dans un incendie 14 ans plus tard. Après qu'il a été reconstruit, les représentations ont repris jusqu'en 1642, année où le Parlement, poussé par les puritains, les a interdites pour immoralité. Démoli de nouveau, il a été reconstruit en 1996 à l'identique, avec sa structure octogonale et son espace ouvert au centre, mais à 200 mètres environ de son emplacement d'origine.

DEVINETTES

Sans murs il nous emprisonne,
Il n'est porté par personne,
Mais quand il nous enveloppe,
Tout le monde frissonne.
Qu'est-ce que c'est ?

Réponse : LE BROUILLARD

La dictée du mois — Au château

Il y avait en Westphalie, dans le château de M. le baron de Thunder-ten-tronckh, un jeune garçon à qui la nature avait donné les meurs les plus douces. Sa phisionomie annonçait son âme. Il avait le jugement assez droit, avec l'esprit le plus simple ; c'est, je crois, pour cette raison qu'on le nommait Candide.
Les anciens domestiques de la maison soupconnaient qu'il était fils de la sœur de monsieur le baron et d'un bon et honête gentilhomme du voisinage, que cette demoiselle ne voulût jamais épouser parce qu'il n'avait pu prouvé que soixante et onzes quartiers, et que le reste de son arbre généalogique avait été perdu par l'injure du temps. Monsieur le baron était un des plus puissant seigneurs de la Westphalie, car son château avait une porte et des fenêtres.
Voltaire, Candide ou l'Optimisme, *1759.*

mœurs, physionomie, soupçonnaient, honnête, voulut, prouver, onze, puissants

Brèves régions

Aube/Petit Bateau

C'est à Troyes que naît en 1893 la bonneterie Valton-Quinquarlet & fils, spécialisée dans les sous-vêtements. Une génération plus tard, le fils du fondateur invente la culotte sans jambes et sans boutons et remplace la laine par de la maille en coton. Ce nouveau sous-vêtement est alors commercialisé sous le nom de Petit Bateau et la marque est déposée en 1920. L'entreprise ne cessera de se développer au fil des ans, pour atteindre l'immense succès des années 1990 où Karl Lagerfeld fait défiler Claudia Schiffer en t-shirt Petit Bateau sous son tailleur Chanel. C'est aujourd'hui une marque à large gamme, connue dans le monde entier.

Soleil
lever : **8 h 08**
coucher : **18 h 01**

Vendredi **10 février**

Saint Arnaud – On fête aussi les Austreberthe, Arnaude

La nouvelle lune de février sert pour l'année de calendrier.

30 morceaux de bœuf

L'ONGLET

Sous le filet, et à côté de l'aiguillette baronne, se trouve l'onglet de bœuf. Curieusement considéré comme un produit tripier, il est rare et peu vendu chez les bouchers, quasiment jamais en grande surface. C'est un morceau difficile à extraire, qui demande du temps de découpe et qui doit impérativement être consommé saignant si on veut profiter de sa tendreté.

Citations

Pourquoi certains n'auraient pas tout ? Il y en a qui n'ont rien. Ça fait l'équilibre.
Michel Audiard

HEUREUX MARIAGES

C'est sans aucun doute un amour pur et limpide qui scella l'union d'Henriette Claire avec Vivant Fontaine le 18 septembre 1850 à Chalon-sur-Saône, en Saône-et-Loire, tout comme Paul Claire et Élisa Fontaine le 18 octobre 1843 à Lesquielles-Saint-Germain, dans l'Aisne, ou encore Agathe Claire et Jean Fontaine le 15 octobre 1797, à Neuvy-Grandchamp, également en Saône-et-Loire.

MOTS MÊLÉS

Viennoiseries

I	K	B	E	W	T	N	A	S	S	I	O	R	C
E	I	E	R	L	H	E	S	C	A	R	G	O	T
A	S	U	A	P	P	E	F	T	O	C	R	F	N
N	N	Q	C	H	A	U	S	S	O	N	K	O	I
N	I	I	H	P	I	T	E	R	I	E	P	L	A
B	L	M	O	P	N	T	T	O	T	Y	A	G	T
L	E	A	C	A	V	L	T	E	S	S	I	U	S
E	U	R	O	L	I	T	H	H	D	Q	N	O	I
U	Q	C	L	M	E	W	K	C	U	O	A	K	R
Q	A	H	A	I	N	U	U	O	N	G	U	O	C
A	R	I	T	E	N	I	G	I	F	A	L	R	A
R	C	N	I	R	O	E	O	R	A	N	A	I	S
C	H	I	N	O	I	S	R	B	M	N	I	C	T
O	H	Y	E	C	S	O	G	O	S	E	T	T	E

Solution page 65

Cherchez les noms des viennoiseries cachés dans la grille ci-dessus. Vous les trouverez soit horizontalement, soit verticalement ou encore en diagonale ; ils peuvent se lire de gauche à droite ou de droite à gauche.

BERLINER
BRIOCHE
CHAUSSON
CHINOIS
CHOCOLATINE
CORNIOTTE
COUGNOU
CRAMIQUE
CRAQUELIN
CROISSANT
ESCARGOT
GOSETTE
KOUGLOF
ORANAIS
PAIN AU LAIT
PAIN VIENNOIS
PALMIER
PATTE D'OURS
SACRISTAIN
SUISSE
WHETE

Citations

Puisque la mort est la paix éternelle, si tu veux la paix, fais le mort.
Jean L'Anselme

LE CHIFFRE

8,8

C'est (en centimètres) la longueur du nez de Mehmet Özyürek, un Turc de 72 ans. Cette mensuration impressionnante lui permet de décrocher le titre du plus grand nez au monde. Ce roc, ce pic, ce cap, « que dis-je ? », cette péninsule dûment enregistrée par *Le Livre Guinness des records* n'est toutefois pas le blase le plus impressionnant de tous les temps. L'Anglais Thomas Wedders, un artiste de cirque qui vivait au milieu du XVIIIe siècle était doté, selon les articles de l'époque, d'un organe long de... 19 cm ! De quoi vous faire sérieusement relativiser si vous complexez sur votre tarin. Pour mémoire, rappelons que la longueur moyenne du nez d'un homme adulte est de 5,5 cm et de 5 cm pour une femme.

Samedi **11 février**

Notre-Dame de Lourdes – On fête aussi les Héloïse

Soleil
lever : **8 h 05**
coucher : **18 h 05**

Le vent de carême-prenant, revient le plus souvent.

Patronymes animaliers

ANNE BROCHET

Nommée au César du meilleur espoir féminin en 1988, pour son rôle dans *Masques* de Claude Chabrol, alors qu'elle n'a que 22 ans, puis au prix du cinéma européen de la meilleure actrice en 1990 et au César de la meilleure actrice l'année suivante pour le rôle de Roxane dans *Cyrano de Bergerac*, l'actrice Anne Brochet a reçu le prix Romy-Schneider à l'âge de 25 ans. Avec 30 films en 30 ans, sa carrière remarquable l'a conduite au sommet de la gloire, toujours avec des choix de qualité, que ce soit sur les planches, au grand écran ou encore au petit. Son nom ne serait pas lié au poisson mais au terme *broce* qui désignait en ancien français « la broussaille » ou « le bosquet ».

Citations

Y'aurait beaucoup à dire : phrase préférée des gens n'ayant rien à dire et qui sont obligés de faire semblant.

José Artur

Il (n')a (pas) inventé… LE BIDON DE DEUX LITRES

Cette locution moqueuse raille celui qui serait assez stupide pour ne pas adapter le contenant au volume du contenu qu'il compte transporter. Car un bidon de deux litres n'est rien de plus qu'un récipient contenant deux litres de la même manière qu'un bidon de cinq litres contient… cinq litres. Nul ne sait en revanche pourquoi la langue a choisi « deux litres » et pas un autre volume.

Ali Ayné
Psychiatre

Consultations sur rendez-vous

ÇA, C'EST FAIT-DIVERS

Il y a quelque temps, Mauro Restrepo, un habitant de Los Angeles, a décidé de faire appel à une voyante pour l'aider à se sortir de la mauvaise passe qu'il traversait avec son épouse. Après des recherches sur Internet, l'homme a arrêté son choix sur une certaine Sophia Adam, une « médium spécialiste des affaires de cœur ». Celle-ci lui a tiré les cartes puis lui a promis qu'il serait de nouveau heureux dans son mariage à condition qu'il lui verse 5 000 dollars pour procéder à un exorcisme. Car, d'après la voyante, Mauro était victime d'une malédiction jetée par une sorcière engagée par son ex-petite amie. Afin qu'il puisse constater les premiers effets bénéfiques sur son couple de son intervention surnaturelle, la cartomancienne lui a demandé un acompte de 1 000 euros. L'Américain a immédiatement accepté. Mais, un mois après son paiement, ne constatant aucune amélioration, il a porté plainte contre la voyante pour escroquerie et a réclamé 25 000 dollars de dommages et intérêts pour préjudice moral. Sa plainte a été jugée recevable par le tribunal…

Dimanche 12 février

Saint Félix – On fête aussi les Hilarion, Rioc, Eulalie

À la Sainte-Eulalie, souvent le temps varie.

Argot

Biroute

En argot, il y a biroute et biroute, à ne surtout pas confondre ! L'un désigne le sexe d'un mâle, le pénis (étonnant, d'ailleurs, qu'un substantif féminin soit utilisé pour parler du sexe masculin). Ainsi, un biroutteur n'est autre qu'un homme recherchant les plaisirs de l'amour. L'autre, par analogie de forme (imaginez la scène, lorsqu'il y a du vent et lorsqu'il n'y en a pas), est employé dans l'argot militaire pour désigner une manche à air…

C'ÉTAIT VRAIMENT MIEUX AVANT (?)

« LES GENS SONT COLLÉS À LEUR TÉLÉPHONE. »

« Avant, on l'utilisait par besoin ou par envie, maintenant on est enchaîné à son portable. » Certes, sauf qu'en 2023, un smartphone sert à bien d'autres choses qu'à donner ou recevoir un coup de fil, fonction exclusive d'un appareil à cadran en 1973. Et encore, à l'époque, ce privilège concernait moins de 20 % des foyers français. Ces petits veinards pouvaient téléphoner, mais en général seulement depuis leur entrée et plutôt pas trop loin car un appel de 5 minutes à l'autre bout du pays valait en gros le prix d'un billet de train pour y aller. Les autres, l'immense majorité, pouvaient satisfaire leur besoin de communiquer dans de charmants réduits : les cabines téléphoniques. La plupart du temps occupés ou en panne, toujours parfumés au tabac froid et à la transpiration, réfrigérateurs ou saunas selon la saison, ces espaces enchaînaient, il est vrai, le strict minimum de temps. Libéré, l'usager l'était toujours par manque de pièces pour poursuivre son appel ou parce que quelqu'un toquait à la porte vitrée – pour pouvoir postillonner dans le combiné à son tour.

RÉBUS

Les livres français

VALLYSLÉE

Le Lys dans la vallée d'Honoré de Balzac

UN NOUVEAU MATRIX AU CINÉMA

Belles plantes

MOLINIE BLEUE

Cette grande graminée semi-persistante, largement répandue en Europe, couvre de grands espaces dans les landes humides où ses souches forment des buttes, les touradons, lieux de rendez-vous de nombreux batraciens, en particulier des crapauds. Molinia caerullea ssp. arundinacea Transparent forme une touffe de 50 cm de haut, très étalée, à feuilles vert vif en lanières ; en été, les inflorescences, légères et vaporeuses, beige rosé, sont portées par des tiges de 2 m de haut. Robuste et facile à entretenir en sol plutôt frais, cette variété est idéale au bord d'une mare, en compagnie de roseaux et d'autres graminées, mais par son côté graphique elle a aussi sa place dans les jardins modernes et notamment en mouvement puisqu'elle se balance gracieusement au moindre souffle de vent.

Citations

Quoi qu'on dise, un mariage raté est quand même plus joyeux qu'un enterrement réussi.

Yvan Audouard

Lundi **13 février**

Sainte Béatrice – On fête aussi les Jordan, Fulcran

Soleil
lever : **8 h 02**
coucher : **18 h 08**

Neige de février tient comme l'eau dans un panier.

Recette – Filet mignon aux fruits

Une recette de filet mignon qui sort des sentiers battus : le mélange sucré-salé est épatant !

Pour 4 pers. | **20 min de préparation** | **45 min de cuisson**

- 1 beau filet mignon de 500 g
- 3 belles pommes (Pink Lady, Royal Gala)
- 2 belles bananes
- 1 poignée de pruneaux dénoyautés
- Huile d'olive
- Sel, poivre

Dans un bol, versez de l'huile, du sel et du poivre selon votre goût. À l'aide d'un pinceau de cuisine, enrobez la viande de ce mélange. Gardez-en un peu pour les fruits.

Préchauffez le four à 180 °C (th. 6) sur chaleur tournante. Pelez les pommes et ôtez le cœur et les pépins. Coupez leur chair en morceaux. Mettez les morceaux dans le bol avec l'huile assaisonnée.

Placez la viande dans un grand plat à four, disposez les pommes autour et enfournez pour 45 min. Après 25 min de cuisson, pelez les bananes, taillez-les en rondelles puis ajoutez-les dans le plat. Après 35 min de cuisson, ajoutez les pruneaux.

Conseil
Vous pouvez servir cette recette avec du riz, auquel cas vous avez de quoi nourrir au moins 6 convives. La sauce mélangée au riz est un délice !

Unités de mesure

Le becquerel

Henri Becquerel est le physicien à qui l'on doit la découverte de la radioactivité en 1896. Quelques années plus tard, en 1903, il fut colauréat du prix Nobel de physique avec Pierre et Marie Curie. Le becquerel est aujourd'hui l'unité mesurant l'activité d'une certaine quantité de matière radioactive, c'est-à-dire le nombre de désintégrations qui s'y produisent chaque seconde.

HEUREUX MARIAGES

Les religions nous enseignent toutes que Dieu ne serait qu'amour. Que penser alors de cette union d'Émile Léon Dieu avec Adrienne Marie Marthe Malfaisan, le 15 mai 1903, à Hazebrouck dans le Nord ? Heureusement, cette union est compensée par celle de Louis François Lebon et Marie Louise Florentine Dieu le 3 octobre 1825, à Puchevillers, dans la Somme.

Brèves régions

Aude/Le cassoulet de Castelnaudary

La légende veut que le cassoulet ait été inventé pendant la guerre de Cent Ans, lors du siège de Castelnaudary par les Anglais. Les habitants, menacés par la famine, cuisinèrent ensemble leurs dernières réserves, du lard aux fèves en passant par les restes de saucisses et de viande. Puis, après cette platée revigorante (et peut-être grâce à elle ?), les défenseurs de la ville boutèrent les Anglais hors du Lauragais et Castelnaudary fut sauvée. Le célèbre *Viandier de Taillevent* fait mention du cassoulet dès le XIVe siècle. Aujourd'hui, on le sert dans la « cassole » et la seule modification est le remplacement des fèves par les haricots.

Soleil
lever : 8 h 00
coucher : 18 h 09

Mardi **14 février**

Saint Valentin – On fête aussi les Auxence, Cyrille, Maroun

À la Saint-Valentin, tous les vents sont marins.

RUGBY
Immense écart

Le 4 juin 1995, le Japon affronte la Nouvelle-Zélande pour la première fois de son histoire. Vingt-et-un essais plus tard, les All Blacks s'imposent sur le score de 145 à 17, record du plus grand nombre de points inscrits par un vainqueur. L'Australie décroche celui du plus grand écart en 2003, s'imposant 142 à 0 face à la Namibie. Quant au Japon, il s'est rapidement relevé de cette défaite. Vingt-quatre ans plus tard, il se hissait pour la première fois en quarts de finale d'une Coupe du monde qu'il accueillait.

Jeux de société
Le Cochon qui rit® (Dujardin)

C'est à Lyon, pays de la charcuterie, que Joseph Michel, habitué des bouchons et féru de jeux de comptoir, inventa ce jeu, primé au concours Lépine en 1934. À l'origine, on payait la tournée à celui qui, un peu comme au pendu, dessinait un porc après avoir lancé les dés. Le jeu consiste à compléter le corps grassouillet d'un cochon avec quatre pattes, deux yeux, deux oreilles et une queue. Et ça, c'est le plus dur parce qu'il faut faire deux 1… D'abord en bois, les pièces furent produites en plastique après la Seconde Guerre mondiale. En s'adaptant aux nouveaux modes de vie et de consommation au fil des époques, *Le Cochon qui rit®* est devenu le plus ancien jeu de société toujours commercialisé. Il existe même une version pour Smartphone : *Pyggito®*. Qui l'eût cru ?

Espace
Chasseur de records

Avec un peu plus de 209 jours passés dans l'espace au cours de deux missions spatiales, Jean-Pierre Haigneré est longtemps resté le spationaute français qui a passé le plus de temps dans l'espace. Sa deuxième mission est l'avant-dernière visite d'un équipage à la station Mir. Elle lui a permis d'établir un autre record : celui du plus long temps passé à bord de la station pour un cosmonaute non russe.

MÉTIERS IMPROBABLES
SOURCEUR D'ODEURS

Santal australien, myrrhe namibienne, patchouli indonésien, ylang-ylang des Comores… Dans le monde, une quinzaine d'initiés seulement recherchent des senteurs d'exception pour les parfumeurs de prestige. Parmi ces sourceurs d'odeurs, le français Dominique Roques parcourt les quatre coins du globe depuis plus de trente ans. De l'Andalousie au Salvador, en passant par la Bulgarie, le Laos, l'Indonésie ou encore l'Égypte, ce passionné d'effluves va humer à la source les arbres, les fleurs, les écorces, et rencontre les petits producteurs d'essences naturelles. Ni cueilleur, ni parfumeur, pas exactement ce que l'on appelle un nez, Dominique Roques est un passeur de fragrances, un fil conducteur unique entre les acteurs très éloignés de la chaîne du parfum.

Mercredi **15 février**

Saint Claude – On fête aussi les Georgette, Georgia, Faustin

Soleil
lever : **7 h 58**
coucher : **18 h 11**

Les cerises, c'est Saint-Claude qui les baille ou qui les ôte.

Argot

Blair

Le blaireau, mammifère de la famille des mustélidés, se caractérisant par un museau particulièrement allongé, il n'y a rien de surprenant à ce que l'argot se soit emparé de son nom pour en faire un synonyme de « nez » (au passage, selon une pratique qui lui est familière, il lui a supprimé sa dernière syllabe : c'est ce que l'on appelle une apocope). Aujourd'hui, « blair » n'est plus réservé à l'argot, mais il reste familier.

Charade classique

Mon premier est une anse nippone.

Mon deuxième est le frère de Caïn.

Mon troisième souffre

Mon quatrième est stupéfié

Mon tout est une grimpeuse française passionnée de rallye automobile.

(ISE – ABEL – PÂTT – SOIÉ)
ISABELLE PATISSIER

Chiffres et expressions

Avoir un cheveu sur la langue

Cette expression est employée pour parler de quelqu'un qui aurait un défaut de prononciation et zozoterait. Elle est doublement imagée car, non seulement chacun sait qu'on rencontre des difficultés à parler si quelque chose gêne la mobilité de la langue, et en plus le mot « cheveu » caricature le chuintement impossible à prononcer par les zozoteurs.

Le bon mot de l'Histoire et le gros mot

« Mes amis, au secours… Une femme vient de mourir gelée, cette nuit à trois heures, sur le trottoir du boulevard Sébastopol, serrant sur elle le papier par lequel, avant-hier, on l'avait expulsée… » Abbé Pierre, 1er février 1954

Depuis plusieurs semaines, le fondateur d'Emmaüs tente d'alerter les autorités sur la situation tragique des « couche-dehors » alors que l'hiver 1954 est particulièrement rigoureux (-13 °C à Paris). Début janvier, un bébé de trois mois est mort de froid dans un campement de fortune. Le 30 janvier, alors que tous les lieux d'hébergement sont pleins, des centaines d'hommes et de femmes dorment dans la rue. Dans la nuit du 31 janvier, une femme est retrouvée morte, boulevard de Sébastopol. Le lendemain matin, sur les conseils d'un journaliste, l'abbé Pierre lance un appel à la solidarité à la radio. Ces quelques mots déclenchent un raz-de-marée de générosité. Des couvertures, vêtements, produits de première nécessité… et plus de 500 millions de francs sont récoltés. Des hébergements d'urgence sont immédiatement construits. L'abbé Pierre, « la voix des sans voix », devient une icône nationale.

ENIGMES

À la suite de leur procès, des escrocs ont été condamnés à des peines de prison. Olivier a été condamné à une plus longue sentence que Laurent mais sa peine est plus courte que celle de Baptiste. La peine de Valentin est inférieure à celle de Lucas. L'emprisonnement de Laurent ne durera pas aussi longtemps que celui de Lucas mais sera plus long que celui de Valentin. Enfin, Baptiste restera moins longtemps en prison que Lucas. Qui a écopé de la peine la plus lourde ?

Solution : Lucas.

Jeudi **16 février**

Sainte Julienne – On fête aussi les Onésime, Mareria, Lucille

S'il neige à la Saint-Onésime, la récolte est à l'abîme.

OISEAUX MIGRATEURS

Tous migrateurs ?

Tous les oiseaux ne sont pas migrateurs, mais les voyages au long cours touchent une bonne partie des espèces d'Europe, où la nourriture est plus rare en hiver. Seuls ceux dont l'habitat se limite aux forêts, comme la mésange nonnette et la sittelle, sont sédentaires. En revanche, dans les pays tropicaux où ils trouvent de la nourriture en abondance toute l'année, les oiseaux ne bougent guère. Il s'avère d'ailleurs que les espèces exotiques que l'on voit parfois en France, en général échappées des cages (comme les perruches), restent fidèles aux traditions de leur espèce et passent l'hiver sur place.

Solution Mots mêlés p. 59

I	K	B	E	W	T	N	A	S	S	I	O	R	C
E	I	E	R	L	H	E	S	C	A	R	G	O	T
A	S	U	A	P	P	E	F	T	O	C	R	F	N
N	N	Q	C	H	A	U	S	S	O	N	K	O	I
N	I	I	H	P	I	T	E	R	I	E	P	L	A
B	L	M	O	P	N	T	T	O	T	Y	A	G	T
L	E	A	C	A	V	L	T	E	S	S	I	U	S
E	U	R	O	L	I	T	H	H	D	Q	N	O	I
U	Q	C	L	M	E	W	K	C	U	O	A	K	R
Q	A	H	A	I	N	U	U	O	N	G	U	O	C
A	R	I	T	E	N	I	G	I	F	A	L	R	A
R	C	N	I	R	O	E	O	R	A	N	A	I	S
C	H	I	N	O	I	S	R	B	M	N	I	C	T
O	H	Y	E	C	S	O	G	O	S	E	T	T	E

Duos du grand écran

Christian Bale — Christopher Nolan

Leur vision sombre et torturée de l'humanité les a probablement rapprochés, mais ce qui unit Bale et Nolan, c'est avant tout l'immense succès de leur trilogie *Batman*. Entre 2005 et 2012, ils signent trois opus : *Batman Begins*, *The Dark Knight* et *The Dark Night Rises*. Bale raconte que lorsque le rôle de Batman lui est proposé, il hésite – le héros est devenu une sorte de boutade dans le milieu, tant les dernières adaptations ont été médiocres. Mais la vision de Nolan, très réaliste, étrangement humaine, le convainc de se lancer dans l'aventure. Chaque film, pourtant pensé comme unique, en appelle un suivant. Le studio de production Warner a même demandé à Nolan un quatrième opus, mais le cinéaste souhaite s'arrêter là.

3 CASES SONT REPRODUITES À L'IDENTIQUE, LESQUELLES ? ATTENTION LES COULEURS PEUVENT ÊTRE DIFFÉRENTES.

SOLUTION : B1 ET D2, B2 ET D1, C4 ET E4

L'ACTU

GROSSE POMME DE DISCORDE

Après un vote des députés ukrainiens, une ville de 12 000 habitants située dans la région de Donetsk, à l'est du pays, s'appelle désormais… New York. Petite provocation à l'égard du voisin russe avec lequel les relations sont plutôt tendues depuis quelques années, cette décision est aussi un simple retour au nom d'antan. Fondée au XVIIIe siècle par des colons allemands, l'ex-Novhorodske fut officiellement baptisée New York jusqu'en 1951. Mais en pleine guerre froide avec les États-Unis et l'Ukraine appartenant alors à l'URSS, les autorités ont décidé qu'elle changerait de nom. New York est alors devenu Novhorodske pendant 70 ans. Si la ville a retrouvé son nom d'antan, personne ne sait exactement ni comment ni pourquoi la cité a été baptisée comme « la grosse pomme » américaine il y a 200 ans.

Vendredi **17 février**

Cendres - St Alexis – On fête aussi les Loman, Théodule, Fintan

Soleil
lever : **7h55**
coucher : **18h14**

En février, la feuille au groseillier.

Rétro Vermot

Retour de vacances :

Vous voilà revenu, vous n'avez pas eu à vous plaindre de l'humidité cette année ?

Non, c'est le cas de le dire, je suis complètement à sec.

Bibliophiles

Un Petit Homme de dos, Richard Morgiève (Joëlle Losfeld, 1995)

L'homme est petit, pas beau, venu d'on ne sait où.
Il arrive, on ne sait comment, en 1942, en Ardèche. Il ment comme un arracheur de dents, il est joueur, alcoolique, probablement dépressif.
Se cache-t-il ? Il trafique, et ça n'a pas l'air très moral.
Pourtant, l'homme séduit, envoûte. Il rencontre Andrée et c'est l'amour fou. Leur fils (l'auteur) raconte leur passion intense, leur vie pleine de magie et de dangers, de larmes et de fêtes, avec une langue belle comme un feu d'artifice qu'on sait finir bientôt, dont on essaiera de retenir les couleurs quand on rentrera chez soi, dans le noir et fatigué.

Pêche en mer

Les athérines à la ligne

Nommées aussi prêtres, les athérines, longues d'une dizaine de centimètres, forment, dans les ports ou le long des digues, un nuage grouillant cherchant animalcules et déchets, un peu comme les ablettes dans les fleuves. Combien de personnes ont, de Dunkerque à Nice, découvert la pêche grâce à ce petit poisson ? L'investissement est léger : une canne télescopique de 3 ou 4 m équipée d'une ligne de type gardon. Le flotteur est réglé de façon que l'appât minuscule (fragment de crevette ou de ver, chair de sardine ou de moule) évolue au milieu du banc de petits poissons. La touche est franche. On peut augmenter le nombre de prises en amorçant avec du pain broyé auquel on aura ajouté des tripes de poissons et de l'huile d'arachide. Les poissonnets se dégustent en friture.

PROBLÈMES DE MATHS DU CERTIFICAT D'ÉTUDES

Pour fabriquer une table octogonale, un menuisier a coupé à chaque angle d'un morceau de bois carré, long de 1,7 m, un triangle rectangle isocèle dont le côté est égal à 50 cm.

1. Quelle est la surface de la table ?
2. Sachant que pour qu'une personne se sente à l'aise à table, elle doit disposer de 70 cm de largeur de table, combien de personnes pourront s'asseoir confortablement autour de cette table octogonale ?
3. Si l'on veut accueillir deux personnes de plus, quelle sera la surface de la rallonge ?

Solution :

1. Surface du morceau de bois avant d'être coupé : $1{,}7 \times 1{,}7 = 2{,}89$ m²
Surface d'un triangle : $0{,}50^2/2 = 0{,}125$ m²
Surface de la table : $2{,}89 - (0{,}125 \times 4) = 2{,}39$ m²
2. Chaque côté mesure $1{,}7 - (0{,}5 \times 2) = 0{,}70$ m ou 70 cm donc 8 personnes y seront confortablement installées.
3. $1{,}7 \times 0{,}7 = 1{,}19$ m²

Samedi **18 février**

Soleil
lever : **7 h 53**
coucher : **18 h 16**

Sainte Bernadette – On fête aussi les Taraise, Jean-Pierre, Riwan

À la Sainte-Bernadette, souvent le soleil est de la fête.

Ville en chanson

Memphis

La ville du rock, chantée par Chuck Berry, a été mise à l'honneur par deux monstres sacrés du genre en France : Eddy Mitchell et Johnny Halliday. *Sur la route de Memphis* est en effet l'adaptation française par Eddy Mitchell de la chanson *That's How I Got to Memphis* de l'auteur-compositeur-interprète américain Tom T. Hall. En 1977, les deux artistes la chantent en duo à la télévision et en 1985 sur la scène du Printemps de Bourges. Johnny Halliday reprend le titre de son ami en 1996 lors d'un concert à Las Vegas, puis sur un album qui sera aussi un succès.

La gaffe de l'Histoire

De Rome à Varsovie

« Il y a 78 ans, dans le ghetto de Rome, 1 024 hommes, femmes et enfants ont été rassemblés et déportés au camp de concentration d'Auschwitz par les troupes nazi-fascistes », écrivait en octobre 2021 l'ancien Premier ministre italien Giuseppe Conte sur sa page Facebook. Un hommage qui a soulevé un tollé chez les historiens car il était illustré d'une photo du ghetto… de Varsovie.

LE SAVIEZ-VOUS ?

Les femmes représentent le moitié de l'Humanité.

C'est-à-dire qu'un homme sur deux est une femme.

Brèves régions

Aveyron/Les gants de Millau

Issue d'une tradition ancestrale, la fabrication des gants en peau d'agneau est une spécialité de Millau, dans l'Aveyron. Après avoir bien étiré la peau pour qu'elle soit souple et s'ajuste parfaitement à la main, les découpes s'effectuent à l'emporte-pièce avec des presses et autres outils utilisés depuis plus d'un siècle. L'assemblage des deux faces se fait ensuite à l'aide d'une machine à coudre spéciale pour réaliser le « piqué anglais », c'est-à-dire une couture sur l'endroit du gant. Vient enfin l'ultime étape de la « main chaude » qui permet d'intégrer la doublure et de mettre en forme ces paires de gants qui sont toutes uniques.

L'ACTU

LE PREMIER N'ÉTAIT PAS DU TOUT LE PREMIER

Selon une étude scientifique publiée dans la revue *Science*, des chercheurs ont réussi à dater à l'année près la présence des Vikings en Amérique. En examinant les troncs d'arbres coupés grâce à des haches en métal, des chercheurs ont pu démontrer que les explorateurs scandinaves avaient déjà établi un important campement sur l'île canadienne de Terre-Neuve en 1021. Cela fait donc plus de 1 000 ans, et surtout près de cinq siècles d'avance sur Christophe Colomb. Cette découverte vient confirmer les résultats de plusieurs trouvailles archéologiques depuis les années 1960 démontrant une occupation du territoire nord-américain par les Vikings à l'orée du deuxième millénaire. La précision extraordinaire de l'année de leur arrivée se fonde sur une méthode de datation basée sur l'empreinte laissée dans les végétaux par une éruption solaire surpuissante survenue en 993. Celle-ci serait à l'origine de rayons cosmiques particulièrement forts qui ont inscrit dans la chair des arbres un « anneau révélateur » reconnaissable par sa teneur en carbone 14 très élevée. Dans plusieurs troncs coupés sur le site de Terre-Neuve, les chercheurs ont constaté que le 29e anneau à partir de l'écorce présentait les traces de l'événement cosmique.

Dimanche **19 février**

Saint Gabin – On fête aussi les Gabia, Philothée, Quodvultdeus

Soleil
lever : **7h51**
coucher : **18h18**

Faute de grives, on mange des merles.

Recette — Crêpes sans gluten

Au secours, ils mangent sans gluten ! Pour fêter la Chandeleur, voici une recette sans gluten pour des crêpes légères et délicieuses.

Pour 4 à 6 pers. — **20 min de préparation** — **2 h de repos** — **2 à 3 min de cuisson par crêpe**

- 150 g de farine de riz
- 150 g de fécule de maïs (Maïzena®)
- 1 pincée de sel
- 2 œufs entiers
- 1 cuil. à café de sucre en poudre
- 60 g de beurre fondu
- 60 cl de lait
- 1 dé de rhum (facultatif)
- Huile neutre pour la cuisson

Mettez la farine, la fécule, le sel, les œufs, le sucre, le beurre et le lait dans un blender ou dans le bol d'un mixeur. Mixez jusqu'à obtenir un mélange homogène. Versez le rhum et mixez encore. La pâte obtenue doit avoir une consistance liquide légèrement épaisse. Laissez reposer 2 h.

Faites chauffer une poêle antiadhésive avec un peu d'huile sur feu moyen. Faites cuire la première louche de pâte 2 min : dès que la pâte commence à prendre, retournez la crêpe et laissez-la dorer 1 min sur l'autre face. Répétez cette opération pour toutes les crêpes.

Variante

Troquez 10 cl de lait contre la même quantité de bière sans gluten (on en trouve en supermarché).

Argot

Blase

On peut facilement comprendre que l'argot ait choisi le nom « blason » – auquel il aura fait subir une apocope (suppression de la dernière syllabe) – comme synonyme de nom de famille, prénom ou surnom (en argot, plus c'est court, mieux c'est) : c'est bien grâce à son blason que l'on peut identifier quelqu'un. En revanche, on s'explique moins bien pourquoi « blase » (ou blaze) est, au même titre que blair, pif, tarin et autres, synonyme de « nez ».

Chiffres et expressions

Avoir un poil dans la main

Pour qualifier quelqu'un qui n'aime pas travailler, on imagine que quelque chose le gêne au creux de sa main, comme un poil qui y aurait poussé. Penser qu'un seul poil, qui surgirait dans la paume, suffirait à empêcher le travail est une moquerie ancienne qui nous vient de l'époque où la plupart des métiers s'exerçaient principalement avec les mains.

Le bon mot de l'Histoire et le gros mot

« Le drapeau tricolore a fait le tour du monde, avec le nom, la gloire et la liberté de la patrie. »
Alphonse de Lamartine, 25 février 1848

Rétabli par Louis-Philippe en 1830, le drapeau tricolore est en sursis dans les premières heures de la Révolution de 1848. De nombreux républicains veulent adopter le rouge, emblème des luttes sociales, comme couleur nationale. Lamartine, membre de l'exécutif provisoire, se lance alors dans un discours mémorable à l'hôtel de ville de Paris : « Je repousserai jusqu'à la mort ce drapeau de sang, et vous devez le répudier plus que moi, car le drapeau rouge que vous rapportez n'a jamais fait que le tour du Champ-de-Mars, traîné dans le sang du peuple en 1791 et en 1793… » Conquise par la harangue du poète, la foule l'acclame et repousse le drapeau rouge. La Deuxième République est proclamée et le trio bleu, blanc, rouge adopté.

Soleil
lever : **7h49**
coucher : **18h19**

Lundi **20 février**

Saint Aimée – On fête aussi les Amy, Aimie, Amata

Souvent à la Sainte-Aimée, la campagne est enneigée.

VERMOT'ROSCOPE

POISSONS (20 février – 20 mars)

Votre caractère

Insaisissable, intuitif, sensible, romantique, doux, tendre, adaptable, réservé, calme, compréhensif, sociable, opportuniste, inspiré, créatif, mystérieux, gourmand, ambivalent, multifacettes, hypersensible, irrationnel, hypocondriaque, angoissé, fuyant.

Vos planètes de l'année

Attendez-vous à vivre des émotions assez contradictoires. D'un côté, la présence de Saturne chez vous vous obligera à vous ancrer et à mieux définir vos aspirations alors que, de l'autre, Neptune à la fin de votre signe vous incitera à vous laisser porter par les événements ou à vous évader. Des choix s'imposent.

Vie relationnelle

Si sur le premier trimestre vos relations avec vos amis sont distantes et froides, celles-ci se réchaufferont à partir de mai. Ainsi, le printemps marquera le début d'une période riche en échanges et en rencontres. Les autres contribueront pleinement à votre bien-être.

Amour

En couple, 2023 est une année propice à la consolidation de vos liens. Les astres vous offriront de multiples occasions de vous rapprocher de votre partenaire. De beaux moments d'échanges et de partage sont à prévoir. Savourez-les.

Célibataire, pas de rencontres à l'horizon mais la possibilité pour vous de mieux vivre la solitude de cœur ou de mieux déterminer vos aspirations, voire vos attentes profondes. C'est une période idéale pour faire le point sur vous ainsi que le deuil d'histoires passées.

Famille

Cette année, ce domaine sera vécu comme un poids ou une obligation. Certains devront s'occuper d'un parent ou devront régler une situation en relation à un proche. La famille sera un peu comme votre sacerdoce.

Quotidien et vitalité

Malgré quelques moments de fatigue, vous pourrez compter sur une belle résistance qui vous permettra de faire face à toutes vos obligations de l'année. Pour passer au mieux le cap de 2023, faites des pauses régulières, ayez une bonne hygiène de vie et changez-vous les idées par des activités ludiques.

Budget

Le premier semestre vous donnera la possibilité de reprendre en main vos finances. Certains verront leurs revenus s'améliorer ou se stabiliser. Raisonnable, vous prêterez une plus grande attention à vos dépenses courantes et vous ciblerez mieux vos priorités.

Optimisez 2023

Cette année, efforcez-vous de mieux gérer vos émotions. Ne cédez pas au pessimisme. Cultivez la positive attitude et la méthode Coué. Libérez-vous de vos craintes en effectuant un travail sur vous. Retrouvez-vous et recentrez-vous.

Ça s'est passé

En 1923

Picasso peint l'une de ses toiles les plus célèbres, délibérément inachevée : *L'Arlequin assis*. Ce personnage apparaît comme un double mélancolique de l'artiste.

OPÉRAS

Carmen de Georges Bizet (1875)

Carmen est l'un des opéras les plus joués aux quatre coins du globe. Ses airs entraînants et inoubliables, qui s'enchaînent dès le prélude de l'acte I, sont connus de tous. Pourtant, lors de sa création en 1875, la critique et une grande partie du public rejetèrent l'œuvre jugée trop audacieuse, son propos étant considéré comme immoral, voire dangereux pour l'ordre public. Adapté d'une nouvelle de Prosper Mérimée, *Carmen* narre le destin tragique d'une jeune bohémienne, femme sulfureuse aussi belle que libre, à travers la passion impossible d'un soldat, le brigadier Don José. Mort le 3 juin 1875, trois mois après la première, Bizet ne connaîtra pas le triomphe de son œuvre. Le morceau à (ré)écouter : *L'amour est un oiseau rebelle*, célébrissime air du premier acte dans lequel Carmen avertit : « Si tu ne m'aimes pas je t'aime, et si je t'aime prends garde à toi. »

Mardi **21 février**

Saint Pierre-Damien – On fête aussi les Pépin

Soleil
lever : **7h47**
coucher : **18h21**

À la Saint-Pierre-Damien, l'hiver reprend ou s'éteint.

PROJETS … À DEUX !

HEUREUX MARIAGES

Le 24 avril 1835, Éloi Cocu et son épouse Clémentine Vaquette eurent leur vie illuminée par la naissance de leur fils à Brie, dans la Somme. Mais quelle mouche les piqua lorsqu'il fallut lui choisir un prénom ? En effet, ils ne trouvèrent pas mieux que de l'appeler… Fidèle ! Heureusement, le handicap patronymique ne fut pas rédhibitoire car Fidèle Cocu se maria à Paris en 1862.

Citations

J'ai tellement tourné de navets que ma carrière ressemble à un potager.

Jean Lefebvre

Étymologie

Timbré d'étymologie ?

Au XIVe siècle, le nom *timbre* désignait une cloche que l'on faisait tinter en la frappant avec un marteau parce qu'elle ne possédait pas de tympan à l'intérieur (cf. le timbre d'une bicyclette). *Timbre* a été employé ensuite, par analogie de forme, au figuré comme synonyme de *tête*. Si l'emploi de *timbre* pour *tête* a aujourd'hui disparu, on a gardé *timbré* dans le sens « qui a reçu un coup sur le timbre, sur la tête » et donc « qui est un peu fou ». On disait d'ailleurs autrefois dans le même sens : « Il a le timbre fêlé. »

Lacs de France et d'Europe

Les étangs du Stock (Moselle)

Au cœur de la Lorraine, près de Sarrebourg, les étangs du Stock portent une lourde histoire. De nombreuses batailles se sont déroulées dans le secteur. Ces étangs artificiels résultent de construction de la digue en 1250 ; la tour voisine date de cette époque. La surface de l'étang augmente au fil des aménagements. En 1930, la digue est relevée pour alimenter la ligne Maginot. Les étangs servent de réservoir pour le canal des Houillères par où transitaient le charbon et le minerai de fer qui faisaient la richesse de la région. L'ensemble du Stock comprend 11 étangs et couvre 750 ha, entourés de forêts. Il constitue une zone de biodiversité remarquable. Des installations touristiques autour de Langatte permettent de découvrir une nature à jamais marquée par l'empreinte humaine.

LE MONDE CHANGE, LE SALON DE L'AGRICULTURE AUSSI !

Chantiers de restauration

L'abbaye des Fossés

C'est à cette abbaye que la ville de Saint-Maur-des-Fossés, dans le Val-de-Marne, doit son nom. Fondée en 639, elle était un centre religieux réputé au Moyen Âge et de nombreux pèlerins y venaient pour guérir de la goutte, de l'épilepsie ou de maux de jambe en se recueillant auprès des reliques de saint Maur. Depuis 2019, la société d'histoire et d'archéologie baptisée Le Vieux Saint-Maur organise, avec le service de la ville et L'Union Rempart, des chantiers de week-end destinés à des bénévoles de tous âges, au printemps et à l'automne. Au programme, initiation à la maçonnerie ancienne, terrassement et aménagement de gradins sur une banquette en pierres sèches. Non seulement utiles à la préservation du patrimoine, ces chantiers sont aussi des occasions uniques de cohésion sociale pour tous ceux qui y participent.

Mercredi 22 février

Sainte Isabelle – On fête aussi les Belle, Bella, Iseult, Papias

Neige à la Sainte-Isabelle fait la fleur plus belle.

Citations

Ceux qui pensent à tout n'oublient rien, et ceux qui ne pensent à rien font de même puisque, ne pensant à rien, ils n'ont rien à oublier.

Pierre Dac

BD de collection

Les Pieds Nickelés

Croquignol, au long pif, c'est l'intello. Ribouldingue, le barbu, c'est le bon gars. Et Filochard, le borgne, c'est le « soupe au lait ». La série *Les Pieds Nickelés* est créée en 1908 par Louis Forton, dans *L'Épatant*. Au début, l'histoire est racontée sous l'image, mais Froton introduit peu à peu des bulles, coexistant avec le texte. Le scénario est immuable : le trio est fauché et invente de grosses astuces pour se refaire. Avec son esprit « anar », la BD va survivre à son auteur.

Citations

Clarinette. Instrument de torture utilisé par une personne qui a du coton dans les oreilles. Il y a deux instruments qui sont pires qu'une clarinette : deux clarinettes.

Ambrose Bierce

Séries TV (acteurs et actrices)

AUDREY FLEUROT – *KAAMELOTT* ET *ENGRENAGES*

Audrey Fleurot se destinait à une carrière au théâtre, mais deux rôles dans des séries télévisées vont lui ouvrir les portes du cinéma. À partir de 2005, elle incarne la Dame du Lac dans la série *Kaamelott* d'Alexandre Astier, un rôle comique récurrent qui lui vaut une première reconnaissance. En parallèle, elle joue Joséphine Karlsson, une avocate aux dents longues dans la série *Engrenages*, d'Alexandra Clert. Ce second rôle confirme son talent et elle s'impose peu à peu dans des comédies, jusqu'à son rôle dans *Intouchables*, d'Olivier Nakache et Éric Toledano, qui la pousse sur le devant de la scène. En 2019, elle crève l'écran dans *Le Bazar de la Charité*, mini-série historique louée par la critique, et en 2021, on la retrouve dans le rôle principal de la série *HPI*, où elle joue une femme de ménage à haut potentiel intellectuel embarquée dans des enquêtes policières.

Châteaux forts de France

LA FORTERESSE DE POLIGNAC (HAUTE-LOIRE)

Une silhouette ocre se détache sur le ciel bleu de Polignac. La forteresse date du XIe siècle ; elle a toutefois été modifiée à plusieurs reprises jusqu'au XVIe siècle. Situé à quelques kilomètres au nord-ouest du Puy-en-Velay, le château est ancré sur une butte formée par une coulée volcanique, qui domine la vallée de Polignac. Propriétaires du château depuis sa fondation, les seigneurs de Polignac, surnommés « rois des montagnes », ont régné sur la région en s'alliant avec les rois de France successifs. Un donjon fut ajouté au logis seigneurial au cours du XIVe siècle, afin de renforcer ses défenses. Puis, au XVIIe siècle, les vicomtes abandonnèrent les lieux et la forteresse tomba en ruines. Deux siècles plus tard, un de leurs descendants racheta les vieilles pierres et fit restaurer une partie du château.

Jeudi 23 février

Saint Lazare – On fête aussi les Milburge

Soleil
lever : 7 h 43
coucher : 18 h 24

Un faiseur vaut mieux que cent diseurs.

MOTS FLÉCHÉS

Paradis
Dégrada ou choya
Écrasa
Zorille
N'est pas sans voix
Capitale d'Albanie
Peut tomber sous le coup
Suivent le sommeil
Laissa froid
État allemand
Pays européen
Grande illusion
Berge
Félin d'Amérique du Sud
Chicane
Fait saillie
Poème malais
Un peu de calcium
Corrigerons
Dépôt de données
Pierre polie
Séjour en montagne
Ça c'est du nouveau
Enfant du coin
Peindre
Sorte de feldspath
Demandes
Toutes en eau
Capitale du Niger
Agent double
Évite
Habile
Trophée
Ont leur prince
Situées avant les autres
Lichen
Feu éteint
Soldats
Concours général
Tête chaude
Dans l'air

SOLUTION PAGE 77

Vendredi 24 février

Saint Modeste – On fête aussi les Modesty

Femme et melon, à peine les connaît-on.

HISTOIRES DE SUPERMARCHÉS

« Félix Potin, on y revient ! »

Cette enseigne a été créée en 1844, sous le Second Empire ! À l'époque, c'est une modeste épicerie à Paris qui se démarque de ses concurrents en affichant ses prix qui sont fixes. Monsieur Potin préfère vendre beaucoup à petit prix que peu à prix cher. Il va jusqu'à vendre à prix coûtant le sucre et l'huile. Après une belle envolée dans les années 1960, la saga Potin finit malheureusement en banqueroute en 1995.

Rétro Vermot

Chez le tailleur.

– Alors, vous me garantissez que ce pardessus est tout laine ?

– Euh ! Je ne veux pas vous leurrer… les boutons sont en os.

au Jardin

LE COMPOST BOKASHI

Venue du Japon, la méthode de compostage bokashi utilise la fermentation lactique anaérobie (sans oxygène) pour transformer les déchets organiques en compost. C'est une solution idéale pour le compostage urbain, car le processus se fait sans vers et sans odeur et peut être installé dans une cuisine. On utilise un bac spécial à couvercle étanche, muni d'un robinet en partie basse, dans le fond duquel on place une couche de déchets coupés en petits morceaux. On saupoudre d'activateurs (constitués de son de blé et de micro-organismes) et on ferme. On ajoute une couche chaque jour. La transformation prend quelques semaines. Le compost obtenu doit être intégré au sol une quinzaine de jours avant les semis ou plantations. Le jus de fermentation, recueilli au robinet, est utilisé comme engrais liquide.

LE CHIFFRE

660 000

C'est, en dollars, le montant atteint par une cartouche du jeu vidéo Super Mario Bros. lors d'une vente aux enchères. Cela en fait le jeu vidéo le plus cher du monde. Prévue pour la NES, une console de jeux qui a révolutionné le secteur et fait de l'entreprise Nintendo l'un des leaders dans ce domaine, la cartouche date de 1986. Elle est encore sous plastique, comme neuve. L'objet a été oublié au fond d'un tiroir pendant trente-cinq ans avant que son propriétaire ne la retrouve par hasard. La maison d'enchères spécialisée qui s'est chargée de la vente lui a accordé la note de conservation exceptionnelle de 9,6 sur 10. Lancé avec la NES au début des années 1980, Super Mario Bros. compte parmi les jeux les plus vendus de tous les temps avec plus de 40 millions d'exemplaires écoulés dans le monde. Prisée par les collectionneurs, une cartouche dans sa boîte en parfait état se négocie en général quelques dizaines de milliers d'euros. Beaucoup plus rare, cette cartouche appartient à une édition limitée qui n'a été commercialisée que quelques mois.

Samedi **25 février**

Saint Roméo – On fête aussi les Gerland, Walburge

Soleil
lever : **7 h 40**
coucher : **18 h 27**

Si l'osier fleurit, le raisin mûrit.

BINERO

- Cette grille ne contient que des 0 et des 1.
- Il y a autant de 0 et de 1 sur chaque ligne et sur chaque colonne.
- Il n'y a pas plus de 2 chiffres identiques côte à côte.
- 2 lignes ou colonnes ne peuvent être identiques.
- Le chiffre dans chaque zone pointillée est égal à la somme des chiffres de la zone correspondante.

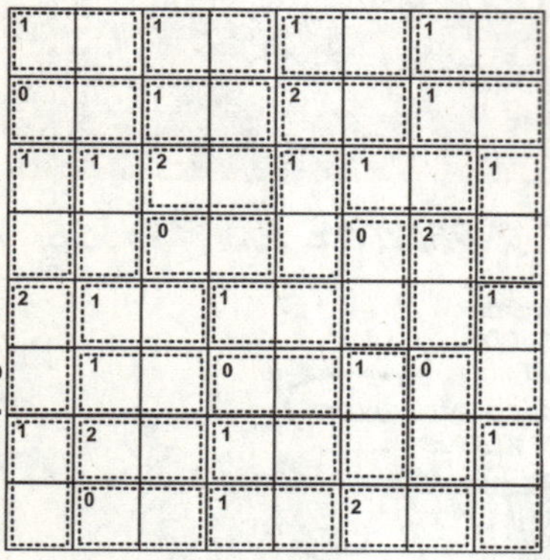

Solution page 75

Les pires prédictions de l'Histoire

Le 20 février 1524, selon les calculs du mathématicien et astrologue allemand Johannes Stöffler, un alignement des planètes et du Soleil devait engendrer un gigantesque déluge qui allait détruire la Terre.
La renommée du savant, professeur à l'université de Tübingen (l'époque l'un des plus prestigieux du pays), est telle que, dans les mois précédant le cataclysme annoncé, la terreur gagna tout le pays. Les constructeurs de bateaux virent leurs ventes décuplées. Un noble allemand, le comte von Iggleheim, fit même bâtir une Arche de Noé géante sur les berges du Rhin. Des centaines de personnes moururent en tentant d'embarquer et le comte fut lapidé. Le jour du déluge resta totalement sec. Discrédité, Stöffler succomba à une épidémie de peste en 1531.

LE CHIFFRE

21,16

C'est, en mètres, la hauteur du plus haut château de sable jamais construit. Récemment érigé à Blokhus, une station balnéaire danoise, il dépasse de plus de 3 m un château de 17,66 m édifié en Allemagne en 2019 qui détenait jusque-là le record. En forme de pyramide et richement décoré, ce château, qui a nécessité près de 5 000 tonnes sable, a été créé par le néerlandais Wilfred Stijger, épaulé par 30 sculpteurs de sable. L'édifice, aussi haut qu'un immeuble de huit étages, a été construit grâce à une structure en bois cachée à l'intérieur. De même, afin de le rendre plus adhérent, le sable utilisé contenait environ 10 % d'argile et une couche de colle a été appliquée une fois l'ouvrage terminé pour que le château résiste quelques semaines aux intempéries. Le festival international de sculptures de sable de Blokhus est l'un des plus importants évènements au monde consacré à cet art aussi éphémère que régressif.

LES PATRONS NE SOUTIENNENT PAS VRAIMENT MACRON

Les plus vieux commerces du monde

Angleterre – R J Balson & Son

R J Balson & Son est une boucherie familiale installée depuis 1515 à Bridport, une petite ville non loin de la côte sud-ouest de l'Angleterre. Selon le très sérieux *Institute for Family Business*, elle peut prétendre au titre de plus ancienne entreprise familiale à commerce continu du Royaume-Uni. C'est entre les murs de cette petite boutique de la rue centrale que Robert John Balson a ouvert le premier étal de viande il y a plus de cinq siècles. Fidèles au célèbre humour anglais, les descendants du fondateur, qui tiennent la boutique aujourd'hui, aiment à dire que s'ils sont toujours là, c'est tout simplement car ils n'ont jamais réussi à prendre leur retraite. Vous pourrez y acheter, entre autres, leurs célèbres *bangers*, des saucisses faites à la main.

Dimanche **26 février**

Saint Nestor – On fête aussi les Koulfinid, Porphyre

Tu ne peux pas retenir ce jour, mais tu peux ne pas le perdre. *(Proverbe médiéval)*

Pains & gâteaux

Le pain brié

Mais qu'il est beau ce pain strié de forme ovoïde ! Spécialité normande, de la région du Bessin, sa pâte contient du beurre, forcément. Bien lourd, il a une texture compacte, une mie serrée sans poche d'air grâce à un pétrissage qui consiste à plier et à compresser la pâte. C'est d'ailleurs pour cette raison qu'il se conserve bien. Cela en faisait le pain idéal pour les marins qui partaient plusieurs semaines en mer. Il est, de plus, parfait pour accompagner la dégustation de coquillages et autres fruits de mer.

Patronymes animaliers

CAMILLE CERF

La carrière de Camille Cerf a commencé en 2009, alors qu'elle n'avait que 15 ans, lorsqu'elle fut finaliste du concours Elite Model Look. Elle devint en 2014 Miss Nord-Pas-de-Calais et fut couronnée Miss France l'année suivante. Originaire de Calais, elle est fidèle à sa région d'origine et participe à la promotion de ses savoir-faire, comme notamment la dentelle qui a fait la célébrité de la ville. C'est ainsi qu'elle a créé une ligne de lingerie féminine en dentelle de Calais qui est adaptée à toutes les morphologies. Aussi loin que l'on remonte dans son arbre généalogique, les Cerf sont originaires du Pas-de-Calais où le nom peut avoir comme genèse un mari trompé.

—APPAREMMENT, VOUS N'ÊTES PAS SUPERSTITIEUSE !

Solution Binero p. 74

0	1	0	1	1	0	1	0
0	0	1	0	1	1	0	1
1	0	1	1	0	1	0	0
0	1	0	0	1	0	1	1
1	1	0	1	0	0	1	0
1	0	1	0	0	1	0	1
0	1	1	0	1	0	0	1
1	0	0	1	0	1	1	0

L'ACTU

TOUT EST BON DANS LE COCHON

Des chirurgiens du centre hospitalier Langone de l'Université de New York (États-Unis) viennent de réaliser une première mondiale : ils ont greffé un rein de porc génétiquement modifié sur un humain — une patiente en état de mort cérébrale — sans entraîner de réaction de rejet. L'organe a fonctionné pendant les trois jours qu'a duré l'expérience. Ces résultats pourraient ouvrir la voie à des essais cliniques chez des patients atteints d'insuffisance rénale grave. Aux États-Unis, plus de 90 000 personnes attendent un rein et le délai pour l'obtenir est en moyenne de 3 à 5 ans. Pour pallier la pénurie d'organes, les chercheurs travaillent depuis des décennies sur la possibilité d'utiliser ceux d'animaux. La principale difficulté est d'empêcher le système immunitaire humain de rejeter immédiatement ces organes étrangers. L'équipe du Dr Robert Montgomery, qui a dirigé cette expérience, a éliminé ce problème en modifiant génétiquement un porc, de telle manière que ses tissus ne contiennent plus aucune molécule pouvant provoquer une réaction de rejet. Baptisé GalSafe, celui-ci appartient à une lignée spécifique de porcs approuvée par la Food and Drug Administration pour être utilisée comme source potentielle de produits thérapeutiques.

Lundi **27 février**

Sainte Honorine – On fête aussi les Léandre, Galmien

Soleil
lever : **7 h 36**
coucher : **18 h 31**

À la Sainte-Honorine, bourgeonne l'aubépine.

Brèves régions

Bouches-du-Rhône/Le Miroir aux oiseaux

Le Miroir aux oiseaux est le petit port pittoresque de Martigues qui compose, avec le canal Saint-Sébastien, un site classé depuis 1942. Un incontournable à voir ou à revoir lors d'une balade dans la Venise provençale si bien chantée par Alibert ! Il tient son nom des eaux calmes qui reflètent les nombreux volatiles venus voler des poissons aux bateaux de retour de pêche. Source d'inspiration pour des peintres comme Eugène Delacroix, Camille Corot ou Raoul Dufy depuis la fin du XIXe siècle, il continue de faire la réputation internationale de cette ville de tradition maritime, notamment par le charme de ses embarcations authentiques.

Onomatopées

dans différentes langues

LE MONDE COUPÉ EN DEUX À CAUSE DU CORBEAU

En matière de croassement, le monde est partagé en deux : il y a les pays dans lesquels les corbeaux « chantent » (si on peut appeler cela chanter) avec un [r], comme en France (« crôa crôa »), en Allemagne (« krah krah »), en Italie (« cra cra »), en Pologne (« kra kra »), et bien d'autres encore ; et il y a ceux dans lesquels ce passériforme se passe de la consonne, comme chez nos voisins ibériques (« cuaa cuaa »), au Japon (« kaa kaa »), au Royaume-Uni (« caw caw »)… Cela dit, tous les corbeaux du monde « chantent » avec un [k] et redoublent leur cri !

LIVRAISON DE NOUVEAUX TGV À LA SNCF.

ÇA, C'EST FAIT-DIVERS

Un hélicoptère pour s'échapper et 20 pizzas parsemées de viande kebab pour les prisonniers : telle était la demande de deux détenus qui ont récemment pris en otage deux gardiens au centre pénitentiaire de haute sécurité de Hällby, en Suède. Après l'intervention d'un médiateur, les deux individus, particulièrement dangereux, ont accepté de relâcher un de leurs otages en échange de pizzas. Les autorités ayant accepté de négocier, une pizzeria locale a été chargée d'honorer l'inhabituelle commande qui a été livrée à l'intérieur de la prison par un policier. Il a fallu ensuite neuf heures de pourparlers pour faire comprendre aux deux détenus que la livraison d'un hélicoptère n'était, elle, pas envisageable. Leur projet d'évasion par voie aérienne étant compromis, ils ont fini par relâcher le deuxième otage avant de se rendre. Une histoire qui finit bien sauf pour le patron de la pizzeria : autorités pénitentiaires, police ou détenus, personne n'a songé à régler la note ! Dans le même esprit, deux prisonniers armés d'un couteau qui en séquestraient un autre dans une prison en Irlande ont, eux, exigé du tabac, des Mars et une nouvelle literie en échange de sa libération. Après cinq heures de négociations, les gardiens de la prison sont intervenus. Sans friandise ni matelas.

30 morceaux de bœuf

LA BASSE CÔTE

Sur le bœuf, la basse côte est plutôt située en haut, sur le dos, entre le collier et l'entrecôte. Elle est très appréciée des amateurs de viande après une cuisson longue à basse température qui va faire fondre la graisse et attendrir le muscle. Ce morceau très persillé peut également être braisé et servi simplement assaisonné avec du poivre et de la fleur de sel.

Mardi **28 février**

Saint Romain – On fête aussi les Antonia, Rivelen, Romane

Quand tu seras à Rome, agis comme les Romains. (Ambroise de Milan)

Solution Mots fléchés p. 72

	C		O		C		S		P		D	
B	L	A	B	L	A	T	E		E	D	E	N
	O	P	T	I	M	A		G	R	E	V	A
L	I	E	U	S	E		R	A	I	S	O	N
	S	U	R		E	T	A	T		T	U	A
T	O	R	E	E		I	T	A	L	I	E	
	N	E	R	V	U	R	E		A	N		D
U	N	E		E	T	A	L	O	N		C	A
	E	S	P	I	O	N		C	D	R	O	M
B	R		A	L	P	A	G	E		A	N	E
	A	I	N	S	I		A	L	B	I	T	E
O	I	N	T		E	P	L	O	R	E	E	S
		E	O	N		R	E	T	O	R	S	
R	E	D	U	I	S	I	T		S	O	T	S
	L	I	M	A	C	E		U	S	N	E	E
B	U	T		M	A	R	I	N	E	S		M
	D	E	C	E	L	E	R	E	R		R	E
H	E		G	Y	P	S	E	S		V	A	R

Argot

Bœuf

L'argot des musiciens nous a donné « bœuf » dans le sens « improvisation de jazz à laquelle se joignent d'autres musiciens ». Tout simplement parce que c'est au cabaret parisien Le Bœuf sur le toit que cette pratique a été lancée. Et l'on remarquera que, si dans la langue soignée, on prononce le nom de l'animal au pluriel « beu », plutôt que « beuf », on prononcera toujours « beuf » au pluriel dès lors qu'on parle d'improvisations.

Citations

La dernière fois que j'ai pénétré une femme, c'était en visitant la statue de la Liberté.

Woody Allen

THÉÂTRES DU MONDE

Les Folies Bergère à Paris

Avec l'exubérance de sa danseuse sculptée en 1929 par Maurice Pico, la façade Art déco des Folies Bergère entérine l'image de cette salle ouverte en 1869 pour accueillir la première revue de music-hall en France. Dans un genre plus baroque, le grand foyer bleu et or orné de chevaux cabrés ne manque pas non plus de panache ! Ce temple mythique des revues parisiennes a reçu, entre autres, les grandes Loïe Fuller et Joséphine Baker et présente, depuis plusieurs décennies, les spectacles les plus éclectiques.

Vélo

Premier maillot

Au lendemain de la Grande Guerre, le Tour de France 1919 redémarre pour l'un des parcours les plus longs de l'histoire de l'épreuve. Tous les participants évoluent avec un maillot gris, la faute à une guerre qui a laissé peu de moyens. Comment distinguer les meilleurs ? Alphonse Baugé suggère alors au patron du Tour, Henri Desgrange, de créer un maillot distinctif pour reconnaître le leader. Il sera jaune, couleur des pages du magazine *L'Auto*. Le Français Eugène Christophe en est le premier porteur.

Randonnées

AU DÉPART DE GARDOUCH, LE LONG DU CANAL DU MIDI

Long de 240 km, le canal du Midi est une destination prisée de randonnée. Oscillant entre douceur méditerranéenne et fraîcheur océanique, l'eau s'écoule au cœur de paysages variés, champêtres ou forestiers. Au départ du village de Gardouch (Haute-Garonne), on découvre un segment jalonné d'écluses et de chemins ombragés. On longe de belles bâtisses roses coiffées de tuiles, tout en parcourant cette boucle de 7 km (3 h de marche). Le dénivelé est faible et la plupart du circuit est bien aménagé, voire goudronné.

Saint Aubin – On fête aussi les Albin, Jonathan, Suitbert

Soleil
lever : **7 h 32**
coucher : **18 h 34**

Au Mardi gras, l'hiver s'en va.

HISTOIRES POLICIÈRES

L'ÉGORGÉ DE RODEZ (AVEYRON)

En 1817 vivait à Rodez, capitale du Rouergue, un certain Joseph-Bernardin Fualdès, un notable de 56 ans. Personnalité connue dans la région et au-delà, il avait été membre du tribunal révolutionnaire à Paris puis administrateur du département de l'Aveyron avant d'être nommé procureur à Rodez sous l'Empire. Ce jacobin modéré avait demandé sa mise à la retraite sous la Restauration. Le soir du 19 mars 1817, après le souper, Fualdès sort de chez lui sans dire à sa famille où il va. Le lendemain, au petit jour, on retrouve son cadavre dans l'Aveyron. Le médecin constate qu'il a eu la gorge tranchée. À Rodez, cela ne fait aucun doute : il s'agit d'une vengeance politique perpétrée par des royalistes. Mais une canne ayant appartenu à Fualdès est retrouvée rue des Hebdomadiers et un nombre insensé de témoins jure avoir entendu ou vu quelque chose de suspect la nuit du crime, justement dans cette voie malfamée, du côté de la maison des époux Bancal. La perquisition des lieux confirme les soupçons : une couverture tachée de sang est découverte dans un panier à linge. Les époux Bancal et leur fille la plus âgée sont aussitôt jetés en prison. Mais l'opinion publique tient à son complot. Le témoignage de la fille cadette des Bancal va donc tomber à pic. Âgée de 9 ans, la gamine raconte que, cachée derrière un rideau, elle a vu ses parents et plusieurs hommes égorger quelqu'un sur la table de la cuisine et que son sang, recueilli dans un baquet, a été donné à un cochon. Ces révélations abominables suscitent de nouveaux témoignages qui, pour certains, accablent Charles Bastide et Joseph Jausion, des familiers de Fualdès. Désignés comme les « cerveaux » du complot, ils auraient agi avec les époux Bancal, Colard, l'un de leurs locataires, Bach, un contrebandier, ainsi qu'un domestique, une blanchisseuse et son amant, etc. Le mobile ? Peut-être un vol d'argent, ou une créance ancienne de Bastide à l'égard de Fualdès, voire un infanticide commis par Jausion et étouffé par le magistrat ? Qu'importe ! Cet assemblage de proches de la victime et de « petites gens » ôte toute dimension politique à l'affaire… Le procès s'ouvre le 18 août 1817. Le père Bancal étant décédé en prison, onze accusés sont à la barre. Plus de deux cents témoins à charge répètent suppositions et rumeurs. Verdict : cinq condamnations à mort, deux à perpétuité, une peine de deux ans de prison et trois acquittements. Mais les esprits sont tellement échauffés par cette parodie de justice que le procès est annulé. À Albi, siège du second procès au printemps 1818, la tension est encore plus vive qu'à Rodez. Les rares témoignages en faveur des accusés sont ignorés. À l'inverse, de nouveaux témoins les dénoncent. Parmi eux, Clarisse Manzon, fille du président de la cour de Rodez qui a été dessaisi du dossier, affirme avoir assisté au meurtre, se rétracte puis insinue qu'il manque des coupables… La peine capitale est confirmée pour Bastide, Jausion et Colard qui sont exécutés en juin 1818. La veuve Bancal, Bach et la blanchisseuse sont condamnés à perpétuité.

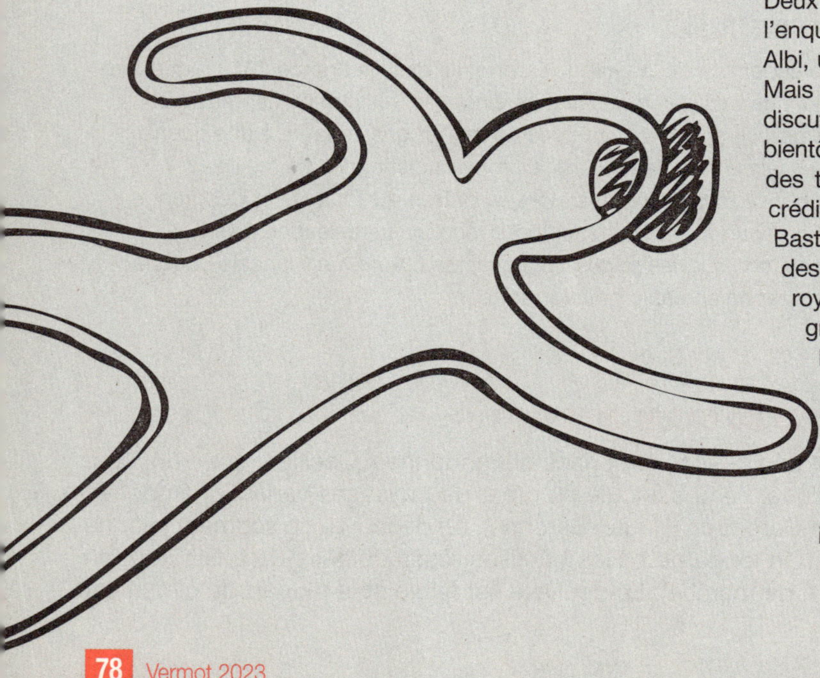

Deux notaires et le commissaire chargé de l'enquête au début ayant été mis en cause à Albi, un troisième procès se déroule fin 1818. Mais les trois hommes disposent d'alibis indiscutables et sont acquittés. Ce jugement bientôt suivi par les rétractions de la plupart des témoins à charge des deux procès accrédite dès lors la thèse de l'innocence de Bastide, Jausion et des autres. La plupart des historiens estiment aujourd'hui que des royalistes sont probablement impliqués. Un groupe d'ultras n'aurait jamais pardonné à Fualdès d'avoir déjoué une conspiration visant à rétablir Louis XVIII dès 1814. Le magistrat avait non seulement retardé le rétablissement de la monarchie, mais en plus, il avait fait perdre beaucoup d'argent aux conjurés qui avaient investi dans l'opération.

Jeudi 2 mars

Saint Charles le Bon – On fête aussi les Charlton, Chad, Jaoua

En Carême, saumon et sermon sont de raison.

Patronymes animaliers

JOSEPH FERDINAND CHEVAL

Connu comme le « facteur Cheval », en référence à sa profession de postier, Joseph Ferdinand Cheval bâtit à mains nues son palais idéal, dans son jardin, pendant plus de 30 ans. Chef-d'œuvre d'architecture naïve, cet édifice fut suivi d'un autre, dédié à sa fille partie trop tôt, puis de son propre tombeau au cimetière communal d'Hauterives, dans la Drôme. C'est d'ailleurs dans ce département que le patronyme Cheval est le plus répandu en France. Le facteur y passa toute sa vie, il y était né en 1836 et y mourut, à l'âge de 88 ans, en 1924. Selon un neuropsychiatre de l'hôpital Necker, le facteur Cheval aurait présenté le profil type d'un autiste Asperger, obsédé par son délire créatif.

Rétro Vermot

On se demande combien il peut y avoir de degrés de différence entre un froid de canard, un froid de Sibérie, un froid de loup et un froid de chien.

Étymologie

Des Spartiates aussi spartiates que laconiques

Dans l'Antiquité, Sparte était la capitale de la Laconie, région du sud-est du Péloponnèse. L'austérité dans laquelle les Spartiates étaient éduqués et vivaient est restée légendaire. Et c'est ainsi que l'on emploie l'adjectif *spartiate* dans le sens de « austère, rigide, sévère ». Mais il est une autre spécificité qu'on leur attribuait et que l'on connaît moins : en effet, ils avaient la réputation d'exprimer leur pensée en peu de mots, de façon concise. Et c'est cette réputation qu'avaient les habitants de la Laconie qui est à l'origine de l'adjectif *laconique*.

L'ACTU

UNE HISTOIRE BELGE

Au départ, il s'agit d'un arrêté royal concernant le prix de plusieurs médicaments et publié sur Internet par le service public fédéral Justice — l'équivalent belge de notre ministère de la Justice. Mais les premiers lecteurs repèrent vite une grosse boulette : une recette d'asperges gratinées au cantal apparaît en plein milieu du texte. La bévue fait aussitôt le tour des boîtes mail des magistrats et avocats belges, avant d'être rendue publique par RTL Belgique. Une brève enquête interne a finalement montré qu'il s'agissait non pas d'un piratage, mais d'un malencontreux copier-coller d'une recette trouvée sur le célèbre site culinaire Marmiton.org. Une publication sur Internet n'ayant pas force de loi, l'erreur désormais corrigée n'aurait eu aucune conséquence. Néanmoins, pour certains juristes, si une telle gaffe est possible, d'autres beaucoup moins visibles, mais aux conséquences bien plus sérieuses sont hélas envisageables… L'histoire ne dit pas si les ventes de cantal en Belgique ont explosé depuis que cette recette a fait le tour du pays.

Vendredi **3 mars**

Saint Guénolé – On fête aussi les Cunégonde, Gerwin, Dylan

Soleil
lever : **7 h 28**
coucher : **18 h 37**

Si mars commence en courroux, il finira tout doux, tout doux.

MOTS FLÉCHÉS

LES MOTS DÉCLENCHEURS SONT DES ANAGRAMMES.

SCLERO-SA / ACERAT		CARENA / CA		ALESE / NETTE		ARC		TOILES / CABLAIT		ORTALIDE / IRE		NE
						DEROBA / ESSUIE						
ACCOLE-RAIENT / RE												
		ANSE / RITUEL-LES					LICE					GEU
ETIONS / A ELLE							EL / LASER			GA		
					SARI					UT / MAIGRE		
LE / SUEUR			ERRE	GAIE / CARESSA					RIE / RANI			
					MUTILE							ES
CARTE	CESS / INCRUS-TEE					PIANO-TER		AR / ANIS			REITRE	
					SAGAIES / EN							
RENTRA / EPI							ETNA / SEVI					IME
			RIVES						MER / SUTURE			
AVEN / TE					ITON / TALEE					IR / EUES		
		TRIO	PESA / PIE					SUEE / NS				
RUE / PORT				REUSSIT								OSA
				NE / NO			UNE / ES				CA	
OISELET / PIS								RASE				
			EN			SUE				OC		

SOLUTION PAGE 86

Samedi 4 mars

Saint Casimir – On fête aussi les Casimo, Roméo

Mars venteux, verger pommeux.

Ville en chanson

Brest

En 2004, le chanteur Miossec sort un album où il décide de chanter sa vie et sa ville natale. Du quartier de Recouvrance à la rue de Siam en passant par la rade et l'avenue Jean-Jaurès, Miossec se remémore ses souvenirs de jeunesse à travers les lieux notables de Brest. Des couplets doux, mélancoliques, qui virent au rock dans le refrain : « Tonnerre, tonnerre, tonnerre de Brest, mais nom de Dieu que la pluie cesse. » Cette chanson serait une réponse en musique à un journaliste qui lui aurait reproché d'avoir quitté sa cité natale…

30 morceaux de bœuf

LA BAVETTE D'ALOYAU

Dans le bœuf, il existe trois bavettes : celle d'aloyau, celle de flanchet et celle à pot-au-feu. Les deux premières sont destinées à être grillées ou poêlées. La bavette d'aloyau a des fibres longues et peu serrées. Elle pèse au total 2 à 3 kg et procure les meilleurs biftecks. Saisis quelques minutes à peine, ces morceaux font le bonheur des amateurs de viande rouge…

Chantiers de restauration

La renaissance du fort Cézon

Au nord-ouest du Finistère, l'île Cézon se trouve à 400 mètres du rivage : on y accède à pied à marée basse. À la fin du XVIIe siècle, sous le règne de Louis XIV, elle connaît ses premières fortifications grâce à l'impulsion de Vauban, lesquelles furent renforcées au XIXe siècle sous Napoléon III. Cet exceptionnel ensemble architectural a été inscrit aux monuments historiques en juillet 2015 et, depuis 2016, une association s'occupe de la mise au jour des édifices envahis par la végétation. Les volontaires, issus de structures d'insertion de Brest, en service civique ou bénévoles d'organismes nationaux de chantiers de jeunes, s'investissent ainsi dans un cadre exceptionnel, l'île Cézon offrant une vue imprenable à 360° au beau milieu de l'Aber Wrac'h.

COVID : RESTRICTIONS POUR LES NON VACCINÉS.

MÉTIERS IMPROBABLES

COMPORTEMENTALISTE CANIN

Comme son nom l'indique, il s'agit d'un spécialiste du comportement des chiens. En tant que « psychologue pour animaux de compagnie », ce professionnel prodigue des conseils aux maîtres de chien dominant, difficile, fugueur… « Dans 95 % des cas, c'est le maître qui a un souci de communication », explique Hélène Klejnot, comportementaliste installée dans le Perche. Celui-ci est donc invité à réajuster son attitude en suivant un programme de rééducation spécialement établi pour son chien. Spécialistes du comportement, les comportementalistes ne sont ni dresseurs ni vétérinaires. Ils sont désormais une centaine en France, leur métier est en pleine expansion depuis les années 2000 mais n'est pas encore réglementé.

Dimanche 5 mars

Sainte Olive – On fête aussi les Virgile, Gérasime

Soleil
lever : 7 h 24
coucher : 18 h 40

En mars quand il tonne, chacun s'en étonne.

Brèves régions

Calvados/La Villa du temps retrouvé

C'est à Cabourg que vous pourrez visiter la Villa du temps retrouvé, un espace muséal qui propose une fabuleuse immersion au cœur de la Belle Époque. Œuvres d'art, reportages vidéo, photographies, costumes, mobilier et objets variés témoignent de cette merveilleuse période riche en innovations et en progrès sociaux. Et ce, en compagnie de Marcel Proust car, vous l'aurez compris, le nom du lieu a été donné en hommage à *La Recherche*.

PAS DE PETITS PROFITS !

Les pires prédictions de l'Histoire

En 1932, Albert Einstein, le père de la théorie de la relativité et prix Nobel de physique en 1921, affirme dans le *New York Times* : « Il n'y a pas la moindre indication que nous puissions un jour utiliser l'énergie nucléaire car cela impliquerait que l'atome puisse être brisé à volonté. » Mais les avancées de la recherche et le risque de voir l'Allemagne nazi se doter d'armes extrêmement puissantes grâce à la fission nucléaire vont très vite lui faire réviser son opinion. Sept ans plus tard, dans un courrier au président américain Franklin Roosevelt, Einstein le pacifiste lui enjoint d'accélérer les travaux sur le nucléaire. Sa missive est à l'origine du projet Manhattan lancé par Roosevelt pour produire une bombe atomique. La première de l'histoire sera utilisée à Hiroshima en août 1945.

M. Touare
Ministre des Transports et du Tourisme
a la joie de vous annoncer la naissance de son fils

TERRY

ÇA, C'EST FAIT-DIVERS

En 1944, la peinture *Loth avec ses deux filles lui servant à boire* du maître Nicolas Poussin a été dérobée par des soldats nazis à ses propriétaires installés à Poitiers. La guerre terminée, ces derniers ont cherché en vain leur tableau et, en 1947, il a été inscrit dans le « Répertoire des biens spoliés en France durant la guerre 1939-1945 ». Pendant plus de 70 ans, la toile est restée introuvable. Puis, en 2021, des carabiniers italiens spécialisés dans la protection du patrimoine culturel sont enfin parvenus à remettre la main dessus et à comprendre ce qu'elle était devenue ces dernières années. Le tableau aurait été acheté en France par un antiquaire italien en 2017, celui-ci l'aurait ensuite cédé à un autre antiquaire, lui aussi italien. Ce dernier l'a exposé en 2019 aux Pays-Bas et c'est au cours de cette exposition qu'un spécialiste de Poussin a reconnu la peinture. Les carabiniers l'ont saisie quelques mois plus tard au domicile de l'antiquaire près de Padoue, en Italie, avant de le restituer aux héritiers de ses propriétaires légitimes. Mais on ne sait toujours pas où se trouvait cette toile de belles dimensions (120×150 cm) entre sa disparition en 1944 et sa réapparition en 2017…

Soleil
lever : 7 h 22
coucher : 18 h 42

Lundi 6 mars

Sainte Colette – On fête aussi les Fridolin, Chrodegang

Sainte-Colette, faites-moi belle et bien faite.

Espace

Le benjamin

En 1994, Jean-François Clervoy devient le cinquième Français de l'espace en s'envolant à bord de la navette américaine Atlantis. Alors âgé de 35 ans, il entre également dans l'histoire en devenant le plus jeune, record de précocité qui perdure. Le Lorrain participe ensuite à deux missions à bord d'Atlantis puis de Discovery.

C'ÉTAIT VRAIMENT MIEUX AVANT (?)

« AUTREFOIS, ON RESPECTAIT LES FEMMES. »

Ah bon ? Peut-être qu'avant, les femmes étaient traitées avec un peu plus de courtoisie, mais elles n'avaient pas le droit de vote (jusqu'en 1944), devaient avoir l'autorisation de leur mari pour travailler (jusqu'en 1965), étaient soumises à la « puissance paternelle » (jusqu'en 1982)… On les respectait dans leur statut d'êtres inférieurs. Ainsi, les hommes ouvraient gentiment la porte à ces petites choses sans volonté, trop faibles pour disposer de leur propre corps (légalisation de la pilule en 1967 et de l'IVG en 1975) mais qu'on pouvait librement harceler (jusqu'en 1992). Quand les choses tournaient mal, on leur expliquait avec politesse que c'était un peu de leur faute. Jusqu'en 1980, le viol n'était pas un crime, juste un délit, rarement poursuivi. C'est vrai, autrefois on « respectait » les femmes, à condition qu'elles restent sagement à leur place.

Pains & gâteaux

La cacavellu

Drôle de nom pour une brioche ! Cette étonnante viennoiserie traditionnelle corse est un gâteau de Pâques en forme de couronne, que l'on appelle aussi campanile ou campanilis. Sa grande particularité : un ou deux œufs de poule entiers, avec la coquille, sont insérés dans la pâte. Celle-ci est en général parfumée avec des grains d'anis et se marie délicieusement avec de la confiture de marrons de l'île de Beauté.

Belles plantes

MISCANTHUS SINENSIS GRACILLIMUS

L'espèce est appelée « roseau de Chine », « eulalie », ou encore « herbe à éléphant », bien que les pachydermes ne s'en montrent pas autrement friands. Toutefois, elle ne paraît pas ridicule à côté d'eux puisqu'elle forme une grande et belle touffe à feuilles retombantes, particulièrement fines chez la variété Gracillimus, d'un beau vert franc à nervure blanche au printemps, passant à l'orange en été, puis au brun. Elle donne en automne des inflorescences plumeuses et gracieuses, mais qui ne sont pas toujours au rendez-vous. Le miscanthus apprécie le plein soleil et les sols riches. C'est une plante précieuse pour le décor hivernal, qui trouve sa place dans les massifs d'arbustes et les jardins sur gravier, et qui peut aussi constituer de petites haies de séparation.

Mardi **7 mars**

Sainte Félicité – On fête aussi les Perpétue, Nathan, Ethan

Soleil
lever : **7h20**
coucher : **18h43**

Quand mars entre comme un mouton, il sort comme un lion.

Recette — Charlotte de pâtes

Une forme de charlotte pour un plat délicieusement régressif !

Pour 4 à 6 pers. — **15 min de préparation** — **20 à 25 min de cuisson**

- 1 l de lait
- 250 g de petites pâtes de votre choix (nouilles alsaciennes, coquillettes)
- 2 belles tranches de jambon découenné
- 2 œufs
- 40 g de beurre
- 1 belle poignée de gruyère
- Noix muscade
- Sel, poivre

Versez le lait dans une grande casserole et faites-le chauffer. Jetez les pâtes dans le lait frémissant et laissez-les cuire le temps indiqué sur le du paquet.

Préchauffez le four à 160 °C (th. 5-6). Coupez le jambon en petits morceaux. Battez les œufs dans un cul-de-poule. Faites fondre les ¾ du beurre et versez-le sur les œufs. Assaisonnez de sel, de poivre et de muscade. Ajoutez le gruyère et le jambon et versez cette préparation dans la casserole de pâtes (avec le lait) hors du feu.

Beurrez un moule à charlotte. Versez le contenu de la casserole dedans. Enfournez pour 10 à 15 min.

Démoulez sur une assiette et servez avec une salade ou des légumes vapeur.

DEVINETTES

J'indique de l'originalité,
ou garantis l'authenticité,
J'apporte un soulagement
et suis une forme
de paiement.
Que suis-je ?

Réponse : UN CACHET

Vélo

Villes de Tour

Au cours de sa longue histoire, le Tour de France a bien évidemment sillonné l'ensemble du territoire, mais a connu ses points de passages obligés. Avec 143 présences dans un parcours d'une Grande Boucle, dont 100 arrivées, Paris est bien évidemment la ville le plus souvent traversée par les coureurs. Elle est suivie par deux villes de la Nouvelle-Aquitaine : Bordeaux (81) et Pau (73). Passages obligés ? Pas forcément. Bordeaux n'a en effet plus accueilli la moindre étape du Tour de France depuis 2010.

Le bon mot de l'Histoire et le gros mot

« La France s'ennuie… »
Pierre Viansson-Ponté, 15 mars 1968

Chef du service politique du *Monde*, Pierre Viansson-Ponté signe en mars 1968 un éditorial dans lequel il se désole de l'apathie des étudiants en France. « La jeunesse s'ennuie, écrit-il. Les étudiants manifestent, bougent, se battent en Espagne, en Italie, en Belgique, en Algérie, au Japon, en Amérique, en Égypte, en Allemagne, en Pologne même. Ils ont l'impression qu'ils ont des conquêtes à entreprendre, une protestation à faire entendre, au moins un sentiment de l'absurde à opposer à l'absurdité. » Une semaine plus tard, le 22 mars, un groupe d'étudiants mené par Daniel Cohn-Bendit occupe un bâtiment de la faculté de Nanterre pour protester contre l'arrestation de manifestants opposés à la guerre du Vietnam. Face à ce mouvement qui s'amplifie de jour en jour, les autorités décident de fermer Nanterre. La contestation migre vers la Sorbonne. Mai 68 commence…

Soleil
lever : 7h18
coucher : 18h45

Mercredi 8 mars

Saint Jean de Dieu – On fête aussi les Humphrey, Ryan, Pons

Taille tôt, taille tard, taille toujours en mars.

Bibliophiles

Sommes, Emmanuel Adely (Argol, 2009)

Le lecteur qui ouvre ce livre risque de se dire : « Qu'est-ce que c'est que ça ? » Car il a sous les yeux une équation qui court de la première à la dernière page, additionnant des profils plus que des portraits, classés par nationalités (marquées F, GB, PL, etc.), ou par sexe (h, f), avec des détails chiffrés comme autant de coordonnées d'une vie (âge, taille, nombre d'enfants…). Il y en a 238. Avez-vous confiance dans la littérature ? Je parie que, si vous découvrez comment lire cette équation, ce qui lie les 238 personnages, vous finirez votre lecture en larmes, étonné de survivre à ce chef-d'œuvre !

Citations

Le véritable anarchiste marche toujours entre les clous parce qu'il a horreur de discuter avec les flics.

Georges Brassens

LE CHIFFRE

76

C'est le nombre de hot-dogs engloutis en 10 minutes par l'imbattable Joey Chesnut lors de la dernière édition de la célèbre compétition internationale de cette discipline organisée par le restaurant Nathan's de Coney Island, à New York. Vainqueur de 14 des 15 derniers concours, l'Américain de 40 ans, surnommé « Jaws » (les mâchoires), a établi un nouveau record, en écrasant la concurrence. Son dauphin, Geoffrey Esper, n'a réussi à avaler que 50 petits pains à la saucisse. Plus de 5 000 spectateurs ont assisté à cet événement diffusé en direct, comme chaque année, par la chaîne sportive ESPN. Chez les femmes, Michelle Lesco a absorbé 30 hot-dogs et trois quarts pour remporter le titre. Tout juste maman, la septuple championne Miki Sudo avait choisi de ne pas participer à la compétition.

FOOT

Les records des Bleues

Avec 198 sélections, dont 84 avec le brassard de capitaine, Sandrine Soubeyrand, internationale entre 1997 et 2013, est la joueuse la plus capée, alors qu'Eugénie Le Sommer est la meilleure buteuse de l'histoire. Au niveau collectif, la plus large victoire des Bleues, 14-0, a été réalisée à deux reprises : le 14 mai 1998 face à l'Algérie et le 28 novembre 2013 face à la Bulgarie. En juin 2019, lors de la Coupe du monde qu'elle organise, l'équipe de France affronte les USA devant 45 595 spectateurs, son record d'affluence. Détail amusant, le but le plus rapide de l'histoire a été inscrit par Valérie Gauvin après 10 secondes de jeu face à la Macédoine du Nord alors que le 1000e but a été inscrit par Kenza Dali à l'ultime minute du match face à l'Estonie un an plus tard. Dans les deux cas, la France s'est imposée 11-0.

Jeudi 9 mars

Sainte Françoise – On fête aussi les Fanny, Alvère, Botolf

Soleil
lever : 7 h 16
coucher : 18 h 46

À mars poudreux, avril pluvieux.

Solution Mots fléchés p. 80

	S		A		S		C		L		I	
E	C	A	R	T	A		A	B	O	R	D	E
	A	C	C	E	L	E	R	A	T	I	O	N
E	R		A	N	E	S		C	I	E	L	
	O	I	N	T	E	S		L	E		A	G
A	L	L	E	E		I	R	A	S		T	U
	E	L			G	E	A	I		I	R	E
U	S	U	R	E		U	L	T	I	M	E	
		S	E	C	S		E		R	A		S
A	C	T	E	R		A	S	S	A	G	I	E
	E	R	R	A	N	T		A	N	E	T	
P	I	E		S	E	R	V	I		R	E	M
	N	E	V	A		O	I	N	T		R	I
E	T			S	A	P	E		U	S	E	E
	U	R	E		T	I	S	S	E	U	R	
T	R	O	P		E	N		N	U	E		A
	E	T	I	O	L	E	S		R	E	A	S
P	S	I		N	E		E	U	S		C	O

THÉÂTRES DU MONDE

Le Fox Theatre à Detroit

Ville sinistrée à la mauvaise réputation, Detroit peut compter sur le Fox Theatre pour redorer son blason. Ce magnifique théâtre ouvert en 1928 a été construit (comme de nombreux autres dans les grandes villes américaines) par le pionnier du cinéma William Fox. Cet endroit fastueux était, à son époque, le plus grand théâtre d'Amérique du Nord. À l'extérieur, la façade Art déco possède une immense marquise qui s'illumine la nuit. De nombreux artistes de la Motown s'y sont produits, ainsi qu'Elvis Presley et, plus récemment, les comédies musicales à succès de Broadway comme *Rent*.

Ça s'est passé

Le 9 mars 1923

Naissance du couturier André Courrèges à Pau, décédé le 7 janvier 2016. Il est connu comme promoteur de la minijupe et du pantalon pour femme.

Brèves régions

Cantal/La Manufacture d'Aurillac

Ancienne fabrique de parapluies datant du XIXe siècle, l'espace de la Manufacture d'Aurillac a été repensé pour accueillir des locaux dédiés à la création dansée au cœur de la préfecture du Cantal. Ce bâtiment industriel avait été repéré depuis 1985 par la chorégraphe américaine Vendetta Mathea, installée à Aurillac et il est devenu au fil des ans, grâce à des mécènes, un incubateur chorégraphique. Reconnue quelques années plus tard par le ministère de la Culture et les collectivités territoriales, la Manufacture propose aujourd'hui des formations, des spectacles et abrite une bibliothèque thématique extrêmement riche.

L'ACTU

JAPONIAISERIE

La société japonaise Debucari propose de s'allouer les services payants d'une personne en surpoids ou obèse. Les individus souhaitant proposer leurs services doivent être majeurs et peser plus de 100 kg. Il leur est également demandé de ne pas considérer le terme « gros » comme dévalorisant. Pour environ 15 euros de l'heure, les clients peuvent louer une des personnes disponibles pour effectuer des tâches diverses et variées. Parmi les besoins auxquels cette offre veut répondre figurent l'essai de vêtements pour un proche obèse ou la compagnie d'une personne plus grosse que soi pour se sentir mieux. Ouvert aux entreprises comme aux particuliers, le service est disponible dans plusieurs villes comme Tokyo et Osaka. Le Japon est l'un des pays du monde où le niveau d'obésité est le plus faible (2,2 %), bien loin de la moyenne mondiale qui s'élève à 13 % et davantage encore de la France (23,9 %), des États-Unis (33,7 %) ou des Îles Cook, pays le plus obèse de la planète avec près de 51 % de la population concernés.

Vendredi **10 mars**

Saint Vivien – On fête aussi les Simplice

Brouillard en mars, gelée en mai.

OISEAUX MIGRATEURS

Les grands voyageurs

Certains oiseaux parcourent des distances phénoménales pour gagner leurs sites d'hivernage et pour revenir dans leur zone de nidification. La championne, dans ce domaine, est la sterne arctique, qui hiverne dans l'Antarctique pour revenir profiter de l'été arctique, ce qui représente plus de 70 000 km par an.
Le puffin fuligineux fait presque aussi bien puisqu'il effectue l'aller-retour entre le sud de l'Atlantique ou du Pacifique et l'Arctique, soit plus de 60 000 km. Son cousin, le puffin à bec grêle, qui nidifie en Australie, gagne lui aussi le nord du globe, accomplissant chaque année 30 000 à 40 000 km.

LE CHIFFRE

51

C'est, en centimètres, la taille de la plus petite vache du monde. Baptisé Rani par ses propriétaires, l'animal vit dans une ferme près de Dacca, au Bangladesh. Véritable star dans son pays, Rani, qui mesure 66 cm de long et ne pèse que 26 kg, appartient à la race Bhutti, particulièrement prisée pour sa viande par les Bangladais. Les autres vaches de cette race sont en général deux fois plus grandes. Selon le vétérinaire qui s'occupe des animaux de la ferme, Rani serait le résultat d'un phénomène de consanguinité. Jusqu'ici, le record de la plus petite vache du monde était détenu par Manikyam, une bête de 61 cm de haut vivant dans le Kerala (Inde). À titre de comparaison, la Bretonne pie noir, plus petite race bovine française, atteint en moyenne le double au garrot.

UKRAINE : POURQUOI LA GUERRE ?

RÉBUS

Les livres français

MÉPRISE, MÉPRISE

La Double Méprise de Prosper Mérimée

Femmes de foot

FOOT

En 2012, la Fédération française de football met en place un plan de féminisation. Depuis, la présence des femmes n'a cessé de progresser. Le cap des 30 000 dirigeantes a été dépassé alors que 325 femmes occupent désormais des fonctions de direction au sein des ligues ou des districts. Mais les plus fortes progressions sont observées au bord des terrains : en dix ans, le nombre d'éducatrices a doublé, elles sont désormais plus de 1 500, le nombre d'arbitres est passé de 679 à 966. Au niveau des joueuses, alors que la fédération comptait seulement 90 000 licenciées en 2010-2011, la barre des 200 000 a été franchie en 2020, notamment grâce à l'effet Coupe du monde. Un chiffre tout de même encore à relativiser : les féminines ne représentent en effet que 10 % des pratiquants de football en France.

Samedi **11 mars**

Sainte Rosine – On fête aussi les Théodora, Sophrone

Soleil
lever : **7 h 12**
coucher : **18 h 49**

En mars, les fous vont nu-pieds.

NoTTo
LE SAVIEZ-VOUS ?

L'habit ne fait pas le moine,

mais le moine fait l'abbaye.

La gaffe de l'Histoire

Des immigrés nés en France

Marlène Schiappa a déclenché une polémique en novembre 2020 en déclarant : « La France s'est enrichie de vagues successives de personnes immigrées qui ont apporté à la culture française et aussi à la vie politique française. De Marie Curie à Nicolas Sarkozy, de Zinedine Zidane à Gambetta, d'Omar Sy à Yannick Noah. » Sauf que… tous sont nés en France à l'exception de Marie Curie.

Argot

Braise

Parmi les nombreux termes argotiques servant à désigner l'argent, il y a braise. Et là, les étymologistes se chamaillent : il y a ceux qui pensent que la braise, c'est ce qui fait bouillir la marmite, et ceux qui défendent l'idée que ce serait une métaphore du nom braise que les Lyonnais emploient comme synonyme de miette, débris, les deux braise n'ayant pas la même étymologie : la première est inconnue ; la seconde en fait un dérivé de brésiller, « tomber en miettes ».

Les plus vieux commerces du monde

Angleterre – The Oldest Sweet Shop in England

La plus ancienne confiserie du monde est en activité depuis 1827. Elle se trouve à Pateley Bridge, au nord de Leeds, dans le centre de l'Angleterre. Le record officiel de « plus vieux magasin de bonbons du monde » a été homologué en 2014 par le *Guinness* et les sucreries qu'on y trouve sont des plus traditionnelles. Ces bonbons et chocolats rétro sont vendus dans des pots rappelant ceux d'antan. La seule chose qui a changé depuis deux siècles, c'est le nom puisque la boutique s'appelait auparavant *The Old Sweet Shop*. Les bonbons les plus vendus sont ceux au goût d'arachide, les rouleaux chocolat-caramel, les délices rhubarbe-crème anglaise, le pot de « champignons à la noix de coco » et les gouttes de poire.

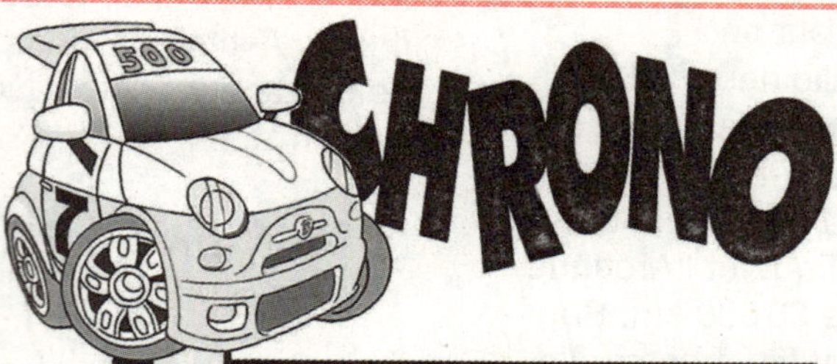

42	+	15	–	21
–	20	+	8	–
1	–	17	+	6

©POMÉDIO

Rejoignez l'arrivée en parcourant en ligne continue toutes les cases de la grille (chiffres et lettres). Déplacez-vous horizontalement ou verticalement (diagonale interdite) sans repasser 2 fois par la même case. Chrono à réaliser : 30 s

Solution p. 108

Séries TV (acteurs et actrices)

JAMES FRANCO – *FREAKS AND GEEKS*

Avant d'être le beau gosse James Deanesque que l'on connaît, James Franco était un *freak*, comprenez un marginal, dans la série *Freaks and Geeks* de Paul Feig (1999). Dans les couloirs d'un lycée américain tout ce qu'il y a de plus classique, on croisait des ados en mal de repères et des bandes de copains qui se livraient des luttes intestines pour le contrôle de la cantine. Cette série drôle et sensible, qui n'a pourtant duré qu'une saison, est devenue culte. Au-delà de James Franco, elle a aussi révélé d'autres acteurs dont Seth Rogen, Jason Segel et Linda Cardellini, ainsi que le scénariste et producteur Judd Apatow. Franco et ses acolytes se recroiseront par la suite régulièrement, comme dans *This is the End* (2013) ou *Pineapple Express* (2008). Franco poursuit une belle carrière au cinéma avec notamment le rôle d'Harry Osborn dans la trilogie *Spiderman* (2002-2007), ou celui de Scott Smith dans *Harvey Milk* (2008).

Soleil
lever : **7h10**
coucher : **18h51**

Dimanche **12 mars**

Sainte Justine – On fête aussi les Maximilien, Finette, Pol

À Sainte-Justine, toute fleur s'incline.

Brèves régions

Charente/ Des fromages moelleux

Terre de fromages, le département de la Charente excelle notamment dans celui de chèvre. C'est ici, par exemple, que la Chèvrerie de la Maison Jousseaume, fondée en 1958 à Roullet-Saint-Estèphe, produit la taupinette à la truffe, un fromage mi-frais de petite taille sublimé, comme son nom l'indique, par des éclats de truffe, ou encore la mousse de chèvre qui se tartine à l'apéritif ou peut servir de base à une sauce. Le manslois est un autre produit du terroir, fromage à pâte molle qui se déguste seul ou incorporé dans des sauces ou des farces. Il est produit dans la commune de Rivières et se décline aussi au lait de vache.

HEUREUX MARIAGES

Bien des années après la Révolution et l'utilisation abondante de la Veuve Guillotine, la vie a fait se rencontrer Jean Alfred Guillottin et Louise Eugénie Lecoupeur. Tous deux étaient journaliers et s'il leur arrivait d'exercer des « basses œuvres », elles ne mettaient pas en péril la vie de leur entourage. Ils se dirent « oui » à Brestot, dans l'Eure, le 14 mai 1877.

Curiosités scientifiques

Qu'est-ce qui nous rend humain ?

On sait depuis des années que l'humain moderne est le fruit d'un mélange de plusieurs hominidés. Une étude comparative des différents génomes a montré que seulement 1,5 % du génome humain est unique et partagé par tous les êtres vivants aujourd'hui, seulement jusqu'à 7 % de notre génome étant liés à Homo sapiens. Ce sont ces 7 % qui font de l'être humain ce qu'il est aujourd'hui. À qui « appartiennent » les 93 % restants ? Si des bouts d'ADN néandertaliens se retrouvent à différents endroits du génome actuel, une grande partie comprend des morceaux issus d'autres hominidés éteints ou encore inconnus. À quoi correspondent ces 7 % ? À des régions fortement enrichies en gènes liés au développement neural et à la fonction cérébrale.

PROBLÈMES DE MATHS DU CERTIFICAT D'ÉTUDES

Un paquet de lessive pèse 1,6 kg et contient 89,38 % de poudre.

1. Quel est le poids du paquet vide ?
2. Sachant que le poids d'une dose de lavage est égal à 65 g, combien de lavages pourra-t-on faire en tout ?
3. Après 15 lavages, quel est le poids total du paquet de lessive ?

Solution :
1. Poids de la poudre : 1,6 × 89,38 % = 1,430 kg
Poids du paquet : 1,6 – 1,430 = 0,170 kg ou 170 g
2. 1430/65 = 22 lavages
3. Poids de la poudre restante : (22 – 15) × 65 = 455 g
Poids total du paquet : 170 + 455 = 625 g ou 0,625 kg

Lundi **13 mars**

Saint Rodrigue – On fête aussi les Rodéric, Ruya

Soleil
lever : 7h07
coucher : 18h52

Si tu veux avoir des dindons, mange des crêpes aux brandons.

L'humanité en chiffres

L'équipement en biens informatiques progresse dans notre pays. En 2019, 83 % des ménages français possédaient un ordinateur. Toutefois, les inégalités d'équipement liées au niveau de vie persistent : ainsi, parmi les 10 % des ménages les plus modestes, seulement 68 % disposaient d'un ordinateur et 75 % d'un accès à Internet, contre respectivement 95 % et 96 % des 10 % des ménages les plus aisés.

La bonne blague

Ha ! Ha ! Ha ! Ha ! Ha ! Ha ! Ha ! Ha ! Ha !

Après une vie conjugale bien malheureuse, Ginette décède et se retrouve devant Saint-Pierre. Celui-ci l'accueille chaleureusement et lui dit :
« Ginette, vous avez fait de votre mieux pour mener une vie honnête dans des conditions qui, je le sais, n'étaient pas faciles. La seule chose dont j'ai besoin pour vous accueillir au paradis, c'est que vous épeliez un mot correctement.
– D'accord, répond Ginette, quel mot dois-je épeler ?
– Le mot "amour", lui annonce Saint-Pierre. Ginette s'exécute aussitôt et épelle : A.M.O.U.R.
– C'est parfait, s'exclame Saint-Pierre, bienvenue au Royaume des cieux. »
Une fois au paradis, Ginette est très heureuse et trouve beaucoup de bonheur en aidant Saint-Pierre à accomplir ses nombreuses tâches.
Un jour, alors que celui-ci est très occupé, il lui demande d'accueillir à sa place ceux qui se présentent devant les portes de l'Éden. Et justement, ce jour-là arrive son mari.
« Toi ici ? lui lance Ginette. Eh bien, sache que tu ne seras pas admis au paradis sauf si tu épelles un mot correctement.
– D'accord, répond son mari, quel mot dois-je épeler ?
– Orthochlorobenzalmalononitrile*, dit Ginette avec un large sourire. »
[*plus connu comme le « Gaz CS », un gaz lacrymogène]

Chiffres et expressions

Cinq contre un

« Jouer à cinq contre un » est une expression qu'on rencontre chez Guillaume Apollinaire, au milieu d'une œuvre sulfureuse intitulée *Les Exploits d'un jeune Don Juan*. Le héros, Roger, se vante d'être devenu un homme digne de ce nom. Il revendique alors le fait de pouvoir se battre d'égal à égal et non plus comme les enfants « à cinq contre un », pour être sûr de gagner.

au Jardin

LE VERMICOMPOSTAGE

Appelé aussi « lombricompostage », c'est une technique de compostage par des vers « rouges » qui se nourrissent de matière en décomposition. La compostière, que l'on place à la cave, sur une terrasse ou au jardin, se compose de plusieurs bacs empilés. Celui du bas est étanche et sert à recueillir le jus (ou percolat). Les bacs supérieurs (deux, trois, ou plus) sont perforés. Dans le premier (en partant du bas), on place une litière (carton déchiqueté et mouillé). On ajoute du compost à demi mûr et des vers. Huit jours après, on introduit une fine couche de déchets (épluchures en petits morceaux). On remplit ainsi progressivement le premier bac, puis celui du dessus – les vers y migrent spontanément. Il faut trois mois pour que le compost du bac inférieur soit prêt.

Soleil
lever : **7 h 05**
coucher : **18 h 54**

Mardi **14 mars**

Sainte Mathilde – On fête aussi les Mahaut, Maud, Matilda

Mars qui rit, malgré les averses, prépare en secret le printemps.

Argot

Bricheton

C'est dans l'argot des soldats qu'est apparu, dans la seconde moitié du XIXe siècle, le nom bricheton pour désigner le pain, la miche de pain. Le mot s'est ensuite répandu dans l'argot parisien, puis dans l'argot en général. Il est dérivé du patois normand *brichet*, « pain de deux livres donné aux bergers », lui-même dérivé de l'ancien français *briche* (pain), de même origine que brique, par analogie de forme.

Lacs de France et d'Europe

Lac de Biscarosse-Parentis (Landes)

Le lac de Biscarosse, ou de Parentis, fait partie d'un complexe lacustre landais. Il s'agit d'un lac naturel récent (5 000 ans environ). Le vent a formé les dunes de sable qui bloquent l'écoulement des eaux vers la mer. Le lac de Biscarosse est alimenté par le canal des Landes (ou de Navarrosse) et par une multitude de ruisseaux nés dans les sables. Les eaux se rejettent dans le courant d'Eulalie qui rejoint le lac d'Aureilhan, puis la mer. Le lac couvre 35 ha et a une profondeur d'environ 7 m. L'homme intervient pour maintenir la biodiversité par la création de récifs de pierres et l'arrachage de plantes envahissantes. De nombreuses activités nautiques et de nature sont développées sur le lac et ses berges. À proximité du lac, on exploite toujours un peu de pétrole.

Charade classique

Mon premier est l'habileté à réaliser quelque chose.

Mon deuxième est un mouvement de danse.

Une porte pivote sur **mon troisième**.

Mon tout représente l'avarice.

HARPAGON (ART – PAS – GOND)

– IL Y A UN MORCEAU DE PLASTIQUE DANS MA BRANDADE !!?
– C'EST NORMAL, ÇA VIENT DE LA MER !

Citations

Tous les hommes naissent comédiens sauf quelques acteurs.

Sacha Guitry

Heureux mariages

Fille d'Amable Joly, la jeune Marie Céleste eut la chance de trouver chaussure à son pied en la personne de Charles Henri Ququ, qu'elle épousa à Nancy le 2 septembre 1896. Dans le même registre, le 16 octobre 1871, à Ferrières-Haut-Clocher dans l'Eure, Alexis Beaumont convola avec Marie Radegonde Désirée Cucu. Tous s'émerveillèrent ensuite sur leur admirable postérité !

Pêche en mer

Les chinchards la nuit

Durant la saison chaude, les chinchards parviennent dans les ports et suivent les digues par petits groupes, chassant alevins et crustacés. On recherche spécialement les chinchards le soir, voire en pleine nuit. Dans les ports, la lumière des lampadaires semble les attirer de façon irrésistible. C'est là qu'il faut les rechercher. Une bonne opportunité pour l'estivant tenté par la pêche. Une canne télescopique simple de 5 à 6 m fait l'affaire : on l'équipe d'une ligne classique dont le flotteur est équipé d'une antenne phosphorescente. Le fil solide (25/100) permet de maîtriser rapidement la prise (de 100 à 200 g) qui se saisit facilement de l'appât (chair de sardine, crevette, ver). La réussite est au bout de la ligne, au point que s'organisent spontanément des compétitions entre acteurs.

Mercredi **15 mars**

Sainte Louise – On fête aussi les Lucrèce, Clément-Marie

Soleil
lever : **7 h 03**
coucher : **18 h 56**

Mercredi couvert, pluie avant les fêtes.

Célébrations en musique

Joseph Haydn (1732-1809)

Joseph Haydn, deuxième enfant d'une fratrie de douze, était le fils d'un charron et d'une cuisinière. Son père, qui « jouait de la harpe sans connaître ses notes », éveilla son goût pour la musique et, reconnaissant son talent précoce, le confia à un oncle à Hainburg. La jolie voix de soprano de l'enfant lui valut d'être recruté à la maîtrise de la cathédrale Sankt Stephan de Vienne où il apprit, entre autres, à jouer du clavecin et du violon. Congédié dans sa seizième année en raison de sa voix qui avait mué, le jeune Joseph dut gagner sa vie en donnant des cours de musique, puis devint maître de chapelle responsable de la musique des frères Eszterházy, les plus riches seigneurs de Hongrie. Joseph Haydn a beaucoup écrit : des symphonies, des quatuors à cordes, des concertos, des divertimentos et des sonates, de la musique religieuse, des opéras… Qualifié de « père » du quatuor, sa carrière est impressionnante de diversité.

SALON DE L'AGRICULTURE EN PÉRIODE DE PANDÉMIE

30 morceaux de bœuf

LA BAVETTE DE FLANCHET

Située au niveau du ventre de l'animal, la bavette de flanchet donne une viande proche de la bavette d'aloyau. Elle se cuisine à la poêle ou au gril en l'exposant à la chaleur une minute de chaque côté pour caraméliser les sucs de surface et laisser le maximum de jus à l'intérieur. Une cuisson trop longue lui ferait perdre son goût et pourrait rendre ses fibres caoutchouteuses.

Il (n')a (pas) inventé…

LES BOUTONS À QUATRE TROUS

Il existe des boutons à deux trous et d'autres à quatre trous. Mais on comprend facilement qu'un bouton à quatre trous sera cousu plus solidement que s'il n'en avait que deux. Cette expression, très utilisée au Canada, est une façon de se moquer des sots, tout comme une autre expression employée par nos cousins du Nouveau Monde qui dit : « Il n'a pas mis les pattes aux mouches. »

Châteaux forts de France

LA PLACE FORTE DE PROVINS (SEINE-ET-MARNE)

Ancienne capitale des comtes de Champagne, Provins est une place forte médiévale qui fut longtemps l'épicentre de l'activité économique de la région, en abritant l'une des plus grandes foires au champagne de France. Devenue l'une des cités les plus importantes du pays (après Paris et Rouen), Provins se dote au XIIIe siècle d'une enceinte haute de 25 mètres et longue de 5 kilomètres, ponctuée de 22 tours aux formes variées. Maintes fois restaurée, l'enceinte est aujourd'hui encore très bien préservée et Provins est classée au patrimoine mondial de l'Unesco. On peut y accéder par les deux seules portes conservées, Saint-Jean et Jouy. Parmi les autres édifices médiévaux encore visibles, la tour César, donjon octogonal à base carrée, et la Grange aux dîmes.

Jeudi 16 mars

Sainte Bénédicte – On fête aussi les Eusébie, Héribert

À la mi-mars, le coucou est dans l'épinard.

Onomatopées
dans différentes langues

LE MONDE COUPÉ EN DEUX, CETTE FOIS À CAUSE DE LA GRENOUILLE

Tout comme pour le corbeau, en matière de coassement, le monde est partagé en deux : il y a les pays dans lesquels la grenouille s'exprime avec un [r], comme au Royaume-Uni (« croak »), en Espagne (« croac croac »), en Italie (« cra cra »), en Turquie (« vrak vrak ») ; et ceux dans lesquels le batracien se dispense de la consonne, comme chez nous (« coa coa »), chez nos voisins germains (« quak quak »), en Bulgarie (« kva kva »), en Grèce (« kuax kuax ») et en Roumanie (« oac oac ») pour ne citer qu'eux !

L'humanité en chiffres

Le monde compte une superficie forestière totale de 4,06 milliards d'hectares, soit 31 % de la superficie terrestre totale. Cela correspond à 0,52 ha/personne, bien que les forêts se répartissent de manière inégale sur le globe. Ainsi, le domaine tropical possède la plus grande proportion de forêts du monde (45 %), suivi des domaines boréal (27 %), tempéré (16 %) et subtropical (11 %).

Brèves régions

Charente-Maritime/Le Train des Mouettes

Dans le département de la Charente-Maritime, la locomotive à vapeur Schneider et Cie qui tire le Train des Mouettes est la plus vieille de France en circulation. Cette vénérable machine, âgée de plus de 130 ans, propose aux touristes une balade d'une heure et demie, au rythme effréné de 30 km/h en moyenne. Chacun a ainsi le temps d'apprécier la vue et de profiter des haltes comme à Mornac-sur-Seudre où se visitent les marais salants. La ligne ferroviaire sur laquelle le Train des Mouettes circule a été ouverte le 24 juin 1876 et franchit 69 passages à niveau. Départ de Saujon, trois trajets par jour en moyenne.

ENIGMES

Dans la rue, un individu a arraché brutalement le sac d'une passante. À la suite de cette agression, trois personnes sont interrogées.

Fabien : Je suis innocent.
Rémi : Je suis innocent.
Ludovic : Rémi est coupable.

Sachant qu'une seule de ces assertions est vraie, qui est le coupable ?

Solution : Il y a un conflit entre Rémi et Ludovic donc une des assertions est vraie et l'autre fausse.
Supposons que Rémi ment (F pour faux), Ludovic dit donc la vérité (V pour vrai).
Construisons notre grille :

	Assertion	Vrai/Faux	Résultat
Rémi	Je suis innocent.	F	Rémi est coupable.
Ludovic	Rémi est le coupable.	V	Vrai puisque Rémi est coupable.
Fabien	Je suis innocent.	V	Si Rémi est coupable, Fabien est innocent donc son assertion est vraie.

L'énoncé avait précisé qu'une seule assertion était vraie, or nous en avons deux. Nous devons donc considérer l'autre option c'est-à-dire, Rémi dit la vérité et Ludovic ment.

	Assertion	Vrai/Faux	Résultat
Rémi	Je suis innocent.	V	Rémi est innocent.
Ludovic	Rémi est le coupable.	F	Faux puisque Rémi est innocent.
Fabien	Je suis innocent.	F	Si Rémi est innocent, Fabien ne peut l'être donc son assertion est fausse.

Maintenant, nous n'avons qu'une assertion qui est vraie, c'est ce qu'il nous fallait : Fabien est donc coupable.

Citations

De tous les pays du monde, la France est peut-être celui où il est le plus simple d'avoir une vie compliquée et le plus compliqué d'avoir une vie simple.

Pierre Daninos

Vendredi **17 mars**

Saint Patrice – On fête aussi les Patrick, Pascalin

Soleil
lever : **6 h 59**
coucher : **18 h 59**

Sème tes pois à la Saint-Patrice, tu en auras tout ton caprice.

La gaffe de l'Histoire

Emportés par les eaux

À Saint-Maxire, dans les Deux-Sèvres, le Syndicat des eaux du Centre-Ouest espérait accéder à une rivière souterraine en partant du lavoir du village. Commençant des fouilles – certes peu délicates – avec une pelleteuse, ils ont dévasté le site et le mur pignon de la maison mitoyenne menace de s'effondrer, rapporte *La Nouvelle République* dans son édition du 13 octobre 2021.

Bibliophiles

Génération X. Histoires d'une culture en avance rapide, Douglas Coupland (Robert Laffont, 1983)

Voici le roman culte de la génération X (ceux d'entre nous qui sont nés entre 1965 et 1975). Il raconte les tribulations de trois jeunes, à la fois modèles de « branchitude » et déjà « has been », complètement à côté de la plaque dans le milieu professionnel comme dans leur vie sentimentale, ce qui donne lieu à des scènes extrêmement cocasses. Ne trouvant ni place ni sens dans la société, ils décident de tout quitter pour s'installer en pleine nature… Avec ce récit brillant, mêlant humour et cynisme, rehaussé de vignettes à la Lichtenstein, revivez le début de la fin d'un monde toujours d'actualité.

MANDAT D'ARRÊT INTERNATIONAL CONTRE CARLOS GHOSN

Randonnées

AU DÉPART D'ARÇAIS, DANS LE MARAIS POITEVIN

Si le marais est connu pour ses promenades en barque, il est aussi traversé par de nombreux sentiers de randonnée. Au départ d'Arçais (Deux-Sèvres), on rejoint un chemin de halage ombragé qui traverse le bourg et mène jusqu'au marais, avec un enchaînement de passerelles. Véritable havre de verdure, le Marais poitevin abrite une faune bruissante, dont les fameux ragondins. Cette randonnée de 9 km (2 h 40) permet de profiter de cet environnement aussi étonnant que fragile.

L'ACTU

ET LA FEMME PARFAITE EST…

D'après une étude publiée par l'Université du Texas, l'actrice et mannequin britannique Kelly Brook présente toutes les caractéristiques physiques les plus recherchées par les hommes chez une femme. La sublime trentenaire va pourtant à l'encontre de nombreux clichés esthétiques véhiculés par la mode et les magazines : plutôt pulpeuse et très naturelle, elle affiche fièrement ses formes. Pour en arriver à ces conclusions, les chercheurs se sont livrés à une enquête, selon eux « fastidieuse », afin de recueillir les caractéristiques du corps et les proportions qui attirent les hommes à travers le monde, toutes cultures et origines confondues. Une fois toutes ces données synthétisées, c'est donc Kelly Brook qui se rapproche le plus de la « perfection » féminine. Apparue dans plusieurs téléfilms, quelques films de série B et dans *Playboy* en 2010, l'actrice cumule déjà plusieurs « prix » dont celui des plus belles jambes ou celui du plus beau corps en bikini du monde.

Samedi 18 mars

Saint Cyrille – On fête aussi les Salvatore, Léobard

Plutôt vieille sans conseil que samedi sans soleil.

RUGBY Tradition

La première finale d'une Coupe du monde oppose la France à la Nouvelle-Zélande en 1987. Elle est remporté par les All Blacks. Ce duel s'est répété à sept reprises, dont deux fois lors de la même épreuve, la Coupe du monde 2011. Cette année-là, France–Nouvelle-Zélande est encore à l'affiche de la finale : les All Blacks s'imposent de nouveau d'un point (8-7) dans la finale la moins prolifique de l'histoire. Une tradition qui perdure : placés dans le même groupe, les deux pays se retrouveront en 2023.

OPÉRAS *Le Barbier de Séville* de Gioacchino Rossini (1816)

Ce grand chef-d'œuvre de l'opéra-bouffe italien contient quelques-uns des airs les plus populaires de la musique classique. Tiré de la pièce *Le Barbier de Séville* de Beaumarchais, il raconte comment, grâce au facétieux barbier Figaro, le comte Almaviva parvient, après *moult situations abracadabrantes, à arracher* la jeune Rosina à son vieux tuteur, le docteur Bartholo, qui compte bien l'épouser. Composé en deux semaines par un Rossini âgé de 24 ans, *Le Barbier de Séville* présente une particularité : son ouverture est identique à celles de deux autres œuvres du compositeur italien ! Le morceau à (ré)écouter : « *Largo al factotum* », la fameuse cavatine de Figaro, l'un des grands airs du répertoire de baryton, célèbre pour ses séries de « Figaro Figaro-ci, Figaro-là ».

SUDOKU

	1		7					4
3				6	8	1		
	4							
8					5		6	
				2			8	3
2			6				5	
4		6		3				5
5					4			
	2		1					

Solution page 100

CELUI QUI PRIE ANNULE SES PÉCHÉS.

ÇA, C'EST FAIT-DIVERS

Relatée par les médias espagnols il y a quelques mois, cette affaire d'un goût douteux nous vient d'Andorre. Elle a pour cadre les vestiaires du Caldea, complexe ludique et thermal bien connu de la principauté. Comme d'habitude, après une journée complète de détente, plusieurs groupes de personnes se sont retrouvés au moment de la fermeture dans les vestiaires. Mais, ce jour-là, un petit rigolo s'est approché d'un homme et… a lâché une flatulence. La blague fétide n'a pas vraiment amusé son destinataire. S'en est suivie une explication de textes entre les deux protagonistes. Puis des insultes, un échange de coups et, pour finir, une bagarre générale entre les accompagnants des deux hommes, soit une douzaine de personnes au total. Rapidement débordé, le service de sécurité de l'établissement a fait appel à la police. Il a fallu l'intervention de quatre patrouilles pour ramener la paix. Le péteur a finalement écopé d'une amende pour « trouble à l'ordre public ».

Dimanche **19 mars**

Saint Joseph – On fête aussi les Joséphine, Quartille, Landoald

Soleil
lever : **6h55**
coucher : **19h02**

Beau vendredi, dimanche moisi.

Ça s'est passé

Le 19 mars 1923

Dix mois après son couronnement, Augustin Ier, empereur du Mexique, abdique. La République est proclamée.

Argot

Caille

En argot, selon ses origines, une caille désignera une jeune femme (« Il y a de la caille, ici ! ») – c'est un emploi dépréciatif du nom de l'oiseau –, un objet sans valeur (« Ton truc, c'est de la caille ») – c'est alors une aphérèse (mot auquel on supprime la première syllabe) de « quincaille » – ou encore une personne peu recommandable (« J'ai pas confiance dans cette caille ») – cette fois, c'est une apocope (mot auquel on supprime la dernière syllabe) de « caillera », verlan « de racaille ».

Citations

La société est divisée en deux classes : ceux qui ont plus de dîners que d'appétit et ceux qui ont plus d'appétit que de dîners.

Nicolas de Chamfort

Patronymes animaliers

JOE COCKER

Tout le monde se souvient de la voix rauque et inimitable de Joe Cocker, chanteur de blues-rock d'origine anglaise. Son talent fut découvert dès l'âge de 12 ans par son frère aîné qui le fit monter sur scène dans le cadre d'un groupe musical qu'il avait créé. À partir de ce moment, le crooneur ne quitta plus jamais les planches et sera même classé par le magazine *Rolling Stone* comme le 97e meilleur chanteur de tous les temps. Même après des années d'alcool et de cigarette, il ne perdit jamais son timbre caractéristique mais fut malheureusement rattrapé par un cancer du poumon. Son nom évoque, en français comme en anglais, le sympathique chien de chasse à longues oreilles pendantes.

L'ACTU

LES HOT-DOGS RACCOURCISSENT LA VIE

Selon des chercheurs de l'Université du Michigan, chaque hot-dog qu'une personne mange peut lui faire perdre 36 minutes de sa vie. Aussitôt connue, cette nouvelle a fait réagir les fans inconditionnels de Joey Chestnut, le plus grand dévoreur de hot-dogs au monde. La consommation annuelle moyenne de ce champion se situant aux alentours de 1 200 hot-dogs au cours des 16 dernières années, cela représente 19 200 hot-dogs, soit potentiellement un total de 480 jours de vie perdus. Ce qui, pour ses supporters, est finalement assez peu au regard de la notoriété et de la fortune accumulée par Chestnut. Outre les hot-dogs, les auteurs de l'étude ont évalué plus de 5 800 autres aliments. Si un soda, une pizza ou un hamburger vous raccourcissent l'existence de respectivement 12,4 minutes, 7,8 minutes et 7 minutes, manger des noix (plus 26 minutes), une banane (plus 13,5 minutes) ou une tomate (plus 3,8 minutes) permet de gratter du temps supplémentaire. Toutefois, le meilleur élève pour le moins surprenant de cette étude soulève quelques questions sur sa fiabilité : il s'agirait en effet d'une tartine au beurre de cacahuète et confiture qui ferait gagner plus de 33 minutes de vie ! Le doute est permis…

©POMÉDIO

Soleil
lever : **6 h 53**
coucher : **19 h 03**

Lundi **20 mars**

Saint Herbert – On fête aussi les Alexandra, Cuthbert, Wulfran

On peut laver sa robe et non sa conscience. *(Proverbe perse)*

Vélo

Suivre la caravane

En 1930, le passage des équipes représentant des marques aux équipes nationales contraint les organisateurs du Tour de trouver des moyens financiers, notamment pour fournir le peloton en vélos. La solution est rapidement trouvée : on propose aux entreprises françaises de placer des véhicules publicitaires avant la course, la caravane du Tour venait de naître. Aujourd'hui, elle représente près de 150 véhicules pour un spectacle dans le spectacle, d'une demi-heure et qui s'étend sur une dizaine de kilomètres.

LE CHIFFRE

400 000

C'est, en dollars, le prix auquel a été vendu un ordinateur Apple-1 lors d'une vente aux enchères près de Los Angeles. Premier modèle d'ordinateur commercialisé par la firme à la pomme à partir de 1976, et dont il ne reste plus que quelques exemplaires dans le monde, la machine est en état de marche. Cet exemplaire est d'autant plus rare qu'il est doté d'un boîtier en bois exotique, le koa, originaire d'Hawaï. Seuls six Apple-1 avec ce type de boîtier sont inventoriés dans le monde. La machine avait été achetée à l'époque par le professeur d'un lycée californien qui l'avait revendue en 1977 à l'un de ses élèves. Celui-ci l'a précieusement conservé pendant 45 ans avant de le mettre en vente. La société fondée par Steve Wozniak et Steve Jobs n'a construit au total que 200 Apple-1, tous assemblés à la main dans le garage de Jobs et vendus à l'époque 666,66 dollars. Une soixantaine est recensée à ce jour, mais seuls 20 d'entre eux fonctionnent toujours.

Les grandes décisions de la COP 25...

MACRON ET LE POUVOIR D'ACHAT DES FRANÇAIS

La gaffe de l'Histoire

En anglais dans le texte

Lors des Jeux olympiques de Tokyo, Nelson Monfort a eu une parole malheureuse après avoir interviewé l'athlète ougandaise Peruth Chemutai. Il a cru bon de commenter par ces mots : « Ces athlètes africaines sont extraordinairement sympathiques. Elles font un réel effort pour parler anglais. » Un brin condescendant, il a juste oublié que l'anglais est une langue officielle en Ouganda.

Brèves régions

Cher/CIAP « La Tuilerie »

Sous l'acronyme CIAP se cache un Centre d'interprétation de l'architecture et du patrimoine, établissement culturel de proximité ayant pour objectifs la sensibilisation, l'information et la formation de tous les publics à l'architecture et au patrimoine. Celui du Cher est installé à La Guerche-sur-l'Aubois, au sein des locaux d'une ancienne tuilerie, l'usine Sauvard, permettant ainsi la sauvegarde et l'ouverture au public de ce témoin d'un riche passé industriel. À admirer notamment le four Hoffman du début du xxe siècle composé de deux galeries parallèles de 32 mètres de longueur. Impressionnant !

Mardi 21 mars

Sainte Clémence – On fête aussi les Endée, Sérapion

Soleil
lever : **6 h 50**
coucher : **19 h 05**

À chose faite, conseil pris.

VERMOT'ROSCOPE

BÉLIER (21 mars – 20 avril)

Votre caractère
Dynamique, entreprenant, volontaire, passionné, entier, impulsif, créatif, combatif, rapide, curieux, franc, direct, héroïque, conquérant, séducteur, infatigable.

Vos planètes de l'année
Comptez sur Jupiter au premier semestre pour vous refaire une santé ou pour vous ouvrir à d'autres horizons. Multipliez les initiatives, les projets et les activités. Ouvrez-vous aux autres. Dites oui aux invitations. À partir du second semestre, savourez les plaisirs simples de la vie. Prenez le temps de respirer. Consacrez-vous à des activités qui vous épanouissent pleinement.

Vie relationnelle
Cette année vous trouvera plus sociable, plus communicatif et plus enjoué. Votre compagnie sera très appréciée et très recherchée. Très demandé, vous devrez répondre à des nombreuses sollicitations et invitations. À vous de vous organiser pour donner de votre temps à vos proches.

Amour
À deux, jolie période en perspective mise sous le signe de l'épanouissement et du bien-être amoureux. Plus complice que jamais, vous ne manquerez pas une occasion de vous retrouver. 2023 sera parfaite pour donner un nouvel élan à votre relation, surtout le premier semestre.
Célibataire, cette année, les astres et la vie vous offrent de nombreuses occasions de faire une rencontre ou des rencontres. C'est le moment ou jamais de rompre avec votre célibat et de vous ouvrir à l'amour. À vous de jouer.

Famille
Quelle que soit votre situation, vous saurez faire face à vos responsabilités familiales et serez présent pour vos proches, enfants ou petits-enfants. Vos relations avec ceux que vous aimez seront plus harmonieuses et plus fluides. De beaux échanges sont à prévoir.

Quotidien et vitalité
2023 vous aidera à venir à bout d'un problème physique qui vous pesait ou vous handicapait. Vous aurez la possibilité de vous refaire une santé. Plus dynamique et en meilleure forme, vous pourrez vous consacrer à des activités ou à des occupations qui vous permettront de vous changer les idées.

Budget
Durant tout le premier semestre, pensez à faire preuve de vigilance car vous ne serez pas à l'abri d'imprévus financiers ou de grosses dépenses. Évitez de céder à toutes vos envies. Dès le second semestre, tout rentre dans l'ordre et vous reprendrez votre budget en main.

Optimisez 2023
Regardez toujours le verre à moitié plein. Initiez-vous à la psychologie positive et à la communication non violente. Laissez libre cours à vos aspirations et à votre esprit créatif.

OISEAUX MIGRATEURS

Les haltes migratoires

Venant du Nord ou remontant du Sud, les oiseaux migrateurs parcourent des milliers de kilomètres et ont besoin de s'arrêter de temps en temps pour se reposer et reconstituer leurs réserves d'énergie. Or, ils ne se posent pas n'importe où, mais à des endroits répondant à leurs exigences en matière d'habitat et de possibilités alimentaires. Les lieux de halte migratoire sont répertoriés et protégés par la Directive oiseaux de l'Union européenne. En France, l'un des principaux sites de pose est le grand lac de Der, en Champagne, où viennent chaque année de très nombreuses espèces migratrices, et en particulier les oies cendrées.

Soleil
lever : **6 h 49**
coucher : **19 h 06**

Mercredi **22 mars**

Sainte Léa – On fête aussi les Epaphrodite, Darerca

Un mercredi, si la lune est nouvelle, en fait de beau, n'attends rien d'elle.

Pains & gâteaux

La gâche

Cette viennoiserie traditionnelle de Vendée de forme ovale est préparée avec de la farine de blé, de la crème fraîche, du beurre, du lait, des œufs et du sucre. On peut ajouter des arômes et de l'alcool. Scarifiée pour lui donner une forme boursoufflée, c'était à l'origine un gâteau de noces que l'on servait aussi lors des fêtes pascales. Son histoire remonterait au Moyen Âge. Sa consommation s'est aujourd'hui étendue à l'ensemble du territoire et elle bénéficie depuis 2011 d'une indication géographique protégée.

Charade classique

Mon premier est un rapport de cercle.

Mon deuxième est une période historique.

Mon troisième peut être grand ou beau.

Mon quatrième est une clôture végétale.

Mon tout est un auteur-compositeur-interprète français.

(PI – ÈRE – PÈRE – HAIE)
PIERRE PERRET

Ça s'est passé Le 22 mars 1923

Naissance à Strasbourg du mime et acteur Marcel Marceau, dit le mime Marceau, de son vrai nom Marcel Mangel. Il connaît la célébrité avec son personnage de Bip, créé en 1947.

Séries TV (acteurs et actrices)

MICHELLE WILLIAMS – *DAWSON*

Après avoir quitté l'école à 15 ans, Michelle Williams part courir les auditions à Los Angeles. Elle apparaît ainsi dans plusieurs séries télévisées, comme *Alerte à Malibu* ou *Notre belle famille*. C'est lorsqu'elle décroche le rôle de Jen Lindley, dans *Dawson*, que sa carrière prend un nouveau tournant. La série, qui s'attache à raconter le quotidien de quatre adolescents dans un village de la Nouvelle-Angleterre, est un grand succès populaire. Créé par Kevin Williamson, *Dawson* s'étire entre 1998 et 2003, sur 6 saisons et 128 épisodes. Durant cette longue période d'activité sur petit écran, Michelle Williams s'invite ponctuellement dans les salles obscures, apparaissant dans des films indépendants remarqués comme *Prozac Nation* (2001). C'est à partir de 2004 qu'elle entre officiellement dans la cour des grands avec *Land of Plenty* de Wim Wenders, puis *Le Secret de Brokeback Mountain* d'Ang Lee.

Un long combat — FOOT

Le 30 septembre 1917, deux équipes du Fémina Sport, club parisien fondé en 1912, s'affrontent dans la capitale. Ce match est le premier de l'histoire du football féminin en France. La pratique se répand progressivement dans tout le pays, une fédération des sociétés féminines sportives est créée, un premier championnat est organisé dans les années 1920. L'embellie est de courte durée puisque la pratique du football par les femmes finit par disparaître faute de moyens avant d'être interdite sous Vichy. Marginalisé, le foot féminin revient dans les années 1970-1980 avant de véritablement prendre son envol à l'entrée du XXIe siècle, notamment sous l'impulsion d'Aimé Jacquet et de la ministre des Sports, Marie-George Buffet. Depuis, avec l'Olympique lyonnais comme locomotive, la pratique n'a cessé de progresser.

Jeudi **23 mars**

Saint Victorien – On fête aussi les Rebecca, Justog

Soleil
lever : **6 h 47**
coucher : **19 h 08**

Jeudi venu, la semaine fuit.

Solution Sudoku p. 95

6	1	8	7	9	2	5	3	4
3	5	7	4	6	8	1	9	2
9	4	2	5	1	3	6	7	8
8	7	9	3	4	5	2	6	1
1	6	5	9	2	7	4	8	3
2	3	4	6	8	1	9	5	7
4	8	6	2	3	9	7	1	5
5	9	1	8	7	4	3	2	6
7	2	3	1	5	6	8	4	9

Ville en chanson

Philadelphie

Le tube de Bruce Springsteen est incontournable pour évoquer Philadelphie, la capitale de la Pennsylvanie et le berceau des États-Unis. La chanson *Streets of Philadelphia* a été écrite et composée pour le long métrage *Philadelphia* de Jonathan Demme avec Tom Hanks et Denzel Washington, qui raconte le combat d'un avocat contre son licenciement abusif alors qu'il est atteint du virus du sida. Cette ballade mélancolique a été numéro 1 des ventes en Europe et récompensée par trois Grammy Awards, dont celui de la chanson de l'année en 1994.

MOTS MÊLÉS

Les invertébrés aquatiques

N	E	D	P	I	T	N	S	E	G	E	G	M	L
S	E	E	Y	H	I	E	U	A	P	Y	E	O	L
A	I	P	N	R	R	Q	R	H	N	L	M	U	I
M	R	R	Y	L	I	Y	E	T	L	G	C	L	M
F	O	G	R	T	I	M	G	E	A	H	S	N	N
P	C	U	Y	E	E	B	S	A	I	N	O	U	E
H	L	D	S	R	G	I	E	R	N	T	A	E	E
R	I	A	E	T	O	E	O	L	O	E	N	R	S
Y	Q	I	N	M	I	N	R	N	L	L	C	I	I
G	U	N	E	O	O	Q	E	A	W	U	Y	J	R
A	E	D	P	M	R	C	U	T	M	O	L	R	O
E	Y	O	E	C	T	B	H	E	E	M	E	E	C
G	H	A	S	E	L	L	E	L	R	G	A	S	Q
E	R	S	N	U	N	D	E	L	L	E	N	G	A

Solution page 103

Cherchez les noms d'invertébrés aquatiques cachés dans la grille ci-dessus. Vous les trouverez soit horizontalement, soit verticalement ou encore en diagonale ; ils peuvent se lire de gauche à droite ou de droite à gauche.

ANCYLE
ARGYRONÈTE
ASELLE
CHIRONOME
CORISE
DEMOISELLE
DYTIQUE
ÉPHÉMÈRE
GAMMARE
GERRIS
GYRIN
LIBELLULE
LIMNÉE
MOULE
MOUSTIQUE
NÈPE
NOTONECTE
PHRYGANE
PLANORBE
RANÂTRE
SANGSUE

Citations

Paresse : habitude prise de se reposer avant la fatigue.

Jules Renard

L'ACTU

GARE AU JUGE VIRTUEL

Des ingénieurs chinois ont créé le premier procureur au monde alimenté par l'intelligence artificielle. D'après eux, il est capable de dire avec une précision de 97 %, si une personne est coupable ou non sur la base d'une description verbale de l'affaire. Le porte-parole du Parquet populaire de Shanghai Pudong, qui a participé à la conception de cette machine, a expliqué aux médias que cette technologie pouvait « aider à réduire la charge de travail des procureurs » et qu'elle a même la capacité de les remplacer ! Créé à partir de milliers d'affaires juridiques du monde entier entre 2015 et 2020, ce procureur virtuel peut être installé sur un ordinateur de bureau relié à un serveur qui stocke et analyse des milliards de données. D'ores et déjà utilisé pour repérer les conducteurs dangereux, les fraudes par carte de crédit et les opérations de jeu douteuses, ce procureur 2.0 pourrait bien voir son champ d'application augmenter dans les années qui viennent. Cette « avancée » intervient alors que les services de renseignement occidentaux multiplient les alertes sur les dangers que représentent les investissements massifs et les ambitions de la Chine dans l'intelligence artificielle, l'informatique quantique et la biologie synthétique. La maîtrise de ces technologies pourrait conférer à l'Empire du Milieu une puissance technologique et économique à l'impact considérable sur la géopolitique mondiale.

Vendredi 24 mars

Sainte Catherine de Suède – On fête aussi les Adhémar

S'il pleut le vendredi, jamais la terre trop ne se ramollit.

Argot

Canner

Si, en argot, celui qui canne (ou cane) est celui qui s'enfuit, c'est parce qu'il part à toutes jambes (il s'enfuit à toutes cannes). Et comme celui qui s'en va désigne parfois quelqu'un qui meurt, « canner » peut, par emploi métaphorique donc, être synonyme de mourir. On notera que, dans la littérature argotique, on trouve le verbe le plus souvent avec un seul *n* : caner.

Pas si bête

Le carabe

C'est un champion de vitesse, le carabe. Avec six longues pattes et un corps svelte, il est capable d'atteindre 8 km/h, ce qui fait de lui l'animal terrestre le plus rapide, du moins si on rapporte sa pointe de vitesse à son poids et à sa taille. Le guépard reste loin derrière ! Et pourquoi court-il si vite ? Pour attraper tout ce qui bouge et qui est à la mesure de ses terribles mâchoires – ou mandibules. Il dévore même des escargots et des limaces, ainsi que des pucerons par centaines, ce qui le rend éminemment sympathique aux jardiniers. Mais ce bel insecte iridescent commet une erreur : il est précisément trop beau, ce qui conduit certains amateurs à le ramasser pour le monter en pendentif ou en bague. Et ce n'est pas anecdotique, car cette pratique contribue au déclin de ses populations.

30 morceaux de bœuf

La côte de bœuf

Avec l'entrecôte, la côte est la partie la plus recherchée et la plus emblématique de la viande de bœuf. Star des barbecues estivaux, elle peut aussi être préparée au four, simplement posée dans un plat avec un filet d'huile d'olive et de la fleur de sel. La côte de bœuf plaît à tous les amateurs de viande car elle s'accommode d'être servie bleue comme bien cuite.

Expressions françaises et anglaises

Le chou

Si vous dites à un(e) Anglais(e) qu'il/elle est un vrai chou, vous risquez de l'offenser. En effet, le mot « chou », outre-Manche, a une connotation tout à fait différente : loin d'être un terme d'affection, il désigne une personne stupide. Alors, s'il vous arrive d'être attendri(e) par un(e) Anglais(e), dites-lui plutôt qu'il/elle est *cute* ou *nice*.

Brèves régions

Corrèze/Les ânes bâtés

Pour passer des vacances vraiment originales, rendez-vous à Condat-sur-Ganaveix, dans le département de la Corrèze, afin de randonner avec des ânes bâtés. Non pas des ânes stupides, mais équipés pour porter vos affaires, notamment si vous partez plusieurs jours. Il suffit de les tenir par la longe pour qu'ils vous suivent calmement et fidèlement sur les chemins, que ce soit pour une petite promenade ou un parcours de plusieurs dizaines de kilomètres. Au cœur du Limousin, l'élevage Les Ânes du gîte se consacre aux races normande et cotentine, propose aussi des balades en attelage, et même un « biblio'âne », un concept de petites balades agrémentées de pauses lecture sur le thème des ânes.

Samedi **25 mars**

Annonciation – On fête aussi les Humbert, Dula, Dismas

Soleil
lever : **6h42**
coucher : **19h11**

S'il gèle le 25 mars, pas de grain, pas de vin.

POULES, POULETTES

LA GÂTINAISE

Bonne pondeuse, bonne couveuse, attentionnée avec ses poussins, la gâtinaise a tout pour plaire. C'est une race ancienne, qui vient du Gâtinais (autour de Montargis et de Nemours). Elle est pacifique, peu craintive et a bon caractère, au point de paraître même affectueuse envers son éleveur. C'est une poule très rustique, capable de s'adapter en toute région, et elle pond très tôt en saison, ce qui n'est pas négligeable dans un élevage. Elle se trouve aussi bien dans un petit poulailler que sur un grand parcours. De gabarit moyen, avec un poids de 2,5 kg et un beau plumage blanc pur, elle est élégante et élancée ; le coq, d'allure fringante, a une queue très relevée. La gâtinaise pond plus de 200 œufs par an, assez gros et blancs. Mais on l'apprécie aussi pour sa chair délicate.

Unités de mesure

Celsius et Fahrenheit

Le degré Fahrenheit est une unité de mesure de la température proposée par le physicien allemand Daniel Fahrenheit en 1724, où l'eau gèle à 32 degrés et bout à 212 degrés. En 1742, l'astronome et physicien suédois Anders Celsius inventa une autre échelle de température qui est aujourd'hui la plus utilisée dans le monde, sauf aux États-Unis, au Belize, au Liberia et aux îles Caïmans.

REMETTEZ DANS L'ORDRE LES 5 CASES DE CETTE PETITE HISTOIRE.

SOLUTION : 3, 4, 5, 1, 2

BD DE COLLECTION

Bibi Fricotin

Jeune, blond, dynamique et débrouillard, Bibi Fricotin est un type de héros qui va faire florès dans la BD. Créée en 1924 dans *Le Petit Illustré* par Louis Forton (qui dessine déjà *Les Pieds Nickelés*), la série sera reprise après sa mort et après la guerre par Pierre Lacroix, qui adjoindra à Bibi un compagnon noir, Razibus, intelligent et rusé. Dans des vignettes non délimitées, l'histoire se déroule à un rythme endiablé : globe-trotter infatigable, Bibi redresse les torts et ridiculise les méchants.

PROBLÈMES DE MATHS DU CERTIFICAT D'ÉTUDES

Ces cinq dernières années, un homme d'affaires a fait des placements judicieux et a augmenté son capital de 3/7e. Ce dernier s'élève maintenant à 84 000,00 F.

1. Quelle était la valeur de son capital il y a cinq ans ?
2. S'il avait placé son capital dans une banque, sur un compte à intérêts composés rémunéré au taux annuel de 7,00 %, quel aurait été son capital final ?

Solution :

1. Représentons par 1 ou 7/7 le capital initial 7/7 + 3/7 = 84 000,00 F
ou 10/7 = 84 000,00 F
Le capital initial est donc égal à (84 000/10) × 7 = 58 800 F
2. Capital à la fin de la 1re année : 58 800 + ((58 000 × 7)/100) = 58 800 + 4 116 = 62 916 F
Capital au bout de la 2e année : 62 916 + ((62 916 × 7)/100) =
62 916 + 4 404,12 = 67 320,12 F
Capital au bout de la 5e année : 77 074,81 + 5 395,24 = 82 470,04 F

Soleil
lever : 9h40
coucher : 19h12

Dimanche 26 mars

Sainte Larissa – On fête aussi les Ludger, Lara

Requin qui perd la tête, tempête.

THÉÂTRES DU MONDE

Le théâtre impérial de Fontainebleau

L'histoire de ce luxueux écrin caché dans le château de Fontainebleau débute en 1853 par une commande de l'empereur Napoléon III qui aime résider au château. Au terme d'un chantier d'à peine plus d'un an, l'architecte Henri Lefuel présente au souverain une salle elliptique inspirée de celle de Marie-Antoinette au Trianon. L'association de soieries capitonnées, de moquettes fleuries et d'ornements dorés confère à l'ensemble une atmosphère à la fois étincelante et douillette. Oublié pendant plus d'un siècle, le site a rouvert fin juin 2019.

Ha! Ha! Ha! La bonne blague Ha! Ha! Ha! Ha! Ha! Ha!

Un petit singe entre dans un bar, se plante devant le comptoir et demande au serveur :
« Vous avez des bananes ?
– Non, nous n'avons pas de bananes.
– Vous avez des bananes ?
– Non, je vous ai dit que nous n'avons pas de bananes.
– Vous avez des bananes ?
– Mais, tu es sourd ou quoi ! NOUS N'AVONS PAS DE BANANES !
– Vous avez des bananes ?
– Écoute, petit malin, si tu me demandes encore une fois si j'ai des bananes, je te cloue la langue sur le comptoir !
– Vous avez des clous ?
– Euh ? Non…
– Vous avez des bananes ? »

ni POUR… ni CONTRE…

JuSTe Le PaRTi D'eN RiRe ! :-D

Solution Mots mêlés p. 100

N	E	D	P	I	T	N	S	E	G	E	G	M	L
S	E	E	Y	H	I	E	U	A	P	Y	E	O	L
A	I	P	N	R	R	Q	R	H	N	L	M	U	I
M	R	R	Y	L	I	Y	E	T	L	G	C	L	M
F	O	G	R	T	I	M	G	E	A	H	S	N	N
P	C	U	Y	E	E	B	S	A	I	N	O	U	E
H	L	D	S	R	G	I	E	R	N	T	A	E	E
R	I	A	E	T	O	E	O	L	O	E	N	R	S
Y	Q	I	N	M	I	N	R	N	L	L	C	I	I
G	U	N	E	O	O	Q	E	A	W	U	Y	J	R
A	E	D	P	M	R	C	U	T	M	O	L	R	O
E	Y	O	E	C	T	B	H	E	E	M	E	E	C
G	H	A	S	E	L	L	E	L	R	G	A	S	Q
E	R	S	N	U	N	D	E	L	L	E	N	G	A

MÉTIERS IMPROBABLES

ÉCRIVAIN DU CIEL

Walter Dintinger est écrivain du ciel, une discipline connue outre-Atlantique sous le nom de *skywriting*. Avec son avion et des fumigènes, il trace des messages éphémères dans le ciel. Si, la plupart du temps, il écrit des mots d'amour pour des particuliers, des entreprises font également appel à lui. Passionné d'aviation depuis tout petit, il a d'abord été mécanicien avion puis a passé son brevet de pilote professionnel avant de créer l'entreprise Oui'up. « On pourrait croire que c'est de la voltige, mais non ! J'écris toujours à plat avec mon avion, une technique assez difficile à apprendre. » Un cœur, une fleur, un smiley, un prénom… Walter Dintinger est le seul à exercer ce métier en Europe et dit pouvoir tout écrire dans le ciel, ou presque.

Lundi **27 mars**

Saint Habib – On fête aussi les Louarn

Soleil
lever : **6 h 38**
coucher : **19 h 14**

Qui vin ne boit après salade est en danger d'être malade.

Expressions
françaises et anglaises
Le concombre

Si un Anglais vous dit que vous êtes aussi frais qu'un concombre (*as cool as a cucumber*), ne vous offusquez pas, ce n'est pas une insulte ! C'est même un compliment car, bien loin de vous traiter d'idiot, il admire votre capacité à garder votre sang-froid, à être d'un calme olympien quels que soient les problèmes qui se présentent à vous. L'origine de cette expression vient du fait que même par grosse chaleur, le concombre reste plus frais que l'air ambiant. Cette expression fut utilisée la première fois dans un poème de John Gay au milieu du XVIIe siècle.

Les pires prédictions de l'Histoire

Le percement du canal de Suez a donné lieu à une lutte intense entre la France et l'Angleterre. Les Britanniques ont multiplié les manœuvres pour bloquer ce projet qui risquait de conférer aux Français une influence considérable dans cette région stratégique sur la route des Indes. Alors chancelier de l'Échiquier, l'équivalent du ministre des finances, Benjamin Disraeli déclare aux Ottomans, maîtres de l'Égypte : « Le canal de Suez est une tentative futile et absolument impossible à réaliser. » Pourtant, la jonction des eaux a bel et bien eu lieu le 15 août 1869. Six ans plus tard, devenu Premier Ministre, Disraeli usera de tout son pouvoir pour que le Royaume-Uni rachète l'ensemble des parts de l'Égypte dans la compagnie qui gère le canal auquel pourtant il ne croyait pas…

Séries TV (acteurs et actrices)

BRUCE WILLIS – *CLAIR DE LUNE*

Bruce Willis avait des cheveux, Cybill Sheperd un brushing, les années 1980 battaient leur plein. Créée par Glenn Gordon Caron, *Clair de Lune* (1985-1989) est une série typique de la décennie, mêlant enquête policière et comédie, dans un Los Angeles pailleté. Le personnage de David Addison, un détective privé drôle et charmeur, modèlera la future carrière cinématographique de Bruce Willis, qui décrochera pour ce rôle un Emmy Award et un Golden Globe. Lorsque la série s'arrête en 1989, sa carrière est lancée. Il enchaîne avec la série des *Die Hard* de John McTiernan où il incarne le personnage de John MacLane, un flic pris dans la tourmente, qui semble taillé pour lui. S'il campe des rôles similaires dans plusieurs blockbusters, il parvient aussi à nuancer son jeu dans *L'Armée des douze singes* (1995) ou dans *Sixième Sens* (1999). En 1999, Willis repasse par le petit écran dans la saison 6 de *Friends*, où il incarne le père de la petite amie de Ross.

GRIPPE AVIAIRE : DES MILLIONS DE VOLAILLES ABATTUES.

Duos du grand écran

Gérard Depardieu — **Bertrand Blier**

Depuis leur rencontre en 1974 sur le tournage des *Valseuses*, les deux hommes ont tourné 9 films ensemble. Unis par une même attitude irrévérencieuse, Gérard Depardieu et Bertrand Blier se considèrent, selon leurs propres dires, comme des frères. Le scandale provoqué par *Les Valseuses* a placé Blier en tête des réalisateurs à suivre et propulsé Depardieu dans une toute nouvelle notoriété. La suite a été ponctuée de réussites, comme *Buffet froid* (1979) ou *Tenue de soirée* (1986), et d'échecs, comme *Combien tu m'aimes ?* en 2005. Malgré la personnalité incontrôlable de son acteur fétiche, le réalisateur a continué cette relation cinématographique et a sorti *Convoi exceptionnel* en 2019.

Citations

Ce qui est grave dans un ménage, c'est quand l'un aime et l'autre pas. Mais s'ils ne s'aiment ni l'un ni l'autre, ils peuvent être très heureux.

Alfred Capus

Soleil
lever : 7 h 36
coucher : 20 h 15

Mardi **28 mars**

Saint Gontran – On fête aussi les Jeanne-Marie, Venturino

Matin blanc, beau temps.

Étymologie

Une histoire de piliers de bar

Si l'étymologie d'*estaminet* (« petit café, débit de boissons populaire, dans le nord de la France et en Belgique ») n'est pas certaine, les linguistes et lexicographes s'accordent à dire que c'est un emprunt au wallon *staminê* (de même sens) qui lui-même viendrait sans doute du wallon *stamon*. En effet, ce mot est employé pour parler du poteau auquel la vache est liée près de sa mangeoire. Et les premiers estaminets étaient des salles comportant plusieurs poteaux.

Chiffres et expressions

Comme un seul homme

Quand on veut réussir une entreprise collective, développer le sens du groupe, fédérer des participants à un évènement ou galvaniser une foule, il faut tenter de faire réagir un nombre important de personnes « comme un seul homme ». Cette expression montre la force du collectif quand une initiative est portée par plusieurs personnes dans le même sens.

LE SAVIEZ-VOUS ?

Les hommes-grenouilles ne sont pas des enfants-têtards devenus grands.

Jeux de société

Le Cluedo® (Hasbro)

Qui a tué le docteur Lenoir ? Où ? Comment ? C'est bien sûr en Angleterre, patrie des reines du crime, que naquit ce jeu de plateau. Amateurs de *murder parties*, ces soirées que la bonne société aimait organiser dans ses manoirs pour se donner des frissons, Anthony Pratt et son épouse se trouvent bien seuls pendant les longues nuits du Blitz, ces vagues de bombardement qui détruisent une partie de Londres jusqu'en 1941. Ils reconstituent alors le jeu en miniature. Depuis, il n'a cessé d'évoluer : en 2016, apparaît le personnage d'Orchidée, la fille adoptive de la victime ; on trouve même une version Harry Potter ! Il s'est vendu à plus de 150 millions d'exemplaires dans le monde, ce qui, hélas, n'a pas profité (comme souvent le crime) à ses auteurs, qui en cédèrent les droits pour trois fois rien en 1953.

Citations

Bien souvent, un amour n'est que l'association d'une image de jeune fille (qui sans cela nous eût été vite insupportable), vaine, et d'un « lapin » que la demoiselle nous a posé.

Marcel Proust

Les plus vieux commerces du monde

Autriche – Stiftskeller St. Peter

Nous savons tous que certains ordres religieux avaient une vocation d'hospitalité depuis la nuit des temps. C'est le cas de l'archiabbaye Saint-Pierre de Salzbourg, la plus ancienne de la congrégation bénédictine d'Autriche et la plus ancienne de l'espace germanophone. Ici, les moines ont ouvert un restaurant pour leurs hôtes de passage depuis… l'an 803. L'abbaye existe toujours, plus de 1 200 ans après, et le restaurant, bien sûr, est ouvert ! Connu sous le nom de *Stiftskeller St. Peter*, c'est un lieu où le temps et la passion se rencontrent car au sein des vieux murs la cuisine est moderne, délicate et savoureuse. Vous pourrez, par exemple, y déguster une mousse de patates douces ou un filet de veau aux topinambours.

Mercredi 29 mars

Sainte Gwladys – On fête aussi les Gladys, Archibald, Pasteur

Soleil
lever : 7 h 34
coucher : 20 h 17

Pluie qui tombe le matin ne doit pas barrer le chemin.

Expressions disparues

Ça fait la rue Michel !

Plutôt qu'un simple « c'est bon » ou « ça va » pour signifier que cela convient, on utilisait autrefois l'expression « ça fait la rue Michel ! ». Apparue au XIXe siècle, elle est issue d'un jeu de mots entre « faire le compte » et le nom de la rue Michel-le-Comte, à Paris. Elle signifiait d'abord « le compte est bon ». Il semblerait que les cochers l'aient répandue, car lorsque leurs clients leur versaient la somme due pour une course, ils leur répondaient : « Ça fait la rue Michel-le-Comte. »

L'humanité en chiffres

On répertorie dans le monde environ 8 800 races de bétail appartenant à 38 espèces différentes, qui fournissent une large gamme de produits et de services. Établir des stratégies d'élevage écologiques implique la connaissance de leurs caractéristiques respectives. L'élevage représente près de 40 % de la production agricole des pays développés et 20 % de celle des pays en voie de développement.

Citations

Ne vous vengez pas d'une femme, le temps s'en charge pour vous.

Paul Claudel

Rétro Vermot

L'avocat : – Que voulez-vous que je dise pour votre défense ?
Le détenu : – Dites que c'est vous qui avez fait le coup.

Brèves régions

Corse-du-Sud/Le plateau du Coscione

Situé à égale distance des côtes est et ouest de l'île de Beauté, le plateau du Coscione est un endroit unique, traversé par le GR20. Cet ancien lac de l'ère glaciaire, comblé peu à peu par de la tourbe, offre un panorama imprenable sur l'île et la Méditerranée. Mais cette vue se mérite car elle n'est accessible aux randonneurs qu'après avoir gravi des cols et longé des cimes abruptes. Des chevaux et des cochons sauvages accueillent les courageux visiteurs dans cet endroit paradisiaque, comme pour les récompenser d'avoir suivi le chemin de randonnée le plus difficile d'Europe.

LA GUERRE FAIT CHUTER LE POUVOIR D'ACHAT DES FRANÇAIS

Citations

Si le gouvernement créait un impôt sur la connerie, il serait tout de suite autosuffisant.

Jean Yanne

Les scandaleuses

Louise Labé, « la Belle Cordière »

« Baise m'encor, rebaise-moi et baise / Donne m'en un de tes plus savoureux / Donne m'en un de tes plus amoureux / Je t'en rendrai quatre plus chauds que braise. » En 1555 paraît, à Lyon, un recueil de 150 pages consacré à l'amour ressenti par les femmes. Certains sonnets sont érotiques, voire obscènes. L'ouvrage est signé Louise Labé. Née Louise Charly en 1524, cette roturière, fille d'un cordier, mariée à un marchand de cordes, aurait trouvé dans la fortune de son mari le moyen de satisfaire sa passion pour les lettres. Bientôt surnommée la « Sappho lyonnaise », en hommage à la poétesse de la Grèce antique, parfois dépeinte comme une courtisane, une lesbienne ou simplement une amazone érudite, Louise Labé reste une énigme. On connaît si peu de détails sur sa vie que pour certains spécialistes de la Renaissance, « la Belle Cordière » est peut-être une supercherie littéraire créée par un groupe de poètes lyonnais. Quoi qu'il en soit, encensée en son temps, redécouverte par les Lumières, puis par les féministes au XXe siècle, la sulfureuse Louise Labé occupe désormais une place au panthéon de la poésie française.

Soleil
lever : 7 h 32
coucher : 20 h 20

Jeudi **30 mars**

Saint Amédée – On fête aussi les Amadeus, Amédine, Malon

Un seul doigt ne peut attraper les puces. *(Proverbe créole)*

Recette — Quinoa, lentilles et légumes verts

Au secours, ils sont végétariens ! Pour compenser l'absence de protéines animales, on associe deux sources de protéines végétales : le quinoa et les lentilles.

Pour 4 à 6 pers. — **10 min de préparation** — **20 min de cuisson**

- 250 g de quinoa
- 100 g de lentilles
- 1 carotte
- 75 g de haricots mangetout
- 1 cube de bouillon
- Huile d'olive ou beurre
- Coriandre
- Sel, poivre

Rincez le quinoa. Mettez-le dans une casserole avec les lentilles. Versez 1 l d'eau et ajoutez le cube. Laissez cuire doucement.

Pelez la carotte et coupez-la très finement. Coupez les haricots en morceaux. Ajoutez-les dans la casserole.

La cuisson prend une vingtaine de minutes au total, en remuant bien, surtout sur la fin (il ne doit plus rester d'eau).

Salez, poivrez et ajoutez la matière grasse. Mélangez et servez avec de la coriandre ciselée.

Conseil
Le quinoa est une graine malicieuse : pour survivre à l'attaque des voraces, elle est dotée d'une pellicule amère à base de saponine. N'oubliez pas de rincer votre quinoa avant cuisson, sinon gare à l'amertume !

Argot

Cave

Si l'on n'est pas du milieu, on peut facilement devenir un ou une « cave », c'est-à-dire une personne ignorant tout des lois de la pègre, et par conséquent une proie facile à duper. Cet emploi argotique de cave nous vient de l'italien *cavare* qui signifie « dévêtir, soumettre à une saignée », qui a donné le verbe argotique caver, « faire une mise dans un jeu » et, par métaphore, « dépouiller ».

Charade classique

Mon premier se trouve à l'extrémité du bras.

Mon deuxième est un mètre cube de bois.

Mon tout est un fromage de caractère.

MUNSTER (MAIN – STÈRE)

Belles plantes

CHEVEUX D'ANGE

Soyeux, légers, aériens, lumineux, élégants, tout en finesse, les cheveux d'ange ont tout pour séduire les paysagistes, qui ont planté aux quatre coins du monde cette graminée d'Amérique centrale, au point qu'elle est parfois devenue invasive. Stipa (ou Nassella) tenuissima (ou tenuifolia) forme des touffes de 50 cm de haut et d'étalement, aux feuilles vertes d'une finesse sans pareil. Au début de l'été apparaissent les inflorescences, des épis clairs et soyeux, et toute la plante reste décorative jusqu'au cœur de l'hiver. Prisés dans les jardins sauvages, où ils ondulent en vagues sous la brise, les cheveux d'ange sont aussi cultivés en bordure, dans les massifs de vivaces ou même en potées. C'est une plante pour le soleil et les sols bien drainés. Elle ne vit pas très longtemps mais se ressème spontanément.

Vendredi **31 mars**

Saint Benjamin – On fête aussi les Acace, Balbine

Soleil
lever : **7 h 30**
coucher : **20 h 20**

Le vent du vendredi ne va pas à la messe.

42-1-20+15-21-8+17+6 = 30 s

Solution Chrono p. 88

Espace

Premier civil

Ingénieur et physicien de formation, Jean-Jacques Favier, le sixième Français de l'espace, est aussi le premier scientifique et donc le premier civil tricolore à participer à une mission à bord de la navette Columbia. Spécialiste de charge utile sur le vol, Jean-Jacques Favier ouvre la voie à un nouveau type d'astronautes et réalise également une première : emporter du fromage français dans l'espace.

Citations

Si vous avez besoin de quelque chose, appelez-moi. Je vous dirai comment vous en passer.

Coluche

La dictée du mois Préambule à la déclaration

Les mères, les filles, les sœurs […] ont résolus d'exposer dans une déclaration solenelle, les droits naturels, innaliénables et sacrés de la femme, afin que cette déclaration, constament présente à tous les membres du corps social, leur rappelle sans cesse leurs droits et leurs devoirs, afin que les actes du pouvoir des femmes, et ceux du pouvoir des hommes pouvants être à chaque instant comparés avec le but de toute institution politique, en soient plus respecté, afin que les réclamations des cytoyennes, fondé désormais sur des principes simples et incontestables, tournent toujours au maintien de la constitution, des bonnes mœurs, et au bonheur de tous.

Olympe de Gouges, Déclaration des droits de la femme et de la citoyenne, *1791.*

résolu, solennelle, inaliénables, constamment, pouvant, respectés, citoyennes, fondées

FRANÇAIS : DES CONDITIONS DE PLUS EN PLUS PRÉCAIRES.

HISTOIRES DE SUPERMARCHÉS

Le précurseur

Gérard Mulliez ouvre son premier magasin Auchan en 1961, à Roubaix, dans une ancienne usine désaffectée de Phildar, entreprise créée par son père, et commence ce qui va devenir un empire familial. En 1969, il initie les prémices de la galerie marchande avec l'hypermarché d'Englos, dans la métropole de Lille, puis, en 1996, il double sa taille en France avec l'acquisition de Mammouth et Atac. En 2019, l'entreprise ouvre le premier magasin sans caisse ni employés, et aujourd'hui le groupe est présent dans 14 pays. Il faut croire que ses slogans, qui changent régulièrement (« La vie Auchan, vous avez le choix », « La vie, la vraie »), plaisent au plus grand nombre.

Soleil
lever : **7h28**
coucher : **20h21**

Samedi 1er avril

Saint Hugues – On fête aussi les Valéry, Agapé, Konwal

Au premier avril, il faut que le pinson boive au buisson.

HISTOIRES POLICIÈRES

LES POSSÉDÉES DE MORZINE (HAUTE-SAVOIE)

Entre 1857 et 1870, Morzine connaît une singulière épidémie. Au cours de cette période, près de deux cents femmes du village sont, en effet, victimes d'un mal étrange qui provoque convulsions, hallucinations, somnambulisme et autres accès de démence. En crise, la plupart d'entre elles blasphèment et affirment être sous l'emprise de démons. Une fois calmées, elles ne conservent ni séquelle ni souvenir. Tout commence le 14 mars 1857 à l'école des filles lorsque Péronne, une gamine de dix ans, est subitement prise de tremblements incontrôlables. D'ordinaire discrète, la fillette se roule au sol, hurle et profère des injures contre le curé. Sa crise dure près de trois heures, puis la jeune fille sombre dans un profond sommeil. Quelques jours plus tard, le mystérieux mal la reprend, puis sa sœur présente les mêmes symptômes, ainsi qu'une de ses amies et bientôt une quinzaine d'élèves de l'école. Comme Péronne, les fillettes deviennent agressives, se montrent impudiques, vitupèrent contre l'Église… À l'automne 1857, des jeunes femmes, des mères de famille, des grands-mères sont touchées à leur tour. À Morzine, on pense qu'elles sont toutes possédées et le curé du village multiplie les séances d'exorcisme. Mais ses invocations semblent amplifier le phénomène…

En 1860, l'épidémie diabolique qui secoue la bourgade attire désormais quantité de journalistes parisiens, spirites de tous poils (dont le célèbre Allan Kardek) et simples curieux. Alors que le duché de Savoie – et donc Morzine – est justement rattaché à la France, cette agitation entache le récit officiel d'une annexion paisible de l'ancienne province du royaume de Sardaigne. Napoléon III exige que son administration règle l'affaire. Envoyé de Lyon, le docteur Arthaud, spécialiste de l'hystérie, livre son diagnostic : « Délire de type hystéro-démonopathie épidémique. » Pour lui, le déclencheur de crises chez les possédées est… le spectacle d'une autre possédée. Au cours d'une messe, le curé explique à ses ouailles qu'il n'y a aucune force démoniaque et qu'il s'agit d'une maladie naturelle. Colère immédiate des habitants qui molestent le prêtre ! Les Morzinois refusent que leurs possédées, désormais plus d'une centaine, soient de « simples » folles ! Accompagné d'une soixantaine de gendarmes, Augustin Constans, inspecteur général des asiles d'aliénés, est dépêché en urgence sur place. Plusieurs dizaines de femmes sont arrêtées puis internées à Genève et à Thonon. Au bout de quelques mois, il n'y a plus de nouveau cas à Morzine. Mais une fois les « possédées » rentrées chez elles, tout recommence ! La crise atteint son paroxysme en mai 1864 lors de la visite de l'évêque d'Annecy. Plus de 80 femmes sont prises de convulsions lors de la messe et le prélat doit s'enfuir. Cette fois, un détachement d'infanterie occupe le village, des gendarmes s'installent chez l'habitant, toutes les possédées sont internées et les propagateurs de rumeurs traînés en justice. Progressivement, l'épidémie s'éteint. Cent-cinquante ans plus tard, le mystère des « possédées de Morzine » reste entier et ses causes, probablement multiples, demeurent incertaines. Toutefois, quand on s'en tient aux faits, il semble que le changement de tout le clergé local en 1864 ait porté un coup de frein net au phénomène…

Il (n')a (pas) inventé…

LE CACHOU ROND

Quelle que soit la marque qui le produit de nos jours, le cachou n'est jamais rond. C'est une pastille carrée à la réglisse, inventée à Toulouse il y a 140 ans. La seule chose qui soit ronde, c'est l'iconique boîte jaune de la marque Lajaunie qui en est à l'origine. Alors, « avoir inventé le cachou rond » n'est pas un compliment car changer la forme du bonbon ne présente aucun intérêt.

Dimanche 2 avril

Sainte Sandrine – On fête aussi les Agneflète, Alexandrine, Muse

Soleil
lever : 7 h 26
coucher : 20 h 23

Le temps n'épargne pas ce qui se fait sans lui.

Recette

Agneau et pommes de terre safranées

Voilà un plat d'une facilité déconcertante et qui donne aux convives l'impression que vous avez mis les petits plats dans les grands. Le secret tient à la marinade de la viande et à la cuisson au four… La viande est tendre, goûteuse, juteuse et dorée : un régal !

Pour 6 pers. — **20 min de préparation** — **1 h de marinade** — **1 h 30 de cuisson**

- 1,2 kg d'épaule d'agneau désossée
- 1,5 kg de pommes de terre
- 2 citrons
- 1 dosette de safran
- 10 cl d'huile d'olive
- Sel, poivre

Coupez la viande en morceaux (ou faites-le faire par votre boucher). Pelez les pommes de terre et coupez-les en rondelles. Pressez les citrons et réservez le jus.

Dans un grand plat, versez l'huile et le jus des citrons, puis ajoutez le safran, du sel et du poivre. Mélangez et déposez les morceaux d'agneau et les pommes de terre dans le plat. Mélangez pour que le tout soit bien imprégné de cette marinade. Laissez reposer 1 h au frais.

Préchauffez le four à 160 °C (th. 5-6). Versez de l'eau (30 cl environ) dans le plat et enfournez pour 1 h 30 de cuisson.

Ville en chanson

Nantes

Nantes évoque tout de suite la chanson populaire *Dans les prisons de Nantes*, reprise par le groupe nantais Tri Yann ou encore Nolwenn Leroy. Mais Nantes, c'est aussi une chanson de Barbara écrite en 1964 pour dire adieu à son père incestueux : « *Nantes m'était encore inconnue, je n'y étais jamais venue. Il avait fallu ce message, pour que je fasse le voyage : Madame, soyez au rendez-vous vingt-cinq rue de la Grange au Loup. Faites vite, il y a peu d'espoir, Il a demandé à vous voir…* »

M. Archie
Professeur de science politique
a le plaisir de vous annoncer la
naissance de sa fille

ANNE

VOUS AUREZ UNE PÊCHE D'ENFER

Duos du grand écran

Steve Buscemi — Les frères Coen

Qui aime bien châtie bien. Les frères Coen ont choisi Steve Buscemi dans six de leurs films, et dans quatre d'entre eux, le personnage de Buscemi meurt de façon tragi-comique. L'histoire commence avec *Miller's Crossing* (1990), où Buscemi incarne un mondain, Mink Larouie, assassiné par sa maîtresse. Vient ensuite *Barton Fink* (1991) et le groom Chet, disparu dans l'incendie de son hôtel. *Fargo* (1995) ne déroge pas à la règle : Buscemi, alias le tueur à gages Carl Showalter, termine dans un broyeur de branchages. En 1998, dans *The Big Lebowski*, l'acteur est le touchant Donny, terrassé par une crise cardiaque pendant une baston de nihilistes. Coen et Buscemi, ou l'art de croquer les loosers magnifiques.

Soleil
lever : **7 h 23**
coucher : **20 h 24**

Lundi **3 avril**

Saint Richard – On fête aussi les Nicétas, Sixte, Dick

À une petite chose, l'inquiétude donne une grande ombre. (Suède)

Espace

La seule femme

Il a fallu onze années de sélections pour que Claudie Haigneré devienne la première et aujourd'hui encore seule femme spationaute française. Le 17 août 1996, elle rejoint la station Mir avant de devenir la première représentante française à bord de la Station spatiale internationale. De retour sur Terre, elle a été ministre déléguée à la Recherche puis aux Affaires européennes.

Bibliophiles

Cet Homme-là, Tanguy Viel (Desclée de Brouwer, 2009)

Avec une écriture claire et douce comme la lumière des fresques de Giotto qui illustrent le texte, Tanguy Viel raconte la vie de Jésus. Comme si les Évangiles étaient adaptés au cinéma. Avec distance, mouvements, malice et couleurs. Entre légende dorée et vie quotidienne. « Il tint une bonne moyenne d'un miracle par mois. […] Et toujours, il disait : "Que ça reste entre nous, n'est-ce pas." Et toujours il s'arrangeait pour qu'on l'ait vu faire. » À lire et à montrer aux petits-enfants, qu'on soit chrétien ou pas, pour la culture générale, pour le plaisir, la découverte d'une belle histoire.

Citations

L'homme n'est que poussière, c'est dire l'importance du plumeau.

Alexandre Vialatte

Jeux de société

Le Mille Bornes® (Dujardin)

Parcourir les premiers 1 000 puis 5 000 kilomètres avec un jeu de cartes demande une connaissance minimale du code la route, et surtout un rien de vacherie. Car si l'on doit accumuler les cartes kilométriques, il ne faut pas hésiter à bousculer ses adversaires (avec ô combien de satisfaction, il faut l'avouer) avec des coups fourrés, des crevaisons, des pannes d'essence, des feux rouges et autres limitations de vitesse… C'est un imprimeur du code de la route, sis à Arcachon, Arthur (dit Edmond) Dujardin, qui inventa en 1954 ce jeu de cartes original. Il avait auparavant créé *L'Autoroute* (1949). C'était dans l'air du temps, nous entrions alors dans la société de l'automobile, qui allait bouleverser nos habitudes de vie et nos loisirs, et pas seulement en nous faisant découvrir la joie des bouchons lors des départs en vacances…

LE PATRON D'AMAZON : UN DES HOMMES LES PLUS RICHES DU MONDE

Les plus vieux commerces du monde

États-Unis – CO Bigelow et Carl's Drug

Deux magasins revendiquent le titre de plus ancienne pharmacie des États-Unis : *CO Bigelow* à New York et *Carl's Drug* à Greencastle, en Pennsylvanie. Le premier a commencé à vendre des médicaments et des baumes au centre de Greenwich, à New York, en 1838. De nombreuses célébrités, comme Thomas Edison, Mark Twain ou encore le cinéaste John Waters, seraient passées dans cette boutique. Le second affirme de son côté avoir ouvert 13 ans plus tôt, en 1825, mais a changé plusieurs fois d'emplacement et de propriétaire, ce qui fait tomber son titre aux yeux de certains. Quoi qu'il en soit, ces deux officines ont encore du chemin à faire pour parvenir au record mondial détenu par *Santa Maria Novella* à Florence.

Mardi **4 avril**

Saint Isidore – On fête aussi les Aleth, Platon

Soleil
lever : **7 h 21**
coucher : **20 h 26**

Le travail a des racines amères, mais des fruits sucrés.

Brèves régions

Côte-d'Or/La maison sans toit

Place Bossuet, à Dijon, une maison attire l'attention car, bien que très ancienne, elle n'a pas de toit visible. Ici vivait au Moyen Âge un certain Jean Carquelin qui avait fait sa renommée en confectionnant de savoureux pâtés à la viande que s'arrachaient tous les bourgeois bourguignons. Mais l'homme fut rattrapé par la rumeur car des enfants disparaissaient régulièrement dans la région. Après avoir accusé tous les boucs émissaires habituels, il fallut se rendre à l'évidence lorsque l'on découvrit dans les cuisines de Carquelin… des restes d'enfants. Il fut condamné à mort et le toit de sa maison enlevé en signe d'infamie.

HEUREUX MARIAGES

« Il est où le cucul ? Elle est où la têtête ? » Plus de 170 ans avant la réplique culte du film *Les Trois Frères*, le mariage célébré le 12 août 1828 à Guébestroff, en Moselle, voyait l'union d'une femme et d'un homme que tout opposait. En effet, ce jour-là, Marie Jeanne Bouche, tout juste âgée de 16 ans, épousa Nicolas Ququ qui en avait déjà 35.

Pains & gâteaux

Le bougnat

Spécialité auvergnate, ce pain à base farine de seigle et de farine de blé ou de froment se présente sous la forme d'une boule surmontée d'une sorte de chapeau (disque de pâte badigeonné d'huile d'olive) qui le fait un peu ressembler à un champignon. Sa croûte est épaisse, sa mie dense, et il se conserve jusqu'à cinq jours. Il est parfait pour accompagner des fromages comme le saint-nectaire, le cantal, le bleu d'Auvergne, la fourme d'Ambert et le salers.

LE CHIFFRE

3 281

C'est le nombre de drones utilisés lors d'un spectacle à Shanghai (Chine). Cette prouesse a été enregistrée comme nouveau record mondial dans la catégorie « aéronefs sans pilote en vol simultané » par *Le Livre Guinness des records*. Le show était organisé par Genesis, la filiale luxe du constructeur automobile Hyundai, pour célébrer son arrivée sur le marché chinois. Genesis a ainsi battu le précédent record réalisé lors d'un spectacle lumineux à Zhuhai (Chine) au cours duquel 3 051 drones avaient volé simultanément. C'est Intel, célèbre fabricant américain de microprocesseurs, qui a lancé cette mode des chorégraphies géantes de drones lors d'un spectacle réunissant 2 066 appareils en 2018. Plus que la technologie des drones et leur nombre, c'est la puissance de l'algorithme qui doit gérer leur ballet et une coordination parfaite dans un espace en trois dimensions qui représente à chaque fois une véritable prouesse.

Soleil
lever : **7h19**
coucher : **20h27**

Mercredi **5 avril**

Sainte Irène – On fête aussi les Irina

Ventre gavé ne cherche pas querelle.

Unités de mesure

Le décibel

Même si aucun scientifique ne s'est appelé Décibel, le nom de cette unité acoustique vient d'une personne : l'Écossais Alexander Graham Bell, pionnier des télécommunications. Peu de temps après sa mort, le laboratoire qu'il avait fondé choisit de lui rendre hommage en nommant « décibel » l'unité définie comme dix fois le logarithme décimal du rapport entre deux puissances.

Pas si bête

Le fourmilion

Son nom prête à confusion. Toutefois, ce n'est nullement une fourmi à faciès léonin, mais bel et bien un véritable lion pour les malheureuses fourmis. L'insecte adulte vole et a l'élégance d'une libellule, dont il est proche. Mais c'est aux performances de sa larve que le fourmilion doit sa célébrité. Elle est curieuse d'aspect : longue de 10 mm, elle a de grosses pattes arrière et se déplace par petits bonds, à reculons. Ce physique cocasse a un avantage : il lui permet de creuser dans le sable des pièges qui constituent une technique de chasse originale chez les insectes. Ses trous sont en forme d'entonnoir très pentu et les fourmis qui passent à proximité, glissant sur le sable, se retrouvent au fond. Notre fauve, ingénieux chasseur, sort alors et dévore sa victime à belles mandibules.

Les pires prédictions de l'Histoire

En 1903, Henry Ford demande à son voisin, l'avocat Horace Rackham, de rédiger les statuts de son entreprise destinée à la fabrication d'automobile. Alors peu fortuné, il lui propose également d'investir dans la nouvelle société. Avant de s'engager, le juriste prend l'avis d'un ami banquier qui dirige la Michigan Savings Bank. Ce dernier lui déconseille de miser le moindre dollar dans la Ford Motor Company. D'après le financier, « le cheval est là pour rester, mais l'automobile est juste une nouveauté, une mode ». Finalement, Rackham préfère ignorer le conseil et achète pour 5 000 dollars d'actions. Lorsqu'il les a revendues quinze ans après, elles valaient… 12,5 millions de dollars.

Châteaux forts de France

LA CITÉ FORTIFIÉE DE CARCASSONNE (AUDE)

Située au cœur du pays cathare, la cité fortifiée s'appuie sur des fondations gallo-romaines ; à partir du IIIe siècle, les premiers remparts sont érigés. Puis, au cours du Moyen Âge, une seconde enceinte vient doubler les défenses et le château est construit afin d'abriter la puissante famille des comtes de Carcassonne. La ville fonctionne alors comme un pivot politique et économique ; elle marquera la frontière entre la France et l'Aragon jusqu'au XVIIe siècle. Au XIXe siècle, Carcassonne tombe en ruines et les édifices sont progressivement déconstruits ; c'est grâce à Napoléon III et Eugène Viollet-le-Duc que la cité est sauvée de la destruction. L'architecte entreprend de la restaurer en lui redonnant son aspect médiéval. Et en 1997, l'enceinte est inscrite au patrimoine mondial de l'Unesco.

Jeudi **6 avril**

Saint Marcellin – On fête aussi les Neven

Soleil
lever : **7 h 17**
coucher : **20 h 29**

Avril entrant comme un agneau s'en retourne comme un taureau.

Onomatopées

dans différentes langues

C'EST BON, MAIS AVEC LE M, C'EST MEILLEUR !

La consonne *m* serait-elle universelle pour traduire le plaisir que l'on éprouve lorsqu'on mange un plat qui régale nos papilles ? Sans doute, à en croire les équivalents de notre « miam-miam » dans les langues étrangères dans lesquelles la consonne est toujours présente : « yum-yum » ou « yumi », en anglais ; « gnam gnam », en italien ; « mniam mniam » en polonais… Et même « hamm hamm » en hongrois, qui est une langue finno-ougrienne et non indo-européenne comme celles précédemment citées.

L'humanité en chiffres

En 2019, la France occupait la troisième place des pays européens affichant la population féline la plus importante, comptant plus de 14 millions de chats domestiques. L'Allemagne nous devançait de peu avec 14 700 millions, tandis que la Russie se plaçait en tête du peloton avec près de 23 000 millions. Le Royaume-Uni nous suivait de loin, avec seulement 7,5 millions de chats.

Curiosités scientifiques

De l'oxygène sur la Lune

Depuis quelques années, les projets d'installation de bases lunaires ne cessent de se développer avec, comme contrainte, celle de trouver un moyen de pouvoir y respirer. Car si la Lune possède une fine atmosphère composée d'hydrogène, de néon et d'argon, il lui manque de l'oxygène. Où le trouver ? En l'extrayant du sol lunaire ! Selon les chercheurs, celui-ci contiendrait 630 kg d'oxygène par mètre cube sous forme de minéraux, silice et oxyde de fer, soit une quantité suffisante pour permettre à une personne de respirer pendant environ deux ans. En misant sur un sol d'une profondeur de 10 mètres, la Lune pourrait ainsi permettre à 8 milliards de colons de respirer pendant environ 100 000 ans.

ÇA, C'EST FAIT DIVERS !

Il y a quelques mois, la préfecture de police de Paris annonçait dans un communiqué de presse avoir « jugulé à Saint-Ouen (Seine-Saint-Denis) un atelier de conditionnement de produits stupéfiants (MDMA, ecstasy) qui alimentait des soirées clandestines ». Montant estimé de cette jolie saisie d'environ 25 kg : 1 000 000 euros. L'information triomphaliste était accompagnée de deux photos montrant de la poudre rose et des petites pilules de la même couleur dans des sachets. La police précisait également que cette opération anti-stupéfiant était le résultat d'une enquête minutieuse. Sauf que… il y a eu une petite erreur sur la marchandise : les analyses toxicologiques effectuées dans la foulée ont conclu que la poudre saisie n'était pas une drogue de synthèse, mais « une poudre neutre, ne relevant ni de produits stupéfiants ni de substance vénéneuse ». Le laboratoire a même précisé qu'il s'agissait en réalité de… fraises Tagada concassées ! Interpellé au moment de l'intervention policière, le dangereux trafiquant de confiserie a immédiatement été relâché. Une belle opération « poudre aux yeux » !

Soleil
lever : 7 h 15
coucher : 20 h 30

Vendredi **7 avril**

Saint Jean-Baptiste de La Salle – On fête aussi les Hégésippe

Il n'est point d'avril si beau qui n'ait de neige à son chapeau.

Rétro Vermot

Le condamné à son épouse :

– Tu as du chagrin à me savoir en prison ?

– Un peu. Mais ce qui me console, c'est que je sais au moins où tu passes tes nuits.

Patronymes animaliers

PIERRE CORNEILLE

Officiellement avocat à Rouen, Pierre Corneille s'engagea dans la voie littéraire d'abord avec des tragi-comédies, comme *Le Cid*, écrite en 1637, puis il se tourna ensuite vers la tragédie historique (*Horace*, *Héraclius*, *Nicomède*, etc.). Déçu de son manque de succès, il décida en 1652 de renoncer à l'écriture théâtrale. Sept ans plus tard, encouragé par le surintendant Nicolas Fouquet, « le Grand Corneille » revint au théâtre avec *Œdipe*, une pièce qui fut très bien accueillie. Sa famille est issue de Normandie (de l'Eure précisément), bien que ce patronyme soit plutôt d'origine picarde ou belge. C'était, chez nos voisins d'outre-Quiévrain, un prénom courant, issu du latin *Cornelius*.

Vélo

Voiture-balai

Seul véhicule de la caravane redouté par les coureurs, la voiture-balai fait son apparition lors du Tour de France 1910. Si aujourd'hui elle a pour unique mission de récupérer les coureurs qui sont contraints à l'abandon au cours d'une étape, son introduction dans l'épreuve par Henri Desgrange avait au départ un tout autre objectif : il s'agissait de veiller à ce que certains coureurs en difficulté ne tentent pas d'user d'autres moyens de transport pour rejoindre la ligne d'arrivée.

L'ACTU

UN VRAI SCÉNARIO HOLLYWOODIEN

Portée disparue depuis 43 ans, la célèbre petite robe bleue et blanche au motif vichy portée par Judy Garland dans *Le Magicien d'Oz* (1939) a été retrouvée par hasard au fond d'un sac-poubelle. C'est le directeur des études théâtrales et musicales de l'université catholique de Washington, Matt Ripa, qui a fait cette heureuse découverte alors qu'il rangeait l'une des pièces de l'établissement en prévision de rénovations. Le chemisier blanc et la robe à carreaux de Garland se trouvaient à l'intérieur d'une boîte à chaussures. Ripa a contacté des experts qui ont très vite authentifié la tenue. En cherchant dans les archives de l'université, il est apparu que c'est l'actrice Mercedes McCambridge qui, en 1972, avait offert le chemisier et la robe portés par Garland à l'établissement. Par la suite, le costume du personnage de Dorothée avait été oublié et tout le monde pensait qu'il était perdu depuis longtemps. Il existe cinq robes authentiques du tournage du *Magicien d'Oz*, toutes étiquetées avec le nom de Judy Garland. L'une d'entre elles a été vendue aux enchères 1,56 million de dollars en 2015.

Samedi **8 avril**

Sainte Julie – On fête aussi les Constance, Devan

Soleil
lever : **7 h 13**
coucher : **20 h 32**

Si le martinet crie sans arrêt, mets ta capuche et tes souliers.

LE SAVIEZ-VOUS ?

On trouve plus facilement des auréoles sous les bras qu'au-dessus des têtes.

La gaffe de l'Histoire

Friends, le retour

Matthew Perry, acteur révélé par son rôle de Chandler Bing dans la série télévisée *Friends*, a purement et simplement éventé le grand secret qui devait entourer le tournage d'une nouvelle saison de la série, presque trente ans après les premiers épisodes. Il lui a suffi pour cela de poster sur Twitter en avril 2021 une photo légendée : « Réunion avec mes Friends ».

Expressions disparues

Faire danser l'anse du panier

L'expression « faire danser l'anse du panier » était très courante au XIXe siècle. Elle s'employait surtout à propos de domestiques qui faisaient payer à leurs maîtres les denrées qu'ils achetaient plus cher qu'on ne les leur avait vendues. Par extension, l'expression s'est appliquée à toute pratique de majoration indue, à son bénéfice, du prix des produits ou services que l'on est amené à faire pour le compte d'autrui. C'est, somme toute, l'équivalent de « gonfler la note ».

au Jardin — LE COMPOSTAGE À CHAUD

La décomposition des matières organiques produit de la chaleur et la méthode du compostage à chaud consiste précisément à favoriser cette température pour accélérer la fermentation. On obtient ainsi beaucoup plus rapidement un compost mûr, et les graines qu'il contient perdent leur pouvoir germinatif. On utilise deux bacs, un pour le stockage des matières organiques, l'autre pour la préparation. Quand le premier est plein, on démarre le second en alternant les couches d'environ 10 cm de matières vertes et de matières brunes : il faut au moins 1 m^3 pour que le processus fonctionne. Et on mesure la température avec un thermomètre. Elle doit atteindre environ 60 °C. Quand elle commence à baisser, il faut brasser le tas, et ainsi de suite jusqu'à ce que le compost soit mûr et refroidi.

TENDANCE : LES ANIMAUX DE COMPAGNIE AU BUREAU

FOOT — Six décennies d'attente

La première Coupe du monde de football masculin s'est déroulée en Uruguay en 1930 et opposait alors 13 équipes avant de sacrer le pays hôte. Pour avoir le droit à leur Coupe du monde, les femmes ont dû se battre pendant 61 ans. D'abord en organisant des tournois internationaux dans les années 1970. avant de parvenir, durant la décennie suivante, à faire pression sur la FIFA. La première Coupe du monde féminine est disputée en Chine en 1991 par 12 sélections. Elle est remportée par les États-Unis. La nouvelle compétition est depuis disputée tous les quatre ans (comme son aînée masculine) et voit les USA décrocher une médaille lors de chaque tournoi, dont quatre en or. Après avoir débuté à 12, l'édition 2023 organisée en Australie et en Nouvelle-Zélande sera la première à inviter 32 nations.

Pâques

Soleil
lever : **7 h 11**
coucher : **20 h 33**

Dimanche **9 avril**

Saint Gauthier – On fête aussi les Vadim, Gaucher

Le soleil fait, par excellence, au samedi, sa révérence.

HISTOIRES DE SUPERMARCHÉS

L'indépendant

Voilà une enseigne à la création pour le moins originale ! L'histoire commence à Savenay, en Loire-Atlantique, en 1894. Un petit épicier propose à deux confrères de créer une société d'achats communs pour faire face à la concurrence. En un an, ils sont 9 adhérents, puis 35 au début du xxe siècle. Après Unico (pour Union commerciale) en 1928, l'enseigne Super U est créée en 1975. Aujourd'hui, ce groupement coopératif rassemble 1 575 points de vente. Son slogan « Les nouveaux commerçants » rappelle qu'il s'agit de commerces indépendants.

Chiffres et expressions

Couper les cheveux en quatre

La forme originelle de l'expression permet de mieux comprendre la difficulté de l'exercice : on disait au xviie siècle « fendre les cheveux en quatre ». Car il ne s'agit pas de couper les cheveux dans la longueur mais dans leur épaisseur. Aujourd'hui, l'expression a changé de forme mais pas de sens, elle s'applique toujours à ceux qui vont trop loin dans les détails.

Brèves régions

Côtes-d'Armor/Les tourelles abandonnées de Pélem

Monsieur de Boisboissel, héritier du château du Pélem, fut élu député des Côtes-d'Armor à l'Assemblée nationale, le 8 février 1871. Il siégeait à droite, car c'était un monarchiste légitimiste, et il militait pour que le comte de Chambord accède au trône de France sous le nom d'Henri v. Il invita ce dernier chez lui et, pour honorer sa visite, entreprit la construction de tourelles afin de rendre la bâtisse digne d'un futur roi. Mais, en 1873, Henri renonce à la couronne de France et la construction des tourelles s'arrête brutalement, non sans avoir englouti une bonne partie de la fortune du député.

SOLUTION : JOUE, B', LIT, HAIE, DEUX, V', HOUX, PRÉ, Z', AN, T, MONTS, BRAS, D', ROI (J'OUBLIAIS DE VOUS PRÉSENTER MON BRAS DROIT)

L'ACTU

DES DROITS POUR LES HIPPOPO !

Quatre-vingts hippopotames qui appartenaient autrefois au baron de la drogue colombien Pablo Escobar viennent d'être reconnus en tant que « personnes morales » par un tribunal de l'Ohio. Cette décision historique — une première aux États-Unis — fait suite à la requête d'une association de protection des animaux qui voulait empêcher le gouvernement colombien d'abattre les mammifères. Surnommés les « hippopotames de la cocaïne », ces spécimens descendent de quatre hippopotames importés illégalement par Escobar. Libérés après sa mort en 1993, ils se sont reproduits et multipliés sur les berges du Rio Magdalena, jusqu'à causer des ravages dans l'écosystème, selon les autorités locales. Certains scientifiques affirment, au contraire, que ces mastodontes pourraient « restaurer des fonctions écologiques » perdues depuis la disparition des grands herbivores sauvages en Amérique du Sud causée par l'arrivée d'Homo sapiens sur ce continent il y a 30 000 ans. Le gouvernement colombien a annoncé qu'il allait entreprendre la stérilisation progressive de tous les hippopotames afin de limiter leur prolifération. Car leur nombre pourrait grimper à 5 000 individus en 2050 si leur reproduction n'est pas contrôlée !

Lundi **10 avril**

Saint Fulbert – On fête aussi les Térence

Soleil
lever : **7 h 09**
coucher : **20 h 35**

La semaine sainte, le coucou chante.

Étymologie

Une place de Paris, célèbre dans le monde du travail

À Paris, la place de Grève (actuelle place de l'Hôtel-de-Ville) servait, au Moyen Âge, aux chargements et déchargements des bateaux naviguant sur la Seine. Ceux qui n'avaient pas de travail venaient « faire grève » sur cette place, assurés qu'ils étaient de trouver un emploi. Puis, au milieu du XIXe siècle, ce sont les ouvriers qui, se révoltant contre leurs conditions de travail et refusant de travailler pour leurs patrons, ont mis ces derniers « en grève ». D'où le sens actuel de *grève*.

SUPER-HÉROS RENTRANT DU SUPER-MARCHÉ !

MOTS MÊLÉS

Prénoms masculins commençant par la lettre D

S	D	Y	L	A	M	D	O	D	A	V	A	D	W
D	O	D	N	Y	Y	O	O	H	S	Y	V	A	D
F	A	I	A	C	R	N	D	I	D	I	E	R	T
I	L	M	R	V	A	A	P	T	N	D	N	R	X
D	R	G	I	T	I	L	D	O	A	I	E	E	Q
O	Y	T	E	E	E	D	M	N	V	B	U	N	D
A	N	L	I	U	N	M	N	L	O	E	Y	A	H
E	L	K	A	M	Q	Y	E	G	N	M	P	L	F
O	S	H	O	N	I	I	A	D	O	A	S	C	D
D	U	N	C	A	N	D	N	W	D	F	E	E	A
S	I	F	P	A	I	L	E	I	D	J	M	D	D
P	R	M	D	E	M	K	M	R	M	S	U	L	K
W	A	L	G	D	E	S	I	R	E	O	W	X	Y
O	D	O	R	I	A	N	F	Y	A	K	D	D	C

Solution page 126

Cherchez les prénoms masculins commençant par la lettre D cachés dans la grille ci-dessus. Vous les trouverez soit horizontalement, soit verticalement ou encore en diagonale ; ils peuvent se lire de gauche à droite ou de droite à gauche.

DAGOBERT	DARYL	DEMSEY	DIEGO	DORIAN
DAMIEN	DAVID	DENIS	DIMITRI	DUNCAN
DANIEL	DAVY	DEREK	DOMINIQUE	DWAYNE
DANNY	DEAN	DÉSIRÉ	DONALD	DYLAN
DARIUS	DECLAN	DESMOND	DONATELLO	
DARREN	DEMETRIOS	DIDIER	DONOVAN	

Citations

Yaourt allégé, ça veut dire : ils enlèvent du gras, ils ajoutent du prix.

Anne Roumanoff

Les scandaleuses

La marquise de Montespan

Née en 1640, Françoise de Rochechouart de Mortemart entre à 20 ans au service d'Henriette d'Angleterre, la belle-sœur de Louis XIV. Mariée au marquis de Montespan avec qui elle a deux enfants, elle devient la maîtresse du roi en 1666. Le souverain apprécie autant sa plastique que son esprit mordant qui n'épargne aucun courtisan. Sept ans plus tard, Madame de Montespan devient la favorite officielle de Louis XIV qui l'installe dans un appartement contigu au sien. Ils auront sept enfants dont six légitimés par le roi. Passionnée par les arts, elle soutient Boileau, Molière, Racine et La Fontaine. Son cercle devient « le centre de la Cour, des plaisirs, de la fortune, de l'espérance et de la terreur des ministres et des généraux d'armée », écrit Saint-Simon. Mais après cinq années de faveur exclusive, le souverain se lasse. La marquise ne parvient plus à s'opposer à ses rivales, en particulier à l'austère Madame de Maintenon. Délaissée par un Louis XIV de plus en plus dévot, celle qui a tant contribué au faste de Versailles est reléguée dans les soupentes du château. Impliquée dans l'affaire des poisons mais toujours protégée par le roi, elle finit par quitter la Cour en 1691.

Mardi 11 avril

Saint Stanislas – On fête aussi les Gemma, Stanley, Godeberte

S'il gèle à la Saint-Stanislas, on aura deux jours de glace.

DEVINETTES

Pourtant pas volumineuse,
À l'orteil elle est douloureuse,
Surtout quand elle récidive,
Au nez, elle est inoffensive.
Qu'est-ce que c'est ?

Réponse : LA GOUTTE

OISEAUX MIGRATEURS

La cigogne blanche

La cigogne a un vol battu mais, quand elle le peut, elle utilise le vol plané pour économiser de l'énergie. Les oiseaux d'Europe migrent vers l'Afrique sub-saharienne par la terre, pour profiter des courants ascendants, qu'ils ne trouvent pas au-dessus de la Méditerranée. Ils passent soit par le Bosphore, soit par Gibraltar. Les cigognes se rassemblent par centaines, et dès que l'une d'elles repère un courant ascendant, toutes s'engouffrent à sa suite, en immense spirale. Elles atteignent une altitude de plus de 1 500 m. Mais comme les courants dépendent du Soleil, elles ne volent que de jour.

Le bon mot de l'Histoire et le gros mot

« C'est pire qu'un crime, c'est une faute. »
Antoine Boulay de la Meurthe, 21 mars 1804

Parfois attribué à Talleyrand ou à Fouché, ce fameux trait serait, selon Sainte-Beuve, du conseiller d'État Boulay de la Meurthe. Fidèle de Napoléon, celui-ci aurait ainsi manifesté sa réprobation en apprenant l'exécution du duc d'Enghien, prince de sang royal, accusé de conspiration contre le Premier consul. Si, en Europe, ce crime coalise les têtes couronnées, il permet à Napoléon d'asseoir définitivement son pouvoir en France : une semaine après cet assassinat, le Sénat lui accorde la transmission héréditaire du pouvoir. Le 18 mai, la chambre haute lui confère le titre d'Empereur des Français.

SALONS DU LIVRE : LA PRÉCARITÉ DES AUTEURS

L'ACTU

RÉACTION ÉPIDERMIQUE

Les pseudo-médicaments miracles vendus par les charlatans du « bien-être » qui prolifèrent sur Internet sont dans le meilleur des cas des placébos inoffensifs. Mais ils peuvent également avoir des effets inattendus et franchement délétères. En Suisse, dans le canton du Jura, un patient s'est présenté aux urgences après une cure d'une solution à base d'argent, vendue en ligne pour des vertus prétendument « antimicrobiennes ». L'homme avait dilué sa potion miracle dans du lait, pensant que cela renforcerait son système immunitaire. Il s'est présenté à l'hôpital avec de fortes douleurs abdominales, le cœur qui s'emballe et… une peau bleu foncé. Les médecins ont très vite diagnostiqué un argyrisme, provoqué par une consommation excessive d'argent et qui a des conséquences directes sur la coloration de l'épiderme. Sorti d'affaire, l'homme conservera néanmoins la peau bleue pour le restant de ses jours.

Mercredi **12 avril**

Saint Jules – On fête aussi les Zénon

Soleil
lever : **7 h 05**
coucher : **20 h 38**

On n'a pas hiverné tant qu'avril n'est pas passé.

Ça s'est passé

En 1923

L'Autrichien Felix Salten publie *Bambi, l'histoire d'une vie dans les bois* qui inspirera le dessin animé des studios Disney : *Bambi*.

Argot

Char

L'argot a utilisé « charriage », dérivé du verbe charrier qui signifie au sens propre « transporter dans un chariot » et au sens figuré « se moquer de » ou « exagérer », pour le transformer, en supprimant la dernière syllabe (c'est une apocope), en « charre ». Si, en français courant, le nom commun charriage n'a repris que le sens propre du verbe, en argot charre signifie bien « exagération, bluff ». Et par jeu de mots, charre est devenu char (« Arrête ton char ! »).

HEUREUX MARIAGES

Il n'y a pas de photo pour témoigner si Jean Moche était vraiment laid. Quoi qu'il en soit, il réussit à épouser Anne Bignon le 26 avril 1770, à Oisseau, en Mayenne. Le vrai problème, c'est que lorsque celle-ci décéda quelque temps plus tard, le 13 Floréal an VI dans la même commune, l'officier d'état civil osa résumer dans la marge l'acte mortuaire de cette manière : « Bignon Anne, femme Moche ».

Citations

Rien n'est plus semblable à l'identique que ce qui est pareil à la même chose.

Pierre Dac

PROBLÈMES DE MATHS DU CERTIFICAT D'ÉTUDES

La hauteur de deux gobelets en plastique emboîtés l'un dans l'autre mesure 12,5 cm. La hauteur de quatre gobelets en plastique emboîtés les uns dans les autres mesure 13,5 cm.

1. Quelle est la hauteur d'un gobelet ?
2. Quelle est la hauteur de 10 gobelets en plastique emboîtés les uns dans les autres ?
3. Une compagnie vend une pile de gobelets emboîtés les uns dans les autres dont la hauteur est égale à 37,5 cm. Combien y a-t-il de gobelets ?

Solution :
1. La hauteur de 2 gobelets emboîtés est égale à : 13,5 – 12, 5 = 1 cm donc la hauteur de chaque gobelet emboîté est égale à : 1/2 = 0,5 cm. Il s'ensuit que la hauteur du premier gobelet et donc d'un gobelet est égale à : 12,5 – 0,5 = 12 cm.
2. 12 + (9 × 0,5) = 12 + 4,5 = 16,5 cm.
3. On soustrait 12 cm de la hauteur totale pour le premier gobelet, puis on divise par 0,5 : (37,5 – 12)/0,5 = 51. Il y a donc 52 gobelets.

MÉTIERS IMPROBABLES

MANNEQUIN MAINS

Lorsque les marques veulent faire de la publicité pour une bague, un bracelet, du vernis ou tout accessoire qui tient dans la main, elles ne font pas appel aux top models de la haute couture comme Kendall Jenner, Lily-Rose Depp ou Laetitia Casta, mais à des « mannequins détails », des modèles choisis exclusivement pour la beauté de leurs mains, de leurs pieds, de leurs jambes, de leurs cheveux, ou de leurs yeux. Pour être mannequin mains, il faut bien sûr avoir les doigts fins, longs et harmonieux, avoir également de beaux ongles et en prendre grand soin en permanence, mais il faut aussi être capable de garder son « outil de travail » immobile pendant de longues heures. Un shooting pour du vernis dure plus longtemps qu'un rendez-vous chez l'esthéticienne…

Jeudi 13 avril

Sainte Ida – On fête aussi les Karadeg

Le vent de prospérité change bien souvent de côté.

Randonnées

AUTOUR DE JOSSELIN, SUR LE CANAL DE NANTES À BREST

Ce long canal s'étire sur 360 km et traverse l'intérieur de la Bretagne, d'écluse en écluse. Châteaux centenaires, villes fortifiées, ports de plaisance ou chemins de halage : en fonction des secteurs, le panorama change. Le sentier est majoritairement plat et accessible – certains cyclistes parcourent d'ailleurs l'ensemble du canal en une semaine. Une promenade de 10 km au départ de la cité médiévale de Josselin permet d'apprécier ce paradis de verdure aquatique et champêtre.

L'humanité en chiffres

820 litres de vin sont produits dans le monde à chaque seconde. En 2017, cela représentait 246,7 millions d'hectolitres, un niveau historiquement bas selon l'Organisation internationale du vin. La France est le 2e producteur de vin après l'Italie et devant l'Espagne. Les États-Unis arrivent en 4e position. Quant à la Chine, c'est le 8e producteur de vin dans le monde.

Belles plantes

STIPE GÉANTE

On l'appelle aussi « avoine géante », parce que ses épis sont lâches et légers comme ceux de l'avoine cultivée, mais elle atteint une hauteur exceptionnelle pour une graminée : ses épis se balancent sur des hampes de près de 2,5 m – et c'est ce qui fait son intérêt pour les jardiniers qui l'utilisent dans les massifs en compagnie de grandes vivaces et d'arbustes, ou encore en groupe isolé (de trois ou cinq sujets) sur les pelouses. Le feuillage, fin et d'un beau vert vif, forme une touffe dense, persistante, de 60 cm de haut et très étalée. Les inflorescences, gracieuses et argentées, lumineuses sous le soleil, apparaissent en fin de printemps ; elles persistent jusqu'en hiver, en virant au jaune d'or. Non invasive, Stipa gigantea préfère les sols bien drainés, même secs, et le grand soleil.

L'ACTU

MESSAGE IN THE BOTTLE

Alors qu'ils étaient en train d'abattre l'une des cloisons de l'ancienne gare de Solignac-sur-Loire, trois agents municipaux ont fait une drôle de trouvaille. À l'intérieur d'une niche cachée dans le mur, ils ont découvert une ancienne bouteille contenant un morceau de papier enroulé. Le message signé par trois noms (probablement ceux d'un Suisse, d'un Italien et d'un Français) comporte une date, celle du 19 mai 1910, et la mention d'un événement particulièrement marquant : « Année de la comète ». À l'époque, un vent de panique soufflait un peu partout dans le monde à cause du passage de la comète de Halley « à proximité » de la Terre. Entre supposition, peur et médiatisation, bon nombre de personnes ont cru à la fin du monde ! Plus d'un siècle plus tard, on retrouve encore des messages cachés de personnes qui, pensant leur fin proche, ont voulu laisser une trace de leur existence au moment de la catastrophe annoncée – qui, on le sait, n'a jamais eu lieu. Plus généralement, c'est aussi une tradition sur les chantiers. Il n'est pas rare que les artisans laissent une bouteille ou une boîte pour ceux qui arriveront derrière. Et après une série de recherches dans les archives locales, il est apparu que les trois signataires du message étaient effectivement des ouvriers du bâtiment. La relique est désormais exposée à la mairie de la commune, juste à côté du vieux tambour du garde champêtre.

Vendredi **14 avril**

Saint Maxime – On fête aussi les Ludivine, Donan, Tiburce

Soleil
lever : **7 h 01**
coucher : **20 h 41**

L'eau courante ne se corrompt jamais. *(Proverbe chinois)*

Le bon mot de l'Histoire et le gros mot

« Ce gouvernement, je le caractérise d'un mot : la police partout, la justice nulle part. »
Victor Hugo, 8 avril 1851

Combien de manifestants qui scandent cette sentence dans la France d'aujourd'hui savent qu'elle est de Victor Hugo ? L'auteur de *Notre-Dame de Paris*, alors député de la Seine, prononça cette phrase lors d'une séance à l'Assemblée nationale pour s'opposer à une loi limitant la liberté de la presse. Révolté par l'autoritarisme croissant du président Louis-Napoléon Bonaparte, qui tentait également de réviser la Constitution pour se représenter dès la fin de son mandat, Hugo s'insurgea contre cette nouvelle mesure destinée à museler l'opposition. En vain. Soutenu par le parti de l'Ordre, Napoléon III réussit son coup d'État le 2 décembre 1851, jour anniversaire du sacre de son oncle et de la bataille d'Austerlitz. Banni par décret, Hugo dut s'exiler jusqu'à la chute du Second Empire en septembre 1870.

Argot

Clebs

C'est de l'argot que nous vient le nom familier « clebs » pour désigner un chien. Utilisé à partir de la fin du XIXe siècle dans le milieu de la pègre, ce nom a été emprunté à l'arabe *kleb* (ou *kelb*), de même sens. Difficile d'expliquer la présence du *s* final, ce *s* ne s'apparentant pas à un suffixe argotique que l'on retrouverait dans d'autres mots. En revanche, l'ajout du suffixe péjoratif *-ard* a donné naissance à « clébard », lui aussi entré dans le langage familier.

THÉÂTRES DU MONDE

L'Odéon d'Hérode Atticus à Athènes

Situé à Athènes, au pied de l'Acropole, l'Odéon d'Hérode Atticus a été érigé en 161. Il possède une scène de plus de 35 mètres de large et peut accueillir 5 000 spectateurs, ce qui en fait un des plus imposants édifices de ce type. À l'époque, les sièges étaient recouverts de marbre blanc, et le plafond, inexistant aujourd'hui, était en bois de cèdre. Le lieu abrite désormais des festivals et des évènements comme le concours Miss Univers en 1973 ou le concert de la chanteuse grecque Nana Mouskouri pour sa dernière apparition en 2008.

L'ACTU

UN SAUVETAGE GONFLÉ

Alors qu'elle filmait une scène de pêche, Natsuki Tanaka a cru assister en direct à un sauvetage dans la ville de Hachinohe, au large de la côte nord-est du Japon. Tout a commencé après un appel téléphonique anonyme aux autorités à propos d'une femme complètement nue en train de se noyer. Plusieurs brigades de pompiers et de secours, la police et une ambulance se sont immédiatement rendues sur place. Alors qu'une foule les attendait, les secouristes ont commencé les opérations de sauvetage. Mais, ils se sont vite aperçus qu'ils n'avaient pas affaire à une personne, mais à… une poupée gonflable. Si le jouet pour adulte s'en est apparemment sorti sans séquelles, les sauveteurs qui ont plongé pour le récupérer n'ont pas échappé aux moqueries de certains internautes ayant découvert la vidéo de cet « exploit » diffusée sur les réseaux sociaux par Natsuki Tanaka…

Soleil
lever : 6 h 59
coucher : 20 h 42

Samedi 15 avril

Saint Paterne – On fête aussi les Basilice, César

Brume qui fuit au matin, beau temps certain.

Bibliophiles

La Supplication, Svetlana Alexievitch (Jean-Claude Lattès, 1998)

Écrivaine et journaliste biélorusse, Svetlana Alexievitch a reçu le prix Nobel de littérature en 2015 pour « son œuvre polyphonique, mémorial de la souffrance et du courage à notre époque ». Dans ce texte puissant, dont la lecture peut ébranler les plus endurcis, elle donne la parole aux survivants de Tchernobyl, véritables suppliciés dont nous découvrons les drames individuels et l'univers terrifiant. Quand la littérature se met à nu pour affronter le réel, elle nous atteint à l'os et change notre regard. Membre éminent de l'opposition au régime de Loukachenko, elle vit aujourd'hui en exil.

Rétro Vermot

– Mademoiselle, pensez-vous qu'une femme puisse être amoureuse d'un homme à première vue ?

– Certes, non.

– Bien. Dans ce cas, je vous ferai une nouvelle visite demain.

Brèves régions

Creuse/Le château de Villemonteix

Le château de Villemonteix, sur la commune de Saint-Pardoux-les-Cards, est une perle de la Creuse. Aujourd'hui classé monument historique, il a été construit au XVe siècle, période charnière entre architecture défensive et de plaisir, avec un corps de logis très droit et fier, surmonté d'un chemin de ronde et flanqué de fortes tours. Après quelques périodes tumultueuses et difficiles, il a été racheté en 1982 par des passionnés de la région qui le restaurent et l'ouvrent au public. Aménagées avec un goût sûr, ses immenses pièces accueillent comme autrefois des tapisseries qui réchauffent les murs et séduisent les visiteurs.

3 CASES SONT REPRODUITES À L'IDENTIQUE, LESQUELLES ? ATTENTION LES COULEURS PEUVENT ÊTRE DIFFÉRENTES.

SOLUTION : CASES B1 ET G3, A2 ET F4, B3 ET D3

LE CHIFFRE

16 000

C'est, en dollars, le pourboire laissé par un client au Stumble Inn, un bar-restaurant du New Hampshire (États-Unis). L'homme n'ayant donné aucune instruction particulière à l'issue de son déjeuner, son très généreux pourboire a été partagé entre la trentaine de salariés. Si l'identité du client n'a pas été révélée, le patron de l'établissement a donné le détail de son repas. Ce jour-là, il a mangé deux hot-dogs accompagnés de pickles frits, d'une bière, d'un soda et d'une tequila. Montant de l'addition : 37,93 dollars, soit environ 31 euros et 420 fois moins que son pourboire ! Depuis, il est revenu au Stumble Inn et le restaurateur a voulu lui offrir son repas, mais il a refusé. « Tout le monde a pensé qu'il s'agissait d'une célébrité, mais non, a expliqué ce dernier aux médias du coin, c'était juste un gars lambda. Il a donné de l'argent, mais ne cherche pas à en tirer la moindre publicité. Il ne veut rien. »

Dimanche **16 avril**

Saint Benoît-Joseph – On fête aussi les Padern, Druon, Galina

Soleil
lever : 6 h 57
coucher : 20 h 44

Si les fleurs sentent, bientôt il vente.

Chiffres et expressions

Cuisiner un quatre-quarts

Quatre quarts, c'est pareil que trois tiers ou deux moitiés : c'est égal à un. Avec un trait d'union, la proportion devient un gâteau, qui semblerait d'origine bretonne, où les ingrédients sont en quantité égale. Pour « cuisiner un quatre-quarts », il faut donc seulement quatre ingrédients mélangés dans une jatte à poids égal : de la farine, du sucre, du beurre et des œufs.

Pains & gâteaux

La coque de Saint-Aphrodise ou biterroise

Comme son nom l'indique, c'est une spécialité de Béziers. Cette petite brioche en forme de coque est parfumée à la fleur d'oranger et enduite de jaune d'œuf et de sirop pour la faire briller. Elle se déguste traditionnellement en avril pour la Saint-Aphrodise (le 26), qui est le saint patron de la ville, mais on en trouve aujourd'hui toute l'année. Son secret est le poolish, un levain liquide qui lui donne sa légèreté.

Chantiers de restauration

Le patrimoine médiéval de Brie-Comte-Robert

L'association Les Amis du Vieux Château de Brie-Comte-Robert, en Seine-et-Marne, a pour vocation la restauration du logis seigneurial construit dans la seconde moitié du XIIe siècle et classé monument historique depuis 1925. Membre de L'Union Rempart qui mobilise des jeunes bénévoles ou en service civique, elle organise depuis 1982 de nombreuses actions à vocation culturelle, comme des chantiers de restauration, des stages de taille de pierre et de maçonnerie traditionnelle, ou encore des fouilles archéologiques. C'est ainsi qu'ont pu être mises au jour les structures enfouies du site ainsi que des dizaines de milliers d'objets qui font l'objet d'étude. Les campagnes régulières de restauration et de protection des vestiges ont pour objectif de rendre le site accessible et compréhensible au public.

Les plus vieux commerces du monde

États-Unis – Morava books

Quelques années à peine après l'ouverture de la *Livraria Bertrand*, à Lisbonne par des libraires français, *Moravian book shop* fut créée à Bethléem, en Pennsylvanie, en 1745. Si elle n'a jamais cessé son activité, elle était autrefois plutôt dédiée aux livres religieux et a déménagé à Philadelphie en 1856 avant de revenir sur son site historique deux ans plus tard. En 1871, en plus des publications religieuses, elle a commencé à proposer des romans, des livres pour enfants, des partitions, des fournitures de bureau et même des articles de sport. Les employés de la librairie sont parfois hantés par le long passé du lieu : on dit qu'un fantôme occuperait le magasin, rappelant aux uns et aux autres d'éteindre les appareils qu'ils ont laissés en marche.

Lundi 17 avril

Saint Anicet – On fête aussi les Anicette, Marianne

Quand on a Pâques en avril, c'est les gars qui vont aux filles.

Argot

Commico

L'argot des jeunes de la cité ne manque pas d'humour. Preuve en est le nom « commico » qu'ils utilisent pour désigner le lieu où siègent les services dépendant d'un commissaire de police. Ainsi, le substantif commissariat s'est vu amputer de ses deux dernières syllabes (phénomène de l'apocope, fréquente en argot), puis ajouter la finale *-co*, qui ne correspond à aucun suffixe argotique, mais qui est sans doute issu de comique.

Chiffres et expressions

De deux maux, il faut choisir le moindre

Si, selon une autre expression, il est difficile de « choisir entre la peste et le choléra », le bon sens populaire suggère d'opter pour la plus bénigne des maladies quand deux se présentent. Malheureusement, on a rarement le choix sur le plan de la santé, mais l'expression s'étend à toutes les alternatives dont aucune issue ne semble vraiment satisfaisante.

La bonne blague

Au cours d'un vol entre Paris et Los Angeles, le pilote s'adresse par micro aux passagers pour leur faire, comme toujours, un petit topo sur le voyage, les conditions climatiques, l'heure d'arrivée prévue, etc. Puis, oubliant de désactiver le micro, il dit à son copilote :

« Bon, je vais me boire un bon petit café et après je vais me taper l'hôtesse. »

Dans l'avion, tous les passagers et le personnel navigant ont évidemment entendu, y compris la principale intéressée. Rouge comme une pivoine, elle se précipite en direction de la cabine. Sur son chemin, un passager hilare l'apostrophe et lui lance :

« Inutile de courir ! Le pilote a dit que, d'abord, il allait prendre un petit café… »

AVEC LE LABEL VERT ACCORDÉ AU NUCLÉAIRE L'UNION EUROPÉENNE ENVOIE UN SIGNAL FORT.

Le bon mot de l'Histoire et le gros mot

« Ce soir, je ne suis pas le Premier ministre et vous n'êtes pas le président de la République, nous sommes deux candidats, vous me permettrez donc de vous appeler Monsieur Mitterrand.

— Mais vous avez tout à fait raison, Monsieur le Premier ministre. » Jacques Chirac et François Mitterrand, 28 avril 1988

C'est le troisième débat télévisé pour François Mitterrand, président de la République sortant confronté cette fois à son Premier ministre, Jacques Chirac. À la veille du scrutin, les sondages donnent près de dix points d'avance au premier. Sans véritable enjeu électoral, ce débat se révélera pourtant d'une rare intensité, les deux hommes se livrant à une joute oratoire avec un lyrisme inégalé et un humour parfois féroce. Le 8 mai 1988, François Mitterrand sera réélu avec 54,02 % des voix.

Saint Parfait – On fête aussi les Panthéa, Ursmer

Soleil
lever : **6 h 53**
coucher : **20 h 47**

Pâques pluvieux, Jean furieux.

Grandes écoles

Vatel

La France étant l'une des destinations touristiques les plus réputées au monde, il est logique qu'elle se soit dotée d'une école d'hôtellerie et de tourisme à la hauteur de sa réputation. C'est ainsi que l'école Vatel a été fondée en 1981, à Paris. Quelques années plus tard, une nouvelle antenne a ouvert à Lyon puis à Nîmes, Bordeaux et plus récemment à Nantes. C'est là toute la stratégie du groupe Vatel : rayonner en France, mais aussi à l'étranger. Car désormais Vatel compte une cinquantaine d'établissements implantés sur tous les continents. Elle devient ainsi le premier groupe mondial de l'enseignement du management de l'hôtellerie-tourisme. Chaque année, 9 000 étudiants parcourent les différents campus, avant de rejoindre les établissements les plus prestigieux du monde. Au-delà de l'enseignement de la gestion financière et humaine d'une entreprise hôtelière, les écoles Vatel transmettent à leurs étudiants une culture de l'art de recevoir « à la française », empreinte d'élégance et de rigueur, grâce au fameux uniforme Vatel, ou encore à l'enseignement de la langue française – dans les pays non francophones.

30 morceaux de bœuf

LA HAMPE

Comme l'onglet sous lequel elle est située, la hampe est un morceau recherché mais peu courant dans les boucheries. Très persillée, il convient de la préparer dans une poêle très chaude, quasiment sans matière grasse, et d'utiliser une pince pour la retourner à mi-cuisson. En effet, une fourchette pourrait en faire sortir le jus, indispensable à la dégustation.

Citations

L'avantage des médecins, c'est que lorsqu'ils commettent une erreur, ils l'enterrent tout de suite…

Alphonse Allais

Métiers improbables

ÉLEVEURS D'AUTRUCHES

Ils sont aujourd'hui une cinquantaine en France à se consacrer à l'élevage de cet oiseau coureur, classé dans la famille des ratites. Parmi ces passionnés, Emmanuel et Sylvette Robert font figure de pionniers. Installée à Montmachoux, en Seine-et-Marne, leur ferme d'autruches existe depuis 1987. Leur élevage est surtout destiné à la commercialisation de la viande d'autruche sous forme de steaks, de rôtis ou de terrines. La graisse aussi est utilisée pour les cosmétiques, le cuir pour la maroquinerie, les plumes et les œufs (une fois vidés), pour la décoration. Boosté lors de la crise de la « vache folle » dans les années 1990, le nombre d'exploitations est aujourd'hui en chute libre, sans doute à cause d'un cadre administratif contraignant, selon Emmanuel Robert. Toujours inscrite sur la liste des espèces dangereuses, l'autruche n'est par exemple pas considérée comme un animal domestique en France.

Solution Mots mêlés p. 118

S	D	Y	L	A	M	D	O	D	A	V	A	D	W
D	O	D	N	Y	Y	O	O	H	S	Y	V	A	D
F	A	I	A	C	R	N	D	I	D	I	E	R	T
I	L	M	R	V	A	A	P	T	N	D	N	R	X
D	R	G	I	T	I	L	D	O	A	I	E	E	Q
O	Y	T	E	E	E	D	M	N	V	B	U	N	D
A	N	L	I	U	N	M	N	L	O	E	Y	A	H
E	L	K	A	M	Q	Y	E	G	N	M	P	L	F
O	S	H	O	N	I	I	A	D	O	A	S	C	D
D	U	N	C	A	N	D	N	W	D	F	E	E	A
S	I	F	P	A	I	L	E	I	D	J	M	D	D
P	R	M	D	E	M	K	M	R	M	S	U	L	K
W	A	L	G	D	E	S	I	R	E	O	W	X	Y
O	D	O	R	I	A	N	F	Y	A	K	D	D	C

Soleil
lever : 6 h 51
coucher : 20 h 48

Mercredi **19 avril**

Sainte Emma – On fête aussi les Garnier, Timon, Verny

Où pousse la fougère, c'est de la bonne terre.

Recette — Tourment d'amour des Saintes

Cette recette originaire des Saintes, petit archipel guadeloupéen, est un délice. En voici une version légère et très facile !

Pour 8 à 10 pers. — **15 min de préparation** — **35 à 40 min de cuisson**

- 200 g de confiture de coco (ou de mangue, ou d'ananas)
- 50 cl de crème pâtissière (ou de fromage blanc)
- 6 œufs
- 150 g de sucre
- 230 g de farine
- 1 pâte brisée

Préchauffez le four à 160 °C (th. 5-6). Mélangez la confiture et la crème pâtissière dans un cul-de-poule. Cassez les œufs sur le mélange, puis versez le sucre et fouettez le tout vivement, avec un batteur ou à la fourchette. La pâte doit blanchir et commencer à mousser. Incorporez alors la farine. Mélangez encore jusqu'à obtenir une préparation homogène.

Foncez un moule à tarte avec la pâte brisée. Piquez le fond à l'aide d'une fourchette et répartissez la préparation mousseuse dessus.

Enfournez pour 35 à 40 min de cuisson. Servez tiède ou froid.

Variantes

Saupoudrez ce gâteau de noix de coco râpée ou de sucre glace. Vous pouvez aussi couvrir la pâte de la moitié de la confiture puis préparer la garniture avec le reste.

Argot

Contrat

Si, dans le langage courant, un contrat ne peut désigner qu'un « accord de volontés entre deux ou plusieurs personnes destiné à modifier, transmettre ou éteindre des obligations », selon le Code civil – soit quelque chose d'abstrait, même s'il est le plus souvent matérialisé par un écrit –, en argot, le contrat est une personne bien physique : celle qu'un tueur à gages doit abattre pour le compte d'un commanditaire !

Citations

À 20 ans, t'es fraîche comme la rosée du matin. À 35, comme la bouteille de rosée !

Florence Foresti

RÉBUS

Les livres français

POUCET
POUCET
POUCET ←

Le Petit Poucet de Charles Perrault

Brèves régions

Dordogne/Les champignons de Paris

Réputé pour ses truffes et ses cèpes, le Périgord produit également… des champignons de Paris ! Depuis 1983, c'est-à-dire exactement 40 ans, les champignonnières de Chancelade, en Dordogne, cultivent ce petit cryptogame ferme au pied blanc et chapeau brun dans une ancienne carrière de pierre. La production, certifiée biologique depuis 1999, est l'une des dernières qui a fait le choix de rester en cave. Le calcaire de Chancelade est un calcaire tendre qui durcit à l'air ; il a été exploité du XIIe au XIXe siècle et a servi notamment pour construire les coupoles de la cathédrale Saint-Front de Périgueux.

Jeudi **20 avril**

Sainte Odette – On fête aussi les Odiane, Théotime

Soleil
lever : **6 h 49**
coucher : **20 h 50**

Si tu as de l'insomnie, prends un bouillon d'ortie.

Ça s'est passé

En 1923

Publication du roman *Le Diable au corps* de Raymond Radiguet, qui raconte l'histoire d'amour entre un jeune garçon et une femme dont le mari est parti au front.

Citations

Les gens disent tous la même chose ! Ils disent tous lorsqu'ils leur arrivent quelque chose : « Ça n'arrive qu'à moi ! »

Raymond Devos

POULES, POULETTES

LA NOIRE DE CAUSSADE

Caussade est une vieille ville du Quercy (dans le Tarn-et-Garonne), non loin de Montauban. Elle est connue pour sa tradition chapelière mais aussi pour cette belle poule noire, qu'on appelle également « poule de Caussade ». Svelte et relativement légère, elle est vive, active et curieuse, et capable de voler et de passer la nuit dans les arbres. Elle est très rustique : les hivers froids et les étés chauds de sa région d'origine ne lui posent aucun problème. Élevée sur grand parcours, elle n'est pratiquement jamais malade. Elle pond de 150 à 180 œufs blancs par an. Et bien entendu, elle se distingue par son beau plumage noir brillant, sur lequel se détachent deux oreillons blancs. Cette race ancienne, à la chair succulente, est élevée dans la région au moins depuis le début du XVIIIe siècle.

RUGBY

Faute de frappe

On pourrait penser que la mythique tenue noire des Néo-Zélandais est à l'origine de leur surnom, les All Blacks, « tout noir ». La légende raconte cependant que lorsque la Nouvelle-Zélande débarque en Europe pour sa 1re tournée en 1905, devant son jeu époustouflant, un journaliste anglais les surnomme les *All Backs*, (« tous arrières » en français), pour souligner leur jeu offensif. Croyant à une faute de frappe à la vue de leur tenue noire, le correcteur transforme le surnom en All Blacks.

PROBLÈMES DE MATHS DU CERTIFICAT D'ÉTUDES

Un fabriquant de circuits routiers miniatures pour voitures de course conçoit un circuit de 2 m à l'échelle 1 : 2 500 et des voitures de 8 cm à l'échelle 1 : 70.

1. Quelles seraient la longueur du circuit en kilomètres et la longueur des voitures en mètres dans la vie réelle ?
2. Si la vitesse moyenne des modèles réduits des voitures est égale à 90 km/h, en combien de temps réaliseront-elles 25 tours du circuit miniature ?

Solution :

1. Longueur réelle du circuit : 2 × 2 500 = 5 000 m = 5 km
Longueur réelle des voitures : 8 × 70 = 560 cm = 5,6 m
2. Distance de 25 tours : 2 × 25 = 50 m ou 0,05 km
Temps réalisé : 0,05/90 = 0,000556 h = 2 s (0,000556 × 3 600)

Soleil
lever : **6h48**
coucher : **20h51**

Vendredi **21 avril**

Saint Anselme – On fête aussi les Anceline, Lancelot

La pimprenelle fait la fille belle.

VERMOT'ROSCOPE

TAUREAU (21 avril – 21 mai)

Votre caractère
Observateur, terre à terre, concret, organisé, volontaire, déterminé voire buté, résistant, travailleur, sensible, sensuel, bon vivant, épicurien, fidèle, fiable, sincère, ambitieux.

Vos planètes de l'année
Avec le premier passage de Pluton en Verseau et Jupiter qui rejoindra Uranus dans votre signe, il se peut que vous ayez des envies de changements, de déménagement ou de modifications de vos habitudes quotidiennes. Le second semestre sera propice aux choix et aux décisions de toutes sortes.

Vie relationnelle
Si le premier semestre vous trouve assez réservé et renfermé sur vous-même, le second résonnera avec désir de rencontres et d'échanges. Vous sentirez le besoin d'aller vers les autres, de lier de nouvelles connaissances et aspirerez à une vie sociale plus remplie et plus dynamique.

Amour
En couple, si durant la première moitié de l'année vous êtes amené à réfléchir à votre vie conjugale et à ses aspects, le second semestre vous permettra de trouver les moyens de booster votre relation. Cette période riche en partage sera propice à une réelle complicité et favorisera un bel épanouissement.
Célibataire, ouvrez les yeux car l'amour ne sera pas très loin. Si vous attendiez de faire une rencontre sentimentale, à partir de la fin du printemps les astres vous offriront de belles occasions de rompre avec votre célibat et d'expérimenter un nouveau sentiment qui vous transportera. Laissez-vous porter.

Famille
Cette année, les « étoiles » vous inciteront à être plus présent et plus attentif à vos proches. Certains d'entre vous pourraient d'ailleurs vivre des événements heureux qui leur permettront les réunions familiales. Pour d'autres, vous serez aux petits soins avec vos parents, enfants ou petits-enfants.

Quotidien et vitalité
Dans l'ensemble, c'est une belle année qui vous attend. Vous pourrez compter sur un beau regain d'énergie et toucherez du doigt l'épanouissement et le bonheur. 2023 sera l'occasion pour vous de mieux vivre et d'être plus attentif aux besoins de votre organisme.

Budget
Structuré, prévoyant et vigilant, vous penserez épargne et économies. Consciencieux, vous ferez vos comptes avec une grande régularité, ce qui vous permettra de parfaitement maîtriser votre budget.

Optimisez 2023
Ouvrez-vous à l'inconnu. Ne craignez pas d'aller vers d'autres influences. Dépassez-vous. Faites le plein d'optimisme, de joie et de bonne humeur.

Charade classique

Mon premier est une belle-fille.
Mon deuxième est un petit numéro.
Mon troisième est un mollusque bivalve comestible.
Mon quatrième est un empressement extrême.
Mon cinquième peut en venir aux mains.
Mon tout dirigea Bobino et l'Olympia.

(BRU – NO – COQUE – HÂTE – RIXE)
BRUNO COQUATRIX

Patronymes animaliers

MARIE DAUPHIN

Marie Dauphin est une touche-à-tout du spectacle. Formée comme acrobate à l'école du cirque Fratellini, elle est d'abord comédienne avec Jean-Luc Godard, puis animatrice de télévision dans *Récré A2* en 1983 où elle interprète les chansons des génériques de dessins animés pour enfants. Accro à la scène, elle tourne dans de nombreux téléfilms et monte en 2014 un spectacle de délicieux sketches construits sur l'œuvre de Boby Lapointe. Son nom de famille fait référence au prénom latin *Delphinus* qui évoque lui-même le cétacé. Amusante coïncidence pour celle qui chanta notamment le générique de la série d'animation *Bibifoc*, resté 9 mois dans le Top 50 !

Samedi 22 avril

Saint Alexandre – On fête aussi les Sacha, Opportune

Soleil
lever : 6 h 46
coucher : 20 h 53

Si le pivert donne son chant, signe de pluie ou de grand vent.

Brèves régions

Doubs/Le musée-parc des Maisons comtoises

Dans un parc vallonné de 15 hectares, à Nancray, aux portes de Besançon, le musée des Maisons comtoises présente le patrimoine de la Franche-Comté. Fermes, ateliers, fours… on y découvre 35 édifices représentatifs de l'architecture du XVIIe au XIXe siècle. Tels des maisons témoins, ces bâtiments sont équipés de la cave au grenier et vous plongez ainsi dans l'intimité des habitants d'un terroir tout au long de votre visite. Ce musée prend aussi des allures de petite ferme avec la présence dans les pâtures alentour de moutons, vaches, ânes, chèvres, poules et oies qui s'épanouissent au grand air.

HEUREUX MARIAGES

Louis Chevalier était un peu désemparé, lui qui vivait au XIXe siècle, époque à laquelle tous ses pairs « chevaliers » étaient désarmés. Heureusement, il répara rapidement cet affront en accueillant à ses côtés, dans son foyer, Julie Longuépée par leur mariage du 9 décembre 1895 à Fretin, dans le Nord. Ils eurent bientôt de nombreux damoiseaux et damoiselles.

Vélo

Les malheurs d'Eugène

Avant de porter le premier maillot jaune de l'histoire, Eugène Christophe a connu la malchance. En 1913, il casse la fourche de son vélo dans la descente du Tourmalet. Il effectue alors 14 kilomètres à pied et trouve une forge. Le règlement interdisant toute aide, il répare seul son vélo pendant près de 4 heures, empêchant même le juge chargé de le surveiller d'aller manger et reçoit une pénalité. La raison ? Le fils du forgeron l'a aidé à actionner le soufflet de la forge, ce qu'un homme seul n'aurait pu faire.

L'ACTU

DES OVNIS UN PEU TROP TERRIENS ?

Depuis quelque temps, le Pentagone s'interroge publiquement sur les ovnis. Il y a un an, ses services ont d'ailleurs publié trois vidéos prises par des pilotes de l'US Navy montrant des rencontres en vol avec des phénomènes non identifiés. Sur l'une d'entre elles, on peut par exemple voir un objet de forme oblongue se déplaçant rapidement et qui disparaît d'une soudaine accélération. Afin de mieux recenser et analyser ces observations inexpliquées, l'équivalent du ministère des Armées aux États-Unis vient de créer un bureau chargé de collecter l'ensemble des informations signalées par les militaires : le Groupe de synchronisation sur l'identification et la gestion des objets aériens ou AOIMSG selon son acronyme en anglais. Signe que pour les stratèges américains, les « phénomènes aériens non identifiés » ne proviennent pas forcément d'extraterrestres, mais plutôt d'adversaires bien concrets comme la Chine ou la Russie : ce bureau s'intéressera surtout aux objets aperçus dans « l'espace aérien à usage spécial », à savoir les bases et zones d'opérations militaires, les champs de tir et les lieux relevant de la sécurité nationale.

Soleil
lever : 6 h 44
coucher : 20 h 54

Dimanche 23 avril

Saint Georges – On fête aussi les Gorgia, Fortunata, Gordon, Jordi

Le poussin bien couvé est à moitié élevé.

La gaffe de l'Histoire

Gaffe au JT

Le journal télévisé, rare moment de direct sur nos petits écrans, est propice aux gaffes, notamment lorsque les micros sont ouverts prématurément. Le 7 novembre 2020, la présentatrice Anne-Claire Coudray a lâché, après un reportage sur la présidentielle américaine : « Euh… il a fumé la moquette. » Selon certaines sources, elle faisait allusion à Donald Trump contestant sa défaite.

BINERO FUTOSHIKI

La grille suivante est basée sur le binero et le futoshiki. Les règles sont identiques à celles du binero, à la différence qu'aucun chiffre n'apparaît dans le casse-tête. Les chiffres (0 et 1) sont remplacés par les signes < ou > (comme au futoshiki) entre les cases.

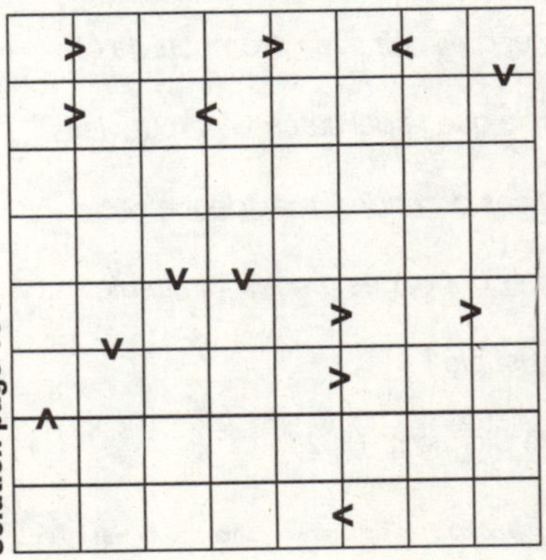

Solution page 134

Belles plantes

PANIC ÉRIGÉ

Panicum virgatum était l'une des principales graminées de la Prairie américaine, broutée par les bisons, et ses grains étaient aussi consommés par les humains. L'espèce sauvage s'étale spontanément par ses rhizomes mais, dans les jardins, on cultive des variétés non envahissantes comme Rehbraun : elle forme une touffe dressée et quelque peu raide, d'un vert foncé soutenu qui vire au rouge franc en automne et persiste en hiver. Les épillets, très légers, forment un nuage brun rougeâtre au-dessus du feuillage, en juillet-août, la plante atteignant alors plus de 1 m de haut. Le panic se plaît en sol ordinaire, un peu frais mais bien drainé, et en situation ensoleillée. Découvrez aussi d'autres belles variétés comme Heavy Metal, à feuillage bleu grisâtre et aux inflorescences bleues (pastel).

L'ACTU

L'HEURE, C'EST L'HEURE

On ne plaisante pas avec la ponctualité des trains au Japon. Surtout celle des trains à grande vitesse, les Shinkansen, qui affichent un retard moyen sur l'année inférieur à… 30 secondes. Pour plus de trois minutes de retard, un rapport est envoyé automatiquement au ministère des Transports. Cinq minutes de retard et les compagnies ferroviaires délivrent des justificatifs aux salariés ou aux écoliers. Récemment, un conducteur de train a été sanctionné pour avoir provoqué une minute de retard. Employé de la West Japan Railway Company (JR West), il devait déplacer un train vide vers une voie de garage. Il s'est trompé de voie, retardant le départ suivant de soixante secondes. La compagnie l'a illico sanctionné par une saisie sur salaire de 43 centimes d'euros. Pas content, le cheminot fautif a saisi la justice réclamant pour 16 000 euros de dommages et intérêts à cause du préjudice moral subi par l'arbitraire de la sanction. Il a été débouté.

Lundi **24 avril**

Saint Fidèle – On fête aussi les Fidélia, Mellitus

Soleil
lever : **6 h 42**
coucher : **20 h 55**

Il n'est pas toujours saison pour tondre brebis et mouton.

THÉÂTRES DU MONDE

La Comédie-Française

Afin de se loger près de Louis XIII qui résidait au Louvre, Richelieu fit édifier le Palais-Cardinal, doté d'un jardin et d'un théâtre. Le monarque décida d'ouvrir cette salle de 862 places au public en 1660. Anciennement nommée Salle Richelieu, le théâtre devint la Comédie-Française en 1789 et abrite depuis tous les spectacles de Molière. C'est aujourd'hui l'un des théâtres les plus connus de France, et le fauteuil dans lequel Molière entra en agonie lors de sa dernière représentation y est exposé.

Espace

Dernière navette

Léopold Eyharts a effectué deux missions spatiales à dix ans d'intervalle. En 1998, il s'envole pour la station Mir, avant de rejoindre, en 2008, la Station spatiale internationale à bord de la navette Atlantis pour y installer le laboratoire européen Columbus encore utilisé de nos jours. Cette mission constitue le dernier voyage d'un Français en navette.

Séries TV (acteurs et actrices)

JENNIFER ANISTON – *FRIENDS*

C'est bien sûr au rôle de Rachel Green, dans *Friends*, que Jennifer Aniston doit sa notoriété. La série interplanétaire racontant le quotidien de trentenaires new-yorkais est aujourd'hui largement culte, après 10 saisons diffusées entre 1994 et 2004. Toutefois, ce n'est pas la première série dans laquelle Jennifer Aniston a joué. Outre le tournage de plusieurs pilotes sans lendemain, elle a fait une apparition dans *Code Quantum* et a tenu un rôle récurrent de serveuse dans *Molloy*, précurseur du personnage de Rachel. Pendant les années *Friends*, Jennifer Aniston a mené en parallèle une carrière au cinéma, dont certains films comme *L'Objet de mon affection* (1998) ou *The Good Girl* (2002) ont remporté un succès d'estime. Depuis la fin de la série, l'actrice a décroché des rôles plus grand public comme dans *Polly et moi* (2004) ou *La Rupture* (2006).

Citations

En comptant tous les dieux, demi-dieux, quarts de dieux… il y a déjà eu 62 millions de dieux depuis les débuts de l'humanité ! Alors, les mecs qui pensent que le leur est le seul bon…

Coluche

La dictée du mois – Le règne de l'amour

Quoiqu'en disent les amants et les poètes, ce n'est point loin des citées fastueuses, ce n'est point dans la solitude et sous le chaulme, que l'amour règne avec le plus d'empire. Il aime l'éclat et le bruit, il s'exhalte de tout ce qui satisfait l'ambition, la louange, la pompe et la grandeur. C'est au milieu des passions factices, produites par l'orgeuil et par l'imagination, c'est dans les palais, c'est entourés des plus brillantes illusions de la vie, qu'il naît avec promptitude et qu'il s'accroît avec violence ; c'est là que la délicatesse et touts les raffinements du goût embellissent ses offrandes, président à ses fêtes, et donnent à son langage passionné, des graces inimitables, et une séduction trop souvent irrésistible !

Madame de Genlis, Mademoiselle de Clermont, *1802.*

Quoi qu', cités, chaume, exalte, orgueil, entouré, tous, grâces

Soleil
lever : 6 h 40
coucher : 20 h 57

Mardi **25 avril**

Saint Marc – On fête aussi les Marcia, Clarence, Ermin, Héribald

À la Saint-Marc, s'il tombe de l'eau, il n'y aura pas de fruits à noyaux.

MOTS FLÉCHÉS

Cérémonial →

Ne se presse pas → / Aère ↓

Point de réparation → / Livre religieux ↓

Possessif → / Le Moi ↓

Étires → / Remède ↓

Quelle galère ! ↓

Abîme ou comble → / Fait partie de la cour ↓

Porte monnaie ↓

Il faut éviter de le perdre → / Provoquent une réaction ↓

As

Abri de frégate → / Foulée ↓

Foire → / Vous renouvellerez son mandat ↓

Mettre en chambre → / Chef militaire cosaque ↓

e bœuf de veau → / Soumet ↓

Supérieures → / Feignit de louer ↓

Amélioration → / Pris parti ↓

Un million de secondes → / Établit ↓

Blanche qui rougit → / Barre ↓

Emplir une dent creuse → / Touchée ↓

Pas le fruit d'un rêve ↓

Louis → / Passe par dessus la tête ↓

M

Fait effet → / Livre en Angleterre ↓

SOLUTION PAGE 137

Mercredi **26 avril**

Sainte Alida – On fête aussi les Alda, Aldona, Espérance

Soleil
lever : **6 h 38**
coucher : **20 h 58**

Quand le merle a sifflé, l'hiver s'en est allé.

Étymologie

Comme une truie dans un magasin de porcelaine

La porcelaine est aussi fine et délicate que la truie est épaisse et empâtée. Ainsi, la porcelaine et la truie n'ont, a priori, rien à partager. Pourtant, le nom *porcelaine* est un emprunt à l'italien *porcellena*, lui-même issu du latin *porcella*, « jeune truie ». Car *porcelaine* désigne d'abord un mollusque univalve dont la coquille présentant une longue fente rappelle la vulve d'une truie. Et c'est par analogie d'aspect avec la nacre de ce coquillage que l'on a utilisé *porcelaine* en parlant de la céramique.

Citations

Quand on dit d'une femme qu'elle est assez jolie, c'est justement qu'elle ne l'est pas assez.

Sacha Guitry

Solution Binero futoshiki p. 131

1 >	0	0	1 >	0	0 <	1	1 ˅
1 >	0	0 <	1	1	0	1	0
0	1	1	0	1	1	0	0
0	0	1 ˅	1 ˅	0	1	0	1
1	1 ˅	0	0	1 >	0	1 >	0
0 ˄	0	1	0	1 >	0	1	1
1	1	0	1	0	1	0	0
0	1	1	0	0 <	1	0	1

Brèves régions

Drôme/Le centre du monde

Le centre du monde serait situé à La Baume-Cornillane, un petit village du département de la Drôme. Cette hypothèse se base sur l'histoire de notre planète et remonte à l'époque où il n'y avait qu'un seul continent, la Pangée. À ce moment-là, c'est-à-dire il y a environ 240 millions d'années, si on avait calculé le centre géométrique des terres émergées, celui-ci se serait trouvé précisément ici, sur les contreforts du Vercors. Et que trouve-t-on aujourd'hui à cet endroit ? Une roche solitaire et verticale, haute de 10 mètres. Un sentier caillouteux permet aux randonneurs d'accéder au site et de découvrir cette curiosité.

UNE LANCEUSE D'ALERTE S'ATTAQUE À FACEBOOK

ENIGMES

La détective Lucyde demande à son collègue l'inspecteur Finlimier ce qu'il pense des faits suivants :

1. Si Guillaume est coupable et Benjamin est innocent, Vincent est coupable.

2. Vincent n'opère jamais seul.

3. Guillaume n'opère jamais avec Vincent.

4. Personne d'autre que ces trois fripouilles n'est impliqué, et au moins l'un d'eux est coupable.

Finlimier réfléchit et finit par dire : « Je crois qu'on a assez d'informations pour inculper l'un d'eux. » Lequel à votre avis ?

Solution :
Nous savons que « Si Guillaume est coupable et Benjamin est innocent, Vincent est coupable. » (1), ce qui n'est pas possible puisque selon 3. « Guillaume ne travaille pas avec Vincent » ; donc, Benjamin doit être coupable.
Si Vincent est coupable, il travaille avec quelqu'un d'autre (2), ce n'est pas Guillaume (3), donc ce doit être Benjamin. Benjamin est donc coupable dans les deux cas.

Soleil
lever : **6 h 37**
coucher : **21 h 00**

Jeudi **27 avril**

Sainte Zita – On fête aussi les Anthime, Floribert, Konwen

À la Sainte-Zita, le froid ne dure pas.

Ville en chanson

Kingston Town

En 1970, après le ska, la Jamaïque vibre au son d'un nouveau rythme : le reggae. Lord Creator, un artiste originaire de Trinité-et-Tobago, enregistre un single à succès, *Kingston Town*, qui évoque avec une certaine nostalgie la capitale de la Jamaïque et la chaleur de ses nuits festives. Puis, en été 1989, le groupe britannique UB40 en propose une reprise qui rencontre un succès planétaire et relance la carrière de Lord Creator. Après quelques tournées avec le groupe anglais qui le mène jusqu'en Asie, celui-ci se retire vers Montego Bay où il vit toujours.

Lacs de France et d'Europe

Le lac Balaton

Le plus vaste lac d'Europe centrale, le Balaton, se situe dans la partie ouest de la Hongrie. Il a une longueur de 78 km et une largeur de 1,5 à 15 km. Il est alimenté par de nombreux cours d'eau, dont le principal est le Zala. À la sortie du lac, les eaux rejoignent le canal de Sio qui se jette dans le Danube. Il s'agit d'un lac peu profond (de 3 à 12 m). Le climat est continental, les étés sont chauds, mais les hivers rudes (le lac est pris par les glaces chaque année). Cependant, par rapport aux autres régions hongroises, cette étendue d'eau crée un microclimat plus tempéré ; ainsi, des stations balnéaires et thermales luxueuses occupent ses berges. Le Balaton, c'est un peu la mer pour les Hongrois : la destination est très réputée, en particulier pour les habitants de Budapest.

30 morceaux de bœuf

LA MACREUSE

La macreuse, qui constitue à la fois la partie arrière et centrale de la jambe avant du bœuf, se cuisine de plusieurs façons. La partie centrale du membre est plus adaptée au pot-au-feu car elle devient particulièrement fondante après une cuisson longue et lente. La partie arrière, dite « macreuse à bifteck », révèle sa saveur lorsqu'elle est grillée ou poêlée et servie saignante.

C'ÉTAIT VRAIMENT MIEUX AVANT (?)

« ON NE PEUT PLUS RIRE DE RIEN ! »

« Coluche, Desproges et les autres seraient censurés aujourd'hui. On ne peut plus rire de rien ! » Ainsi chouinent les nostalgiques du bon vieux rire d'antan… Les mêmes oublient que Coluche a été renvoyé de la Première chaîne en 1971 pour une blagounette sur le ministre de l'Intérieur, puis de RMC pour un calembour sur Caroline de Monaco et même interdit d'antenne pendant près de six mois, que Desproges et Le Luron ont été plusieurs fois « coupés au montage ». À cette époque, il y avait trois chaînes de télé, une poignée de radios et faire profession de comique était réservé à quelques-uns. Depuis, le rire s'est diversifié, amplifié, les humoristes se sont multipliés. Il n'y a jamais eu autant de « clowns » dans l'histoire qu'aujourd'hui. Les femmes, les homosexuels, les noirs, les Arabes et les Asiatiques étaient les principaux sujets de blagues, désormais ils sont les bouffons, inventent l'humour, montent sur scène, se rient de tout, sur tous les tons, sans tabou. Il suffit de tendre l'oreille et, comme disait Desproges, de bien vouloir « rire de tout, mais pas avec n'importe qui ».

Vendredi **28 avril**

Sainte Valérie – On fête aussi les Vital, Valéria, Chanel

Soleil
lever : **6 h 35**
coucher : **21 h 01**

Cris de mouette, signe de tempête.

Citations

Ce n'est pas parce que l'homme a soif d'amour qu'il doit se jeter sur la première gourde.

Pierre Desproges

OISEAUX MIGRATEURS

Le milan noir

En France, le point de passage principal du milan noir vers le sud est le col d'Organbidexka, dans les Pyrénées. On y observe de grandes troupes d'oiseaux se dirigeant vers le sud du Sahara, via Gibraltar, pour parcourir souvent plus de 4 000 km. Ce rapace de couleur brune, dont l'envergure peut atteindre 1,8 m, est adepte du vol plané et recherche pour cela les courants ascendants. Il commence sa migration postnuptiale à la mi-juillet et revient (migration prénuptiale) à partir de début février. On note toutefois qu'une petite population de milans noirs hiverne en France, notamment à proximité des décharges.

Rétro Vermot

– Vous avez de la poudre contre les puces ?

– Oui, combien ?

– Oh ! Vous savez, je n'ai pas pu les compter.

OPÉRAS

La Flûte enchantée de Wolfgang Amadeus Mozart (1791)

Ce célèbre opéra a été composé par Mozart quelques semaines avant sa mort. Interprété en allemand, ce chef-d'œuvre mi-chanté, mi-parlé, à la fois comique et grave, n'est pas qu'un conte merveilleux dans lequel, à la demande de la reine de la nuit, le prince Tamino aidé par l'oiseleur Papageno va délivrer la princesse Pamina, retenue prisonnière par le (prétendument) diabolique Sarastro. Imprégné de références à la franc-maçonnerie, *La Flûte enchantée* délivre aussi un message philosophique sur les sentiments humains, le rapport au pouvoir, le doute et l'illusion, l'obscurantisme et la raison… Opéra universel par excellence, c'est probablement l'œuvre la plus poétique et lumineuse composée par Mozart. Le morceau à (ré)écouter : le fameux « Air de la Reine de la nuit » et ses vocalises culminant au contre-fa.

L'ACTU

GOÛTEZ À LA TÉLÉVISION

Homei Miyashita, professeur agrégé à l'École des sciences et technologies de l'Université Meiji (Japon), a mis au point un téléviseur avec un écran que le spectateur peut goûter. Son invention utilise dix réservoirs contenant différents arômes qui, combinés, sont censés reproduire le goût du plat qui apparaît à l'écran. La saveur est pulvérisée sur un film plastique accolé au téléviseur. Une fois léchée, cette pellicule permet de ressentir le goût de la nourriture. Cette membrane gustative doit être changée à chaque utilisation. Le professeur pense que sa technologie pourrait être utilisée pour donner aux personnes ne pouvant ou ne souhaitant pas voyager la possibilité de goûter aux saveurs du monde entier. D'après lui, son invention baptisée « Taste the TV » coûterait environ 800 euros si elle était commercialisée.

Toulouse vainqueur Coupe de France 5 à 1 contre Nantes

Soleil
lever : 6 h 33
coucher : 21 h 03

Samedi 29 avril

Sainte Catherine de Sienne – On fête aussi les Ava, Segondel

Le coucou ramène le temps doux.

Solution Mots fléchés p. 133

	C		J		D		O		O		P	
M	O	D	A	L	E		R	I	T	U	E	L
	R	E	C	O	M	P	O	S	E		A	I
S	O	C	Q	U	E		G	A	R	A	G	E
	L	O	U	A	N	G	E	R		S	E	S
E	L	I	E		T	E	N	D	E	S		S
	A	N	T	O	I	N	E		G	A	T	E
S	I	C		P		E	S	P	O	I	R	
	R	A	T	I	S	S	E	R		N	I	D
L	E		R	A	T	E		E	L	I	R	E
		R	O	T	I		H	A	U	T	E	S
O	P	E	N		M	I	E	U	X		M	S
	R	E	C	O	U	R	T		E	P	E	E
V	O	L		P	L	O	M	B	E	R		R
	P	I	E	T	I	N	A	I		O	R	S
F	O	R	M	A		I	N	F	L	U	E	
	S	E	U	I	L	S		F	O	V	E	A
P	E	Z	E		B	A	S	E	B	A	L	L

HISTOIRES DE SUPERMARCHÉS

Le roi des centres-villes

Tous ceux qui ont connu les années 1960 ont en tête *Les élucubrations d'Antoine,* chanson dans laquelle son auteur raconte : « J'ai reçu une lettre de la Présidence me demandant, Antoine, vous avez du bon sens, Comment faire pour enrichir le pays ?, "Mettez la pilule en vente dans les Monoprix". » L'enseigne a été fondée en 1932 à Rouen par Galeries Lafayette, juste après la création d'Uniprix et de Prisunic, deux concurrents qu'elle finira par racheter, respectivement en 1985 et en 1997 ! Aujourd'hui, elle appartient au groupe Casino et règne dans les centres-villes, notamment à Paris avec 25 % de part de marché.

Ça s'est passé

En 1923

Invention de l'autogire, sorte d'hélicoptère. Véhicule ultraléger et très stable en vol par l'Espagnol Juan de La Cierva.

Ha ! Ha ! Ha ! La bonne blague Ha ! Ha ! Ha ! Ha ! Ha ! Ha !

La scène se passe dans un club privé. Un nouveau membre s'installe au bar et s'assoit sur un tabouret.

« Puis-je vous servir un verre ? demande le barman.

– Non, je vous remercie, répond l'homme. J'ai essayé de boire de l'alcool une fois et ça ne m'a pas plu du tout. »

Quelques instants plus tard, le garçon s'allume un cigare.

« Ça vous tente ? propose-t-il au client.

– Non, je vous remercie, répond l'autre. J'ai essayé de fumer une fois, mais je n'ai pas apprécié du tout. »

Tandis que les autres membres du club se dirigent dans une salle du fond pour jouer au poker, le serveur demande au type s'il désire se joindre à eux.

« Non, je vous remercie, j'ai essayé le jeu une fois, mais ce n'est vraiment pas pour moi. »

Alors qu'il est toujours devant le bar, perché sur son tabouret, sans rien faire, le barman finit par lui demander :

« Vous ne buvez pas, vous ne fumez pas, vous ne jouez pas… alors que faites-vous ici ?

– J'attends mon fils, nous avons rendez-vous, répond l'autre.

Alors le serveur lui lance tranquillement :

– « Ça doit être votre seul enfant… »

Il (n')a (pas) inventé…

L'ASSIETTE CREUSE

L'assiette creuse est une belle invention, surtout pour manger de la soupe ! Celui qui « n'a pas inventé l'assiette creuse » est considéré comme tellement bête qu'il ne saurait pas comment faire tenir du liquide dans une assiette plate. Employée dans sa forme positive, l'expression n'est pas non plus un compliment… car on moque la naïveté de celui qui « aurait inventé l'assiette creuse ».

Dimanche 30 avril

Saint Robert – On fête aussi les Robin, Aphrodise, Eutrope

Soleil
lever : 6 h 31
coucher : 21 h 04

À la Saint-Robert, tout est vert.

LE SAVIEZ-VOUS ?

L'argent ne fait pas le bonheur.

Mais il paye les factures et éloigne les huissiers.

BD DE COLLECTION

La Famille Fenouillard

Cette BD est la caricature d'une famille de petits bourgeois français. Le bonnetier Agénor Fenouillard, malgré ses rodomontades, est mené par le bout du nez par sa femme, Léocadie. Ses deux filles, Artémise et Cunégonde, sont plutôt disgraciées par la nature, et toute la famille vit dans la Somme inférieure (!). Les vignettes, de dimensions régulières, sont soulignées d'un texte de quelques lignes. Le dessin, réaliste et inventif, et le caractère loufoque distinguent cette œuvre de la préhistoire de la BD, publiée en 1889 et écrite et dessinée par Christophe.

Célébrations en musique

Johannes Brahms (1833-1897)

Le nom de Brahms évoque souvent, dans un premier temps, les *Danses hongroises* et son amitié avec le couple Clara et Robert Schumann. Si ses œuvres composées pour le piano à quatre mains et inspirées des danses populaires l'ont rendu célèbre, elles sont finalement assez peu représentatives de sa musique, caractérisée par une grande rigueur et une remarquable invention rythmique (le *Requiem allemand* (1869), la *Rhapsodie pour alto*, les *Variations* sur un thème de Haydn pour orchestre (1873), par exemple). Attaché aux maîtres du passé (les polyphonistes de la Renaissance, Bach, Haendel, Haydn, Mozart…) et vouant un véritable culte à Beethoven, Brahms est l'auteur d'œuvres chorales, de symphonies, et s'est illustré avec succès dans la musique de chambre (sonates, trios, quatuors, quintette).

Argot

Cornichon

Dans le langage courant, le nom « cornichon » est plutôt monosémique (il n'a qu'un sens : petit concombre confit dans du vinaigre servant de condiment) ; éventuellement, on lui ajoute le sens familier de « personne peu intelligente ». En argot, le nom est polysémique : il peut désigner un cornet à dés, un porte-voix, un téléphone, un veau, un chapeau et même un étudiant, « corniche » étant le nom argotique de l'école de Saint-Cyr.

FOOT

Enfin en or

S'il a fallu attendre 61 ans pour que les femmes aient droit à leur Coupe du monde, une année supplémentaire a été nécessaire pour qu'elles obtiennent leur Ballon d'or. Chez les hommes, la distinction est créée par le journal *France Football* en 1956 et récompense alors le meilleur joueur européen, l'Anglais Stanley Matthews décrochant le premier. Et en 2018, les femmes ont droit à leur premier Ballon d'or avec Ada Hegerberg, attaquante norvégienne de l'Olympique lyonnais. Le club français place alors deux de ses joueuses sur le podium, et cinq dans le top 10, dont les deux internationales françaises Amandine Henry et Wendie Renard, septièmes et premières tricolores. En 2021, la première française est Kadidiatou Diani, joueuse du Paris Saint-Germain. Elle se classe 17e.

Fête du Travail

Soleil
lever : **6 h 30**
coucher : **21 h 06**

Lundi 1er mai

Saint Jérémie – On fête aussi les Brieuc, Jean-Louis

Mai sans rose rend l'âme morose.

HISTOIRES POLICIÈRES

L'EFFROYABLE TUERIE DE BOMMIERS (INDRE)

Le 25 juillet 1946, Jeanne Jugand inquiète de ne pas les avoir croisés depuis plusieurs jours se rend à la ferme de ses voisins, la famille Carteron. À travers une vitre cassée, elle aperçoit deux corps qui gisent sur le sol. Elle court chez elle pour avertir son mari, qui alerte immédiatement les gendarmes d'Ambrault (Indre). À l'intérieur de la bâtisse, ces derniers découvrent les cadavres de Kléber Carteron, de sa femme Alphonsine, de leur fils André, douze ans, et de celui du petit Claude Godard, dix ans, pupille de l'Assistance publique confié au couple. Retrouvées ligotées, face contre terre, les victimes ont été exécutées d'une balle dans la nuque. La police judiciaire de Limoges est chargée de l'enquête. Le commissaire Daraud, un pétainiste notoire qui a échappé à l'épuration, fait procéder aux constatations d'usage. Les décès remontent au 21 juillet. Six douilles percutées sont trouvées près des corps. Aucun élément ne laisse supposer qu'il y ait eu lutte et les enquêteurs écartent le vol comme mobile plausible. Paysans très pauvres, les Carteron ne possédaient presque rien. De même, ni histoire de mœurs ni querelle de voisinage connue pour étayer la piste d'une vengeance. Ce quadruple meurtre est inexplicable. Un mois plus tard, trois nouveaux éléments relancent l'enquête. Tout d'abord, une nouvelle expertise démontre que les balles n'ont pas été tirées avec un revolver, mais avec un pistolet-mitrailleur Sten, une arme britannique parachutée en masse à la Résistance à partir de 1944. En outre, un ami de Kléber Carteron raconte que ce dernier s'était plaint quelques jours avant les meurtres d'avoir été suivi par un mystérieux individu. Enfin, dans la forêt proche de la ferme, on découvre les restes d'un abri de fortune. À Bommiers, on murmure que l'assassinat des Carteron est peut-être une « affaire de maquis ». Mais, soucieux de faire oublier son passé de vichyste, Daraud ne souhaite pas creuser du côté des résistants et, en avril 1947, il clôt son enquête, sans avoir trouvé de coupable. L'année suivante, à la suite d'une réorganisation administrative, Bommiers est rattaché à la police judicière d'Orléans. L'un de ses jeunes inspecteurs, René Rolland, reprend le dossier. Il réinterroge tous les témoins et acquiert la conviction que les Carteron ont bien été assassinés par d'anciens maquisards. Leur mobile ? Le père de famille les aurait surpris dans la forêt alors qu'ils se partageaient l'argent d'un parachutage allié. Inquiets pour leur réputation de héros, ces résistants véreux auraient décidé d'éliminer ce témoin gênant et sa famille. Interrogé par l'inspecteur, l'un des principaux suspects, chef d'un groupe de partisans sur le secteur, nie. Sans convaincre le policier. Pourtant, quelques semaines plus tard, celui-ci doit cesser son enquête : le juge a décidé de prononcer un non-lieu. L'affaire sera définitivement classée en 1957. Par la suite, les noms des possibles assassins seront régulièrement évoqués dans le Berry. Et puis, avec le temps, témoins ou suspects se sont éteints et les quatre victimes de Bommiers ont été oubliées…

30 morceaux de bœuf

LA POIRE

La poire est située sur le haut de la cuisse du bœuf, juste sous le rumsteck. C'est un morceau très recherché car goûteux, maigre et qui n'a pas besoin d'être très cuit. Pour en réussir la préparation, il faut faire chauffer dans une poêle du beurre mélangé à de l'huile puis y déposer le steak de poire seulement 2 minutes de chaque côté. La surface sera caramélisée et le cœur bleu.

HEUREUX MARIAGES

Louise Chrétien épousa Albert Lacroix à Mareil-sur-Mauldre, dans les Yvelines, le 4 avril 1892 ; Marie Chrétien choisit François Lacroix le 29 janvier 1799 à Morez, dans le Jura, et Delphine Chrétien convola avec Joseph Lacroix le 19 octobre 1842 à Saint-Saturnin-lès-Avignon, dans le Vaucluse. Espérons que pour ces femmes, le mariage ne fut pas un calvaire en 12 étapes !

Mardi 2 mai

Saint Boris – On fête aussi les Antonin, Athanase, Flamine, Zoé

Soleil
lever : 6 h 28
coucher : 21 h 07

L'oiseau, on le connaît au chanter.

La bonne blague

Ha ! Ha ! Ha ! Ha ! Ha ! Ha ! Ha ! Ha ! Ha !

Quelques jours avant la cérémonie de mariage, le futur époux va voir le curé qui est chargé d'officier et lui dit :
« Écoutez, mon père, voici 500 euros. En échange, je souhaiterais que vous modifiiez un peu le discours classique et notamment, lorsque vous vous adresserez à moi, que vous oubliiez le passage où il est dit que je promets d'honorer et de respecter mon épouse, et de lui être fidèle à tout jamais. »
Le curé empoche le billet sans rien dire et le futur marié, satisfait, quitte l'église.
Le jour du mariage, au moment de la fatidique promesse, le curé se tourne vers le marié et lui dit en le fixant droit dans les yeux :
« Promets-tu de t'incliner devant elle, d'obéir à chacun de ses ordres, de lui apporter le petit-déjeuner au lit tous les matins, et que jamais au grand jamais, tu ne regarderas une autre femme ? »
Abasourdi, l'homme rougit et balbutie d'une voix à peine perceptible :
« Oui, je le veux. »
Puis, il se penche vers le prêtre et lui glisse à l'oreille :
« Mais, je ne comprends pas ! Je pensais que nous avions un marché !
Le curé s'approche à son tour, lui met les 500 euros dans la poche et murmure :
« Votre femme m'a fait une bien meilleure offre… »

Argot

Décalquer

On peut avoir en tête cette image paisible d'un enfant qui fait des décalcomanies pour produire une œuvre d'art qu'il offrira sans doute à la fête des Mères… L'argot est moins tendre ! En effet, décalquer quelqu'un, c'est le frapper. Et là, on voit tout de suite les images des cartoons de Tex Avery dans lesquelles Tom se retrouve, sans aucune épaisseur, plaqué contre une surface plane, suite à différents coups qu'il a reçus.

Pains & gâteaux

Les lunettes de Romans

Cette spécialité de Romans-sur-Isère, dans la Drôme, est désormais connue dans toute la France. Il s'agit de deux biscuits sablés en forme de navette, superposés et fourrés. Le biscuit du dessus est percé de deux cercles, d'où le nom de lunettes, et entre les deux sablés, on trouve de la confiture de myrtille, de fraise ou de framboise. Ce gâteau, inspiré de la recette italienne du Milanais, est un goûter très apprécié des enfants, que l'on trouve vendu en sachet et toujours par sept.

Brèves régions

Eure/L'arboretum d'Harcourt

Créé en 1826, le plus vieil arboretum de France se trouve en plein cœur de la Normandie, dans le domaine du château d'Harcourt, dans l'Eure. Pas moins de 2 000 arbres de 500 essences différentes peuvent être admirés ici, dans un espace préservé de 11 hectares. Au fil des cèdres du Liban, des séquoias géants, des platanes à feuilles d'érable, des étranges hêtres tortillards, des sobres cyprès chauves ou encore des curieux arbres à perruques, aussi appelés fustets communs, petits et grands apprendront en s'émerveillant que les plus vieux sujets ont dépassé les 200 ans et que d'autres mesurent plus de 40 mètres de haut.

Mercredi **3 mai**

Soleil
lever : **6 h 26**
coucher : **21 h 09**

St Philippe et St Jacques le Mineur – On fête aussi les Ophélie, Philippine

Où on est bien, on trouve sa patrie.

Les pires prédictions de l'Histoire

En 1969, Margaret Thatcher, députée conservatrice du nord de Londres, déclare à la télévision britannique que, de son vivant, « aucune femme ne serait Premier ministre ou ministre des Affaires étrangères. » Et elle ajoute même : « De toute façon, je ne voudrais pas être Premier ministre. Vous devez vous consacrer à 100 % à la fonction. » Dix ans plus tard, le 4 mai 1979, elle est désignée Premier ministre du Royaume-Uni et devient, par la même occasion, la première femme à diriger le gouvernement d'un pays européen. Réélue à son poste jusqu'en 1990, Margaret Thatcher a également exercé le plus long mandat de Premier ministre du Royaume-Uni depuis… 150 ans !

SUDOKU

			1					4
2							8	7
		8	5				9	
			9	5				
	4	9						8
					6	3		
		2						
	9	3			8	1		
	5	4	7					

Solution page 142

Patronymes animaliers

HÉLÈNE DUC

Disparue en 2014 à l'âge respectable de 97 ans, Hélène Duc était une célèbre comédienne française qui s'est illustrée pendant des décennies sur les planches et devant les caméras. Ce que l'on sait moins, c'est qu'elle a été la professeure de Juliette Gréco et qu'elle fut reconnue « Juste parmi les nations » en 2005 pour avoir sauvé des dizaines de Juifs, avec sa mère qui était institutrice, à Bergerac et à Marseille. Sa famille paternelle était originaire du Lot, dans la région de Cahors, et même si son patronyme rappelle un grand rapace, il est plutôt issu d'un surnom donné soit à celui qui s'était illustré comme chef de guerre (*ducu* en latin), soit ironiquement pour celui qui voulait tout régir.

L'ACTU

LOUEZ UN GENTLEMAN !

Après la location de personne en surpoids au Japon (voir *L'Actu* du 9 mars), celle d'hommes attentionnés en Chine ! Récemment ouvert à Shanghai, le café *Terre Promise* propose en effet à ses clientes de louer de jeunes hommes pour passer un moment, pour une sortie ou pour faire les magasins. Baptisés les « majordomes » en raison de leur costume, ces gentlemen-accompagnateurs doivent avant tout prodiguer attention et écoute aux femmes qui les louent. Coût de l'opération : 400 yuans de l'heure, soit environ 52 euros. Interrogée par des médias locaux, Wang Qian, une cliente du café, explique : « Les majordomes me respectent et se soucient de moi, cela change des hommes que je rencontre au quotidien, si moyens et pourtant si confiants. » Ou comment se libérer des mauvais réflexes du patriarcat en enfilant ceux du mercantilisme…

Jeudi **4 mai**

Saint Sylvain – On fête aussi les Florian, Enéour

Soleil
lever : **6 h 25**
coucher : **21 h 10**

Plus mai est chaud, plus l'an vaut.

Carole Ingyens
Historienne

vous invite à sa conférence sur les dynasties françaises à la médiathèque Georges Brassens.

Ville en chanson

Jerusalem

La ville trois fois sainte a été évoquée dans de nombreuses chansons, notamment par Rika Zaraï, Édith Piaf, Enrico Macias, mais surtout par le chanteur de reggae Alpha Blondy dans les années 1980 qui en a fait un tube inoubliable : *Jérusalem*. Cette chanson, composée dans la ville même, est un chant de paix qui commence par l'incantation « *Barouh ata Adonaï, Barouh aba Yeroushalaïm* » (salut à toi Dieu, salut à toi Jérusalem) : quatre langues différentes sont utilisées et les trois religions présentes sont appelées à coexister pacifiquement.

Solution Sudoku p. 141

9	7	5	1	8	2	6	3	4
2	3	1	6	9	4	5	8	7
4	6	8	5	7	3	2	9	1
3	8	6	9	5	7	4	1	2
5	4	9	3	2	1	7	6	8
1	2	7	8	4	6	3	5	9
8	1	2	4	3	5	9	7	6
7	9	3	2	6	8	1	4	5
6	5	4	7	1	9	8	2	3

HISTOIRES DE SUPERMARCHÉS

La marque préférée des chanteurs

La marque Prisunic est un phénomène de la culture populaire citée dans de très nombreuses chansons comme *Le Temps des cacahuètes* (Juliette Gréco), *Prisunic* (Jean Ferrat), *Les Antimémoires* (Bernard Lavilliers), *Musique Vieille* (Patrick Bruel), *Allongés sous les vagues* (Renaud) et bien d'autres. Elle a été lancée en 1931 par les magasins Printemps pour concurrencer Uniprix créé par Les Nouvelles Galeries. En 1958, avec sa styliste Andrée Putman, elle popularise le prêt-à-porter mais finit rachetée par son concurrent Monoprix.

L'ACTU

TRIP D'INTELLIGENCE

Selon une étude publiée dans la revue *Frontiers in Psychology*, l'expansion de nos capacités mentales aurait été déclenchée grâce aux champignons hallucinogènes consommés par nos très lointains ancêtres. Selon les chercheurs à l'origine de cette hypothèse, le défi de la survie dans un environnement souvent hostile a nécessité le développement d'une plus grande intelligence et davantage de coopération. Or, ces qualités sont fortement dépendantes de la sérotonine, un neurotransmetteur créé à partir du tryptophane, un acide aminé. Les humains étant incapables de produire du tryptophane, les chercheurs soutiennent que le seul moyen pour les premiers hominidés d'augmenter leur niveau de sérotonine était de manger des champignons magiques. L'ingestion de substances psychédéliques aurait boosté leur imagination, leur éloquence et leur sociabilité, augmentant du même coup leur adaptabilité, leurs compétences intellectuelles, voire leur forme physique. Si ces scientifiques ont raison, cela signifie que nous devons notre intelligence à un groupe de primates en plein trip. Ce qui pourrait aussi expliquer deux ou trois trucs sur la bêtise humaine…

Soleil
lever : **6 h 23**
coucher : **21 h 12**

Vendredi **5 mai**

Sainte Judith – On fête aussi les Ange, Jutta, Jodie

Petite pluie de mai, tout le monde est gai.

Citations

Les femmes vivent plus longtemps que les hommes, surtout quand elles sont veuves.

Georges Clemenceau

Citations

Tous les chats sont mortels,
Socrate est mortel,
donc Socrate est un chat.

Eugène Ionesco

Expressions disparues

Avoir les oreilles qui cornent

Si quelqu'un vous dit : « Les oreilles ont dû vous corner », ne craignez rien (ou pas grand-chose), vos oreilles n'ont pas fait une corne à votre tête, comme on en fait aux pages d'un livre. Votre interlocuteur a simplement employé une expression, vieillie aujourd'hui, pour vous informer qu'on a parlé de vous, mais pas forcément en bien… Bref, vous avez dû avoir « les oreilles qui sifflent » ! « Corner » est à prendre dans son sens acoustique.

Pas si bête

La cléopâtre

Si Cléopâtre, la reine d'Égypte, s'est suicidée, le papillon qui porte son nom (attribué par Linné) semble décidé à profiter de sa vieillesse. En effet, alors que les lépidoptères ont d'ordinaire une vie d'adulte éphémère, celui-ci, jaune et orange, que l'on appelle aussi « citron de Provence », sort de sa chrysalide en mai et, au lieu de s'accoupler d'urgence comme le font ses congénères, s'attarde parmi les fleurs et estive en juillet-août dans les forêts, à l'abri de la chaleur. Il réapparaît en automne, mais c'est pour butiner et se constituer des réserves, avant d'hiverner dans un tas de bois. Il ressort en mars-avril, pour s'accoupler enfin. Il a alors près d'un an et il arrive, chose rare, que des papillons de deux générations, les parents et les enfants, volent de concert dans les massifs.

PROBLÈMES DE MATHS DU CERTIFICAT D'ÉTUDES

Pour respecter les règles de distanciation physique, 8 enfants sont alignés à une distance de 2 m les uns des autres.

1. Sachant que la largeur de leur corps, d'épaule à épaule, est égale à environ 37 cm, quelle est la longueur, en mètres, de la ligne formée par ces 8 enfants ?
2. Si, toujours en respectant les règles de distanciation physique, les 8 enfants forment un cercle, quelle sera la longueur du diamètre de ce cercle ?

Solution :
1. (0,37 × 8) + (2 × 7) = 2,96 + 14 = 16,96 m
2. Périmètre du cercle : (0,37 × 8) + (2 × 8) = 2,96 + 16 = 18,96 m
Rayon : périmètre/2π = 18,96/(2 × 3,14) = 18,96/6,28 = 3,019 m
Diamètre : 2r = 2 × 3,019 = 6,04 m

Samedi 6 mai

Sainte Prudence – On fête aussi les Avoye, Eadbert, Marien

Soleil
lever : **6 h 21**
coucher : **21 h 13**

Au jour de Sainte-Prudence, s'il fait du vent, les moutons dansent.

Citations

Dans les situations critiques, quand on parle avec un calibre bien en pogne, personne ne conteste plus. Y'a des statistiques là-dessus.

Michel Audiard

OISEAUX MIGRATEURS

Le plongeon catmarin

De la taille d'un gros canard, le plongeon catmarin nidifie dans les régions septentrionales du globe : Europe, Asie, Canada, Groenland. C'est un pêcheur émérite et un roi de la plongée, qui file sous l'eau à toute allure. Avec une grande envergure, il est capable de décoller depuis la terre, contrairement aux autres plongeons qui ont besoin de l'eau. En Europe, il hiverne surtout sur des bandes littorales. En France, par exemple, on peut l'observer sur les côtes de la Manche et de l'Atlantique, notamment dans le Morbihan et en Charente-Maritime. On le repère à son cri, un sifflement sonore et prolongé.

OPÉRAS

Madame Butterfly de Giacomo Puccini (1904)

Cette « tragédie japonaise en deux actes » (et trois heures) compte parmi les opéras les plus dramatiques. L'action se déroule au Japon vers 1900. Alors qu'il est en escale, l'officier américain Pinkerton épouse la jeune geisha Cio-Cio San – dite Madame Butterfly. Simple divertissement exotique pour lui, cette union est prise très au sérieux par la jeune femme. Rentré aux États-Unis, Pinkerton ne donne plus aucune nouvelle et se remarie. Persuadée qu'il viendra la retrouver et reconnaître leur enfant, Madame Butterfly lui reste fidèle. Drame de l'amour et de l'attente à l'atmosphère particulièrement poignante, ce chef-d'œuvre offre un raffinement orchestral extrême qui, plus de cent ans après sa création, continue d'émouvoir aux larmes. Le morceau à (ré)écouter : *Un bel di, vedremo*, souvent repris au cinéma.

LE MAL DU SIECLE

LE CHIFFRE

1,734

C'est, en kilos, le poids d'une huître géante remontée il y a quelques mois par un ostréiculteur de Plouézec, dans les Côtes-d'Armor. Repéré l'an passé par le professionnel, le monstre s'est apparemment échappé de son parc il y a une bonne vingtaine d'années, ce qui lui a permis de prospérer tranquillement. Après la pesée et quelques clichés pour la presse locale, l'ostréiculteur a remis l'énorme coquillage à l'eau. Cette pêche miraculeuse est loin d'être un record. L'an dernier, une huître de 2,2 kg avait été remontée à Carantec, dans le Finistère et, en 2018, une autre de 2,6 kg a été pêchée au large de Crozon. Le plus grand spécimen du monde a été trouvé à la frontière des Pays-Bas et de la Belgique en 2015. Sa longueur : 38 cm !

Soleil
lever : 6 h 20
coucher : 21 h 14

Dimanche 7 mai

Sainte Gisèle – On fête aussi les Domitille, Flavia, Marie-Louise

À la Sainte-Gisèle, prends garde s'il gèle.

Citations

Les femmes font les meilleurs psychanalystes jusqu'à ce qu'elles tombent amoureuses. Elles font alors les meilleurs patients.

Alfred Hitchcock

L'humanité en chiffres

Lors d'un sondage de 2019 concernant les habitudes de lecture des Français, environ 20 % des interrogés étaient des « petits lecteurs » ayant lu entre 1 et 4 livres au cours des 12 derniers mois ; 31 % d'entre eux avaient lu minimum 20 livres (« grands lecteurs ») et 39 % entre 5 et 19 livres (« moyens lecteurs »). L'année précédente, plus de la moitié des jeunes interrogés avaient affirmé ne pas avoir le temps de lire.

Citations

« Il n'y a pas de bonheur parfait ! » dit l'homme quand sa belle-mère mourut et qu'on lui présenta la note des pompes funèbres.

Jerome K. Jerome

Le bon mot de l'Histoire et le gros mot

« Messieurs les Anglais, tirez les premiers ! »
Comte Joseph Charles Alexandre d'Anterroches, 11 mai 1745

Le mot est rapporté par Voltaire dans son *Précis du règne de Louis XV*, publié en 1768, à propos d'un épisode de la bataille de Fontenoy (en Wallonie actuelle), pendant la guerre de Succession d'Autriche. La formule, destinée à valoriser la courtoisie des Français, attitude certes chevaleresque mais incompréhensible car imposée par aucune tradition militaire, est peu ou prou confirmée par un témoin oculaire, le marquis de Valfons dans ses *Mémoires*. Les Anglais s'exécutèrent. Et leur attaque causa de gros dégâts…

L'ACTU

ART ULTRA-CONTEMPORAIN

Il y a quelque temps, le musée d'art moderne d'Aalborg, au Danemark, organisait une exposition collective sur le thème du travail aujourd'hui. L'artiste Jens Haaning avait reçu l'équivalent de 70 000 euros en billets de banque pour qu'à cette occasion, il réalise une œuvre représentant un an de salaire au Danemark. Deux jours avant l'ouverture de l'exposition, le plasticien a expédié un message au musée dans lequel il expliquait qu'il n'avait pas produit l'œuvre en question mais qu'à la place, il s'engageait à en envoyer d'autres intitulées *Prends l'argent et tire-toi.* En ouvrant les caisses, les employés du musée ont effectivement pu constater que c'était bien ce que Jens Hanning avait fait : il avait gardé le magot et expédié des cadres vides. Si le musée a décidé de présenter ces « œuvres » lors de l'exposition, ses responsables cherchent néanmoins un moyen de récupérer leurs sous…

Lundi 8 mai

Sainte Désirée – On fête aussi les Gibrien, Tunvezh

Soleil
lever : 6 h 18
coucher : 21 h 16

On ne saurait désirer ce qu'on ignore. *(Proverbe romain)*

Étymologie

On ne va pas faire tout un fromage !

Qui voit dans le nom *fromage* une erreur ? Plus personne, aujourd'hui. Pourtant notre actuel *fromage* n'est ni plus ni moins qu'une altération de l'ancien *formage* (l'inversion de deux lettres s'appelle une métathèse, par exemple la prononciation « infractus » au lieu d'« infarctus »). Le nom *formage*, apparu au XIIe siècle, vient du bas latin *(caseus) formaticus*, c'est-à-dire « (fromage) moulé dans une forme », *formaticus* étant issu lui-même du latin classique *forma*, « forme ».

La gaffe de l'Histoire

Gaffes à distance

La crise sanitaire n'a pas arrêté le flot des gaffes, surtout dans le milieu professionnel. Le site Capital.fr a recensé un nombre incalculable de boulettes liées notamment aux visioconférences, comme cet auditeur qui doit détailler face à des clients de sérieuses analyses financières et affiche à la place sur l'écran les coloriages de *La Reine des neiges* destinés à sa fille.

Séries TV (acteurs et actrices)

TAHAR RAHIM – *LA COMMUNE*

Tahar Rahim apparaît pour la première fois à la télévision dans un docufiction, *Tahar l'étudiant*, mais ses véritables premiers pas en tant qu'acteur se font dans la série *La Commune*, sortie en 2007 sur Canal+. Cette histoire de guerres de territoires sur fond de crise sociétale remporte un succès critique, mais la série n'est pas reconduite. Elle permet toutefois à Rahim d'être repéré par Jacques Audiard, qui le fait tourner dans *Un Prophète*, deux ans plus tard. L'acteur obtient pour ce rôle le César du meilleur espoir masculin. Son ascension se poursuit dans les années 2010, avec plusieurs réussites dans des films indépendants, comme *Grand Central* ou *Le Passé*, mais aussi dans des films grand public comme *Samba*. Tahar Rahim continue d'évoluer en parallèle dans plusieurs séries internationales, telles que *The Eddy* (2020) et *Le Serpent* (2021).

Brèves régions

Eure-et-Loir/Le temps perdu à Illiers-Combray

C'est à Illiers-Combray, commune d'Eure-et-Loir, que Marcel Proust avait l'habitude de passer ses vacances quand il était petit, chez son oncle et sa tante paternels. À l'époque, la commune s'appelait seulement Illiers et devint Combray sous la plume de l'enfant devenu écrivain. C'est ici que se déroule *À la recherche du temps perdu* et les habitants ont souhaité rendre hommage à cette gloire littéraire en rebaptisant officiellement la commune Illiers-Combray. La demeure familiale existe toujours au cœur du village et se visite aujourd'hui car elle est devenue le musée Marcel Proust.

Mardi **9 mai**

Saint Pacôme – On fête aussi les Paciane

Au mois de mai, manteau jeté.

Vélo

De l'art du sacrifice

Déjà vainqueur de quatre étapes, René Vietto voit son Tour basculer lors de la 15e étape. Son leader et favori pour le titre, Antonin Magne, chute et brise sa roue. Pour éviter que son plus sérieux rival en profite pour le distancer, Vietto lui offre sa roue et attend le dépannage à sa place. Le lendemain, Magne tombe de nouveau et pense perdre le Tour. Vietto fait alors demi-tour, remonte le col et laisse son vélo à son leader qui finit par remporter le Tour. Un Tour que Vietto ne gagnera jamais.

Les plus vieux commerces du monde

États-Unis – Temple Slug

Il a seulement 50 ans d'ancienneté mais c'est néanmoins un magasin de records ! En effet, le *Temple Slug* continue aujourd'hui de vendre des matelas à eau. Totalement démodés, ces accessoires de literie ont connu un bref succès au début des années 1970 et sont tombés dans l'oubli, sauf peut-être dans le milieu médical où ils seraient encore utiles pour prévenir les escarres. Installé à Kansas City, dans le Missouri, le magasin se réjouit d'équiper aujourd'hui les chambres à coucher des petits-enfants de ses premiers clients, comme si le matelas aquatique était une tradition familiale et que « l'essayer, c'est l'adopter » pour des générations et des générations.

Rétro Vermot

Touristes

Elle :
– Que c'est beau, mon ami ! Quel site enchanteur, quelle vue adorable, quel ciel merveilleux ! Où sommes-nous ?

Lui :
- À la page 80 du guide.

La dictée du mois

Madame d'Albémar à Mathilde de Vernon

Je serai trop heureuse, ma chère cousine, si je puis contribué à votre mariage avec M. de Mondoville ; les liens du sang qui nous unissent me donne le droit de vous servir, et je le réclame avec instance. Si je mourrais, vous succéderiez naturellement à la moitié de ma fortune : me serait'il refusé de disposer d'une portion de mes biens pendant ma vie, comme les lois en disposeraient après ma mort ? À vingts et un ans, convenez qu'il serai ridicule d'offrir mon héritage à vous qui en avez dix-huit ! Je vous parle donc des droits de succession, seulement pour vous faire sentir que vous ne pouvez considérer le don de la terre d'Andelys comme un service embarassant à recevoir et dont votre délicatesse doive s'allarmer.

Madame de Staël, Delphine, *1803.*

contribuer, donnent, mourais, serait-il, vingt, serait, embarrassant, alarmer

Ça s'est passé

Le 9 mai 1923

Naissance du comédien Claude Piéplu qui a notamment beaucoup joué au cinéma avec Louis de Funès. Césarisé pour son rôle dans *Le Paltoquet*, il est aussi connu pour son jeu au théâtre, et dans les séries des *Shadocks* et *Palace*.

Sainte Solange – On fête aussi les Gordien, Philadelphie, Job

Soleil
lever : **6 h 15**
coucher : **21 h 19**

Folle est la brebis qui au loup se confesse.

LE SAVIEZ-VOUS ?

On ne peut pas mettre un policier derrière chaque manifestant.

Sauf quand c'est une manifestation de policiers.

Unités de mesure

Le hertz

Le hertz est la mesure de la fréquence de répétition d'un événement qui se reproduit une fois par seconde. Cette unité doit sa dénomination au physicien allemand Heinrich Hertz, né en 1857 et mort prématurément en 1894. Le nom de cet illustre scientifique est également resté attaché aux ondes électromagnétiques, connues de tous sous le nom d'ondes « hertziennes ».

Citations

Comment voulez-vous gouverner un pays où il existe 258 variétés de fromages ?

Charles de Gaulle

Argot

Demi-sel

Que l'on mette du beurre demi-sel sur sa tartine de petit-déjeuner recouverte d'une confiture sucrée, soit, c'est une affaire de goût, et cela n'a rien de méprisable. Mais en argot, un « demi-sel » n'est pas du tout un beurre. C'est un individu qui tire ses revenus à la fois d'un emploi régulier (pas salé) et de la prostitution (salé). Autant dire que, dans le milieu de la pègre, le demi-sel n'est pas vu d'un bon œil.

Bibliophiles

Jeeves, P. G. Wodehouse (Omnibus, 2018)

Jeeves, valet de chambre très conservateur d'un gentleman excentrique, est le héros de romans qui tiennent autant du vaudeville que du roman à l'eau de rose, où la virtuosité des dialogues rivalise avec le rebondissement d'intrigues loufoques. Dans un décor à la *Dowton Abbey*, de jeunes héritières sont follement amoureuses de bellâtres sans le sou, des lords sont empêtrés dans des situations compromettantes et inextricables, la ruine ou le déshonneur menacent. Heureusement, sans jamais se départir de son flegme « so british », Jeeves a toujours une solution ! À consommer avec un nuage de lait.

Brèves régions

Finistère/Les coiffes bigoudènes

Iconiques du costume folklorique bigouden, les coiffes en dentelle des Bretonnes mesurent en moyenne 30 cm de hauteur et peuvent même atteindre 40 cm à Penmarc'h. Accessoire de cérémonie, la légende voudrait qu'elles soient apparues au XVIIe siècle pour manifester une désapprobation face aux clochers qui avaient été coupés sur ordre de Louis XIV afin de réprimer une contestation fiscale. Les grandes coiffes seraient ainsi nées pour symboliser les édifices détruits. Malheureusement, la légende a été rattrapée par la vérité historique qui montre que la coiffe traditionnelle n'a commencé à s'élever qu'au XXe siècle.

Soleil
lever : 6 h 14
coucher : 21 h 20

Jeudi 11 mai

Sainte Estelle – On fête aussi les Stella, Ansfrid, Mamert

Gare s'il gèle à la Sainte-Estelle.

Randonnées

AU DÉPART DE BAINS-LES-BAINS, CANAL DES VOSGES

C'est la portion du canal de l'Est qui relie la Meuse et la Moselle à la Saône. De la Champagne-Ardenne à la Franche-Comté, le canal se déploie à travers champs et forêts. Au départ de Bains-les-Bains (Vosges), une belle randonnée (13 km, 4 h 30) commence dans les rues de la station thermale avant de rejoindre le cours d'eau. De là, on emprunte un chemin de halage bordé par les bois. Le parcours longe une ancienne carrière, ainsi que les ruines d'une forge du XVIIe siècle. Austère et silencieuse, cette promenade invite au recueillement.

30 morceaux de bœuf

LA QUEUE

La queue de bœuf est souvent présentée en boucherie sous forme de petits fagots de tronçons comprenant de la viande, de l'os et du gras. C'est une viande au goût puissant, assez gélatineuse, qui sublime le pot-au-feu comme la daube ou le ragoût. Les cuisiniers les plus raffinés utilisent la queue de bœuf pour préparer un délicieux potage anglais nommé *oxtail*.

Célébrations en musique

Igor Stravinski (1882-1971)

La vie des artistes et leur œuvre sont souvent intimement liées. Dans le cas de Stravinsky, compositeur emblématique du XXe siècle, cela paraît encore plus évident. L'auteur de *L'Oiseau de feu* (1910) et de *Petrouchka* (1911) a en effet exploré le monde et la musique avec la même passion : né en Russie dans une famille de musiciens, il a vécu en Suisse pendant la Première Guerre mondiale, puis s'est installé en France, avant d'émigrer aux États-Unis, à Los Angeles. Son œuvre musicale, développée sur près de 70 ans, présente une variété stylistique impressionnante. Son unité repose sur l'originalité et l'audace avec lesquelles l'auteur a su franchir les barrières des conventions, comme ce fut le cas avec la partition de son œuvre maîtresse, *Le Sacre du printemps* (1913), inspirée d'un rite agraire de la Russie païenne.

L'ACTU

AUJOURD'HUI MIEUX QU'HIER

À l'occasion de la journée des espèces menacées, voici trois bonnes nouvelles concernant la faune sauvage. Selon le WWF, le rorqual bleu fréquente à nouveau les eaux entourant l'île de Géorgie du Sud, près de l'Antarctique, après avoir frôlé l'extinction. Une équipe de biologistes a pu identifier pas moins de 55 spécimens dans la zone. Du jamais-vu depuis la fin de la chasse commerciale en 1986 ! Autre bonne nouvelle : après plus de 20 ans de politiques pour sa sauvegarde en Chine, le panda n'est plus menacé d'extinction. Avec 1 800 individus vivant à l'état sauvage, l'ursidé est passé de la catégorie « en voie de disparition » à celle des espèces « vulnérables ». Enfin, plusieurs espèces de thon rouge, de thon jaune et une espèce de thon blanc ne sont plus « en danger critique », selon l'Union internationale pour la conservation de la nature (UICN). Certaines d'entre elles ont ainsi quitté la « liste rouge » établie par l'organisation. Les mesures prises ces dix dernières années pour mettre fin à la surpêche commencent manifestement à porter leurs fruits.

Vendredi **12 mai**

Saint Achille – On fête aussi les Ismérie, Imelda, Pancrace

Soleil
lever : **6 h 12**
coucher : **21 h 21**

Au printemps rarement l'hiver : Pancrace, Servais et Mamert.

C'ÉTAIT VRAIMENT MIEUX AVANT (?)

« TOUT AUGMENTE ! »

Avouons-le : on a souvent l'impression que la vie est bien plus chère qu'autrefois. Et si on compare le coût d'une baguette de pain, d'une consultation médicale ou d'une voiture entre 1980 et aujourd'hui, l'explosion des prix semble incontestable : après conversion du franc, la baguette est passée de 0,25 à 0,87 euro et une voiture neuve de 4 300 à 10 000 euros. Sauf que ces prix ne tiennent pas compte de l'inflation globale : un franc de 1980 représente 0,45 euro en 2022. De fait, une baguette vendue en moyenne 1,70 franc en 1980, cela représente 76 centimes de nos actuels euros. C'est un peu plus cher, mais il faut aussi prendre en compte l'évolution des salaires sur 40 ans. En 1980, le SMIC horaire à 13,97 francs, cela fait 5,96 euros. Or, il est aujourd'hui de 9,88 euros. Une heure payée au SMIC permettait donc de s'offrir environ 8 baguettes en 1980 contre plus de 11 aujourd'hui. Pour les biens d'équipement comme les produits high-tech, l'électroménager ou l'habillement, les prix ont même baissé de manière spectaculaire. Enfin, en 1980, une Renault 5 de base était vendue 25 800 francs, soit environ 12 SMIC mensuels à l'époque. Il en faut « seulement » 11 aujourd'hui pour s'offrir une Clio. Si certains produits et services ont augmenté en 40 ans, la plupart d'entre eux ont en réalité stagné, voire franchement diminué.

La gaffe de l'Histoire

Incassable ?

L'animateur de l'émission *Recherche appartement*, Stéphane Plaza, est connu pour être parfois distrait et maladroit. La production de son émission lui a un jour acheté un verre incassable et, pour le taquiner, on lui a demandé de jeter le verre lors d'un tournage dans une maison. Il le fit, mais l'objet termina sa course sur un précieux ensemble en Murano qui fut détruit…

HEUREUX MARIAGES

S'il avait voulu filer la métaphore biblique, Édouard Eugène Ladent aurait choisi d'épouser une mademoiselle Lève, mais il préféra rester dans le milieu dentaire et épousa à Amiens, le 21 février 1848, Françoise Cécilia Dubas. Tous deux purent ainsi, on l'espère, croquer la pomme sans s'inquiéter de leur mâchoire et fonder une famille de petites incisives, canines et molaires…

Brèves régions

Haute-Garonne/Saint-Sernin de Toulouse

La basilique Saint-Sernin de Toulouse, si bien chantée par Claude Nougaro, est dédiée au premier évêque de la ville, Saturnin de son véritable nom. Il vécut au IIIe siècle et mourut dans des circonstances terribles. L'histoire raconte, en effet, que des prêtres païens demandèrent à l'évêque d'honorer l'empereur en lui sacrifiant un animal. Parce qu'il refusa de faire cette offrande, Saturnin fut attaché à un taureau furieux par ses bourreaux, puis traîné par la bête des marches du temple du Capitole jusqu'à la route de Cahors, devenue rue du Taur, dont le nom évoque toujours l'animal responsable de ce martyre.

Soleil
lever : **6 h 11**
coucher : **21 h 23**

Samedi **13 mai**

Sainte Rolande – On fête aussi les Servais, Fatima, Orlanda

Quand il pleut à la Saint-Servais, pour le blé, signe mauvais.

MOTS FLÉCHÉS

- Modèle de douceur / Mise
- Reporté / Cochonneries
- Partie prise / État d'inconscience
- A la forme d'un œuf / Acclamation
- Quartier d'hiver / Terme de géométrie
- Être dont on parle / Serre la gorge
- Parle en ami / Déchets
- Dont la oix est irritée / Pincée
- Perçues / Virage alpin
- Pierre, Paul entre autres / Richard
- Ancêtre du clavecin / Rendre pointu
- Prends à son service
- Cassé / Donne des rats
- Roulés / Contre l'étouffement
- Bosse / Presse
- Cantique / Racine
- Erbium / Capitale européenne
- Brome / Menu sur la carte
- Sujet de roman / Clémence ou Constance
- On en fait des pots / Arrive sur la scène
- Bon ou mauvais
- énétique / epère de golfeur
- Donné avant une exécution / Il se fait jeter
- Bi
- Donne soif / Suit le courant
- Champion du disque / Moitié de couple
- Montre le
- Entre la

SOLUTION PAGE 155

Dimanche **14 mai**

Saint Matthias – On fête aussi les Érembert, Djamila, Aglaé

Soleil
lever : **6 h 10**
coucher : **21 h 24**

Saint-Matthias gelé, hiver prolongé.

Brèves régions

Gard/Julien Doré

C'est à Alès, dans le Gard, que le chanteur Julien Doré est né en 1982. Après une enfance dans la ville héraultaise toute proche de Lunel, il revient dans le Gard comme étudiant, en fréquentant l'École supérieure des beaux-arts de Nîmes. C'est là qu'il commence à se produire sur scène dans différentes formations musicales avant d'exploser aux yeux du grand public à l'âge de 25 ans grâce à sa participation à l'émission *Nouvelle star* et aussi à son statut délivré par le magazine *Elle* : « Homme le plus sexy de l'année. » Quinze ans après, le succès n'a pas quitté ce Gardois qui est aujourd'hui un grand artiste.

DEVINETTES

Tantôt aromatique,
Tantôt romantique,
Apprécié soit pour ses couleurs,
Soit pour son odeur.
Qu'est-ce que c'est ?

Réponse : UN BOUQUET

L'ACTU

UTOPIE MARTIENNE

Elon Musk, le patron un brin fantasque de SpaceX, l'entreprise privée chargée par la Nasa d'assurer les transports vers la Station spatiale internationale, affiche une ambition : peupler Mars de plantes et d'animaux en utilisant une sorte d'Arche de Noé futuriste. Pour le milliardaire d'origine sud-africaine, il est en effet urgent de faire en sorte que l'humanité devienne une « espèce multiplanétaire » pour garantir sa survie. Si apporter des espèces vivantes sur la planète rouge est une belle ambition sur le papier, elle semble un tantinet déraisonnable aux yeux de la plupart des experts de l'environnement martien. Du moins pour les prochaines décennies, voire quelques siècles encore. D'après Roger Wiens, chef de projet pour les rovers Mars Curiosity (2012) et Perseverance (2020), l'idée de Musk est parfaite pour… faire parler de lui. Il explique en effet que, si grâce à son atmosphère de dioxyde de carbone « Mars peut être un bon endroit pour faire pousser des plantes maintenues au chaud et arrosées, l'endroit serait terrible pour des animaux qui ont besoin d'oxygène pour respirer ». Et, si les humains peuvent se discipliner pour porter des combinaisons spatiales ou utiliser un équipement respiratoire, un animal ne saura pas quoi faire si son alimentation en oxygène vient à manquer ou si son masque tombe. Pour Roger Wiens, expédier des animaux sur Mars, c'est à coup sûr les envoyer directement à l'abattoir. Le plus raisonnable serait donc que Musk commence par essayer d'y acclimater des jardins botaniques.

THÉÂTRES DU MONDE

La scène de Bregenz

Théâtre éphémère à ciel ouvert, le festival de Bregenz, qui a lieu tous les étés depuis 1946, dispose d'une incroyable scène flottante sur les eaux du lac de Constance, en Autriche. C'est la plus grande scène flottante du monde : elle peut accueillir près de 7 000 spectateurs ! Entre la vue sur le lac, magnifique, et les décors aussi majestueux que les jeux de lumière, assister à un opéra sur cette scène atypique est une expérience inoubliable.

Soleil
lever : **6 h 08**
coucher : **21 h 26**

Lundi **15 mai**

Sainte Denise – On fête aussi les Primel, Primaël, Privelin

Pour la Sainte-Denise, finie la bise.

Recette — Mini-clafoutis aux lardons et à la ciboulette

Pour 4 pers. | **20 min de préparation** | **20 min env. de cuisson**

- 250 g de lardons
- 1 botte de ciboulette
- 3 œufs
- 50 cl de crème liquide
- 75 g de gruyère râpé
- Poivre

Préchauffez le four à 180 °C (th. 6). Faites revenir les lardons à la poêle, sans matière grasse.

Hachez la ciboulette. Battez les œufs avec la crème liquide, ajoutez les lardons dorés, le gruyère, du poivre et mélangez encore.

Versez la préparation dans des moules individuels et enfournez pour 10 à 15 min en fonction de leur taille.

Conseils
Vous pouvez utiliser de petits moules en silicone type moules à mini-cakes ou à muffins. Servez-les pour l'apéritif, pour une petite entrée ou en plat rigolo avec une salade. La ciboulette peut être remplacée par de l'ail des ours ou toute autre herbe de votre choix. Troquez aussi les lardons contre des saucisses de Francfort : pas besoin de les faire dorer avant, coupez-les juste en tout petits morceaux.

Espace
Le marcheur de l'espace

En 2002, Philippe Perrin devient le neuvième Français de l'espace pour une courte mission de 14 jours. S'il ne passe « que » 332 heures en orbite, il trouve tout de même le temps de réaliser trois sorties extravéhiculaires et d'établir à l'époque un nouveau record de vol dans l'espace en scaphandre pour un Français, 19 heures et 32 minutes, quatrième Européen cumulant le plus de temps passé dans le vide spatial.

LES DÉBUTS DE LA PRESSE DE GUTENBERG FURENT DIFFICILES

BD de collection
Histoire de monsieur Jabot

Rodolphe Töpffer, né et mort à Genève au XIXe siècle, est-il l'inventeur de la bande dessinée ? On peut l'affirmer car, dans ses « histoires en estampes », le texte sans le dessin n'a pas de sens, et vice versa. Il publie son *Histoire de monsieur Jabot* en 1833 et, à sa grande surprise, c'est un immense succès. Goethe déclare : « C'est trop drôle ! » Son dessin au trait est précis et nerveux, novateur car Töpffer invente aussi une nouvelle technique, l'autographie, beaucoup plus simple à utiliser que la lithographie.

Citations

Il y a bien des gens qui coucheraient volontiers avec la femme d'un ami, mais refuseraient avec dégoût de fumer dans sa pipe.

Courteline

Mardi **16 mai**

Saint Honoré – On fête aussi les Germier, Brendan

Soleil
lever : **6 h 07**
coucher : **21 h 27**

À bon cheval, bon gué.

Citations

Les Antillais font grève, c'est un pléonasme.

Fabrice Éboué

Il (n')a (pas) inventé...

LE CAOUTCHOUC MOU

La sève de l'hévéa ou les produits élastomères issus des hydrocarbures sont connus et utilisés pour leur souplesse et leur élasticité. « Inventer le caoutchouc mou » reviendrait à inventer « l'eau mouillée » ou le « feu brûlant ». Dire de quelqu'un qu'il « a inventé le caoutchouc mou », c'est se moquer de lui en considérant qu'il ne connaît ou ne dit que des évidences.

Chiffres et expressions

Entre quatre planches

Celui qui se retrouve « entre quatre planches » a du souci à se faire. Car les planches en question symbolisent le cercueil et la mort. Se niche aussi dans cette expression un soupçon de mépris car, dans la réalité, chacun sait que les inhumations se réalisent de manière un peu plus sophistiquée. Être relégué à seulement « quatre planches » comme dernière demeure n'est pas glorieux.

Pêche en mer

Les daurades des graus

Sur le littoral méditerranéen, les graus sont les canaux qui relient les lagunes à la mer. Les daurades passent plus ou moins régulièrement dans ces canaux. Les passages sont parfois importants et, dans ce cas, les pêcheurs nombreux. C'est le moment de participer à cette pêche-cueillette et à la fête, car les amateurs affluent. Une canne de 4 à 5 m équipée d'un moulinet, simple réserve de fil (les prises pèsent de 200 à 500 g), est de mise. Un flotteur sphérique va permettre de repérer les touches. Les mâchoires de la daurade sont fortes et la gueule pavée de nombreuses dents en forme de molaires ; l'hameçon doit donc être solide, fort de fer. L'appât (ver, moule décortiquée) traîne sur le fond. Les touches sont franches. Il faut sortir le poisson d'autorité, car les passages peuvent être fugaces.

MÉTIERS IMPROBABLES

CONCEPTEUR D'ESCAPE GAMES

Apparus au Japon il y a 15 ans et plébiscités par les 20-45 ans, les jeux d'évasion, plus connus sous leur terme anglais *escape games* ou *escape rooms*, connaissent un succès fulgurant depuis l'ouverture de la première « room » à Paris en 2013. Il existe aujourd'hui plus de 900 espaces dans 430 villes de France. Métier méconnu du grand public, le concepteur d'escape games doit créer une intrigue, construire un scénario aux possibilités multiples, inventer des énigmes, définir des règles, mais aussi imaginer les décors dans lesquels les joueurs seront immergés. À la fois scénariste et architecte, aussi à l'aise avec les nouvelles technologies (réalité virtuelle) que le bricolage, adepte des jeux de société en général et féru de jeux vidéo, ce « maître du jeu » est un professionnel polymorphe dont la première qualité est évidemment l'imagination.

Mercredi **17 mai**

Saint Pascal – On fête aussi les Pamphalon, Restitute, Tudon

S'il tonne au jour de Saint-Pascal sans grêle, ce n'est pas un mal.

DES HÔTELS POUR CHATS

Le bon mot de l'Histoire et le gros mot

« La réforme oui, la chienlit, non ! »
Charles de Gaulle, 19 mai 1968

Cette célèbre formule fut prononcée lors d'un conseil ministériel restreint consacré à l'agitation étudiante et à la situation dans les rues de la capitale en mai 1968. Rentré la veille d'un voyage à Bucarest où il avait été accueilli triomphalement par les Roumains, le président de Gaulle demande à son gouvernement d'en finir avec « ces péripéties qui n'ont que trop duré ». Mais, dans le pays, la fièvre ne retombe pas. La contestation sociale s'agrège à l'agitation estudiantine. Dix millions de Français se mettent en grève, contraignant le gouvernement à ouvrir des négociations avec les syndicats. Le 27 mai, les accords de Grenelle sont signés. Trois jours plus tard, afin de reprendre la main, de Gaulle dissout l'Assemblée nationale. Cette fois, la chienlit est terminée.

LA DÉRIVE DES CONTINENTS !

Rétro Vermot

Timidité

– Tu as acheté une nouvelle auto ?

– Oui, je suis entré dans un magasin d'automobiles pour y téléphoner et je n'ai pas osé partir sans rien acheter.

LE CHIFFRE

230

C'est en km/h la vitesse atteinte par un Britannique avec sa tondeuse à gazon sur la piste de l'aérodrome d'Elvington Airfield, en Angleterre. Âgé de 57 ans, Tony Edwards a battu le précédent record qui était de « seulement » 214 km/h. Sa performance, dûment enregistrée par *Le Livre Guinness des records*, a été rendue possible grâce à un moteur Suzuki de 1 300 cm^3, installé à la place du moteur d'origine de la tondeuse. L'engin a également été customisé pour atteindre cette vitesse impressionnante. Tony Edwards a travaillé pendant plus de deux ans et investi l'équivalent de 26 000 euros pour réussir son exploit. Dans la série « bolides improbables », rappelons qu'une tractopelle JCB GT modifiée détient depuis peu le record de vitesse des chargeuses-pelleteuses avec une pointe à 117 km/heure et que le tracteur le plus rapide du monde est, depuis 2019, un Fastrac Two, chronométré à plus de 247 km/heure.

Solution Mots fléchés p. 151

	N		M		C		V		U		N	
C	O	M	E	T	E		A	G	N	E	A	U
	T	I	R	A	D	E		R	E	M	I	T
D	I	C	O		A	N	S	E		O	V	E
	C	H	U	S		J	A	N	V	I	E	R
L	E	A		I	C	E	L	U	I		T	U
		E	N	R	O	U	E		V	U	E	S
I	G	L	O	O	S		T	S	A	R	S	
	O		E	P	I	N	E	T	T	E		O
T	U	T	U		N	A	S	E		E	U	S
	R	A	D	O	U	B		M	A	S	S	E
A	M	I		P	S	A	U	M	E		E	R
	E	L	L	E		B	R		R	O	S	E
C	E	L	E	R	I		G	R	E	S		Z
		E	X	A	L	T	E	E		L	A	
A	P	R	E		O	R		I	D	O	L	E
	A		M	I	T	A	I	N	E		O	U
G	R	E	E	N		C	L	E		L	I	E

Jeudi 18 mai

Saint Éric – On fête aussi les Eris, Genséric, Gens, Potamon

Soleil
lever : 6 h 05
coucher : 21 h 29

La fortune envoie des amandes à ceux qui n'ont plus de dents.

Argot

Deuil

L'argot a détourné le sens de « deuil » (chagrin que l'on éprouve à la mort d'une personne) pour lui attribuer deux autres sens. Tout d'abord, celui de « danger » (« Ne va pas là-bas, y a du deuil ! »). Ensuite, dans le sens de « dénonciation » (« Ce mouchard, c'est un spécialiste du deuil. »). Ainsi l'expression « porter le deuil » signifie soit « alerter, avertir d'un danger », soit « porter plainte ». Dans les deux cas, elle est synonyme de « porter le pet ».

RÉBUS

Les livres français

HUSSARD
TOIT

Le Hussard sur le toit de Jean Giono

RUGBY

Rois du nul

En 9 éditions, seulement 6 matchs se sont conclus sur un partage des points. Le 1er a eu lieu lors de la 1re édition lors du match opposant France et Écosse (20-20). Deux autres sont venus sanctionner le même match : Canada–Japon. Les deux formations se séparent sur le score de 12-12 en 2007, puis de 23-23 quatre ans plus tard. Un Japon qui, lorsqu'il accueille sa Coupe du monde, est contraint d'annuler trois matchs pour cause de typhon et de les enregistrer comme trois nuls 0-0.

Curiosités scientifiques

La lignée bleue

En 1975, Benjamin Stacy provoque la panique dans la clinique où il vient de naître. Et pour cause, le bébé est bleu. Pourtant tout va bien, il est simplement le dernier héritier d'une lignée, les Fugate, une famille aux origines françaises qui a la particularité d'avoir la peau bleue. L'histoire démarre en 1820 lorsque Martin Fugate épouse Elisabeth Smith. L'union donne naissance à quatre enfants bleus. Il faut attendre plus de 140 ans pour trouver la clé du mystère : leur couleur vient de l'impossibilité de produire de l'hémoglobine entraînant un sang pauvre en oxygène dont la couleur brune apparaît bleutée chez les individus à la peau claire. Benjamin a vite retrouvé sa peau rose, mais bleuit de nouveau quand il fait froid.

ÇA, C'EST FAIT DIVERS !

C'est le quotidien italien *La Stampa* qui a raconté cette histoire insolite il y a quelques mois. Un homme de 39 ans, qui vivait à Turin avec son épouse et leur enfant en bas âge, entretenait une liaison extraconjugale dont il ne se cachait pas, avec une autre femme. Fin 2020, l'homme est mort dans un accident de la route. Afin de procéder à son identification, les policiers ont cherché à joindre son épouse. Mais, celle-ci étant en voyage, les autorités se sont tournées vers son amante qui s'est donc chargée de reconnaître la victime. Cette procédure ayant conféré une certaine légitimité à sa relation adultère, l'intéressée a décidé de faire valoir ses droits, en invoquant notamment les liens qui l'unissaient au disparu et leurs nombreux projets d'avenir. « Ils vivaient trois jours par semaine ensemble et il y avait une vraie intensité dans leurs sentiments », a ainsi expliqué au journal son avocat qui a multiplié les démarches auprès des compagnies d'assurances pour qu'elles prennent en compte la demande de sa cliente. Après douze mois de vaines négociations avec leurs services contentieux et alors que la compagne illégitime s'apprêtait à les assigner en justice, les deux assurances concernées ont fini par céder : elles ont accepté d'indemniser les deux femmes, l'épouse et la maîtresse. L'histoire ne dit pas la part versée à chacune de ces « moitiés » !

Vendredi 19 mai

Soleil
lever : **6 h 03**
coucher : **21 h 31**

Saint Yves – On fête aussi les Célestin, Dunstan

Il ne faut pas rincer la coupe de l'amitié avec du vinaigre.

Espace

Nouvelle vague

En 2016, Thomas Pesquet devient le dixième Français de l'espace. Cinq ans plus tard, il y retourne et établit plusieurs records : Français comptant le plus grand nombre de jours passés en orbite (395), astronaute européen ayant passé le plus de temps en sortie extra-véhiculaire (39 heures et 54 minutes), premier Français commandant de la Station spatiale internationale.

Lacs de France et d'Europe

Le lac de Carcès (Var)

Le climat du département du Var est de type méditerranéen. Les températures sont élevées et les précipitations sont rares et violentes. Toulon, les communes voisines et l'arsenal ont des besoins en eau importants, plus encore durant la saison estivale. L'alimentation en eau douce a toujours été un problème. C'est la raison pour laquelle, entre 1934 et 1939, est créé au centre du département, à la confluence de deux rivières le Caramy et l'Issole, sur la commune de Sainte-Suzanne, un réservoir d'eau douce, connu sous le nom de lac de Carcès. Les eaux se rejettent dans l'Argens, mais surtout elles servent à alimenter la région toulonnaise. Le lac couvre 100 ha et stocke 8 millions de mètres cubes d'eau douce. L'obligation de conserver une eau de qualité limite les aménagements touristiques autour du lac.

LA LUTTE CONTRE LA FRAUDE SOCIALE.

THÉÂTRES DU MONDE

La Criée à Marseille

Impossible de rater le théâtre de *La Criée* en se promenant dans le quartier du Vieux-Port à Marseille. Cet imposant édifice est tout simplement l'ancienne halle aux poissons, transférée depuis dans le quartier de l'Estaque en 1976. À l'entrée du théâtre, on peut toujours lire l'inscription « Criée libre aux poissons ». Sa façade est d'ailleurs classée monument historique et a été aménagée avec une belle partie vitrée ouverte sur le large. La nuit, les lettres rouges de son enseigne illuminent le quai et les bateaux amarrés au port.

au Jardin — LE COMPOSTAGE À FROID

C'est celui qui est pratiqué par beaucoup de jardiniers, qui préfèrent prendre leur temps. Dans le compostage à chaud, une partie de la décomposition est effectuée par des bactéries « thermophyles », capables de supporter plus de 60 °C et qui travaillent vite. Mais dans le compostage à froid, ce sont des bactéries « mésophiles », ainsi que d'autres agents, dont les vers, qui sont à l'œuvre. Pour bien composter à froid, il faut panacher les matières vertes, azotées (déchets ménagers, mauvaises herbes, tontes) et les matières brunes, carbonées (feuilles sèches, vieux foin, paille). Placez des branchages en dessous du tas pour qu'il soit aéré et ajoutez si possible quelques fourchées de vieux compost. L'arrosage n'est pas nécessaire. La maturation demande de six mois à un an en fonction de la saison.

Soleil
lever : **6 h 02**
coucher : **21 h 32**

Saint Bernardin – On fête aussi les Outrille, Austrégésille, Therezien

L'adversité est l'épreuve du courage.

Belles plantes

SPOROBULUS HETEROLEPIS

Les graminées étant pollinisées par le vent, elles n'ont pas besoin d'attirer les insectes et ne sont donc pas odorantes – à l'exception de celle-ci dont les épis exhalent un net et agréable parfum, entre la coriandre et la réglisse. Cette espèce est originaire des grandes prairies d'Amérique du Nord, et elle est utilisée par les paysagistes pour créer des prairies « naturelles », de style sauvage. Elle forme une touffe assez basse, d'environ 30 cm, au feuillage d'aspect soyeux, tout en finesse, qui s'étale élégamment et prend des teintes rouge orangé en fin de saison. Les épis, graciles et très légers, d'un rose brun doux, sont portés en été par des hampes de 1 m. Non envahissante, cette plante est un bon couvre-sol et s'utilise aussi dans les bordures mixtes (communément désignées en anglais, *mixed-borders)*. Elle supporte bien la sécheresse.

Citations

Un croque-mort est un monsieur qui ne peut avoir que des indigestions.

Élie Semoun

Rétro Vermot

– Moi, je fais mon travail le plus dur avant de prendre mon petit déjeuner…

– En quoi cela consiste ?

– À me lever.

Les scandaleuses

Caroline de Brunswick, paria de la Couronne

En 1795, pour éponger ses dettes, le prince de Galles est contraint par son père, le roi George III, d'épouser sa cousine Caroline de Brunswick, qu'il n'a jamais rencontrée. Chargé d'escorter la jeune femme jusqu'en Grande-Bretagne pour la cérémonie, Lord Malmesbury consigne ses réserves sur la future mariée dans son journal. D'après lui, elle manque de tact et de bienséance, et son hygiène est plus que douteuse. Le mariage a lieu, mais très vite, cette union forcée alimente les gazettes qui, au grand dam du prince, prennent fait et cause pour Caroline, dépeinte comme une femme affable et une épouse maltraitée. En avril 1796, l'héritier de la Couronne décide de divorcer. Dès lors, Caroline va totalement s'affranchir de son autorité, ce qui, dans l'Angleterre du XVIIIe siècle, n'est pas admissible pour une femme. Bientôt victime des pires ragots, elle est traînée devant les tribunaux par son mari sous l'accusation publique d'adultère. Lorsqu'en 1820, celui qui est encore officiellement son mari monte sur le trône et devient George IV, on interdit à Caroline d'assister aux cérémonies du couronnement. Elle décède quinze jours après ce dernier affront.

Argot

Éclairer

Lorsqu'un habitué des casinos dépose de l'argent, qui forcément brille, sur le tapis d'une mise, il est inéluctable que cet argent éclaire… Ainsi, le verbe « éclairer » a été employé en argot dans l'expression « éclairer le tapis » avec le sens de « miser ». Puis le sens s'est étendu à celui de « payer » et l'expression s'est réduite au verbe. Ainsi, celui qui éclaire, c'est celui qui paye !

Dimanche **21 mai**

Saint Constantin – On fête aussi les Second

Quand le grillon chante, plus de gelées à craindre.

BANQUIER AU COURS DE THÉÂTRE...

Châteaux forts de France

LE CHÂTEAU DE FLECKENSTEIN (BAS-RHIN)

Avec sa forme de « navire fantôme » jaillissant de la roche au cœur de la forêt des Vosges, ce château est particulièrement spectaculaire. Semi-troglodytique, l'édifice fut construit au XIIe siècle, à la demande des barons de Fleckenstein. Cette puissante famille occupa les lieux durant quatre siècles, jusqu'à la destruction du château en 1689, par les troupes françaises. Aujourd'hui, il ne demeure que des ruines, mais le site reste l'un des plus visités d'Alsace. Au cours de son histoire, la forteresse a été plusieurs fois modifiée, et régulièrement consolidée par des tours de défense et de nouveaux remparts. Aujourd'hui encore, on peut apercevoir des galeries et des escaliers creusés dans la roche, ainsi que des pièces troglodytiques.

Étymologie

J'en perds mon latin !

Notre *sinécure*, qui sonne pourtant bien français, est un anglicisme qui, lui-même, n'est ni plus ni moins qu'un latinisme : c'est l'abréviation de l'expression *beneficium sine cura*, « bénéfice sans *(sine)* travail *(cura)* » qui désignait la rémunération d'un ecclésiastique sans charge d'âmes. Par extension, *sinécure* a désigné tout poste rétribué qui n'oblige à aucun travail, sens qui tend à sortir de l'usage. Et comme le sens du mot n'est plus connu, on le trouve parfois employé dans son sens opposé : « Ah, ce boulot, c'est une vraie sinécure ! »

L'ACTU

À L'ORIGINE D'UNE TRAHISON

En août 1944, après avoir passé deux ans dans une cache à Amsterdam, Anne Frank, une adolescente de 15 ans, et sa famille, sont arrêtées par la Gestapo et déportées dans un camp d'extermination. Seul Otto, le père de Anne, survit. À son retour, découvrant le journal intime de sa fille, il décide de le faire éditer. Après la guerre, plusieurs hypothèses concernant l'arrestation du groupe ont été émises. Pour certains historiens, la cachette a été découverte par hasard. Pour d'autres, il y a eu dénonciation. Rouvert en 2017 par Vince Pankoke, un ancien agent du FBI, ce *cold case* historique vient certainement d'être résolu. Pankoke et ses enquêteurs ont réétudié les archives de la police néerlandaise. À l'aide d'une intelligence artificielle spécialement mise au point, ils ont pu reconstituer les réseaux de connaissance de la famille Frank. Et le nom d'Arnold van den Bergh a « matché » pour plusieurs raisons. D'abord, cet homme d'affaires était membre d'un « Conseil juif » – des administrations mises en place par les nazis pour faire appliquer les règlements au sein de la communauté juive – qui a fourni à la Gestapo une liste d'endroits où des citoyens juifs pouvaient se cacher. Autre élément « à charge » : Van den Bergh, lui-même juif, n'a pas été déporté après le démantèlement des Conseils juifs car il bénéficiait manifestement de « protections ». Enfin, une note anonyme reçue par Otto Frank dès 1948 et retrouvée par les enquêteurs pointait déjà sa responsabilité. Selon les enquêteurs, si cet homme a dénoncé la cache de la famille Frank, c'est pour protéger sa propre vie et celles de son épouse et de ses enfants qui vivaient aussi à Amsterdam…

Lundi 22 mai

Saint Émile – On fête aussi les Rita, Quitterie

Soleil
lever : **6 h 00**
coucher : **21 h 34**

Pour que monte l'artichaut, il faut de la pluie et du temps chaud.

VERMOT'ROSCOPE

GÉMEAUX (22 mai – 21 juin)

Votre caractère

Communicatif, curieux, ouvert d'esprit, observateur, inventif, intelligent, opportuniste, adaptable, vif, rapide, bon vivant, pétri d'humour, intuitif, cérébral, changeant, caméléon, surprenant, insaisissable, aérien, désinvolte, ambigu, infantile, nerveux voire angoissé.

Vos planètes de l'année

Dès le mois de mars, profitez des premières influences de Pluton pour bousculer vos habitudes et transformer votre quotidien. Ne luttez par contre les changements qui se profilent à l'horizon mais épousez-les. Pour certains natifs, Chiron vous permettra de dépasser une situation compliquée ou un événement marquant de votre passé.

Vie relationnelle

Le premier semestre sera idéal pour améliorer vos échanges avec les autres, voir vos amis et vous ouvrir à de nouvelles relations. Acceptez les invitations et les sorties qui contribueront à votre bien-être. À partir de juillet, toutes les occasions de faire de nouvelles rencontres seront bonnes à prendre.

Amour

À deux, de janvier à juin, misez sur les échanges et les projets pour consolider votre relation. Parlez de vos envies et de votre avenir. Passez le printemps, retrouvez-vous.

Si vous êtes célibataire, vos amis auront votre priorité et vous saisirez toutes les occasions qui vous permettront de passer de bons moments avec eux. D'un bout à l'autre de 2023, la joie et la bonne humeur vous accompagneront. Pour aller vers une rencontre, vous devrez attendre 2024.

Famille

Les échanges seront à l'honneur une grande partie de 2023. Cela vous permettra de mieux comprendre vos proches et de passer de bons moments ensemble. Certains saisiront toutes les occasions pour se réunir autour d'un bon déjeuner ou dîner. La complicité rythmera vos relations.

Quotidien et vitalité

La première partie de l'année vous permettra de faire le plein d'énergie ou vous verra gagner en bien-être ainsi qu'en joie de vivre. Plus épanoui, mieux dans votre tête, vous n'aurez aucun problème à affronter les grandes échéances de l'année. À partir de l'été, multipliez les activités qui ressourcent.

Budget

2023 vous trouvera très prévoyant et vous chercherez à mettre de l'argent de côté dès que vous le pourrez. Assidu dans la gestion de vos comptes, vous aurez une pleine maîtrise de votre finance, et ce, quoi que vous viviez ou quelle que soit votre situation.

Optimisez 2023

Regardez vers l'avenir et positivez. Efforcez-vous de croquer la vie à pleines dents et saisissez toutes les occasions de mettre de la joie dans votre quotidien.

Brèves régions

Gers/Larressingle

Larressingle est un petit village fortifié du XIIIe siècle situé à quelques kilomètres de Condom, dans le Gers. Les connaisseurs le surnomment la « petite Carcassonne du Gers » car c'est un témoin vivant et pittoresque de l'architecture médiévale. Alors qu'il était déserté et a failli disparaître au début du XXe siècle, il a été sauvé grâce à un comité de sauvegarde fondé par le duc de Trévise. Murs d'enceinte, courtines, tours crénelées, fossé, porte d'entrée, église fortifiée, château, maisons médiévales accolées aux murailles… Incroyablement bien préservé et conservé, il transporte les visiteurs dans un voyage dans le temps déroutant.

Soleil
lever : **5 h 59**
coucher : **21 h 36**

Mardi **23 mai**

Saint Didier – On fête aussi les Guibert, Bili

Il faut avoir plusieurs cordes à son arc.

L'humanité en chiffres

L'Éducation nationale a homologué 540 établissements scolaires dans 139 pays. 8 600 enseignants titulaires du ministère de l'Éducation nationale, de la Jeunesse et des Sports sont détachés par l'État français pour enseigner aux 370 000 élèves, dont 60 % d'étrangers. Le Liban est le pays qui accueille le plus d'établissements d'enseignement français homologués. À la rentrée 2020, le pays comptait 35 lycées, 43 collèges et 55 écoles.

Onomatopées

dans différentes langues

LE SILENCE TRAVERSE DIFFICILEMENT LES FRONTIÈRES

Le plus souvent, les onomatopées présentent des similarités d'une langue à l'autre : on retrouve une même consonne ou une même voyelle. Il en est pourtant une qui semble ne pas respecter la règle : c'est celle par laquelle on demande le silence. En France, le silence s'impose avec un « chut ! », au Royaume-Uni avec un « shh ! » ou « hush ! », en Allemagne avec un « pst ! », en Espagne avec un « ¡chis ! » et en Italie avec un « sst ! ».

Jeux de société

Trivial Pursuit® (Hasbro)

Le Québécois est facétieux. Pour se moquer de l'esprit de sérieux de ceux qui, en soirée, font étal de leur culture, deux journalistes, Scott Abbott et Chris Haney, inventent en 1979 un jeu, *Quelques arpents de piège*, qui deviendra le fameux *Trivial Pursuit*® (*Trivial* signifiant « futile »). Ils ont rédigé plus de 6 000 questions portant sur des sujets allant de la géographie à l'intimité des célébrités. Ce jeu de culture générale décline aujourd'hui de multiples thèmes (région, cinéma, sport…). Il s'agit de montrer combien on sait de choses en bonne camaraderie… mais non sans esprit de compétition. De quoi mettre à rude épreuve les amitiés les plus solides, ou ruiner une image patiemment construite de type sympa et humble (n'y voyez rien de personnel, cela va sans dire).

FOOT

Un pas vers l'égalité

Superstar mondiale, Ballon d'or 2019, l'Américaine Megan Rapinoe s'est rendue à la Maison Blanche en mars 2021 pour défendre la cause de l'égalité salariale entre footballeurs et footballeuses. Deux fois championne du monde, elle réclame alors que les internationales américaines touchent les mêmes primes que leurs homologues masculins. Après avoir attaqué leur fédération en 2019 et obtenu le départ d'un président qui refusait de leur accorder l'égalité salariale, les joueuses de la sélection ont eu gain de cause en septembre 2021. À cette date, les États-Unis devenaient la neuvième fédération sur les 211 existantes à mettre joueurs et joueuses de ses sélections sur un pied d'égalité. Les autres sont l'Angleterre, l'Australie, le Brésil, la Finlande, l'Irlande, la Norvège, la Nouvelle-Zélande et les Pays-Bas.

Mercredi **24 mai**

Saint Donatien – On fête aussi les Rogatien, Zoël, Maël, Servilio

Soleil
lever : **5 h 58**
coucher : **21 h 37**

Les petits ruisseaux font les grandes rivières.

HISTOIRES DE SUPERMARCHÉS

Promodès, groupe aux multiples enseignes

Le groupe Promodès a été créé en 1950 par un petit épicier de la Manche. Il lance quantité d'enseignes : supermarché Champion en 1960, hypermarché Continent en 1972 à Ormesson-sur-Marne, Shopi en 1973 pour les centres-villes, les superettes 8 à Huit en 1977, et enfin Dia en 1979. Il rachète ensuite Codec et les 11 hypermarchés Record. Dans les années 90, le groupe possède 87 hypermarchés en France et près de 250 à l'étranger. En 1999, il fusionne avec Carrefour, et à partir de 2007, Champion devient Carrefour Market, et les Shopi à partir de 2009 deviennent Carrefour City ou Contact. Le dernier Champion de France est devenu Carrefour en 2018. Situé à Montmartre, les gens le prenaient en photo comme un vestige des années 1980.

Vélo

Pas si vain

À chaque édition du Tour, le public se passionne pour les échappées qui viennent animer les courses. L'une d'entre elles est tout de même restée dans l'histoire. En 1947, Albert Bourlon décide de sortir du peloton dès les premiers hectomètres de la 14e étape. Connu pour ses efforts vains et insensés, il provoque le sourire du peloton. Mais 253 kilomètres plus tard, le Français remporte l'étape, laissant son nom dans l'histoire de l'épreuve en signant la plus longue échappée solitaire. Un record inégalé.

MOTS MÊLÉS

Symboles des pays

C	N	U	V	T	N	A	S	S	I	O	R	C	F
E	Y	V	I	G	O	G	N	E	U	W	B	L	E
O	M	G	G	R	E	O	V	O	I	D	I	L	I
J	R	E	N	S	G	K	R	F	R	E	E	K	N
E	J	O	H	A	H	U	L	A	E	P	R	O	L
U	Q	V	R	T	O	V	P	R	H	R	F	B	I
G	P	D	N	G	N	O	I	A	W	A	B	G	E
R	Y	J	N	D	E	A	N	W	U	H	N	N	L
A	G	A	E	L	T	T	S	C	T	A	B	I	O
G	K	Z	G	E	S	E	O	Y	Y	A	O	R	S
Y	V	I	R	V	R	N	C	N	R	N	U	P	B
P	A	C	U	Q	U	G	I	L	B	H	R	S	J
O	E	F	Q	S	O	Y	O	M	B	O	C	R	V
S	F	E	N	N	E	C	E	D	R	E	T	K	I

Solution page 166

Cherchez les noms des symboles des pays cachés dans la grille ci-dessus. Vous les trouverez soit horizontalement, soit verticalement ou encore en diagonale ; ils peuvent se lire de gauche à droite ou de droite à gauche.

AIGLE (Allemagne)
CÈDRE (Liban)
CHRYSANTHÈME (Japon)
COQ (France)
CROISSANT (Turquie)
CYGNE (Danemark)
DRAGON (Chine)
ÉLÉPHANT (Thaïlande)
FAUCON (Syrie)
FENNEC (Algérie)
HARPE (Irlande)
KANGOUROU (Australie)
KIWI (Nouvelle-Zélande)
LÉOPARD (Somalie)
LION (Norvège)
OURS (Russie)
PYGARGUE (États Unis d'Amérique)
SECRÉTAIRE (Soudan)
SOLEIL (Argentine)
SOYOMBO (Mongolie)
SPRINGBOK (Afrique du Sud)
TIGRE (Inde)
VIGOGNE (Pérou)
YIN YANG (Corée du Sud)

Ha ! Ha ! Ha ! La bonne blague Ha ! Ha ! Ha ! Ha ! Ha ! Ha !

Alors qu'elle est au lit avec son amant, une femme entend la clé dans la porte.
« Reste où tu es, dit-elle à son amant. Mon mari est tellement ivre qu'il ne remarquera même pas que tu es au lit avec moi. »
Mais quelques minutes plus tard, alors qu'il s'est allongé, le mari distingue, au milieu des vapeurs d'alcool, six pieds qui dépassent au bout du lit. Il se tourne vers sa femme et articule péniblement :
« Il y a six pieds dans ce lit. Il ne devrait y en avoir que quatre. Qu'est-ce qui se passe ?
– Tu es tellement soûl que tu as mal compté, lui dit sa femme. Sors du lit, mets-toi au bout et réessaye. »
Le mari sort du lit et commence à compter :
« Un, deux, trois, quatre. Ah bah oui, t'as raison. »

Jeudi **25 mai**

Soleil
lever : **5 h 57**
coucher : **21 h 38**

Sainte Sophie – On fête aussi les Bède, Sonia

À l'impossible nul n'est tenu.

Bibliophiles

Thérèse Desqueyroux, François Mauriac (Grasset, 1927)

La femme que l'on abandonne, à la fin du roman, à la terrasse d'un café, une cigarette aux lèvres, des générations de lecteurs n'ont cessé d'en croiser la silhouette au détour d'une rue, dans un album de photographies ou dans les histoires familiales murmurées à la fin d'un repas. *Thérèse Desqueyroux*, c'est l'air torride des Landes l'été, asséché encore par la fumée de gauloises écrasées nerveusement dans un cendrier d'ivoire, le sentiment d'étouffer, un geste mystérieux qui tient du désespoir et d'une volonté, coûte que coûte, de rompre, de vivre. Un des plus beaux romans du XXe siècle.

Citations

Une signature manuscrite révèle souvent le caractère de son auteur. Et parfois même son nom.

David Letterman

POULES, POULETTES

LA COUCOU DE RENNES

La couleur coucou, chez les volailles, correspond à un plumage gris, plus ou moins bleuté, barré de blanc et rappelant celui du coucou – l'oiseau. Cette poule bretonne compte parmi les meilleures pondeuses de race ancienne, avec annuellement plus de 200 œufs à coquille de nuance rousse. Et c'est aussi une bonne couveuse. Avec un corps allongé, elle est solide et forte, d'un poids supérieur à 2,5 kg, et l'on aime sa chair fine, au petit goût de noisette. Cette poule rustique était élevée en Bretagne au XIXe siècle, mais c'est un passionné, le docteur Ramé, qui a façonné la race vers 1880. Cependant, un siècle plus tard, après une période faste, la coucou a failli disparaître. Heureusement, grâce à une association de sauvegarde créée en 1997, la race a retrouvé un peu de dynamisme.

Citations

Il ne faut pas attribuer à la vieillesse tous les défauts des vieillards.

Alphonse Karr

Ça s'est passé

Le 25 mai 1926

Naissance de Miles Davis à Alton, dans l'Illinois. Compositeur et trompettiste, il a marqué l'histoire du jazz en recherchant constamment de nouvelles évolutions et a su s'entourer de talents en devenir. Il a notamment cherché à mêler le jazz avec d'autres genres musicaux comme le rock. Davis a également composé des bandes originales de films, comme celle d'Ascenseur pour l'échaffaud, de Louis Malle.

Vendredi **26 mai**

Saint Béranger – On fête aussi les Bérangère, Éleuthère, Godon

Soleil
lever : **5 h 56**
coucher : **21 h 39**

Petit à petit, l'oiseau fait son nid.

Recette — Délice de citron et délice de fraise

Au secours, ils font attention à leur ligne !
Ces deux desserts peu caloriques sont de purs délices, mousseux ou glacés !

Pour 4 à 6 pers. — **30 min de préparation** — **2 h de congélation (pour l'option glacée)**

Pour la mousse au citron
- 7 citrons verts et/ou jaunes non traités (jus et zestes)
- 100 g de sucre
- 2 blancs d'œufs

Pour la mousse à la fraise
- 500 g de fraises
- 2 blancs d'œufs
- 100 g de sucre (ajuster selon la variété de fraises)

Pour la mousse au citron, lavez puis râpez le zeste des citrons avant d'en presser le jus. Placez les blancs d'œufs dans un cul-de-poule et commencez à les fouetter au batteur électrique. Ajoutez le jus et les zestes. Battez encore, cette opération prend plusieurs minutes. Placez au frais.

Pour la mousse aux fraises, lavez les fruits, équeutez-les et coupez-les en petits morceaux. Passez-les rapidement au mixeur. Placez les blancs d'œufs dans un cul-de-poule avec le sucre et commencez à les fouetter au batteur. Versez le coulis de fraises. Battez encore pendant plusieurs minutes. Placez au frais.

Variante glacée
Mettez la préparation dans un récipient allant au congélateur et mélangez toutes les 30 min, jusqu'à ce qu'elle prenne.

Chiffres et expressions

Être au septième ciel

Dans l'Antiquité, lorsque les moyens d'observation céleste étaient rudimentaires, nos ancêtres ne dénombraient que sept planètes en plus de la Terre : Soleil, Lune, Vénus, Mercure, Mars, Jupiter et Saturne. Cette dernière, la plus éloignée, symbolisait une forme d'extrémité au-delà de laquelle il était impossible d'aller. L'objectif ultime était donc d'atteindre « le 7e ciel ».

Citations

Expérience : nom dont les hommes baptisent leurs erreurs.

Oscar Wilde

Brèves régions

Gironde/Les asperges du Blayais

Cultivées sur 200 hectares dans les sols sableux de l'embouchure de la Gironde, les asperges du Blayais ont la peau fine et sont peu fibreuses. Une soixantaine de producteurs seulement les proposent, soit blanches soit violettes, ce qui représente environ 700 à 800 tonnes vendues chaque année. Recherchées aussi bien par les amateurs d'asperges que par les plus grands chefs, elles excellent dans la délicatesse et la douceur. Nul besoin de se lancer dans des recettes compliquées pour déguster ce trésor girondin, les asperges du Blayais se mangent à peine cuites à la vapeur, simplement servies avec un trait d'huile d'olive.

Ça s'est passé

Le 26 mai 1923

Première édition des 24 heures du Mans avec 33 voitures au départ. Le bolide Chenard et Walcker est le premier lauréat d'une course qui deviendra mythique.

Soleil
lever : **5 h 55**
coucher : **21 h 40**

Samedi **27 mai**

Saint Augustin de C. – On fête aussi les Brunon, Bed

Les absents ont toujours tort.

OISEAUX MIGRATEURS

Le vanneau huppé

Il est aisément reconnaissable à son plumage vert foncé sur le dos et noir et blanc en dessous, et surtout à sa belle huppe fine et dressée. Quand il vole en groupe, il produit un effet de clignotant noir et blanc des plus esthétiques. Les vanneaux huppés européens nidifient dans les zones septentrionales, mais ils s'envolent en groupes nombreux dès le milieu de l'été vers le sud du continent et jusqu'au nord de l'Afrique. Ils sont alors très présents en France, dans les zones agricoles et à proximité de points d'eau, près desquels ils se rassemblent le soir, en nombre.

Charade classique

Mon premier est une héroïne de l'histoire de France.

Mon deuxième est au goût du jour.

Mon troisième est un prédateur domestique.

Mon quatrième est une proie trop coriace pour **mon troisième**.

Mon tout est une danseuse, chorégraphe et directrice de ballet française.

(JEANNE – IN – CHAT – RAT)
JANINE CHARRAT

Les plus vieux commerces du monde

États-Unis – The Brick Store

Connu pour être le plus ancien magasin des États-Unis, *The Brick Store* tient son nom tout simplement au fait qu'il soit construit en brique. Installé depuis 1790 à Bath, dans le New-Hampshire, au nord-est de New York, c'est le type même des bazars qu'on trouvait autrefois dans toutes les petites villes américaines. Reconnu comme monument historique en 1985, il est célèbre pour ses beignets au babeurre, ses viandes fumées et son *fudge*, une confiserie confectionnée avec du beurre, du sucre, du lait et généralement parfumée avec du chocolat ou de la vanille. Il a failli disparaître pour raisons économiques en 2016 mais a finalement été racheté et fonctionne toujours.

LA FRANCE, 3E EXPORTATEUR MONDIAL D'ARMEMENT.

PROBLÈMES DE MATHS DU CERTIFICAT D'ÉTUDES

1. Sachant que la contenance d'une flûte à champagne est égale à 12,5 cl, qu'on a servi 2 flûtes à chaque invité et qu'on a utilisé et vidé un melchizédech qui contient 30 l de champagne, combien y avait-il d'invités ?
2. Combien de champenoises (bouteilles de 75 cl) doit-on ouvrir pour servir 3 flûtes de champagne à 45 invités ?
3. Si un lot de 6 champenoises coûte 830 F et un lot de 3 magnums (bouteilles de 1,5 l) 826 F, quelle est la meilleure offre pour 72 invités à qui seront servies 3 flûtes de champagne ?

Solution :
1. 3 000/(12,5 × 2) = 120 invités
2. Quantité de champagne : 12,5 × 3 × 45 = 1 687,5 cl
1 687,5/75 = 22,5 soit 23 bouteilles.
3. Le lot des 3 magnums.
Quantité de champagne requise : 12,5 × 3 × 72 = 2 700 cl ou 27 l.
Nombre requis de champenoises : 2 700/75 = 36 donc 6 lots
Prix des champenoises : 6 × 830 = 4 980 F
Nombre requis de magnums : 27/1,5 = 18 donc 6 lots
Prix des magnums : 6 × 826 = 4 956 F

Dimanche **28 mai**

Saint Germain – On fête aussi les Lanfranc, Guillemette

Soleil
lever : **5 h 54**
coucher : **21 h 41**

Patience et longueur de temps font plus que force ni que rage.

Patronymes animaliers

GEORGES FENECH

Né à Sousse en Tunisie où son père exploitait 300 hectares d'oliviers, Georges Fenech a étudié en France où il a été rapatrié avec sa famille en 1963, alors qu'il avait 8 ans. Après une maîtrise de droit, il intègre la prestigieuse École nationale de la magistrature et devient juge d'instruction. Il se lance ensuite dans un engagement syndical comme président de l'Association professionnelle des magistrats, puis dans la politique et devient député UMP de la 11e circonscription du Rhône. Sa famille est originaire de l'île de Malte où son patronyme signifie « lapin » dans la langue locale. À ne pas confondre avec le renard des sables en arabe qui a donné le mot « fennec » en français.

Ville en chanson

Toulouse

La ville du groupe Zebda est aussi connue pour être celle où est né Claude Nougaro qui l'a chantée dans sa fameuse chanson *Toulouse* sortie en 1967. Pourtant, on raconte que sa première version, qui décrivait son enfance dans le triste quartier des Minimes où vivaient ses grands-parents, ne serait sûrement pas devenue l'hymne de la ville rose tant elle était sombre. Dans sa version définitive, il reprend dans son refrain les paroles apprises à l'école de la *Toulousaine* écrite en occitan (en 1845) et se remémore le canal du Midi, la basilique Saint-Sernin et les briques rouges.

Solution Mots mêlés p. 162

C	N	U	V	T	N	A	S	S	I	O	R	C	F
E	Y	V	I	G	O	G	N	E	U	W	B	L	E
O	M	G	G	R	E	O	V	O	I	D	I	L	I
J	R	E	N	S	G	K	R	F	R	E	E	K	N
E	J	O	H	A	H	U	L	A	E	P	R	O	L
U	Q	V	R	T	O	V	P	R	H	R	F	B	I
G	P	D	N	G	N	O	I	A	W	A	B	G	E
R	Y	J	N	D	E	A	N	W	U	H	N	N	L
A	G	A	E	L	T	T	S	C	T	A	B	I	O
G	K	Z	G	E	S	E	O	Y	Y	A	O	R	S
Y	V	I	R	V	R	N	C	N	R	N	U	P	B
P	A	C	U	Q	U	G	I	L	B	H	R	S	J
O	E	F	Q	S	O	Y	O	M	B	O	C	R	V
S	F	E	N	N	E	C	E	D	R	E	T	K	I

Duos du grand écran

John Wayne **John Ford**

Les deux John ont marqué le cinéma américain du xxe siècle. Alors que Wayne végète dans des westerns de séries B, Ford lui offre le rôle principal dans *La Chevauchée fantastique* (1938). C'est une révélation, et le film est nommé sept fois aux Oscars. Le réalisateur a trouvé son alter ego, et le comédien accède au rang de vedette. Ensemble, ils vont tourner près d'une vingtaine de films, dont *Le Fils du désert* en 1948, *Rio Grande* en 1950 et *La Prisonnière du désert* en 1956. Dans ses interviews, Wayne surnomme Ford « Pappy » et le considère comme son professeur. Leur dernier western tourné ensemble, *L'homme qui tua Liberty Valance*, est lui aussi entré dans les annales du grand écran.

Soleil
lever : **5 h 53**
coucher : **21 h 42**

Lundi **29 mai**

Saint Aymar – On fête aussi les Bona, Ursule, Géraldine

La Pentecôte donne les foins ou les ôte.

Pains & gâteaux

L'etxeko bixkotxa, le gâteau basque

Son nom basque se traduit en français par « biscuit maison ». C'est le gâteau de fête traditionnel du Pays basque. De forme ronde, il est composé d'un biscuit aux garnitures variées : crème pâtissière au rhum et à la vanille, crème d'amande ou confiture de cerises noires d'Itxassou sont les plus courantes. Ce merveilleux dessert s'est fait connaître un peu partout en France. Il a même sa propre fête, organisée en octobre dans la station thermale de Cambo-les-Bains au Pays basque.

Chantiers de restauration

Le château de Domeyrat

Depuis plus de 800 ans, le château de Domeyrat domine fièrement le village du même nom et la vallée de la Senouire au sud-est de Brioude, en Haute-Loire. Son imposante silhouette, perchée sur un piton rocheux, est visible de loin et fascine quiconque l'aperçoit. Propriété du département, il a été classé monument historique en 1983 et est aujourd'hui géré et animé par Domeyrat Réinventé ! Cette association, membre de l'Union Rempart, organise des chantiers de bénévoles pour sauvegarder ce patrimoine exceptionnel. Restauration de l'existant et reconstruction partielle sont au programme dans un esprit de transmission, de solidarité et de partage. C'est ainsi que, peu à peu, en plaçant l'humain au cœur du projet, ce château reprend vie et représente un haut lieu culturel de la Haute-Loire.

Argot

Enfler

En argot, il y a se faire enfler et se faire enfler, ce qui, a priori est différent. L'un (le premier ou le second, peu importe) signifie « se faire mettre enceinte » (effectivement, durant la grossesse, on « enfle »), l'autre (le second ou le premier, peu importe aussi) signifie « se faire gruger, se laisser abuser ». Dans ce sens, « enfler quelqu'un », n'est-ce pas effectivement le remplir de vide ?

Belles plantes

HERBE AUX ÉCOUVILLONS

L'écouvillon est cette petite brosse cylindrique à long manche qui sert à nettoyer les bouteilles. Et il faut avouer que les jolis petits épis de cette graminée asiatique lui ressemblent beaucoup, même si l'on peut trouver qu'ils font plutôt penser à une queue de renard, comme le suggère le nom d'espèce alopecuroides de ce Pennisetum. Pour le jardin, la plus belle variété est Hameln, parce qu'elle forme une touffe dense et compacte (non invasive), de 30 cm de hauteur et d'étalement, d'un feuillage caduc vert frais ; les nombreux épis, blancs et soyeux, apparaissent en été, et prennent en automne des tons un peu bruns. L'herbe aux écouvillons est plantée en vaste groupe dans les jardins en mouvement, les épis étant sensibles au moindre vent. C'est une plante de plein soleil, pour sol ordinaire.

Citations

La force des femmes n'est pas dans ce qu'elles disent mais dans le nombre de fois qu'elles le disent.

Marcel Achard

Mardi **30 mai**

Saint Ferdinand – On fête aussi les Yanna, Lorraine

Soleil
lever : **5h53**
coucher : **21h43**

À tout seigneur, tout honneur.

Charade classique

Mon premier est représenté par on.

Mon deuxième est la subdivision d'une espèce animale.

Mieux vaut ne pas être sur **mon troisième**.

Mon tout est un écrivain et explorateur français.

(GENS – RACE – PAILLE)
JEAN RASPAIL

Les pires prédictions de l'Histoire

Le 18 mai 1910, le passage de la comète de Halley à proximité de la Terre devait détruire toute la vie. C'est en tout cas ce que pensait une partie de l'humanité après une déclaration de Camille Flammarion. Le célèbre astronome français avait en effet développé plusieurs scénarios, dont celui de la fin de toute vie par asphyxie à cause des gaz présents dans la queue de la comète. La presse s'empressa de rapporter les termes du savant français, sans préciser qu'il ajoutait que cette hypothèse était fort peu probable. Résultat : la panique se propagea dans le monde entier comme une traînée de poudre. L'astronome eut beau multiplier les conférences pour calmer la population, partout on redoutait l'échéance fatidique. Le jour J, rien ne se passa. Aucun événement ne fut même observé dans le ciel au cours de la nuit. Pas d'étoiles filantes, d'aurores boréales ou autres retombées de gaz. Rien. En fait, la Terre n'a pas traversé la chevelure de la comète ce soir-là. Les calculs étaient faux.

Séries TV (acteurs et actrices)

KATE WINSLET – *DARK SEASON*

Une adolescente aux cheveux rouges sauve ses camarades d'école d'un dangereux complot informatico-fantastique. Tel est le pitch de *Dark Season*, étrange série qui offre à Kate Winslet, tout juste 16 ans, son premier rôle marquant. La jeune actrice, qui sort d'une école de théâtre, tire immédiatement son épingle du jeu dans cette série britannique diffusée en 1991 sur la BBC et menée par Russel T. Davies (qui réalisera par la suite *Queer as Folk* et *Doctor Who*). Son charisme est remarqué et, deux ans plus tard, elle décroche un premier rôle au cinéma, celui de Juliet Hulme dans *Créatures célestes* de Peter Jackson (1994). Sa performance est saluée par la profession ; elle enchaîne avec *Raison et Sentiments* d'Ang Lee (1995), qui lui vaut de décrocher à 20 ans le BAFTA de la meilleure actrice dans un second rôle. Le grand public international la découvre en 1997 dans *Titanic* aux côtés de Leonardo DiCaprio.

HISTOIRES DE SUPERMARCHÉS

L'une des plus anciennes enseignes

Créé en 1898, le groupe Casino est l'un des plus anciens groupes de grande distribution en France. Les parents du fondateur Geoffroy Guichard tenaient une épicerie à Saint-Étienne. Ils se sont associés avec Paul Perrachon, propriétaire d'un commerce situé dans un ancien café chantant baptisé « Casino lyrique ». En 1923, le groupe rachète les magasins Épargne et marque le début d'une série d'acquisitions. Le premier magasin en libre-service est ouvert en 1957 à Nice sous la marque Nica. En 1959, le groupe est le premier à proposer une date limite de vente sur ses produits. En 1970, il ouvre le plus grand hypermarché de France à Marseille (16 000 m^2) et en 1992, il fusionne avec Rallye. Il possède aujourd'hui notamment les enseignes Casino, Monoprix, Franprix, Vival, Leader Price et Naturalia.

Soleil
lever : 5 h 52
coucher : 21 h 44

Mercredi 31 mai

Sainte Pétronille – On fête aussi les Pierrette, Perrine

Eau de Sainte-Pétronille, change raisin en grappilles.

30 morceaux de bœuf

LE COLLIER

Comme son nom l'indique, c'est au niveau du cou de l'animal que se situe le collier de bœuf. Il s'agit d'un muscle fort qui nécessite un temps de cuisson assez long. Il se marie bien avec le gîte ou la basse-côte dans des préparations comme le pot-au-feu ou la daube. Les cuisiniers audacieux utilisent également le collier dans la blanquette.

La gaffe de l'Histoire

Jean-Pierre Belmondo

Sandrine Rousseau faisait campagne pour sa candidature à la primaire écologiste lorsque l'icône du cinéma Jean-Paul Belmondo mourut. Voulant occuper une place dans le paysage médiatique, elle s'empressa de publier un tweet désastreux : « Merci Jean-Pierre Belmondo d'avoir porté haut le cinéma français. Une dernière cascade en espérant qu'elle n'ait pas été trop difficile. »

Citations

La réduction du temps de travail : pour les chômeurs, c'est déjà fait.

Guy Bedos

Ça s'est passé

Le 31 mai 1923

Naissance du Prince Rainier III, prince souverain de Monaco de 1949 à 2005. En avril 1956, il épouse l'actrice Grace Kelly avec qui il a trois enfants : Caroline, Albert et Stéphanie.

FOOT

La Ligue des championnes

Si les hommes disputent leur Ligue des champions depuis 1955, les femmes ont dû attendre l'arrivée du XXIe siècle pour avoir droit à la leur. La première édition d'une compétition alors nommée Coupe féminine de l'UEFA est remportée par les Allemandes du FFC Francfort, elle lance neuf années de lutte entre représentants allemands et suédois, seul Arsenal parvenant à s'insérer dans le palmarès. En 2010, la compétition devient Ligue des champions féminine en même temps que l'Olympique lyonnais dispute sa première finale. Le club français domine toute la décennie, disputant neuf finales et en remportant sept éditions sur dix. En 2021, une nouvelle étape est franchie : la Ligue des champions féminine s'ouvre à plus de participants (72 au lieu de 62) et installe une phase de groupes en guise de phase finale. Comme chez les hommes.

ENIGMES

L'inspecteur demande à deux voyous à quel gang ils appartiennent. Jérôme déclare qu'il est membre du gang Kassetou ; Enzo, lui, dit appartenir au gang Porc-salut. Un policier en civil qui connaît les deux hommes affirme qu'au moins l'un d'eux ment. Comment la police peut-elle établir la vérité ?

Solution : Examinons toutes les possibilités :

Si ...		Alors		Résultat
Jérôme	Enzo	Jérôme	Enzo	
dit vrai	dit vrai	gang Kassetou	gang Porc-salut	Impossible puisque l'un d'eux ment.
dit vrai	ment	gang Kassetou	gang Kassetou	Impossible car ils feraient partie du même gang.
ment	dit vrai	gang Porc-salut	gang Porc-salut	Impossible car ils feraient partie du même gang.
ment	ment	gang Porc-salut	gang Kassetou	Possible !

Ils mentent donc tous les deux. Attention le policier en civil avait dit qu'au moins l'un d'eux mentait, cela n'insinuait pas que l'autre disait la vérité.

Jeudi 1er juin

Saint Justin – On fête aussi les Justinien, Renan, Pamphile

Soleil
lever : **5h51**
coucher : **21h45**

Eau de juin ruine le moulin.

HISTOIRES POLICIÈRES

LE LANDRU D'AIX-EN-PROVENCE

Aussi respecté que jalousé, Georges Sarret est l'un des avocats d'affaires les plus connus de Marseille dans les années 1920. De son vrai nom Georges-Alexandre Sarrejani, cet homme à l'imposante corpulence, né à Trieste (Italie) en 1878, est arrivé dans la cité phocéenne à l'adolescence. Après de brillantes études de droit, il a francisé son nom avant d'ouvrir un luxueux cabinet et de se marier. Toutefois, derrière une façade de respectabilité, l'homme mène une vie des plus dissolues : Sarret joue beaucoup au casino, boit, multiplie les liaisons adultères et organise de véritables orgies à *L'Ermitage*, une villa de campagne qu'il loue dans les environs d'Aix-en-Provence. Un jour, l'avocat fait la connaissance de Philomène et de Catherine Schmidt, deux sœurs allemandes qui deviennent bientôt ses maîtresses. Asphyxié financièrement par sa double vie, le notable imagine avec elles une arnaque à l'assurance-vie. Leur plan est simple : il repère un homme à la santé fragile et lui fait rencontrer l'une des deux sœurs. Très vite un mariage est organisé, puis un complice de Sarret en pleine forme et habilement grimé passe un examen médical en vue de souscrire une assurance-vie au nom du mari souffreteux. Ne reste plus qu'à attendre le décès du véritable époux pour toucher le pactole, quitte à accélérer son trépas à l'aide de poison. L'escroquerie réussit à deux reprises sans éveiller de soupçons. Mais, en août 1925, Sarret exécute à *L'Ermitage* un complice devenu trop gourmand, l'abbé défroqué Louis Chambon, ainsi que sa maîtresse. Leurs cadavres sont dissous dans une baignoire avec de l'acide sulfurique, le liquide noirâtre qui reste des corps étant dispersé dans le jardin de la villa par les sœurs Schmidt. Ces crimes ne seront découverts que six ans plus tard.

En 1931, Sarret décide de mettre sur pied une nouvelle escroquerie. Cette fois, il s'agit de faire croire au décès de Catherine Schmidt, en lui substituant le corps d'une femme tuberculeuse dont l'avocat a précipité le décès à l'aide de champagne empoisonné. Malgré quelques soupçons, la compagnie d'assurances lui verse un million de francs. Mais, alors qu'elle doit rester cachée à Nice, Catherine choisit de rentrer à Marseille. Reconnue par quelqu'un qui la croyait morte, elle est dénoncée à la police. Interpellée, elle passe immédiatement aux aveux. Arrêtée à son tour, sa sœur Philomène confirme tout. Les deux femmes chargent Sarret qui, évidemment, nie et hurle au complot.

Grâce à son talent d'avocat et à sa renommée, il parvient à rester libre et à échapper à un procès pendant deux ans. Mais, en octobre 1933, la justice finit par le rattraper et Sarret est condamné à la peine de mort pour quatre meurtres, ceux de l'abbé défroqué, de sa maîtresse, d'un mari victime de l'assurance-vie et de la fausse Catherine. Il est guillotiné le 10 avril 1934. Les sœurs Schmidt, qui n'ont pas directement participé aux assassinats, écopent chacune de dix ans de prison. Les autres complices des escroqueries de Sarret n'ont jamais été inquiétés. Parmi eux, le médecin grassement rétribué pour ses certificats de bonne santé destinés aux assurances et ses permis d'inhumer les maris des sœurs Schmidt était adjoint au maire de Marseille.

Argot

Entraver

Dans l'usage courant, du moins familier, le verbe « entraver », au sens de « comprendre » offre la particularité de ne s'employer qu'en contexte négatif : « Je n'y entrave pas grand-chose », « C'est à ne rien y entraver », etc. En argot, toujours avec ce même sens, cette restriction d'emploi tombe et l'on peut entraver quelque chose, comme on peut ne pas l'entraver, et celui qui « entrave bigorne » est celui qui comprend l'argot, CQFD !

Ça s'est passé

Le 17 juin 1823

Tenez-vous bien : au Royaume-Uni, la loi « maître et serviteur » prévoit qu'un employé est passible de prison s'il prend l'initiative d'une rupture de son contrat de travail.

Vendredi **2 juin**

Sainte Blandine – On fête aussi les Alcide, Érasme, Nicéphore

Il vaut mieux s'adresser à Dieu qu'à ses saints.

Les pires prédictions de l'Histoire

« Je prédis qu'Internet sera LA grande nouveauté de 1995 et s'effondrera avec fracas en 1996. » Ce présage n'a pas été formulé par n'importe qui : il a été énoncé en 1995 par l'ingénieur américain Robert Metcalfe, co-inventeur d'Ethernet, un protocole conçu au début des années 1970 pour relier les ordinateurs entre eux et les connecter au réseau téléphonique. Bien avant le déploiement du Wi-Fi au début des années 2000, c'est ce fameux câble Ethernet qui permettait de se connecter à Internet. L'invention de Metcalfe a donc amplement contribué au développement de la Toile ! Pas rancunière, l'Internet Society (ISOC), l'autorité morale la plus influente du réseau mondial, a inscrit Robert Metcalfe au temple de la renommée d'Internet, dans la catégorie des pionniers.

Curiosités scientifiques

Un Univers dans la tête

Avec ses 86 milliards de neurones, le cerveau humain est souvent comparé à notre galaxie et ses 78 milliards de soleils. L'astrophysicien Franco Vazza et le neurobiologiste Alberto Feletti ont poussé la comparaison, trouvant même d'étonnantes similitudes : comme les milliards de neurones sont reliés entre eux dans le cerveau, l'Univers contient des milliards de galaxies reliées entre elles par de longs filaments, les deux structures montrant ainsi des organisations similaires. L'un comme l'autre voit 75 % de sa masse passive : de l'eau pour le cerveau, de l'énergie noire pour l'Univers. Enfin, les réseaux du cerveau et de l'Univers ont des capacités de stockage des données similaires.

KEMARU

Vous devez compléter la grille avec les chiffres manquants dans des zones composées de 1 à 5 cases. Une zone d'une case contient forcément le chiffre 1, une zone de deux cases contient les chiffres 1 et 2, une zone de trois cases contient les chiffres 1, 2 et 3, etc. Les zones sont entourées de gras. Deux chiffres identiques ne peuvent être placés ni côte à côte, ni en diagonale.

Solution page 173

L'ACTU

FOU FURIEUX

Les faits rapportés par le journal *Sud-Ouest* se sont déroulés à Bizanos, près de Pau, dans le Béarn. Une nuit, un peu avant trois heures, appelés pour un tapage nocturne, les policiers tombent sur un jeune homme de 22 ans, déjà bien connu de leurs services. Plutôt très alcoolisé, il est interpellé par les agents qui décident de le conduire à l'hôpital pour « une prise de sang ». Arrivé sur place, l'individu refuse de sortir du véhicule de police. Puis il crache sur les pandores, les insulte et finit par casser la vitre de la voiture à force de coups de tête. Et ce n'est pas terminé ! Après un trajet retour toujours très agité, une fois au commissariat, le jeune homme, loin d'être calmé, saisit fermement les parties intimes d'un policier et brise deux doigts à un autre qui tente de le maîtriser. Déjà sous le coup d'un mandat de recherche pour des faits de violences, il a écopé de six mois ferme.

Samedi **3 juin**

Saint Kévin – On fête aussi les Morand

Soleil
lever : **5 h 50**
coucher : **21 h 47**

Quand le vin est tiré, il faut le boire.

Grèves SNCF :
« Merci les cheminots !... »

L'humanité en chiffres

Selon les données du SNE, le chiffre d'affaires des éditeurs (ventes de livres et produits des cessions de droits) a légèrement régressé entre 2019 et 2020, en passant de 2 806 millions d'euros à 2 740 millions d'euros, soit une baisse de 2,36 %. Le nombre de livres vendus a également diminué pendant cette période, de 435 millions à 422 millions, soit une baisse de 3,1 %. Le livre, pilier des biens culturels, a finalement résisté à la pandémie.

Ville en chanson

San Francisco

San Francisco a été immortalisée par Maxime Le Forestier en 1972 : *« C'est une maison bleue, adossée à la colline, on y vient à pied, on ne frappe pas, ceux qui vivent là ont jeté la clé… »* Cette maison bleue existe réellement au 3 841 de la 18e rue, dans le quartier de Castro, où une plaque explicative rédigée en français indique que, lors d'un voyage avec sa sœur, le chanteur a été hébergé dans cette fameuse maison, qui abritait à l'époque une communauté de hippies, d'homosexuels et de déserteurs du Vietnam.
Un tube né d'une expérience de vie et d'amitié unique !

Les plus vieux commerces du monde

France – À la Civette

On ne le sait pas toujours mais la civette est un petit rongeur dont le musc est utilisé pour fixer les parfums, notamment pour les arômes des cigares. C'est pourquoi de nombreux bureaux de tabac portent ce nom, à commencer par le plus ancien de Paris, fondé en 1716. Et dans les sous-sols du magasin *À la Civette*, au 177 rue Saint-Honoré, des caves voûtées permettent depuis plus de trois siècles une conservation parfaite des cigares. En 1754, la duchesse de Chartres, épouse de Louis-Philippe d'Orléans, a même affirmé qu'on y vendait « le meilleur tabac de Paris ». Il a accueilli de nombreux adeptes comme Voltaire, George Sand, Benjamin Franklin, Bonaparte et, bien sûr, Winston Churchill.

Séries TV (acteurs et actrices)

JOHNNY DEPP – *21 JUMP STREET*

Johnny Depp a commencé fort, avec des apparitions dans deux films culte, *Les Griffes de la nuit* de Wes Craven (1984) et *Platoon* d'Oliver Stone (1986). Pourtant, ce ne sont pas ces rôles qui le propulsent sur le devant de la scène. En 1987, il obtient le rôle principal dans une nouvelle série américaine, *21 Jump Street*, où il incarne un jeune policier proche de la jeunesse. Il devient ainsi rapidement l'idole des ados et gagne en notoriété. Toutefois, Depp est mal à l'aise avec ce rôle, qui ne lui correspond pas. Après quatre saisons, il rompt son contrat et s'échappe. C'est la rencontre avec le réalisateur Tim Burton qui en fera un acteur iconique, grâce à des films comme *Edward aux mains d'argent* (1990) ou *Sleepy Hollow* (1999). Les années 1990 sont prolixes pour le comédien, qui tourne dans un grand nombre de films emblématiques, comme *Arizona Dream* (1993) ou *Las Vegas Parano* (1998).

Soleil
lever : **5 h 49**
coucher : **21 h 48**

Dimanche **4 juin**

Sainte Clotilde – On fête aussi les Klotilda, Bréaca, Quirin

Juin bien fleuri, vrai paradis.

Recette — Taboulé express

Vos invités sont végétariens ? Pas de panique, voici un taboulé rapide à préparer, idéal en toutes circonstances !

Pour 4 à 6 pers. | **10 min de préparation** | **12 h de repos au frais**

- 500 g de semoule pour couscous
- 2 à 3 citrons verts
- 1 petit bouquet de menthe
- 1 à 2 concombres (selon leur taille)
- 5 ou 6 tomates
- 2 poivrons (2 rouges, ou 1 rouge et 1 jaune)
- Huile d'olive
- Sel, poivre

La veille, placez la semoule dans un grand saladier. Pressez les citrons et versez leur jus sur la semoule.

Lavez la menthe et hachez les feuilles. Pelez et coupez le concombre en tout petits dés. Mondez les tomates ou non, mais émincez-les très finement dans tous les cas. Lavez les poivrons, ôtez les pépins et les membranes blanches puis ciselez la chair très finement. Ajoutez les légumes dans le saladier, assaisonnez et mélangez soigneusement.

Placez le saladier au frais toute la nuit. Le lendemain, la graine aura gonflé grâce à l'humidité des légumes.

Solution Kemaru p. 171

1	4	1	3	2	3	2	3
2	3	2	5	4	1	4	1
5	1	4	1	3	5	2	3
2	3	2	5	2	1	4	1
5	1	4	3	4	3	2	5
4	3	2	1	2	5	1	3
1	5	4	5	4	3	4	2
4	3	1	2	1	2	1	5

VOUS PRENDREZ DES RISQUES…

Étymologie

Le boulanger vend-il de la boulange ?

Celui qui fabrique et vend des horloges est un horloger ; celui qui fabrique et vend de la charcuterie est un charcutier. Alors pourquoi celui qui fabrique et vend du pain n'est-il pas un « painier » ? Il faut savoir qu'en ancien français, les deux termes *boulanger* (sous la forme *bolengier*) et *panetier* existaient. Au fil des siècles, le premier a évincé le second. *Boulanger*, lui, vient du picard *boulenc* qui signifie lui-même « boulanger ». Pour l'apparenter aux autres noms de métier, on lui a ajouté le suffixe *-(i)er*.

Brèves régions

Hérault/Les Œnorandos®

Le département de l'Hérault propose d'appréhender ses paysages de vigne et de nouer une relation avec les coopératives grâce à des itinéraires de randonnée pédestre appelés Œnorandos®. Ce sont des circuits labellisés par la Fédération française de la randonnée pédestre, qui réunissent amateurs de vin et vignerons autour d'une passion commune : la nature. C'est ainsi que les promeneurs peuvent marcher par exemple « sur les traces des vignerons libres », itinéraire qui traverse la ville de Maraussan et longe les rives de l'Orb. Au total, une vingtaine d'itinéraires et une centaine de caveaux sont à découvrir toute l'année.

Lundi 5 juin

Saint Igor – On fête aussi les Boniface, Sanz, Sancho

Soleil
lever : **5 h 49**
coucher : **21 h 49**

Il n'est feu que de gros bois.

Citations

L'administration est un lieu où les gens qui arrivent en retard croisent dans l'escalier ceux qui partent en avance.

Courteline

Duos du grand écran

Joaquin Phoenix — James Gray

Lorsque James Gray rencontre Joaquin Phoenix à la fin des années 1990, il ne connaît de lui que son rôle d'ado perturbé dans *Prête à tout* de Gus Van Sant. Gray, qui prépare son prochain film, *The Yards*, une histoire de gangsters sur fond de trafic d'influence (familiale), voit en Phoenix son alter ego obsessionnel et torturé. Après *The Yards*, Gray écrit les films directement pour Phoenix. À travers ses trois opus suivants, *La nuit nous appartient* (2007), *Two Lovers* (2008) et *The Immigrant* (2013), le duo va explorer les méandres de l'héritage familial et de la lutte entre le Bien et le Mal. Le talent de Phoenix, selon Gray, est d'incarner à la perfection les conflits intérieurs, toujours à la limite de la folie.

OISEAUX MIGRATEURS

Le bruant des neiges

Petit mais costaud, le plectrophane des neiges, anciennement appelé bruant des neiges, est un passereau à bec jaune court sur pattes et long d'à peine plus de 15 cm. Presque tout blanc en hiver dans les régions arctiques, il devient brun-roux (en gardant tout de même beaucoup de blanc) quand il descend jusqu'en France, la limite méridionale de sa zone d'hivernage. On le voit en automne près du littoral, surtout près de la mer du Nord et de la Manche, notamment sur les plages et sur les prés salés. Puis il repart en général dès février pour rejoindre ses zones d'hivernage, toujours en groupes de plusieurs milliers d'individus.

L'ACTU

TROIS HOMMES ET DES BOUQUINS

Carmen Mola est une autrice espagnole de romans policiers ultraviolents. Née en 1973, cette professeure de mathématiques, mère de trois enfants, a notamment signé une trilogie, publiée en France chez Actes Sud, mettant en vedette l'inspecteur de police Elena Blanco. C'est pour un autre livre, *Bestia*, un thriller historique, qu'elle a reçu l'an passé le prestigieux prix Planeta, équivalent espagnol du Goncourt. Seulement voilà : Carmen Mola n'existe pas. Derrière l'autrice à succès se cachent en réalité trois hommes : Jorge Diaz, Antonio Mercero et Augustin Martinez. Scénaristes de télévision et amis de longue date, ils ont décidé en 2017 d'écrire une histoire ensemble et de la publier sous un pseudonyme. Leur roman a eu du succès et en a généré un autre, puis un autre, et un autre… jusqu'à obtenir le Planeta. Pendant quatre ans, ils ont donné des interviews, toujours par mail, et répondu aux questions de certains de leurs lecteurs, sans que personne ne se doute de la supercherie. L'utilisation d'un faux profil féminin a fait grincer les dents de certaines féministes de l'autre côté des Pyrénées…

Mardi 6 juin

Saint Norbert – On fête aussi les Agobart, Bessarion, Goal

Les bains que prend Saint-Norbert inondent toute la terre.

Ça s'est passé

Le 6 juin 1523

Gustave Ier de Suède se fait élire roi et unit son pays. Deux ans auparavant, il a obtenu le rétablissement de l'indépendance de la Suède.

SANS FAUVES : LE SPECTACLE CONTINUE

Pains & gâteaux

Le Saint-Genix

Originaire de Saint-Genix-sur-Guiers en Savoie, cette brioche ronde est garnie de pralines roses entières. À la cuisson, leur sucre fond et se diffuse dans la pâte au levain qui a été pétrie deux fois pour un rendu extrêmement léger et aéré. Cette douceur a été inventée par le pâtissier Pierre Labully en 1880. Des variantes existent dans d'autres régions, comme la brioche de Bourgoin qui contient aussi des dragées, ou la Praluline d'Auguste Pralus de Roanne.

M. et Mme Heytes
Propriétaires du Palais des vêtements
ont la joie de vous annoncer la naissance de leurs jumeaux

GILLES et JACQUES

Ha! Ha! Ha! La bonne blague Ha! Ha! Ha! Ha! Ha! Ha! Ha!

C'est le jour de la rentrée à l'université et le directeur de l'établissement s'adresse à tous les nouveaux étudiants qui sont réunis dans le grand amphithéâtre. Après leur avoir souhaité la bienvenue et de réussir leur cursus, il s'attarde sur certains points du règlement intérieur : « Le dortoir des femmes est interdit à tous les étudiants et le dortoir des hommes interdit aux étudiantes. Toute personne qui sera surprise à enfreindre cette règle se verra infliger une amende de 50 euros la première fois. Toute personne surprise à enfreindre cette règle pour la deuxième fois sera condamnée à une amende de 100 euros. Être pris une troisième fois vous coûtera 200 euros. » Puis le directeur ajoute : « Y a-t-il des questions ? » Un étudiant se lève et demande : « Combien coûte un abonnement ? »

La première star FOOT

Marinette Pichon n'a que 5 ans lorsqu'elle touche son premier ballon de football. Commence alors l'histoire de l'une des figures marquantes de son sport. En 1994, elle débute son idylle avec la sélection nationale française dont elle sera la meilleure buteuse, jusqu'à ce qu'Eugénie Le Sommer la double en 2020. En club, l'attaquante à la technique parfaite est repérée par l'entraîneur des Philadelphia Chargers, club professionnel américain. Elle devient alors la première footballeuse française professionnelle et marque les esprits aux USA. Au point qu'un burger porte son nom dans un restaurant de Philadelphie et que le président George W. Bush lui apporte son soutien dans sa démarche pour recevoir la green card. La première star du football féminin français a même eu droit à son biopic !

Mercredi 7 juin

Saint Gilbert – On fête aussi les Marie-Thérèse, Maïté

Soleil
lever : 5 h 48
coucher : 21 h 51

Soleil de juin luit de grand matin.

MOTS FLÉCHÉS

LES MOTS DÉCLENCHEURS SONT DES ANAGRAMMES.

EPAILLER CALIFE		TIR SCEAU		NOEL REGULAIT		ADNEES		ARC CRITERE		TEND SEBACE		POTS
						ABRASE BELON						
ENTRAI-NERONT ELU												
			SONGE						SOT			
BAIS BEL					BACHE AAR						SPA	
			RATEL ITEM						PC DIME			SIL
BERNAI		MUER SENE					LAIDE RU					
						TUE NOE				IS LEA		
EURE	TEE MISER				RE CONES			AM NES			TOME	
				ON TOP			LOIS DETRO-NAS					NUES
SI MA			PETON SIR						MUE SECRETA			
		COR DERIDE				TON				NE SA		
REDUITE ASSE								TARE RIE				
				PALE		SAIN					ROSE	
SAPINE	REE		MON		ES	CAR				EUS		STE
						EDESSE AR						
PEROREE METRE								SUEE				
					SA			TRES				

SOLUTION PAGE 180

Soleil
lever : 5 h 47
coucher : 21 h 51

Jeudi 8 juin

Saint Médard – On fête aussi les Godard

Un peu d'absence fait grand bien.

DEVINETTES

On en a ou on en prend un,
Dans la chambre ou le jardin,
Même dans la cuisine, il est utile,
Car il fait partie des ustensiles.
Qu'est-ce que c'est ?

Réponse : LE POT

Lacs de France et d'Europe

Le lac de Côme (Italie)

Situé en Lombardie, à 45 km au nord de Milan, le lac de Côme est certainement le plus célèbre des lacs italiens. Il couvre 145 km^2 et a la forme d'un Y. D'origine glaciaire, il est profond d'environ 400 m. Les principales villes à proximité sont Côme, Lecco, Colico. Le lac est traversé par l'Adda, affluent du Pô, qui provoque régulièrement des inondations à Côme, en début d'été, en raison des pluies et de la fonte des neiges. Les montagnes au nord le protègent des vents froids. Le lac de Côme considéré comme l'un des vingt plus beaux lacs au monde est fréquenté par l'aristocratie depuis plus de deux mille ans ! Les installations touristiques s'étalent sur les 170 km de rivage. Les environs montagneux abritent des villes et villages pittoresques, ainsi que des zones naturelles.

La gaffe de l'Histoire

Pris à son propre jeu

Le roi Louis XI, extrêmement superstitieux, avait à son service plusieurs devins et astrologues. L'un d'eux, Galeotti, lui ayant déplu, le souverain décida de le livrer au bourreau. Aussi l'ayant fait appeler :
- Vous qui savez tout, lui dit le roi en ricanant, connaissez-vous la date de votre mort ?
Galeotti, s'il n'était qu'un charlatan, ne manquait pas d'intelligence ; il comprit ce que signifiait les paroles du roi et, en un instant, imagina le moyen de sauver sa vie.
Sire, répliqua-t-il, sans que rien ne décelât son trouble, je viens de lire dans le ciel que je mourrai trois jours avant vous…
Et ce fut ainsi que, la crainte que la prédiction pût se réaliser l'ayant emporté sur son désir de vengeance, Louis XI abandonna l'idée de supprimer son astrologue.

LE CHIFFRE

24 500

C'est, en euros, le prix du stylo Bic le plus cher du monde. Produit à huit exemplaires seulement, il a été conçu par la Maison Tournaire, en collaboration avec l'artiste contemporain Richard Orlinski. Ce Bic quatre couleurs comporte notamment 50 g d'or 18 carats et pas moins de 202 diamants ! Deux autres versions, également en éditions limitées mais plus « abordables », existent : l'une en or (sans diamants) et l'autre en bronze (plaquée or rose, jaune et blanc), vendues respectivement 11 500 et 390 euros. Ces stylos quatre couleurs de luxe sont tous fabriqués dans l'atelier du joaillier, à Montbrison, dans la Loire. Aux dernières nouvelles, les huit exemplaires à 24 500 euros sont déjà vendus.

Vendredi **9 juin**

Sainte Diane – On fête aussi les Félicien, José, Josette, Malcolm

Soleil
lever : **5 h 47**
coucher : **21 h 52**

Vent au visage rend le marin sage.

ENIGMES

Un riche industriel est retrouvé mort, effondré sur son bureau. C'était un philanthrope et on ne lui connaissait pas d'ennemis. La police examine son agenda dans lequel elle trouve ses rendez-vous du jour ; trois noms y figurent : Julien, son associé ; Manon, sa comptable, et Jemma, sa secrétaire. En dessous des noms, le nombre 34111011 a semble-t-il été écrit à la hâte, d'une écriture tremblée. Ce nombre ne correspond pas à un numéro de téléphone. La police finit par trouver que ces chiffres donnent le nom de l'assassin. Qui a tué l'industriel ?

Solution :
Les nombres correspondent à la première lettre de certains mois de l'année ainsi 3 = m(ars) ; 4 = a(vril) ; 11 = n(ovembre) ; 10 = o(ctobre) et 11 = n(ovembre), ce qui épelle MANON. C'est donc la comptable qui a tué son patron.

Chiffres et expressions

Être au trente-sixième dessous

Quand on est bouleversé par quelque chose ou au bord de l'épuisement, il est courant de s'avouer « au 36e dessous ». Pourtant, à l'origine, l'expression se limitait au « 3e dessous » et faisait référence aux trois niveaux qui existaient sous une scène de théâtre au XIXe siècle. Quand le spectacle était mauvais, les comédiens allaient cacher leur honte au plus bas niveau.

— DÈS MARDI, SUPER PROMOTION, SUR LE STEAK

HISTOIRES DE SUPERMARCHÉS

« La vie du bon côté »

Créée en 1928 au Mans par Léopold Gouloumès et Guillaume Plassart, la société Comptoirs Modernes ouvre son premier magasin en libre-service en 1948. En 1973, elle crée l'enseigne Comod (c'est la contraction des deux mots d'origine) puis grandit peu à peu grâce à des acquisitions et s'affiche sous plusieurs marques : Stoc, Comod et Suma d'abord, puis en 1988 Radar, et en 1990 Marché Plus et Major. En 1998, ses 700 (et quelques) points de vente, situés pour la plupart dans le nord-ouest de la France, sont rachetés par Carrefour.

Brèves régions

Ille-et-Vilaine/Le chêne de Méhalée

Depuis plus de six siècles, ce vénérable chêne coule des jours heureux près de la mare du hameau de Méhalée, dans la commune de Mordelles (Ille-et-Vilaine). Comme il était déjà remarquable par sa taille et son branchage au début du XXe siècle, il a été régulièrement photographié et même édité en cartes postales, ce qui représente de précieux témoignages de son évolution sur les cent dernières années. Classé dans le top 5 des plus beaux arbres du département, tout le monde veille sur le chêne de Méhalée avec bienveillance. Son tronc a été cerclé il y a quelques années après avoir été fendu lors d'une tempête.

Soleil
lever : **5 h 47**
coucher : **21 h 53**

Samedi **10 juin**

Saint Landry – On fête aussi les Foulques

Pluie de bise mouille la chemise.

Chantiers de restauration

Le château fort de la Turmelière

De cette demeure qui vit naître Joachim du Bellay en 1522, il ne reste que le châtelet d'entrée et la chapelle dans la tour logis. Cet édifice qui se trouve à Liré, dans le Maine-et-Loire, a été inscrit au titre des monuments historiques par arrêté de 1941 et fait l'objet de travaux de restauration depuis plusieurs années. Un des derniers chantiers de bénévoles a été consacré à la dévégétalisation des lieux, au nettoyage et au retrait des joints entre les pierres, puis au remaillage des maçonneries et au rejointoiement. Coordonné par l'association Chantiers Histoire et Architecture Médiévales et encadré par un tailleur de pierre professionnel, ce moment partagé entre jeunes (à partir de 16 ans) et adultes a été l'occasion de riches échanges sur le patrimoine et la vie en communauté.

Onomatopées
dans différentes langues

À VOS SOUHAITS !

Désormais, en raison de la crise sanitaire, on éternue dans son coude et non plus dans ses mains, mais cela ne change rien à l'affaire : on éternue toujours avec un *a*, et ce, dans de nombreux pays. Quand en France on fait « atchoum ! », en Allemagne on fait « hatschi ! », en Angleterre « atishoo ! », en Pologne « a psik ! », au Portugal « atchim ! », etc. Il y a bien sûr une exception : les Italiens font « ecciù ! ». Notons que l'onomatopée française a donné naissance au verbe familier « atchoumer », fréquent, mais absent des dictionnaires.

... VERS UN MONDE MEILLEUR !

Unités de mesure

Le kelvin

À la différence du degré Celsius, le kelvin est une mesure absolue de la température dont le point 0 correspond à -273,15 °C. Il doit son nom au physicien britannique William Thomson, né en 1824 et mort en 1907. Anobli en 1892, le titre de baron de Kelvin qui lui fut donné fait référence à une rivière qui coule à proximité de son laboratoire à l'université de Glasgow.

LES ANCIENS MÉTIERS QUI RENAISSENT : POINÇONNEUR DE PASS SANITAIRE...

MÉTIERS IMPROBABLES

COLLECTEUR DE VENIN

L'Américain Jim Harrison exerce l'une des professions les plus dangereuses au monde : chaque semaine, il extrait le venin de 600 à 1 000 serpents hébergés au Kentucky Reptile Zoo. Le venin collecté est utilisé dans des programmes de recherche médicale et pour la production d'antisérum. Zoologiste spécialisé en herpétologie, ce « trayeur de serpents » risque quotidiennement sa vie pour sauver celle des autres. Mordu à une vingtaine de reprises, Jim Harrison a d'ailleurs perdu la moitié de son majeur de la main gauche à cause d'une vipère à cornes, et son pouce gauche et son auriculaire droit ont été mutilés par un cobra. Ce métier dangereux et considéré comme indispensable par les toxicologues ne lui rapporte que 30 000 dollars par an. Pourtant, chaque année, les morsures de serpents causent entre 81 000 à 138 000 décès, et selon l'OMS, la plupart d'entre eux pourraient être évités si davantage de venin était collecté en amont.

Dimanche 11 juin

Saint Barnabé – On fête aussi les Barney, Yolande

Soleil
lever : 5 h 47
coucher : 21 h 53

À la Saint-Barnabé, on sème le navet.

RÉBUS
Les livres français

SUCETTES À LA MENTHE
SUCETTES À LA MENTHE
SUCETTES À LA MENTHE

Trois sucettes à la menthe
de Robert Sabatier

Vélo

Le passeport de Poulidor

En 1960, Antonin Magne, qui avait recruté Raymond Poulidor, l'incite à disputer la course Milan-San Remo. Mais Poupou n'y participe pas. Et la raison n'est pas sportive : depuis sa Creuse natale, Poulidor n'a pas de passeport et ne peut donc pas traverser la frontière. Il dispute à la place la course Bordeaux-Saintes, qu'il remporte. L'année suivante, passeport en main, il se présente au départ de Milan-San Remo et s'impose, malgré une crevaison et une erreur de parcours durant la course.

Les plus vieux commerces du monde

France – Au Plat d'Étain

Spécialisé à l'origine dans les soldats de plomb et les figurines de collection, le magasin *Au Plat d'Étain* existe à Paris depuis 1775. On y trouve une multitude de thèmes qui prouvent que l'enseigne a su évoluer et se renouveler au fil du temps : on peut y acheter, par exemple, des figurines qui rappellent la vie du vieux Paris avec ses voitures, ses agents de la circulation, ses photographes de rue et ses peintres de Montmartre… Installé rue Guisarde, dans le 6e arrondissement, le magasin a souvent vu devant ses vitrines des gamins aux yeux émerveillés et, parmi eux, Charles de Gaulle qui, enfant, était un adepte du lieu. *Au Plat d'Étain* est réputé dans le monde entier et sa clientèle est aujourd'hui internationale.

Citations

Si l'amour est aveugle, pourquoi la lingerie fine est-elle si populaire ?
Eddie Murphy

L'ACTU

VICE-CHAMPION MALGRÉ LUI

L'an passé, le Catalan Éric Spinelli est devenu vice-champion de France des routiers. Un véritable exploit pour ce quadragénaire qui n'est même pas routier ! Salarié d'une entreprise de transport à Perpignan, il a atteint à la surprise générale la deuxième place de ce concours créé en 2014 par les organismes de prévoyance du transport et de la logistique. Responsable d'exploitation, il encadre certes des chauffeurs et des manutentionnaires du secteur, mais ne possède ses permis poids lourds que depuis à peine trois ans. D'ailleurs, il cumule moins de 300 kilomètres derrière un volant ! Pourtant, en consultant les diverses épreuves du concours, il s'est rendu compte que celui-ci était relativement accessible et a donc décidé d'y participer. Le plus surprenant, c'est qu'il a obtenu ses meilleurs résultats dans les épreuves de manipulation de camion, en surclassant – et de loin – plusieurs routiers pourtant chevronnés. Conducteur très occasionnel, Éric Spinelli avait déjà décroché quelques mois plus tôt le titre de « meilleur conducteur routier d'Occitanie » !

Solution Mots fléchés p. 176

	P		R		L		D		C		D	
F	A	C	I	L	E		A	R	A	B	E	S
	R	A	T	I	O	N	N	E	R	E	N	T
L	E	U		G	N	O	S	E		S	T	O
	I	S	B	A		B	E	C	H	A		P
B	L	E		T	A	L	E	R		C	P	
	L		M	U	R	E		I	D	E	A	L
B	E	N	I	R	A		U	T	E		S	I
		E	T	E		E	R		M	A		S
U	R	E	E		N	O		S	I	L	O	
	I	S		P	O	N	T	E		E	M	U
A	M		R	O	C		O	N	T		E	N
	B	I	R	T	H	D	A		R	A	T	E
A	S	E	S		S		N	I	A	S		S
		D		L			A	R	C		O	
P	E	I	N	A	S		D	E	E	S	S	E
	R	E	O	P	E	R	E		E	U	E	S
T	E	R	M	E		A	S		S	E	R	T

Soleil
lever : 5 h 46
coucher : 21 h 54

Lundi **12 juin**

Saint Guy – On fête aussi les Onuphre

Lorsque la pêche est mûre, jour et nuit de même mesure.

Citations

Si Dieu avait voulu qu'on soit courageux, pourquoi nous a-t-il donné des jambes ?

Bill Murray

Étymologie

Fermé pour cause de jour non ouvrable

Cela peut paraître surprenant, mais si les jours où les commerces, les usines, les services, etc. sont ouverts sont bien appelés « jours ouvrables », il ne faut pas en déduire pour autant qu'*ouvrable* est un dérivé du verbe *ouvrir* ! Non, il faut plutôt rapprocher *ouvrable* de l'ancien verbe *ouvrer*, apparu au XIIe siècle et issu du latin *operari*, l'un comme l'autre signifiant « travailler » (cf. *ouvrage*). Pour éviter les risques de confusion avec *ouvrir*, *ouvrer* fut remplacé par *œuvrer*.

Citations

Un conservateur, c'est quelqu'un qui est d'accord avec les réformistes cent ans après leur mort.

Peter Ustinov

Bibliophiles

Vous n'étiez pas là, Alban Lefranc (Verticales, 2008)

Nico (1938-1988), mannequin (belle mais idiote, pense-t-on), chanteuse (du Velvet Undergroud notamment), actrice (dans *La Dolce Vita*, par exemple), égérie (de Warhol), amante (de Morrison, de Delon…), femme tragique (solitude, drogue, déchéance) et moquée (son accent allemand, sa voix monocorde). Entre les mythes racoleurs et les mensonges qu'elle-même a racontés, comment restituer une vie, c'est-à-dire aussi une époque et ses errances ? Alban Lefranc livre un poème en prose fait d'épisodes « vrais » et d'« inventions » lyriques et rageuses, tout en coups de projecteur et de poing.

Citations

Les maisons de retraite, c'est comme les colonies de vacances sauf qu'il n'y aura pas de rentrée des classes.

Patrick Timsit

ÇA, C'EST FAIT DIVERS !

À Limoges, les parents d'un adolescent ont eu recours à une méthode singulière pour discipliner leur rejeton qui refusait de débarrasser son assiette de la table après le dîner. Ils ont composé le 17 pour déclarer un différend familial. C'est en arrivant sur place que les agents de police secours ont découvert avec effarement le motif de leur appel. Après s'être assurés que tout le monde allait bien, les policiers ont gentiment expliqué aux parents qu'il s'agissait davantage d'un défaut d'autorité que d'un problème de police. Visiblement au bout du rouleau, le père et la mère les ont alors suppliés de sermonner leur gamin. L'histoire racontée par la police nationale de la Haute-Vienne sur sa page Facebook ne précise pas si les agents ont accepté la requête ni si l'ado récalcitrant a fini par exécuter sa corvée…

Mardi 13 juin

St Antoine de Padoue – On fête aussi les Antonia, Anton, Anthony, Rambert

Soleil
lever : 5 h 46
coucher : 21 h 55

Ni été sans mouches, ni hiver sans gel.

HEUREUX MARIAGES

Juliette Gréco avait vu juste en chantant « un petit poisson, un petit oiseau s'aimaient d'amour tendre… », si l'on en croit ce mariage célébré le 23 mai 1832 à Saint-Germain-le-Guillaume, en Mayenne, entre Julien Gougeon et Marie Pivert. Et la mélodie d'amour de continuer : « Quand on est là-haut, perdu aux creux des nuages, on regarde en bas pour voir son amour qui nage… »

THÉÂTRES DU MONDE

Le théâtre Amazonas à Manaus

L'Amazonie, ce n'est pas que la forêt, le fleuve ou les magnifiques photos de Salgado ! C'est aussi un État au nord du Brésil dont la capitale, Manaus, est une immense ville densément peuplée. Son splendide théâtre arbore un dôme de 36 000 tuiles vernissées aux couleurs du drapeau brésilien miroitant au soleil. Construit durant la Belle Époque, en 1881, il est le symbole du temps où les fortunes se faisaient grâce à l'extraction du caoutchouc. Les pavés de la cour qui entourent le théâtre étaient d'ailleurs à l'origine en caoutchouc, pour que le bruit des pas ne gêne pas les représentations.

POULES, POULETTES

LA GOURNAY

On dit qu'elle provient d'un croisement entre des volailles locales et des poules apportées par les Vikings, au XVe siècle. C'est peut-être pour cela qu'elle est très rustique et ne craint pas l'humidité. Mais elle le doit aussi à son plumage serré, loin de la huppe et du bouffant de la houdan. Elle tient son nom du bourg normand de Gournay, dans la Bray, entre Rouen et Beauvais. Avec un corps allongé, elle est de taille moyenne, pèse un peu plus de 2 kg et est réputée bonne pondeuse, avec plus de 200 œufs à coquille blanche par an. En revanche, c'est une couveuse assez quelconque. Son beau plumage est « noir caillouté blanc ». Elle aime les parcours herbeux et se plaît dans les prés. Enfin, si on la surnomme la « Bresse normande », c'est parce que sa chair est fine et délicieuse.

PROBLÈMES DE MATHS DU CERTIFICAT D'ÉTUDES

Vous vous êtes porté volontaire pour apporter des muffins au chocolat pour un pique-nique en famille. Vous devez en préparer 17. Vous avez une recette de base pour 6 muffins. Calculez le pourcentage nécessaire pour réaliser le nombre de muffins souhaité et utilisez ce pourcentage pour obtenir les quantités d'ingrédients et adapter votre recette. La liste des ingrédients suit :

- 120 g de farine
- ½ sachet de levure
- 60 g de sucre en poudre
- 4 cuil. à soupe de lait
- 1 œuf entier + 1 blanc d'œuf
- 50 g de beurre
- 60 g de chocolat pour la pâte + 100 g pour les pépites

Solution : Déterminez le pourcentage d'augmentation nécessaire pour réaliser 17 muffins au lieu de 6 : 17/6 = 2,83
Multipliez ce nombre par 100 pour obtenir le pourcentage : 2,83 × 100 = 283 %
Farine : 340 g ; levure : 1,4 de sachet de levure (1½ sachet) ; sucre en poudre : 170 g ; lait : 11,3 cuil. à soupe ; œufs : 2,8 œufs entiers + 2,8 blancs (disons 3 œufs entiers et 3 blancs) ; beurre : 141,5 g ; chocolat pour la pâte : 170 g ; chocolat pour les pépites : 283 g

Soleil
lever : 5 h 46
coucher : 21 h 55

Mercredi 14 juin

Saint Élisée – On fête aussi les Rufin, Ludivine, Méthode

À la Saint-Rufin, cerises à plein jardin.

Argot

Escalope

L'argot étant friand des emplois forgés par analogie de forme, il n'y a rien d'étonnant à ce que le nom escalope, qui dans l'usage courant désigne une tranche mince de viande blanche ou de poisson, indique en argot soit la langue, soit les pieds, soit les oreilles… et peut-être même les seins. La forme et l'épaisseur y sont ! On imagine alors, dans ce dernier cas, ce que font les escalopes quand elles font bravo !

Pêche en mer

Les lieus à la dandine

Les lieus vivent à proximité des zones rocheuses ou près des épaves immergées en permanence. Ils se pêchent en bateau dès les premiers beaux jours. Les cartes marines et le sonar sont des alliés précieux. Le lieu préfère les zones peu agitées. On le pêche en dandine à l'aide d'une canne longue de 3 m, équipée d'un moulinet ou tenue à la main (attention aux emmêlages lorsqu'on laisse le fil sur le pont). La ligne solide (50/100) est terminée par une cuiller lourde (de 100 à 200 g, selon la profondeur) ; 2 ou 3 leurres (anguillons de diverses couleurs, leurres souples) sont montés en dérivation. Le lest touche le fond, on le remonte d'environ 1 m et on dandine de temps à autre en conservant le fil tendu à la descente, car les touches interviennent souvent à ce moment-là.

DES RATS CHEZ LES FABRICANTS DE PIZZAS INDUSTRIELLES

La gaffe de l'Histoire

Jim Kerry

Le président du Brésil, Jair Bolsonaro, lors d'une visite officielle en Vénétie en novembre 2020, était interrogé par la presse. « Oui, j'ai parlé à Jim Carrey, mais c'était une conversation confidentielle et je ne peux pas la partager avec la presse », a-t-il notamment déclaré en confondant le représentant spécial des États-Unis pour le climat, John Kerry, avec l'acteur Jim Carrey.

Belles plantes

HERBE DU JAPON

Une graminée qui aime l'ombre, c'est rare ! Et qui ressemble beaucoup à un bambou, c'est encore plus inhabituel. Hakonechloa macra vient du Japon où il pousse dans les zones de forêt, notamment sur les rochers, au bord des rivières. Il forme une touffe de 40 cm de haut et d'étalement, avec des feuilles assez larges, en ruban, comme celles d'un bambou, qui se superposent en couches successives. On cultive surtout des variétés comme All Gold, au feuillage blond, ou encore Aureola, panachée de jaune et de blanc, virant au brun en hiver. L'herbe du Japon est un précieux couvre-sol pour les zones mi-ombragées, notamment en compagnie de fougères. Elle demande des sols frais et riches en humus et ne supporte ni le plein soleil, ni la sécheresse.

Jeudi **15 juin**

Sainte Germaine – On fête aussi les Germina, Lothaire, Landelin

Soleil
lever : **5 h 46**
coucher : **21 h 56**

Rien ne sert à courir, il faut partir à temps.

Le bon mot de l'Histoire et le gros mot

« Les temps changent. Autrefois, c'était l'homme qui décidait. Il donnait la vie, la femme était comme un frigidaire. Enfin, un frigidaire chaud dont l'homme tirait la poignée ! »
Georges Pompidou, 4 juin 1973

C'est *L'Express* qui révéla cette « métaphore » pompidolienne. Le président aurait établi cette comparaison, disons osée, lors d'un Conseil des ministres, pour donner son feu vert à une loi autorisant, dans certains cas, l'avortement. Si depuis la légalisation de la pilule en 1969, les femmes peuvent clamer haut et fort « Un enfant si je veux, quand je veux », la dépénalisation de l'avortement demeure l'objectif des féministes. Malgré une conception des rapports hommes-femmes parfois un peu datée, Pompidou tente d'accompagner les évolutions sociétales de son temps. La Loi Veil dépénalisant l'interruption volontaire de grossesse (IVG) sera définitivement promulguée le 17 janvier 1975.

30 morceaux de bœuf

LE FAUX-FILET

Le faux-filet est situé au niveau du dos du bœuf, juste avant la partie lombaire appelée rumsteck. C'est une viande peu grasse, qui fait d'excellents rôtis. Sortez-le au moins 30 minutes avant de l'enfourner pour éviter de contracter les fibres de la viande avec un choc thermique trop fort, ce qui pourrait la durcir. Bleu ou à point, le faux-filet se cuit selon son goût.

Il (n')a (pas) inventé…

LE FIL À COUPER LE BEURRE

Quand on dit « il n'a pas inventé le fil à couper le beurre », le « fil » fait allusion à l'outil utilisé par les crémiers pour découper les fromages à pâte molle et le beurre en motte. L'expression est née au milieu du XIXe siècle et, à l'époque, l'utilisation d'un fil en acier était considérée comme tellement évidente que personne ne pouvait être distingué pour l'avoir inventé.

L'ACTU

CROIRE EN SON RÊVE

Un habitant de la banlieue d'Adélaïde, au sud de l'Australie, a remporté 4,8 millions de dollars australiens (soit 3,1 millions d'euros) à la loterie, après avoir vu les numéros gagnants dans son sommeil. Interrogé par le magazine *Newsweek*, l'homme a expliqué : « J'étais en train de faire mes courses quand j'ai repensé à mon ticket. Je suis allé le scanner, mais comme le montant n'apparaissait pas, j'ai pensé que j'avais gagné une petite somme d'argent. Je n'imaginais pas que ce serait le gros lot ! » Ce veinard recevra désormais 20 000 dollars par mois – environ 13 000 euros – pendant vingt ans de la part de la loterie australienne. L'homme a raconté qu'il y a quelques années, il avait rêvé qu'il jouait six numéros particuliers et qu'il gagnait. Depuis, chaque semaine, il cochait la même combinaison, persuadé qu'un jour ou l'autre elle finirait par sortir. Comme quoi, tout vient à point à qui croit en ses rêves et sait attendre.

Vendredi **16 juin**

St Jean-François Régis – On fête aussi les Aurélien, Cyr, Ferréol

Les grands diseurs ne sont pas les grands faiseurs.

Espace

Couple spatial

Si la France s'est véritablement lancée dans la conquête spatiale, elle le doit en partie à un couple de chercheurs, Étienne et Arlette Vassy. S'intéressant à l'étude de la haute atmosphère, ils sont les premiers à voir l'intérêt du développement des fusées-sondes, les Véronique. Celles-ci représentent l'apprentissage français dans le domaine des fusées, lançant le programme spatial.

Pas si bête

Le kalima

C'est un papillon d'Inde et de Chine, et c'est aussi un champion du camouflage. Pour ne pas être dévoré par les prédateurs, essentiellement les oiseaux, le kalima, qui vit dans la forêt, se déguise en… feuille morte. Et il pousse très loin l'art du mimétisme, car ses ailes refermées reproduisent non seulement la forme exacte et les couleurs d'une feuille particulière de la région, avec du beige, du brun et des petits points noirs, mais aussi les nervures principales et secondaires. Il n'y manque pas un détail. Quand il repère une menace, il se laisse tomber dans la litière et l'oiseau affamé n'y voit que des feuilles. Mais quand il ouvre ses ailes, changement de décor : c'est le jour et la nuit ! Ses couleurs chatoyantes – du bleu, du jaune, du violet – ne passent pas inaperçues.

Expressions disparues

En robe détroussée

Alors qu'aujourd'hui on dit « en grande pompe, en grande cérémonie », on disait autrefois « en robe détroussée », et ce jusque dans la première moitié du XIXe siècle (Littré notait en 1863 qu'il s'agissait d'une expression sortie d'usage). Cette expression était employée de façon ironique, non que la robe fût volée, dépouillée à la femme qui la portait, mais elle n'était plus « troussée », et tombait donc au bas des pieds. Imaginez la scène de quelqu'un qui va rendre visite en robe détroussée…

Citations

Pour l'homme, la femme frigide est à l'image d'une piscine trop fraîche : on met du temps à y entrer. Pour en ressortir très vite !

Bruno Masure

Patronymes animaliers

NICOLAS FOUQUET

C'est la fortune immense et le pouvoir croissant de son surintendant des finances, Nicolas Fouquet, qui firent peur à Louis XIV. Pour stopper net son ascension, le roi le fit arrêter en 1661 alors qu'il avait 46 ans. Tout d'abord condamné par un tribunal à la confiscation de ses biens et au bannissement hors du royaume, il vit sa peine aggravée par le roi, en vertu de ses pouvoirs de justice, à l'emprisonnement à vie. La famille Fouquet est originaire de la région d'Angers et, même si nous l'avons oublié aujourd'hui, ce nom désigne l'écureuil dans le patois local. Nicolas Fouquet le savait bien, lui qui arborait sur ses armoiries la devise qui allait le perdre : « Jusqu'où montera-t-il ? »

Samedi **17 juin**

Saint Hervé – On fête aussi les Harvey, Rainier

Soleil
lever : **5 h 46**
coucher : **21 h 56**

C'est dans l'adversité que se révèlent les vrais amis.

RUGBY
Un record français

Avant d'accueillir la 10e Coupe du monde de l'histoire, la France a été le pays hôte de l'édition 2007. Une cuvée record en termes d'affluence. Avec une moyenne de 47 150 spectateurs par match et un taux de remplissage de 95 %, la Coupe du monde française est celle qui a connu le plus grand nombre de spectateurs par match dans l'histoire de l'épreuve. La finale disputée au Stade de France a accueilli 80 230 spectateurs, record d'une édition organisée dans l'hémisphère Nord. Reste désormais à faire mieux en 2023.

Célébrations en musique

Claude Debussy (1862-1918)

Esprit indépendant et anticonformiste, curieux de tout, Claude Debussy semble né sous une bonne étoile : à huit ans, il est accueilli par sa tante à Cannes, où il prend ses premiers cours de piano, puis son talent est remarqué par Mme Mauté de Fleurville, une excellente pianiste qui le prépare pour le Conservatoire de Paris. En tant que jeune compositeur, Debussy fréquente assidûment les salons littéraires et y rencontre d'autres musiciens, mais aussi des critiques d'art, des peintres et des poètes. C'est ainsi qu'il trouve sa voie, en mettant en musique la poésie de Stéphane Mallarmé : le poème symphonique *Prélude à l'Après-midi d'un faune* est son premier succès auprès du public. En 1893, Debussy commence à travailler sur un opéra tiré de la pièce de théâtre *Pelléas et Mélisande* du symboliste belge Maeterlinck. Ce sont les deux œuvres phares de son répertoire, qui révolutionneront la musique du XXe siècle.

Espace
Diamant éternel

Le 26 novembre 1965, Diamant A1 décolle depuis le site algérien d'Hammaguir. Elle est la première fusée française à s'envoler pour l'espace, permettant à la France de devenir la 3e puissance spatiale. Ce programme se poursuit avec deux autres lanceurs nommés Diamant B et Diamant BP4 et, après douze lancements réalisés en dix ans, Ariane lui succède.

Brèves régions
Indre-et-Loire/Le château des Brétignolles

Un petit tour au château des Brétignolles permet au visiteur de se replonger immédiatement dans l'histoire du Moyen Âge à nos jours grâce, notamment, aux fêtes médiévales et aux jeux traditionnels qui y sont organisés. Composé d'un logis principal rectangulaire et d'une tour d'escalier hexagonale, le château fut construit durant le troisième quart du XVe siècle, à la fin de la guerre de Cent Ans. Après la visite du corps principal ainsi que de la chapelle et des écuries, vous pouvez accéder à plus de 20 jeux géants dont le célèbre jeu de la grenouille, le billard japonais, le puissance 4 géant ou encore le jeu de Nim, alliant adresse et stratégie.

Soleil
lever : 5 h 46
coucher : 21 h 57

Dimanche 18 juin

Saint(e) Léonce – On fête aussi les Osanna, Marselan

Chaque âge a ses plaisirs.

Argot

Esgourdes

Si le nom « esgourde », comme synonyme d'oreille, est devenu aujourd'hui d'usage courant dans le langage familier – alors qu'auparavant il était réservé à l'argot –, les expressions telles que « avoir les esgourdes qui font les chaises longues », signifiant « être malentendant », ou « avoir l'esgourde qui crie pardon », pour « ne plus pouvoir supporter quelque chose d'audible » sont restées confinées au domaine de l'argot.

Rétro Vermot

Comme le kangourou quitte son logis pour aller traiter une affaire avec le renard, son épouse lui fait une dernière recommandation : Et cette fois, tâche de le mettre dans ta poche.

Citations

Le « Il était une fois » du début des contes nous induit à penser qu'ils sont tous d'origine belge.

Roland Topor

"La liberté et la santé se ressemblent: on n'en connaît le prix que lorsqu'elles vous manquent"

Georges Simenon

MOTS MÊLÉS

Noms de savants de D à L inscrits sur la Tour Eiffel

K	R	O	J	O	E	G	I	F	F	A	R	D	J
H	L	Y	D	A	G	U	E	R	R	E	E	F	T
N	A	A	N	E	M	L	E	B	E	L	O	S	Y
L	G	U	M	O	F	I	Z	E	A	U	A	S	A
G	R	Q	Y	E	R	D	N	M	R	G	A	N	N
J	A	N	B	R	O	P	B	I	N	M	L	Y	U
F	N	Y	E	M	F	R	E	I	U	A	I	F	A
D	G	V	L	E	E	R	L	D	V	O	L	L	L
U	E	O	J	U	D	E	E	O	N	V	G	A	E
L	M	V	U	N	S	D	I	S	V	A	P	C	D
O	S	G	E	S	I	S	Q	F	N	L	L	H	S
N	L	G	U	O	I	K	A	P	A	E	N	A	N
G	E	O	N	E	F	O	U	C	A	U	L	T	L
L	J	B	R	E	I	L	E	T	A	H	C	E	L

Trouvez les noms des savants de D à L inscrits sur la tour Eiffel et cachés dans la grille ci-dessus, soit horizontalement, soit verticalement ou encore en diagonale ; ils peuvent se lire de gauche à droite ou de droite à gauche.

DAGUERRE	EBELMEN	GIFFARD	LAME
DE DION	FIZEAU	GOUIN	LAPLACE
DE PRONY	FLACHAT	HAUY	LAVOISIER
DELAMBRE	FOUCAULT	JAMIN	LE CHATELIER
DELAUNAY	FOURIER	JOUSSELIN	LE VERRIER
DULONG	FRESNEL	LAGRANGE	LEGENDRE
DUMAS	GAY-LUSSAC	LALANDE	

Solution page 195

au Jardin LE COMPOSTAGE DE SURFACE

Il consiste tout simplement à laisser sur place, au potager, les déchets du nettoyage, au fur et à mesure des récoltes, en y ajoutant les mauvaises herbes arrachées et hachées au sécateur, les déchets de cuisine (fanes de légumes, épluchures), ainsi que les tontes de gazon et éventuellement les déchets de taille passés au broyeur (BRF). Cette couche forme un paillis, qui entretient l'humidité et qui protège le sol jusqu'au printemps, tout en le nourrissant. Avant la mise en place, il faut décompacter le sol, si nécessaire, à l'aide d'une houe ou d'une fourche-bêche. En automne, ajoutez des feuilles mortes et, si possible, de la paille, ce qui permet de fixer dans le sol les nitrates libérés par la décomposition des matières organiques. Au moment des plantations et des semis de printemps, on peut se contenter d'un simple enfouissage superficiel des matières en décomposition avancée.

Lundi **19 juin**

Saint Romuald – On fête aussi les Die, Dieudonné, Déodat, Gervais

Soleil
lever : **5 h 46**
coucher : **21 h 57**

Une haie entre deux amis garde l'amitié verte. *(Proverbe anglais)*

HEUREUX MARIAGES

L'assemblage des patronymes est parfois très injuste. On peut citer en exemple ce mariage célébré à Jouars-Pontchartrain, dans l'actuel département des Yvelines, le 22 Thermidor an X (10 août 1802) où un vieux garçon du nom de Martin Le Jeune, âgé de 52 ans, épousa Marie Elizabeth Vieillepeau, bien mal nommée puisqu'elle avait 51 ans, soit un an de moins que lui !

Citations

Le chemin le plus court d'un point à un autre, c'est de ne pas y aller.

Philippe Geluck

Ça s'est passé

En juin 1623

Naissance du philosophe, mathématicien et physicien français Blaise Pascal à Clermont. Il est notamment l'inventeur de la calculatrice et auteur des *Pensées*.

Ville en chanson

Alexandrie

À la simple évocation d'Alexandrie, qui n'a pas envie de répondre « Alexandra » en pliant les bras contre le torse puis en les lançant vers l'avant, comme dans la chorégraphie de Claude François qui fait encore danser toutes les générations quarante-cinq ans après sa sortie ? Écrite par le célèbre parolier Étienne Roda-Gil, *Alexandrie Alexandra*, sous son rythme disco, évoque l'Égypte natale du chanteur. C'est aussi le dernier tube de « Cloclo » : le 45 tours est sorti le 15 mars 1978, le jour de son enterrement.

Jeux de société

La belote

La belote, c'est un peu un art de vivre à la française : on l'associe volontiers à l'ambiance bistrot, aux bons copains, au moment privilégié de l'apéro ou du petit café après le repas dominical… Pourtant, ce jeu de cartes, qui s'est épanoui dans l'entre-deux-guerres, est, comme toutes les traditions populaires, plus international qu'il n'y paraît. Ses règles ressemblent à s'y méprendre à celles du *Glabnasse* hongrois ou du *Schnapsen* autrichien. Il aurait été importé aux États-Unis par des immigrés ashkénazes, avant d'être introduit en France, au début du XXe siècle, par des diamantaires américains ou hollandais… À moins qu'il n'ait été mis au point par un certain Monsieur Belot – bien français, lui. Ce qui est sûr, c'est que nous n'avons pas fini de « coincher » en tapant du poing sur la table !

Brèves régions

Isère/Le jardin alpin du Lautaret

Installé au col du Lautaret, ce jardin dépend directement de l'université Grenoble Alpes et du CNRS. Il a notamment pour missions l'entretien de collections botaniques, la formation des étudiants et la vulgarisation scientifique auprès du grand public. Dans ce cadre naturel exceptionnel, plus de 1 500 espèces de plantes se rencontrent à l'état sauvage, ce qui est exceptionnel sachant que seulement 5 000 au total sont recensées en France. Le jardin alpin du Lautaret ouvre ses portes au grand public tout l'été, du premier week-end de juin jusqu'au premier de septembre, pour des visites qui peuvent être libres ou guidées.

Mardi **20 juin**

Soleil
lever : 5 h 46
coucher : 21 h 57

Saint Silvère – On fête aussi les Gobain, Marcan

L'habit ne fait pas le moine, mais la belle plume fait le bel oiseau.

Recette — Salade de fraises à la menthe et au citron

Le dessert est l'étape redoutée de ceux qui surveillent leur ligne… Voici une salade de fruits sans complexe, car la fraise est très peu calorique. Un pur plaisir à savourer sans modération !

Pour 4 pers. | **10 min de préparation** | **15 min à 1 h de repos (au frais)**

- 500 g de fraises
- 1 beau citron vert (le jus)
- 1 beau bouquet de menthe (les feuilles)
- 1 sachet de sucre vanillé

Lavez et équeutez les fraises. Coupez-les en deux et placez-les dans un saladier de service.

Pressez le citron et répandez le jus sur les fruits.

Lavez et ciselez les feuilles de menthe puis ajoutez-les dans le saladier.

Saupoudrez de sucre vanillé et mélangez délicatement. Réservez au réfrigérateur quelques minutes (et jusqu'à 1 h) avant de déguster.

À savoir
En saison, les fraises sont généralement assez sucrées, dosez le sucre (vanillé ou brun) selon les variétés.

Charade classique

Mon premier est un homme familier.
Mon deuxième a un rire désagréable.
On émet **mon troisième** quand on est surpris.
Mon tout est un vin rouge français.

JULIÉNAS (JULES – HYÈNE – AH)

Citations

Le cochon dit à la poule : « Les œufs, pour toi, c'est un engagement partiel ; le bacon pour moi, c'est un engagement total. »

Philippe Meyer

Citations

Y'a trois choses qu'on ne peut pas regarder en face : le soleil, la mort et le dentiste.

Alex Métayer

La gaffe de l'Histoire

L'arène des gaffes

Pour annoncer la « Ryder Cup 2023 » qui se tiendra à Rome, la maire de la capitale italienne, Virginia Raggi, a choisi… une photo des arènes de Nîmes ! Les concepteurs de cette vidéo publiée sur Facebook en avril 2021 voulaient bien sûr montrer le Colisée au milieu d'images de Rome mais ils ont, malheureusement pour eux, retenu des illustrations provenant de la préfecture du Gard.

Mercredi **21 juin**

Saint Rodolphe – On fête aussi les Rudolf, Gino, Meven

Soleil
lever : **5 h 47**
coucher : **21 h 57**

Été bien doux, hiver en courroux.

Bibliophiles

Brandebourg, Juli Zeh (Actes Sud, 2017)

Comme beaucoup de Français, nombreux sont les Berlinois attirés par un retour à la ruralité. Bien sûr, comme ici, être accepté par les paysans du cru ne va pas de soi, surtout quand les nouveaux arrivants provoquent la spéculation foncière, bousculent les habitudes, réveillent les rancœurs et transforment un paisible village du Brandebourg en véritable scène de thriller… Un roman pour comprendre un peu ce qui se passe outre-Rhin, dans cette ancienne Allemagne de l'Est qui nous semble, à tort, si loin et si peu européenne, pleine d'une nostalgie délétère, voire sensible à une certaine couleur brune.

L'ACTU

DES CAMÉLIDÉS BOTOXÉS

Chaque année, dans le désert, près de Riyad, en Arabie saoudite, se tient le plus important festival consacré au dromadaire. Organisé par le roi lui-même, cet événement ancré dans la tradition bédouine et qui dure 40 jours accueille 30 000 éleveurs venus du Golfe, mais aussi des États-Unis, de Russie et même de France. Il y a des dégustations de lait de chamelle, des démonstrations, des courses avec, à la clé, des prix d'un montant total de 58,5 millions d'euros. Le plus grand moment de ce rendez-vous hors norme est le concours de beauté qui départage les camélidés selon certains critères : la forme et la taille des lèvres, du cou et de la bosse. La dernière édition de cette épreuve a été entachée par une incroyable tentative de tricheries : 27 concurrents ont été disqualifiés pour avoir été artificiellement étirés avec des élastiques, et 16 autres l'ont été pour avoir reçu des injections de Botox ou de collagène pour redessiner l'ovale de leur mâchoire ou les doter de lèvres plus charnues. Ces modifications physiques ont été révélées après un passage aux rayons X de dizaines de dromadaires dont l'aspect semblait trop peu naturel. En 2018, une quinzaine d'animaux avait déjà été disqualifiée pour les mêmes raisons.

Citations

À condition de se poster aux bons endroits, le touriste est plus facile à exterminer que la vipère.

Jonathan Swift

OISEAUX MIGRATEURS

L'hirondelle des fenêtres

On la distingue des autres hirondelles à son croupion blanc, qui permet de la repérer de loin. Les ailes et la tête sont d'un noir brillant un peu bleuté. Pour migrer vers ses lieux d'hivernage, dans la moitié sud de l'Afrique, l'hirondelle des fenêtres ne choisit pas les voies les plus faciles, par la terre. Elle ne craint pas de survoler la Méditerranée ni d'affronter des conditions difficiles. Les troupes se rassemblent sur des fils électriques et quittent en général la France en octobre. Elles reviennent pour « faire le printemps », vers la mi-avril.

Rétro Vermot

Un jour à la chasse, Clemenceau vit passer un nuage d'étourneaux. Il dédaigne de tirer et s'écrie : « Quelle belle majorité. »

Soleil
lever : **5 h 47**
coucher : **21 h 58**

Jeudi **22 juin**

Saint Alban – On fête aussi les Albane

En été, vaut mieux suer que trembler.

VERMOT'ROSCOPE

CANCER (22 juin – 22 juillet)

Votre caractère

Calme, réservé, sensible, sentimental, émotif, aimable, doux, aimant, protecteur, attaché à ses racines et à la famille, serviable, imaginatif, attachant, têtu, attentiste, lunatique, compliqué, mélancolique, rêveur, infantile.

Vos planètes de l'année

Vous aurez enfin la possibilité de souffler. Libéré des influences de Pluton qui vous malmenait jusqu'alors, vous pourrez compter sur le soutien de Saturne qui vous rendra plus résistant et vous permettra de faire face à toutes vos obligations.

Vie relationnelle

Vous aurez besoin de resserrer les liens qui vous unissent à vos amis. Leur présence sera indispensable à votre équilibre. Si, durant tout le premier trimestre, vous vous contentez de votre cercle amical intime, le second semestre vous verra vous ouvrir à d'autres relations.

Amour

En couple, vous allez enfin pouvoir avancer tranquillement et en douceur dans votre vie conjugale. Les turbulences des quatre dernières années sont passées, vous vous sentirez plus proche de votre partenaire et réussirez à mieux communiquer. L'année se profile sous de bons auspices.

Célibataire, 2023 sera mise sous le signe des amis. Ce n'est donc pas cette année que l'amour viendra frapper à votre porte. En revanche, votre vie sociale aura le vent en poupe.

Famille

Certains pourraient voir leur structure famille changer ou évoluer. D'autres, bercés par les influx planétaires de l'année, se réconcilieront avec un proche. D'un bout à l'autre de l'année, vos relations seront profondes, plus sincères et sans ambiguïté.

Quotidien et vitalité

Les astres vous laissent enfin tranquille. Au fil des mois, vous vous sentirez mieux dans votre corps et plus énergique. Votre moral suivra cette courbe ascendante et, entre vos activités, vos loisirs, votre quotidien, vous n'aurez pas le temps de vous ennuyer. Un conseil : ouvrez-vous à de nouveaux hobbies.

Budget

Si le premier semestre vous voit faire face à quelques imprévus, sur la seconde partie de 2023 vos finances connaîtront une nette amélioration et de la stabilité. Vivant mieux, vous retrouverez de la sérénité.

Optimisez 2023

Essayez de bien identifier votre ressource. N'hésitez pas à exploiter des capacités qui étaient en gestation jusqu'à présent. Pensez à bien gérer vos énergies ainsi que votre temps. Sortez et bougez régulièrement. Reprenez en main votre alimentation ou votre hygiène de vie.

L'humanité en chiffres

Dans le secteur éditorial, ce sont les nouveautés qui ont été le plus impactées par la crise sanitaire, enregistrant une baisse de la production d'environ 15 % (en nombre de titres publiés et nombre d'exemplaires produits) contre seulement 5 % sur les réimpressions. Dans l'ensemble, la production éditoriale est passée de 107 143 titres (2019) à 97 326 titres (2020), soit une baisse de 9,1 %.

Brèves régions

Jura/Les lacs de Clairvaux et Chalain

Il y a presque 150 ans, les vestiges d'une cinquantaine de villages lacustres, du Néolithique et de l'âge du bronze, sont sortis de l'oubli sur les rivages des lacs jurassiens de Clairvaux et Chalain. Ils ont été remarquablement conservés grâce au milieu gorgé d'eau et privé d'oxygène qui a favorisé la préservation des matières organiques (bois, restes alimentaires, tissus…). Ces sites, représentatifs des habitats préhistoriques de la période comprise entre 5 000 et 500 avant notre ère, installés à proximité des plans d'eau dans l'arc alpin, se montrent aujourd'hui au public à travers des reconstitutions.

Vendredi **23 juin**

Sainte Audrey – On fête aussi les Etheldrede, Ethel

Soleil
lever : **5 h 47**
coucher : **21 h 58**

En beau juin, toute mauvaise herbe donne bon foin.

HISTOIRES DE SUPERMARCHÉS

Né d'une rupture

En 1969, rien ne va plus entre les centres E.Leclerc et certains adhérents. Certains d'entre eux décident de quitter l'enseigne pour créer une nouvelle coopérative qu'ils baptisent « EX Offices de distribution ». Un nom bien compliqué. Moins facile à dire et à retenir qu'Intermarché qui deviendra le nom des magasins en 1973. La maison mère s'appelle, quant à elle, Les Mousquetaires. Intermarché regroupe aujourd'hui 1 835 magasins en France.

Chiffres et expressions

Être pris entre deux feus

Les « feux » dont il est question ici ne sont ni des incendies ni des feux tricolores. Il s'agit des tirs de combat d'opposants lors d'une bataille. Dans l'édition de 1762 du *Dictionnaire de l'Académie française*, on trouve : « Ce bataillon se trouvait entre deux feux », ce qui atteste de l'ancienneté de l'expression qui signifie « être confronté à deux menaces simultanément ».

Le bon mot de l'Histoire et le gros mot

« Allez dire à ceux qui vous envoient que nous sommes ici par la volonté nationale et que nous n'en sortirons que par la puissance des baïonnettes ! »
Honoré Gabriel Riqueti de Mirabeau, 23 juin 1789

Réunis à Versailles, les députés du Tiers État et quelques représentants du clergé se sont proclamés « Assemblée nationale » le 17 juin 1789. Deux jours plus tard, ils sont rejoints par la majorité du clergé et une partie de la noblesse. Mais de nombreux aristocrates et son entourage incitent Louis XVI à faire cesser l'escalade. Le 23 juin 1789, le roi convoque les élus, interdit aux trois ordres de se réunir en commun et casse toutes les décisions prises par l'Assemblée nationale. Après son discours, la garde s'avance pour évacuer les élus du Tiers État. À cet instant, Mirabeau se lève et lance sa célèbre formule. Impressionnés, les soldats se retirent. Dans la foulée, Mirabeau fait voter un arrêté sur l'inviolabilité des députés. Le 27 juin, le roi cède et ordonne la réunion des trois ordres.

LES MÉFAITS DE LA MALBOUFFE.

LE CHIFFRE

18,76

C'est, en mètres, la hauteur de la tour de Kapla réalisée par quatre scouts de Grenoble lors d'une compétition organisée à Mulhouse, l'an passé. Les jeunes bâtisseurs ont battu le record du monde qui datait de 2016. Il avait été établi à Lyon avec une tour culminant à 18,40 m. Les quatre scouts se sont entraînés pendant près d'un an avant de s'attaquer au record. Ils ont mis quatre jours pour soigneusement empiler plus de 11 000 planchettes de bois sur 133 étages. La tour finie représentait plus de 120 kg. Créés en France en 1987, les Kapla sont aujourd'hui l'un des jeux de construction préférés des petits, mais aussi des plus grands. De nombreux concours sont organisés chaque année à travers le monde. Récemment, un Néerlandais a ainsi utilisé 21 000 planchettes pour reproduire Las Vegas en miniature.

Samedi **24 juin**

St Jean-Baptiste – On fête aussi les Rombaut, Théodulphe, Yann

À la Saint-Jean, perdreaux volant.

Pains & gâteaux

La tarte tropézienne

Tout a commencé en 1955 avec un jeune immigré polonais, Alexandre Micka, qui s'est installé à Saint-Tropez. Il tenait de sa grand-mère la recette d'une brioche garnie de deux crèmes, mousseline et diplomate, et saupoudrée de grains de sucre.
Sur le tournage du film *Et Dieu… créa la femme*, Brigitte Bardot la goûte et suggère de l'appeler « tarte tropézienne ». La star participe ainsi à son succès. En 1973, Alexandre Micka dépose la marque « tarte tropézienne » et sa recette.

Argot

Faisan

Le faisan, en argot, est un individu corrompu, de moralité douteuse, qui vit d'affaires louches… bref, pas très recommandable. Oui, mais pourquoi faisan et non pas hirondelle, perroquet, moineau ou tout autre nom d'oiseau que nous avons à disposition ? Tout simplement parce que la viande de faisan, pour qu'elle soit appréciée à sa juste valeur, doit se laisser corrompre, voire légèrement pourrir avant d'être cuisinée.

LE SAVIEZ-VOUS ?

L'invention du lit vertical est une histoire à dormir debout.

C'ÉTAIT VRAIMENT MIEUX AVANT (?)

« AVANT, ON PRENAIT LE TEMPS DE VIVRE. »

Incontestablement, nous allons plus vite aujourd'hui qu'il y a 50 ans. Faire Paris-Bordeaux en train prenait 5 heures en 1960 ! Du temps, on en gagne aussi dans les démarches administratives qui se sont largement écourtées grâce aux nombreux services dématérialisés, qui ont suivi l'évolution des technologies. Résultat : notre « temps libre » a beaucoup augmenté. Selon le CRÉDOC, il s'est accru de 47 minutes par jour entre 1986 et 2010, dont 9 minutes de plus passées à table. Nous travaillons 200 heures de moins par an qu'en 1990 et 500 heures de moins qu'en 1970. Les Français ont aussi beaucoup plus de congés : fixée à 15 jours en 1936, leur durée minimum est passée à 3 semaines en 1956, puis à 4 semaines en 1969 pour se stabiliser à 5 semaines en 1982. Les 20 millions de salariés du privé bénéficient aussi en moyenne de 11 jours de RTT. Aujourd'hui, on a surtout beaucoup plus de temps pour « vivre ».

MÉTIERS IMPROBABLES

TONNELIER

Inventé par les Gaulois il y a deux mille ans, le métier de « charpentier de tonneau », comme on disait encore au Moyen Âge, consiste à fabriquer les fûts utilisés pour le vieillissement du vin. Les gestes et le savoir-faire de ce métier encore largement artisanal paraissent immuables. Tout commence par le choix des merrains, ces pièces de chêne fendues qu'il faut laisser sécher à l'air libre pendant un à trois ans, avant de les façonner à la main pour obtenir les douelles. Celles-ci sont incurvées et montées autour d'un feu — c'est cette étape de chauffe qui donne un arôme particulier à la barrique — pour former le corps d'un tonneau. Après la préparation des fonds, viennent le cerclage et le travail de finition. Un peu menuisier, le tonnelier est aussi le complice du vigneron. Son « coup de patte », dont les secrets sont jalousement gardés, détermine pour partie les nuances aromatiques d'un vin. En France, environ 1 500 tonneliers produisent chaque année entre 600 000 et 700 000 barriques, ce qui fait de notre pays le leader mondial du secteur. Les deux tiers de cette production sont exportés.

Dimanche 25 juin

Saint Prosper – On fête aussi les Éléonore, Aliénor, Léonora

Soleil
lever : 5 h 48
coucher : 21 h 58

La beauté et la folie vont souvent de compagnie.

MULTIPLICATION DES RODÉOS SAUVAGES

Chiffres et expressions

Faire les trois huit

Suivant que l'on se place du côté de l'employeur ou de l'employé, l'expression « faire les trois huit » prend un sens radicalement différent. Pour l'employeur, elle signifie qu'une chaîne de production est fonctionnelle 24 heures sur 24 grâce à trois équipes d'ouvriers qui font chacune 8 heures de travail. Pour l'employé, c'est le rythme idéal de 8 heures de travail, 8 heures de loisir et 8 heures de repos.

Vélo

Major Taylor

Marshall Walter Taylor est non seulement une légende du cyclisme mais surtout du sport mondial. Surnommé Major Taylor, il est considéré comme le cycliste le plus rapide du monde au début du xxe siècle, ayant notamment décroché sept records du monde en 1899. Cette même année, Major Taylor devient le deuxième sportif noir de l'histoire à remporter un titre mondial après le boxeur canadien George Dixon. Il est aussi le premier sportif noir à vivre une grande carrière de sportif professionnel de renommée internationale.

La dictée du mois — Mes parents

Mon père, frère aîné de M. de Saint-Albe, avait, dans l'espace de plusieurs années, dissippé une partie de l'héritage de son père ; et, pour achever de se ruiner, il lui vînt en idée, à son retour d'Italie, de faire bâtir une maison sur les modèles de Paladio. Ses avides créansiers, après l'avoir accablés de leurs poursuites, s'étaient entendu pour le dépouiller de ce qui lui restait ; et le chagrin s'emparant de lui, il fut enlevé à sa famille en très peut de temps. Ma mère, qui dans sa jeunesse avait été douce et modeste, s'avisa, lorsque l'âge eut détruit sa fraîcheur, de devenir belle esprit à la manière de Philaminte. Le boulversement de notre fortune accrut encore ce ridicule en le fortifiant.

Mary Gay Allart, Albertine de Saint-Albe, *1818.*

dissipé, vint, créanciers, accablé, entendus, peu, bel, bouleversement

Belles plantes

GRANDE LAÎCHE PLEUREUSE

Les Carex cultivés dans nos jardins viennent pour beaucoup d'ailleurs : Japon, Nouvelle-Zélande… Mais celui-ci (Carex pendula) pousse un peu partout en France, près des ruisseaux et des étangs. On l'appelle « laîche pendante », ou encore « grande laîche pleureuse », ce qui lui va bien : l'espèce est en effet l'une des plus grandes du genre Carex, elle atteint 1,50 m à la floraison et a l'aspect d'une belle et grosse touffe dense, au port souple et lâche. Les larges feuilles vert foncé à revers bleuté, persistantes, s'étalent et retombent. Les chaumes, qui apparaissent en été, portent des épis brun foncé très allongés, qui retombent eux aussi. Cette laîche se plaît sur la berge d'une mare ou d'un ruisseau, ou dans tout endroit humide. On peut la rabattre en mars, ou la laisser vivre sa vie.

Lundi **26 juin**

Saint Anthelme – On fête aussi les Saulve, Telma, Pélage, Maxence

Il ne faut pas mettre le lièvre en sauce avant de l'avoir attrapé.

Les pires prédictions de l'Histoire

Darryl Zanuck est l'un des monuments du 7e Art. Du cinéma muet des années 1920 jusqu'aux années 1970, il a produit plus de 200 films parmi lesquels des chefs-d'œuvre comme *La Mélodie du bonheur*, *Cléopâtre* ou encore *Le Jour le plus long*. En 1946, alors qu'il dirigeait la 20 th Century-Fox, il déclara : « La télévision ne tiendra sur aucun marché plus de six mois. Les gens en auront rapidement assez de regarder tous les soirs une boîte en contreplaqué. »
À l'époque, la diffusion d'images télévisées était, il est vrai, très confidentielle. Une poignée d'émissions étaient diffusées par quelques milliers de postes seulement. Mais en cinq ans, le nombre de stations et de réseaux a explosé. Dès 1950, on comptait déjà dix millions téléviseurs sur le territoire américain ! Afin de rivaliser avec cette « boîte en contreplaqué », Zanuck lança en 1953 le CinémaScope. Ce qui n'empêchera pas la télé de conquérir l'ensemble des foyers…

Solution Mots mêlés p. 187

K	R	O	J	O	E	G	I	F	F	A	R	D	J
H	L	Y	D	A	G	U	E	R	R	E	E	F	T
N	A	A	N	E	M	L	E	B	E	L	O	S	Y
L	G	U	M	O	F	I	Z	E	A	U	A	S	A
G	R	Q	Y	E	R	D	N	M	R	G	A	N	N
J	A	N	B	R	O	P	B	I	N	M	L	Y	U
F	N	Y	E	M	F	R	E	I	U	A	I	F	A
D	G	V	L	E	E	R	L	D	V	O	L	L	L
U	E	O	J	U	D	E	E	O	N	V	G	A	E
L	M	V	U	N	S	D	I	S	V	A	P	C	D
O	S	G	E	S	I	S	Q	F	N	L	L	H	S
N	L	G	U	O	I	K	A	P	A	E	N	A	N
G	E	O	N	E	F	O	U	C	A	U	L	T	L
L	J	B	R	E	I	L	E	T	A	H	C	E	L

Brèves régions

Landes/Les fontaines miraculeuses

Le département des Landes compte sur son territoire plus de 200 fontaines et sources présumées miraculeuses, soit 10 % de toutes celles recensées en France. Un taux qui indique sans doute qu'ici, plus qu'ailleurs, les habitants vénèrent les pouvoirs de l'eau depuis la nuit des temps. Aux sources de Moncaut, par exemple, sur la commune de Losse, on vient suspendre des chiffons dans les branches au-dessus de l'eau pour guérir les rhumatismes. À la fontaine Saint-Jean de Bouricos, à Pontenx-les-Forges, c'est la cicatrisation des plaies qui est demandée et, à la fontaine Saint-Yves, à Moustey, les eaux soigneraient les maux d'yeux.

EHPAD : LE PDG D'ORPEA PRÉSENTE SES EXCUSES

L'ACTU

L'HABIT NE FAIT PAS… LE GENDARME !

Cette histoire a été racontée par le quotidien *Ouest-France* il y a quelques mois. Au cours d'une promenade dans le parc de Procé à Nantes, une femme est tombée sur une sacoche abandonnée. À l'intérieur se trouvaient une carte professionnelle de gendarmerie ainsi qu'un brassard officiel et un étui de pistolet. Elle a immédiatement remis ces objets à la compagnie de gendarmerie de Nantes qui a ouvert une enquête. Et pour cause : la carte professionnelle était contrefaite ! Après vérification, il est apparu que l'identité figurant sur le faux document était, elle, bien réelle. Les gendarmes se sont donc rendus au domicile de l'individu pour l'interpeller. Sur place, ils ont découvert plusieurs armes (détenues légalement) et une jolie collection de tenues de gendarmerie. L'homme, un quinquagénaire passionné par la maréchaussée, n'a, semble-t-il, jamais escroqué personne en jouant au gendarme. En revanche, il a dupé sa compagne et ses voisins sur son faux métier pendant des années. Incorrigible récidiviste, il avait pourtant déjà été condamné pour des faits d'usurpation de qualité de gendarme il y a cinq ans.

Mardi **27 juin**

Saint Fernand – On fête aussi les Ariald, Crescent

Soleil
lever : **5 h 49**
coucher : **21 h 58**

Celui qui a tout convoite tout.

HEUREUX MARIAGES

C'est l'histoire d'un jeune homme né dans l'Yonne en 1772, dont le prénom était Loup. Il rencontra une charmante demoiselle née en Côte-d'Or qui s'appelait Magdeleine Lagniaux. Et quand ils se marièrent le 10 mars 1802 à Saint-Aubin-Château-Neuf, le jeune marié donna son nom à sa femme. Comme il s'appelait Plaisir, on put dire que le Loup apportât le Plaisir à Lagniaux..

THÉÂTRES DU MONDE

Le théâtre du Châtelet

Inaugurée en grande pompe le 19 août 1862 en présence de l'impératrice Eugénie, cette salle à l'italienne compte cinq étages. À l'époque, il s'agit de la plus grande salle parisienne avec pas moins de 3 000 places pour une scène de 35 mètres de profondeur et des qualités acoustiques hors du commun. Un temps dédié à la danse puis à l'opérette, il accueille aujourd'hui des représentations musicales. Le rideau de scène est une œuvre de Gérard Garouste et la fresque de la galerie a été réalisée par le peintre Valerio Adami lors de la rénovation de 1989.

Patronymes animaliers

MURIEL HERMINE

Née au Mans en 1963, Muriel Hermine est l'une des nageuses françaises de natation synchronisée les plus titrées. Elle a excellé dans cette discipline aussi exigeante sur le plan sportif que sur le plan artistique et prolonge aujourd'hui son palmarès d'athlète de haut niveau par une carrière de créatrice de spectacles. Humaniste, Muriel Hermine est également très engagée auprès des jeunes à la dérive et a créé l'association « J'ai un rêve » pour les aider, dans le respect de leurs différences, à construire une société plus ouverte et tolérante. Son nom est typique de l'Ille-et-Vilaine et la Sarthe où il pouvait désigner celui qui faisait profession de fourreur et donc... traitait les peaux d'hermines.

L'ACTU

INTERDIT AUX CHATS ERRANTS

Le conseil municipal de Fremantle, en Australie-Occidentale, vient de voter un arrêté qui interdit aux chats de sortir à l'extérieur à moins qu'ils ne soient tenus en laisse. Les félins n'ont plus droit de circuler en liberté sur tout le territoire communal, y compris sur les trottoirs, les routes et dans la brousse environnante. Les conseillers ont adopté cette disposition au motif qu'elle protégera la faune sauvage, éliminera le risque que les chats soient heurtés par des véhicules et évitera que des matous domestiques se battent entre eux. Interrogé par les médias locaux, le maire de Fremantle a expliqué : « Pendant les années 1970, les chiens erraient dans nos rues et nous avons fait le nécessaire. Je pense que les chats errants appartiendront également au passé d'ici peu. »

Soleil
lever : **5 h 49**
coucher : **21 h 58**

Mercredi **28 juin**

Sainte Irénée – On fête aussi les Eigil, Irina

Le sot donne libre cours à tous ses emportements, mais le sage, en les réprimant, les calme. *(Proverbe biblique)*

L'ACTU DE L'OR EN PLUMES

La récolte des plumes les plus chères au monde se déroule tous les étés, en Islande. Près de 400 fermiers mettent la main sur un trésor : le duvet d'eider, un canard polaire dont le plumage se vend plusieurs milliers d'euros le kilo. Une soixantaine de nids est nécessaire pour produire 1 kg de ce duvet réputé faire les meilleurs édredons et couettes au monde. Et ils se vendent très cher : il faut compter environ 4 350 euros pour un simple édredon contenant 800 g de plumes ! La récolte mondiale de ce produit très luxueux ne dépasse pas les 4 tonnes, dont les trois quarts proviennent d'Islande. Sur l'île de Bjarneyjar, des générations entières entretiennent une tradition locale qui a débuté lors de la colonisation viking à la fin du IXe siècle. Depuis 1847, l'eider est entièrement protégé en Islande : sa chasse et l'utilisation de ses œufs sont interdites. Une fois récolté, le duvet est d'abord séché à l'air libre puis dans un four spécial à une température de 120 °C pendant 8 heures. Des machines rotatives débarrassent le duvet des saletés avant un dernier tri manuel. Cet écrémage final nécessite 4 à 5 heures de travail pour 1 kg de duvet. Les plumes sont enfin lavées à l'eau et désinfectées, à la main toujours, avant d'être essorées et séchées. Outre la rareté, ces étapes aussi nombreuses que méticuleuses expliquent le prix de ce plumage qui est le seul à être récolté, les autres duvets étant le plus souvent des sous-produits de l'industrie alimentaire. Prestigieuse, la production de duvet d'eider ne représente qu'une goutte d'eau dans la production mondiale de duvet estimée à 175 000 tonnes par an.

Citations

Dix ans de mariage pour une actrice, ça équivaut à cinquante ans de mariage pour une employée des postes.

Charlotte de Turckheim

– JE VOIS QUE TU NE M'AS PAS COMPLÈTEMENT OUBLIÉ ... TU AS GARDÉ MON BOL !

Charade classique

Mon premier est une des trois parties égales d'un tout.

Mon deuxième est mise sur le pavé.

Mon troisième accompagne l'effort.

Mon quatrième est le thymus de veau qui constitue un mets de choix.

Mon tout est un footballeur international, seul joueur français à avoir disputé quatre Coupes du monde.

(TIERS – HIE – HAN – RIS)
THIERRY HENRY

Citations

Je pense beaucoup de mal de l'uniforme. En particulier, parce qu'il se froisse énormément.

Francis Blanche

FOOT

Les 100 (et quelques) légendes

En 2004, à l'occasion du centenaire de la FIFA, l'instance internationale demande à Pelé d'établir une liste de 100 joueurs ayant marqué l'histoire du football. Cette liste, nommée FIFA100 devait contenir 50 joueurs encore en activité à l'époque et 50 joueurs à la retraite mais encore vivants. Elle est finalement étendue à 125 révélés sans aucun classement. 14 joueurs français figurent dans cette liste : Éric Cantona, Marcel Desailly, Didier Deschamps, Just Fontaine, Thierry Henry, Raymond Kopa, Jean-Pierre Papin, Robert Pires, Michel Platini, Lilian Thuram, Marius Trésor, David Trezeguet, Patrick Vieira et Zinedine Zidane. Cette liste ne laisse pas une grande place au football féminin : sur les 125 footballeurs cités, 2 seulement sont des joueuses, les Américaines Michelle Akers et Mia Hamm.

Jeudi 29 juin

Saint Pierre et Saint Paul

Soleil
lever : 5 h 50
coucher : 21 h 57

Pierre qui roule n'amasse pas mousse.

Randonnées

AU FIL DES GUINGUETTES, SUR LES BORDS DE MARNE

Les bords de Marne possèdent un charme fou, aussi bucolique que sportif, entre saules pleureurs et avirons énergiques. Pour découvrir les fameuses guinguettes, emblématiques de la région, rendez-vous à Saint-Maur-des-Fossés (Val-de-Marne). Après la guinguette de l'île du Martin-Pêcheur, une enfilade de petits ponts mène jusqu'au port de plaisance de Joinville, avant de rejoindre la mythique *Chez Gégène*, dernier vestige d'une série de tavernes dansantes. Une promenade facile (8 km et 2 h 30) qui donne envie de guincher au son de l'accordéon.

Citations

On peut parler à quelqu'un, dans le train, mais il est plus correct de lui parler dans l'oreille.

José Artur

Rétro Vermot

– On m'a dit, docteur, que vous étiez un philanthrope et n'acceptiez jamais un sou d'honoraires.

– En effet, je prends toujours 15 francs.

OPÉRAS

Didon et Énée
de Henry Purcell (1689)

Ce chef-d'œuvre du baroque est le premier véritable opéra anglais. Son écriture et sa création demeurent mystérieuses. On sait seulement qu'il fut présenté en 1689 dans un pensionnat de jeunes filles près de Londres et que Purcell jouait lui-même du clavecin. Inspiré de *L'Énéide* de Virgile, ce drame lyrique relate la passion entre Didon, reine de Carthage, et Énée, prince troyen. Partagée entre amour et devoir, Didon finit par céder à Énée. Mais, trompé par une sorcière, celui-ci quitte sa bien-aimée qui se donne la mort par désespoir. Musicalement, *Didon et Énée* recèle un pouvoir émotionnel rare, où la concision n'enlève rien à la tension dramatique. Opéra expressif qui va droit au but, il associe la richesse mélodique à un grand éventail de styles vocaux. Le morceau à (ré)écouter : *When I am laid in earth*, le lamento de Didon mourante, sommet de l'art lyrique.

Les scandaleuses

Wu Zetian, l'impératrice sanglante

Seule et unique impératrice ayant régné sur l'empire du Milieu, Wu Zetian est arrivée au pouvoir par la séduction et le crime et a gouverné pendant un demi-siècle ! Fille d'un simple soldat, elle entre au harem de l'empereur Taizong à l'âge de 12 ans et devient rapidement sa favorite. À la mort du souverain, elle est remarquée par son fils, l'empereur Gaozong, qui en fait, à son tour, sa favorite. En 655, l'ambitieuse Dame Wu obtient le titre de Zetian (« selon la volonté du ciel »). La même année, venant d'accoucher d'une fille, elle l'étrangle discrètement puis fait accuser l'impératrice qui est répudiée. Dès lors, usant de la délation, attisant les jalousies et éliminant physiquement ses opposants, Wu Zetian s'arroge le pouvoir. Elle impose des mesures « féministes » comme l'obligation d'organiser des funérailles publiques pour les femmes sans abri ou celle de prendre soin des veuves. À la mort de Gaozong en 683, l'aîné de ses quatre fils monte sur le trône, mais elle ne tarde pas à le faire empoisonner. Les trois autres se succèdent selon le bon vouloir de leur mère qui régente tout, puis en 690, elle prend le titre d'« empereur » et fonde une nouvelle dynastie. Dans la nuit du 22 février 705, des conjurés investissent son palais, assassinent ses favoris et l'obligent à abdiquer. Elle meurt quelques mois plus tard.

Vendredi **30 juin**

Soleil
lever : **5 h 50**
coucher : **21 h 57**

Saint Martial – On fête aussi les Sloane, Adolphe, Othon

À tête baissée, ne te fie pas.

Argot

Fourmi

Nous avons tous déjà vu une colonne de fourmis, chacune d'elles transportant une partie de leur précieux butin dans une direction bien précise. C'est cette image qu'utilise l'argot de la drogue quand il associe au nom de l'insecte le sens de « passeur de drogue ou d'autres produits illicites, trafiquant de cigarettes ». Mais vu la taille de la fourmi, il s'agit d'un « petit passeur » et non d'un gros dealer.

Châteaux forts de France

LE CHÂTEAU D'IF (BOUCHES-DU-RHÔNE)

Posé sur l'île d'If, dans l'archipel du Frioul, ce château semble flotter au milieu de la rade de Marseille. Édifié sur l'ordre de François Ier autour de 1530, il fut la première forteresse royale de la ville ; sa construction témoigne de la puissance côtière et du rayonnement de la cité phocéenne sur le nord de la Méditerranée. Conçu en carré et flanqué de trois tours cylindriques, le château servit de prison pendant 400 ans. Au XVIIIe siècle, il fut remanié par Vauban, qui y ajouta notamment une maison de garde et des batteries côtières. En 1844, le site devint célèbre grâce à l'une des histoires d'évasion les plus passionnantes de la littérature française, *Le Comte de Monte-Cristo* d'Alexandre Dumas. C'est aujourd'hui l'une des destinations touristiques majeures de Marseille.

30 morceaux de bœuf

LE FILET

Située sous le faux-filet et le rumsteck, cette pièce de viande est très tendre puisqu'il s'agit d'un muscle statique jouant le rôle d'amortisseur pour l'appareil digestif. C'est également un morceau peu gras qui doit être cuisiné avec la plus grande attention pour ne pas se dessécher. Les tournedos en sont issus.

PROBLÈMES DE MATHS DU CERTIFICAT D'ÉTUDES

Pour préparer une bûche de Noël, une ménagère doit incorporer 60 g de sucre en poudre aux blancs d'œufs qu'elle monte en neige. Malheureusement, elle ne dispose que d'une boîte de 1 kg de sucre en morceaux et n'a pas de balance. Sachant que les morceaux sont disposés en 4 rangées en largeur et 14 rangées en longueur sur 3 niveaux, combien de morceaux de sucre entiers doit-elle utiliser ?

Solution : Il y a 4 × 14 × 3 = 168 morceaux de sucre dans la boîte.
Chaque morceau pèse 1 000 g/168 = 5,95 g
Elle devra donc utiliser 60/5,95 = 10,08 soit 10 morceaux de sucre.

Samedi 1er juillet

Saint Thierry – On fête aussi les Servan, Esther, Aaron, Goulven

Soleil
lever : **5 h 51**
coucher : **21 h 57**

Juillet sans orage, famine au village.

HISTOIRES POLICIÈRES

LE BARBIER ET LE PÂTISSIER SANGUINAIRES DE L'ÎLE DE LA CITÉ (PARIS)

Nous sommes en 1384, à l'angle de l'ancienne rue des Marmousets, là où se dresse aujourd'hui l'Hôtel-Dieu, sur l'île de la Cité, à Paris. Dans sa boulangerie, Pierre Miquelon prépare des petits pâtés en croûte parmi les plus réputés de la capitale. Trois ans plus tard, alors que ces savoureux friands à la viande sont désormais appréciés par le roi Charles VI lui-même, les aboiements continus d'un chien planté sous les fenêtres de la boutique incitent des voisins à alerter la maréchaussée. En pénétrant dans l'échoppe, les agents découvrent une scène d'horreur : tandis qu'un homme est en train de dépecer un cadavre, Pierre Miquelon, lui, est occupé à broyer et hacher menu la chair afin de confectionner la farce de ses fameux petits pâtés. Pris en flagrant délit, les deux complices avouent tout. Depuis cinq ans, le barbier Barnabé Cabard et le pâtissier sont associés dans un trafic aussi macabre que rentable. Le premier égorge des clients avec un rasoir, le plus souvent des gens de passage, pour les détrousser. Puis, grâce à une trappe qui communique avec la cave de son voisin, il expédie les corps chez Miquelon, qui se charge de les « recycler » à sa façon. Sans les aboiements intempestifs du canidé de leur dernière victime – un étudiant allemand qui visitait Notre-Dame –, les deux compères auraient pu tranquillement poursuivre leur association sanguinaire. Rapidement jugés, Cabard et Miquelon sont reconnus coupables d'au moins 140 meurtres. Condamnés à la peine capitale, le barbier et le pâtissier sont roués place de Grève puis brûlés dans une cage de fer le jour même de la sentence. Conformément à l'usage, les deux échoppes de l'horreur sont rasées et une petite pyramide expiatoire est édifiée à leur place. Pendant plus d'un siècle, des curieux s'y rendront pour frémir sur les lieux des abominables crimes. En 1536, la pyramide est démolie à son tour. L'affaire Cabard et Miquelon appartient désormais à la légende. N'a-t-elle jamais été autre chose d'ailleurs ? Cette affaire n'a en effet laissé aucune trace dans les annales de son temps. La première chronique qui l'évoque a été publiée par Jacques du Breul, prieur de Saint-Germain-des-Prés, en 1612, plus de deux siècles après les faits. Jaillot, le grand historien du XVIIIe siècle, spécialiste de Paris, n'a découvert aucun document officiel y faisant référence. Depuis, même s'ils ont souvent été racontés par des auteurs jusqu'à la fin du XIXe siècle, les actes monstrueux commis rue des Marmousets n'ont jamais pu être étayés par la moindre preuve historique. La totalité des archives judiciaires de Paris ayant brûlé pendant la Commune en 1871, il n'y a même aucune chance pour qu'ils le soient un jour. À la suite de cette affaire sordide, certains Parisiens seraient morts de chagrin en découvrant qu'ils avaient mangé de la chair humaine…

30 morceaux de bœuf

LE FLANCHET

Le flanchet, dont le nom évoque le « flanc », est la partie basse de l'abdomen du bœuf. Assez plat, ce morceau se reconnaît à l'alternance de bandes de muscles et de cartilages. Pour en réussir la préparation, il faut le cuire longtemps, que ce soit à l'autocuiseur ou dans un bouillon classique. Le flanchet sert notamment de base à la célèbre carbonade flamande.

Expressions françaises et anglaises

Pigs might fly

Si, en Angleterre, vous voyez une représentation de cochons en train de voler, ne vous alarmez pas, ce n'est pas une monstruosité réalisée par des modifications génétiques mais l'illustration de l'expression « *pigs might fly* », l'équivalent de notre « quand les poules auront des dents » et qui pourrait être traduit par « quand les cochons voleront ». Un animal différent, certes, mais nous restons dans la basse-cour.

Soleil
lever : **5 h 52**
coucher : **21 h 56**

Dimanche **2 juillet**

Saint Martinien – On fête aussi les Monégonde, Rustique, Ouzog

À partir du 2 juillet, pas de laine ni de corset.

Argot

Gaffer

En argot, celui qui gaffe n'est pas toujours celui qui commet une bévue, un impair. En effet, gaffer signifie également « regarder avec attention », en particulier « surveiller, guetter ». L'on comprend ainsi pourquoi un gardien de prison est appelé un gaffeur, ou même un gaffe – et une gaffe s'il s'agit d'une gardienne. Dans son sens concret, « gaffe » désigne une perche munie d'un crochet pour attraper le poisson. Ainsi, quand on gaffe, n'accroche-t-on pas son regard ?

C'ÉTAIT VRAIMENT MIEUX AVANT (?)

« AH ! COMME ILS ÉTAIENT BONS LES LÉGUMES D'AUTREFOIS ! »

« Et puis la viande, elle avait vraiment du goût ! Aujourd'hui, les aliments n'ont plus de saveur et on avale des plats préparés bourrés d'additifs ! » Au pays de la gastronomie, ils sont nombreux les nostalgiques de la bonne table d'antan, mais ils oublient au passage quelques réalités. D'abord, celle de la santé : le nombre de décès liés à une intoxication alimentaire collective est aujourd'hui de l'ordre de 100 à 200 par an, contre 15 000 dans les années 1950. Ainsi, on peut consommer des produits laitiers sans craindre la brucellose, la tuberculose, le typhus ou la listériose, des maladies courantes jusqu'au xxe siècle. Moins savoureux nos légumes actuels ? Tout dépend de leur origine et certaines variétés ont même gagné en qualité : les blettes modernes contiennent plus de phosphore, nos melons et nos petits pois plus de vitamine C. Quant aux plats industriels préparés, s'ils contiennent toujours trop de sucre, de sel ou de graisse, ils sont eux aussi moins toxiques qu'il y a trente ou quarante ans. De nombreux additifs sont désormais interdits et, comparée aux années 1960, 1970 et 1980, leur qualité s'est considérablement améliorée.

Citations

C'est quand on a raison qu'il est difficile de prouver qu'on n'a pas tort.

Pierre Dac

Un bout de France FOOT

En 1924, la France organise les Jeux olympiques qui accueillent un tournoi de football considéré à l'époque comme une véritable Coupe du monde. Pour la première fois, des pays du monde entier y prennent part et l'Europe découvre alors la sélection uruguayenne qui décroche la médaille d'or. Ce premier titre olympique, et donc mondial, est à l'origine de la première étoile qui orne le maillot de la sélection d'Uruguay, la deuxième étant obtenue quatre ans plus tard à Amsterdam. Pour la première Coupe du monde de l'histoire, que le pays accueille en 1930, le stade Centenario est construit. Ses tribunes sont alors baptisées en hommage aux exploits olympiques. Ainsi, une tribune « olympique » sépare les deux virages nommés respectivement Amsterdam et Colombes. Il y a donc un coin de France à Montevideo.

Citations

La charité chrétienne m'a appris qu'il ne fallait jamais rester indifférent devant un pauvre qui tend la main. Moi, je la lui serre toujours.

Sim

Lundi **3 juillet**

Saint Thomas – On fête aussi les Thomasine, Anatole

Soleil
lever : **5 h 52**
coucher : **21 h 56**

À la Saint-Anatole, confitures dans la casserole.

HISTOIRES DE SUPERMARCHÉS

L'épicier discount

Le premier magasin Ed l'épicier discount ouvre à Vincennes en 1978. Son slogan : « Manger bien. Bien moins cher. » Son concept : des prix bas avec un assortiment de produits restreint, présentés non pas sur des étagères comme dans un supermarché classique mais encore dans leurs cartons et sur des palettes. On économise ainsi sur les frais de personnel. En 1981, le groupe Carrefour rachète des parts de l'enseigne ED, puis la totalité en 1984. Le nombre de points de vente augmente jusqu'à atteindre une centaine en 1987, mais les choses se gâtent avec l'arrivée de Lidl et de Leader Price. À partir de 1996, Carrefour change le concept avec plus de grandes marques, des fruits et des légumes, des magasins plus beaux. En 2002, l'enseigne compte 458 magasins en France, dont 113 à Paris et sa banlieue. Et dès 2009, progressivement, tous passent sous l'enseigne Dia.

SUDOKU

9	2				8			
	8							
5				2			4	
1		4					5	
			3			6		2
		5			7		8	
								5
		9		3	2			
6			1	5		2		

Solution page 207

Pains & gâteaux

La torque, ou tortillade provençale

Ce pain brioché parfumé à l'anis est légèrement sucré et contient un œuf, du beurre et de l'huile d'olive. Sa pâte façonnée en boudins est d'abord tressée, puis on lui donne la forme d'une couronne. Au Moyen Âge, il était préparé pour les fêtes de la Saint-Jean, Saint-Éloi et Saint-Roch. Son origine remonte à l'Antiquité, une torque était alors un collier celte.

Les scandaleuses

La Goulue de Montmartre

De son vrai nom Louise Weber, la Goulue est une icône du french cancan qui a marqué son époque par ses prestations au *Moulin Rouge*. Née à Clichy-la-Garenne en 1866, la petite Louise apprend le « chahut », premier nom du cancan, avec son père. À 13 ans, elle est blanchisseuse le jour et court les bals musettes le soir venu. À 16 ans, elle se fait remarquer comme danseuse au *Moulin de la Galette* sur la butte Montmartre. Des photographes et des peintres lui proposent de poser comme modèle. Bientôt, multipliant les prestations à Paris et en banlieue, elle devient « la Goulue » en référence à son amant Gaston Goulu-Chilapane, un bourgeois qui l'accueille dans son hôtel particulier de l'actuelle avenue Foch. Lorsque le *Moulin Rouge* ouvre fin 1889, Louise s'y impose rapidement comme la star du lieu. Son ami Toulouse-Lautrec crée la fameuse affiche « Moulin Rouge, la Goulue » qui fera le tour du monde. Après la naissance de son fils, elle quitte la scène, et « Maman Goulue » passe les dernières années de sa vie en vendant cacahuètes, bonbons, allumettes et cigarettes aux prostituées de Pigalle et aux badauds de Montmartre.

Soleil
lever : 5 h 53
coucher : 21 h 56

Mardi 4 juillet

Saint Florent – On fête aussi les Berthe, Déotille

L'amitié, c'est l'amour en habit de semaine. *(Proverbe anglais)*

Ville en chanson

Waterloo

Waterloo, ce n'est pas qu'une bataille napoléonienne perdue en 1815, c'est aussi une victoire, celle d'ABBA au concours de l'Eurovision en 1974 avec ce titre qui est probablement le plus connu du groupe suédois. Le texte fait évidemment référence à la bataille de Waterloo mais il parle aussi d'une femme qui renonce à un homme, tout comme Napoléon a capitulé après avoir combattu. Avec ce tube, la petite commune de Waterloo, au sud de Bruxelles, fait son entrée dans le top 10 américain et devient numéro 1 dans plusieurs pays d'Europe tels que l'Allemagne, l'Irlande et le Royaume-Uni.

Citations

Il y a des gens sur qui on peut compter. Ce sont généralement des gens dont on n'a pas besoin.

Sacha Guitry

Pas si bête

Le machaon

Quand on a vu le machaon, posé sur les ombelles blanches de l'angélique, on ne l'oublie pas. C'est en effet le plus grand papillon diurne de nos campagnes, avec une envergure de 90 cm et des ailes jaunes marquées de noir, terminées par deux longues pointes qui lui valent le nom pompeux de « grand porte-queue ». Mais il se distingue aussi par sa grosse chenille, en tenue cryptique, vert clair taché d'orange et de jaune. Toutefois, comme ce camouflage ne suffit pas à dissuader les prédateurs, elle a une arme secrète des plus inattendues. Quand elle est menacée, elle fait saillir, à l'arrière de sa tête, une masse orange qui dégage instantanément une forte odeur perceptible par l'humain. Elle dissuade ainsi des guêpes, mais malheureusement pour elle les oiseaux ne se laissent généralement pas impressionner.

LE CHIFFRE

50

C'est, en milliards de dollars, la somme qui est apparue en dépôt sur le relevé bancaire des James, une famille vivant en Louisiane (États-Unis). Ils ont découvert ce versement exorbitant en consultant via Internet le compte de la mère de famille à la Chase Bank. Après avoir brièvement imaginé l'existence d'un richissime oncle inconnu qui serait décédé en leur léguant sa fortune, le couple et ses deux enfants sont rapidement revenus à la raison : cet argent ne leur appartenait pas et ils ne pouvaient pas le dépenser. Une fois averti, l'établissement bancaire a évoqué « un problème technique ayant affecté un nombre limité de comptes », sans donner plus de détails aux James. Les milliards sont restés quatre jours sur leur compte avant d'être récupérés. Se voir ainsi crédité d'une somme à dix zéros est grisant, ne pas pouvoir y toucher… absolument frustrant !

Mercredi **5 juillet**

Saint Antoine – On fête aussi les Sédophe

Soleil
lever : **5 h 54**
coucher : **21 h 56**

Les jours, à la Saint-Antoine, croissent du repas d'un moine.

Citations

La météo est une science qui permet de connaître le temps qu'il aurait dû faire.
Philippe Bouvard

Onomatopées dans différentes langues

PLOUF !
ÇA MOUILLE TOUJOURS !

Archimède ne me contredira pas : tout corps plongé dans l'eau fait « plouf ! ». En France, oui, mais il en va autrement dans de nombreux autres pays. Ainsi, en Allemagne, ledit corps fera « platsch ! » ; chez les Anglo-Saxons, la chute s'accompagnera d'un « splash ! », au-delà des Pyrénées, on entendra « plof ! », puis « plons ! » aux Pays-Bas, « plaske ! » au Danemark et « stänk ! » en Suède. Quoi qu'il en soit, ledit corps en ressortira tout mouillé.

Citations

L'argent n'a pas d'odeur, mais à partir d'un million, il commence à se faire sentir.
Tristan Bernard

La gaffe de l'Histoire

Le Grand Nain

À l'occasion de la programmation à la télévision du film de Gilles Lellouche *Le Grand Bain*, le magazine *Télé 7 Jours* a laissé passer une coquille d'importance dans ses colonnes en rebaptisant le film *Le Grand Nain*. Une gaffe largement reprise sur les réseaux sociaux et qui a suscité de nombreux commentaires amusés de toute l'équipe de joyeux drilles du film.

Châteaux forts de France

LE CHÂTEAU DE PIERREFONDS (OISE)

En 1396, le roi Louis d'Orléans commande la construction de ce château défensif, au sud-est de la forêt de Compiègne, afin de surveiller l'activité des Flandres. Deux grandes familles se disputent l'édifice tout au long du XVe siècle, les ducs de Bourgogne et les ducs d'Orléans. Jusqu'à son démantèlement en 1617, le château est maintes fois attaqué par les différents ennemis du roi de France. Louis XIII décide d'abandonner le château, après une série de bombardements qui fragilisent son enceinte. Pierrefonds est redécouvert au XIXe siècle ; l'architecte Eugène Viollet-le-Duc, sur ordre de Napoléon III, est chargé de sa restauration à partir de 1858. La bâtisse est alors remaniée dans un style dit « troubadour », hommage à l'architecture du Moyen Âge et de la Renaissance.

NOUVEL USAGE DES DISCOTHÈQUES !

PROBLÈMES DE MATHS DU CERTIFICAT D'ÉTUDES

Un groupe de 8 amis a commandé une pizza de 46 cm de diamètre qui leur a coûté 162 F.

1. Quelle est la surface de chaque part de la pizza coupée en 8 morceaux égaux ?
2. Quelle aurait été la surface de la part de chacun s'ils avaient commandé 2 pizzas de 31 cm de diamètre à 118 F chacune ?
3. Quel est le prix de chaque part et le prix par cm² pour chaque type de pizza ?

Solution :
1. Surface de la pizza de 46 cm : $\pi \times r^2 = 3,14 \times (46/2)^2 = 1\,661,06$ cm²
2. Surface de chaque part : 1 661,06/8 = 207,63 cm²
Surface de la pizza de 31 cm : $\pi \times r^2 = 3,14 \times (31/2)^2 = 754,385$ cm²
Surface de chaque part : 754,385/4 = 188,60 cm²
3. Pizza de 46 cm, prix de chaque part : 162/8 = 20,25 F ;
prix par cm² : 162/1 661,06 = 0,09 F ou environ 10 centimes.
Pizza de 31 cm, prix de chaque part : 118/4 = 29,50 F ; prix par cm² :
118/754,385 = 0,15 F ou environ 16 centimes.

Soleil
lever : **5 h 54**
coucher : **21 h 55**

Jeudi **6 juillet**

Sainte Mariette – On fête aussi les Goar, Godiva, Dodelièvе, Nolwenn

Orage le matin ruine le vilain.

HEUREUX MARIAGES

Il paraît qu'un couple, c'est une affaire d'équilibre. C'est peut-être ce que se sont dit Louis Ledoux et Joséphine Lefort en s'épousant le 16 avril 1894 à la mairie du 3e arrondissement de Paris, comme l'avaient fait avant eux Joseph Lefort et Marie Ledoux le 6 septembre 1875 à Cheveuges, dans les Ardennes. En revanche, aucun mariage Lefort-Lefaible n'a été célébré…

Argot

Goualante

L'argot parisien a emprunté à la langue courante le verbe « gouailler » qui signifie « se moquer, railler grossièrement ». L'ayant légèrement déformé sous l'influence de « gueuler », il a ainsi créé le verbe « goualer » avec le sens de « chanter », mais pas des airs d'opéra, plutôt des chansons populaires, des chansons de rue, et plus particulièrement des complaintes. Du participe présent du verbe a été dérivé le nom féminin « goualante » (pensons à *La Goualante du pauvre Jean* chantée par Édith Piaf).

Ça s'est passé

Le 6 juillet 1923

Naissance de Madame Claude à Angers, la plus célèbre proxénète française, qui a dirigé dans les années 1960-1970 un réseau de prostitution ayant pour clients des membres des gouvernements, des diplomates, etc.

L'ACTU – UN TÉNIA TENACE

Des médecins de l'hôpital de Boston, aux États-Unis, ont fait une découverte totalement insolite. À la suite d'une violente crise, un homme de 38 ans a dû être transféré dans l'établissement. Après un scanner du cerveau, les spécialistes ont découvert trois lésions cérébrales, ainsi que des kystes larvaires d'un ténia qui avait migré vers la tête du patient il y a… 20 ans. Dans leur rapport, ils expliquent que le ver solitaire dans son cerveau était mort depuis longtemps, mais qu'il déclenchait toujours des crises. « L'infection avait totalement disparu, mais une partie de son cerveau était cicatrisée, et c'est cette zone cicatrisée qui menait aux crises » détaillent-ils. Le mystère reste entier sur comment l'homme a pu héberger pendant deux décennies des morceaux du parasite. Selon les médecins, il a probablement mangé un repas préparé par quelqu'un qui avait un ténia, lorsqu'adolescent, il vivait au Guatemala. Les importuns infectent le système nerveux central après avoir traversé les muscles et les tissus. Ils peuvent vivre entre 5 et 10 ans dans l'organisme. Une fois morts, ils peuvent encore provoquer une inflammation dans tout le corps, entraînant maux de tête, douleurs ou convulsions. Manger du porc insuffisamment cuit et être dans des conditions insalubres sont deux des moyens les plus courants pour attraper un ténia.

Complot ou pas complot…

OPÉRAS

Pelléas et Mélisande de Claude Debussy (1902)

Le seul opéra composé par Debussy est une œuvre unique dans l'histoire de l'opéra. Adapté de la pièce symboliste de Maurice Maeterlinck, *Pelléas et Mélisande* a en effet renouvelé le genre par sa modernité et sa palette sonore éloignée de la tradition. La récitation proche du parler et les harmonies aussi novatrices qu'hypnotiques ont déclenché des scandales et même une censure lors de sa création en 1902. Inspiré du mythe de Tristan et Yseult, ce chef-d'œuvre raconte la passion interdite et fatale entre la mystérieuse Mélisande, mariée au prince Golaud, et Pelléas, le demi-frère de son époux. Hors du temps et oniriques, baignés d'une atmosphère poétique et sensuelle, les cinq actes sont traversés par une musique lumineuse qui n'est qu'ondes et frémissements. Le morceau à (ré)écouter : *Mes longs cheveux descendent jusqu'au seuil de la tour*, chanté par Mélisande qui se coiffe avant d'envelopper Pelléas de sa chevelure…

Vendredi **7 juillet**

Saint Raoul – On fête aussi les Panthène, Edelburge, Willibald, Teï

Soleil
lever : **5 h 55**
coucher : **21 h 55**

Il ne faut pas courir deux lièvres à la fois.

DEVINETTES

Utilisé pour stimuler,
Ou une punition infliger,
Employé pour mélanger,
Les blancs il fait monter.
Qu'est-ce que c'est ?

Réponse : LE FOUET

Étymologie

Autrefois, les Indiens de Guyane avaient l'habitude de procéder au boucanage des viandes au cours d'une grande fête annuelle. Cette opération culinaire était accompagnée de danses et de jeux, et les Indiens ordinairement calmes faisaient beaucoup de bruit à cette occasion. C'est ce tapage qui a donné l'expression « faire du boucan ».

Citations

À un certain âge, les deux bras d'un fauteuil vous attirent plus que les deux bras d'une femme.

Gustave Flaubert

Le révérend Yques
Pasteur
vous annonce la naissance de
son fils

BASILE

Brèves régions

Loir-et-Cher/ La tarte tourangelle

La recette de la tarte tourangelle, élaborée en Indre-et-Loire, débute par une pâte brisée que l'on confectionne avec une faisselle de chèvre mélangée à de la farine, du beurre et du sel. Une fois étalée, cette pâte est tartinée de rillettes sur lesquelles on dispose des lamelles de rillons débarrassés de leur cartilage. Parallèlement, il faut battre dans une jatte des œufs avec de la crème fraîche et des fines herbes ciselées. La préparation vient ensuite recouvrir les rillons et l'ensemble est mis à cuire au four pendant 25 minutes. Démoulée à chaud, la tarte tourangelle peut être servie avec une salade.

Les pires prédictions de l'Histoire

En 1809, l'Académie des sciences de Saint-Pétersbourg envoie une mission à Bakou, dans le Caucase, une région tout juste intégrée à l'empire russe. Depuis le XVIIe siècle, la ville exploite le pétrole présent en immense quantité dans son sol. À son retour, l'Académie transmet sa conclusion au tsar : « Le pétrole est un liquide minéral dépourvu de toute utilité. Du fait de sa nature, c'est un liquide gluant et nauséabond. Le pétrole ne peut être employé d'aucune façon, sauf à lubrifier les roues des charrettes indigènes. » L'avis la prestigieuse institution va considérablement influencer l'attitude du pouvoir russe qui, pendant des décennies, va céder l'exploitation des gisements à des entreprises étrangères pour une poignée de kopecks. En 1901, ces sociétés produiront la moitié du pétrole mondial depuis Bakou, une manne que les bolcheviks s'empresseront de nationaliser après la révolution de 1917.

L'ACTU

BULBES MÉTÉOROLOGIQUES

Depuis 2005, Rémy Gullung, un retraité alsacien, annonce la météo de l'année à venir grâce à une méthode plutôt inhabituelle. Pour établir son pronostic, il utilise des oignons. Fruit d'une longue tradition qu'il tient de sa grand-mère, son rituel est très codifié. Il a lieu la nuit de Noël. Le météorologue amateur dispose douze moitiés d'oignons sur le rebord de sa fenêtre, qu'il recouvre de gros sel. À chaque moitié d'oignon correspond un mois de l'année. Plus l'oignon a rendu d'eau, plus le mois associé sera humide. Pour affiner ses prévisions, le retraité a recours à la technique dite de la « petite année ». Il réalise des observations quatre fois par jour pendant 12 jours, entre le 26 décembre et le 6 janvier. Là encore, chaque jour correspond à un mois de l'année. Rémy Gullung consigne la température, l'état du ciel, l'humidité de l'air et la direction du vent, grâce à la fumée des cheminées. Parfois traité de charlatan, cet habitant d'Hartmannswiller, un village situé à la lisière du parc national des Vosges dans le Haut-Rhin, explique qu'il perpétue ce rite « avec dérision, mais de façon sérieuse ». Il considère que ses prévisions donnent une « image globale » et qu'elles sont « plus ou moins fiables » à l'échelle du Grand Est. Une chose est sûre : pour de bonnes prédictions, l'oignon doit provenir d'Alsace. « Surtout pas de Chine ! » prévient Rémy Gullung.

Soleil
lever : 5 h 56
coucher : 21 h 54

Samedi 8 juillet

Saint Thibaut – On fête aussi les Edgar, Aquila, Kilian, Landrade

Saint-Thibaut ramène le chaud.

Argot

Lampe

Sans doute est-ce parce que l'on peut l'allumer (la séduire, la draguer) qu'une femme, dans la langue verte, est parfois désignée par le terme « lampe ». Mais ce n'est certes pas le sens le plus courant de ce nom utilisé en argot depuis le XVIIe siècle : il désigne plutôt l'estomac (il faut alimenter son estomac, comme on alimente une lampe à huile) et est passé dans le langage courant avec l'expression familière « s'en mettre plein la lampe ».

Bibliophiles

Manuscrit trouvé à Saragosse, Jean Potocki (Corti, 1989)

Lors d'un séjour en Espagne, des Bohémiens racontent à un voyageur l'histoire de leur vie, où s'imbriquent les récits d'autres personnages qui relatent à leur tour des histoires qu'ils ont entendues. Ce roman labyrinthique, à la fois picaresque, noir et libertin, histoire de brigands et d'amour, conte fantastique et philosophique, appartient tel *Don Quichotte* au patrimoine littéraire universel. C'est une expérience de lecture formidable et passionnante, écrite par un grand seigneur polonais francophone du XIXe siècle au destin fort mystérieux. Texte et auteur à découvrir !

Il (n')a (pas) inventé…

L'EAU TIÈDE

Qu'est-ce qui est froid ? Qu'est-ce qui est chaud ? Difficile d'être catégorique et de définir précisément ces deux notions. En revanche, tout ce qui est entre froid et chaud est tiède. Le « tiède », c'est aussi l'absence de prise de position, l'incapacité à affirmer une opinion tranchée. Celui qui « n'a pas inventé l'eau tiède » n'est pas quelqu'un qui se distingue des autres.

Séries TV (acteurs et actrices)

NICOLE KIDMAN – *DILIGENCE EXPRESS*

Nicole Kidman est repérée pour la première fois à l'âge de 13 ans par la réalisatrice Jane Campion. Mais c'est une série australienne, aujourd'hui largement oubliée, qui va lui permettre de se faire connaître trois ans après. Durant la dernière saison de *Diligence Express*, en 1985, la jeune Nicole Kidman incarne Annie et rejoint les aventures d'une famille lancée sur les routes d'Australie à la fin du XIXe siècle. Après cette expérience, Kidman poursuit son ascension sur les écrans américains. Son rôle dans *Prête à tout* de Gus Van Sant (1995) lui vaudra la reconnaissance de la profession, avec un Golden Globe de la meilleure actrice. C'est le début d'une longue carrière au cinéma. En 2017, elle revient sur le petit écran avec *Big Little Lies*, série américaine acclamée, pour laquelle elle décroche un nouveau Golden Globe de meilleure actrice dans une mini-série.

Solution Sudoku p. 202

9	2	1	4	7	8	5	3	6
4	8	6	5	9	3	1	2	7
5	7	3	6	2	1	9	4	8
1	3	4	2	8	6	7	5	9
8	9	7	3	4	5	6	1	2
2	6	5	9	1	7	3	8	4
3	1	2	7	6	4	8	9	5
7	5	9	8	3	2	4	6	1
6	4	8	1	5	9	2	7	3

Dimanche **9 juillet**

Sainte Amandine – On fête aussi les Hermine, Andrée, Iphigénie

Soleil
lever : **5 h 57**
coucher : **21 h 53**

Au 9 juillet, le coucou se tait net.

OISEAUX MIGRATEURS

La date du départ

Ce qui décide les migrateurs à partir vers le sud à telle ou telle date est essentiellement la durée respective du jour et de la nuit : la photopériode. Il s'agit d'une sorte d'horloge interne qui dicte aux oiseaux ce comportement. Et elle est particulière à chaque espèce. C'est ainsi que l'hirondelle rustique (ou des cheminées) regagne ses lieux de nidification au printemps un peu avant l'hirondelle des fenêtres. Les conditions météorologiques ont aussi leur importance, les migrateurs pouvant retarder leur départ en cas de vents défavorables, ou lorsque l'été se prolonge.

RÉBUS

Les livres français

MI DI

Partage de midi de Paul Claudel

Brèves régions

Loire/Le Casino

En 1892, un jeune homme de 25 ans, du nom de Geoffroy Guichard, s'installe à Saint-Étienne. Avec sa femme et son cousin, ils reprennent une épicerie installée dans un ancien café chantant appelé « Le Casino Lyrique ». C'est un lieu atypique sur le plan architectural qui n'a fonctionné que quatre ans mais, pour lui rendre hommage, ils conservent le nom de « Casino ». L'affaire est si prospère qu'en moins de six ans Geoffroy et Antonia décident d'en ouvrir une deuxième : ce qui allait devenir une chaîne de supermarchés était né. Cent trente ans plus tard, le groupe Casino est coté en Bourse et réalise plus de 30 milliards d'euros de chiffre d'affaires annuel.

L'ACTU

MARS EN PÉRIGORD

Il y a plus de points communs entre Mars et la Dordogne que vous ne le pensez ! Des géologues de la Nasa, l'agence spatiale américaine, utilisent en effet des noms de communes du Périgord pour classifier des roches découvertes sur la planète rouge grâce au robot Curiosity. Brantôme, Ribérac, Limeyrat ou encore Sorges ont notamment leurs noms sur la planète rouge ! La Dordogne est un département extrêmement riche en minéraux. Les géologues qui les ont classifiés au XIXe siècle se sont aperçus que certaines roches comme la nontronite, découverte dans des mines entre Saint-Pardoux-la-Rivière et Nontron, étaient très peu courantes ailleurs. Leurs classifications ont donc duré dans le temps. Or, les roches trouvées sur Mars ayant les mêmes compositions que celles situées sur certaines parties de la Terre, notamment en Dordogne, les experts de la Nasa ont renommé les échantillons collectés, mais aussi certains cratères et rochers de Mars d'après des villages du département de la Nouvelle-Aquitaine. Évidemment, les scientifiques américains n'emploient pas que des noms de communes du Périgord : des localités américaines, australiennes et allemandes sont aussi utilisées pour leur intérêt géologique.

Soleil
lever : 5 h 58
coucher : 21 h 53

Lundi **10 juillet**

Saint Ulrich – On fête aussi les Canut, Rufine

Les prunes et le melon mettent la fièvre à la maison.

Recette — Deux petites tartinades

Pour faire chic, on appelle ça des dips ! Voici deux préparations au choix pour l'apéro, à tartiner sur des petites tranches de pain grillées ou dans lesquelles on peut tremper des gressins ou autres biscuits apéritifs.

Pour 6 pers. **20 min de préparation** **30 min de cuisson**

Pour le caviar d'aubergines
- 2 belles aubergines
- 2 petites gousses d'ail
- ½ citron
- Huile d'olive
- Sel, poivre

Pour les rillettes de thon
- 1 boîte de thon blanc au naturel (100 g environ de poids net égoutté)
- 1 citron
- 2 petites échalotes
- 100 g de fromage à tartiner
- Sel, poivre

Pour le caviar d'aubergines : préchauffez le four à 210 °C (th. 7). Coupez les aubergines en deux dans le sens de la longueur et quadrillez-les. Enfournez l'ail en chemise et les aubergines pour 30 min. Pressez le citron. Mixez la chair des aubergines, l'ail pelé, le jus de citron avec un peu de sel, de poivre et un filet d'huile d'olive.

Pour les rillettes : égouttez le thon puis émiettez-le. Pressez le citron. Pelez et hachez les échalotes. Dans un récipient, mélangez tous les ingrédients de la préparation.

Conseils
Répartissez les deux tartinades dans différents petits *ramequins*, chacun le sien et les virus sont bien gardés !

Espace
Astérix et Obélix

Lors de son premier lancement, la fusée Diamant A1 emporte à son bord le premier satellite français. D'un poids d'une quarantaine de kilos, après avoir été un temps nommé Zébulon par la presse, il est finalement baptisé Astérix. Le premier Gaulois de l'espace, qui ne devrait retomber sur Terre que d'ici un siècle, est ensuite rejoint par Obélix, premier passager d'Ariane.

Citations

C'est surtout quand les journées paraissent longues que les années passent vite.

Alfred Capus

Le bon mot de l'Histoire et le gros mot

« Impossible n'est pas français. »
Napoléon Ier, juillet 1813

Mentionnée en 1837 par le général de Caulaincourt, l'expression a été popularisée par Balzac dans son ouvrage *Maximes et Pensées de Napoléon* publié en 1838. C'est vraisemblablement une version concentrée d'une expression utilisée dans une lettre de l'Empereur au général Le Marois en 1813. Commandant de la ville de Magdebourg, celui-ci informa Paris par missive qu'il lui était impossible de continuer à tenir ses positions face à l'ennemi. « Ce n'est pas possible, m'écrivez-vous ; cela n'est pas français », répondit l'Empereur. Trois mois plus tard, vaincue par la Sixième Coalition, l'armée napoléonienne quittera l'Allemagne pour se replier vers la France.

Mardi **11 juillet**

Saint Benoît – On fête aussi les Helga, Olga, Pie

Soleil
lever : **5 h 59**
coucher : **21 h 52**

À la Saint-Benoît, du temps froid.

POLICE : LA CLEF D'ÉTRANGLEMENT OFFICIELLEMENT REMPLACÉE

POULES, POULETTES

LA MARANS

C'est la « poule aux œufs d'or » ! En effet, elle pond des œufs d'un roux soutenu (« extra-roux »), les plus foncés qui soient, parfois d'un brun presque violacé, et cette couleur peut surprendre le profane. Ils sont en outre de gros calibre (plus de 70 g) et on en compte en général plus de 200 par an. Cette race ancienne doit son nom à la ville de Marans, en Charente-Maritime, dans le Marais poitevin, et elle serait issue de croisements avec le combattant anglais. C'est une poule paisible, facile à élever, qui aime se promener dans l'herbe et qui ne craint pas les intempéries. Selon les variétés, son plumage est noir à camail cuivré (le plus courant), noir à camail argenté, bleu à camail cuivré, ou encore coucou. En cuisine, la marans se distingue également par une chair très fine.

Vélo

Fête nationale

Gagner une étape du Tour est un moment particulier pour un Français, en particulier un 14 juillet. Depuis 1945, ils ne sont que treize à y être parvenus : Émile Idée (1949), Jean Robic (1953), Jean Bourles (1957), Roger Pingeon (1968), Raymond Delisle (1969), Bernard Thévenet (1970), Vincent Barteau (1989), Laurent Brochard (1997), Richard Virenque (2004), David Moncoutié (2005), Warren Barguil (2017), ainsi que deux hommes auteurs d'un doublé : Jacques Anquetil (1961 et 1964) et Laurent Jalabert (1995 et 2001).

HEUREUX MARIAGES

C'est à Orléans, le 3e jour complémentaire de la sixième année républicaine (correspondant au 19 septembre 1798) que Pierre Legras épousa Elizabeth Lemaigre. Gaston Legras choisit pour sa part Eugénie Devaux le 1er avril 1911, à Hyères, dans le Var, et Antoine Cochon s'unit avec Adélaïde Gras le 17 janvier 1828 à Fontanil-Cornillon, dans le département de l'Isère.

Les plus vieux commerces du monde

France – La Mère de famille

C'est en 1761 que fut fondée *La Mère de famille*, qui revendique à juste titre le record de plus vieille confiserie de Paris. À l'origine, ouverte par Pierre Jean-Bernard, un jeune épicier originaire de Coulommiers, c'était une épicerie fine qui vendait toutes sortes de produits. Par la suite, elle s'est spécialisée dans les douceurs, bonbons, chocolats et biscuits délicats. La boutique historique se trouve au 35 rue du Faubourg Montmartre et, quand on y entre, on peut admirer le cadre ancien parfaitement préservé, avec le sol en carreaux de faïence, les lustres « Art nouveau » en métal et en verre, ainsi que le comptoir en bois. Au fil du temps, d'autres points de vente ont été ouverts et la marque a même racheté en 2017 *Stohrer*, la plus ancienne pâtisserie de la capitale.

Mercredi 12 juillet

Saint Olivier – On fête aussi les Jason

Le ventre n'a pas de conscience. *(Proverbe allemand)*

THÉÂTRES DU MONDE

La Fenice à Venise

Ce théâtre légendaire, tout de rouge et d'or, est sans conteste l'une des plus belles scènes lyriques au monde. C'est ici que Maria Callas a fait ses débuts. Même s'il a brûlé plusieurs fois, il a toujours été reconstruit à l'identique : ne dit-on pas que le phénix (*fenice* en italien) renaît toujours de ses cendres ? Si, de l'extérieur, le lieu semble se détourner de la pompeuse tradition baroque du XVIIIe siècle, l'intérieur offre une salle ovale grandiose et rococo avec un plafond peint d'un ciel bleu ponctué de nuages et d'angelots musiciens, qui tranche avec les nombreuses dorures.

La dictée du mois — Portrait du prince

La magnificience et la galanterie n'ont jamais parues en France avec tant d'éclat que dans les dernières années du règne d'Henri II. Ce prince était galent, bien fait, et amoureux : quoique sa passion pour Diane de Poitiers, dûchesse de Valentinois, eût commencer il y avait plus de vingt ans, elle n'en était pas moins violente, et il n'en donnait pas des témoignages moins éclatants.

Comme il réussissait admirablement dans tous les exercices du corp, il en faisait une de ses plus grandes occupations :

c'était tous les jours des partis de chasse et de peaume, des ballets, des courses de bagues, ou de semblables divertissements.

Madame de La Fayette, La Princesse de Clèves, *1820.*

magnificence, paru, galant, duchesse, commencé, corps, parties, paume

Chiffres et expressions

Faire ménage à trois

Classiquement, le « ménage » est synonyme de couple, c'est-à-dire de vie en commun de deux personnes. Il serait donc antinomique, voire impossible, grammaticalement, de « faire ménage à trois ». Pourtant il n'est pas rare dans les histoires d'amour qu'un troisième individu fasse irruption, faisant alors passer le duo au trio et le couple au… triolisme.

Brèves régions

Haute-Loire/La croix des grenouilles

Une légende altiligérienne raconte qu'autrefois, un pauvre paysan qui vivait avec sa femme au village de la Clauze, près de Grèzes, avait perdu deux enfants, morts avant d'être baptisés. Le père les avait enterrés dans un terrain non loin de là et un jour, bien des années après, une jeune fille qui gardait les vaches à cet endroit fut sévèrement mordue par deux grenouilles. Averti, le curé du village conclut qu'il s'agissait des âmes des enfants et, pour éviter que la malédiction ne se reproduise, il vint asperger le terrain tout entier d'eau bénite et y fit dresser une croix, pour ramener dans la religion ces âmes errantes.

Jeudi **13 juillet**

Saint Henri et Saint Joël – On fête aussi lesClélia, Mildred

Soleil
lever : **6 h 01**
coucher : **21 h 51**

Une fois qu'on a mangé un diable, on en mangerait bien deux. *(Proverbe belge)*

Étymologie

Séduire avec du pain ?

Si tout le monde, ou presque, sait que *faire du gringue* à quelqu'un, c'est lui faire la cour, et le plus souvent de façon pressante, rares sont ceux qui connaissent le sens et l'origine du nom gringue. Dans l'argot du XIXe siècle, gringue (issu de l'ancien français *grignon/quignon*) est synonyme de pain. L'expression, à l'origine argotique, est attestée au début du XXe siècle dans le sens de « chercher à plaire » (cf. faire du plat) et se charge un peu plus tard du sens que nous lui connaissons aujourd'hui.

Rétro Vermot

Le cardinal Dubois avait un frère qu'il avait placé dans ses bureaux et qui ne brillait pas par l'intelligence. Il songe, un laquais accourt :

– Que veut Monseigneur ?

– Dubois.

– Le domestique apporte, en effet, du bois.

– Ce n'est pas cette bûche-là que je demande, lui dit le cardinal. Faites venir mon frère.

Curiosités scientifiques

La pierre magique

Les Vikings ont été les premiers Européens à poser les pieds sur le sol américain. Ces incroyables navigateurs, qui ont envahi l'Amérique du Nord, l'Europe et l'Afrique, parfois en y établissant des colonies, ont pu le faire grâce à la pierre de Soleil, ou *sólarsteinn*, qui permettait de connaître la position du Soleil même à travers les plus épais nuages. Décrite dès le XIIIe siècle, on n'a cependant toujours aucune preuve de son existence. Le candidat le plus plausible a été identifié par le physicien français Guy Ropars : il s'agirait du spath d'Islande qui polarise la lumière, permettant ainsi de deviner la position de l'astre. Il ne reste plus qu'à en trouver dans les épaves vikings…

La bonne blague

Un type entre dans un bar et annonce à tout le monde :
« Je parie 50 euros à chacun de vous que ma pieuvre ici présente est capable de jouer de n'importe quel instrument de musique ! »
Un des clients qui a sa guitare avec lui l'apporte à la pieuvre, qui se met à jouer *Jeux interdits* sans une fausse note. Le gars donne 50 euros au propriétaire de la pieuvre. Un autre type qui est trompettiste apporte son instrument à la pieuvre. Celle-ci prend la trompette, l'approche de sa bouche, la coince entre ses deux mandibules et interprète *Petite fleur* aussi bien que Sydney Bechet ! Le propriétaire du céphalopode empoche 50 euros de plus. Le patron du bistrot qui a tout suivi monte dans son appartement et revient avec une cornemuse sous le bras. Puis il dit au gars :
« Si ta pieuvre peut en jouer, je te donne 100 euros. » L'animal agrippe la cornemuse, l'observe longuement, la tourne et la retourne dans tous les sens et semble bien ennuyé. Surpris par ce comportement, son propriétaire lui lance :
« Bah alors ? Qu'est-ce qui t'arrive ? Tu vas te dépêcher de jouer de cette cornemuse, oui ou non ? »
Alors la pieuvre le regarde et lui répond :
« En jouer ? Tu rigoles ! Si j'arrive à trouver comment on lui enlève son pyjama, on va plutôt faire crac-crac ! »

Vendredi **14 juillet**

Fête nationale – On fête aussi les Camille de Lellis, Cameron

Qui est large de bouche est étroit de main. *(Proverbe italien)*

Brèves régions

Loire-Atlantique/ Les caramels de Pornic

Fabriqués en mélangeant de la vanille avec du sucre, puis en ajoutant du beurre, de la crème et du chocolat, les caramels tendres de Pornic font la réputation de la maison Gavet depuis plusieurs générations. Leur goût est relevé par le célèbre sel de la ville voisine de Guérande et aucun additif chimique n'entre dans leur composition. Le secret pour les réussir, paraît-il, est la cuisson au degré près dans une bassine en cuivre, sans cesser de remuer. C'est ainsi que cette spécialité gourmande pornicaise, entièrement artisanale, s'écoule à plus de 12 000 pièces par an, soit plus de 230 caramels chaque semaine.

MÉTIERS IMPROBABLES

OBSERVATEUR DE PEINTURE QUI SÈCHE

Au Pays de Galles, Matthew Risbridger gagne sa vie en regardant la peinture sécher. Employé par le fabricant de peinture AquaTec Coatings, il observe attentivement les changements de teintes, la texture et les particules de peinture pendant qu'elle sèche sur toutes sortes de surfaces (murs, métal, composite, carton, bois…). Pour chaque test, il doit vérifier si la peinture se fissure ou si elle est trop épaisse, la gratter avec un couteau pour sentir comment elle durcit une fois sèche, en chronométrant toutes les étapes. Fours, radiateurs infrarouges, ventilateurs, souffleries ou air ambiant, Matthew soumet ses échantillons à plusieurs types de séchage avant de remettre ses conclusions. Car son expertise est indispensable à son entreprise : elle permet d'élaborer la composition la plus durable et résistante pour les nouvelles peintures et d'améliorer celles déjà existantes.

Charade classique

Mon premier est une ancienne unité monétaire française.

Mon deuxième est une fibre naturelle d'origine animale.

Mon troisième est le plus petit nombre premier.

Mon quatrième est une plante herbacée consommée en salade.

Répété, **mon cinquième** exprime le rire ou les pleurs.

Mon tout est un parfumeur français connu pour son rôle chez Christian Dior.

FRANÇOIS DEMACHY
(FRANC – SOIE – DEUX – MÂCHE
– HI)

ÇA, C'EST FAIT DIVERS !

Cette affaire a fasciné les médias russes il y a quelques mois. À Arefinksy, un village situé à 200 kilomètres au nord de Moscou, Nadezhda Bushueva a été séquestrée pendant plus de 26 ans par sa mère. Cette dernière a commencé à enfermer sa fille quand elle a eu 16 ans afin de « la protéger des dangers extérieurs ». Les deux femmes vivaient dans une mansarde, entourées de chats dont certains étaient morts et elles se nourrissaient principalement de pâtées pour animaux. L'affaire a éclaté lorsque la mère a dû être hospitalisée. Nadezhda l'a alors accompagnée et, pour la première fois, à 42 ans, elle a découvert le monde extérieur. Alertés par son comportement bizarre et son état déplorable, des médecins du centre hospitalier ont fait appel à une psychologue. Après un entretien avec la quadragénaire, la spécialiste a compris que celle-ci avait été séquestrée pendant près de trois décennies. Obligée d'arrêter ses études et de rester enfermée à la maison, elle a certes protesté pendant les premières années, mais peu à peu elle a cessé de se plaindre, s'habituant à cette situation. En 2010, lorsque la mère a pris sa retraite, les deux femmes se sont encore davantage recluses. Comme elles ne posaient aucun problème, ni leurs voisins ni les services sociaux de la ville n'ont songé à intervenir. Nadezhda s'est tellement habituée à sa séquestration qu'aujourd'hui encore, deux ans après avoir été libérée, elle ne souhaite pas changer son mode de vie. Elle déclare même : « J'adore cette façon de vivre en recluse. Tout me convient… »

Samedi **15 juillet**

Saint Donald – On fête aussi les Vladimir

Soleil
lever : **6 h 03**
coucher : **21 h 49**

À mauvais jeu, bonne mine.

ENIGMES

Déterminez si le syllogisme (raisonnement) suivant est valide ou invalide.

Tous les mafiosi sont des criminels.

Luigi est un criminel.

Donc Luigi est un mafioso.

Solution : On ne peut pas savoir si Luigi est un mafioso, car rien n'est dit sur le rapport entre les mafiosi et Luigi. Nous ne savons pas si Luigi est un mafioso. Tous les mafiosi sont des criminels mais il ne s'ensuit pas que tous les criminels sont des mafiosi. Le syllogisme ne permet donc pas d'arriver à cette conclusion.

Randonnées

DANS LES GORGES DE COLOMBIÈRES, LE LONG DE L'HÉRAULT

Ce petit fleuve côtier long de 148 km relie les Cévennes au Cap d'Agde, en passant par le Gard et le département de l'Hérault. Sur sa dernière portion, juste avant qu'il ne se jette dans la Méditerranée, l'Hérault creuse de formidables gorges, prisées des kayakistes. Une randonnée le long des gorges de Colombières permet de découvrir ce paysage escarpé, bordé d'une eau turquoise et de cascades émeraudes. Sur 13 km et un dénivelé de 800 m, c'est une belle marche qui offre des points de vue spectaculaires et traverse un plateau de landes et de bruyères.

Villes françaises commençant par la lettre T

MOTS MÊLÉS

T	R	O	C	Y	Y	T	T	R	E	M	N	E	E
A	T	T	O	U	L	O	N	S	T	N	L	T	Y
R	H	E	H	T	R	L	E	H	O	L	T	R	T
S	I	S	T	C	R	P	I	C	U	T	A	O	E
A	E	S	Y	U	P	O	S	T	R	S	U	Y	Y
C	R	E	K	A	N	A	U	E	C	L	L	E	S
T	P	L	R	V	R	S	M	V	O	L	E	S	S
F	R	T	I	A	S	O	T	U	I	C	M	R	I
Y	O	L	T	O	U	R	S	M	N	L	O	C	E
T	L	R	N	L	E	E	E	E	G	H	L	N	U
E	U	L	E	P	B	R	L	I	T	C	G	E	E
N	T	T	I	R	T	A	Y	T	H	I	E	R	Y
T	P	E	A	A	T	M	U	R	T	T	H	A	R
E	D	T	F	P	T	R	E	M	E	U	R	T	T

Solution page 220

Trouvez les noms des villes françaises commençant par la lettre T cachés dans la grille ci-dessus. Vous les trouverez soit horizontalement, soit verticalement ou encore en diagonale ; ils peuvent se lire de gauche à droite ou de droite à gauche.

TAILLY
TALENCE
TARASCON
TARBES
TARSAC
TAULE
TESSEL
TEYSSIEU
THIERS
THIERY
THIONVILLE
THORS
TIGNE
TILLY
TORCY
TOULON
TOULOUSE
TOURCOING
TOURS
TRAPPES
TREMEUR
TRÉMILLY
TRÉMOULET
TREPIED
TROUVILLE
TROYES
TRUN
TULLE
TUSSON

Patronymes animaliers

BERNARD LAMA

Contrairement au chanteur Serge Lama pour lequel « Lama » est un pseudonyme, le footballeur Bernard Lama tient bien son nom de son père. Né en Touraine, il passe son enfance en Guyane où il se découvre une passion pour le ballon rond. Idole du PSG de 1992 à 1997, il a également passé 7 ans en équipe de France jusqu'en 2000 avant de retourner en Guyane dès la fin de sa carrière. Bien que toute sa famille soit guyanaise sur plusieurs générations, Bernard Lama a aussi des ancêtres en métropole par sa mère Yolande Saint-Julien, descendante de colons français natifs des Landes. Son nom pourrait être d'origine espagnole, désignant autrefois une prairie humide et ayant pu qualifier les habitants de ce lieu.

Soleil
lever : 6 h 04
coucher : 21 h 48

Dimanche **16 juillet**

Notre-Dame du Mont-Carmel – On fête aussi les Carmen

Il n'y a point de petites affaires.

Expressions disparues

Voir des anges violets

Vous venez de recevoir un coup sur la tête, vous êtes tout étourdi et vous voyez toutes sortes d'étincelles, d'étoiles devant vos yeux. Vous voyez alors « trente-six chandelles », voire « cent mille chandelles », ou même « trente-six mille chandelles ». Une façon de ne pas vous embarrasser à compter le nombre de chandelles, c'est d'utiliser une ancienne expression qui a le même sens : « voir des anges violets ». Cette expression pouvait vouloir dire aussi : « se repaître de songes creux ».

L'humanité en chiffres

La maison Gallimard, créée il y a 110 ans, a publié 38 prix Goncourt et autant de prix Nobel. Ses auteurs comptent parmi les plus vendus dans l'Hexagone et, parfois, à l'étranger. *Le Petit Prince*, de l'écrivain-aviateur Antoine de Saint-Exupéry, publié en 1943, a été vendu à plus de 200 millions d'exemplaires dans le monde. L'ouvrage est également l'un des plus traduits dans le monde.

LE SAVIEZ-VOUS ?

Le vigneron est un homme sans qui rien ne serait vin.

Lacs de France et d'Europe

Le lac de Grand-lieu (Loire-Atlantique)

Grand-lieu signifie grand lac. La surface en eau du lac varie de 37 à 65 km² selon les saisons et la pluviométrie. Sa profondeur est faible (de 1,5 à 4 m). Durant l'hiver, il constitue le plus grand lac naturel de France. Le lac est alimenté par l'Ognon et la Boulaye ; ses eaux sont rejetées dans la Loire par l'Acheneau. Il a été créé pour écrêter les crues et éviter les inondations de la Basse-Loire. Pas moins de 239 espèces végétales ont été recensées ! Ainsi le lac est-il classé réserve nationale et zone humide d'importance internationale, ce qui n'empêche pas certaines activités. Les bordures sont occupées par des forêts, des prés et des marais, régulièrement inondés. On estime la surface des herbiers flottants à 320 ha. Les larges roselières abritent de grandes quantités d'oiseaux, dont de nombreux échassiers.

Séries TV (acteurs et actrices)

ÉRIC JUDOR – *H*

La série *H* révèle Éric Judor au grand public en 1998. Le comédien de stand-up avait déjà commencé à percer à la télévision grâce à son duo avec Ramzy Bedia, mais *H* assoit sa notoriété. Tournée entre 1998 et 2002, cette série loufoque raconte le quotidien d'un hôpital parisien, dans lequel l'équipe est pour le moins incompétente. Éric Judor y joue le rôle d'un infirmier dragueur et lâche, aux côtés de ses acolytes de toujours Jamel Debbouze et Ramzy Bedia. *H* remporte un grand succès auprès du public et permet à l'acteur d'impulser d'autres projets. Judor tourne ainsi dans plusieurs films de Quentin Dupieux, dont l'ovni *Steak* en 2007, et rencontre le succès avec *La Tour Montparnasse infernale* (2001). Son expérience dans *H* lui inspire la création de la série *Platane*, une satire du milieu du showbiz dans laquelle il joue son propre rôle avec beaucoup d'autodérision.

Lundi **17 juillet**

Sainte Charlotte – On fête aussi les Carla, Caroline, Marceline

Soleil
lever : **6 h 05**
coucher : **21 h 47**

Si jeunesse savait, si vieillesse pouvait. (XVIe siècle)

La gaffe de l'Histoire

Le prix de la vie

Alors que les prix des vaccins commandés aux groupes pharmaceutiques pour lutter contre la Covid 19 devaient rester confidentiels, une ministre belge les a donnés sur Twitter. Cette secrétaire d'État au Budget a en effet publié un tableau où figuraient les montants promis par son gouvernement aux fabricants. Immédiatement après, la Commission européenne l'a rappelée à la discrétion.

Charade syllabique

Mon premier est considéré comme l'inventeur de l'imprimerie, _ _ TENBERG.

Mon deuxième peut être balnéaire, _ _ _ TION.

Mon troisième est une substance toxique, _ _ NIN.

Mon quatrième est un message électronique, _ _ _ _RIEL.

Mon cinquième a de la difficulté à s'exprimer, _ _ GUE.

Mon tout est un peintre et sculpteur français du XIXe siècle qui peignit *Les Baigneuses*.

(GU – STA – VE – COUR – BE)
GUSTAVE COURBET

Duos du grand écran

Russell Crowe **Ridley Scott**

Avec *Gladiator*, Ridley Scott révèle Russell Crowe au grand public, en 2000. L'acteur australien travaillait pourtant déjà depuis une décennie, mais c'est bien l'aura de Maximus qui lance sa carrière dans la galaxie des stars interplanétaires. Il décroche, avec ce rôle, l'Oscar du meilleur acteur, à l'instar de Scott, qui obtient l'Oscar du meilleur film et revient en grâce à Hollywood après un long passage à vide depuis *Alien*, *Blade Runner* et *Thelma et Louise*. Crowe tourne quatre autres films avec le cinéaste entre 2007 et 2010, notamment *Robin des Bois*, autre héros mythique. Mais aucun d'entre eux ne rencontre le succès de *Gladiator*.

L'ACTU

LA PLANÈTE VRAIMENT SŒUR ?

Vénus pourrait devenir « plus habitable » qu'on ne le pensait depuis que des preuves de « formes de vie » bactériennes ont été trouvées dans ses nuages. Des chercheurs de l'Université de Cardiff, du MIT et de l'Université de Cambridge viennent en effet de montrer que celle que l'on surnomme l'étoile du berger, située à 47,34 millions de kilomètres de la Terre, pouvait contenir dans ses nuages de l'ammoniac. Or, d'après les modélisations réalisées par ces chercheurs, la présence de ce gaz incolore composé d'azote et d'hydrogène neutraliserait les gouttelettes d'acide sulfurique environnantes, entraînant une chute de l'acidité des nuages de -11 à zéro. Si cela reste encore très acide sur l'échelle de pH, c'est un niveau auquel la vie peut potentiellement exister. Pour Sara Seager, une des coauteures de l'étude : « On ne devrait pas trouver d'ammoniac sur Vénus. Or, tout gaz qui n'appartient pas au contexte de son environnement est automatiquement suspect d'être fabriqué par la vie. » Les scientifiques pensent que ces formes de vie dans les nuages de Vénus sont probablement des microbes similaires aux bactéries trouvées sur Terre.

Soleil
lever : **6 h 06**
coucher : **21 h 46**

Mardi **18 juillet**

Saint Frédéric – On fête aussi les Fred, Arnoul

Il ne faut pas laisser croître l'herbe sur le chemin de l'amitié.

RUGBY
Le jaguar devenu puma

En tournée en Afrique du Sud en 1965, l'Argentine est alors peu connue de la planète rugby et pose un souci à quelques journalistes : elle n'a pas de surnom. Il est alors décidé d'utiliser l'animal représenté sur son blason. Les Argentins du rugby deviennent les Pumas. Seul problème : l'animal figurant sur le maillot argentin est en réalité un jaguar, facile à distinguer du puma par les taches qui ornent son corps. Un détail inconnu des journalistes d'alors, mais qui n'a finalement jamais été corrigé.

La gaffe de l'Histoire
Le pouce de Kiki

Dans l'émission de TF1 *Les 12 coups de midi*, l'animateur Jean-Luc Reichmann a posé la question suivante : « Quel doigt de la main suce Kiki, la célèbre peluche des années 80 ? » Il ne put retenir un fou rire lorsque la candidate répondit « un singe ». Et l'animateur de renforcer la gaffe en commentant : « Il ne peut pas sucer un singe, on ne peut pas faire ça à la télé ! »

Brèves régions
Loiret/La maison du Père Mousset

C'est à Vrigny, au sud de Pithiviers, que vécurent le Père et la Mère Mousset, il y a 150 ans. Leur authentique fermette longue et basse en torchis et colombage a été transformée il y a quelques années en musée animé. Le visiteur y découvre l'habitat traditionnel et plonge dans le quotidien de ces paysans, de la cave au grenier et jusqu'aux dépendances. Une église, une école et un bistrot ont aussi été reconstitués par les propriétaires actuels, collectionneurs d'objets anciens. Lors de votre visite, ils vous raconteront en patois la dure vie de l'époque avec conviction et authenticité à travers de nombreuses anecdotes.

LE CHIFFRE
300

C'est, en mètres, la hauteur à laquelle est installée la piscine la plus haute du monde. Situé au 77e étage d'un palace de Dubaï, le bassin mesure 95 m de long. Le précédent record, détenu par l'« Infinity pool », construite à 250 m de hauteur au sommet d'un complexe hôtelier de Singapour, a donc été battu de 50 m. La piscine la plus profonde du monde vient, elle, d'être inaugurée en Pologne, près de Varsovie. Le bassin s'enfonce à 45,5 m de profondeur. Il contient 8 000 m^3 d'eau, soit vingt fois plus qu'une piscine classique. Histoire d'animer les plongées, cette piscine est agrémentée de reproductions de grottes sous-marines, de ruines mayas et même d'une petite épave. Ouvert en 1993, l'Aqua Hauts-de-Seine à Villeneuve-la-Garenne, avec son bassin de 20 m de profondeur, détient toujours notre (modeste) record national.

Mercredi **19 juillet**

Saint Arsène – On fête aussi les Epaphras, Symmaque

Soleil
lever : **6 h 07**
coucher : **21 h 45**

Le mieux est l'ennemi du bien. (XVIIe siècle)

Bibliophiles

Oreiller d'herbe ou le Voyage poétique, Natsume Sôseki (Philippe Picquier, 2015)

Ce « roman-haïku », selon son auteur (1867-1912), relate le voyage d'un jeune peintre, las du brouhaha de la ville, dans les paysages de montagne du Japon traditionnel. Tout y est propice à la méditation, à l'éveil de la sensibilité. Un temple zen, le murmure d'une chanson invitent à la contemplation ; les moines nourrissent une réflexion sur l'art, la création, la fragilité de la vie. Dans l'auberge où le héros s'installe, la serveuse, que les clients pensent victime d'une étrange malédiction, devient un objet d'attention, peut-être de désir car le clair de lune a dessiné un soir sa silhouette…

Unités de mesure

Le morgan

C'est Alfred Sturtevant, un collaborateur du généticien américain Thomas Hunt Morgan, prix Nobel de médecine en 1933 pour ses découvertes sur le rôle joué par le chromosome dans l'hérédité, qui proposa de donner son nom à une unité de mesure de liaison génétique. Sa division appelée « centimorgan » est devenue l'unité de mesure usuelle sur les cartes génétiques.

30 morceaux de bœuf

LE GÎTE À LA NOIX

Situé dans la cuisse du bœuf, juste avant le rond de gîte, le gîte à la noix est une pièce de choix pour préparer des tartares car elle est très maigre et tendre. Il convient de découper ces tartares au couteau plutôt qu'au hachoir afin de révéler subtilement la saveur de la viande. Le gîte à la noix peut aussi se cuisiner en grillades, en rôtis et même en plats mijotés.

L'ACTU

LE MEILLEUR AMI DE SON CHEVAL

Au Turkménistan, l'un des pays les plus fermés au monde, le dictateur Gurbanguly Berdimuhamedov vient de composer une nouvelle chanson en l'honneur de Ak Khan, son cheval préféré. Enregistré avec les plus grands musiciens du pays, l'hymne écrit par le « Grand Protecteur » vise à célébrer la naissance du premier poulain du pur-sang de race Akhal-Teké, des chevaux très résistants et très rapides propres à cette région d'Asie centrale. Parfois surnommé « l'éleveur de chevaux du peuple » dans son pays, l'autocrate avait déjà enregistré un morceau de rap avec son petit-fils et un poème d'amour pour son étalon qui n'est pas, il est vrai, un coursier ordinaire. Ak Khan détient en effet le record du monde du cheval le plus rapide à marcher 10 mètres sur ses pattes arrière. Les téléspectateurs ont régulièrement droit à des reportages sur les « exploits » sportifs de leur chef qui adore s'exhiber en faisant des virages au frein à main dans son 4x4 autour d'un cratère volcanique. Fin 2020, Berdimuhamedov s'est également fait remarquer en inaugurant en grande pompe à Achgabat, la capitale, une statue recouverte de feuilles d'or et haute de six mètres représentant un alabai, sa race de chiens préférée. Le berger d'Asie centrale a d'ailleurs droit à son jour férié !

Soleil
lever : 6 h 08
coucher : 21 h 44

Jeudi 20 juillet

Sainte Marina – On fête aussi les Élie, Marine, Léon-Ignace, Vulmer

Qui a deux maisons perd la raison.

Chiffres et expressions

La cinquième roue du carrosse

Le carrosse, premier moyen de transport « moderne » des personnes, avait quatre roues comme nos voitures contemporaines. Pas de problème de confort, pas de déséquilibre, ces quatre roues suffisaient amplement, sans qu'une cinquième soit nécessaire. C'est ainsi qu'est née l'expression pour qualifier les personnes ou les choses dont l'utilité n'est pas justifiée.

Citations

Essayer, c'est le premier pas vers l'échec.

Homer Simpson

Espace

La clé de l'espace

Une heure et demie après sa mise sur orbite en 1965, le premier satellite français de l'histoire ne donne plus de nouvelles. Après d'intenses recherches, c'est finalement un appel de l'US Air Force qui vient confirmer que tout se passe pour le mieux. Avec une surprise, car les Américains captent deux signaux : Astérix et… une clé oubliée par un technicien dans la coiffe du lanceur.

Ça s'est passé

Le 20 juillet 1923

Le général Pancho Villa, chef révolutionnaire mexicain, connu à la fois pour sa violence et sa générosité, est assassiné lors d'une embuscade. Il avait 45 ans.

Le bon mot de l'Histoire et le gros mot

« Tuez-les tous, Dieu reconnaîtra les siens ! » Amalric (Abbé de Cîteaux), 22 juillet 1209

Parfois attribuée à Simon de Montfort, la sentence a vraisemblablement été prononcée par Arnaud Amalric, l'émissaire du pape lors du massacre de Béziers, pendant la « croisade contre les albigeois » destinée à éradiquer la religion cathare qui s'était développée dans le sud-ouest de la France. À ses hommes qui lui demandaient comment distinguer les cathares des catholiques, le représentant du souverain pontife répondit donc de tuer tout le monde, Dieu s'occupant d'accueillir les « bons chrétiens ». Et la population de la ville sera effectivement massacrée. Cette croisade s'achèvera en 1244, à Monségur, par un dernier bain de sang. Au total, entre 20000 et 40000 personnes auraient péri pour cause d'hérésie.

REMETTEZ DANS L'ORDRE LES 5 CASES DE CETTE PETITE HISTOIRE.

SOLUTION : 2, 4, 5, 1, 3

L'ACTU

L'AUTOBUS À INSOMNIAQUES

C'est une initiative pour le moins insolite. À Hong Kong, il existe désormais des voyages en bus sans destination pour aider les insomniaques à trouver le sommeil. La société de transport Ulu Travel propose des trajets de 5 heures avec un matériel de confort mis à disposition des voyageurs pour leur permettre de piquer un bon roupillon (bouchons d'oreilles, masque pour les yeux, couverture). Une fois à bord, ils sont bercés par le ronronnement du bus qui effectue une boucle de 76 kilomètres pour revenir à son point de départ. Pour s'offrir cette petite balade soporifique, il faut débourser entre 13 et 51 dollars (soit entre 11 et 44 euros) par personne, selon l'emplacement, la qualité du fauteuil et les options qui accompagnent le réveil (collation, journaux, etc.).

Vendredi **21 juillet**

Saint Victor – On fête aussi les Trifin, Hector, Néot

Soleil
lever : **6 h 10**
coucher : **21 h 43**

Tout oiseau aime à s'entendre chanter. *(Proverbe anglais)*

LE CHIFFRE

170

C'est, en euros, le prix des frites les plus chères du monde. Proposées par le restaurant new-yorkais *Serendipity*, ces « Crèmes de la Crème Pommes Frites » sont des créations des chefs Joe Calderone et Fredrick Schoen-Kiewert. Outre des pommes de terre Chipperbeck, leur recette comprend entre autres du champagne Dom Pérignon, du sel de Guérande truffé, du beurre truffé, de la raclette suisse truffée et des copeaux de truffe noire venue d'Italie. Servies sous des feuilles d'or, les pommes de terre sont frites deux fois dans la graisse d'oie avant de recevoir leur délicieux nappage. Coutumiers des performances « gastronomiques », les deux cuisiniers new-yorkais ont créé, il y a quelques années, le hamburger et le milk-shake les plus chers du monde, respectivement facturés 250 euros et 850 euros. Bon appétit…

Argot

Loucherbem

En argot, le loucherbem (prononcez « louchébème ») est lui-même un argot, mais un argot crypté ! À l'origine, c'est celui des bouchers de Paname au XIXe siècle : vous prenez un mot (par exemple, boucher), vous remplacez sa première consonne (ou groupe de consonnes) par un *l* (dans notre exemple, cela donne loucher) et vous placez la première consonne initiale (*b* de boucher) en fin de mot en la faisant suivre d'un suffixe tel que *-em* (ce qui donne bien loucherbem), *-oque* (loufoque, de fou), *-é* (en loucedé, de en douce), etc.

FOOT

Australie, terre d'Asie

Géographiquement parlant, l'Australie est un pays d'Océanie dont elle représente l'essentiel de sa surface et de sa population. Mais quand on parle football, c'est différent : en effet, dans le monde du ballon rond, l'Australie est considérée comme un pays d'Asie. Et ce, parce que le 11 avril 2001, en éliminatoires pour la Coupe du monde, l'Australie s'est imposée 31-0 face aux Samoa américaines, deux jours après avoir vaincu les Tonga 22-0. À la suite de ce « massacre », la fédération australienne a demandé à quitter l'Océanie pour rejoindre la confédération asiatique jugée plus compétitive. Elle a obtenu gain de cause en juin 2005 et, dix ans plus tard, l'Australie a même organisé et remporté la Coupe d'Asie des Nations. Et qu'importe ce que dit la géographie !

Solution Mots mêlés p. 214

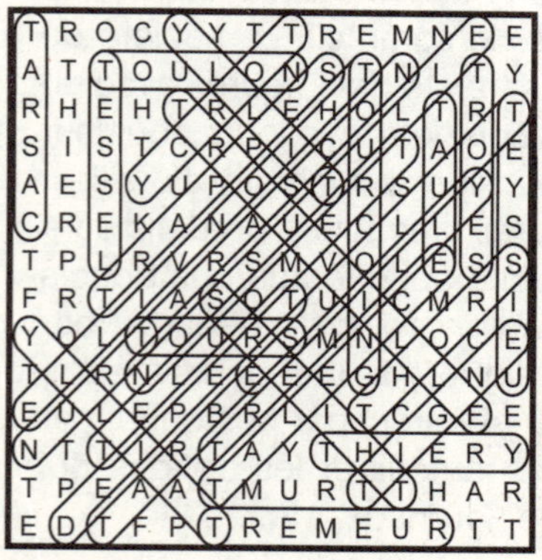

Samedi 22 juillet

Sainte Marie-Madeleine – On fête aussi les Magda, Madelon

Un homme averti en vaut deux.

Rétro Vermot

Pensée du Père Vermot : Il faut faire des économies, et l'une des plus faciles serait de coucher sur la paille qu'on voit dans l'œil de son voisin et de se chauffer avec la poutre qu'on a dans le sien.

Pêche en mer

Les poissons plats sur le sable

Les poissons plats (sole, limande, carrelet) vivent cachés sur les fonds de sable parfois plus ou moins vaseux (flet), sur lesquels ils se saisissent de proies qui sortent à la marée montante. Chaque espèce a ses habitats et ses habitudes : la sole est nocturne, le carrelet mord le jour en été, le flet toute l'année. La pêche se pratique au surf-casting sur les plages de sable en pente. On utilise généralement 2 cannes, longues de 4 à 5 m qui permettent de lancer à 80 à 100 m. Les appâts (vers) garnissent des hameçons installés sur des bas de ligne montés sur des clipots. Le plomb grappin de 100 à 150 g bloque la ligne sur le fond. Les cannes sont posées sur des supports et reculées avec la marée montante. Les touches franches se repèrent sur l'extrémité de la canne.

Expressions disparues

Un écoute-s'il-pleut

Aux prochaines élections, plutôt que de reprocher aux candidats de ne prodiguer que des promesses de Gascon, de charlatan ou d'ivrogne, parce que toutes leurs belles paroles ne sont que du vent ou monnaie de singe, reprochez-leur directement leurs « écoute-s'il-pleut ». Sans doute ignoreront-ils qu'au sens propre, un « écoute-s'il-pleut » désignait un moulin auquel l'eau manque souvent (un moulin alimenté par un ruisseau de faible débit, par exemple), qui ne marchera donc jamais (sauf s'il pleut), et, au sens figuré, une promesse illusoire.

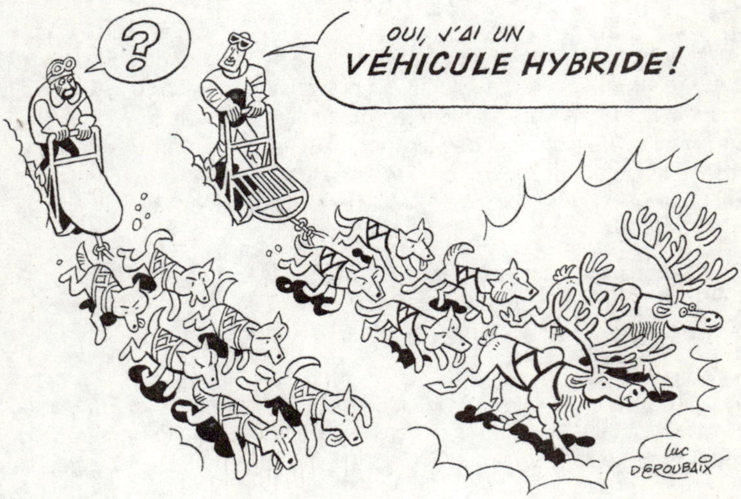

Citations

Le barbecue, en gros, c'est un appareil qui te permet de manger des saucisses pratiquement crues mais avec les doigts bien cuits.

Coluche

Les plus vieux commerces du monde

France – La Tour d'Argent

Même sans jamais y avoir déjeuné ni dîné, tout le monde connaît *La Tour d'Argent*, prestigieux restaurant installé à Paris. Ce que l'on sait moins, c'est qu'il a ouvert en 1582 et qu'il est donc une des plus anciennes tables d'Europe. Son nom fait référence au château de la Tournelle, qui lui faisait face à l'époque et dont l'une des tours avait, le soir, des reflets argentés dans la Seine qui coule à ses pieds. L'histoire raconte que c'est ici que la fourchette fit son apparition en France grâce au roi Henri IV. Parmi les chefs qui se succédèrent en cuisine, on peut citer Lecoq, qui fut le cuisinier personnel de Napoléon, ou Frédéric Delair, inventeur du « canard au sang », plat emblématique du restaurant.

Dimanche 23 juillet

Sainte Brigitte – On fête aussi les Ézéchiel, Sev

Soleil
lever : **6 h 12**
coucher : **21 h 40**

La culture, c'est ce qui demeure de l'homme lorsqu'il a tout oublié. (Proverbe japonais)

VERMOT'ROSCOPE

LION (23 juillet – 22 août)

Votre caractère
Enflammé, flamboyant, passionné, charismatique, généreux, sociable, mondain, séducteur, déterminé, volontaire, observateur, créatif, affairiste, ambitieux, dynamique, autoritaire, susceptible, égocentrique, colérique.

Vos planètes de l'année
Durant le premier trimestre, continuez à surfer sur les dernières influences de Saturne et de Jupiter afin de donner le tempo des mois suivants. Si vous parvenez à bien vous organiser, cela vous permettra de faire face à toutes vos obligations.

Vie relationnelle
Certains d'entre vous éprouveront le besoin de modifier leur cercle amical ou social. Dès le mois de mars, vous serez bien décidé à donner un nouvel élan à votre vie relationnelle et serez en quête de nouvelles rencontres. 2023 pourrait bien vous voir faire du tri dans vos relations.

Amour
En couple, les astres vous offriront une formidable occasion de donner une autre dimension ou direction à votre relation. Vous aurez donc le « pouvoir » d'insuffler un nouvel élan à votre vie conjugale. D'autres rompront avec de vieilles habitudes en multipliant les projets.
Célibataire, très belle année en perspective pour tourner une page de votre existence, pour vous libérer d'anciens schémas, mieux cerner vos aspirations et vos envies mais également orienter autrement votre vie sentimentale. En 2023, vous renaîtrez de vos cendres !

Famille
En 2023, vous ferez le point sur vos relations avec vos proches avec l'envie de les améliorer ou de les redéfinir. Ainsi, les mois qui rythmeront cette nouvelle année vous permettront soit de retrouver une certaine complicité avec vos parents, vos enfants ou petits-enfants, soit de prendre plus de recul lors de vos échanges.

Quotidien et vitalité
Le premier trimestre sera parfait pour faire le plein d'énergie. Rechargez vos batteries car vous en aurez besoin pour faire face aux grandes échéances de 2023. Dès le printemps, vous devrez être plus vigilant quant aux besoins de votre organisme. Restez à l'écoute et menez une vie saine et équilibrée.

Budget
Pas de réels soucis à l'horizon. La première moitié de l'année sera d'ailleurs propice à la stabilisation de vos finances, voire à un investissement sur le long terme. Vous serez globalement satisfait de votre situation.

Optimisez 2023
Prenez le temps de bien identifier vos ressources. Questionnez-vous sur vos réelles aspirations. Exploitez un talent qui sommeillait. Libérez votre créativité. Exprimez pleinement votre personnalité.

Expressions
françaises et anglaises

Un chat dans la gorge
Si vous dites à un Anglais que vous avez un chat dans la gorge, il vous répondra que lui a plutôt « *a frog in one's throat* », soit « une grenouille dans la gorge ». Et bien sûr, n'oublions pas que les Anglais nous surnomment les « *froggies* » ou « *frogs* », évidemment !

Brèves régions

Lot/Refroidir les infidèles
Le musée Henri-Martin de Cahors conserve un objet tout à fait insolite, une « cage pénitentiaire » qui était utilisée au Moyen Âge pour punir les épouses infidèles. Une fois leur crime dévoilé, ces femmes étaient enfermées dans une de ces cages, souvent au niveau d'un pont. La cage était ensuite descendue dans l'eau de la rivière, non pas pour provoquer une noyade, mais pour refroidir les ardeurs de l'infidèle. Il y a quelques années, certaines de ces cages étaient encore visibles sur le pont Valentré de Cahors. En revanche, l'histoire ne dit pas quel châtiment était réservé aux hommes infidèles…

Soleil
lever : **6 h 13**
coucher : **21 h 39**

Lundi **24 juillet**

Sainte Christine – On fête aussi les Ségolen, Gwengalon

Le jour de la Sainte-Christine a toujours bonne mine.

Pains & gâteaux

La fougasse de Provence

Son nom vient du latin *panis focacius*, c'est-à-dire un pain cuit sous la cendre. *Focus* signifie « feu », « foyer ». Il est plat et sculpté pour lui donner une forme un peu végétale. Il existe quantité de recettes de fougasse : salées avec des olives, du fromage râpé, des lardons, des anchois, des oignons, des noix ou encore du chorizo, et sucrées comme la fougassette de Grasse, briochée et aromatisée à la fleur d'oranger, ou le gibassier à l'orange confite ou à l'anis.

Ha! Ha! Ha! La bonne blague Ha! Ha! Ha! Ha! Ha! Ha!

Alors qu'elle se promène dans sa ville natale, une femme rencontre le curé de sa paroisse. Celui-ci la salue et lui demande :
« Si je me souviens bien, je vous ai mariée il y a trois ans.
– C'est bien ça, mon père.
– Et vous avez des enfants aujourd'hui ?
– Non, hélas ! Depuis notre mariage nous essayons en vain d'en avoir.
– Oh, comme c'est malheureux ! Écoutez, je vais à Lourdes la semaine prochaine, je ne manquerai pas d'allumer un cierge pour vous. »
Six ans plus tard, la femme qui séjourne à nouveau dans sa ville natale recroise le curé qui lui demande :
« Comment allez-vous ?
– Ça va…
– Avez-vous des enfants maintenant ?
– Oh oui, j'ai eu des triplés, deux fois des jumeaux et deux filles en plus, soit 9 enfants en tout !
– Ah oui ? C'est extraordinaire ! Et comment va votre mari ?
– À dire vrai, comme moi, il trouve que ça commence à faire beaucoup. Du coup, il est parti à Lourdes pour éteindre votre cierge à la con. »

Ça s'est passé

Le 24 juillet 1923

Traité de Lausanne, qui résulte de la Première Guerre mondiale. Il précise les frontières de la Turquie et organise les déplacements de populations.

BROYER DU NOIR AU RUGBY

OISEAUX MIGRATEURS Migration et réchauffement

Selon une étude publiée le 4 octobre 2021 dans la revue *Global Change Biology,* les migrateurs transsahariens passent 50 à 60 jours par an de plus en Europe qu'il y a quelques décennies. Comme la végétation repart plus tôt, les chenilles et les larves d'insectes sortent plus tôt, et les insectivores doivent être au rendez-vous, sous peine de manquer la manne. Loin de leur faciliter les choses, le dérèglement climatique constitue une difficulté supplémentaire et pose la question des ressources alimentaires. Chez certaines espèces, comme les cigognes, une partie des populations a carrément arrêté de migrer.

Mardi **25 juillet**

Saint Jacques – On fête aussi les Valentine

Soleil
lever : **6 h 15**
coucher : **21 h 38**

Tout ce qui brille n'est pas l'or.

L'humanité en chiffres

Au 1er janvier 2021, 1 685 638 de nos concitoyens étaient inscrits au Registre des Français établis à l'étranger, soit 5,08 % de moins que l'année précédente. Le nombre global des expatriés français est, lui, estimé à 2,5 millions. 60,3 % résident dans l'un des pays du G20 (48,19 % dans un pays de l'UE) avec, dans le peloton de tête, la Suisse et l'Allemagne, talonnées par le Maroc, l'Algérie et le Canada.

Ville en chanson

Capri

Composer une chanson à succès sur une île italienne de la baie de Naples où l'on n'a jamais mis les pieds, c'est possible. Hervé Vilard l'a fait (à deux doigts sur son clavier) et est même devenu célèbre avec cette seule chanson, sortie en 1965. À l'époque, le jeune homme, qui vient de signer chez Mercury, écrit *Capri c'est fini* en quelques minutes après être tombé sur une publicité dans le métro où il était inscrit « Allez en vacances à Capri » et en s'inspirant d'une chanson d'Aznavour dans laquelle celui-ci répétait plusieurs fois « c'est fini ».

THÉÂTRES DU MONDE

Le théâtre du Peuple à Bussang

C'est au pied d'une colline, à 600 mètres d'altitude, dans le petit village de Bussang dans les Vosges, que l'on trouve ce joli théâtre entièrement bâti en bois en 1895. Le fond de la scène, constitué de deux panneaux coulissants, s'ouvre sur la forêt à chaque représentation. Un moment unique et magique. La devise de son créateur, le poète et homme de théâtre engagé et humaniste Maurice Pottecher, est inscrite de part et d'autre du cadre de la scène : « Par l'art pour l'humanité. »

PROBLÈMES DE MATHS DU CERTIFICAT D'ÉTUDES

Dans un élevage de porcs, il y avait 1 540 têtes dans un bâtiment sur caillebotis. Un nombre d'animaux ayant atteint leur maturité ont quitté l'exploitation en bétaillères. Il ne reste plus que 980 bêtes.

1. Sachant que chaque camion contient 80 cochons, combien de camions ont-ils été nécessaires pour les transporter ?
2. Sachant qu'au début de la phase d'engraissement le porc pèse 30 kg et que pendant la phase d'engraissement il grossit de 600 g par jour, combien de jours seront nécessaires pour qu'il atteigne son poids de maturité de 120 kg ?

Solution :
1. Nombre de porcs emmenés : 1 540 – 980 = 560
Nombre de camions : 560/80 = 7
2. Gain de poids pendant l'engraissement : 120 – 30 = 90 kg
Jours nécessaires pour gain de poids : 90/0,6 = 150 jours

Mercredi 26 juillet

Sainte Anne et Saint Joaquim – On fête aussi les Annie, Éraste, Joris

Qui approche le beurre du feu ne l'empêche pas de fondre.

Grandes écoles

École nationale supérieure des Beaux-Arts de Paris

Fondée en 1817, l'ENSBA ou Beaux-Arts de Paris est une école publique dépendante du ministère de la Culture. Située rue Bonaparte dans l'élégant 6e arrondissement de la capitale, elle prend son origine dans l'ancienne Académie royale de peinture et de sculpture datant du XVIIIe siècle. Au commencement, l'école enseignait la peinture, la sculpture, la gravure et l'architecture. Progressivement, le cursus s'est déployé en 29 ateliers de pratique, de création et d'expérimentation, menés par des professeurs-artistes. À ces ateliers s'ajoutent des enseignements techniques sur le travail de matériaux traditionnels et modernes, ainsi que des cours de dessin et d'histoire de l'art. Aujourd'hui, l'école forme à des métiers très diversifiés, comme l'illustration, la photographie ou encore la bande dessinée. Pour fêter ses 200 ans d'existence, l'école a inauguré en 2017 un musée présentant les œuvres de ses anciens élèves – la collection compte plus de 450 000 pièces. Parmi ses plus célèbres étudiants, on retrouve Manolo Blahnik (styliste espagnol), Louise Bourgeois (plasticienne franco-américaine), Olivier Assayas (cinéaste français) ou encore Jean Nouvel (architecte français).

Citations

L'homme est plein d'imperfections, mais ce n'est pas étonnant si l'on songe à l'époque où il a été créé.

Alphonse Allais

TENDANCE : LES SMARTPHONES PLIABLES.

HISTOIRES DE SUPERMARCHÉS

« Une nouvelle race de magasins »

Son slogan ne veut pas dire grand-chose… Euromarché est créé en 1968 à Saint-Michel-sur-Orge dans l'Essonne. Avec 77 hypermarchés au compteur, elle est rachetée par Carrefour en 1991, qui décide de garder les magasins les plus performants et de vendre les autres à Mammouth, Rallye, Cora ou Leclerc. Il reste néanmoins un Euromarché en Martinique, dans la commune Le Robert, maintenu en raison de la proximité de deux magasins Carrefour Markets.

Citations

La justice, c'est comme la Sainte Vierge : si on la voit pas de temps en temps, le doute s'installe.

Michel Audiard

FOOT

À jamais le premier

Le 8 septembre 1888, Kenny Davenport célèbre son but. Il est 15 h 47 lorsque l'ailier de Bolton ouvre le score pour les siens à domicile contre Derby County sur le terrain de Pike's Lane. Un but historique : il est le premier de l'histoire du football professionnel. En France, il faut attendre le 11 septembre 1932, jour de l'ouverture du premier championnat professionnel. Au stade Élisabeth de Paris, 8 000 spectateurs assistent à la victoire 3-2 de l'Olympique d'Antibes face au Red Star et à l'ouverture du score de l'Autrichien Karl Klima, un but ensuite contesté par les Franciliens, Klima n'étant pas qualifié pour la rencontre. En fin de saison, accusé d'avoir acheté un match décisif, Antibes, qui avait acquis une place en finale, est déclassé. Lille remporte alors le premier titre professionnel face à Cannes.

Jeudi **27 juillet**

Sainte Nathalie – On fête aussi les Natacha, Natalia, Liliane

Soleil
lever : **6 h 17**
coucher : **21 h 35**

Les Sept Dormants redressent le temps.

Recette — Tarte tomates, courgette, chèvre et miel

Pour 2 à 4 pers. **15 min de préparation** **25 à 30 min de cuisson**

- 1 courgette
- 4 tomates
- 1 bûche de chèvre frais
- 1 pâte brisée
- Moutarde
- Miel
- Thym, romarin, herbes de Provence…
- Sel, poivre

Pelez et transformez la courgette en tagliatelles à l'aide d'un économe, puis placez-les dans une passoire avec un peu de sel, le temps qu'elles perdent de leur eau.

Préchauffez le four à 180 °C (th. 6). Lavez et coupez les tomates en rondelles. Tranchez la bûche.

Déroulez la pâte dans un moule puis étalez la moutarde au fond. Disposez les tomates sur la moutarde et répartissez les tagliatelles (ou inversement, selon votre goût). Déposez les morceaux de chèvre par-dessus, puis ajoutez un peu de miel, de poivre et d'herbes de votre choix. Enfournez pour 25 à 30 min.

Conseils
En été, cette tarte est délicieuse. Vous pouvez ajouter une petite cuillerée d'ail semoule sur les tomates pour rehausser leur goût. Cette tarte apportera toujours du soleil dans votre assiette ! Pour 2 en plat complet ou pour 4 avec une salade.

BD de collection

Zig et Puce

La bande dessinée française a longtemps fait coexister les bulles et le texte sous l'image, mais Alain Saint-Ogan, pour *Zig et Puce,* n'utilise que les premières et d'une manière novatrice, en les intégrant à son graphisme stylisé. Ainsi, Zig, endormi, « émet » une bulle dans laquelle on voit son rêve illustré. Cette série est publiée dans *Le Dimanche illustré* à partir de 1925. Les deux héros sont accompagnés du pingouin Alfred, qui va devenir populaire avec la célèbre formule « T'as le bonjour d'Alfred ».

Brèves régions

Lot-et-Garonne/Les cabrioles agenaises

Aussi étonnant que cela puisse paraître, la ville d'Agen était, au XVIIIe siècle, l'une des villes les plus libertines de France. En 1746, le nombre de « maisons de plaisirs » était tel que l'évêque de l'époque demanda au roi Louis XV l'autorisation de fonder un « refuge pour filles de mauvaise vie repenties ». Montesquieu, lui-même, ne semblait nullement offusqué par cette situation si l'on en croit ce qu'il a écrit dans une lettre à sa fille : « Vous ferez plus de cabrioles en un mois à Agen qu'en dix ans à Bordeaux. » Après la Première Guerre mondiale, Agen comptait encore six maisons de tolérance.

Vendredi 28 juillet

Saint Samson – On fête aussi les Heneg, Nazaire

N'enfournez pas le pain avant que le four ne soit chaud. *(Proverbe allemand)*

Vélo

Les records de Julian

Si, au cours des années 2010, Sylvain Chavanel (2010), Thomas Voeckler (2012) et Warren Barguil (2017) ont remporté deux étapes lors d'une même édition, en 2019, Julian Alaphilippe fait encore mieux : il remporte deux étapes sur un même Tour deux années de suite, un exploit qui n'avait plus été réalisé depuis Bernard Hinault. Deux ans plus tard, Alaphilippe réalise un autre exploit en devenant le premier Français double champion du monde et le sixième coureur de l'histoire du cyclisme à conserver son titre.

30 morceaux de bœuf

LE GÎTE

À ne pas confondre avec le gîte à la noix qui est situé juste au-dessus, le gîte de bœuf est la partie arrière du jarret de l'animal. Sa viande gélatineuse est délicieuse en plats mijotés et peut être cuisinée seule ou avec d'autres morceaux, avec ou sans os. Comme le collier, auquel il ressemble bien que situé à l'opposé, le gîte est encore meilleur réchauffé.

INTELLIGENCE ARTIFICIELLE...

Jeux de société

Risk® (Parker)

Il faut être un fin stratège doublé d'un esprit retors pour s'amuser à déplacer des armées, nouer des alliances, les trahir, envahir ses voisins et régner en maître ! L'étonnant est que ce jeu de plateau passionnant, à l'esprit belliqueux s'il en est, a été créé en 1954 par un réalisateur français, Albert Lamorisse, à qui l'on doit des films destinés au jeune public pleins de poésie et de sensibilité : *Crin-Blanc* (1953) et *Le Ballon rouge* (1956). Lorsque son premier éditeur, Miro, l'exporte aux États-Unis en en cédant les droits à Parker Brothers, il doit changer de nom : pendant la guerre froide, juste après celle de Corée, son titre initial, *La Conquête du monde*, semble pour le moins… inapproprié. Une adaptation indispensable pour envahir le marché mondial du jeu de société !

BESOIN DE VACANCES... DE "LÂCHEZ-PRISE" !

Belles plantes

HERBE D'AMOUR

Pourquoi ce joli nom ? Parce que celui du genre Eragrostis signifie « herbe d'Éros », le dieu grec de l'amour. L'espèce la plus cultivée dans les jardins, Eragrostis spectabile, est américaine et se distingue, en fin d'été et en automne, par une floraison éminemment légère, gracieuse et romantique, en brouillard ou en nuage, comme on voudra, d'un rose soutenu. Elle forme alors une touffe de 70 cm de haut et d'étalement, mais mieux vaut la cultiver en groupe dense, pour qu'elle produise tout son effet de grande marée rose. Toutefois, avant cette floraison, elle offre un feuillage plutôt rude et rugueux. C'est une graminée robuste et peu exigeante, qui aime les sols bien drainés et le grand soleil. La variété Great Plains est un peu plus basse et sa floraison est d'un rose violacé.

ALMANACH VERMOT 2023

Samedi 29 juillet

Sainte Marthe – On fête aussi les Leu, Loup, Olave

Soleil
lever : **6 h 20**
coucher : **21 h 33**

À la Sainte-Marthe, prunes mûres, bonne tarte.

MOTS FLÉCHÉS

Qui fait dresser les poils / Pluvieux
Tenons tête / Dessina
Touché / A mauvaise haleine
Point du jour / Quand on met un pied devant l'autre
Grâce à
Rapide
Essentielles aux anglais
Dynamique / Tamiser
Chasse sans permis / Nervi
Cri de surprise / Lever
Galette grecque / Blessais
Passées / Érosives
Petite pomme / Se mouillerai
Porte bagages / A gagné la campagne
Finit dans l'urne
Qui a de nombreux emplois
Faire de la tension / Occupé
Boas / Limerai
Épluchés
Il a intérêt à avancer / Arête
Habille la bergère ou la marquise / Dédiai
Pas large / Reconnaissant comme vrai
Certifiée
Faire une soustraction
Possessif / Idées
Titre de pièce / De mauvais goût
Livre anglaise / Cale
Confession / Liasse
Servi au bar / Marque d'affection
Casque / Hélium
Garde le lit / Duc ou marquis
Manque d'action / Plia
Démonstratif
Soleil inca
Accord passé / Devinaient
Ferai l'affaire / Se met à table
Porte une denture / Son code ressemble à son nom
Font des ronds dans les bassins / Bienheureuses
Les Grâces
Instrument de trait
Barbe

SOLUTION PAGE 230

Dimanche **30 juillet**

Sainte Juliette – On fête aussi les Abdallah, Abdoulaye, Giulietta

À la Sainte-Juliette, l'été est en fête.

Étymologie

Ils ne sont même pas cousins

Contrairement à ce que l'on pourrait penser, notre cousin germain ne vient pas de Germanie. L'adjectif *germain*, attesté dès la fin du XIIe siècle, est employé dans la langue juridique *(frères germains, sœurs germaines)* et signifie « de mêmes père et mère », par opposition à *utérin*, « de même mère, mais de père différent » et à *consanguin*, « de même père, mais de mère différente ». Cet adjectif vient du latin *germanus*, qui signifie littéralement « de même germe ».

HEUREUX MARIAGES

À part le fait que ce soit deux oiseaux, le héron et le faucon n'ont pas grand-chose en commun. Sauf une appétence particulière pour s'unir ensemble si on en croit le mariage de Simon Faucon avec Marguerite Lehéron le 17 juin 1798 à Maisoncelles-Pelvey et celui de Jean Lehéron et Madeleine Faucon le 29 août 1927 à Curcy sur Orne, deux villes du Calvados.

Citations

La solitude, c'est beaucoup mieux de la partager que de la garder pour soi tout seul.

Bertrand Blier

Rétro Vermot

La bouche du sage est dans son cœur. Le cœur du fou est dans sa bouche.
Proverbe turc

Célébrations en musique

Johann Christian Bach (1735-1782)

Surnommé « le Bach de Londres » ou « de Milan », Johann Christian est le 18e enfant du grand Jean-Sébastien Bach, le « petit dernier » de ses quatre fils musiciens. À la mort du grand musicien, le jeune Johann n'a que 15 ans, et sera donc moins influencé que ses frères par son illustre père. Son parcours atypique et original l'a conduit en Italie, où aucun Bach ne s'était rendu auparavant. Fasciné par la musique italienne, il assouplit son style allemand et parvint même à créer des opéras – genre qu'aucun Bach n'avait pratiqué avant lui – dont trois furent remarqués par l'Opéra royal de Londres (le *King's Theatre*). Il se rendit alors en Angleterre où il sut se faire apprécier, notamment de la famille royale (c'est lui qui introduisit en Angleterre le piano-forte). Le style de Johann Christian a par la suite été qualifié d'« international », et même le petit Mozart (8 ans) en était impressionné.

Au Jardin

LE BRF

Ce sont les initiales de « bois raméal fragmenté », une expression un peu inattendue pour désigner des rameaux coupés en petits morceaux, ou passés au broyeur de végétaux. En l'occurrence, il s'agit de rameaux d'arbres et d'arbustes feuillus, et non pas de conifères (ni d'ailleurs de bambous). Et de rameaux frais, verts, et non pas secs, car la sève présente dans ces ramifications végétales joue un rôle majeur dans l'action de ce BRF sur le sol, quand on l'utilise en paillis. En effet, celui-ci a la propriété de favoriser ou de réinstaller l'activité biologique dans la terre, avec une prolifération de lombrics ainsi que de la microfaune et de la microflore. Le BRF est donc le meilleur des paillis. On l'étale, de préférence en automne, en couche de 4 à 5 cm d'épaisseur.

Lundi **31 juillet**

Saint Ignace de Loyola – On fête aussi les Ignacio, Inigo

Soleil
lever : 6 h 22
coucher : 21 h 30

Ce qui est fait n'est plus à faire.

LE SAVIEZ-VOUS ?

Quand on pique une tête dans l'eau, on ne vole pas forcément la tête d'un autre baigneur.

Argot

Maille

Si, en argot, le nom féminin « maille » désigne l'argent (« avoir de la maille »), on peut se demander quel est le rapport avec le tricot. Aucun ! Dans ce sens, « maille » est apparu au XIIe siècle pour désigner une monnaie valant un demi-denier, qui était donc la plus petite monnaie. Aujourd'hui, le nom est sorti d'usage, mais il nous en reste une trace dans l'expression « avoir maille à partir avec quelqu'un » qui signifie « avoir un différend avec lui », « partir » devant être compris dans son sens de « partager ».

Chantiers de restauration

L'abbaye royale du Moncel

Bijou du XIVe siècle, l'abbaye royale du Moncel est située près de Pont-Sainte-Maxence, dans le département de l'Oise. Elle a la chance d'être prise en charge par les jeunes du Club du Vieux Manoir qui la restaurent et la font exister en tant que monument historique des Hauts-de-France. Des chantiers de bénévoles y sont régulièrement organisés, comme récemment la restauration d'un chemin piétonnier qui a permis à des bénévoles de travailler ensemble à un aménagement paysager. Dans les anciens celliers de l'abbaye, d'autres équipes ont contribué à l'entretien des pierres et diminué les risques d'installation de l'humidité en dégageant des murs et du plafond la chaux qui avait été ajoutée à la fin du XIXe siècle. Ces initiatives protègent le patrimoine tout en favorisant la cohésion sociale et le vivre ensemble.

ON DÉCERNE LE PRIX NOBEL D'ÉCONOMIE

Solution Mots fléchés p. 228

	R		B		E		H		A		P	
D	E	T	R	E	M	P	E		V	E	R	T
	D	R	A	G	U	E	U	S	E		O	H
B	R	A	V	O		D	R	A	C	H	M	E
	E	C	O	U	L	E	E	S		A	P	I
U	S	A	N	T	E	S		S	O	U	T	E
	S		S		S	T	R	E	S	S	E	R
F	E	U		P	A	R	U	R	E	S		E
	U	S	U	R	I	E	R		R	E	P	S
B	R	I	S	I	S		A	V	A	R	E	
		T	E	S		A	L	O	I		L	B
O	T	E	R		A	V	E	U		V	E	R
	H	E	A	U	M	E		A	L	E	S	E
H	E		I	N	E	R	T	I	E			V
	O	C		I	R	A	I		S	C	I	E
P	R	E	S	S	E	N	T	A	I	E	N	T
	I	D	E	S		T	R	I	O		T	E
B	E	A	T	E	S		E	N	N	U	I	E

Patronymes animaliers

SERGE LAMA

Après plus d'un demi-siècle de carrière, Serge Lama fait partie des chanteurs les plus populaires de notre pays. Tout le monde connaît par cœur les refrains de ses célèbres chansons comme *D'aventures en aventures*, *Je suis malade*, *Les P'tites femmes de Pigalle* ou encore *Femme, femme, femme*. Et quand il n'est pas sur scène pour chanter, l'artiste est sur les planches du théâtre où il a obtenu plusieurs succès dans les années 1990, ou encore face à la caméra comme acteur. Pour se distinguer de son père qui était chanteur d'opérette, Serge a choisi d'adopter le pseudonyme de « Lama » pour sa carrière. Son nom de naissance, Chauvier, évoque quant à lui une terre aussi nue que le crâne… d'un chauve.

Soleil
lever : **6h24**
coucher : **21h28**

Mardi **1er août**

Saint Alphonse – On fête aussi les Alma, Éléazard

Le soleil d'août rend fou.

HISTOIRES POLICIÈRES

LE SPECTRE DE MARIE-ANTOINETTE

Le 10 août 1901, deux Anglaises, Charlotte Moberly et son amie Eleanor Jourdain, visitent le château de Versailles. Il fait très chaud, le temps est lourd. Après avoir parcouru les salles du palais, elles se dirigent vers le petit Trianon. Dans le parc, les deux touristes croisent des jardiniers vêtus d'un long manteau et d'un tricorne. Plus loin, à l'intérieur d'un cottage, Eleanor aperçoit une jeune fille et une femme, habillées elles aussi en costumes d'époque. Puis, à proximité d'un petit pavillon chinois, Charlotte remarque un homme au visage vérolé, également vêtu comme sous l'Ancien Régime. De plus en plus troublées, les deux amies croisent encore un beau jeune homme enveloppé dans une grande cape noire et arborant un chapeau à larges bords, une femme en train de dessiner portant une robe de style XVIIIe siècle et, enfin, une sorte de domestique à l'ancienne. Une semaine après cette étrange visite, les deux Anglaises évoquent leur ressenti. L'une et l'autre ont éprouvé une sensation de surnaturel. Elles en sont persuadées : à Versailles, elles ont croisé des fantômes ! Élucubrations d'adeptes du spiritisme ? Charlotte Moberly, 55 ans, et Eleanor Jourdain, 38 ans, n'ont pourtant pas des profils d'illuminées. La première est directrice de St Hugh's Hall, l'un des trois collèges féminins de l'Université d'Oxford ; la seconde, qui prépare un doctorat de Lettres à Paris, a fondé un établissement secondaire dans la banlieue de Londres. Charlotte et Eleanor sont deux intellectuelles brillantes et réputées. Au cours des années suivantes, elles vont tenter de donner une explication à leur singulière expérience. En 1911, elles publient *An Adventure*, ouvrage dans lequel elles affirment avoir vécu une sorte de voyage dans le temps, à l'époque de Marie-Antoinette, en 1789. Dans la préface de leur livre traduit en français sous le titre *Fantômes du Trianon*, Jean Cocteau écrit qu'elles ont eu accès à « un univers dont une porte s'est ouverte par erreur ». Les jardiniers affublés de tricornes ? Probablement des gardes suisses affectés au service de la reine. L'homme au visage vérolé ? Le comte de Vaudreuil, grand fauconnier de France. La femme en train de dessiner ? Marie-Antoinette elle-même ! Leur témoignage suscite bien sûr la controverse. Pour les uns, Charlotte et Eleanor ont été victimes d'hallucinations consécutives à un coup de chaud. Pour d'autres, elles ont simplement assisté aux préparatifs d'une soirée déguisée donnée à Versailles. D'autres encore, considérant leur réputation irréprochable, estiment qu'elles ont effectivement connu une expérience paranormale. Et d'ailleurs, en 1912, 1928, 1935 et 1955, d'autres touristes affirmeront eux aussi avoir croisé le spectre de Marie-Antoinette. Depuis, il se fait plus discret. Si le récit de la « rétrovision » des deux Anglaises est bien entendu sujet à caution, certains détails restent troublants. Soixante ans après la publication de leur livre, on a découvert les plans d'un pavillon chinois inconnu mais qui existait bien à la fin du XVIIIe siècle. Or, il était conforme en tout point à la description donnée par Charlotte Moberly et Eleanor Jourdain…

Vélo

Ex aequo

En 1938, pour leur dernière apparition sur le Tour, Antonin Magne et André Leducq arrivent ensemble à Paris et sont désignés vainqueurs d'étape ex aequo. Ils sont les derniers à ce jour. Dix ans auparavant, Nicolas Frantz, Victor Fontan et André Leducq (encore) étaient à égalité en tête du classement général et avaient tous les trois porté le maillot jaune entre Bordeaux et Bayonne. À l'époque, les arrivées étaient jugées à l'œil nu, ce qui n'est plus le cas depuis la photo-finish mise en place sur le Tour en 1955.

Mercredi **2 août**

Saint Julien Eymard – On fête aussi les Julianne, Friard, Secondel

Soleil
lever : **6 h 25**
coucher : **21 h 27**

Beau temps à la Saint-Julien promet abondance de biens.

Citations

Les Russes sont généralement très propres. On a raison de dire, en parlant d'eux : les populations slaves.

Alphonse Allais

La gaffe de l'Histoire

Le roi démasqué

En pleine crise sanitaire, au beau milieu de l'été 2020, le roi Willem-Alexander des Pays-Bas et son épouse la reine Maxima avaient laissé publier dans la presse des photos prises avec un restaurateur grec sur l'île de Milos, où ni la distanciation sociale ni le port du masque n'étaient respectés. Image peu appréciée par les sujets de son pays où les deux mesures étaient alors exigées…

Citations

Les moustiques, ça sert à rien. Ça pourrit les vacances des riches et ça tue les pauvres !

Florence Foresti

Brèves régions

Lozère/Le grand saut

Si quelqu'un vous propose de découvrir les gorges du Tarn d'une manière originale et vous donne rendez-vous à Massegros Causses Gorges, méfiez-vous ! Car c'est là qu'est installé le « 107 », point de départ d'un saut à l'élastique de 107 mètres. Cette chute libre dans un décor de rêve, le cirque des Baumes, s'inscrit parmi les rares sauts dépassant les 100 mètres en France et est le seul au monde à proposer un départ en falaise. Pour atteindre l'aire de départ, les candidats doivent marcher une vingtaine de minutes, histoire de bien réfléchir. Et pour faire monter encore plus l'adrénaline, le « 107 » se pratique aussi l'été en nocturne.

Argot

Marave

Comme bien d'autres verbes en *-ave* utilisés par l'argot (cf. poukave, « dénoncer, trahir », nachave, « partir, s'enfuir », pillave, « boire de l'alcool », etc.), marave qui signifie « frapper, battre » est un emprunt au romani (langue des Tsiganes) *marav*, de même sens. Et tout comme ces autres verbes, il se conjugue comme un verbe du 1er groupe, sauf à l'infinitif où il peut garder sa finale en *-ave* (et non en *-er*) : il s'est fait marave, je vais te marave, etc.

FOOT

Carrière à trous

Le 2 juin 2021, Karim Benzema faisait son retour en équipe de France. L'attaquant du Real Madrid n'avait plus porté le maillot bleu depuis le 8 octobre 2015, manquant ainsi 71 matchs de la sélection nationale durant les 5 ans, 7 mois et 25 jours qu'a duré son exil. Un chiffre qui n'est cependant pas le record de la plus longue interruption entre deux sélections en équipe de France. Vikash Dhorasoo a dû attendre 5 ans, 10 mois et 29 jours, soit 73 matchs pour porter de nouveau le maillot bleu et faire passer son total de sélection de deux à trois. Il dispute par la suite 15 autres matchs, inscrit un but et joue huit minutes lors de la Coupe du monde 2006 au cours de laquelle l'équipe de France se hisse en finale. Un record qui semble désormais difficile à battre.

Soleil
lever : 6 h 27
coucher : 21 h 25

Jeudi **3 août**

Sainte Lydie – On fête aussi les Nicodème, Euphrone, Lydéric

Qui dort en août dort à son coût.

Chiffres et expressions

Les cinq sens

Avec le goût, l'odorat, la vue, le toucher et l'ouïe, l'être humain est doté de cinq sens qui lui permettent d'appréhender le monde dans lequel il évolue. Bravant la symbolique du chiffre 5 (les doigts de la main, les sommets de la pyramide, etc.) certains tentent de valoriser un sixième sens qui serait exclusivement féminin et permettrait de ressentir l'invisible.

BD de collection

Buster Brown

Les bulles (ou phylactères), marque distinctive de la BD moderne, ont fait leur apparition aux États-Unis dans *Yellow Kid,* une série signée Outcault, qui les a introduites en Europe avec *Buster Brown*, publié en 1904 dans l'édition française du *New York Herald*. Elles s'intègrent idéalement au style graphique débridé et mouvementé d'Outcault, Buster Brown étant un enfant terrible de la haute, qui accumule les énormes bêtises, dans une vision satirique et caustique de la bonne société américaine.

Célébrations en musique

Alexandre Scriabine (1872-1915)

L'abondante œuvre musicale de Scriabine a été influencée par ses nombreux voyages. En effet, au cours de ses tournées en Europe, le pianiste a découvert Wagner, Liszt, Strauss, Debussy et Ravel, dont les musiques l'ont encouragé à un élargissement des procédés d'écriture pianistique. Ses préludes, sonates, mazurkas, valses, impromptus et études diverses se sont éloignés petit à petit des œuvres traditionnelles et, au fil du temps, l'auteur de *Prométhée* a multiplié les innovations, remettant en question le système tonal et évoluant vers le courant moderniste dont il deviendra le chef de file. Passionné par la pensée de Nietzsche et de Schopenhauer, curieux de la philosophie hindoue, il considérait la musique comme un moyen de libération, et a tenté la fusion des arts et des sens.

Belles plantes

IMPERATA CYLINDRICA RED BARON

L'espèce Imperata cylindrica, ou paille de diss, originaire d'Asie, est l'une des herbes les plus envahissantes de la planète. Mais ce n'est pas le cas de la variété Red Baron (ni de sa proche cousine Rubra) : si elle s'étend un peu par ses rhizomes, elle ne se ressème pas. Et elle a acquis une belle popularité dans les jardins pour la couleur rouge sang non pas de ses épis (qui sont insignifiants), mais de son feuillage. Elle forme une touffe dressée de 50 cm de haut, et ses feuilles caduques, rubanées et vert olive à leur apparition, se teintent d'un rouge soutenu, qui vire au grenat. Par ses couleurs, elle vaut une plante à fleurs ! Rustique, elle aime le soleil et les sols frais et même humides, riches en humus. Installez-la sur la berge d'une mare ou dans un lieu marécageux.

Vendredi **4 août**

Saint Jean-Marie Vianney – On fête aussi les Uniac

Soleil
lever : **6 h 28**
coucher : **21 h 24**

En août, de l'aube au soir, on n'a qu'une heure pour s'asseoir.

HISTOIRES DE SUPERMARCHÉS

Codec

Fondée en 1924, l'enseigne Codec (pour « Consortium des épiciers du centre ») comprenait à l'origine des supérettes et des supermarchés d'une surface allant de 400 à 2 500 m². Elle avait un logo bien sympathique montrant deux personnes portant ensemble un panier et des slogans comme « Pour mieux servir votre table », « Faites confiance à votre Maître Épicier Codec », ou encore « Pour Codec, vous êtes quelqu'un ». À partir des années 1980, elle connaît des difficultés financières et finit par être vendue au groupe Promodès, qui lui-même sera racheté par Carrefour.

L'humanité en chiffres

Selon le WWF, les nettoyeurs des égouts parisiens seraient… les rats (ou surmulots). Chaque année, ces derniers consomment 292 000 tonnes de déchets. Ce qui veut dire que chaque seconde, les rats font disparaître plus de 9 kg de déchets, soit 800 tonnes par jour ! En creusant leur terrier dans le limon des égouts, ils évitent aux canalisations de se boucher et participent ainsi à l'entretien des souterrains de la capitale.

Bibliophiles

***Marin mon cœur*, Eugène Savitzkaya (Minuit, 1992)**

Un immense poète belge chante son émerveillement devant toutes les premières fois de son premier-né : comment Marin grandit en expérimentant le monde, comment le monde vient à lui. Dans la ferme où vit la famille, le fils découvre les odeurs de la nature, la consistance de la boue, le croquant des fruits, leur couleur, les bêtes qui ne se laissent pas apprivoiser, le bruit des objets qu'on entrechoque, l'eau, le chaud, la lumière et les gestes du « géant », son père. Savitzkaya croit dur comme fer qu'il faut trouver le mot juste et concret pour dire cette rencontre inouïe.

L'ACTU

CHAT ALORS !

Il y a trente ans, le père de Lynea Lattanzio lui a demandé de l'aider à trouver un nouveau chat. Elle est rentrée à la maison avec 15 chatons. Depuis ce jour, Mme Lattanzio, 69 ans, a recueilli et vécu avec… 28 000 félins. C'est probablement un record ! Actuellement, elle héberge encore 800 chats adultes et 300 chatons. Tous ont été recueillis parce qu'ils étaient errants ou abandonnés. Basé en Californie, son sanctuaire permet à ses résidents à poils de se déplacer librement sur les 5 hectares de terrain. La maison de cinq pièces leur est réservée tandis que Lynea vit dans un mobile home. En comptant le personnel embauché pour l'aider, la nourriture, la gestion des déchets ou encore les frais médicaux, la facture pour faire fonctionner ce royaume des chats s'élève à près de 1,6 million de dollars par an. Mme Lattanzio, qui a passé un diplôme de vétérinaire par amour pour ses matous, a aménagé un hôpital, une unité de soins intensifs et un espace réservé aux seniors. Bien qu'elle apprécie leur compagnie, la Californienne assure que son objectif principal a toujours été le même : faire adopter ses félins. Plus de 500 chats attendent ainsi une famille d'accueil.

Soleil
lever : 6 h 29
coucher : 21 h 22

Samedi **5 août**

Saint Abel – On fête aussi les Oswald, Ahès

La fortune sourit aux audacieux.

Rétro Vermot

Le jeune Toto a entendu dire que les livres de classe peuvent contenir certains microbes. Alors gentiment, pour rassurer son père :

– Sois tranquille… je ne les ouvre pas.

Lacs de France et d'Europe

Le lac de la Bouillouse (Pyrénées-Orientales)

Perché à 2 016 m, l'estang de la Bullosa (en catalan) est un lac de barrage sur la Têt, au pied des monts du Carlit et Péric. Plus de 5 000 ouvriers ont participé à la construction du barrage, en maçonnerie, haut de 25 m, entre 1903 et 1911. Créé dans une zone marécageuse, le lac a plusieurs objectifs : réguler le débit du Têt et produire l'électricité nécessaire pour faire fonctionner le train jaune de la Cerdagne. La Bouillouse permet également l'irrigation de la plaine du Roussillon. Classé site naturel, le lac est protégé. L'accès est limité durant la belle saison. Les sentiers de randonnée permettent de découvrir des paysages de haute montagne exceptionnels. Il s'agit d'un des rares sites où la truite arc-en-ciel, d'origine américaine, est naturalisée.

RUGBY

Changer l'histoire

Le 24 juin 1995, l'Afrique du Sud dispute la finale de sa Coupe du monde face aux All Blacks. La compétition entérine le retour de la sélection sur la scène internationale de laquelle elle a été écartée durant l'apartheid. Le rugby restant encore un symbole de l'Afrique du Sud blanche et du régime ségrégationniste, le président Nelson Mandela décide de surmonter les divisions raciales du pays et entre sur le terrain, vêtu du maillot vert. L'Afrique du Sud s'impose, la nation arc-en-ciel se révèle au monde.

LE COVOITURAGE DOMICILE - TRAVAIL EN PLEIN BOOM.

SANTÉ MENTALE : LANCEMENT D'UN NUMÉRO NATIONAL DE PRÉVENTION DU SUICIDE

au Jardin

LE COMPOST DE FEUILLES

Dans les forêts, les feuilles mortes fertilisent le sol en se décomposant, et nourrissent les racines des arbres dont elles sont tombées : un cycle biologique idéal ! Mais elles forment une couche assez mince. En revanche, si vous ramassez les feuilles mortes répandues sur la pelouse et dans les massifs pour les mettre en tas, vous attendrez longtemps leur décomposition, car elles forment une masse trop compacte. Pour obtenir un bon compost, commencez par les broyer en passant la tondeuse dessus. Ensuite, mettez-les en tas ou dans le bac à compost en ajoutant quelques mesures du compost décomposé de l'an passé et un activateur : des orties fraîches ou, mieux, du purin d'ortie. Et retournez ensuite le tas de temps en temps. La décomposition demande au moins six mois, souvent bien davantage.

Dimanche **6 août**

Transfiguration – On fête aussi les Octavien, Dahud

Soleil
lever : **6 h 31**
coucher : **21 h 21**

Chaleur d'août, c'est du bien partout.

Brèves régions

Manche/La pointe d'Agon

La pointe d'Agon est une longue langue de sable entourée d'eau, où convergent la rivière Sienne et la Manche. Pour profiter au mieux de cet espace sauvage, site naturel classé depuis 1989, il faut s'y promener longuement à pied par les chemins qui le sillonnent. Ces itinéraires traversent les champs et les pâtures grâce à des passages aménagés que seul l'homme peut franchir. La pointe d'Agon, c'est le vent qui souffle partout, les coquillages dans le sable, les salicornes sauvages qui poussent à son extrémité et le petit phare qui a longtemps veillé sur les bateaux de commerce fréquentant le port de Regnéville-sur-Mer.

MOTS MÊLÉS

Pièces de Molière

F	C	O	M	T	E	S	S	E	C	N	I	R	P
W	O	C	T	D	C	R	I	T	I	Q	U	E	I
X	E	U	A	X	A	I	E	C	O	L	E	Z	X
Q	G	L	R	N	W	I	E	B	E	M	S	A	P
U	A	J	T	B	G	D	O	R	I	E	E	R	S
M	I	G	U	J	E	U	U	S	L	L	E	S	E
J	R	T	F	M	R	R	A	L	L	C	G	T	T
A	A	O	F	G	D	N	I	E	I	W	W	N	N
L	M	V	E	N	T	A	R	E	C	B	M	A	A
O	B	O	A	H	S	A	U	P	S	R	V	M	V
U	I	M	R	R	N	S	J	B	I	A	U	A	A
S	Q	O	E	A	E	T	O	U	R	D	I	O	S
I	P	V	G	S	O	C	Z	R	A	N	G	U	P
E	L	S	L	T	I	P	E	D	M	N	Z	L	G

Solution page 240

Cherchez les mots manquants des titres de pièces de Molière cachés dans la grille ci-dessus. Vous les trouverez soit horizontalement, soit verticalement ou encore en diagonale ; ils peuvent se lire de gauche à droite ou de droite à gauche. Notez que les mots sont dans l'ordre alphabétique.

Les ... magnifiques
L'...
Le ...gentilhomme
La ...d'Escarbagnas
La ... de L'École des femmes
Le ... amoureux
L'... des femmes
L'... ou les Contretemps
Les ... de Scapin
La ... du Barbouillé
Don ...
Le ... imaginaire
Le ... forcé
L'École des ...
Le ... malgré lui
Le ...
Dom Garcie de ...
Monsieur de ...
Les... ridicules
La ... d'Élide
Les Femmes ...
... ou le Cocu imaginaire
Le ... ou l'Hypocrite
L'Impromptu de ...

LE CHIFFRE

40 %

C'est le pourcentage d'enfants américains qui pensent que les hot-dogs sont des légumes, selon une étude menée par une équipe de psychologues de l'Université Furman, en Caroline du Sud. L'enquête conclut également que 41 % des enfants sondés ne savent pas d'où vient le bacon et que 46 % d'entre eux pensent que les frites sont d'origine animale. D'après les chercheurs, deux éléments viennent troubler l'identification des aliments chez les plus jeunes. D'une part, de nombreux parents n'osent pas expliquer à leurs enfants d'où viennent les aliments d'origine animale. D'autre part, l'être humain aime la viande, mais n'aime pas la douleur infligée aux animaux. Le cerveau des petits préfère donc imaginer des arbres à hot-dogs. Cette étude est cependant à prendre avec des pincettes au vu de son échantillon. Les enfants n'étaient que 176 et ils n'étaient âgés que de 4 à 7 ans.

Rétro Vermot

On demande à Toto si son professeur est content de lui :
– Oh ! oui, répond-il fièrement. Il m'a dit que si je continuais, je serais le doyen de la classe.

Soleil
lever : 6 h 32
coucher : 21 h 19

Lundi 7 août

Saint Gaëtan – On fête aussi les Gaëtane, Levan

Les nuits d'août trompent les sages et les fous.

Citations

Les hommes et les femmes ne disent vraiment ce qu'ils pensent les uns des autres que dans les moments où ils ne disent rien.
Yvan Audouard

OISEAUX MIGRATEURS

Prénuptial, postnuptial

La migration prénuptiale a lieu au printemps : les oiseaux reviennent vers leurs lieux de nidification pour s'accoupler, accomplissant un voyage du sud vers le nord (dans l'hémisphère nord). La migration postnuptiale est celle d'automne : après la reproduction, quand les jours raccourcissent, que la chaleur diminue et que la nourriture se raréfie, les migrateurs font le voyage en sens inverse. Bien que la distance à parcourir soit la même, la migration de printemps est en général plus rapide que celle d'automne, car les mâles sont pressés de s'approprier les meilleurs territoires afin d'attirer les femelles.

Citations

Pour bien nager, un joli caleçon de bain ne vaudra jamais une étendue d'eau.
Léo Campion

DES DRONES ENVOYÉS POUR EMPÊCHER LA REPRODUCTION DES GOÉLANDS

Expressions françaises et anglaises

Put out feelers

Si un Anglais vous dit que vous devez « *put out feelers* », c'est-à-dire « sortir les antennes ou les tâteurs », il vous demande d'évaluer prudemment une situation avant d'entreprendre quoi que ce soit, donc de tâter le terrain !

LES PHÉNOMÈNES DE MODE

Pains & gâteaux

Le piquenchâgne

La confrérie moulinoise du piquenchâgne garde jalousement le secret de sa recette. Les pâtissiers qui en sont détenteurs affichent un autocollant « Maître Piquenchagneux ». Cette pâtisserie traditionnelle bourbonnaise (région de Moulins) est aux poires. À l'origine, elle était préparée avec des restes de pâte à pain ou de brioche, dans laquelle on insérait des poires entières pelées, la queue vers le haut, ou des pommes ou encore des coings. De nos jours, on fait plutôt une pâte feuilletée garnie de crème pâtissière.

Le bon mot de l'Histoire et le gros mot

« La mobilisation n'est pas la guerre ! », Raymond Poincaré, 1er août 1914

Ce slogan, qui ne trompe pas grand monde, apparaît dans la proclamation du gouvernement à la Nation française accompagnant l'ordre de mobilisation générale placardé dans toutes les communes de France. Le document est signé par le président de la République Raymond Poincaré, le président du Conseil René Viviani et tous les ministres du gouvernement. Depuis l'attentat contre l'archiduc autrichien fin juin à Sarajevo, le conflit semble inéluctable. D'ailleurs, début juillet, 170 000 soldats stationnés en Afrique du Nord ont été rappelés dans l'Hexagone. Le 31 juillet 1914, l'assassinat de Jean Jaurès anéantit les derniers espoirs des partisans de la paix. Le 3 août, l'Allemagne déclare la guerre à la France.

Mardi **8 août**

Saint Dominique – On fête aussi les Liébaut, Cyriaque, Cyrus

Soleil
lever : **6 h 33**
coucher : **21 h 17**

À navire rompu, tous les vents sont contraires. *(Proverbe italien)*

Espace

Se rapprocher de l'équateur

Jusqu'en 1967, tous les lancements français se font depuis la base militaire d'Hammaguir en Algérie. Après l'indépendance, il faut trouver un nouveau site. Pour son ouverture sur l'océan et sa proximité avec l'équateur, la Guyane a doublé d'autres départements d'outre-mer, le Brésil et l'Australie. Depuis la fusée Véronique en 1968, le centre de Kourou a procédé à plus de 500 lancements.

THÉÂTRES DU MONDE

Le théâtre Thang Long à Hanoï

Au Vietnam, les spectacles de marionnettes sur l'eau sont une tradition ancestrale, intimement liée à la riziculture. Ce théâtre est l'un des rares établissements de représentations folkloriques toujours en activité, et même très occupé puisqu'il propose des pièces 365 jours par an ! Fondé en 1969, il compte aujourd'hui une quarantaine de marionnettistes et un orchestre d'une douzaine d'instrumentistes. Ce n'est pas un théâtre grandiose mais plutôt un espace aquatique convivial et féerique. Les spectacles sont généralement très colorés et évoquent la vie rurale ou des légendes.

Jeux de société

Scrabble® (Hasbro/Mattel)

L'histoire de ce sport cérébral mériterait un livre. Au chômage après le krach de 1929, un Américain féru de jeux de langage, Alfred Mosher Butts, invente un jeu de plateau sur lequel il faut poser des jetons associés à une lettre pour former un mot. Le jeu évolue et chaque lettre est ensuite associée à une valeur qui dépend de sa fréquence dans la langue anglaise. Puis vient l'idée de former plusieurs mots en les croisant sur une grille. Puis celle d'ajouter un ressort stratégique, en attribuant un pouvoir à certaines cases de la grille (« compte double », etc.) réparties de façon géométrique et symétrique… Enfin, il faut de la patience puisque brevet et nom (Scrabble®) ne sont déposés qu'en 1948, et que le succès n'arrive qu'en 1954. Depuis, le monde entier cogite.

Curiosités scientifiques

Vénus la rebelle

Longtemps elle fut nommée « étoile du berger », première levée, dernière couchée avec le Soleil alors qu'elle est une planète. C'est dire si Vénus, cette petite boule cotonneuse sous l'œil du télescope, a toujours su se faire remarquer. Mais même pour les astrophysiciens, Vénus aime cultiver sa différence. Avec Uranus, elle est en effet la seule planète du système solaire à tourner dans le sens inverse de rotation. En d'autres termes, sur Vénus, le Soleil se lève à l'ouest. Le tout à un rythme plutôt lent, la belle aimant prendre son temps : alors qu'une année vénusienne dure 224,7 jours terrestres, une journée sur Vénus équivaut à 116,8 jours terrestres. Mieux vaut donc éviter d'y atterrir un lundi.

Soleil
lever : **6 h 35**
coucher : **21 h 16**

Mercredi **9 août**

Saint Amour – On fête aussi les Herlé, Ruben

Un bon cheval va bien tout seul à l'abreuvoir.

Recette — Bruschetta d'aubergine

Pour 4 pers. **15 min de préparation** **30 min de cuisson**

- 3 belles aubergines
- 4 tomates
- 2 à 3 belles tranches de jambon de pays
- 1 chèvre frais type Petit Billy
- Herbes de Provence (thym, romarin…)
- Ail semoule ou oignons séchés
- Huile d'olive
- Sel, poivre

Préchauffez le four à 210 °C (th. 7). Lavez et tranchez les aubergines dans la longueur. Déposez-les sur une plaque de four tapissée de papier sulfurisé, arrosez-les d'huile d'olive et enfournez pour 20 min.

Pendant ce temps, lavez et tranchez les tomates finement. Coupez le jambon en lanières.

Sortez la plaque du four sans l'éteindre, disposez les rondelles de tomates sur les aubergines déjà rôties, ajoutez les lanières de jambon, émiettez le chèvre dessus, puis assaisonnez d'ail semoule ou d'oignons séchés, d'herbes, de sel et de poivre selon votre goût.

Enfournez à nouveau pour 10 min.

Servez avec une salade.

Variante
Essayez cette recette avec de la mozzarella et du basilic, ou encore du chèvre plus sec et du miel. Testez aussi avec des petits gésiers de canard ou de la charcuterie italienne !

Argot

Mataf

La langue verte prend plaisir à croiser les mots pour créer les siens. L'argot des marins s'est ainsi emparé du nom « matelot » pour le tronquer (mat-) et lui donner un suffixe en *-af*, sans doute par rapprochement avec le nom « matafion », terme technique de la marine désignant un petit cordage, tressé ou câblé, utilisé pour un amarrage temporaire. C'est ainsi que matelot est devenu mataf au début du siècle précédent.

C'EST QUOI UNE IMPRIMERIE ?

M. et Mme CAUFINS
Épiciers
ont la joie d'annoncer la naissance de leur fils

HARRY

Patronymes animaliers

BERNARD LE COQ

C'est grâce à la série *Une famille formidable*, diffusée pendant 26 ans, que l'acteur Bernard Le Coq a été connu d'un très large public. Pourtant, durant les vingt années qui précédèrent le début de ce monument de TF1, il avait déjà joué dans de nombreux téléfilms. En 2003, il a reçu le César du meilleur acteur dans un second rôle pour son interprétation du personnage de professeur dans le film *Se souvenir des belles choses* de Zabou Breitman. Bernard Le Coq a également interprété au cinéma Théo Van Gogh, le frère de Vincent, et le président Jacques Chirac. En dehors de l'animal, son patronyme peut venir de *kok* au sens de « cuisinier ».

Jeudi **10 août**

Saint Laurent – On fête aussi les Lorenzo, Laura, Philomène

Soleil
lever : **6 h 36**
coucher : **21 h 14**

On n'apprend pas aux vieux singes à faire des grimaces.

Solution Mots mêlés p. 236

F	C	O	M	T	E	S	S	E	C	N	I	R	P
W	O	C	T	D	C	R	I	T	I	Q	U	E	I
X	E	U	A	X	A	I	E	C	O	L	E	Z	X
Q	G	L	R	N	W	I	E	B	E	M	S	A	P
U	A	J	T	B	G	D	O	R	I	E	E	R	S
M	I	G	U	J	E	U	U	S	L	L	E	S	E
J	R	T	F	M	R	R	A	L	L	C	G	T	T
A	A	O	F	G	D	N	I	E	I	W	W	N	N
L	M	V	E	N	T	A	R	E	C	B	M	A	A
O	B	O	A	H	S	A	U	P	S	R	V	M	V
U	I	M	R	R	N	S	J	B	I	A	U	A	A
S	Q	O	E	A	E	T	O	U	R	D	I	O	S
I	P	V	G	S	O	C	Z	R	A	N	G	U	P
E	L	S	L	T	I	P	E	D	M	N	Z	L	G

1. AMANTS 2. AVARE
3. BOURGEOIS 4. COMTESSE
5. CRITIQUE 6. DÉPIT 7. ÉCOLE
8. ÉTOURDI 9. FOURBERIES
10. JALOUSIE 11. JUAN
12. MALADE 13. MARIAGE
14. MARIS 15. MÉDECIN
16. MISANTHROPE 17. NAVARRE
18. POURCEAUGNAC
19. PRÉCIEUSES 20. PRINCESSE
21. SAVANTES 22. SGANARELLE
23. TARTUFFE 24. VERSAILLES

30 morceaux de bœuf

LE GROS BOUT DE POITRINE

À l'extrémité de la poitrine du bœuf, sous le collier, le gros bout de poitrine participe à la réussite du pot-au-feu et excelle également coupé en gros cubes pour faire du bourguignon. Mijoté en tajine, il s'accommode à merveille d'épices et même au mélange des saveurs sucrées-salées. Une préparation originale consiste à le cuire à la cocotte puis à le faire ensuite poêler.

Citations

C'est pas compliqué de parler le ch'timi. On ne dit pas : « Pardonnez-moi, je n'ai pas bien saisi le sens de votre question », on dit : « Hein ? »

Dany Boon

Expressions françaises et anglaises

Les oignons

Si vous apprenez à un Anglais que l'expression « s'occuper/se mêler de ses oignons » veut dire « s'occuper, se mêler de ce qui vous regarde », vous allez provoquer une certaine hilarité, et pour cause ! De l'autre côté de la Manche, le stéréotype du Français est un homme à bicyclette coiffé d'un béret et portant des tresses d'oignons. Tout simplement parce que des années 1830 à la Seconde Guerre mondiale, des vendeurs d'oignons de Roscoff se rendaient en Angleterre pour vendre leur production. Beaucoup de ces vendeurs portaient le nom de Yann, l'équivalent de John en anglais. Les Anglais les surnommèrent *Onion Johnnies*, Johnny étant le diminutif de John. Pour beaucoup d'Anglais, c'était leur seul contact avec les Français, donc pour eux, tous les Français étaient vêtus d'un chandail marin, coiffés d'un béret, propriétaires d'un vélo et se promenaient partout avec des tresses d'oignons !

LES SOLUTIONS FACE À LA CRISE ALIMENTAIRE QUI MENACE

L'ACTU

ET LA VILLE FRANÇAISE LA PLUS STRESSANTE EST...

Sans surprise, Paris a été désignée comme la ville la plus stressante de France. Ou plus exactement, selon une étude du *Figaro*, la capitale arrive en dernière place des villes les moins stressantes de France. Afin de dresser ce palmarès, le quotidien a comparé pour les 20 plus grandes villes de France des données concernant les bruits routiers, les embouteillages, le temps de trajet du domicile au travail, la densité de population et le temps d'ensoleillement, ainsi que les recherches sur Internet autour de mots-clés tels que « stress », « fatigue » ou « psychologue ». Précédée par Lyon et Lille, Paris arrive donc en bas du classement en termes de « qualité de vie ». À l'inverse, Angers apparaît comme la ville la moins stressante, suivie par Le Mans et Reims. À titre de comparaison, les automobilistes de la « ville lumière » perdent en moyenne 140 heures dans les bouchons sur une année, alors qu'un Angevin en perd à peine 27. Étonnamment, les recherches en ligne liées au stress ne sont pas plus importantes chez les Parisiens qu'ailleurs, signe qu'ils acceptent plutôt bien leur quotidien !

Soleil
lever : 6 h 37
coucher : 21 h 12

Vendredi **11 août**

Sainte Claire – On fête aussi les Clara, Suzanne, Gilberte, Géry

À la Sainte-Claire, journée claire.

Citations

Un meurtre sans des ciseaux qui brillent est comme des asperges sans sauce hollandaise. Sans goût.

Alfred Hitchcock

HEUREUX MARIAGES

Lorsque Jean Lemarié épousa Barbe Belsœur, le 10 septembre 1807 à La Selle-Craonnaise, dans le département de la Mayenne, toute la famille était présente. Parmi les témoins de l'union se trouvait notamment Joseph Lemarié, qui était le beau-frère de la mariée et Jean et René Belsœur, qui étaient tous deux les beaux-frères du futur car frères de la mariée…

Expressions françaises et anglaises

To have a bone to pick with someone

Quand vous entendez un Anglais vous dire qu'il a « un os à ronger avec vous » (« *a bone to pick with you* »), il ne vous invite pas à déjeuner mais vous fait savoir qu'il a un différend à régler avec vous. Mieux vaut en être averti !

POULES, POULETTES

LA GÉLINE DE TOURAINE

« Géline » est un mot du Moyen Âge pour désigner la poule, et il vient directement du latin *gallus*. Il a été donné officiellement à cette poule noire en 1909 par Jean-Baptiste Martin, qui a préservé la race, mais cette volaille se promenait dans les fermes tourangelles depuis longtemps sous le nom de « noire de Touraine » ou simplement « poule de pays ». Avec un corps arrondi, elle est solide et grande, jusqu'à 3 kg, le coq atteignant 3,5 kg. Sa chair dense est particulièrement appréciée, mais c'est aussi une bonne pondeuse, avec environ 200 œufs par an. En revanche, c'est une couveuse médiocre. Avec son plumage d'un noir brillant, sur lequel se détachent sa crête et ses barbillons rouges, on la repère vite sur les parcours herbeux où elle aime évoluer et picorer.

La bonne blague

Ha ! Ha ! Ha ! Ha ! Ha ! Ha ! Ha ! Ha ! Ha !

Un type entre dans un bar, s'approche du comptoir et dit au serveur :
« Servez-moi trois cafés ! Un pour moi, un pour vous et un pour votre femme qui est vraiment une grosse cochonne !
– Quoi ? fait l'autre, qu'est-ce que vous venez de dire ? »
Alors le client, sans se démonter, répète :
« Servez-moi trois cafés ! Un pour moi, un pour vous et un pour votre femme qui est vraiment une grosse cochonne ! »
Fou de rage, le serveur lui allonge une énorme mandale et le jette hors du bar. Le lendemain, le type revient, s'approche du comptoir et dit :
« Servez-moi trois cafés ! Un pour moi, un pour vous et un pour votre femme qui est vraiment une grosse cochonne ! »
Cette fois le serveur lui colle illico une grosse tarte et l'éjecte du bar. Le surlendemain, l'homme revient, s'approche du comptoir et dit :
« Servez-moi deux cafés ! Un pour moi et un pour votre femme qui est vraiment une grosse cochonne ! Vous, ce n'est pas la peine, je vous trouve déjà très tendu. »

Samedi 12 août

Sainte Clarisse – On fête aussi les Gianna, Jannick

Soleil
lever : 6 h 39
coucher : 21 h 11

Dieu nourrit les oiseaux qui s'aident de leurs ailes. *(Proverbe danois)*

Citations

Je dis « vous » à mon impresario. Avec l'argent qu'il me prend, j'ai toujours cru qu'ils étaient deux.

Thierry Le Luron

Les plus vieux commerces du monde

France – Le Procope

Le Procope mérite à double titre d'être cité comme le plus ancien café de Paris. D'une part, il a été fondé en 1686 et fonctionne donc depuis près de trois siècles et demi au 13 rue de l'Ancienne Comédie, au cœur de Saint-Germain-des-Prés, dans le 6e arrondissement. D'autre part, c'est le premier endroit où le café a été popularisé. En effet, la boisson avait été apportée en France peu de temps avant par l'émissaire du sultan ottoman Mehmed IV, mais ne réussissait pas à séduire les Parisiens. Grâce au travail du fondateur du *Procope*, un Sicilien du nom de Francesco Procopio dei Coltelli, l'établissement est devenu un café littéraire à la mode, accueillant des clients comme Voltaire ou Rousseau. Sous la Révolution, il devint même le lieu de réunion de Danton, Marat et Robespierre.

Pains & gâteaux

La tarte normande

Voilà une recette bien gourmande avec les ingrédients qui font la réputation de la Normandie. Cette tarte aux pommes sur pâte brisée tire son originalité d'une garniture qui ressemble à un flan ou à une crème pâtissière, un mélange de farine, d'œufs, de crème fraîche et de sucre auquel on ajoute la petite touche normande : le calvados. Important : les morceaux de pommes doivent être gros.

C'ÉTAIT VRAIMENT MIEUX AVANT (?)

« DES MEURTRES, IL N'Y A PLUS QUE ÇA DANS LES MÉDIAS ! »

Si les meurtres occupent une très large place dans la chronique des faits divers, on oublie qu'en réalité on s'entretue de moins en moins. En France, il y a 30 ans, on comptait 1 600 meurtres par an, soit deux fois plus qu'aujourd'hui. Selon l'institut médico-légal de Paris, le taux d'homicides a chuté de 65 % en 20 ans en région parisienne. Et si on regarde depuis le Moyen Âge, le nombre de crimes de sang pour 100 000 habitants est passé de 20,2 à… 0,7 en Occident, selon une étude de l'université de Chicago. Alors, pourquoi ce sentiment persistant d'insécurité ? Sans doute à cause de la place surdimensionnée qu'elle occupe dans les médias et certains discours…

Citations

Dans l'administration, on ne doit pas dormir au bureau le matin, sinon on ne sait plus quoi faire l'après-midi.

Coluche

Soleil
lever : **6 h 40**
coucher : **21 h 09**

Dimanche **13 août**

Saint Hippolyte – On fête aussi les Athanasie, Kolbe

L'ami de tout le monde n'est l'ami de personne.

Brèves régions

Marne/Cabu le Châlonnais

Né en 1938 à Châlons-en-Champagne (qui était alors encore « sur Marne »), Jean Cabut connut la célébrité sous le pseudonyme de Cabu. Dès l'âge de 15 ans, il commença à dessiner pour le journal local *L'Union de Reims* avant de rejoindre à Paris les équipes d'*Hara-Kiri* puis de *Pilote*. À la création de *Charlie Hebdo*, l'aventure se poursuit avec ses amis Reiser et Wolinski. C'est dans la rédaction de ce journal que Cabu perdra la vie, le 7 janvier 2015, lors de l'attaque terroriste de triste mémoire, une semaine avant son 77e anniversaire. Il est inhumé dans sa ville natale de Châlons-en-Champagne, au cimetière de l'Ouest.

Expressions

françaises et anglaises

All at sea

Si un Anglais vous dit « *all at sea* », ce qui veut dire « tous à la mer » en traduction littérale, surtout, ne vous jetez pas par-dessus bord ; il vous fait savoir qu'il est perdu, désemparé, qu'il a perdu le nord, un sentiment grandissant après le Brexit. Alors soyez gentil et offrez-lui votre aide.

Étymologie

Quand la perle se transforme en fleur

Le nom de la fleur marguerite vient du latin *margarita* qui signifie « perle ». Pour désigner la fleur, on employait au Moyen Âge la locution *flors des margerites*, c'est-à-dire « fleur de perle ». *Marguerite* a gardé ce sens de « perle » jusqu'au XIXe siècle, où le nom était employé dans l'expression *jeter des marguerites aux pourceaux*, qui signifiait « parler de belles choses devant des gens qui les méprisent parce qu'ils ne les connaissent pas » (Littré).

L'ACTU

PÂTURAGES VIRTUELS

En partant du principe que la nature a un effet apaisant, un agriculteur turc a eu l'idée d'équiper certaines de ses vaches laitières, confinées dans leur étable en hiver, de lunettes de réalité virtuelle. Installé à Aksaray, en Cappadoce, Izzet Kocak a donc fixé un masque spécialement conçu devant les yeux de ses bovins et leur diffuse des images de prairies ensoleillées. « En regardant un pâturage vert, cela leur donne un remontant émotionnel, elles sont moins stressées », explique l'éleveur. Le ministère de l'Agriculture russe, qui a conçu ces lunettes, précise que les vaches perçoivent moins bien les nuances de vert et de bleu, les couleurs de l'herbe et du ciel. Elles sont donc plus apaisées, alors que les autres couleurs leur demandent plus de concentration. Selon l'agriculteur turc, les vaches équipées de ces lunettes ont produit sur un an 27 litres de lait contre 22 litres pour celles qui n'en portaient pas.

Lundi **14 août**

Saint Évrard – On fête aussi les Alfred, Assunta

Soleil
lever : **6 h 42**
coucher : **21 h 07**

Quand on n'a pas ce que l'on aime, il faut aimer ce que l'on a.

Séries TV (acteurs et actrices)

JULIE GAYET – *PREMIERS BAISERS*

La scène dure vingt secondes, où l'on voit Julie Gayet gifler trois garçons vaguement idiots. Nous sommes en 1993 et l'actrice fait sa première apparition télévisuelle dans l'épisode 95 de *Premiers Baisers*, une série française typique des années 1990, et dont le kitsch absolu reste encore en mémoire. La même année, dans un tout autre registre, Julie Gayet décroche deux petits rôles dans des drames, *Trois Couleurs : Bleu* de Krzysztof Kieślowski et *La Petite Apocalypse* de Costa-Gavras. La reconnaissance publique vient avec son rôle dans la comédie *Delphine 1, Yvan 0* en 1996. À partir de ce moment, elle tourne plusieurs films par an et lance sa société de production (mettant en valeur des films hors normes, comme *La Fille du patron* ou *Grave*). Elle doit également sa belle renommée populaire à une carrière fournie à la télévision ; en 2020, elle joue son propre rôle dans la célèbre série *Dix pour cent*.

Citations

Une connaissance est quelqu'un que nous connaissons assez pour lui emprunter de l'argent, mais pas assez pour lui en prêter.

Ambrose Bierce

Argot

Mouillette

C'est parce qu'on « se mouille » lorsqu'on s'implique dans quelque chose en prenant des risques que, dans la langue verte, le nom « mouillette » a pour signification « prise de risque, exposition à un danger ». Ainsi, « aller à la mouillette », c'est tenter quelque chose de risqué, d'osé. Et c'est parce qu'elle est toujours mouillée que mouillette est également synonyme de « langue ». Mais l'expression « avoir les mouillettes » signifie, elle, « avoir peur ».

Châteaux forts de France

LE CHÂTEAU DU HAUT-KŒNIGSBOURG (BAS-RHIN)

Situé en terre alsacienne, Haut-Kœnigsbourg vient de l'allemand *Hohkönigsburg* qui signifie « château du roi ». Construit au XIIe siècle dans le massif des Vosges, à 800 mètres d'altitude, il est d'abord la propriété de la famille Hohenstaufen, qui défend les frontières dans cette région stratégique. Puis, après avoir été incendié au XVe siècle, le château est confié à une autre famille, les Thierstein, qui ordonnent l'ajout d'un bastion sur le côté ouest, ainsi que la construction de remparts supplémentaires. Malgré cela, l'édifice ne résiste pas à la guerre de Cent Ans et, au XVIIe siècle, il est abandonné en ruines. Au XIXe siècle, l'Alsace est devenue allemande et le château est transformé en symbole de la germanité de la région ; une grande restauration est alors engagée à la demande de Guillaume II.

DEVINETTES

Destinée à maints usages,
Dont le nettoyage
et le maquillage,
On peut aussi la manier,
Rien que pour flatter.
Qu'est-ce que c'est ?

Réponse : LA BROSSE

Soleil
lever : 6 h 43
coucher : 21 h 05

Mardi 15 août

Sainte Marie – On fête aussi les Macha, Marielle, Myriam

Il ne faut pas juger le sac à l'étiquette.

Ville en chanson

Venise

La ville des amoureux a inspiré de nombreux artistes français dès les années 1960-1970. Claude Nougaro « invite à Venise/Tant que s'éternise/Un peu d'avenir/Encore une fois/Croisons-nous les doigts/Sous le pont des Soupirs ». Sheila et Ringo « laissent les gondoles à Venise » pour célébrer le bonheur d'être à deux, tandis que Charles Aznavour chante le chagrin d'amour en affirmant « que c'est triste Venise au temps des amours mortes, que c'est triste Venise quand on ne s'aime plus, les musées, les églises ouvrent en vain leurs portes, inutile beauté devant nos yeux déçus ».

Ça s'est passé

Le 15 août 1923

Première exposition du Bauhaus à Weimar, école d'architecture et d'arts appliqués fondée en 1919. En 1933, elle est fermée par les nazis.

Chiffres et expressions

Les quatre éléments

Parmi les symboles les plus forts de la culture humaine, il y a les quatre éléments : l'eau, le feu, la terre et l'air. Ils ont inspiré Platon et bien d'autres qui ont cherché à leur attribuer des sens particuliers ou leur faire correspondre des qualités. Aristote avait imaginé un cinquième élément relevant du divin, l'Éther, qui était la « quinte essence » devenue la « quintessence ».

Chantiers de restauration

Les remparts de Dun-sur-Meuse

Au XIe siècle, le duc d'Ardenne édifie un imposant château fort à Dun-sur-Meuse, dans le département de la Meuse, que les sires d'Apremont complètent par une enceinte fortifiée. La ville est elle aussi ceinte de remparts et l'ensemble est aujourd'hui l'objet de chantiers de bénévoles pour la conservation, la stabilisation et la restauration d'éléments de la place forte. Les jeunes volontaires, sous l'égide de l'association Chantiers Histoire et Architecture Médiévales, y travaillent à la dévégétalisation des parties qui ont été abandonnées au fil du temps, et à la purge des maçonneries. Dans un second temps, leur action de restauration se concentre sur des travaux de maçonnerie et de rejointoiement, de dépose, taille et repose de pierres ainsi que de consolidation et sécurisation.

Les pires prédictions de l'Histoire

Pionnier de l'électricité, Thomas Edison fut un inventeur prolifique. Entre 1865 et 1915, il a déposé plus de 1 000 brevets parmi lesquels ceux pour la centrale électrique, le téléscripteur, la machine à voter, la caméra argentique pour le cinéma, le format 35 mm, sans oublier bien sûr l'ampoule à incandescence. Visionnaire, Edison pensait néanmoins que l'avenir de certaines de ses inventions était assez limité. À propos de son phonographe mis au point en 1877, il déclara trois ans plus tard : « Le phonographe n'a absolument aucune valeur commerciale. » Puis, la présentation de son appareil lors d'expositions, de foires et dans des salons privés suscitant un engouement croissant, Edison se ravisa et consacra une bonne partie de son temps à améliorer sa machine. En 1896, il lança un nouveau modèle de phonographe destiné à un usage domestique, ouvrant ainsi la voie à l'industrie du disque.

Mercredi **16 août**

Saint Armel – On fête aussi les Roch, Arzhel, Aël

Soleil
lever : **6 h 44**
coucher : **21 h 03**

Quand les bœufs sont à deux, le labourage en va mieux.

MOTS FLÉCHÉS

- Papauté / Qui se donne du mal
- Pend au cou / Coupe le souffle
- Doublé devant le matelot
- Saules / Premières couches
- Cassis ou citron / Sembla-bles
- Pension de chiens
- Christophe Colomb en avait un
- Holmium
- Proche / On peut faire appel à elle
- Frag-mentée / Prendra son temps
- Fait la bête / Se laissent aller
- Bon pour l'Académie / Peinture ou sculpture
- Grandes peurs / Précède les lettres
- Tarin / Qui tombe en lames
- Vagues / A en horreur
- On en faisait des pots / Article précieux
- Pantalon
- Id est / Pas gauche
- Plat de nouille / Ménage à trois
- Aller simple / Peut suivre la Terre
- Gardée à l'œil
- Évalue les fréquen-tations / Dominez
- Syndic / S'oppose à cela
- Mina / Cobalt au labo
- Astuces / Jeu de dés
- Moderne / Idem
- Écart de conduite
- Courant de passage / Division
- En forme d'oeuf / Terre de Sienne
- Sortes pour la première fois
- Point d'attache / Sacrifiai sa peau
- Ville du Vaucluse
- Glisse un œil / Se donne en spectacle
- Pose / Fais le beau
- Service à louer
- Amateur de jazz / Est mis sur la voie
- Sur le kimono / D'abord lancé, puis relevé
- Enceinte d'un taureau / Halo
- Prise d'angle / Partie de couronne
- Point unique / Bien de famille
- Ancien grec / Qui n'a pas transpiré
- Dans l'air et dans l'eau
- Répète / Garde la chambre
- Sonde
- Juges

SOLUTION PAGE 250

Jeudi 17 août

Saint Hyacinthe – On fête aussi les Carloman, Gulian, Alypius

Tranquille dort qui n'a rien à perdre. *(Proverbe du xve siècle)*

Onomatopées
dans différentes langues

FAIRE LA GRASSE MATINÉE À LA CAMPAGNE DANS LES PAYS ÉTRANGERS ?

Est-ce pour compenser son nom qui tient en trois lettres et une syllabe que le coq a un cri à rallonge ? « Cocorico », en quatre syllabes, est bien plus long que « meuh » ou « ouah », par exemple. Et cela se vérifie à l'étranger : le coq allemand *(Hahn)* fait « kikeriki », presque comme le coq espagnol *(gallo)* qui fait « quiquiriquí » ; le gallinacé italien *(gallo)* émet, lui, un « chicchirichì ». La palme revient au coq anglais *(cock)* avec son « cock a doodle doo » ! Bref, vous ne dormirez pas plus longtemps à l'étranger qu'en France !

RÉBUS
Les livres français

TÊTEMURS

La tête contre les murs d'Hervé Bazin

PROBLÈMES DE MATHS DU CERTIFICAT D'ÉTUDES

Durant la période d'engraissement, un porc absorbe en moyenne 2 kg d'aliments par jour. Sachant que 1 kg d'aliments est composé de 35 % de son de maïs, 50 % de drèche, 10 % de tourteau de coton et 5 % de farine de poisson, quelle quantité de chaque aliment a été nécessaire pour nourrir le nombre de porcs ayant atteint leur maturité dans le problème précédent, page 224 ? Sachant que 1 kg de son de maïs coûte 1,50 F, que 1 kg de drèche coûte 0,80 F, qu'un sac de 50 kg de tourteau de coton coûte 164 F, et qu'un sac de 50 kg de farine de poisson coûte 39 F, quel est le coût total de cette alimentation ?

Solution :
Nombre de porcs : 560
Nombre de jours pour atteindre leur maturité : 150
Quantité d'aliments consommés : 2 × 560 × 150 = 168 000 kg
Quantité de son de maïs : 35 % de 168 000 = 58 800 kg ; coût : 88 200 F
Quantité de drèche : 50 % de 168 000 = 84 000 kg ; coût : 67 200 F
Quantité de tourteau de coton : 10 % de 168 000 = 16 800 kg ; coût : 55 104 F
Quantité de farine de poisson : 5 % de 168 000 = 8 400 kg ; coût : 6 552 F
Coût total : 88 200 + 67 200 + 55 104 + 6 552 = 217 056 F

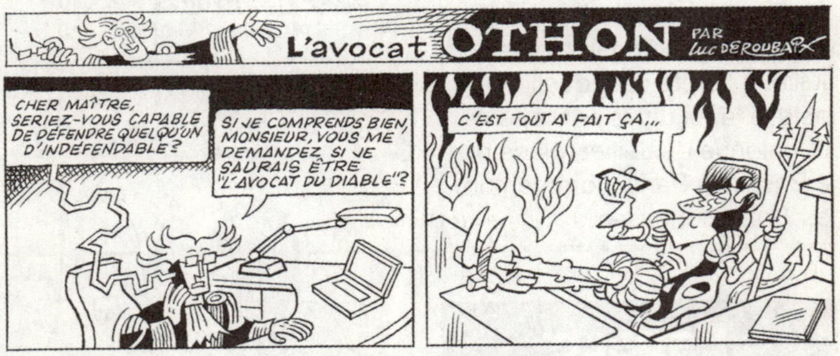

MÉTIERS IMPROBABLES

CLIENT MYSTÈRE

Peu connu, mais très utilisé par les entreprises pour leurs études de satisfaction, ce métier est plus un job d'appoint qu'un emploi à plein temps. Missionné de manière anonyme par une entreprise, le client mystère teste le bon fonctionnement de ses services commerciaux (vendeurs, conseillers, caissiers, etc.) et/ou d'information (service après-vente). Ce faux client rémunéré peut donc tester des produits cosmétiques, expérimenter une salle de sport, faire du shopping, déjeuner dans un restaurant ou même partir en vacances. Ses observations permettent à l'entreprise d'améliorer sa stratégie de vente, la qualité de ses prestations et donc son image de marque auprès de sa clientèle. Comme le client mystère se comporte exactement comme un client « normal », il est difficile de le percer à jour.

Vendredi **18 août**

Sainte Hélène – On fête aussi les Helena, Hellen, Lana

Soleil
lever : **6 h 47**
coucher : **21 h 00**

La jeunesse a une belle face et la vieillesse une belle âme.

Séries TV (acteurs et actrices)

RYAN GOSLING – *HERCULE*

Ryan Gosling se destinait à une carrière de danseur, mais au détour d'un casting, sa plastique de rêve lui permet de décrocher le rôle du jeune Hercule, lui ouvrant instantanément le monde du petit écran. En 1998, il a 18 ans et incarne donc pendant une saison une version adolescente du demi-dieu, dans une série dérivée de *Hercule* avec l'acteur Kevin Sorbo. Si le succès est mitigé, cette expérience lui permet toutefois une transition vers le cinéma. À partir de 2000, le comédien enchaîne les personnages de jeune premier, avec notamment le remarqué *N'oublie jamais* de Nick Cassavetes (2004). Dans *Crazy, Stupid, Love* (2011), il joue sa carte de sex-symbol en incarnant un as de la séduction. En 2011, il casse complètement son personnage grâce à *Drive*, où il joue un conducteur solitaire et inquiétant, et poursuit avec *Les Marches du pouvoir*, un film qui raconte la désillusion d'un jeune conseiller politique.

Chiffres et expressions

Les Trois Glorieuses

Dans l'histoire de France, « les Trois Glorieuses » correspondent à trois journées révolutionnaires : les 27, 28 et 29 juillet 1830. Elles mettent fin à la seconde Restauration, chassant le roi Charles X et établissant la monarchie de Juillet à la tête de laquelle fut installé le roi Louis-Philippe Ier. La colonne de Juillet, place de la Bastille à Paris, commémore les Trois Glorieuses.

Espace

Fil d'Ariane

Le programme Ariane, qui doit son nom à Jean Charbonnel, ministre du Développement industriel et scientifique français, a été initié par le CNES en 1973. Le premier vol a eu lieu le 24 décembre 1979, ouvrant la voie à plus de 250 autres. Entre 2009 et 2018, Ariane représentait la moitié du marché mondial des lanceurs et n'a cessé d'évoluer. En 2023, Ariane 5 laissera sa place à son héritière, Ariane 6.

OPÉRAS

Les Contes d'Hoffmann de Jacques Offenbach (1881)

Célèbre pour ses opérettes décapantes, Offenbach a composé en guise de testament musical ce chef-d'œuvre du romantisme français. Opéra fantastique inclassable, il raconte trois époques de la vie sentimentale, aussi folles que malheureuses, du narrateur avec l'automate Olympia, la cantatrice Antonia et la courtisane Giulietta, chacune d'entre elles représentant autant de facettes de la femme aimée par Hoffmann : la cantatrice Stella. Créé le 10 février 1881, soit quatre mois après la mort d'Offenbach, *Les Contes d'Hoffmann* est aujourd'hui l'un des opéras français les plus représentés dans le monde. Les morceaux à (ré)écouter : *Les oiseaux dans la charmille* et *L'amour lui dit : la belle*.

Soleil
lever : **6 h 49**
coucher : **20 h 58**

Samedi **19 août**

Saint Jean-Eudes – On fête aussi les Eudora, Guerric

Mieux vaut la sagesse que la richesse.

Citations

« Jamais » et « toujours », voilà deux mots qu'il faut toujours se rappeler, ne jamais prononcer.

Michel Galabru

Randonnées

LA BOUCLE DE MONFORT, LE LONG DE LA DORDOGNE

Sur près de 500 km, la Dordogne s'écoule à travers six départements français, avant de se jeter dans l'Atlantique. Une randonnée dans le département éponyme permet de découvrir une multitude de grottes et de châteaux. Au départ du bourg de Vitrac, la boucle de Monfort permet de longer un coude de la Dordogne sur 9 km. En chemin, on aperçoit l'église et le château de Monfort, ainsi que les rues médiévales du bourg et les falaises de Caudon, recouvertes d'une dense forêt.

Citations

Un baiser : c'est une demande adressée au deuxième étage pour savoir si le premier est libre.

Alphonse Karr

Charade syllabique

Mon premier vit sur terre, _ _ MAIN.

Mon deuxième est un gastéropode, _ _ _ NIQUE.

Mon troisième prédit l'avenir, _ _ VIN.

Mon quatrième est un champignon, _ _ ROLLE.

Mon cinquième est un récipient de médecine traditionnelle, _ _ _ TOUSE.

Mon sixième est un monstre fabuleux, _ _ _ MÈRE.

Mon tout est un grand couturier français.

HUBERT DE GIVENCHY
(HU – BER – DE – GI – VEN – CHI)

Brèves régions

Haute-Marne/Le jardin monastique

Dans le sud de la Haute-Marne, sur le plateau de Langres, se trouve la petite cité de caractère de Montsaugeon. C'est là que Dominique Couhard a ouvert au public son jardin médiéval, conçu suivant les règles des moines d'autrefois. Il s'articule autour de trois espaces : celui des herbes « pour soigner », le potager « pour se nourrir » et le verger. Dans ce jardin, conforme aux canons du XIIIe siècle, vous découvrirez des espèces oubliées que la passionnée cultive précieusement. Et si vous voulez lui faire plaisir, appelez-la Isabeau d'Harcourt, nom qu'elle a gardé de l'ancienne troupe médiévale à laquelle elle participait.

Les scandaleuses

Barbe d'Ernécourt, la « dernière des Amazones »

La Lorraine possède deux héroïnes : Jeanne d'Arc et Barbe d'Ernécourt. Née en 1606, Barbe est la fille unique de Simon II d'Ernécourt. Après avoir reçu une éducation raffinée, elle est mariée au seigneur de Saint-Baslemont, un chevalier de haut lignage, qui lui communique sa passion pour l'art de la guerre. Tandis que celui-ci part se battre en Allemagne, Barbe fait remparer son domaine et constitue une milice. Habillée en homme, elle mène sa petite armée contre les groupes de mercenaires qui pillent la région. En 1644, elle perd son fils de la peste et son mari est tué en Allemagne. Autour d'elle, certains interprètent ce double malheur comme une punition céleste à cause de son comportement masculin. Tout en continuant à protéger son fief, Barbe se livre à des activités artistiques, constitue une riche bibliothèque et écrit des livres de piété et des tragédies saintes. Mais le gouverneur du duché de Lorraine, le terrible Henri de La Ferté-Senneterre, réquisitionne les biens de celle que l'on nomme « l'Amazone chrétienne » et occupe son château. Atteinte dans son honneur, Barbe d'Ernécourt entre chez les clarisses en 1659 et décède l'année suivante, à 53 ans, rongée par le désespoir.

Dimanche **20 août**

Saint Bernard – On fête aussi les Amadour, Samuel, Philibert

Soleil
lever : **6 h 50**
coucher : **20 h 56**

Le soleil est pour le brin d'herbe comme pour le cèdre. *(Proverbe arabe)*

Citations

Le polytechnicien qui coupe les pattes d'une sauterelle, lui dit « saute ! » et ne la voit pas sauter, en conclut qu'elle est devenue sourde.

Philippe Meyer

Pas si bête

Le perce-oreille

Pour assurer la survie de leur espèce, les insectes ont pour tactique de pondre une grande quantité d'œufs. Ensuite, ils s'en lavent les pattes. Mais pas le perce-oreille. Ou plutôt la perce-oreille, car la femelle de cette espèce, parfaitement inoffensive malgré les « pinces de joaillier » qui prolongent son abdomen, est dotée d'un instinct maternel, chose très rare chez les insectes. Elle pond sous une pierre, dans un trou frais, que l'on appelle « logette », et elle consacre ensuite du temps à prendre soin de ses œufs, à les « lécher » et à les retourner, pour qu'ils ne moisissent pas. Et un mois plus tard, quand les larves éclosent, elle les nourrit consciencieusement de petits morceaux de feuilles pendant quelques semaines, jusqu'à ce qu'elles soient capables de se débrouiller seules.

THÉÂTRES DU MONDE

Le Café de la Gare à Paris

En 1969, le Café de la Gare ouvre ses portes dans une ancienne fabrique de ventilateurs dans le XIVe arrondissement de Paris. La bande d'amis qui a restauré le lieu est composée de Coluche, Patrick Dewaere, Miou-Miou ou encore Romain Bouteille. Le public qui, chaque soir, vient voir ce théâtre d'humour, doit tirer au sort le prix de sa place. En 1971, le Café de la Gare déménage au 41 rue du Temple dans le centre de Paris, dans un relais de poste du XVIIe siècle. Il devient alors le plus grand café-théâtre de la capitale avec une salle de 450 places et continue de faire rire.

Solution Mots fléchés p. 246

	S		G		O		O		T		C	
M	A	S	O	C	H	I	S	T	E		H	O
	I	C	I		E	M	I	E	T	T	E	E
U	N	I	T	E		B	E	L	E		N	U
	T	E	R	R	E	U	R	S		P	I	F
E	S		E	R	R	E	S		S	I	L	
	I	E		E	R	S		A	C	E		J
D	E	X	T	R	E		N	U	I	T	E	E
	G	E	R	A	N	T	E		S	A	P	A
C	E	C	I		T	R	U	C	S		I	N
		R	A	Z		O	V	O	I	D	E	
F	R	E	D	A	I	N	E		L	I	E	N
	U		E	N	T	E		M	E	T		A
A	P	T		Z	A	Z	O	U		O	B	I
	T	O	R	I	L		R	A	D		A	S
A	U	R	A		I	O	N	I	E	N		S
	R	E	I	T	E	R	E		F	O	R	E
R	E	E	L	U		E	S	T	I	M	E	S

Expressions françaises et anglaises

There are plenty more fish in the sea

« Un de perdu, dix de retrouvés » ou « *there are plenty more fish in the sea* », littéralement, « il y a beaucoup d'autres poissons dans la mer », ce qui confirme que les eaux britanniques ont toujours été très poissonneuses. D'ailleurs, c'est la raison pour laquelle les accords de pêche entre l'Union européenne et le Royaume-Uni ont fait l'objet de négociations particulièrement épineuses et continuent d'ailleurs à être une épine au pied ou « *a thorn in everyone's side* ». Mais que l'Europe se console, un pays de perdu, dix de retrouvés !

Lundi **21 août**

Saint Christophe – On fête aussi les Gracia, Ahmed, Pie, Noémie

Astre luisant, soleil ardent.

HISTOIRES DE SUPERMARCHÉS

« Y'a pas plus près, y'a pas plus frais »

Mais aussi « Tout un état d'esprit » ou encore « Le plein d'attentions ». Créée par le groupe Promodès, l'enseigne Shopi aurait fêté son 50e anniversaire cette année. Son nom vient bien sûr de l'anglais *shop* qui signifie à la fois « magasin » et « faire des achats ». Elle comptait environ 700 magasins à la fin des années 1990, mais elle a peu à peu disparu à partir de 2009 suite au rachat par Carrefour. Le dernier Shopi a changé de nom en 2017.

Argot

Mousmée

Les emprunts au japonais ne sont pas nombreux dans la langue française ; ils sont encore plus rares en argot. On notera toutefois le nom féminin « mousmée » (que l'on rencontre également sous la forme mousmé) qui désigne la femme en général. C'est Pierre Loti qui l'a introduit à la fin du XIXe siècle dans son roman *Madame Chrysanthème*, en lui gardant son sens d'origine « jeune femme, jeune fille ». L'argot l'a répandu en généralisant son sens.

MÉTIERS IMPROBABLES

TESTEUR DE DÉS

L'univers des casinos est une énorme affaire d'argent et les professionnels du secteur ne laissent rien au hasard, y compris… les dés. Si l'angle des côtés est irrégulier, si le dé a une dimension imparfaite ou s'il est légèrement déformé, cela peut affecter son bon roulement. Aux États-Unis, mais aussi à Macao ou à Monaco, les fabricants, les casinos et même les autorités embauchent des « inspecteurs de dés » chargés de vérifier la conformité de ces petits cubes qui peuvent faire ou défaire une fortune. Ces experts, enrôlés pour éviter aussi bien la triche avec des dés pipés que les réclamations de joueurs lésés à cause d'une pièce défectueuse, s'assurent de la perfection de ces objets. Et certains de ces testeurs sont si réputés qu'ils perçoivent un salaire à six chiffres. Comme les dés…

LES PÉAGES DES AUTOROUTES

L'ACTU

UNE BOURRIQUE HISTORIQUE

Grâce aux bas-reliefs et aux tablettes d'argile, on savait qu'en Mésopotamie, avant l'avènement du cheval, les humains se faisaient la guerre à l'aide d'autres équidés, notamment des ânes. Mais un doute subsistait concernant le kunga, la plus illustre de ces montures, qui se négociait à prix d'or. L'origine de cet animal, aujourd'hui disparu, est restée longtemps inconnue, mais ce mystère vient d'être résolu par une équipe française de l'institut Jacques-Monod (Paris, CNRS). Des chercheurs ont en effet réussi à faire parler les ossements du complexe funéraire princier d'Umm el-Marra, au nord de l'actuelle Syrie, supposés être des restes de kungas. En comparant les génomes de ces animaux, uniquement des mâles, avec l'ADN d'autres équidés présents dans la région à la même époque, ils ont pu déterminer que le kunga était issu de l'union entre une ânesse domestique et un mâle hémione. En voie d'extinction, ce dernier est un âne sauvage très agressif, qui n'a jamais pu être domestiqué. Créer un kunga, un animal hybride et stérile comme le mulet, nécessitait pour chaque progéniture de capturer un hémione. Cette opération très délicate explique non seulement la valeur des kungas mais aussi la raison pour laquelle ils ont fini par être remplacés, dès que cela a été possible, par les premiers chevaux domestiques, importés de la steppe pontique.

Mardi **22 août**

Saint Fabrice – On fête aussi les Symphorien

Soleil
lever : **6 h 53**
coucher : **20 h 52**

Orage de nuit, peu de mal mais bien du bruit.

Citations

Le mariage a été institué à une époque où l'espérance de vie ne dépassait pas trente ans.

Jean Yanne

Unités de mesure

Le pascal

Le pascal, unité de mesure, n'existe sous ce nom que depuis 1956. C'est un hommage aux découvertes du physicien auvergnat Blaise Pascal qui travailla, trois siècles plus tôt, sur les concepts de pression et de vide. Depuis soixante ans, le pascal est l'unité « de contrainte qui, agissant sur une surface plane de 1 m², exerce sur cette aire une force totale de 1 newton ».

HEUREUX MARIAGES

Si les moines font vœu d'abstinence, il n'en est pas de même des Lemoine ! C'est ainsi que Jean Lemoine fit sienne Marie Chapelle le 7 février 1834, à Avenay dans le Calvados, que Charles Lemoine ne se sépara plus d'Adeline Chapelet depuis leur mariage du 9 mai 1868 à Voncq, dans les Ardennes, et même que Jules Lemoine épousa Joséphine Chapelain le 5 novembre 1892 à Corneuil, dans l'Eure.

Bibliophiles

Derborence, Charles-Ferdinand Ramuz (Mermod, 1934)

Ramuz, c'est Giono en plus âpre, avec l'intonation et le rythme particulier de la langue vaudoise, langue peu académique mais que l'on parle en vrai, quand on a les mains usées par le travail et le froid, abîmées par l'outil, la terre et le roc. Avec cette langue, le poète et romancier suisse écrit l'épopée quotidienne de communautés de paysans, ici victimes de l'effondrement de tout un pan de montagne. Cet homme que l'on a cru mort avec ses bêtes, qui revient au village, est-il un spectre ? Dans la vallée désormais isolée, le tragique, l'espoir, les peurs et l'amour livrent combat.

L'ACTU

SANS CHEMISE SANS PANTALON

Une histoire pour le moins improbable, relatée par le quotidien *La Presse de la Manche*, s'est produite dans le Cotentin il y a quelques mois. À bord de son tracteur, un agriculteur circulait en zigzaguant sur la route. Alors qu'elle roulait en sens inverse et qu'il avait failli l'emboutir, une automobiliste a fait demi-tour pour le contraindre à s'arrêter. Alertés par celle-ci, les gendarmes se sont rendus dans la commune de Tribehou où les deux véhicules étaient à l'arrêt. En s'approchant du tracteur, ils ont vu que son conducteur était en slip et chaussé de deux bottes de pied gauche. L'homme a tenté de prendre la fuite, sans remettre ni sa chemise ni son pantalon, mais n'a pas pu aller bien loin. Après un test d'alcoolémie dont le résultat dépassait de loin la limite autorisée pour prendre le volant, le Normand, déjà condamné à neuf reprises pour conduite en état d'ivresse, a été jugé en comparution immédiate et condamné à un an de prison, dont six mois avec un sursis comportant une obligation de soins. Il a interdiction de conduire tout véhicule terrestre à moteur pendant deux ans.

Soleil
lever : **6 h 54**
coucher : **20 h 50**

Mercredi **23 août**

Sainte Rose de Lima – On fête aussi les Rosa, Rosy, Rosemonde

Qui est âne et veut être cerf se connaît au saut du fossé.

VERMOT'ROSCOPE

VIERGE (23 août – 22 septembre)

Votre caractère

Posé, réfléchi, ancré, logique, méticuleux, précis, perfectionniste, discipliné, volontaire, serviable, disponible, travailleur, dévoué, idéaliste, fiable, prudent, cérébral, critique, entier, calculateur, réservé, timide, distant, maniaque, nerveux, angoissé.

Vos planètes de l'année

Jupiter vous permettra de bousculer vos habitudes, de sortir des sentiers battus, d'explorer de nouveaux horizons et de vivre de nouvelles expériences. Saturne, elle, vous poussera à consolider votre vie sociale ou amoureuse.

Vie relationnelle

Cette année, vous saurez être là pour vos amis. Présent et à l'écoute, vous serez l'ami de cœur sur qui l'on peut compter. Plus que jamais, vous miserez sur la sincérité et la profondeur de vos relations amicales. Ainsi fuirez-vous naturellement la superficialité.

Amour

À deux, de multiples occasions vous permettront de consolider vos liens. C'est une année propice aux entreprises. Au fil des mois, vous vous sentirez beaucoup plus proche de votre partenaire. Le partage et l'écoute rythmeront votre relation.
Célibataire, laissez-vous surprendre par la vie et ne cherchez pas à maîtriser quoi que ce soit. Savourez les cadeaux que vous offrira 2023. Pour certains natifs, la seconde moitié de l'année pourrait bien être marquée par une rencontre.

Famille

Les relations avec vos proches seront bonnes et épanouissantes. Vous communiquerez plus facilement et n'aurez aucun mal à vous comprendre. Cette période sera propice aux invitations et aux retrouvailles.

Quotidien et vitalité

2023 vous révélera des ressources insoupçonnées qui vous permettront de mener à bien toutes vos entreprises. Vous connaîtrez également un joli regain d'énergie sur tout le second semestre. Profitez de cette grande forme pour multiplier les activités et les loisirs. Dans l'ensemble, ce sera une belle année pour découvrir de nouvelles occupations, bouger, sortir et croquer la vie à pleines dents.

Budget

Vous vivrez mieux et cela vous permettra de vous faire plaisir ou d'améliorer votre cadre de vie. Fort de cet équilibre, vous passerez une année assez tranquille et sans grand souci. Certains profiteront même de cette bonne tendance pour lancer des petits travaux d'intérieur.

Optimisez 2023

Laissez-vous surprendre par la vie et saisissez toutes les occasions de vous changer les idées. Élargissez vos horizons, et ce, quel que soit le domaine. Octroyez-vous des moments de pauses. Reprenez une activité sportive si besoin.

Expressions

françaises et anglaises

To be in a pickle

L'expression française « être dans de beaux draps » est quand même plus attirante que son équivalent anglais « *to be in a pickle* ». Il apparaît plus agréable, a priori, de se retrouver dans de beaux draps que dans du vinaigre épicé ! Pourtant, la situation est la même, donc pas terrible, et peut même « tourner au vinaigre » ou « *turn sour* » (littéralement, « devenir aigre ou acide »).

Brèves régions

Meurthe-et-Moselle/La bataille de Nancy

En ce matin de janvier 1477, Charles le Téméraire, duc de Bourgogne, est installé avec ses hommes sur une colline de Jarville, limitrophe à Nancy. Il attend l'arrivée du duc René de Lorraine et de son armée pour livrer bataille. Mais le temps est à la neige et la visibilité réduite. Le duc de Bourgogne se laisse surprendre par le contournement stratégique des armées de Lorraine et perd la bataille, attaqué par le flanc. Ce n'est que le surlendemain que le corps de Charles le Téméraire sera identifié. Quelques jours plus tard, le roi Louis XI prend possession de la Bourgogne et la réunit à la couronne de France.

Jeudi **24 août**

Saint Barthélémy – On fête aussi les Argan, Nathanaël

Soleil
lever : 6 h 56
coucher : 20 h 48

Bien dire fait rire, bien faire fait taire.

BINERO

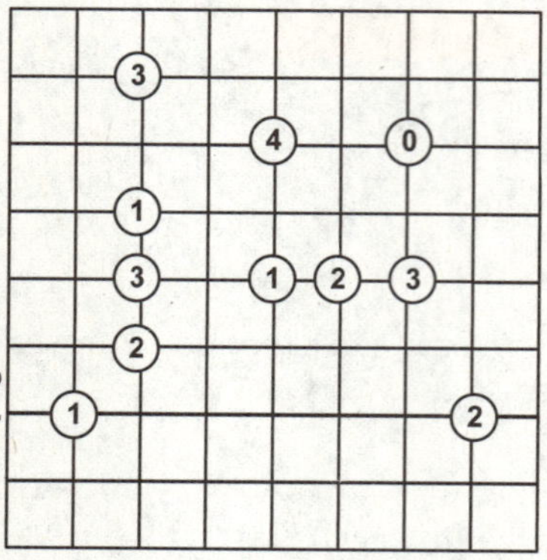

Solution page 256

Ça s'est passé Le 24 et 30 août 1923

Naissance de Jean-Marc Thibault et de Roger Pierre. Les deux comédiens nés à 6 jours d'intervalle formeront un célèbre duo comique au cinéma, en chansons et à la télévision.

Vélo

Vainqueur sifflé

Il n'est parfois pas opportun de dominer une épreuve trop largement. Jacques Anquetil l'a appris à ses dépens lors du Tour de France 1961. Dès la première étape, il lâche la concurrence, son dauphin accuse alors plus de 4 minutes de retard. Personne ne parvient à contester sa domination, et le Français s'impose en portant le maillot jaune du premier au dernier jour. Cette supériorité ne plaît pas : des sifflets accompagnent son tour d'honneur, le public lui reprochant d'avoir ôté tout intérêt à la course.

Citations

Touriste : terme employé avec une nuance de dédain, parfois d'agacement, par le touriste pour désigner d'autres touristes.

Pierre Daninos

Le bon mot de l'Histoire et le gros mot

« On n'a jamais employé tant d'esprit à vouloir nous rendre bêtes. Il prend envie de marcher à quatre pattes quand on lit votre ouvrage. »
Voltaire à Rousseau, 30 août 1755

Deux rivaux, deux conceptions de la société, deux tempéraments, deux pivots essentiels et complémentaires de la pensée française : à ma droite, Voltaire, aussi caustique qu'il est aristocratique ; à ma gauche, Rousseau, pourfendeur torturé des inégalités. Entre les deux philosophes, le conflit, à travers des missives incendiaires, ira crescendo, culminant en 1755 avec la publication du *Discours sur l'origine et les fondements de l'inégalité parmi les hommes* par Rousseau en 1755. Après la lettre railleuse de Voltaire, leur rupture est définitivement consommée. La réponse du philosophe genevois est beaucoup moins mordante. Toutefois, à propos de Voltaire, Rousseau écrit à un ami : « Je le haïrais davantage si je le méprisais moins. »

L'ACHAT DES FOURNITURES SCOLAIRES

ÇA, C'EST FAIT DIVERS !

Cette affaire rocambolesque a été révélée par le quotidien anglais *The Sun*. Il y a quelques mois, le Gloucestershire Royal Hospital, dans l'ouest de l'Angleterre, a vécu un branle-bas de combat lorsqu'un patient s'est présenté aux urgences avec un obus de la Seconde Guerre mondiale planté dans… le rectum. Alertés par les soignants qui craignaient une explosion, la police et les démineurs de l'armée se sont immédiatement rendus dans l'établissement hospitalier. Mais, avant même leur arrivée, les médecins avaient extrait le projectile du derrière de l'infortuné. Après examen, le service de déminage a confirmé qu'il n'était pas chargé et ne pouvait donc pas exploser. Interrogée par le journal britannique, une source au ministère de la Défense a décrit l'obus antichar comme une grosse pièce de plomb pointue de 17 x 6 centimètres. Le patient a raconté aux médecins « avoir glissé et être tombé » sur le projectile alors qu'il faisait le ménage dans sa collection d'objets militaires. Une fois sorti d'affaire, celui-ci a préféré rester anonyme.

Soleil
lever : **6 h 57**
coucher : **20 h 46**

Vendredi **25 août**

Saint Louis – On fête aussi les Ebba, Genès, Lewis

Beau temps pour la Saint-Louis, plusieurs jours sans pluie.

Les plus vieux commerces du monde

France – Stohrer

Nicolas Stohrer est arrivé à Paris avec Marie Leszczyńska, lorsqu'elle épousa en 1725 le roi Louis xv. Il avait réalisé son apprentissage à Nancy, dans les cuisines de Stanislas Ier, roi de Pologne qui y était en exil. Cinq ans plus tard, en 1730, il ouvrit la pâtisserie qui porte toujours son nom, rue Montorgueil, au cœur de Paris. Nicolas Stohrer est l'inventeur du baba au rhum. Il s'inspira pour sa création d'une brioche sèche qui était un dessert traditionnel de Pologne, « l'arrangea au goût français » en la parfumant au safran et en l'imbibant de vin de Malaga, puis ajouta des raisins et de la crème pâtissière. Ouverte il y a quasiment trois siècles, décorée en 1864 par Baudry (peintre de l'opéra Garnier), la boutique est aujourd'hui un des plus anciens commerces de la capitale.

La gaffe de l'Histoire

Les Chinois du Japon

« Notre objectif commun est de présenter des jeux sains et sécuritaires pour tout le monde ; les athlètes, les délégations, et surtout pour les Chinois », a annoncé dans son discours Thomas Bach, président du Comité international olympique en arrivant à Tokyo pour les Jeux de l'été 2021. Il s'est immédiatement repris pour corriger et parler des Japonais.

Rétro Vermot

Discrétion
– Ah ! ah ! Anselme, je vous y prends, vous écoutiez à la porte !
– Monsieur se trompe joliment, je regardais seulement par le trou de la serrure !

La dictée du mois Portrait de jeune fille

Son imagination très flexible paraissait suceptible d'une teinte d'entousiasme ; elle passait ses journées à dessiner ou à écrire ; si un air de son goût lui venait en tête, elle quittait tout aussitôt pour se mettre au piano, et se jouer cents fois l'air favorit dans tous les tons ; elle était discrète et nullement confiante, n'avait point d'épenchement d'amitié, une sorte de pudeur s'opposant en elle à l'expression parlée de ses sentiments. Elle aimait à résoudre d'elle-même les petits problèmes qui, dans ce monde, s'offre à chaques pas ; elle se donnait ainsi des plaisirs assez étranges que, certes, les gens qui l'entouraient ne soupçonnaient pas. Mais sa curiositée avait toujours pour bornes un certain respect d'elle-même.

Alfred de Musset, Emmeline, *1837.*

susceptible, enthousiasme, cent, favori, épanchement, offrent, chaque, curiosité

Samedi **26 août**

Sainte Natacha – On fête aussi les Eulade, Césaire, Herluin

Soleil
lever : **6 h 59**
coucher : **20 h 44**

Qui ne risque rien n'a rien.

MONSTRE DU LOCH NESS, MYTHE OU RÉALITÉ

Duos du grand écran

Penélope Cruz **Pedro Almodóvar**

Duo emblématique du cinéma espagnol, Penélope Cruz et Pedro Almodóvar ont tourné ensemble 7 films. *En chair et en os* (1997) marque leur première collaboration, mais c'est avec *Tout sur ma mère* (1999) que vient la consécration, avec l'Oscar et le César du meilleur film étranger, et le prix Goya du meilleur film. En 2006, Cruz revient en ouvrière mère de famille avec *Volver*, également couronné de plusieurs Goya (dont meilleur film, meilleur réalisateur et meilleure actrice). Almodóvar dit de Penélope Cruz qu'elle est comme « une sœur, généreuse et chaleureuse ». S'ensuivent *Étreintes brisées*, *Les Amants passagers* et *Douleur et gloire*, puis en 2021 *Madres paralelas*, remarqué par la critique.

– TU SAIS QUE TU AS VIEILLI QUAND TA TROUSSE À MÉDICAMENTS EST PLUS LOURDE QUE TA TROUSSE À MAQUILLAGE !

Expressions disparues

Venir par la voiture des cordeliers

Le français moderne n'est pas fécond en expressions pour dire qu'on se déplace à pied. À défaut, on peut avoir recours aux expressions familières « venir à pinces » ou « pedibus ». Si l'on veut châtier son langage, on utilisera une ancienne expression : « venir par la voiture des cordeliers », cordelier étant le nom familier donné sous l'Ancien Régime aux moines franciscains (ils se déplacent à pied). Le *Dictionnaire de l'Académie française* de 1878 précise : « Cette manière de parler a vieilli. »

Solution Binero p. 254

0	1	1	0	0	1	1	0
0	1	0	1	1	0	0	1
1	0	0	1	1	0	0	1
1	0	1	0	0	1	1	0
0	1	1	0	1	0	1	0
1	0	0	1	0	1	0	1
0	0	1	0	1	1	0	1
1	1	0	1	0	0	1	0

L'ACTU

SYMBOLIQUE, MAIS PROMETTEUR !

Baptisée Orca en référence au mot islandais *orka* signifiant « énergie », la plus grande usine au monde qui élimine du CO_2 a vu le jour. Installée à Reykjavik, l'exploitation aspire le dioxyde de carbone dans l'air pour le transformer en roche. Cette technique reproduit la minéralisation en deux ans, processus naturel qui prend normalement plusieurs milliers d'années. L'usine peut capter jusqu'à 4 000 tonnes de CO_2 de l'atmosphère chaque année, ce qui correspond aux émissions d'environ 1,75 million de litres d'essence, soit la consommation d'environ 870 voitures. Concrètement, une douzaine de ventilateurs équipés de filtres et qui fonctionnent grâce à l'énergie d'une centrale d'électricité renouvelable voisine aspirent l'air pour en isoler le gaz carbonique. Ce dernier est ensuite mélangé à l'eau de la centrale avant d'être injecté à 1 000 mètres de profondeur dans le basalte où il se pétrifie pour l'éternité.

Soleil
lever : **7 h 00**
coucher : **20 h 42**

Dimanche **27 août**

Sainte Monique – On fête aussi les Mona, Guérin

Bouche qui rit ne blesse personne.

Argot

Mouton

Le mouton n'a pas la réputation d'être un animal très bavard, ni particulièrement délateur. C'est pourtant par le nom de cet ovidé que l'argot des prisons désigne un prisonnier placé dans la cellule d'un autre pour qu'il obtienne des confidences de son codétenu et qu'il les fasse remonter. De fait, le mouton n'est-il pas un animal docile, à l'air inoffensif que devra prendre le mouchard pour inspirer confiance ?

Ça s'est passé

Le 27 août 1923

Incident de Corfou. Un général italien, un major, un lieutenant et un interprète albanais sont assassinés à Kakavia en Grèce. L'Italie bombarde et occupe Corfou jusqu'au 27 septembre.

Citations

Vouloir arriver, c'est avoir fait déjà la moitié du chemin.

Alfred Capus

Il (n')a (pas) inventé...

LA MACHINE À COURBER LES BANANES

Le fruit du bananier étant naturellement courbé, nul besoin d'une invention pour lui donner sa forme. Quand on dit de quelqu'un qu'il « n'a pas inventé la machine à courber les bananes », c'est mettre en doute ses capacités à innover, à créer quelque chose de plus que ce que la nature a déjà inventé. Une variante dit aussi qu'il n'a pas inventé la machine à « cambrer » les bananes.

Pêche en mer

L'orphie au long rostre

Dès que les températures s'élèvent, le long des digues et dans les ports on observe des petits poissons qui giclent en surface, poursuivis par des orphies au corps serpentiforme, argenté et à la tête précédée d'un long rostre. Le long rostre semble un handicap pour le poisson à la bouche allongée. Le pêcheur doit en tenir compte et retarder le ferrage. Une canne au lancer de 2 à 3 m, dont la ligne est équipée d'un Buldo, permet d'atteindre les chasses. L'hameçon est un n° 8 qui facilite l'engamage par le poisson de l'appât (une languette de maquereau à la peau brillante s'avère efficace). Les touches sont franches. À ce petit jeu vous allez passer 2 ou 3 heures amusantes. Et à l'ouverture, surprise ! la colonne vertébrale est verte. Ce qui n'empêche pas la chair d'être fine.

Patronymes animaliers

FRANCK LEBŒUF

Vainqueur à 30 ans de la Coupe du monde de football face au Brésil en 1998, du championnat d'Europe de football en 2000 et de la Coupe des confédérations en 2001, Frank Lebœuf est connu pour exceller au poste de défenseur. Né en 1968 à Marseille dans une famille originaire de Normandie, il a commencé une carrière de consultant sur plusieurs antennes nationales dès la fin de sa carrière de footballeur et s'est également essayé au cinéma comme comédien aux États-Unis et en France. Cet athlète de 1 mètre 85 porte bien son nom dont l'origine est un surnom pour désigner celui qui est fort ou corpulent comme un bœuf. Ce patronyme est fréquent dans de nombreuses régions, notamment dans le nord de la France.

Lundi **28 août**

Saint Augustin – On fête aussi les Linda, Hermès, Elouan

Soleil
lever : **7 h 01**
coucher : **20 h 40**

Chacun son métier, les vaches seront bien gardées.

La bonne blague

La vieille Madame Michu est convoquée comme témoin au tribunal. En effet, ses deux voisins de palier, Roger et Raymond, en sont venus aux mains et le juge souhaite l'interroger pour déterminer la responsabilité des deux hommes dans la bagarre. Le magistrat lui dit :
« Madame Michu, pouvez-vous nous dire ce que vous avez vu ?
– Oh la la, répond la dame, Roger et Raymond se sont battus avec une violence ! Ils devaient se mettre des coups de poing, des gifles, des coups de pied ! Ils hurlaient, criaient, s'injuriaient, oh la la ! »
Le juge lui demande d'être plus précise :
« Très bien, Mme Michu, mais pouvez-vous exactement nous dire ce que vous avez vu ?
– Ah mais je n'ai rien vu, Monsieur le juge, explique-t-elle. J'ai seulement entendu ! »
À cet instant, l'avocat d'un des deux hommes intervient :
« Je suis désolé, Madame, mais pour savoir qui est responsable de cette bagarre, la justice a besoin de savoir ce que vous avez vu. Ce que vous avez entendu, ça ne compte pas ! »
Vexée, Madame Michu se retire de la barre et, en passant devant l'avocat, pour se venger, elle lâche un pet. Offusqué, l'avocat lui lance :
« Enfin, Madame, n'avez-vous pas honte de péter ainsi en plein tribunal ? »
Alors, la petite vieille lui répond :
« Vous l'avez vu ? Sinon, ça ne compte pas… »

L'ACHAT DES FOURNITURES SCOLAIRES

L'humanité en chiffres

En plus d'être désagréable, rester bloqué dans un bouchon a un coût : en France, il serait de 539 euros par seconde, soit plus de 17 milliards d'euros sur une année. À Paris, cela tournerait même autour de 11,70 euros de l'heure. Pour les prochaines années, INRIX et CEBR prévoient une hausse annuelle de 31 % du coût des bouchons dans l'Hexagone, atteignant même 22 milliards d'euros en 2030.

30 morceaux de bœuf

LE MERLAN DE BŒUF

Le merlan de bœuf n'a pas le goût de poisson et n'a rien à voir avec le nom argotique du coiffeur. Situé en haut de la cuisse de l'animal, sous le rumsteck, il offre de beaux morceaux peu gras comme le tende de tranche et la poire. Le merlan peut être découpé en cubes pour confectionner des brochettes ou servir à la fondue. On peut aussi le trancher en steak et le poêler.

Brèves régions

Morbihan/Les Lapins crétins

Ubisoft, troisième éditeur mondial de jeux vidéo, doit en grande partie sa renommée aux fameux Lapins crétins, ces petits personnages aux grands yeux globuleux et aux incisives écartées. Souvent stupides (d'où leur nom), toujours agités, ils sont nés dans le Morbihan, précisément à Carentoir. C'est en effet dans la ferme familiale située dans cette commune que les frères Guillemot les ont créés en 1986, persuadés que le succès serait au rendez-vous. Pari réussi puisque ces animaux anthropomorphes bretons sont connus du monde entier, faisant l'objet d'une série télévisée et même d'une attraction qui leur est dédiée au Futuroscope.

Mardi 29 août

Sainte Sabine – On fête aussi les Médéric, Crispin

À la Sainte-Sabine, tout mal s'affine.

Ville en chanson

Londres

London Calling est une chanson engagée contre les politiques d'austérité, le racisme, les désastres climatiques et le consumérisme. Premier titre du groupe britannique The Clash à avoir une reconnaissance planétaire, celui-ci fait allusion au message « *This is London calling* » qu'utilisait la BBC durant la Seconde Guerre mondiale pour s'adresser aux pays occupés. Le texte, écrit en 1979 par Joe Strummer, dénonce les violences policières comme les inondations de la Tamise, et appelle, en un groove guerrier, garçons et filles à se réveiller pour changer le monde.

Charade syllabique

Mon premier est une pause, _ _ SURE.

Mon deuxième est un génie féminin ailé, qui vit dans les airs, _ _ _ PHIDE.

Mon troisième est une répétition, _ _ FRAIN.

Mon quatrième est un mollusque céphalopode des mers chaudes, _ _ _ TILE.

Mon tout est une astrophysicienne française connue pour son travail de vulgarisation autour de la mission Plank.

(CÉ – SYL – RE – NAU)
CÉCILE RENAULT

Belles plantes

LUZULE DES BOIS

C'est toujours une bonne idée de cultiver des plantes indigènes car elles s'adaptent facilement et ne risquent pas de perturber les écosystèmes. Or, la luzule des bois vit un peu partout en France et en Europe, notamment en altitude. On la trouve en particulier dans les hêtraies. Et elle a du charme. C'est une petite plante de 30 cm de hauteur et d'étalement, en touffe dense et fournie de feuilles persistantes en lanières étroites, qui s'épanouit doucement. Elle vaut surtout par son vert vif et soutenu, qui capte la lumière et éclaire les sous-bois et les zones ombragées quand cette luzule est cultivée en couvre-sol. Et en fin de printemps, ses tiges portent de jolies petites inflorescences brunes. Elle apprécie les sols acides, au pied des rhododendrons par exemple, mais accepte aussi un pH neutre.

PROBLÈMES DE MATHS DU CERTIFICAT D'ÉTUDES

Une restauratrice a reçu une commande de 40 paquets de pâtes de type *penne* de 300 g chacun. Dans les deux jours suivants, elle utilise, chaque jour, la moitié des pâtes à sa disposition.

1. Combien de kilos de pâtes lui reste-t-il à la fin du deuxième jour ? Combien de paquets la restauratrice a-t-elle utilisés ?
2. Sachant qu'il y a 31,8 g de glucides pour 100 g de pâtes, combien de glucides ont-ils été consommés ?

Solution :
1. Taille de la commande : 40 × 300 = 12 000 g soit 12 kg.
Le premier jour, elle utilise 12/2 = 6 kg ; il lui reste donc 6 kg de pâtes.
Le deuxième jour, elle utilise 6/2 = 3 kg.
À la fin des 2 jours, il lui reste donc 12 – (6 + 3) = 3 kg.
Nombre de paquets : 40 – (3/0,3) = 30
2. 318 × (30 × 0,3) = 2 862 g soit 2,862 kg

Mercredi **30 août**

Saint Fiacre – On fête aussi les Fantine, Edern, Juvénal

Soleil
lever : **7 h 04**
coucher : **20 h 36**

Celui qui est lent à la colère vaut mieux qu'un héros.

Citations

Ça ne porte pas malheur si tu passes en dessous d'un chat noir, mais il n'y a presque personne qui le sait.

Pierre Légaré

Citations

J'ai fini par m'apercevoir que je n'étais plus seul à partager la fidélité de mon épouse.

Eugène Labiche

OISEAUX MIGRATEURS

Les provisions de bouche

Avant de partir en migration, les oiseaux font leurs bagages. Il s'agit notamment de réserves de graisse pour subvenir aux importantes dépenses énergétiques que représente un vol de longue durée. Toutefois, un poids excessif est défavorable, car il entraîne précisément une déperdition d'énergie. Il faut donc doser les réserves au plus juste. Celles-ci sont toujours insuffisantes et les oiseaux doivent se nourrir en cours de route, sur des lieux dits de pose. Une étude récente (sur les fauvettes) a montré que les oiseaux maigres sont contraints d'y séjourner plus longuement que les gras !

L'ACTU

LE SECRET DU PLAISIR

Des biologistes américains ont enfin compris pourquoi les dauphins sourient tout le temps. Un examen approfondi des organes reproducteurs de grands dauphins communs (Tursiops truncatus) a révélé que non seulement les femelles cétacés possèdent un clitoris, mais qu'en plus, la disposition de celui-ci le rend plus perméable au plaisir sexuel que celui des femmes. Dans la revue *Current Biology*, les chercheurs expliquent que les organes génitaux des femelles dauphins sont remplis de nerfs sensoriels très sensibles au contact physique et que leur clitoris est « potentiellement mieux placé pour le plaisir » que chez les humaines. Selon Patricia Brennan, principale autrice de cette étude, le clitoris du grand dauphin est 100 % conçu pour procurer du plaisir à l'animal lors d'un rapport sexuel. Cette spécialiste de l'appareil génital des mammifères précise que les rapports chez les dauphins sauvages peuvent être hétérosexuels ou homosexuels. Les femelles se stimulent mutuellement avec leur museau et leurs nageoires ou se masturbent en se frottant contre des objets situés au fond de la mer. De fait, les dauphins ont peut-être la vie sexuelle la plus épanouie de l'océan.

Les pires prédictions de l'Histoire

En 1970, George Wald, éminent professeur de biologie à Harvard, annonce que si des mesures radicales ne sont pas prises, la civilisation s'éteindra au tournant du millénaire. Son collègue de l'université du Texas, Peter Gunter prophétise qu'à partir de 1975, un manque cruel de vivres va gagner l'Inde, la Chine, le Moyen-Orient et l'Afrique. La même année, interrogés par le magazine *Life*, plusieurs scientifiques assurent qu'en 1980, les habitants des grandes villes américaines seront obligés de porter en permanence un masque à gaz pour échapper à la pollution. Au même moment, l'Académie nationale des sciences des États-Unis annonçait que « la Terre subira un refroidissement dramatique de ses températures au cours des cent prochaines années ». Elle dit tout le contraire aujourd'hui…

Soleil
lever : 7h06
coucher : 20h34

Jeudi 31 août

Saint Aristide – On fête aussi les Aidan, Aricie, Zaïdane

La culture de l'esprit est autre soleil pour les gens instruits. *(Proverbe grec)*

Recette

Galettes d'avoine à la courgette

Un légume vert se cache dans cette petite galette appétissante pour régaler les plus récalcitrants aux légumes !

Pour 6 pers. (24 galettes) **20 min de préparation** **3 min de cuisson par poêlée**

- 2 à 3 courgettes
- 6 œufs
- 20 à 30 cl de boisson d'avoine
- 600 g de flocons (avoine, riz)
- Huile d'olive (pour la cuisson)
- Sel, poivre

Pelez et râpez les courgettes, puis placez-les dans une passoire avec un peu de sel, le temps qu'elles perdent de leur eau.

Battez les œufs avec la boisson d'avoine et ajoutez les flocons et du poivre. Ajoutez les courgettes râpées et égouttées.

Faites chauffer une poêle avec un peu d'huile d'olive et déposez de petites portions de préparation. Faites dorer des deux côtés et déposez les galettes dans une assiette.

Servez avec une salade verte.

Variantes
Essayez aussi avec des fleurettes de chou-fleur ou de brocoli, ou bien des haricots. Ajustez la quantité de boisson d'avoine en fonction du légume choisi (les courgettes rendent plus d'eau que les haricots). Ces galettes se conservent 1 à 2 jours au réfrigérateur.

Étymologie

Et pourtant, elle tourne !

On vous l'accorde : la girouette tourne bien, et c'est ainsi qu'elle peut nous indiquer la direction du vent. Mais l'objet ne doit pas son nom à l'élément *gir (o)-*, ou *gyr (o)-*, issu du grec et qui signifie « tourner » (cf. *giratoire, gyrophare, gyropode*…). Le nom *girouette* vient de l'ancien normand *wirewite*, lui-même issu de *veðrviti* (emprunt à une ancienne langue scandinave, comme de nombreux termes liés à la marine), de même sens et composé de *veðr* « météo » et *viti* « qui indique ».

Expressions françaises et anglaises

C'est la fin des haricots

Si vous dites à un Anglais que « c'est la fin des haricots », autant lui dire que c'est la fin du monde car il ne peut se passer de sa ration quotidienne de *baked beans* ou « haricots blancs à la sauce tomate » ! L'importance de cette légumineuse outre-Manche se reflète dans le nombre d'expressions contenant le mot *bean*. Voici les plus utilisées : *not to have two beans to rub together*, littéralement « ne pas avoir deux haricots à frotter l'un contre l'autre », est équivalent à l'expression française « ne pas avoir un radis ». *To spill the beans* ou « répandre les haricots » signifie « tout avouer », « cracher le morceau » ou encore « se mettre à table ». Être *full of beans*, littéralement « plein de haricots », c'est être « en pleine forme », « péter le feu » ou encore « avoir une pêche d'enfer ».

Vendredi 1er septembre

Saint Gilles – On fête aussi les Douceline, Josué

Soleil
lever : 7h07
coucher : 20h32

Les arbres les plus vieux ont les fruits les plus doux. *(Proverbe allemand)*

HISTOIRES POLICIÈRES

L'AMOUR À L'ARSENIC

Le 3 septembre 1840, aux assises de la Corrèze, à Tulle, s'ouvre un procès attendu par tout le pays. L'accusée, Marie Lafarge, serait en effet la petite-nièce naturelle de Louis-Philippe, roi des Français ! Âgée de 24 ans, la jeune aristocrate est soupçonnée d'avoir empoisonné son époux, Charles Lafarge, un bourgeois de province un peu rustre. Le couple s'est rencontré un an plus tôt grâce à une agence matrimoniale. Charles, qui croule sous les dettes, reçoit une dot de 80 000 francs-or en épousant Marie, ce qui lui permet d'éviter la faillite. La mariée ignore tout de cette situation. Au contraire, elle croit que son mari possède le magnifique château de Pompadour ! Le 15 août 1839, deux jours après leur mariage, Marie découvre la réalité : *Le Glandier*, sa nouvelle demeure à Beyssac, est une masure délabrée et infestée de rats. Désespérée, elle supplie Charles de la laisser partir. Il refuse catégoriquement. Alors, malheureuse, elle va s'accommoder de sa situation. Peu à peu, elle retrouve même de meilleurs sentiments pour son mari. Marie s'occupe de la maison, planifie des rénovations, commande une grande quantité de mort-aux-rats, à l'époque composée d'arsenic, pour se débarrasser des rongeurs. En novembre 1839, Charles se rend à Paris pour ses affaires. Marie demande à la cuisinière de confectionner des gâteaux afin de les envoyer à son mari. Après quatre jours de voyage, les pâtisseries arrivent à destination. Le jour même, Charles est pris de nausées et de vomissements. Très affaibli, il rentre au *Glandier* et fait appeler son médecin de famille qui diagnostique une banale angine. Mais son état s'aggrave. Le 14 janvier 1840, il meurt dans d'atroces souffrances. Sa mère, qui déteste Marie et soupçonne un empoisonnement, alerte aussitôt le procureur du roi. Le lendemain du décès, des gendarmes perquisitionnent *Le Glandier*. De la cave au grenier, ils trouvent des traces d'arsenic partout. Mais l'autopsie pratiquée sur le corps de Charles ne révèle rien de suspect. Une semaine plus tard, Marie est pourtant arrêtée et incarcérée à la maison d'arrêt de Brive. Début février, le comte de Léautaud l'accuse également de lui avoir dérobé, un an plus tôt, une parure de diamants. Les bijoux sont effectivement retrouvés dans le mur de sa chambre. Le 3 septembre 1840, lorsque s'ouvre son procès pour empoisonnement, sa réputation est déjà bien entachée et les milieux conservateurs se déchaînent contre « la bâtarde ». Alors qu'une douzaine d'analyses ont conclu à l'absence de substances toxiques dans le corps de Charles, l'accusation insiste sur la seule expertise qui a décelé une quantité infime d'arsenic pour accabler Marie. Cité par ses avocats, le chimiste Raspail doit venir expliquer au tribunal qu'il existe une présence « naturelle » d'arsenic dans tous les corps humains. Quand il arrive à Tulle, il est trop tard : les jurés ont condamné « l'empoisonneuse » aux travaux forcés à perpétuité. Après avoir été envoyée au bagne de Toulon, Marie Lafarge, malade, est transférée à la prison de Montpellier puis dans un asile pour aliénés à Saint-Rémy-de-Provence. Graciée par Napoléon III en juin 1852, elle décède trois mois plus tard. Cette affaire demeure une énigme tant subsistent de nombreux doutes. La piste d'une intoxication alimentaire, par exemple, n'a jamais été envisagée. Pourtant, il est fort possible que Charles n'ait pas été empoisonné par de l'arsenic, mais par la crème non pasteurisée des gâteaux qui avaient voyagé en diligence pendant quatre jours…

Ça s'est passé

Le 1er septembre 1923

Des séismes d'une magnitude de 7,9 sur l'échelle de Richter, au Japon, détruisent Tokyo et ses environs. Le bilan est lourd : au moins 200 000 morts.

Soleil
lever : **7 h 08**
coucher : **20 h 30**

Samedi **2 septembre**

Sainte Ingrid – On fête aussi les Ingeborg

Le plus riche n'emporte que son linceul. *(Proverbe du XVIe siècle)*

Argot

Nourrice

Les apparences peuvent être trompeuses ! En effet, dans l'argot des trafiquants, la « nourrice » ne renvoie pas à cette bonne nounou qui garde nos chers bambins tout en prenant bien soin d'eux, c'est plutôt la personne qu'ils paient pour qu'elle garde chez elle en le cachant le fruit de leur trafic, qu'il s'agisse d'armes, de drogue ou d'argent… Et bien sûr, cette nourrice aura pour mission d'en prendre soin !

Les plus vieux commerces du monde

Irlande – Sean's Bar

Ce sont de sérieuses recherches archéologiques menées par le Musée national d'Irlande qui indiquent que le pub d'Athlone, ville située au beau milieu du pays, aurait ouvert en l'an 900. Le bâtiment pourrait même avoir été bâti avec des matériaux plus anciens si on en croit les découvertes de boue, d'acacia et d'osier, qui ont pu être datées au carbone 14. On a également trouvé dans le sol d'anciens jetons de taverne. Le *Sean's Bar* a été officiellement homologué en 2004 par le *Guinness* et les propriétaires comme les clients sont fiers d'y perpétuer la tradition séculaire de la bière et des concerts. L'artiste Boy George en a même été propriétaire quelque temps, à la fin des années 1980.

30 morceaux de bœuf

LE MILIEU DE POITRINE

Composé de couches de muscles alternées avec des couches cartilagineuses, le milieu de poitrine est un morceau long et plat, le plus souvent vendu roulé et ficelé. Il se confond parfois avec le tendron et c'est généralement sous ce nom qu'on le trouve en boucherie. Cette pièce se mijote longuement en cocotte et convient parfaitement au pot-au-feu.

La dictée du mois — Devoir d'artiste

De nos jours, plus faible et plus sensible, l'artiste, qui n'ait que le refflet et l'écho d'une génération assez semblable à lui, éprouvent le besoin impérieux de détourner la vue et de distraire l'imagination, en se reportant vers un idéal de calme, d'inocence et de rêverie. C'est son infirmité qui le fait agir ainsi, mais il n'en doit poin rougir, car c'est aussi son devoir. Dans les temps où le mal vient de ce que les hommes se méconnaissent et se détestent, la mission de l'artiste est de célèbrer la douceur, la confiance, l'amitié, et de rappeller ainsi aux hommes endurcis ou découragés, que les mœurs purs, les sentiments tendres et l'équité primitive, sont ou peuvent être encore de ce monde.

George Sand, La Petite Fadette, *préface, 1849.*

est, reflet, éprouve, innocence, point, célébrer, rappeler, pures

Dimanche 3 septembre

Saint Grégoire – On fête aussi les Grégory, Auxane, Euxane

Soleil
lever : **7 h 10**
coucher : **20 h 28**

À la Saint-Grégoire, il faut tailler la vigne pour boire.

OPÉRAS

Faust
de Charles Gounod (1859)

Avec cette légende germanique popularisée par Goethe, Gounod a composé, sur un livret de Jules Barbier, ce chef-d'œuvre considéré comme l'un des meilleurs opéras français. L'histoire se déroule au XVIe siècle en Allemagne. Lassé de la vie, le docteur Faust s'apprête à commettre l'irréparable, lorsque surgit Méphistophélès. En échange de son âme, la créature diabolique propose à Faust une nouvelle jeunesse et l'amour de la belle Marguerite. Inspiré du maniérisme italien et des chants religieux traditionnels, cet opéra obéit aux canons de l'opéra français et offre une rare intensité dramatique, entre romantisme et gothisme. Le morceau à (ré)écouter : « L'air des bijoux », que tout le monde connaît grâce à la Castafiore des *Aventures de Tintin*.

L'humanité en chiffres

Selon une enquête menée par l'IFOP et l'UNEP, en 2019, 63 % des Français disposaient d'un jardin privé (58 %) ou partagé (5 %). Une étude complémentaire de ObSoCo (l'Observatoire Société et Consommation), datant de février 2020, affirme que 57 % des Français (soit environ 38,2 millions) avaient jardiné au cours des 12 derniers mois, et 38 % (15,8 millions) d'entre eux font pousser des légumes dans leur potager.

L'ACTU

NOM D'UN CHIEN !

Qui n'a jamais mis son pied dans une crotte de chien ? Un fléau contre lequel de nombreuses villes tentent de lutter en appliquant diverses méthodes : panneaux de signalisation comme à Strasbourg avec le slogan « Et ici ? C'est qui qui ramasse la crotte à Kiki ? », toilettes publiques canines comme à Hyères, amendes pour les indélicats (68 euros à Paris et jusqu'à… 450 euros à Cannes !), obligation de promener son chien avec un sac à déjection comme à Béziers, et même fichage de l'ADN de tous les chiens d'une ville pour retrouver leur propriétaire comme dans plusieurs communes aux États-Unis, en Grande-Bretagne, en Italie ou en Espagne. Quant à la municipalité de Châlons-en-Champagne, elle a récemment opté pour une méthode plutôt originale : des billets de 10 euros ont été déposés sur plusieurs trottoirs à proximité desquels des caméras ont été installées. Sur une vidéo diffusée sur Internet, on peut voir des personnes filmées à leur insu qui promènent leur animal et se baissent pour ramasser lesdits billets. Sauf que ces derniers sont évidemment des faux et qu'ils contiennent le message suivant : « Si vous êtes capable de vous baisser pour ramasser ce billet, alors vous l'êtes aussi pour ramasser les crottes de votre chien. » Chaque année, 4 500 litres de déjections canines sont ramassés par les employés municipaux.

Randonnées

DE LIAUCOUS À MILLAU, DANS LES GORGES DU TARN

Jaillissant du mont Lozère, au cœur du Massif central, le Tarn serpente jusqu'à la Garonne en un flot tumultueux. La puissance de ses eaux a creusé l'un des plus grands canyons de France (53 km) entre le causse Méjean et le parc national des Cévennes. Au départ du village de Liaucous, le sentier chemine le long des corniches, ponctuées de vignes et de hameaux troglodytiques. Il faut compter 5 h pour parcourir les 14 km qui permettent d'accéder à une vue imprenable sur le viaduc de Millau.

Lundi **4 septembre**

Soleil
lever : **7h11**
coucher : **20h26**

Sainte Rosalie – On fête aussi les Iris, Hermione, Moïse

Jour de vent, jour de tourment.

La bonne blague

Trois hommes qui ont été mariés meurent le même jour et se retrouvent ensemble devant Saint-Pierre qui leur dit :
« Comme le Paradis est un endroit immense, on va vous donner une voiture pour vous déplacer. Le modèle vous est attribué en fonction du nombre de fois où vous avez trompé vos femmes. »
Saint-Pierre ouvre son registre et dit au premier des hommes :
« Vous êtes gentil, mais vous avez beaucoup trompé votre femme, aussi vous aurez une Renault. »
Puis, Saint-Pierre s'adresse au deuxième homme et lui dit :
« Vous êtes adorable, mais vous avez commis deux infidélités à votre épouse, vous aurez une Mercedes. »
Enfin, Saint-Pierre regarde le dernier et lui dit :
« Vous avez eu un comportement exemplaire avec votre femme et vous ne l'avez jamais trompée, vous aurez donc une Ferrari ! »
Les trois hommes récupèrent leurs véhicules respectifs. Le lendemain, l'homme à la Renault croise l'homme à la Ferrari, en larmes sur le capot de sa voiture. Surpris, il lui demande ce qu'il lui arrive. L'homme à la Ferrari sanglote :
« Je viens de voir passer ma femme ! Elle était en trottinette ! »

DEVINETTES

Généralement pourvu d'une tête,
C'est l'élément clé de la fête,
Quelquefois très douloureux,
Leur lit est plutôt épineux.
Qu'est-ce que c'est ?

Réponse : LE CLOU

Les pires prédictions de l'Histoire

D'après le célèbre couturier Paco Rabanne, au moment de l'éclipse solaire du 11 août 1999, la station spatiale Mir allait s'écraser en France et ses débris détruiraient Paris, mais aussi plusieurs villes dans le Gers et le Lot-et-Garonne. Sur les plateaux télé, Paco Rabanne expliquait que sa théorie était fondée sur la numérologie, les écrits de Nostradamus et certaines données aéronautiques. Logique, le créateur précisait néanmoins : « Les survivants sauront le 12 août si je me suis trompé ou pas. » En cas d'erreur, Paco Rabanne s'engageait à se taire pour toujours et ne plus se consacrer qu'à la mode. De fait, à partir 12 août 1999, le grand couturier a considérablement limité ses apparitions médiatiques.

Brèves régions

Moselle/Bitche censurée

Faut-il en rire ou en pleurer ? La page Facebook de la ville de Bitche, en Moselle, a été supprimée par le réseau social au printemps 2021 à cause de son nom qui rappelle… une insulte en anglais ! Ce manque de discernement montre que la censure frappe souvent à l'aveugle car, évidemment, il n'y a rien d'offensant dans cette cité de Lorraine, au contraire. La citadelle militaire de Bitche est aujourd'hui un espace mémoriel et a été enrichie d'un « Jardin pour la Paix » qui offre une succession d'espaces s'articulant autour d'un belvédère. Ce jardin a été conçu comme un engagement d'avenir pour dire : « C'en est fini de la guerre ! »

Mardi **5 septembre**

Sainte Raïssa – On fête aussi les Iraïs, Bertin, Raïa

Soleil
lever : **7 h 13**
coucher : **20 h 24**

Qui cesse d'être ami ne l'a jamais été.

HEUREUX MARIAGES

Elle avait 16 ans, lui 28 ans, ils étaient tous les deux domestiques… La vie les a réunis dans un heureux mariage d'amour le 6 novembre 1888 : Jean Leprince épousa Angèle Bergère à Ahuillé, en Mayenne. Presque un siècle plus tôt, le 5 juillet 1790 à Baulon, en Ille-et-Vilaine, c'était Pierre Bergère qui avait épousé Jeanne Leprince…

THÉÂTRES DU MONDE

Le théâtre Bolchoï à Moscou

Même s'il a longtemps souffert de la comparaison avec le théâtre Mariinsky de Saint-Pétersbourg, le Bolchoï reste l'emblème de la Russie : sa façade néoclassique aux grandes colonnes peut être admirée de tous sur le billet russe de 100 roubles. Son histoire est intimement liée aux compositeurs russes majeurs comme Rachmaninov, qui en fut l'un des célèbres directeurs musicaux, ou encore Tchaïkovski qui y donna la première de son illustre ballet, *Le Lac des cygnes*. L'édifice, inauguré en 1825, a rouvert en 2011 après plusieurs années de travaux colossaux ayant coûté 530 millions d'euros.

Chantiers de restauration

Le château des Deux Tours

Situé dans le Loiret sur la commune de La Neuville-sur-Essonne, le château des Deux Tours était un prieuré dépendant de l'abbaye bénédictine de Ferrières, construit au XIIIe siècle. Incendié en 1562 lors du siège de Pithiviers par les armées protestantes, il n'a jamais été reconstruit ensuite. En 2002, une association baptisée Théâtre des Minuits s'est installée dans les ruines et produit des spectacles. Elle a également mis en œuvre un projet de réhabilitation des bâtiments, notamment dans le cadre de chantiers de bénévoles internationaux organisés avec L'Union Rempart. C'est ainsi que, grâce à des bénévoles venus du monde entier et des jeunes en service civique, le lieu est devenu, plus qu'un site historique, un véritable laboratoire, un lieu de recherches, d'innovation et de partage.

Belles plantes

RUBAN DE BERGÈRE

Phalaris arundinacea, qu'on appelle aussi « alpiste faux-roseau », « ruban de bergère » ou « baldingère », est présent au bord des cours d'eau de toute l'Europe. On l'apprécie surtout à partir de mai et jusqu'en juillet pour ses inflorescences légères et plumeuses, formées d'épillets vert clair, virant peu à peu au blanc crème et au brun. À la base, cette jolie vivace forme une touffe de 40 cm de haut, avec des feuilles larges un peu retombantes. Celles-ci sont vert franc, ou joliment panachées de blanc chez des variétés comme Picta – parfois nommée « ruban de la Vierge ». Cette plante est indiquée pour stabiliser les berges, mais elle supporte aussi un sol assez sec. Toutefois, dans les massifs, il est prudent de placer tout autour une barrière car elle peut être envahissante, avec ses rhizomes noirâtres.

Mercredi 6 septembre

Saint Bertrand – On fête aussi les Ève, Évelyne, Bee, Onésiphore

Le savon est gris et il lave blanc. *(Proverbe russe)*

Espace
À la pointe

En 2021, le budget du CNES est d'environ 2,4 milliards d'euros. Rapporté à la population, l'investissement de la France pour la recherche spatiale représente 35 euros par personne par an. Un chiffre qui en fait le deuxième pays mondial derrière les États-Unis et ses 60 euros annuel par habitant. La France est aussi le principal contributeur à l'Agence spatiale européenne (un quart du budget).

Le bon mot de l'Histoire et le gros mot

« Je chie dessus, ça fera une éclipse. »
Général Jean-Baptiste Kléber, 6 septembre 1795

Le vaillant général strasbourgeois aurait prononcé cette formule alors que ses troupes devaient traverser le Rhin malgré la pleine lune. À défaut de pouvoir masquer l'astre de la nuit, Kléber ordonna à l'artillerie d'ouvrir le feu sur toute la ligne pour détourner l'attention de l'ennemi. La traversée de ses hommes s'effectua de fait sans encombre. Connu pour son impulsivité et sa grossièreté, le même Kléber déclara quelques années plus tard à l'égard de Napoléon, qui venait de lui céder le commandement de l'armée d'Orient pour rentrer en France et perpétrer son coup d'État : « Ce bougre-là nous a laissé ici ses culottes pleines de merde, nous allons retourner en Europe les lui appliquer sur la figure. » Sa colère contre Bonaparte ne dura pas et l'illustre général mena bientôt ses hommes à la victoire. Jusqu'à son assassinat par un jeune Ottoman le 14 juin 1800.

30 morceaux de bœuf

LE MOUVANT

Avec le plat et le rond de tranche, le mouvant constitue la partie avant de la face interne de la cuisse du bœuf située juste à côté de la poire. Il n'y en a que deux par bête, d'un kilo chacun au maximum. C'est un morceau de viande à fibres courtes qui permet de préparer d'excellents steaks, à griller ou à poêler. Il est meilleur servi saignant.

LE CHIFFRE

319

C'est, en térabits par seconde, la vitesse atteinte par une connexion Internet. Cette performance réalisée par des chercheurs de l'Institut national des technologies de l'information et des communications du Japon pulvérise le précédent record qui était de 172 térabits/seconde. Pour atteindre cette vitesse, les experts ont utilisé une technologie de fibre optique avancée dans un laboratoire sur une distance de 3 000 kilomètres. D'après eux, leur approche présente l'énorme avantage d'être compatible avec de très nombreuses infrastructures déjà existantes et pouvant être aisément améliorées pour atteindre un tel débit. Ce résultat devrait aider à la mise au point de futurs systèmes de communication pouvant prendre en charge de nouveaux services gourmands en bande passante dont le développement sera exponentiel dans les années à venir.

Jeudi **7 septembre**

Sainte Reine – On fête aussi les Cloud, Régine, Gina

Soleil
lever : **7 h 16**
coucher : **20 h 20**

Le vrai sage est celui qui apprend de tout le monde. *(Proverbe perse)*

Patronymes animaliers

YVES LECOQ

La famille d'Yves Lecoq, d'origine très bourgeoise, aurait souhaité qu'il soit avocat. Mais il préféra très tôt laisser libre cours à ses talents artistiques puisqu'il passa son premier télé-crochet à l'âge de 17 ans pour Radio Luxembourg. Passionné par le théâtre et la comédie, c'est dans l'imitation qu'il fut reconnu. C'est ainsi qu'il consacra plus de 30 ans de sa carrière à parodier les voix des politiques, journalistes, sportifs et chanteurs pour l'émission *Les Guignols de l'info* sur Canal+. Son nom, Lecoq, est un pseudonyme, diminutif de son patronyme de naissance, Lecoquierre. Présent en Normandie et dans les îles anglo-normandes, il était donné comme surnom à un homme vaniteux.

LA RENTRÉE DANS LES CANTINES

Rétro Vermot

– Je tombe sans cesse, je me brise et je me raccommode aussitôt. Qui suis-je ?

– Une cascade.

Pains & gâteaux

L'ambassadeur

Cet entremet est une pure gourmandise que l'on trouve couramment chez les meilleurs pâtissiers de la région Rhône-Alpes : en Savoie, dans le Lyonnais, en Isère, dans la Drôme… Mais selon certaines sources, ce serait une spécialité des Ardennes. Dans tous les cas, il s'agit d'une génoise garnie de crème pâtissière à la vanille, ou de crème diplomate, avec des fruits confits marinés au kirsch, le tout recouvert d'une couche de pâte d'amande. Alain Ducasse la revisite dans son livre *L'Esprit bistrot* en remplaçant la pâte d'amande par une meringue italienne.

L'ACTU

PETIT, MAIS COSTAUD !

Qui aurait parié sur eux ? Selon une étude, les hamsters peuvent boire beaucoup plus d'alcool que les humains sans jamais avoir la gueule de bois ! Pour en arriver à cette conclusion, des scientifiques de l'université d'Anchorage, en Alaska, ont étudié la consommation d'alcool du hamster nain. L'hiver, ce rongeur se nourrit quotidiennement des fruits fermentés — et donc alcoolisés – stockés dans son terrier. D'après les calculs des chercheurs, cela représente environ 18 g d'alcool par kilo de son poids, soit l'équivalent par jour pour un humain de 1,5 litre d'alcool à… 95 °C. Or, il s'est avéré que les petites bêtes encaissaient sans problème cette consommation sans modération. Sur une échelle de 0 à 4, le 0 correspond à « aucun signe de vacillement » et le 4 à « tombe sur le côté et ne se relève pas » : aucun des rongeurs testés n'a dépassé les 0,5. C'est, semble-t-il, grâce à leur foie de compétition qui ne laisse filtrer qu'une minuscule dose d'éthanol dans le sang que les hamsters peuvent être de très très gros buveurs sans jamais être saouls.

Soleil
lever : **7 h 17**
coucher : **20 h 18**

Vendredi **8 septembre**

Nativité Notre-Dame – On fête aussi les Hadrien, Belinda

Pour Saint-Hadrien, le froid nous revient.

Argot

Pacson

En argot – et même en langage familier –, le nom « pacson » est synonyme de paquet, qu'il soit employé au sens propre (« un pacson de cibiches », « faire ses pacsons ») ou figuré (« Il y a un pacson de monde, ici ! »). Comme souvent, l'argot a tronqué le nom (*paqu-*, devenu *pac-*) pour lui adjoindre un autre suffixe. Mais il y a tout lieu à penser que, dans le cas de pacson, le suffixe ne soit autre que le possessif « son », car au XIXe siècle, on disait paquemon.

HISTOIRES DE SUPERMARCHÉS

« Le vrai prix des bonnes choses »

D'origine allemande, Lidl s'implante en France en 1989. Après des années de *hard discount*, l'enseigne prend un tournant plus généraliste à partir de 2012. Entre 2017 et 2019, c'est le plus gros annonceur de France : qui n'a jamais ri devant ses spots de pub télé montrant un personnage jouant un employé d'une chaîne concurrente visitant un supermarché Lidl et téléphonant à son patron en disant « on est mal » ? On trouve aujourd'hui des Lidl dans 26 pays d'Europe, avec 11 463 magasins dont 1 500 en France.

Expressions françaises et anglaises

Tout un fromage

Il y a peu de distance entre Calais et Douvres, pourtant nos expressions reflètent nos différences culturelles. Pas la peine d'en « faire tout un fromage » ou, comme disent les Anglais : *« Don't make a mountain out of a molehill »,* (« Ne faites pas une montagne d'une taupinière ») – ce qui est surprenant quand on pense au soin que les Anglais apportent à leurs pelouses et que la vue d'une taupinière enrage ! De même, *« to create a storm in a tea cup »,* qui signifie littéralement « créer un orage dans une tasse de thé », se rapporte à leur boisson favorite qui vous est offerte dans les situations les plus difficiles pour vous aider à les surmonter. Apparemment, il n'y a rien de tel !

PROBLÈMES DE MATHS DU CERTIFICAT D'ÉTUDES

Dans une colonie de vacances, deux moniteurs, Raymond et Odette, sont chargés de préparer le jus d'orange pour tous les enfants. Pour cela, ils décident de mélanger du concentré de jus d'orange congelé avec de l'eau. Pour obtenir le jus le plus savoureux, ils expérimentent plusieurs doses. Le premier mélange contient 2 parts d'orange pour 3 parts d'eau ; le deuxième, 1 part d'orange pour 4 parts d'eau ; le troisième, 4 parts d'orange pour 8 parts d'eau, le quatrième, 3 parts d'orange pour 5 parts d'eau. Quel est le mélange qui a le goût d'orange le plus prononcé, et celui qui est le plus dilué ?

Solution :
Écrivons les rapports : 2/3 ; 1/4 ; 4/8 ; 3/5.
Nous pouvons simplifier le troisième rapport : 4/8 = ½.
Pour leur donner le même dénominateur, on recherche leur plus petit commun multiple : 60.
Nous avons donc : 40/60 ; 15/60 ; 30/60 ; 36/60.
Le rapport avec le plus grand numérateur est celui qui donnera le goût d'orange le plus prononcé, donc le premier.
Le rapport avec le plus petit numérateur est celui qui sera le plus dilué, donc le deuxième.
Ou vous pouvez diviser chaque numérateur par son dénominateur :
2/3 = 0,67 ; ¼ = 0,25 ; 4/8 = 0,5 ; 3/5 = 0,6. Le quotient le plus grand est le premier ; le quotient le plus petit est le deuxième.

Samedi **9 septembre**

Saint Alain – On fête aussi les Omer, Alana, Alan, Gorgon

Soleil
lever : **7h18**
coucher : **20h16**

La nuit porte conseil.

Recette — Gâteau fouetté pour tous les goûts

Pour 8 à 10 pers. | **15 min de préparation** | **30 min de cuisson**

- 6 œufs
- 1 pincée de sel
- 200 g de sucre
- 150 g de farine
- 1 cuil. à soupe de rhum

Pour parfumer, au choix :

- 1 citron non traité (le zeste)
- Cannelle en poudre
- Noix de muscade râpée ou en poudre
- Arôme vanille

Préchauffez le four à 190 °C (th. 6-7). Cassez les œufs et séparez les blancs des jaunes.

Dans un grand cul-de-poule, battez les blancs en neige avec le sel à l'aide d'un batteur électrique. Ensuite, battez les jaunes à la fourchette avec le sucre, puis ajoutez-les aux blancs et continuez de battre. Incorporez la farine avant de verser le rhum. Ajoutez le ou les parfums de votre choix et enfournez pour 30 min de cuisson. Servez tiède ou froid.

Conseils

Ce gâteau se nappe et se décore de mille façons selon vos goûts et vos envies : pâte à sucre, nappage au citron, poudre de coco… Adaptez alors le choix du parfum à votre nappage. Vous pouvez aussi choisir de ne pas parfumer votre gâteau et de le napper de chocolat !

OISEAUX MIGRATEURS

Vol battu, vol plané

Les oiseaux qui utilisent essentiellement le vol battu, exigeant en énergie, ont tout intérêt à être de petite taille, le poids étant évidemment un handicap, même s'il est un peu compensé par la longueur des ailes chez les grandes espèces. En revanche, le vol plané, qui consiste à utiliser les courants ascendants pour monter à haute altitude et se laisser glisser vers le bas avant de recommencer, est facilité par un poids et une taille importants, car ils permettent d'aller plus vite et, au bout du compte, d'économiser beaucoup d'énergie. Mais le vol plané nécessite de trouver les bons parcours, et ils sont parfois plus longs.

MÉTIERS IMPROBABLES

FACTEUR D'ORGUES

Olivier Faux, étudiant en médecine, est tombé sous le charme de l'orgue, cet instrument magistral dont l'origine remonte à la Grèce antique. Il a tout plaqué pour s'y consacrer et a suivi le seul cursus existant au Centre national de formation de la facture d'orgues. Après plusieurs stages en Alsace, une région où les orgues sont nombreux, il a trouvé une place à la Manufacture bretonne d'orgues à Nantes. « La fabrication d'un orgue fait appel à de nombreuses techniques, explique-t-il. Il faut connaître le travail du bois et des métaux, la mécanique, l'électricité et l'électronique, mais aussi avoir des compétences en acoustique et en harmonique, sans oublier quelques connaissances architecturales. » Ils sont aujourd'hui un peu plus de 200 en France à exercer ce métier qui nécessite dix ans de pratique avant d'être maîtrisé.

Dimanche **10 septembre**

Sainte Inès – On fête aussi les Aubert, Pulchérie

Nul ne perd qu'autrui ne gagne.

Vélo

Le retour des féminines

En 1955, une première édition du Tour de France féminin est organisée. Il faut attendre près de trente ans pour que la deuxième voie le jour lors d'une sorte de levée de rideau de l'épreuve masculine. Une autre compétition se tient durant les années 1990, mais ce n'est qu'en 2022 qu'enfin les femmes ont droit à leur propre Tour de France : 22 équipes s'élancent du pied de la Tour Eiffel au lendemain de l'arrivée du Tour masculin, pour rejoindre la Super Planche des Belles Filles après huit étapes.

Ça s'est passé

Le 10 septembre 1623

Mustafa Ier, sultan ottoman, est de nouveau renversé par les janissaires. Il est promené à dos d'âne avant d'être exécuté.

La gaffe de l'Histoire

Palmarès sans surprise

C'est lors de la cérémonie de clôture du 74e Festival de Cannes, en juillet 2021, que le président du jury, Spike Lee, a commis une gaffe historique. Il devait annoncer les prix les uns après les autres en faisant monter le suspense jusqu'au prix ultime. Erreur de fiche ou trop grande émotion, Spike Lee a commencé en annonçant d'emblée… la Palme d'or !

Citations

Au royaume des aveugles, les borgnes sont mal vus !

Pierre Dac

Brèves régions

Nièvre/Au Printemps

Jules Jaluzot, né à Corvol-l'Orgueilleux le 5 mai 1834, renonça à la carrière militaire que son père avait imaginée pour lui et devint vendeur dans des maisons de tissu parisiennes. Une de ses clientes, Augustine Figeac, sociétaire de la Comédie-Française, tomba sous son charme et ils se marièrent en 1864. Grâce à la dot considérable de sa femme, Jules Jaluzot ouvrit son propre commerce qu'il baptisa *Au Printemps*. C'était le premier magasin à être entièrement éclairé à l'électricité, et ce, grâce à cinq machines à vapeur installées dans les sous-sols. Les façades et la rotonde d'origine de ce célèbre grand magasin peuvent toujours être admirées boulevard Haussmann à Paris.

NOUVEAU : LE PLOGGING : RAMASSER LES DÉCHETS LORSQU'ON FAIT SON JOGGING.

Au Jardin

LE PAILLIS D'AIGUILLES DE PIN

Contrairement à une idée reçue assez répandue, les aiguilles de pin, en paillis ou transformées en compost, n'acidifient nullement le sol. Si elles sont légèrement acides quand elles sont vertes, leur pH, quand elles sont sèches, est de l'ordre de 6,5, ce qui convient bien à la majorité des plantes. On peut donc les utiliser au potager. Le paillis d'aiguilles a des avantages : il laisse passer l'eau de pluie et l'air, et réduit la tendance au compactage tout en étant isolant. En outre, il se décompose très lentement et dure donc plus longtemps qu'un paillis de feuilles. Enfin, comprenant que qui s'y frotte s'y pique, les limaces et les escargots s'en tiennent en général éloignés. Étalez donc sans crainte les aiguilles de vos conifères sur les planches du potager et au pied de vos arbustes.

Lundi 11 septembre

Saint Adelphe – On fête aussi les Bodon, Patient

Soleil
lever : 7 h 21
coucher : 20 h 11

Il faut hurler avec les loups, si on veut courir avec eux. *(Proverbe romain)*

Chiffres et expressions

Les trois rois mages

Les rois mages, qui sont venus apporter des présents d'une grande richesse symbolique à l'occasion de la naissance de Jésus, étaient au nombre de trois. Guidés par une étoile, ils sont connus sous les noms de Melchior, Gaspard et Balthazar. La symbolique de leur nombre et donc de leurs cadeaux reprend le principe de La Trinité chère à l'Église : le père, le fils et le Saint-Esprit.

Ça s'est passé

Le 11 septembre 1823

Décès de David Ricardo, économiste britannique, l'un des auteurs de la théorie classique pour qui l'État doit laisser faire le marché où offre et demande doivent s'équilibrer.

THÉÂTRES DU MONDE

Le théâtre de la Huchette

Ce petit théâtre de 85 places niché dans la rue du même nom, parallèle aux quais de Seine à Paris, propose la même programmation depuis 1957 : *La Cantatrice chauve* et *La Leçon*, deux pièces d'Eugène Ionesco. Cet exploit original lui vaut de figurer dans le *Livre Guinness des Records* pour les spectacles les plus longtemps représentés dans la même salle. Le compteur affiche plus de 19 000 représentations et plus de 2 millions de spectateurs. Le confinement de mars 2020 lié à l'épidémie de coronavirus marque le premier arrêt de la pièce en 63 ans.

Pêche en mer

La morue en hiver

Les morues sont abondantes le long des côtes de la Manche et de la mer du Nord, en automne et en hiver. Dans les ports de ces régions et en Belgique, on trouve facilement des embarquements pour les pêcher. Les poissons fréquentent certains sites à fond de sable ou couverts d'algues. On les pêche à l'aide d'une canne bateau de 2 m et d'un moulinet garni d'un fil 60/100. Le plomb de 200 à 500 g est monté sur un coulisseau (en dérivation), ce qui permet de mieux repérer les touches discrètes. Les appâts (arénicole, morceau de poisson ou de calamar), toujours très frais, sont installés sur des avançons espacés de 1 m. On laisse descendre le plomb sur le fond. De temps à autre, on remonte la ligne de 1 m et on la laisse redescendre. La morue n'oppose au pêcheur que son poids comme défense.

FOOT

Sauvé par un but

Narek Kopaczen est un homme de routine. Tous les soirs, vers 22 heures, il sort promener son chien dans les rues de Szydłowiec, bourgade polonaise, avant d'aller garer sa voiture au parking de la police. Tous les soirs sauf, le 30 juin 1998. Il est 21 h 45 lorsqu'il se prépare à sortir quand Javier Zanetti égalise pour l'Argentine face à l'Angleterre en huitièmes de finale de la Coupe du monde. Narek Kopaczen se rassoit et décide de suivre la rencontre jusqu'à son terme quand il entend un énorme bruit dans la rue : sa voiture est en feu. Que s'est-il passé ? Dans la vie, Narek est procureur. Au moment des faits, il enquêtait sur un gang criminel qui avait observé sa routine et décidé de frapper à 22 heures pile, moment où habituellement il montait dans sa voiture. Sauf les soirs de match…

Soleil
lever : **7 h 23**
coucher : **20 h 09**

Mardi **12 septembre**

Saint Apollinaire – On fête aussi les Ailbe, Elvis

Seuls les poissons morts nagent avec le courant.

Étymologie

Sans blague !

Le nom *blague* est apparu au début du XVIIIe siècle dans le sens de « sac à tabac ». C'est un emprunt au néerlandais *balg*, « sac, enveloppe ; peau », les premières blagues à tabac étant faites à partir de poches de pélican. L'inversion des lettres *a* et *l* (appelée métathèse) est due au fait que la suite des deux consonnes *l* et *g* est peu courante en français. Le sens de « mensonge, plaisanterie » ne s'est répandu qu'au XIXe siècle, la blague à tabac offrant souvent une forme « gonflée ».

MOTS MÊLÉS

Noms et types d'animaux de cirque célèbres

F	P	D	F	A	M	E	P	G	F	N	B	G	D
R	A	B	A	B	K	U	C	O	G	I	M	A	R
I	S	S	L	B	M	H	O	A	L	B	U	B	A
Z	C	O	I	A	M	A	C	L	L	P	A	P	P
T	H	R	E	S	C	I	O	S	H	L	A	B	O
B	A	E	Z	H	S	K	S	I	T	N	A	W	E
B	A	C	I	Y	E	E	N	U	T	U	K	W	L
Z	R	O	N	R	L	A	C	H	T	E	O	C	E
I	T	N	G	R	T	Z	E	N	L	U	C	D	P
N	E	I	A	Y	I	R	A	L	I	H	R	O	H
K	T	H	R	N	E	G	I	C	E	R	F	B	A
Z	C	R	O	F	R	R	C	V	W	K	P	M	N
N	N	I	T	A	O	M	A	R	A	B	O	U	T
Y	L	J	G	G	O	L	I	A	T	H	F	J	C

Solution page 279

Cherchez les noms et types (entre parenthèses) d'animaux de cirque célèbres cachés dans la grille ci-dessus. Vous les trouverez soit horizontalement, soit verticalement ou encore en diagonale ; ils peuvent se lire de gauche à droite ou de droite à gauche. Notez qu'aucun type d'animal n'est répété et que l'éléphant de mer est omis.

AMIGO (Dauphin)
ATYR (Tigre)
BABA (Éléphant)
BILL (Puma)
BLACK (Dauphin)
BRUTUS (Lion)
CHARLES (Marabout)
COCO (Cerf)
DOUTSCHKA (Panthère)
FRITZ (Éléphant)
GARGANTUA (Gorille)
GOLIATH (Éléphant de mer)
JUMBO (Éléphant)
KENNY (Léopard)
PASCHA (Lion)
PRINCESS (Dauphin)
SIMBAD (Dauphin)
WALLACE (Lion)
ZEILA (Rhinocéros)
ZINGARO (Cheval)

L'ACTU

ARNAQUES À L'ITALIENNE

Les médias transalpins l'ont surnommé « Berlusconi », en référence à l'ancien Premier ministre italien empêtré dans une série d'affaires judiciaires parfois rocambolesques. Il faut dire que cet habitant de Palerme, en Sicile, s'est particulièrement distingué en matière d'escroquerie. Pour commencer, propriétaire d'un garage, il percevait le « revenu de base » mensuel versé en Italie aux citoyens les plus pauvres. Plus culotté encore, le quadragénaire bénéficiait depuis 12 ans d'une aide supplémentaire après avoir déclaré être « totalement aveugle ». Le hic ? En 2019, notre homme a demandé le renouvellement de son permis de conduire. Cette erreur lui a été fatale : la police financière a tiqué et l'a placé sous surveillance. Et le coquin a été surpris en train de conduire tout en pianotant sur son portable, de faire du lèche-vitrine dans des galeries marchandes fréquentées ou encore d'apprendre à sa fille à faire du vélo… Il a finalement été interpellé alors qu'il circulait à scooter, sans casque ni assurance bien sûr ! Déjà bien connu de la justice, « Berlusconi » était par ailleurs en attente de son procès comme membre d'un réseau qui mettait en scène de faux accidents de la circulation pour arnaquer les assurances.

Mercredi **13 septembre**

Saint Aimé – On fête aussi les Farid, Darrell, Lidoire

Soleil
lever : **7 h 24**
coucher : **20 h 07**

Une bonne conscience est un doux oreiller.

HEUREUX MARIAGES

C'est un mariage sans pépin qui vit s'unir Jean Pommier et Marie Duverger le 9 mai 1758 à Saint-Nizier-le-Désert, dans l'Ain, tout comme pour Jacques Poirier et Marie Thérèse Duverger qui signèrent leur contrat de mariage le 1er février 1756 à Chizé dans les Deux-Sèvres. René Cerisier, quant à lui, a épousé Catherine Duverger le 29 avril 1893 à Availles-Limouzine, dans la Vienne.

Ville en chanson

São Vincente

São Vincente est une petite île du Cap-Vert surnommée « le petit Brésil » pour son carnaval et ses nuits envoûtantes.
La chanteuse Cesária Évora, mythique interprète du morceau *Sodade*, en a été sa plus célèbre ambassadrice. Elle évoque son attachement à cette terre, notamment dans la chanson *São Vincente Carnaval* : « São Vincente / Dans sa joie et sa saveur / Mais je ne pouvais imaginer / Que le carnaval l a magnifiait (…) / Plein de joie et de couleur / Durant trois jours de folie / C'est le seul carnaval / Sans conflit ni brutalité… »

Bibliophiles

Danube, Claudio Magris (L'Arpenteur, 1988)

C'est un essai, mais il se lit comme un roman. Et que c'est bon de converser avec un hôte érudit, qui raconte avec élégance les paysages et l'histoire, avec un grand et un petit *h*, quand voyager devient difficile ! Magris descend le Danube jusqu'à la mer Noire. Curieux et plein d'appétit, il progresse par étapes, décrit les villes, leur forme, raconte la Mitteleuropa, rencontre ses écrivains (Kafka, Canetti, Roth…), son passé glorieux (la Vienne de Sissi…) ou proche (l'Europe de la guerre froide), ses hommes. Noir comme la Forêt-Noire, bleu comme le beau Danube : goûtez ici toutes les nuances du fleuve…

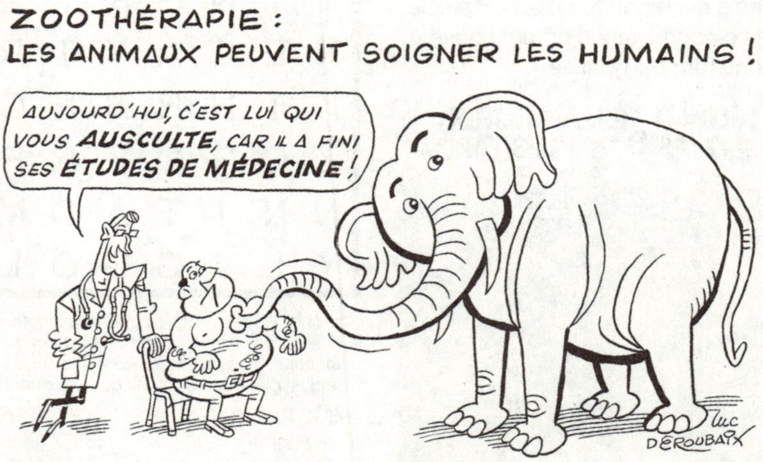

LE CHIFFRE

9,72

C'est, en secondes, le temps qu'il a fallu au Canadien Mike Jack pour avaler trois piments Carolina Reaper, établissant ainsi le nouveau record du temps le plus rapide pour manger trois de ces fruits considérés comme les plus forts du monde (avec le Dragon's Breath et le Pepper X). Chaque piment pesait environ 5 g et possédait un certificat prouvant qu'il s'agissait bien d'un Carolina Reaper. Créée au milieu des années 2010, la « Faucheuse de la Caroline » atteint 1 600 000 unités sur l'échelle de Scoville qui, depuis 1912, mesure la force des piments. À titre de comparaison, le piment d'Espelette ne dépasse pas les 3 000, la sauce Tabasco les 5 000, les poivres noir et blanc les 15 000, et le piment de Cayenne plafonne à 30 000 unités maximum. En 2019, Mike Kack avait déjà battu le record du plus grand nombre de Bhut Jolokia consommés en une minute. Il avait mangé 97 g de ce piment cultivé en Inde du Nord dont la puissance du piquant atteint 1 000 000 d'unités Scoville.

Soleil
lever : 7 h 25
coucher : 20 h 05

Jeudi **14 septembre**

La Sainte Croix – On fête aussi les Corneille, Cornaline, Materne

Quand il fait de la bise, il en pleut à sa guise.

Argot

Pénis

S'il est un domaine de prédilection de l'argot, c'est bien le sexe (qui rivalise peut-être avec l'argent). Preuve en est : le *Dictionnaire de l'argot et du français populaire* de Larousse ne cite pas moins d'une centaine de noms ou expressions synonymes du très sage et respectueux pénis, d'andouille à col roulé jusqu'à zobe, en passant par bite, gland, troisième jambe, chauve à col roulé ou, moins connus, darrac, gibremol, ou encore, les très jolis papillons du Sénégal…

Séries TV (acteurs et actrices)

MARION COTILLARD – *HIGHLANDER*

Alors qu'elle vient d'obtenir le premier prix du conservatoire d'art dramatique d'Orléans, Marion Cotillard décroche un petit rôle dans la série *Highlander*, dans deux épisodes de la saison 1. Ce programme canado-européen, diffusé entre 1992 et 1998, raconte sur 6 saisons les aventures d'un héros immortel, Duncan MacLeod. Pour Marion Cotillard, ce rôle tient plus lieu de cachet alimentaire que de véritable révélation. Elle enchaîne par la suite d'autres petites apparitions, notamment dans la série française *Extrême Limite*, ou au cinéma dans *La Belle Verte* (de Coline Serreau). Mais c'est le rôle de Lilly dans *Taxi* en 1998, film de Luc Besson, qui lui vaudra une grande reconnaissance publique et une nomination aux Césars. Par la suite, elle grimpe les échelons et incarne notamment Édith Piaf dans *La Môme* en 2007, rôle pour lequel elle obtient le César et l'Oscar de la meilleure actrice.

Il (n')a (pas) inventé…

LA MACHINE À DÉFRISER LE PERSIL

Le persil frisé a été sélectionné pour le différencier du persil plat qu'on risque de confondre avec la ciguë. Inventer une machine « à défriser le persil » serait faire le chemin inverse d'une découverte utile. C'est pourquoi, quand on soupçonne quelqu'un de ne pas être capable « d'inventer la machine à défriser le persil », on ne donne pas cher de ses capacités imaginatives.

Brèves régions

Oise/Le trésor de l'écluse

Il y a presque 50 ans, en 1974, un écolier eut la grande surprise de tomber sur un trésor lors d'une sortie scolaire. Sur le territoire de la commune de Saint-Maximin, non loin de l'écluse de Creil et Saint-Leu-d'Esserent, il suivait sa classe lorsqu'il trébucha sur ce qu'il crut être un gros caillou. Mais en y regardant bien, il vit qu'il s'agissait d'une poterie enterrée. Extrait du sol, ce vase antique révéla le trésor qu'il cachait depuis longtemps : des *antoniniani*, pièces de monnaie romaines. Prévenus, des archéologues fouillèrent le site et trouvèrent au total plus de 2 500 pièces datant du IIIe siècle.

Vendredi **15 septembre**

Saint Roland – On fête aussi les Achard, Orlando

Soleil
lever : **7 h 27**
coucher : **20 h 03**

Mieux vaut vivre un jour comme un lion que cent ans comme un mouton. *(Proverbe italien)*

Rétro Vermot

– Quelle catastrophe, ma maison brûle !

– Eh bien, qu'attendez-vous pour casser la glace de l'avertisseur ?

– Ah ! ça non… je ne tiens pas à avoir sept ans de malheur !

RUGBY
Une histoire de capes

Avec une marque portée à 118, Fabien Pelous, international de 1995 à 2007, détient le record du nombre de sélections en équipe de France. Cinq fois vainqueur du Tournoi des Six Nations et finaliste de la Coupe du monde 1999, il a aussi longtemps été le recordman du nombre de capitanats en Bleu (42) avant d'être détrôné par Thierry Dusautoir (56), lui aussi finaliste d'une Coupe du monde, en 2011, et capitaine lors de la dernière victoire de l'équipe de France dans le Tournoi des Six Nations en 2010.

Patronymes animaliers

BERNARD LOISEAU

Bernard Loiseau, né en 1951 et mort en 2003, est un des rares chefs cuisiniers français à avoir obtenu trois étoiles au Guide Michelin et 19,5 sur 20 au Gault et Millau. Installé en 1982 à Saulieu, dans le département de la Côte-d'Or, il fut très présent dans les médias par ses livres et ses participations à des émissions de télévision. Bien que la Bourgogne soit une région à haute réputation gastronomique, ce n'est pas ici que ce grand chef a appris à cuisiner avec sa maman. Ses parents étaient, en effet, installés à Chamalières dans le Puy-de-Dôme, et en Auvergne comme ailleurs, le patronyme Loiseau provient d'un sobriquet qui compara le premier porteur du nom à un volatile.

La bonne blague

Ha ! Ha ! Ha ! Ha ! Ha ! Ha ! Ha ! Ha ! Ha !

Un instituteur parisien a décidé de faire un petit sondage footballistique dans sa classe. Il demande à ses élèves quelle est leur équipe préférée. Et tous évidemment répondent d'une seule voix : « Le PSG ! Le PSG ! » Tous, sauf un, le petit Julien, qui répond : « Saint-Étienne ! » Intrigué, l'instituteur lui demande pourquoi il est supporter des Verts. Le petit Julien explique :

« Eh bien, mon papa soutient Saint-Étienne, ma maman soutient Saint-Étienne, mon grand frère soutient Saint-Étienne, alors je soutiens Saint-Étienne.

– Mais enfin, lui dit l'enseignant agacé qui, lui-même, est un grand supporter du PSG, tu as ton libre arbitre, tu n'es pas obligé de faire comme tes parents ! Imagine que ton père soit un crétin, ta mère une imbécile, ton frère un dégénéré et toute ta famille des bons à rien…

– Ah, mais dans ce cas-là, répond le petit Julien, on soutiendrait tous le PSG ! »

Soleil
lever : **7 h 28**
coucher : **20 h 01**

Samedi **16 septembre**

Sainte Édith – On fête aussi les Cyprien, Ludmilla, Régnault

Les chiens aboient, la caravane passe.

Expressions disparues

Faire un pape

Le monde se laïcise, la religion recule, mais cela ne date pas d'aujourd'hui. En effet, quand deux personnes ont la même idée simultanément ou prononcent le même mot en même temps, nous disons de nos jours « les grands esprits se rencontrent », sans aucune allusion à quoi que ce soit de religieux. Jusqu'à la fin du XVIIIe siècle, ces deux personnes « auraient fait un pape », par allusion à l'accord qui doit régner lors de l'élection d'un nouveau pape. Littré, en 1863, précise que l'expression ne se dit plus.

Unités de mesure

L'échelle de Richter

Cas rare dans la dénomination des unités, c'est de son vivant que le sismologue américain Charles F. Richter a vu son nom consacré dès 1935 pour l'échelle qui mesure l'intensité des tremblements de terre. Il l'a établie à partir d'une équation basée sur l'amplitude des enregistrements d'un sismographe. L'échelle de Richter est aujourd'hui délaissée au profit de mesures de magnitude.

Pas si bête

La phalène du bouleau

Si elle n'a pas étudié la biologie, la phalène du bouleau a néanmoins démontré la justesse d'un des aspects de la théorie darwinienne de l'évolution. C'est un papillon blanc nocturne qui, la journée, se pose sur des branches couvertes de lichen également blanc, pour échapper aux prédateurs. Or, en Angleterre, en 1840, un entomologiste capture quelques individus gris foncé – couleur due à une mutation naturelle. Et quelques décennies plus tard, surprise, cette forme foncée s'est largement substituée à la blanche. Pourquoi ? Parce que les usines, fonctionnant au charbon, ont déversé de la poussière sur la campagne et que les oiseaux repèrent désormais facilement les papillons blancs. La forme mutée a pris le dessus. Mais, aujourd'hui, comme il n'y a plus de charbon, on observe le processus inverse.

Célébrations en musique

Jean-Baptiste Lully (1632-1687)

Jean-Baptiste Lully est le nom francisé de Giovanni Battista Lulli, un Florentin arrivé en France à l'âge de 11 ans comme garçon de chambre de la duchesse de Montpensier. Cet Italien talentueux et habile s'illustra comme musicien et danseur virtuose à la cour, puis grimpa les échelons jusqu'à devenir surintendant de musique et compositeur de la chambre du roi. Prolifique, il produisit chaque année un nouvel opéra, qu'il intitulait « tragédie lyrique », et collabora avec Molière et Corneille à la création de comédies-ballets. Ses talents d'organisateur le rendirent indispensable pour coordonner les spectacles à la gloire du Roi-Soleil, dans lesquels l'orchestre occupait une place de plus en plus importante. Malgré ses origines italiennes, Lully a toujours fait figure de grand défenseur du style français en musique.

Dimanche **17 septembre**

Saint Renaud – On fête aussi les Hildegarde, Ronald, Réginald

Soleil
lever : 7 h 30
coucher : 19 h 59

L'homme qui se noie s'accroche à un brin d'herbe. *(Proverbe arménien)*

Brèves régions

Pas-de-Calais/La fosse n° 9-9 bis

Les mines ont fonctionné ici de 1930 à 1990 et sont devenues aujourd'hui un centre patrimonial qui rappelle tout le passé industriel du bassin charbonnier du Nord-Pas-de-Calais. La fosse n° 9-9 bis dite « Declercq-Crombez » de la Compagnie des mines de Dourges est située à Oignies. On y voit encore les bâtiments qui protègent les énormes machines d'extraction permettant de descendre et remonter les hommes qui travaillaient au fond. Une association de bénévoles, composée d'anciens mineurs, veille aujourd'hui sur ce patrimoine industriel et le fait découvrir aux touristes, allant jusqu'à randonner au sommet des terrils.

30 morceaux de bœuf

LE PALERON

Comme la majorité de la viande de la jambe avant du bœuf, le paleron est la reine des viandes de mijotage. Il se reconnaît facilement à la bande gélatineuse qui le traverse et qui donne un moelleux inimitable aux plats préparés en cuisson lente. Pour ceux qui préfèrent les viandes grillées, il suffit de retirer cette bande centrale pour détailler d'excellents steaks dans le paleron.

LES GRANDES IDÉES DE L'HUMANITÉ.

HEUREUX MARIAGES

C'est peut-être grâce à un manège qui lui fit tourner la tête que Victor Cheval séduit Maria Debois et finit par l'épouser le 23 mai 1909 à Frasnes, près de Namur, en Belgique. François Debois choisit, quant à lui, Pauline Duthilleul pour femme le 23 juin 1906 à Lille et Jean Marie Bouleau se mit en ménage avec Mathurine Debois en 1922 à Saint-Sébastien-sur-Loire, en Loire-Atlantique.

L'ACTU

MICROSIESTE = MAXI CRÉATIVITÉ

S'endormir quelques secondes puis se réveiller permet de stimuler sa créativité. C'est la conclusion à laquelle est parvenue l'équipe menée par Delphine Oudiette, chercheuse en neurosciences à l'INSERM et à l'Institut du cerveau (ICM). Publiée dans la revue *Science*, cette étude corrobore ce que certains inventeurs ou artistes ont expérimenté à plusieurs reprises. Albert Einstein et Salvador Dalí, par exemple, étaient partisans des microsiestes pour booster leur imagination. Dans l'expérience dirigée par Delphine Oudiette, 103 volontaires divisés en deux groupes devaient résoudre le plus rapidement possible plusieurs centaines de problèmes arithmétiques, un groupe le faisant après avoir somnolé quelques secondes, l'autre en restant éveillé. Les participants ont été équipés de capteurs afin de mesurer leur activité cérébrale, musculaire et oculaire. Résultat : 83 % de ceux qui ont somnolé ont réussi à résoudre facilement les problèmes en trouvant la règle unique pour le faire, contre 31 % de ceux qui sont restés totalement éveillés. En revanche, les participants passés dans un sommeil plus profond ont perdu tout gain de créativité… L'étude a également montré que le moment « eurêka » ne survient pas juste après le réveil, mais un peu plus tard.

Soleil
lever : **7 h 31**
coucher : **19 h 56**

Lundi **18 septembre**

Sainte Nadège – On fête aussi les Ariana, Ariane, Nadine

La lune brille, mais elle ne chauffe pas. *(Proverbe russe)*

Belles plantes

SCHIZACHYRIUM SCOPARIUM

Au Kansas, d'où cette herbe est originaire, on l'appelle Little Bluestem « petite tige bleue », ce qui est plus facile à prononcer que son nom scientifique (mais on peut dire « chizachirium ! » Elle a l'aspect d'une touffe drue et vigoureuse, d'une hauteur de 1 m, qui reste bien érigée, sans s'affaisser, jusqu'au cœur de l'hiver. Elle fait partie du groupe recherché des graminées hautes en couleur. Au printemps, elle est vert bleuté, ou même bleu-vert, mais en été, elle vire au pourpre, avant de passer au jaune orangé en automne. C'est alors qu'elle porte de fines inflorescences, presque argentées sous le soleil. Elle est idéale pour former des groupes à l'aspect sauvage en sol plutôt sec, même pauvre, et au grand soleil. Robuste et très rustique, elle supporte les grosses chaleurs.

Les pires prédictions de l'Histoire

Au début des années 1980, l'opérateur téléphonique AT&T demande au cabinet de conseil McKinsey d'estimer le nombre de téléphones portables qui seront utilisés aux États-Unis en 2000. Conclusion de McKinsey : à cause de ses nombreux défauts (poids trop important, batteries trop faibles, prix exorbitant), le téléphone mobile sera utilisé par moins d'un million d'usagers au tournant du siècle. Le cabinet pronostique également que personne n'utilisera de portable si un téléphone fixe est disponible à proximité. McKinsey recommande logiquement à AT&T de ne pas investir dans la téléphonie mobile. En 2000, le téléphone portable comptait plus de 100 millions d'utilisateurs aux États-Unis, cent fois plus que le pronostic initial. Si AT&T s'est finalement lancée dans le secteur à partir de 1987, les prévisions de McKinsey lui ont fait perdre des milliards de dollars à cause du temps perdu.

PROBLÈMES DE MATHS DU CERTIFICAT D'ÉTUDES

Une pomicultrice possède un verger de 12 ha, d'une densité de 1 000 pommiers/ha.

Sachant que chaque arbre porte en moyenne 30 pommes et que chaque caisse utilisée pour la récolte contient 2 000 pommes, combien de caisses seront nécessaires pour la récolte ? Sachant qu'un quart de la récolte est vendu comme jus de pommes, qu'un tiers est utilisé pour produire du cidre et que le reste est vendu au magasin de la ferme, combien de pommes sont vendues ?

Solution :
Il y a 1 000 × 12 = 12 000 pommiers qui vont donner : 12 000 × 30 = 360 000 pommes.
Nombre de caisses nécessaires : 360 000/2 000 = 180.
Nombre de pommes vendues : $360\,000 \times (1 - (\frac{1}{4} + \frac{1}{3}))$
$= 360\,000 \times (\frac{12}{12} - (\frac{3}{12} + \frac{4}{12})) = 360\,000 \times (\frac{12}{12} - \frac{7}{12})$
$= 360\,000 \times \frac{5}{12} = 150\,000$.

Solution Mots mêlés p. 273

F	P	D	F	A	M	E	P	G	F	N	B	G	D
R	A	B	A	B	K	U	C	O	G	I	M	A	R
I	S	S	L	B	M	H	O	A	L	B	U	B	A
Z	C	O	I	A	M	A	C	L	L	P	A	P	P
T	H	R	E	S	C	I	O	S	H	L	A	B	O
B	A	E	Z	H	S	K	S	I	T	N	A	W	E
B	A	C	I	Y	E	E	N	U	T	U	K	W	L
Z	R	O	N	R	L	A	C	H	T	E	O	C	E
I	T	N	G	R	T	Z	E	N	L	U	C	D	P
N	E	I	A	Y	I	R	A	L	I	H	R	O	H
K	T	H	R	N	E	G	I	C	E	R	F	B	A
Z	C	R	O	F	R	R	C	V	W	K	P	M	N
N	N	I	T	A	O	M	A	R	A	B	O	U	T
Y	L	J	G	G	O	L	I	A	T	H	F	J	C

Mardi **19 septembre**

Sainte Émilie – On fête aussi les Emilia, Javier, Janvier

Soleil
lever : **7 h 33**
coucher : **19 h 54**

La nuit, tous les chats sont gris.

Citations

Pourquoi les gens qui ont un nez rouge au cirque, ça fait rire, et au bistrot, ça fait peur ?

Laurent Baffie

RÉBUS

Les livres français

PORTE ←

PORTE

La Porte étroite d'André Gide

Argot

Pet

En argot, il y a pet et pet. L'un se prononce « pè » et signifie « bruit » (y'a du pet dans la rue), « danger » (on peut y aller, y pas de pet) – d'où l'expression « faire le pet », qui signifie « alerter du danger, faire le guet ». Pris dans ces sens, il vient de pétard. L'autre se prononce « pète ». Selon qu'il vient de pétard (« joint ») ou de péter (« casser »), il signifie « cigarette de haschich » (se rouler un pet) ou « trace laissée par un coup » (il a un pet sur son pare-brise).

Maudit brouillard

FOOT

Au début de sa carrière, Sam Bartam était milieu de terrain, jusqu'au jour où un recruteur est venu observer son équipe. Contraint d'aller pallier la blessure de son gardien, il réalise des prouesses et tape dans l'œil dudit recruteur qui en fait le gardien de Charlton. Le 25 décembre 1937, son club affronte Chelsea alors que le brouillard est assez intense. Au point qu'à l'heure de jeu, l'arbitre de la rencontre décide d'interrompre le match. Dans ses buts, Sam Bartam ne se doute de rien et reste sur la pelouse. Ce n'est que vingt minutes plus tard qu'un policier le découvre et lui explique que le match est terminé. Une mésaventure qui n'impacte pas la carrière de Bartam : il gardera les cages de Charlton durant 22 saisons et est considéré comme l'un des plus grands joueurs de l'histoire du club.

ENIGMES

Le directeur d'un musée a appelé la police pour signaler le vol d'un tableau. Seules trois personnes, Mathieu, David et Sébastien, ont visité le musée le jour du vol. Ceux-ci sont interrogés par la police. Les faits suivants sont établis :

1. Si Mathieu est coupable, il avait un seul complice.
2. Si David est innocent, Sébastien l'est aussi.
3. Si deux personnes sont coupables, Mathieu est l'une d'elles.
4. Si Sébastien est innocent, David est aussi innocent.

Qui a été inculpé ?

Solution :
Si Mathieu est coupable, alors David ou Sébastien est aussi coupable puisque Mathieu avait un complice. Si le complice était David, Sébastien serait innocent, or si Sébastien est innocent, David l'est auss, et vice versa.
Si Mathieu est innocent, alors David ou Sébastien est coupable (tous deux ne peuvent être coupables en même temps puisque s'il y a deux coupables, Mathieu est l'un d'eux) mais alors si l'un d'eux est coupable, l'autre est innocent, ce qui n'est pas possible, voir assertions 2 et 4.
Conclusion : le directeur ment et il a inventé cette histoire de vol pour toucher l'assurance.

Mercredi 20 septembre

Soleil
lever : 7 h 34
coucher : 19 h 52

Saint Davy – On fête aussi les Eustache, Egat, Gwenlaouen

En septembre, la bruine est toujours bonne à la vigne.

LES MOTS DÉCLENCHEURS SONT DES ANAGRAMMES.

MOTS FLÉCHÉS

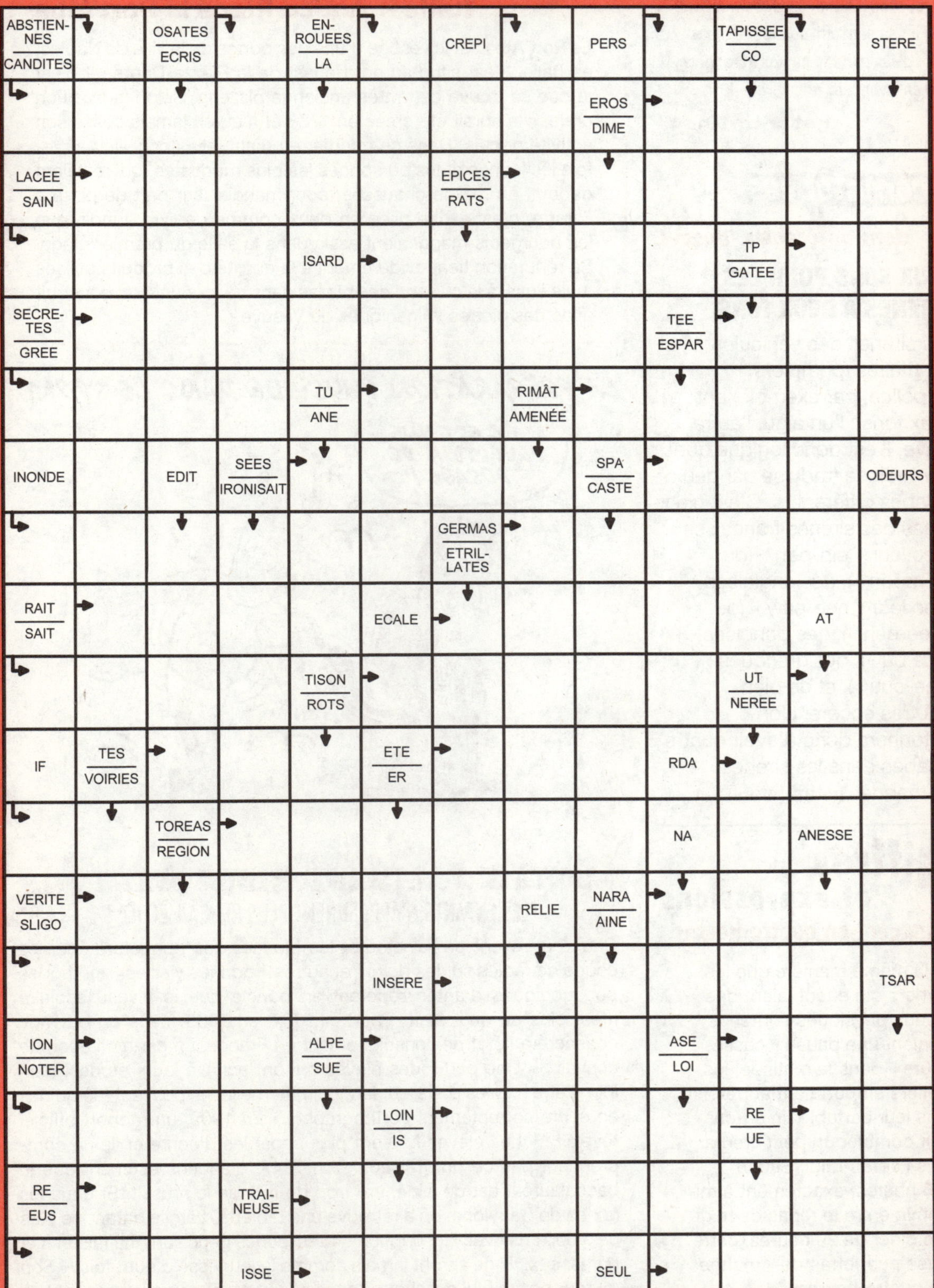

SOLUTION PAGE 290

Jeudi **21 septembre**

Saint Matthieu – On fête aussi les Mathé, Déborah

Soleil
lever : **7 h 35**
coucher : **19 h 50**

Septembre humide, pas de tonneau vide.

Citations

Si les Anglais ont inventé beaucoup de sports, c'est que, dès qu'ils se sentent dépassés dans l'un d'eux par une nation étrangère, ils en inventent un autre.

Peter Ustinov

Onomatopées dans différentes langues

DEUX SONS POUR LES SIRÈNES À DEUX TONS

Les sirènes des véhicules prioritaires (pompiers ou police, par exemple) ont deux tons : l'un aigu, l'autre grave. Il est donc logique que leur bruit se traduise par deux syllabes différentes. C'est bien le cas des sirènes françaises avec leur « pin-pon » (ou « pimpon »), des anglaises avec leur « nee-naw » (ou « nee-nah »), des danoises (« ba bu »), des grecques (« ee-ouu »), et de bien d'autres encore. L'on s'étonnera donc d'avoir quatre syllabes dans les sirènes allemandes (« tatütata ») !

Chiffres et expressions

Manger son quatre-heures

De la même manière que les ouvriers qui effectuaient des travaux physiques soutenus faisaient une pause « casse-croûte » dans la matinée, les écoliers emportaient autrefois dans leur cartable un en-cas pour combler un petit creux dans l'après-midi. Située à 16 heures, exactement à mi-chemin entre le repas de midi et le dîner de 20 heures, cette pause permettait de « manger son quatre-heures ».

Les plus vieux commerces du monde

Italie – Antica Pizzeria Port'Alba

Le Port'Alba est le vestige d'une des portes de la ville de Naples, en Italie. Il est situé au nord-ouest de la Piazza Dante, et c'est là que se trouve cette très ancienne pizzeria. Selon la tradition orale, elle aurait été créée en 1738 et n'aurait jamais cessé son activité depuis. Dans ce quartier étudiant, elle accueillait autrefois les jeunes et les personnes les plus modestes, qui restaient debout, au rez-de-chaussée, pour manger leur part de pizza *a libretto*, c'est-à-dire pliée en deux comme un livre, tandis que les bourgeois mangeaient assis dans la salle du premier étage. Sa réputation tient évidemment à la qualité des produits utilisés mais aussi à la cuisson des pizzas dans ce four unique, construit avec des pierres volcaniques du Vésuve.

C'ÉTAIT VRAIMENT MIEUX AVANT (?)

« LES ENFANTS N'APPRENNENT PLUS RIEN À L'ÉCOLE ! »

Ceux qui rêvent de réinstaurer les blouses, les bonnets d'âne, les coups de règles sur les doigts et autres « bonnes vieilles » méthodes pédagogiques d'antan répètent en boucle que le niveau scolaire n'est plus ce qu'il était. Pourtant, déjà en 1835, dans un ouvrage consacré à l'état de l'enseignement en France, un certain Lacombe écrivait : « Une partie des élèves qui ont achevé leurs études, bien loin d'être habiles dans leur langue maternelle, ne peuvent même pas en écrire correctement l'orthographe. » En 1909, un rapport officiel révélait : « Les élèves ne sont plus capables d'écrire et ils ne comprennent pas ce qu'ils lisent. » En 1947, d'aucuns estiment que le baccalauréat est dévalué, car trop de monde le réussit. Et dans les ruines de Babylone, on a retrouvé une tablette d'argile datant de plus de 5 000 ans avec l'inscription : « Les jeunes gens sont malfaisants et paresseux. Ils ne seront jamais comme la jeunesse d'autrefois. » Son auteur pensait lui aussi que l'enseignement, c'était mieux avant !

Soleil
lever : 7 h 37
coucher : 19 h 48

Vendredi 22 septembre

Saint Maurice – On fête aussi les Gaïane, Laud, Emeran

La gaieté et la sobriété tiennent l'homme en santé.

HISTOIRES DE SUPERMARCHÉS

Montlaur

Créée en 1966 par un ancien du groupe E.Leclerc, cette chaîne d'hypermarchés et de supermarchés du sud de la France (basée à Montpellier) comptait 20 magasins, des jardineries et des cafétérias, et avait pour slogan : « Trouvez moins cher ! » Comme beaucoup d'autres enseignes, souffrant de la rude concurrence, elle a été rachetée par Carrefour en 1994 et a fini par disparaître. Une partie de ses magasins a été revendue à Mammouth et Docks de France.

Curiosités scientifiques

Les cercles de fées

D'une taille de plusieurs mètres, caractérisés par une couronne de végétation entourant un espace totalement vide, apparaissant en nombre important qui donne un aspect tacheté au sol lorsque vu du ciel, les cercles de fées peuvent être observés en Namibie mais aussi en Australie. Leur présence est encore une véritable énigme pour la science, bien que diverses hypothèses aient déjà été évoquées : pluie de météorites, manifestation divine, radioactivité et même atterrissage d'OVNI… Deux sont encore privilégiées : des termites de sable qui, en rendant le sol poreux, permettraient la création de réservoirs d'eau autour desquels les plantes se regrouperaient, ou bien une simple compétition pour l'eau entre les plantes avoisinantes.

Espace

Observer la Terre

Entre 1986 et 2015, cinq satellites nommés SPOT (satellites pour l'observation de la Terre) n'ont cessé de capturer des instantanés de notre planète avec une résolution allant jusqu'à 2,50 m. En 2014, le CNES a annoncé la mise à disposition gratuite de l'ensemble des images prises par ce programme. En juin 2021, plus de 19 millions d'images ont ainsi été accessibles en téléchargement.

Les scandaleuses

Cléo de Mérode, « la Belle des belles »

Incarnation de « l'idéal angélique » de la Belle Époque, suscitant un désir plus esthétique que charnel, Cléo de Mérode est née Cléopâtre-Diane en 1875 à Paris. Dès l'âge de sept ans, elle entre à l'école de danse de l'Opéra de Paris où sa grande beauté la distingue très vite des autres petits rats. À 16 ans, l'adolescente fait déjà tourner les têtes avec sa coiffure signature, le chignon. En 1896, les lecteurs de *L'Illustration* l'élisent « reine de beauté » devant 131 autres candidates, dont l'inégalable Sarah Bernhardt. Désormais, elle pose pour des artistes tels que Toulouse-Lautrec, Degas, Forain ou encore le sculpteur Alexandre Falguière. Ce dernier la représente à travers un nu grandeur nature en marbre blanc qu'il expose au salon des Artistes français, ce qui provoque un scandale. Cléo quitte l'Opéra en 1898 mais danse toujours, notamment aux Folies Bergère puis lors de tournées à travers l'Europe et en Amérique. En 1950, « la Belle des belles », comme la surnomme Cocteau, gagne un procès contre Simone de Beauvoir qui, dans *Le Deuxième sexe*, a osé l'assimiler à une « cocotte » – autrement dit à une prostituée de luxe. Sa réputation de demi-mondaine la suivra jusqu'à sa mort, à 91 ans.

Samedi 23 septembre

Saint Constant – On fête aussi les Line, Constance

Soleil
lever : **7 h 38**
coucher : **19 h 46**

Automne en fleurs, hiver plein de rigueur.

VERMOT'ROSCOPE

BALANCE (23 septembre - 22 octobre)

Votre caractère
Pondéré, calme, émotif, sensible, esthète, artiste, séducteur, charmant, sentimental, doux, diplomate, curieux, communicatif, sociable, compréhensif, de bonne écoute, juste, droit, adaptable, sincère, honnête, aspirant à l'équilibre, mélancolique, influençable.

Vos planètes de l'année
Sur tout le premier semestre, Jupiter, l'astre de l'épanouissement, vous incitera à agrandir votre cercle relationnel et à faire de nouvelles rencontres. Le second semestre vous donnera l'occasion de faire le point sur votre situation ou sur vos envies.

Vie relationnelle
Belle année en perspective où vous aurez l'occasion de vous épanouir aux côtés de vos amis, notamment de janvier à mai. Vous nouerez de beaux échanges avec eux et passerez de bons moments. La joie et la bonne humeur accompagneront toutes vos rencontres.

Amour
En couple, les six premiers mois de 2023 feront écho aux derniers de 2022 et la tendance sera assez identique. Pour beaucoup, vous serez heureux d'être auprès de votre moitié et vous communiquerez très facilement. De juillet à décembre, vous ne manquerez pas une occasion de bousculer vos habitudes.
Célibataire, si vous aviez envie de rompre avec la solitude, les astres vous font une fleur et vous donnent la possibilité de faire de belles rencontres, dont une qui pourrait bien devenir sérieuse. Dès le printemps, un choix s'imposera : soit continuer cette histoire, soit l'interrompre.

Famille
D'un bout à l'autre de 2023, vous vous sentirez plus proche de vos parents, de vos enfants ou de vos petits-enfants. Vos échanges seront privilégiés et harmonieux. Très concerné par votre famille, vous vous rendrez disponible.

Quotidien et vitalité
Cette année, les autres exerceront une certaine influence sur vous et votre moral. Pensez à vous entourer de personnes qui généreront bonne humeur et optimisme. La seconde partie de l'année vous verra vous libérer d'un problème passé qui vous pesait. Vous vous sentirez plus léger et apaisé.

Budget
C'est une excellente année pour parler d'avenir, investir ou améliorer votre situation financière. Dès le mois de mai, tous les éléments seront réunis pour reprendre votre budget en main, améliorer votre cadre de vie ou faire des placements intéressants.

Optimisez 2023
Ouvrez-vous aux autres. Privilégiez les échanges. Usez de vos talents de diplomate. Faites preuve d'adaptabilité et n'hésitez pas à vous remettre en question. Ne prenez rien pour acquis. Vivez l'inattendu comme une source d'apprentissage.

SUDOKU

	9						6	
			7	8	3	9		
1						7		4
		5	1				8	
	7		8					
				3	7			
		1	6	9		4		
5	8			7				6
			5		1	2		

Solution page 291

Le bon mot de l'Histoire et le gros mot

« Père, gardez-vous à droite, père, gardez-vous à gauche ! » Philippe le Hardi, 19 septembre 1356

Rapportée par le chroniqueur florentin Giovanni Villani dans sa *Nuova Cronica,* cette mise en garde aurait été formulée par Philippe II de Bourgogne, quatrième et dernier fils du roi Jean II, dit Jean le Bon, lors de la bataille de Poitiers contre les Anglais. Si Philippe y gagne son surnom « le Hardi » en raison de son courage, l'affrontement est un désastre pour l'armée française. Isolé au milieu des troupes ennemies, Jean le Bon, blessé, est fait prisonnier. Il restera plus de trois années en captivité à Londres avant d'être libéré contre une très forte rançon et la remise en otage de son frère et de deux de ses fils, dont Philippe le Hardi.

Soleil
lever : **7 h 40**
coucher : **19 h 44**

Dimanche **24 septembre**

Saint Thècle – On fête aussi les Andoche

Lune brouillée, pluie assurée.

Recette **Hachis Parmentier végétarien**

Pour 4 pers.	25 min de préparation	1 h de cuisson

Pour la ratatouille rapide
- 2 gousses d'ail
- 2 oignons
- 1 aubergine
- 2 courgettes
- 4 tomates
- Huile d'olive
- Sel, poivre

Pour la purée de pommes de terre
- 900 g de pommes de terre à purée
- 50 g de beurre
- 100 g de gruyère râpé

Pelez les pommes de terre, mettez-les dans une casserole et couvrez-les d'eau. Portez à ébullition, salez et laissez cuire 25 min, jusqu'à ce qu'elles soient tendres.

Pendant ce temps, lavez les légumes, pelez ceux qui le nécessitent et émincez le tout. Faites chauffer une sauteuse avec de l'huile d'olive. Faites revenir l'ail et l'oignon puis ajoutez les autres légumes. Assaisonnez et laissez revenir au moins 30 min avant de répartir la poêlée dans un grand plat à gratin.

Préchauffez le four à 180 °C (th. 6). Écrasez les pommes de terre au presse-purée ou à la fourchette. Ajoutez le beurre et assaisonnez. Répartissez la purée sur la ratatouille. Saupoudrez de fromage avant d'enfourner pour 25 min de cuisson.

SOUVENIR DE L'EXPLOSION DE L'USINE AZF

Vélo

Longévité

Jean Alavoine n'a jamais remporté le Tour malgré les 17 victoires d'étapes qu'il a glanées durant sa carrière. Deuxième de l'épreuve en 1919 et 1922, troisième en 1909 et 1914, il reste cependant dans l'histoire comme le cycliste ayant connu la plus longue période de victoire sur le Tour de France : vainqueur des 8e et 14e étapes de l'édition 1909, il s'offre un triplé lors des 6e, 7e et 9e étapes de l'édition 1923, soit 14 ans plus tard.

La gaffe de l'Histoire

Passe ton chemin

Malgré sa connaissance de la langue anglaise, Alessandra Sublet a avoué elle-même avoir eu un grand moment de solitude lors d'un échange avec Pierce Brosnan. Ce dernier, évoquant son ex-femme, lui dit « *she passed away* ». La journaliste française comprit qu'elle était partie suivre une autre route en le laissant seul alors que l'expression signifie qu'elle était décédée…

ÇA, C'EST FAIT DIVERS !

Depuis près de six ans, Jeanne Pouchain se bat pour retrouver sa vie, au sens propre du terme. En effet, cette habitante de Rive-de-Gier dans la Loire a perdu son existence légale et les droits qui en découlent : elle n'a plus de permis de conduire, plus de compte bancaire ou encore de mutuelle. Elle disparaît en permanence des fichiers administratifs et doit, par exemple, sans cesse renouveler les démarches pour rouvrir son affiliation à la Sécurité sociale ou aux caisses de retraite. Pour la quinquagénaire, le cauchemar a commencé en 2017, à la suite d'un procès aux prud'hommes au cours duquel l'avocat de son employeur a indiqué aux juges qu'elle était décédée. S'en tenant à cet argument ne reposant pourtant que sur le seul témoignage d'un autre salarié, le tribunal a rendu une décision confirmant le décès. Dès lors, Jeanne Pouchain a été considérée comme trépassée par l'administration et son quotidien s'est transformé en enfer. Elle a intenté une procédure civile pour faire invalider la décision de justice, mais également les actes d'un notaire et ceux d'un huissier qui ont été établis à sa suite. Son avocat a confié qu'il n'imaginait pas possible qu'à notre époque une juridiction déclare quelqu'un « mort » sans procéder à aucune vérification. Face à cette situation ubuesque, il espère que l'État reconnaîtra au plus vite ses torts et rendra son identité à Jeanne Pouchain en… la « ressuscitant ».

Lundi **25 septembre**

Saint Hermann – On fête aussi les Solenne, Cléophas

Soleil
lever : **7 h 41**
coucher : **19 h 41**

Vieil arbre d'un coup ne s'arrache.

Lacs de France et d'Europe

Le lac d'Éguzon sur la Creuse

Le lac d'Éguzon, aussi nommé lac Chambon, est un lac de barrage utilisé pour la production hydroélectrique. Il est installé sur la rivière Creuse et fait partie d'une chaîne de six aménagements de ce type. Il s'allonge sur 16 km entre les départements de l'Indre et de la Creuse. Il couvre 310 ha et sa largeur est de 700 m. Le barrage en béton mesure 60 m de haut. Les eaux du lac sont dirigées vers une centrale électrique située au pied du barrage. Inaugurée en 1926 après neuf ans de travaux, la retenue était, à l'époque, l'une des plus grandes d'Europe. Éguzon a contribué à l'électrification de la ligne de chemin de fer Paris-Toulouse. Il permet aussi de régulariser le cours de la Creuse. De nombreuses activités nautiques et touristiques se pratiquent sur le lac.

Charade à tiroirs

Mon premier s'arrête brusquement.

Mon second s'affole.

Mon tout est un personnage de bandes dessinées.

TINTIN. Mon premier est Tin car Tin cale (tincal). Mon deuxième est Tym car Tym panique (tympanique).

Ville en chanson

Lyon

Le chanteur Benjamin Biolay est né en 1973 à Villefranche-sur-Saône, dans la banlieue lyonnaise, et a étudié la musique à Lyon, dans le quartier de la Croix-Rousse au lycée Saint-Exupéry. Il rend un bel hommage à la ville dans sa chanson *Lyon presqu'île*, sortie en 2009 : on y reconnaît le point du jour, la statue d'or, la tour en stylo bille, les gares de Part-Dieu et de Perrache (« Il y a une gare morne et l'autre fière d'aller jusqu'aux sports d'hiver ») et la place Bellecour (« La statue du Roi Soleil sur la grand place éternelle »). Une vraie carte postale musicale.

Brèves régions

Pyrénées-Atlantiques/L'ossau-iraty

C'est un fromage sans pareil qui trouve son origine dans les montagnes pyrénéennes. Comme son nom le rappelle, l'ossau-iraty provient du lait des brebis qui pâturent tout l'été sur les flancs de la vallée d'Ossau, en Béarn. C'est la qualité de l'herbe à cette altitude qui participe à celle du lait et donne le goût unique à ce fromage affiné quatre mois et produit seulement une partie de l'année. En effet, à partir de la fin du mois d'août, il n'y a plus de lait car les brebis portent de nouveaux agneaux et ne sont plus traites. Les troupeaux font alors la transhumance vers la vallée pour subir la tonte et passer l'hiver.

Mardi 26 septembre

St Côme et St Damien – On fête aussi les Damia, Cosima

S'il y a des noix, l'hiver sera froid.

Argot

Pied

C'est parce que le pied était une unité de mesure de longueur que l'argot des voleurs a pris le nom « pied » dans le sens de « retenue opérée par un voleur à la tire avant le partage du butin », puis par extension « part de butin ». Ainsi, avoir son pied signifie « avoir son compte » et prendre son pied, « prendre sa part de butin ». Rien d'étonnant donc à ce que, dans le langage courant, on utilise pied d'abord au sens de « plaisir sexuel », puis par extension de « plaisir quelconque ».

Citations

Le végétarien peut mourir en accord avec lui-même : à peine enterré, il bouffera uniquement des pissenlits par la racine.

Jacques Sternberg

OISEAUX MIGRATEURS

Migration et évolution

Depuis quand les oiseaux migrent-ils ? Le phénomène est-il apparu récemment ? On ne peut pas répondre puisque l'étude des migrations est basée sur l'observation. On pense toutefois que ce comportement a été dicté aux espèces aviaires par les changements climatiques successifs, liés notamment aux variations du mouvement orbital de la Terre par rapport au Soleil. Les mouvements migratoires actuels se sont probablement fixés il y a 10 000 ans, à la fin de la période postglaciaire. Toutefois, il s'avère que les oiseaux peuvent s'adapter très rapidement à de nouveaux changements.

Brèves régions

Hautes-Pyrénées/Le Tourmalet

À 2 115 mètres d'altitude, au sommet du Tourmalet, une statue monumentale rend hommage à Octave Lapize, le premier coureur à franchir ce col sur le Tour de France en 1910. Trois ans plus tard, un autre coureur aura moins de chance, c'est Eugène Christophe. Alors qu'il est en position de prendre la tête de la « grande boucle », il casse la fourche de son vélo dans la descente du Tourmalet. Ne perdant pas espoir, il parcourt 10 kilomètres à pied et arrive chez un forgeron qui répare sa monture. Mais trop de temps a été perdu, il ne gagnera pas l'étape. Malgré tout, il terminera en 7e place sur le Tour 1913.

L'ACTU

DES ASSAINISSANTS MALSAINS

Selon le magazine *60 millions de consommateurs*, un tiers des produits ménagers contient une quantité importante de substances potentiellement nocives. Le magazine a étudié la composition de 119 produits nettoyants de 52 marques, en se basant sur les étiquettes, les listes d'ingrédients publiées par les industriels et des fiches de données de sécurité. Il a ensuite attribué à chacun un « Ménag'Score » pour les évaluer sur une échelle de A (produits à utiliser sans réserve) à E (produits fortement déconseillés). Au total, 39 références sont déconseillées car notées D ou E. Elles contiennent une quantité importante de substances irritantes ou allergisantes, comme certains parfums, ainsi que des substances « très nocives pour la santé ou pour l'environnement », dont certaines sont soupçonnées d'être cancérogènes, toxiques pour la reproduction ou d'être des perturbateurs endocriniens. *60 millions de consommateurs* invite à se méfier notamment des lingettes désinfectantes pour w.-c. et multisurfaces car 75 % d'entre elles sont notées D ou E, tout comme la moitié des sprays désinfectants et des désodorisants. Un conseil : ne pas se fier aux indications sur les emballages, du type « élimine 99 % des bactéries » ou « produit naturel ».

Mercredi 27 septembre

Saint Vincent de Paul – On fête aussi les Vincente, Hiltrude

Soleil
lever : **7 h 44**
coucher : **19 h 37**

Le vin ne dit rien mais révèle tout.

La gaffe de l'Histoire

Philip le gaffeur

Le prince Philip, duc d'Édimbourg, époux de la reine d'Angleterre Elizabeth II et décédé en avril 2021, n'était pas le dernier des gaffeurs. En 1981, en pleine récession économique, il avait jeté un froid en évoquant ainsi les demandeurs d'emploi : « Je ne comprends pas, d'abord ils disent qu'ils veulent plus de loisirs, et maintenant ils se plaignent d'être sans emploi. »

Jeux de société

Uno® (Mattel)

« Uno ! » : cri accompagné d'un jeté de carte, d'autant plus strident que le crieur est un enfant ravi de triompher de ses adversaires. Ce jeu de cartes ludique et facile est une invention familiale qui fait du bruit. Barbier dans une petite ville de l'Ohio, Merle Robbins se querelle un soir de 1971 avec son épouse et son fils, à propos des règles d'un jeu de cartes. Adepte de la paix des ménages, il invente donc ce jeu pour sa famille. Il le fait bientôt connaître à ses clients (parce que, sinon, il les rase ?), puis le vend dans les boutiques proches. De partie en partie, le cri devient universel dès les années 1980. Et il n'est pas poussé que par les enfants ! Le record de durée d'une partie est attribué à deux étudiants (132 heures), qui ont détrôné des officiers américains en service à Munich (131 heures et 5 minutes).

SOLUTION : S', OEUFS, QUEUE, JA, PRESSE, I, CHAI, T', OIE, C, SEPT, OEUFS, POING, T', OEUFS DEUX, RATS, FINE, M', AN
(CE QUE J'APPRÉCIE CHEZ TOI, C'EST CETTE POINTE DE RAFFINEMENT)

BD de collection

Flambeau, chien de guerre

« Oh ! Qu'est qu'ils prennent, les Boches ! » Entre 1914 et 1918, la BD, *Bécassine* en tête, verse dans le patriotisme. Ainsi, en 1916, Benjamin Rabier, illustrateur célèbre, publie *Flambeau, chien de guerre*. Il n'utilise pas les bulles, mais le texte lui-même est très succinct. Il réussit à faire parler les images, avec du rythme, un dessin clair et des couleurs maîtrisées. Les vignettes sont larges, ce qui permet des effets inattendus. Flambeau représente évidemment le poilu, brave paysan à l'étoffe de héros.

Poules, poulettes

La Faverolles

C'est une véritable race locale, originaire du village de Faverolles, en Eure-et-Loir, même si elle est issue de multiples croisements et qu'il a fallu du temps pour établir son standard, qui ne l'a été qu'en 1930. À cette époque, elle était largement commercialisée pour sa chair sur les marchés de Paris. Car c'est une grosse volaille, atteignant jusqu'à 3,5 kg, et 4 kg pour le coq, à chair délicieuse. Proche de la houdan, elle se caractérise par sa fameuse « tête de hibou », avec une barbe développée et des favoris ; son plumage est saumoné et elle se distingue aussi par ses plumes sur les tarses et ses cinq doigts. Le plumage du coq, noir à camail blanc, est différent. La Faverolles est une poule un peu pataude, qui ne vole pas. Pondeuse moyenne, elle est en revanche bonne couveuse.

Jeudi **28 septembre**

Saint Venceslas – On fête aussi les Exupère, Eustochium, Konan

Un ciel gris, un temps bas, sans eau ne passe pas.

Bibliophiles

La Ballade de James, Marie-Gabrielle Houriez (Ballade à la Lune, 2021)

Inspirée par la vie de Jim Morrison, cette chanson ou promenade poétique explore les rêves et les fantômes d'une rock star américaine, exilée par choix à Paris pour échapper à la drogue, à la pression du public, à la musique. À la vie ? Hermite anonyme, il passe ses jours entre des cigarettes fumées compulsivement et un travail plastique singulier (magnifiquement décrit) qui révèle ses obsessions et le besoin d'exprimer son propre mystère. La générosité de la romancière offre à son personnage des occasions de rencontres, qui lui permettront peut-être d'échapper au destin funeste de son modèle…

Citations

Mieux vaut une minute de rire qu'une minute de silence.

Jérémy Ferrari

Charade à tiroirs

Mon premier apporte des corrections.

Mon deuxième fait partir le coup de son arme à feu.

Mon troisième règle un différend.

Mon quatrième réfute les accusations.

Mon tout est un ingénieur français, pionnier de l'aviation.

CLÉMENT ADER. Mon premier est Clé car Clé barre (clébard). Mon deuxième est Men car Men tire (mentir). Mon troisième est Ad car Ad juge (adjuge). Mon quatrième est Er car Er nie (hernie).

Brèves régions

Puy-de-Dôme/Lassolas et La Vache

Lassolas et La Vache sont deux volcans jumeaux, remarquables par leur cratère ouvert et le paysage atypique qu'ils offrent au promeneur, constitué de bombes de lave refroidie dispersées sur un sol composé en partie de pouzzolane. Après avoir randonné pendant deux heures au départ de Saint-Genès-Champanelle, sur un chemin facile mais avec un beau dénivelé de près de 300 mètres, on profite au sommet d'un paysage rouge qui semble venir tout droit de la planète Mars. La vue panoramique sur les monts du Cantal, le Sancy, le Forez et la Chaîne des Puys ainsi que sur le lac d'Aydat est à couper le souffle.

L'ACTU

MUSÉE SUR DES ROULETTES

Le Disturb House Museum a ouvert ses portes il y a quelques mois à Grigny, près de Lyon. Aménagé par Dimitri Jourdan dans le sous-sol de sa maison, c'est le premier musée consacré au skateboard en France. Passionné de planches à roulettes depuis son enfance, le Rhodanien a commencé, il y a une dizaine d'années, à chiner des pièces sur Internet et un peu partout en Europe, jusqu'à devenir l'un des plus importants collectionneurs français. En 2019, il rencontre l'Américain Tony Hawk, pionnier et légende de la discipline, qui l'encourage à rendre publique son imposante collection. Il lui faudra trois ans pour finaliser ce projet et ouvrir son musée. Plus de 500 pièces retraçant l'histoire du skate, des années 1980 à aujourd'hui, y sont exposées. Certains modèles dépassent largement le cadre du skateboard, notamment une série Andy Warhol, une parodie foutraque de la Cène, la planche hommage à Charlie Hebdo, ou encore quelques pièces à tendance pornographique. « Le skate aborde énormément de thèmes, avec des messages subliminaux fréquents sur le port d'armes, l'homosexualité ou les drogues », explique Dimitri Jourdan, qui préfère rester discret sur la valeur financière de ses planches. Alors que se profile une belle médiatisation de la discipline en France avec les JO de Paris 2024, le collectionneur fourmille d'idées pour promouvoir son musée : organiser des expositions à thèmes, inviter des champions, ou encore… faire construire devant son domicile un skatepark de 100 m² ! Renseignements : thedisturbhousemuseum.book.fr

Vendredi **29 septembre**

Saint Michel – On fête aussi les Michèle, Michaëla

Soleil
lever : **7 h 47**
coucher : **19 h 33**

À la Saint-Michel, cueille ton fruit tel quel !

Séries TV (acteurs et actrices)

REDA KATEB – *ENGRENAGES*

Passionné par la comédie depuis son enfance, Reda Kateb suit des études de théâtre puis vivote en tant que caissier, projectionniste et ouvreur dans un cinéma. C'est son rôle de chef de gang, dans la série *Engrenages*, qui lui permet d'être remarqué par la profession en 2008. Dévoilant les rouages de la procédure pénale française, cette série judiciaire remporte un grand succès public et d'estime. C'est d'ailleurs l'une des rares séries françaises à s'exporter. Kateb enchaîne par la suite les rôles de marginaux, dans *Un Prophète* (2009), mais aussi outre-Atlantique, dans *Zero Dark Thirty* (2012). Son interprétation de Django Reinhardt dans le film du même nom d'Étienne Comar en 2017 lui vaut la reconnaissance de ses pairs. Il repasse régulièrement par le petit écran, notamment dans *Mafiosa* (2010) et plus récemment dans *En thérapie* (2021).

Pains & gâteaux

Le gâteau nantais

L'origine de ce gâteau remonterait à 1820. Inventé par un certain Monsieur Rouleau, sa recette ressemble à celle du quatre-quarts à laquelle on ajoute de la poudre d'amande et beaucoup de rhum. De forme ronde, son dessus est nappé d'un glaçage croquant blanc au rhum. On trouve des variantes au citron, au chocolat ou à la vanille. On l'appelle aussi gâteau du voyageur car il se conserve longtemps.

Châteaux forts de France

LE CHÂTEAU DE VINCENNES (VAL-DE-MARNE)

Le château de Vincennes est le plus haut château fort de plaine d'Europe avec son donjon de 52 mètres et le plus grand château fort royal (encore existant) en France. Construit au XIVe siècle et modifié aux siècles suivants, l'édifice prend ses origines dans un pavillon de chasse aménagé au début du Moyen Âge. Progressivement, le site prend de l'ampleur. Charles V, puis Louis XI en font leur résidence principale et le siège de leur gouvernement ; une série de tours d'enceinte reliées par des courtines crénelées y est ajoutée. Mais en 1670, Louis XIV lui préfère Versailles. Il devient alors une manufacture royale de porcelaine, puis au moment de la Révolution, on s'en sert de prison et d'arsenal militaire. Aujourd'hui, Vincennes est un des lieux touristiques prisés de la capitale.

Solution Mots fléchés p. 281

	B		O		O		R		P		A	
D	I	S	T	A	N	C	E		R	O	S	E
	E	C	A	L	E		P	I	E	C	E	S
A	N	I	S		R	A	I	D	S		P	T
	S	E	S	T	E	R	C	E		E	T	E
G	E	R	E		U	T		M	A	T	I	R
	A			E	S	S	E		P	A	S	
O	N	D	I	N	E		M	A	R	G	E	S
	T	I	R	A		L	A	C	E	E		O
A	S	T	1		O	I	N	T	S		T	U
		E	S	T		T	E	E		R	A	D
F	I		A	O	R	T	E	S		E		E
	V	I	T	R	E	E			A	N	A	R
L	O	G	I	S		R	E	I	N	E	S	
	I	N	O		P	A	L	E		E	S	A
T	R	O	N	E		L	I	N	O		E	R
	E	R		U	S	E	R	A	I	E	N	T
U	S	E		S	I	S	E		L	U	E	S

Soleil
lever : **7 h 48**
coucher : **19 h 31**

Samedi **30 septembre**

Saint Jérôme – On fête aussi les Géronima

Joie au cœur fait bon teint.

Étymologie

Échec et mat !

Si *échouer* signifie bien, entre autres, « se conclure par un échec », il ne faut pas pour autant en déduire qu'*échec* et *échouer*, même s'ils sont proches par la forme, ont des liens de parenté étymologiques. Le nom *échec,* apparu au XIe siècle, est un emprunt à l'arabo-persan *shah*, « roi », dans la locution *shah mat,* « le roi est mort ». Le verbe *échouer* a, lui, une origine obscure. Il pourrait s'agir d'une altération du normand *escouer*, correspondant à l'ancien français *escourre,* « secouer ».

Solution Sodoku p. 284

3	9	7	4	1	5	8	6	2
4	6	2	7	8	3	9	1	5
1	5	8	9	2	6	7	3	4
2	4	5	1	6	9	3	8	7
9	7	3	8	5	4	6	2	1
8	1	6	2	3	7	5	4	9
7	2	1	6	9	8	4	5	3
5	8	4	3	7	2	1	9	6
6	3	9	5	4	1	2	7	8

Citations

Vive l'alcool. La cause et la solution à tous nos problèmes.
Homer Simpson

Rétro Vermot

– On l'a arrêté au moment où il se restaurait après avoir cambriolé un logement.

– C'est ce que les aviateurs appellent « le ravitaillement en plein vol ».

Duos du grand écran

Brigitte Bardot — **Roger Vadim**

C'était un couple à la vie et à l'écran. Le réalisateur Roger Vadim et l'actrice Brigitte Bardot ont été mariés de 1952 à 1957 et ont tourné ensemble cinq films. Le cinéaste révèle l'étoile Bardot en 1956 avec *Et Dieu… créa la femme*, et transforme la jeune danseuse en sex-symbol international. Si le couple se sépare par la suite, ils continuent de travailler ensemble dans *Les Bijoutiers du clair de lune* (1958), *La Bride sur le cou* (1961), *Le Repos du guerrier* (1962) et *Don Juan 73* (1973). Vadim disait de Bardot qu'elle était une actrice instinctive, fascinante, mais aussi incapable d'entrer dans des rôles éloignés de sa personnalité.

LE CHIFFRE

111

C'est le nombre d'années qui se sont écoulées avant qu'un ouvrage soit restitué à la bibliothèque municipale de Boise, dans l'Idaho (États-Unis). Publié en 1907, le livre pour enfants *Les Nouvelles Chroniques de Rebecca* de Kate Wiggin avait été emprunté pour la dernière fois en novembre 1911. Il a été réexpédié à la bibliothèque par la Poste début 2022 ! D'après le personnel de l'établissement, l'ouvrage a été très bien conservé pendant toutes ces années et il est en très bon état. Le règlement de la bibliothèque précise que « les livres peuvent être conservés deux semaines sans renouvellement, sauf indication contraire ». Une amende de 2 cents par jour est imposée sur les livres rendus en retard. La personne qui l'a emprunté doit donc en théorie un peu plus de 800 dollars de pénalités. Toutefois, selon de nouvelles règles adoptées en 2020, la bibliothèque a totalement supprimé ces amendes pour les livres rendus hors délais. Au lieu de cela, les retardataires ne peuvent simplement plus prendre d'ouvrages tant qu'ils n'ont pas restitué leur emprunt. A priori, il n'y a aucune chance pour que celui ou celle qui avait pris le livre en 1911 vienne en emprunter un autre…

Dimanche 1er octobre

Sainte Thérèse de l'Enfant Jésus – On fête aussi les Arielle

Soleil
lever : 7h50
coucher : 19h29

Octobre en brume, mois à rhumes.

HISTOIRES POLICIÈRES

L'AUBERGE SANGLANTE DE PEYREBEILLE

Cette affaire débute le 26 octobre 1831 quand des pêcheurs découvrent le cadavre de Jean-Antoine Enjolras sur les berges de l'Allier, à la limite de l'Ardèche et de la Lozère. Porté disparu depuis quinze jours, le cultivateur de 72 ans a le crâne fracassé. Très vite, plusieurs témoins assurent l'avoir aperçu dans la nuit du 12 au 13 octobre à l'auberge de Peyrebeille. Dans la région, il y a belle lurette que des rumeurs circulent sur cet établissement. Installés depuis une vingtaine d'années, Pierre et Marie Martin, ses tenanciers, ont rapidement prospéré, suscitant autant d'admiration que de jalousie. Certains soupçonnent le couple d'aubergistes, aidé par leur neveu André Martin et leur domestique, Jean Rochette, d'assassiner et de détrousser des voyageurs qui font étape chez eux. Jean-Antoine Enjolras a probablement subi le même sort… Coupables tout désignés, Pierre Martin et son neveu sont arrêtés le 1er novembre 1831, et Rochette le lendemain. Marie Martin le sera un peu plus tard. L'incarcération des aubergistes embrase les esprits et les témoins se bousculent pour les accabler. Les uns se souviennent de taches de sang sur les murs, d'autres évoquent des fumées nauséabondes s'échappant des cheminées de leur auberge. On les aurait également vus transportant des cadavres la nuit le long des chemins et, comble de l'horreur : la mère Martin aurait servi à ses clients un ragoût préparé avec des morceaux prélevés sur leurs victimes. Finalement, les racontars imputent au couple et à leurs deux complices plus d'une cinquantaine de disparitions entre 1818 et 1830. Le procès des « quatre monstres » s'ouvre aux assises de l'Ardèche, à Privas, le 18 juin 1833. Cent neuf témoins sont appelés à la barre, mais les magistrats écartent la plupart des dépositions, car elles sont fondées sur de simples rumeurs. Un acquittement général est même envisagé. Et puis, coup de théâtre ! Laurent Chaze, un mendiant porté sur la boisson, vient expliquer à la barre qu'il a tout vu. Chassé de l'auberge, il se serait caché dans une remise d'où il aurait assisté à l'assassinat du cultivateur. Formulé en occitan et traduit en français à la cour par un greffier qui multiplie les effets dramatiques, ce témoignage apparaît, du moins comparé aux autres, vraisemblable. La plaidoirie de l'avocat de Jean Rochette, qui insiste sur l'irresponsabilité de son client soumis à ses maîtres, suggérant implicitement sa culpabilité, scelle le sort des accusés. Le 25 juin 1833, les époux Martin et leur domestique sont condamnés à mort pour le meurtre d'Enjolras. Le neveu, lui, est totalement blanchi.

L'exécution a lieu le 2 octobre 1833 dans la cour de « l'auberge sanglante ». Près de 30 000 personnes y assistent. Sur le point d'avoir la tête tranchée, Rochette s'écrie : « Maudits maîtres, que ne m'avez-vous pas fait faire ! » Ces dernières paroles et le flot ininterrompu de rumeurs vont entretenir à jamais le mythe de « l'auberge rouge » de Peyrebeille. Transmise de génération en génération dans les familles ardéchoises, la légende devient une source d'inspiration pour les écrivains et les cinéastes, parmi lesquels Claude Autant-Lara qui, en 1951, réalisera *L'Auberge rouge* avec Fernandel. Pour les historiens, la culpabilité des Martin dans le seul crime pour lequel ils ont été condamnés est loin d'être démontrée. Mais, la plupart des pièces du dossier ayant mystérieusement disparu des archives judiciaires peu après leur procès, cette affaire restera une énigme à jamais…

Charade à tiroirs

Mon premier passe l'arme à gauche.

Mon deuxième est la cause du sort de **mon premier**.

Mon troisième transforme les peaux en cuir.

Mon tout est un gâteau aux cerises.

CLAFOUTIS. Mon premier est Cla car Cla meurt (clameur). Mon deuxième est Fou car Fou tue (foutu). Mon troisième est Ti car Ti tanne (titane).

Ça s'est passé

Le 1er octobre 1923

Mustafa Kemal Atatürk décide qu'Ankara, bourgade paysanne d'Anatolie, sera la capitale de la Turquie à la place d'Istanbul.

Soleil
lever : **7h51**
coucher : **19h27**

Lundi **2 octobre**

Saint Léger – On fête aussi les Bérégise, Ruth

Gelée d'octobre rend le vigneron sobre.

Pains & gâteaux

Les niflettes de Provins

Cette pâtisserie traditionnelle de la cité médiévale de Provins en Seine-et-Marne était à l'origine préparée de la Toussaint au 11 novembre. Son nom viendrait du latin *ne flete* qui signifie « ne pleure pas ». Plusieurs légendes entourent la niflette : pour certains, elle était offerte aux orphelins, pour d'autres, un boulanger l'aurait créée pour une petite fille pleurant sur la tombe de sa grand-mère. Très proche du pastel de nata portugais, c'est une tartelette en pâte feuilletée garnie de crème pâtissière.

L'humanité en chiffres

La lecture laser du code-barres est devenue banale : industriels, distributeurs ou prestataires de services y recourent partout dans le monde. Ainsi, chaque année, 2 920 milliards de codes-barres sont lus dans le monde entier. Chaque jour retentissent environ 8 milliards de « bips », soit 92 500 par seconde.

Patronymes animaliers

ROBERT MERLE

Robert Merle est indéniablement un des plus grands maîtres français de la fresque historique en littérature. Il est notamment l'auteur de la série *Fortune de France*, une vaste aventure qui s'étend de 1547 à 1661. Il débuta ce travail colossal qui fit sa réputation en 1977 et c'est sa mort, à l'âge de 95 ans, qui mit fin à la saga en 2003. Né à Tébessa, à la frontière algéro-tunisienne, et élevé à Alger, Robert Merle est issu d'une famille originaire de Rhône-Alpes, et plus particulièrement de l'Ain, qui a émigré en Algérie dès le milieu du XIXe siècle. Son patronyme, très fréquent dans la région lyonnaise, est à l'origine un surnom donné à celui qui chante ou siffle comme un merle.

L'ACTU

LA SOUFFRANCE DU HOMARD

Selon un rapport commandé par le gouvernement britannique, il existe « des preuves scientifiques solides que les crustacés décapodes, comme la crevette et le homard, et les mollusques céphalopodes, comme le calmar et le poulpe, sont sensibles à la douleur ». Préparé par la London School of Economics (LSE), ce document s'appuie sur plus de 300 études scientifiques dont l'immense majorité démontre que ces animaux ont une capacité à souffrir. Par ailleurs, de nombreux travaux prouvent que les céphalopodes ont un cerveau et un système nerveux complexe, qu'ils sont capables d'apprendre et d'éviter des expériences désagréables comme les décharges électriques, ou encore qu'ils peuvent résoudre des problèmes et utiliser des outils. Suite à la publication de ce rapport, la loi britannique sur le bien-être animal devrait être étendue aux crustacés et aux mollusques, interdisant qu'ils subissent des morts douloureuses. Ainsi, faire bouillir les homards vivants devrait être définitivement prohibé. Plusieurs pays offrent déjà aux crustacés et mollusques une protection légale, notamment la Norvège, la Nouvelle-Zélande et l'Autriche.

Mardi **3 octobre**

Saint Gérard – On fête aussi les Ewald, Bianca, Blanca, Candide

Soleil
lever : **7h53**
coucher : **19h25**

Chute des feuilles tardive, froidure sera vive.

PROBLÈMES DE MATHS DU CERTIFICAT D'ÉTUDES

Un coureur s'est inscrit à un semi-marathon et s'entraîne sérieusement. Il court 10 fois autour d'un champ rectangulaire à une vitesse de 12 km/h pendant 1 h 30.

1. Si la longueur du champ est égale à trois fois sa largeur, quelle est sa superficie en ares ?
2. Sachant que le coureur désire finir le semi-marathon (21,097 km) en 1 h 30, de combien devra-t-il améliorer sa vitesse ?

Solution :
1. Distance parcourue par le coureur : (12/60) × 90 = 18 km
Périmètre du champ 18/10 = 1,8 km
Périmètre du champ = 2 l + 2 l. Or, puisque L = 3 l,
nous avons 6 l + 2 l = 1,8
ou l = 1,8/8 = 0,225 km = 225 m donc L = 225 × 3 = 675 m
Superficie du champ : 675 × 225 = 151 875 m² = 1 518,75 ares
2. Vitesse requise pour finir un semi-marathon en 1 h 30 : 21,097/1,5
= 14,06 km/h, il faut donc qu'il améliore sa vitesse de 2,06 km/h.

RÉBUS

Les livres français

MEAULNES ←
MEAULNES
MEAULNES

Le Grand Meaulnes d'Alain Fournier

THÉÂTRES DU MONDE

Le Centre national des arts du spectacle à Pékin

Cet îlot flottant et futuriste dessiné par l'architecte français Paul Andreu intrigue depuis son ouverture au public en 2007 au sud de la Cité Interdite. Surnommé « l'œuf », cet immense complexe culturel est composé d'une salle d'opéra (2 400 places), d'une salle de concert (2 000 places) et de deux salles de théâtre. On accède au cœur de la structure en passant littéralement sous l'eau, par un tunnel. Toute la beauté de cette grosse bulle de titane et de verre se reflète dans les eaux du lac artificiel sur lequel elle repose.

L'ACTU

LE COMPTOIR DES RAGNAGNAS

Rañute, la première boutique en France entièrement consacrée aux règles, a ouvert ses portes à Toulouse. Et quand on parle de règles, cela n'a rien à voir avec les instruments de mesures géométriques, mais bien avec les menstruations. En plus des culottes menstruelles lavables, des protections hygiéniques recyclables et autres « cups », cette boutique propose des tisanes pour les règles douloureuses, des livres dédiés au sujet et des conseils « sans tabou » autour du périnée et des fuites urinaires. Cette échoppe originale, fondée par Eléonore Arnaud, répond aux aspirations écologistes et égalitaires de nombreuses femmes. « On ne peut plus continuer à utiliser des serviettes hygiéniques composées à 90 % de plastique, qui mettront 500 ans à se décomposer dans la nature alors qu'on ne les a portées que quelques heures… », explique la quadragénaire. Chaque année, plus de 45 milliards de serviettes et tampons sont jetés dans le monde. En France, cela représente l'équivalent de trois tours Montparnasse…

Soleil
lever : 7 h 54
coucher : 19 h 23

Mercredi 4 octobre

Saint François d'Assise – On fête aussi les Francis, Paco, Oriane, Auriane

À la Saint-François, la bécasse est au bois.

OISEAUX MIGRATEURS

Journée des migrateurs

Le 8 mai est la Journée mondiale des oiseaux migrateurs. Elle donne lieu à des manifestations et des colloques scientifiques, mais elle a pour but essentiel d'attirer l'attention du public et des gouvernements sur l'importance de protéger les migrateurs contre les nombreux dangers qui les menacent, depuis la pollution lumineuse jusqu'aux pesticides en passant par la modification des habitats. Elle souligne en particulier le problème que représente la chasse illégale, notamment le piégeage par filets et gluau, qui tue chaque année plus de 6 millions d'oiseaux dans le bassin méditerranéen.

Ça s'est passé

Le 4 octobre 1923

Naissance de Charlton Heston connu pour ses rôles dans *Ben-Hur*, *Les Dix Commandements* ou encore *La Planète des singes*.

LE CHIFFRE

7,9

C'est, en kilos, le poids d'une pomme de terre déterrée par Colin et Donna Craig-Brown, un couple de Néo-Zélandais, il y a quelques mois. Alors qu'ils désherbaient leur jardin, près de Hamilton, à une quarantaine de kilomètres de la capitale Auckland, ils sont tombés sur ce qui à ce jour est la plus grosse patate jamais trouvée sur la planète. Ils l'ont baptisée Doug, clin d'œil à *to dig (dig, dug, dug)*, verbe anglais irrégulier qui veut dire « creuser ». Comment le gigantesque tubercule est-il arrivé là ? Immaculée plantation ! D'après Colin et Donna, ce coin de jardin était jadis occupé par des concombres avant d'être envahi par les mauvaises herbes. Dans leur mémoire, aucune pomme de terre n'y a jamais été plantée. L'intruse a donc prospéré pendant 3 ans (voire plus) en toute tranquillité. Après avoir exhibé leur énorme légume pendant quelques jours, le couple a décidé de le congeler, car il commençait à se dégrader. Mais Colin n'en a pas encore fini avec Doug. Brasseur amateur, il prévoit de transformer sa pomme de terre XXL en vodka !

Tels pères, tels fils FOOT

Entre 2008 et 2017, la remise du Ballon d'or ne s'est résumée qu'à un duel entre le Portugais Cristiano Ronaldo et l'Argentin Lionel Messi, les deux hommes prenant les deux premières places neuf fois en dix ans. Sur le terrain, les deux joueurs ne cessent également d'accumuler les records, étant par exemple les deux meilleurs buteurs de l'histoire de la Ligue des champions. Leur duel dépasse même le cadre du football, puisqu'il s'étend jusqu'aux registres des naissances. Né le 5 février 1985, le Portugais est plus âgé que son rival argentin de 869 jours, ce dernier étant né 24 juin 1987. Un chiffre qu'ils ont transmis à leur descendance : l'aîné du Portugais, Cristiano Junior, est né le 17 juin 2010 quand celui de l'Argentin, Thiago, est né le 2 novembre 2012. Soit un écart de… 869 jours !

Jeudi **5 octobre**

Sainte Fleur – On fête aussi les Azalée, Cerise, Clémentine, Placide

Soleil
lever : **7 h 56**
coucher : **19 h 20**

À la Saint-Placide, le verger est vide.

Étymologie

Foie et figue, même combat !

C'est la gastronomie qui est à l'origine du terme d'anatomie *foie* désignant l'organe de l'appareil digestif. En effet, les Grecs de l'Antiquité gavaient les oies avec des figues pour engraisser leur foie et employaient l'expression *hêpar* (« foie ») *sukôtón* (« engraissé aux figues »), *figue* se disant *sûkon* en grec ancien. Les Romains ont traduit l'expression par *ficatum jecur,* « foie aux figues », de *ficus*, « figue ». Peu à peu, l'expression s'est réduite au seul adjectif *ficatum* employé comme nom et qui, après diverses transformations, a donné naissance au nom *foie*.

Brèves régions

Bas-Rhin/Le Chemin des Cimes

Le Chemin des Cimes est unique en son genre : c'est une promenade de 1 050 mètres sur un sentier élevé au-dessus des arbres à une hauteur de 5 à 23 mètres. Le point culminant en est une tour panoramique qui dévoile d'époustouflants horizons sur la plaine du Rhin, la Forêt-Noire et les Vosges du Nord. L'ensemble est sans obstacle et conçu pour les familles, avec une pente maximale de 6 % permettant une circulation facile, même avec un fauteuil roulant ou une poussette. Les enfants et les sportifs peuvent aussi s'amuser à redescendre par le toboggan de 75 mètres de long, construit en colimaçon au centre de la tour.

Espace

Star Wars

Gérer les débris spatiaux en orbite ou entrant dans l'atmosphère, contrer un satellite « ennemi » qui s'approcherait trop près, protéger les satellites civils… Alors qu'il n'existe pas de réglementation internationale de l'espace, la France a lancé en mars 2021 l'opération AsterX, son premier exercice militaire spatial dirigé depuis son commandement de l'espace basé à Toulouse. Une première en Europe.

Les scandaleuses

Messaline, la « putain impériale »

Née en l'an 25, Valeria Messalina est mariée à l'âge de 13 ans à son cousin Claude, de 35 ans son aîné. Elle se comporte d'abord comme une épouse modèle et donne naissance à deux enfants : Octavie, qui épousera plus tard Néron, et Britannicus, qui inspirera la tragédie éponyme de Racine. En 41, après l'assassinat de Caligula, Claude est proclamé empereur. Souverain bègue et timoré, il s'entoure de nombreux conseillers, parmi lesquels sa femme. Messaline a alors 16 ans et change radicalement de comportement. Sa lubricité étant, d'après Tacite, insatiable, elle se rend, affublée d'une perruque blonde, dans les bouges infâmes de Rome où elle s'offre aux gladiateurs. Usant jusqu'à l'excès de sa situation exceptionnelle, elle multiplie les amants, fait proscrire des Romains pour s'emparer de leur fortune et fait assassiner ses éventuelles rivales. En 48, alors que Claude est en voyage, elle épouse son amant, le consul Caius Silius, et commet l'imprudence d'annoncer son intention de renverser l'empereur. Informé de ce complot et des multiples trahisons de sa femme, ce dernier rentre sur-le-champ, exécute Silius et ordonne à la *meretrix Augusta* – la « putain impériale »–, de se suicider. Comme Messaline ne parvient pas à se donner la mort, un soldat la tue froidement.

Soleil
lever : **7h57**
coucher : **19h18**

Vendredi **6 octobre**

Saint Bruno – On fête aussi les Arthaud, Brunehaut, Foy

Lune jaune ou rousse, pluie à vos trousses.

MOTS FLÉCHÉS

Lassai / Dévote
Imita / Manque de soin
Galettes roumaines / Passager clandestin
Fait rêver
Pays d'Afrique / Les premiers sont essentiels
Fais demi-tour / Entre trois et quatre
Se paya une pomme
Recueil de fables / Possessif
Chauffais / Malsain
Arc / Pleurniches
Taxe sur le blé / Ses jours sont comptés
Personnel / On peut y être traîné
Pays d'Afrique / Dévorée
Fait de / Places
Comme un certain âge / Aux yeux de tous
Entaille / Bête à corne
Obstacle
Fonça
Gâteau / Romaine
Afflux / Agent de la circulation
Tente / Fruits ou chapeaux
Provoquer
Coup de bois
Équipée / Donne une nouvelle direction
Régal de danois / Vieux plis
Devant devant / Relever
Acide / Rendue en partant
Bon nombre d'années / De même
Répartit / Unité électrique
Pied / Vent froid
Unit à nouveau
Arrose les œillets / Inusité
Nid de martinais / Parti en éclats
Se trouve dans le vide / Échelon
Pigment / Occupée
Darmstadtium / Grasse ou sèche
Comblée / Se met à table
Arrivé
Juste après le delta / Formule
Fumé / Oignon
A de la gorge / Exposé au salon
Arrive au point / Appel
Chrome / Personnel
Sujet entre amis / Blesser
Laisse un vide
Plat japonais
Dame sur le pavé
Bien roulée

SOLUTION PAGE 306

Samedi 7 octobre

Saint Serge – On fête aussi les Gustave, Bacchus, Ke

Soleil
lever : 7 h 59
coucher : 19 h 16

Le plus court chemin est la ligne droite.

Grandes écoles

Institut français de la mode

Inaugurée en 2019, cette école privée dédiée aux métiers de l'industrie de la mode, du luxe, du design et du textile est placée sous la tutelle du ministère de l'Industrie. Elle est née de l'union de deux écoles : la Chambre syndicale de la couture parisienne (1926), dédiée à la formation des créateurs et des fabricants, et l'Institut français de la mode (1986), fondé par le styliste Pierre Bergé et consacré au management spécifique de la mode. Ses cursus très élitistes apparaissent régulièrement en tête des classements internationaux. Chaque année, 1 000 étudiants occupent le superbe campus intégré à la Cité de la mode et du design, quai d'Austerlitz, qui réunit des studios et des ateliers de fabrication, un *fab lab*, un atelier de conception assistée par ordinateur (CAO), un studio photo et une matériauthèque. L'institut gère également un observatoire économique du secteur de la mode, ainsi qu'une des plus riches bibliothèques spécialisées de France. À la fin de leurs études, les diplômés se dirigent vers des métiers aussi divers que directeur artistique, designer, styliste ou maroquinier. Parmi eux, citons l'actuelle directrice artistique d'Hermès, Nadège Vanhee-Cybulski, ou encore la créatrice Christine Phung.

Vélo

La doyenne

Entre 1891 et 1988, la classique Bordeaux – Paris anime le mois de mai. Cette course très particulière d'environ 600 kilomètres débutait à 2 heures du matin à Bordeaux pour une arrivée prévue 14 heures plus tard dans la capitale. La première édition est remportée par un coureur anglais, elle lance véritablement les courses sur route. Surnommée « la Doyenne », elle est l'une des rares classiques à échapper à Eddie Merckx. Sa dernière édition, en 1988, est remportée par un Français : Jean-François Rault.

Les plus vieux commerces du monde

Italie – Santa Maria Novella

Santa Maria Novella n'est pas un restaurant antique ni une librairie remontant à Gutenberg. C'est une pharmacie de Florence, en Italie, fondée en 1221 par les moines dominicains. À l'époque, ils fabriquaient eux-mêmes les médicaments et *Santa Maria Novella* a conservé cet esprit en produisant sa propre gamme de parapharmacie. Sept siècles après les moines, la marque est aujourd'hui présente sur Internet où vous trouverez ses savons, laits pour le corps et eaux de Cologne. Néanmoins, si vous passez par la ville des Médicis, une visite de ce monument spectaculaire s'impose, notamment pour ses plafonds ornés de magnifiques fresques. Cinq points de vente existent également à Paris mais, bien que situés dans des quartiers prestigieux, leur cadre n'a pas le cachet de la maison-mère.

Dimanche 8 octobre

Sainte Pélagie – On fête aussi les Thaïs, Morgan

Le vieux balai connaît les coins. *(Proverbe irlandais)*

Argot

Pivois

Le français familier connaît le nom « pif » dans le sens de « vin rouge ordinaire » (un verre de pif qui tache). Ce pif est une déformation de l'argot « pive », qui est lui-même une apocope (suppression de la dernière syllabe) du non moins argotique « pivois » (toujours le même sens). Les spécialistes de l'argot ont longtemps pensé que « pivois » venait de « pivoine », par analogie de couleur. Ils s'accordent à dire aujourd'hui qu'il est issu de l'ancien français *pier*, « boire ».

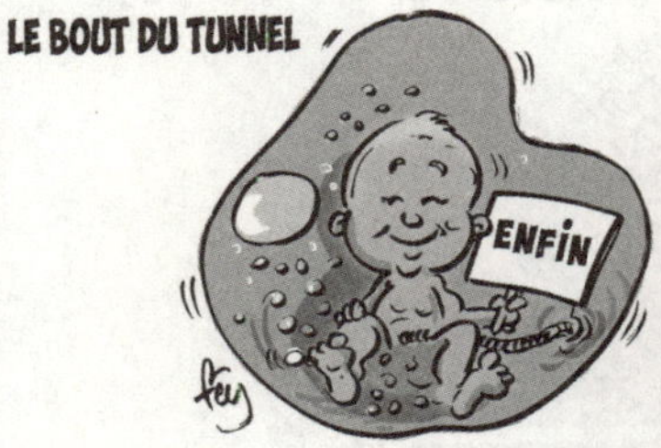

Ville en chanson

Amsterdam

La capitale des Pays-Bas est à jamais associée à la chanson de Jacques Brel qui porte son nom. Pourtant, ce n'est pas le grand port d'Amsterdam qui a inspiré le chanteur mais celui de Zeebruges où il aimait passer du temps dans les bars. Au moment d'écrire la chanson, trouvant trop peu de rimes s'accordant avec Zeebruges, il le remplace par Amsterdam qu'il trouve plus musical. Jamais enregistrée en studio, c'est la seule chanson que Jacques Brel acceptait de reprendre lors des rappels du public à la fin de ses concerts. Elle connaît une renommée mondiale avec l'interprétation de David Bowie en 1973.

Brèves régions

Rhône/La République italienne

C'est à Lyon, le 25 janvier 1802, qu'est née la République italienne. Ce jour-là, dans la chapelle de l'ancien collège de La Trinité, Bonaparte réunit les représentants de la République cisalpine, créée cinq ans plus tôt et dont le siège était à Milan. Les élus décident que cette dernière se nommera désormais « République italienne » et Bonaparte s'en fait proclamer premier président. À cette occasion, la capitale des Gaules est le siège de fêtes somptueuses et de grands spectacles en présence des députés italiens, de préfets des départements voisins, de représentants des principales villes de France et de notables étrangers.

L'ACTU

ET LES PIÉTONS LES PLUS DANGEREUX DE FRANCE SONT...

Selon une étude sur la mobilité des piétons en agglomération réalisée par les assurances MMA, les marcheurs lyonnais et parisiens sont plus imprudents que les autres. Cinq villes ont été passées au crible par l'assureur : Paris, Lille, Nantes, Montpellier et Lyon. Verdict : 38 % des Lyonnais et des Parisiens ont « un comportement à risque en traversant ». À l'inverse, à Lille, les piétons sont les plus prudents avec seulement 22 % qui ont une attitude inadaptée pour traverser. Parmi les conduites dangereuses épinglées par cette étude, 61 % des piétons traversent sans respecter le feu de signalisation, 30 % en dehors des passages protégés, 29 % en utilisant leur téléphone, 14 % avec un casque audio ou des écouteurs et 4 % sans avoir vérifié au préalable l'arrivée d'un véhicule. Le piéton irresponsable est plutôt masculin (58 %) et très jeune (55 % ont moins de 30 ans). Chaque année, entre 400 et 500 piétons sont tués en France. C'est cinq fois moins que dans les années 1970 et deux fois moins qu'il y a 20 ans.

Lundi **9 octobre**

Saint Denis – On fête aussi les Sybille, Gunther, Sara

Soleil
lever : **8 h 02**
coucher : **19 h 12**

Les dieux aident ceux qui agissent. *(Proverbe latin)*

Citations

Le christianisme a beaucoup fait pour l'amour en en faisant un péché.

Anatole France

Bibliophiles

L'Odyssée, Homère, trad. Victor Bérard (Les Belles Lettres, 1924)

La traduction de Victor Bérard n'est ni « moderne », ni en vers, et très IIIe République. Mais c'est elle que les apprentis hellénistes ont dans l'oreille, qui regorge d'expressions comme « l'aurore aux doigts de rose, Ulysse aux mille tours ». Limpides, sa mélopée et ses périodes classiques nous rendent accessibles sans difficulté les aventures et l'humanité du héros antique et de son fils, Télémaque, dont la quête est contrariée par les dieux. Péripéties, amours fidèles et passions transitoires, récits enchâssés, odes et lyrisme : tout y est et rend vivant en nous ce texte fondateur.

Citations

L'air est plus pur à la campagne parce que les paysans dorment les fenêtres fermées.

Eugène Ionesco

Rétro Vermot

– Quels sont les commerçants qui ne font jamais de bénéfices ?

– Les sanguins (sans gains).

Jeux de société

Le jeu de dames

L'Égypte antique connaissait un jeu proche, mais les origines des dames sont arabes : l'*alquerque*, ou « marelle de douze », joué sur un tablier quadrillé (5 lignes horizontales et 5 verticales, traversées de diagonales dans les deux sens), importé dans la péninsule ibérique lors de la conquête musulmane (à partir du VIIIe siècle). Au XIVe siècle, le damier s'étend sur 64 cases, comme bientôt l'influence espagnole sur l'Europe. Ainsi, c'est en Hollande au XVIIe siècle (possession de Madrid à cette époque) que le jeu trouve sa forme (100 cases) et ses règles quasi définitives, avant de conquérir le reste du continent. Si Rabelais le cite dans son *Gargantua* (1534), c'est au XVIIIe siècle qu'il se diffuse en France, sous le curieux nom de « dames à la polonaise ». Depuis lors, les « damiers » s'affrontent sur les cinq continents.

Lacs de France et d'Europe

Le lac Pavin en Auvergne

Situé sur la commune de Besse (Puy-de-Dôme) à une altitude de 1 200 m, le lac Pavin est installé dans le cratère d'un ancien volcan, ce qui lui donne son originalité. Il a la forme d'un cercle de 800 m de diamètre, pour une surface de 44 ha et une profondeur de 90 m. Ce lac naturel est récent : il est rempli depuis à peine 7 000 ans. Différentes légendes entourent ce lac. L'une assure que ce sont les larmes de Lucifer qui, pour avoir enlevé une jeune fille, fut victime des foudres divines. En faisant le tour du lac, le promeneur découvrira une forêt de hêtres et de magnifiques vues sur le plan d'eau, bleu par beau temps et noir par temps orageux, ce qui fait naître d'autres légendes… Canotage et pêche (omble chevalier) y sont pratiqués.

Soleil
lever : 8h03
coucher : 19h10

Mardi 10 octobre

Saint Ghislain – On fête aussi les Virgile, Loth, Clair

Quand la pauvreté entre par la porte, amour s'en va par la fenêtre.

HEUREUX MARIAGES

Il y a bien longtemps, à une époque où seules les religions catholiques et protestantes étaient reconnues en France, François Rabin et Thomine Thomas, sa femme, donnèrent naissance à un petit Jan, le 8 juin 1638 à Lanloup, dans les Côtes-d'Armor. Et lorsque Jan Rabin se maria à son tour, le 14 novembre 1673 à Pléhédel, sa femme eut du mal à abandonner son nom, car elle s'appelait Radegonde Chrétien !

La bonne blague

Ha! Ha! Ha! Ha! Ha! Ha! Ha! Ha! Ha!

Un homme qui prend souvent l'avion est assis au bar d'un grand aéroport. Une très belle femme entre et s'assoit à côté de lui. Comme elle arbore un uniforme, l'homme présume que c'est une hôtesse de l'air. Histoire d'entrer en contact avec elle, il décide pour l'impressionner de deviner pour quelle compagnie aérienne elle travaille. Il se penche délicatement vers elle et lui glisse la devise de Qatar Airways : « Le voyage compte autant que la destination. » La femme le regarde sans aucune réaction. Il se penche à nouveau vers elle et tente la devise mythique d'Air France : « Faire du ciel le plus bel endroit de la terre. » Cette fois encore, sa voisine le fixe avec un air perplexe. Pas découragé, l'homme essaie à nouveau, cette fois avec la devise d'American Airlines : « Nous savons pourquoi vous volez. » La femme le dévisage et lui lance :
« Qu'est-ce que tu veux, abruti ?
– Ah ! dit-il avec un large sourire, vous volez pour une compagnie low cost, vous ! »

30 morceaux de bœuf

LE PLAT DE CÔTES

C'est à l'extrémité des côtes du bœuf qu'on trouve le plat de côtes, juste au-dessus du tendron. C'est le morceau qui sert de base à tout bon pot-au-feu et aux recettes mitonnées de nos grands-mères. Outre-Atlantique, on le prépare également au barbecue après l'avoir fait mariner plusieurs heures au frais dans des mélanges d'épices en fonction du goût de chacun.

Curiosités scientifiques

La porte de l'enfer

Depuis les années 1960, le cratère de Batagaika ne cesse de se creuser pour atteindre de nos jours une longueur de près d'un kilomètre sur 86 mètres de profondeur, continuant de s'ouvrir de 10 à 30 mètres chaque année en émettant divers sons. Cet aspect effrayant lui a conféré le surnom de « porte de l'enfer » par les locaux. Une porte qui ouvre pourtant sur un autre monde. En découvrant ses strates successives, il offre aux archéologues le moyen de remonter le passé par l'accès à divers vestiges et fossiles datant de plus de 200 000 ans. Mais le cratère de Batagaika est aussi un témoignage du présent, car il est la conséquence des effets de la déforestation et du réchauffement climatique.

Les pires prédictions de l'Histoire

Le 15 septembre 1916, lors de la bataille de la Somme, l'armée britannique utilise pour la première fois dans l'histoire des tanks, les Mark I. Si cette apparition provoque la surprise chez les Allemands, l'engagement trop chaotique des chars se solde par un revers. Tandis que le maréchal Haig qui dirige le corps expéditionnaire britannique se lamente, son aide de camp lui rappelle que, quelques mois plus tôt, lors des essais pour ces blindés, la plupart des officiers avaient exprimé leur réserve. L'idée que la cavalerie puisse être un jour remplacée par ces « carrosses de fer » leur avait semblé totalement absurde. Un an plus tard, lors de la bataille de Cambrai, l'utilisation de 400 Mark IV, modèle beaucoup plus performant, apportera la preuve que les tranchées les mieux défendues ne peuvent résister à une attaque massive de chars d'assaut. Et que la cavalerie connaît ses derniers jours…

Mercredi 11 octobre

Saint Firmin – On fête aussi les Agilbert, Firmiane, Firminie

Soleil
lever : 8 h 05
coucher : 19 h 08

À la Saint-Firmin, l'hiver est en chemin.

La gaffe de l'Histoire

Quand Laschet se lâche

Armin Laschet, candidat conservateur aux élections allemandes, a commis deux gaffes qui auraient pu lui coûter très cher. Des caméras l'avaient filmé hilare, en arrière-plan d'un discours, alors qu'il était question de 180 morts dans une catastrophe. Puis, lors de son vote, il avait laissé visible son choix écrit sur le bulletin alors que celui-ci doit être tenu secret selon la loi.

Chantiers de restauration

La poudrière Saint-Georges

La poudrière Saint-Georges a été construite au cœur de la citadelle de Lille, dans le Nord, au XVIIe siècle. Premier grand ouvrage fortifié de Vauban, celle qu'on appelle volontiers la « reine des citadelles » faisait partie d'une double ligne de places fortes défendant la frontière de la Flandre. Jusqu'à 2 000 hommes travaillèrent à l'édification de cet ouvrage de brique et de pierre, aujourd'hui classé monument historique. Grâce aux bénévoles de l'association Chantiers Histoire et Architecture Médiévales, la poudrière bénéficie de chantiers de restauration qui lui redonne la splendeur qui lui est due. Ils y réalisent notamment des ouvrages de maçonnerie comme des voûtes de briques en berceau ou s'initient à la taille de la pierre et à la pose de pierres de corniche.

Citations

La mort, c'est le meilleur moment de la vie ; c'est pour cela qu'il est préférable de le garder pour la fin.

Gustave Parking

HISTOIRES DE SUPERMARCHÉS

« Comptez sur nous ! »

Cora fait partie du groupe belge Louis Delhaize. Créée en 1969, l'enseigne compte 61 hypermarchés en France, la plupart dans le nord-est et dans les départements d'outre-mer, et 20 autres en Belgique, au Luxembourg et en Roumanie. Les premiers magasins étaient des franchises du groupe Carrefour, puis Cora est devenue indépendante en 1974. Depuis, on a pu lire « Cora, la qualité est là ! » mais aussi « Vous avez tout à y gagner » car le groupe possède aussi les supermarchés Match.

Brèves régions

Sarthe/Les Alpes mancelles

Situées aux confins de la Sarthe, de l'Orne et de la Mayenne, les Alpes mancelles sont le prolongement du Massif armoricain et forment un paysage escarpé, atypique dans cette région. Une légende locale voudrait que leur nom leur fût donné au VIIe siècle par deux frères qui, ayant quitté Rome pour le royaume des Francs et franchi les Alpes, décidèrent de n'arrêter leur marche qu'en présence d'un paysage leur évoquant des sites alpestres. Après avoir traversé quasiment tout notre pays en diagonale, ils s'installèrent ici et devinrent ermites. Les Alpes mancelles sont aujourd'hui un haut-lieu du tourisme de la vallée de la Sarthe.

Jeudi 12 octobre

Saint Wilfried – On fête aussi les Edwin, Edwina, Eddy

Ce qu'on apprend au berceau dure jusqu'au tombeau.

BD de collection

L'Espiègle Lili

Cette série paraît en 1909 dans *Fillette*, créée pour concurrencer *La Semaine de Suzette*, mais dans une veine populaire. Elle est dessinée par André Vallet et écrite par Jo Valle. Comme dans *Bécassine*, il n'y a pas de bulles, mais un bloc de texte, parfois assez long, sous la vignette. Lili est une écolière indisciplinée, qui joue mille et un tours à ses parents et à ses professeurs. On peupour l'émancipation de la femme.

Rétro Vermot

Papa cherche à faire honte à son rejeton qui, à trois reprises, a été classé dernier de toute sa division.

– Vois ton ami Fernand, lui dit-il, toujours le premier… Ah ! voilà un petit garçon intelligent, travailleur, sérieux… Il ira loin. Ah ! c'est un gamin dont je serais heureux d'être le père.

– Tu ne serais pas heureux du tout… répondit le gosse, son père s'est fait écraser par une auto le mois dernier.

POULES, POULETTES

LA LIMOUSINE

Dans le commerce, on appelle « limousine » une poule grise hybride, issue de différentes souches. Mais la vraie limousine vient réellement du Limousin, où elle faisait le bonheur des basses-cours d'antan dans tous les villages corréziens. La race est connue depuis longtemps sous le nom de « coq de pêche », parce que le beau plumage du mâle est idéal pour fabriquer des leurres destinés à la pêche à la mouche – non seulement dans le Limousin, mais dans toute la France. Cette particularité a été la chance de cette jolie race, et lui a permis d'être préservée et de voir son standard homologué, en 1991. La poule, de taille moyenne et au plumage gris ou bleuté, dotée de barbillons bien développés, est solide, rustique et pleine de vivacité. C'est une assez bonne pondeuse et sa chair est réputée.

– JE DOIS VIEILLIR… UN INSTANT, J'AI CRU VOIR MON PÈRE DANS LA GLACE !

Séries TV (acteurs et actrices)

JULIANNE MOORE – *AS THE WORLD TURNS*

Julianne Moore apparaît pour la première fois à la télévision en double : elle incarne, pendant trois ans, les jumelles Frannie et Sabrina Hugues dans la série *As the World turns*. Entre 1985 et 1988, la comédienne s'invite ainsi dans les foyers américains toutes les semaines. Ce *soap opera* populaire aux États-Unis s'est étiré sur 54 saisons, entre 1956 et 2010, et a lancé un grand nombre de jeunes acteurs et actrices. Lorsqu'elle quitte la série, Moore joue dans une production théâtrale grâce à laquelle elle est remarquée par le réalisateur Robert Altman, qui la révèle à la critique avec *Short Cuts* en 1993. Par la suite, elle alterne entre films indépendants et grosses productions hollywoodiennes, tout en revenant régulièrement au théâtre. L'actrice repasse par le petit écran entre 2009 et 2013, dans la drôlissime série *30 Rock* créée par Tina Fey.

Vendredi **13 octobre**

Saint Géraud – On fête aussi les Fauste, Guérande

Soleil
lever : **8 h 08**
coucher : **19 h 04**

Le piment gratuit est plus doux que le sucre. *(Proverbe géorgien)*

Recette

Douillons normands

Voilà un dessert qui fait la part belle aux pommes : ce drôle de chausson a la particularité de garder le fruit entier, pour encore plus de saveur !

Pour 4 pers. **15 min de préparation** **20 à 30 min de cuisson**

- 4 pommes
- 4 cuil. à soupe de sucre
- 20 g au moins de beurre demi-sel
- 2 pâtes brisées ou feuilletées
- 1 à 2 œufs (pour dorer)

Préchauffez le four à 200 °C (th. 6-7). Pelez les pommes puis évidez-les délicatement à l'aide d'un vide-pomme. Dans chaque trou creusé, déposez 1 cuil. à soupe de sucre et 5 g de beurre (ou plus si vous avez affaire à des gourmands).

Coupez chaque pâte en deux et déposez les 4 morceaux devant vous sur le plan de travail. Posez une pomme évidée sur chaque morceau de pâte et recouvrez le fruit de pâte en soudant bien les bords avec un peu d'eau ou de jaune d'œuf. Dorez la pâte avec l'excédent d'œuf.

Déposez les 4 pièces sur une plaque à four tapissée de papier sulfurisé et enfournez pour 20 à 30 min, la pâte doit être dorée.

Variantes

Une recette à essayer avec des poires ! La pâte brisée allège un peu ce dessert mais la pâte feuilletée, qui rappelle le traditionnel chausson aux pommes, le rend plus gourmand.

Argot

Plomber

Dans le milieu, mieux vaut ne pas se faire plomber (non pas se faire plomber une dent, mais se faire plomber, tout court). En effet, cela peut signifier que l'on a été contaminé par une maladie sexuellement transmissible (blennorragie ou syphilis, autrement appelées « chtouille » ou « chaude-pisse » en argot). Mais cela peut signifier également que l'on a été assassiné à l'aide d'une arme à feu. Et dans ce cas, on peut même « se faire plomber comme un lapin » !

MÉTIERS IMPROBABLES

ÉCRIVAIN POUR LES BISCUITS CHINOIS

Chaque année, plus de 3 milliards de biscuits chinois sont produits dans le monde. À l'intérieur de chaque « *fortune cookie* » est inséré un petit morceau de papier où l'on peut lire une prédiction ou une maxime, parfois humoristique. Installée à New York, la ville qui a popularisé ces confiseries dans les années 1930, l'entreprise Wonton Food Inc., plus gros producteur de la planète, emploie une dizaine de personnes pour rédiger ces pensées plus ou moins « spirituelles ». Donald Lau, l'un de ces rédacteurs professionnels de maximes, expliquait il y a quelques années dans une interview : « L'essentiel, c'est de ne pas avoir l'esprit trop compliqué et de penser en phrases de dix mots ! » Et aussi de ne jamais oublier l'adage : « Biscuit chinois sans message, signe de mauvais présage. »

Soleil
lever : 8 h 09
coucher : 19 h 02

Samedi **14 octobre**

Saint Juste – On fête aussi les Céleste, Gwenda, Calixte

All blocks – France 29 ≠ 28

Le doute est le commencement de la sagesse.

Expressions disparues

Avaler la médecine

Une pilule pourrait vous sembler ne pas être assez grosse pour décrire le sentiment que vous éprouvez lorsque vous devez vous résigner à accepter quelque chose que l'on vous impose. Aussi, plutôt que de dire que vous avez du mal à « avaler la pilule », vous pourriez dire que vous avez du mal à « avaler la médecine ». Dans cette expression, encore en usage au début du siècle dernier, médecine a gardé son sens premier qu'il avait lorsqu'il est apparu à la fin du XIe siècle, à savoir « remède, médicament ».

LE SAVIEZ-VOUS ?

Les influenceurs lancent des rumeurs sur le Net.

Ma mère est une influenceuse dans son quartier.

MOTS MÊLÉS

Langues et parlers de la France métropolitaine K-Z

N	S	I	O	H	T	R	A	S	R	H	H	P	Y
T	O	I	N	I	A	M	O	T	E	V	N	E	A
P	M	R	N	L	Y	O	N	H	I	E	N	S	R
O	A	N	M	M	L	O	C	V	I	M	I	M	C
I	R	O	L	A	R	I	A	C	A	A	E	U	I
T	C	L	W	Y	N	R	O	Y	E	N	A	L	P
E	H	L	E	E	O	D	E	G	T	E	O	R	E
V	O	A	Y	A	E	N	N	O	G	R	O	P	R
I	I	W	L	U	N	O	N	N	R	V	L	I	C
N	S	P	G	A	T	A	A	A	E	S	L	C	H
M	I	N	I	N	S	R	I	N	I	N	A	A	E
N	A	S	I	Q	U	N	C	S	P	S	W	R	R
L	Q	A	U	O	S	A	V	O	Y	A	R	D	O
B	S	E	T	M	L	I	M	O	U	S	I	N	N

Solution page 310

Cherchez les noms de langues et parlers de la France métropolitaine cachés dans la grille ci-dessus. Vous les trouverez soit horizontalement, soit verticalement ou encore en diagonale ; ils peuvent se lire de gauche à droite ou de droite à gauche.

LANGUEDOCIEN
LIMOUSIN
LORRAIN
LYONNAIS
MAINIOT
MARCHOIS
MAYENNAIS
MENTONASQUE
NORMAND
ORLÉANAIS
PERCHERON
PICARD
POITEVIN
PROVENÇAL
SAINTONGEAIS
SARTHOIS
SAVOYARD
TOURANGEAU
VIVARO-ALPIN
WALLON
YÉNICHE

Citations

Le prix Nobel de la paix… Certains tueraient pour l'avoir, non ?

Jacques Dutronc

L'ACTU

« CÉTACÉ » DIT LA BALEINE…

Des scientifiques se demandent très sérieusement comment parler avec les baleines. Dans le cadre du projet CETI (Cetacean Translation Initiative), des chercheurs vont en effet tenter de décoder le langage des cétacés avec l'objectif de pouvoir entamer une conversation. On doit cette idée à Shafi Goldwass, une informaticienne et experte en cryptographie. Son équipe va décrypter au moyen de l'intelligence artificielle les « clics » et « codas » qui forment le langage des baleines. Les premiers résultats seraient très prometteurs. Toutefois, pour pouvoir étudier complètement leurs codes de communication, les scientifiques doivent collecter une quantité de données considérables. Ils ont en effet besoin d'emmagasiner près de quatre milliards de cliquetis alors qu'ils en sont à moins de 150 000. Shafi Goldwass et son équipe devront ensuite contextualiser les clics et codas, car ces derniers n'ont aucun sens si on ne connaît pas la situation dans laquelle ils sont émis. Discuter avec des baleines n'est donc pas encore pour demain. Dommage, car elles ont certainement des choses importantes à nous dire…

Dimanche **15 octobre**

Sainte Thérèse d'Avila – On fête aussi les Cannat, Conogan

Soleil
lever : **8h11**
coucher : **19h00**

Les cinq doigts de la main ne sont pas égaux. *(Proverbe arabe, XVe siècle)*

Solution Mots fléchés p. 297

	F		C		L		S		T		R	
C	A	G	O	T	E		I	S	O	P	E	T
	T	A	P	A	I	S		O	G	I	V	E
V	I	C	I	E		A	G	I	O		I	L
	G	H	A	N	A		E	N		B	E	L
L	U	E		I	N	C	I	S	I	O	N	
	A		N	A	N	A	N		R	U	S	H
F	I	L	A		E	S	S	A	I	E		A
		A	R	M	E	E		O	S		C	I
D	R	I	V	E		S	U	R		E	R	E
	E	T	A	L	A		S	T	I	P	E	
C	O	U	L	O	M	B		E	T	I	E	R
	R	E		N	E	O	N		O	C	R	E
R	I		D	S		R	E	P	U	E		M
	E	T	A		S	A	U	R		R	E	A
E	N	O	N	C	E		F	I	N		C	R
	T	U		O	T	E		S	U	S	H	I
V	E	X	E	R		H	I	E		E	U	E

Citations

Le philosophe cherche des solutions aux problèmes et ne trouve que des problèmes sans solution.

Sim

Espace

Dans les bagages d'Armstrong

Lorsque Neil Armstrong pose le pied sur la Lune, il a avec lui un colis de l'Observatoire de la Côte d'Azur. C'est un catadioptre, qui a la capacité de renvoyer la lumière dans la direction d'où elle provient. Quatre autres catadioptres sont ensuite déposés par d'autres missions. En tirant un faisceau lumineux dans sa direction, il a ainsi été possible de mesurer à 7 mm près la distance entre la Terre et la Lune.

Citations

Je ne croirai aux microbes que quand je les aurai vus à l'œil nu.

Georges Feydeau

Le bon mot de l'Histoire et le gros mot

« L'épuration fut un acte révolutionnaire mis en forme légale, condamné par définition à ne satisfaire ni les révolutionnaires ni les légalistes. » Raymond Aron, 1er octobre 1945

À la Libération, partout en France, les Résistants aidés de la population s'en prennent aux « collabos » avérés ou supposés. Face à l'ampleur d'un mouvement qui vire au règlement de compte, sans rapport parfois avec l'Occupation, le gouvernement provisoire organise un cadre légal à l'épuration, notamment par la création de tribunaux d'exception. Dès 1947, soucieux de réduire la fracture entre Français, le gouvernement votera les premières mesures d'amnistie.

LE CHIFFRE

6

C'est le nombre de mois pendant lesquels un poisson a survécu alors qu'il lui manquait la moitié du corps. Repéré dans un aquarium du marché de Ratchaburi (Thaïlande), ce barbeau argenté, une espèce élevée en aquaculture pour sa chair, a été acheté par Watchara Chote, 36 ans, qui l'a surnommé « I-moitié ». L'animal avait apparemment perdu sa queue après avoir tenté de s'échapper du bassin en ciment dans lequel il était élevé. Ses os se sont fracturés lors de sa tentative d'évasion, ce qui a entraîné le pourrissement de sa queue, d'une bonne partie de ses écailles et de la moitié de son corps qui a fini par se détacher. Le demi-poisson est décédé alors qu'il était transporté de village en village par son sauveur qui l'exhibait comme un monstre de foire. Lorsque la mort d'I-moitié a été annoncée, des dizaines de personnes qui avaient eu la « chance » de pouvoir l'observer se sont cotisées pour que celui-ci soit enterré dans un (demi) cercueil.

Soleil
lever : **8h12**
coucher : **18h58**

Lundi **16 octobre**

Sainte Edwige – On fête aussi les Gall, Gaudry, Junien

Quand l'homme est en colère, il a le diable au corps.

Randonnées

AUTOUR DE MOUSTIERS-SAINTES-MARIE, EN SURPLOMB DU VERDON

Né dans les méandres du col d'Allos, le Verdon résonne comme un appel à la nature. La fougue de ses eaux a creusé les célèbres gorges, aux eaux bleu turquoise. Lovées entre les Alpes-de-Haute-Provence et le Var, ces gorges sont balisées de nombreux sentiers, notamment dans le Parc naturel régional du Verdon. Au niveau du village de Moustiers-Sainte-Marie (Alpes-de-Haute-Provence), une randonnée de 8 km permet de suivre plusieurs belvédères, dont le col de Plein Voir, ouvrant sur le « Grand Canyon » et le lac de Sainte-Croix.

Chiffres et expressions

Marcher à quatre pattes

Alors que la marche à quatre pattes permet aux bébés leurs premiers déplacements, il n'est pas très heureux pour un adulte de se mouvoir ainsi. « Marcher à quatre pattes » sous-entend manquer d'équilibre et donc… être ivre. Un autre sens est parfois donné à l'expression, consistant à comparer quelqu'un à un animal, de la même manière qu'on dit « bête à manger du foin ».

Brèves régions

Savoie/Les gorges du Sierroz

Après avoir été fermé au public pendant 40 ans, le site des gorges du Sierroz, à 30 minutes de marche d'Aix-les-Bains, a renoué avec la fréquentation touristique en 2021. Au XIXe siècle, Alexandre Dumas et Alphonse de Lamartine, ainsi que d'autres visiteurs, s'embarquaient régulièrement sur les eaux du canyon pour profiter des charmes du lieu, mais aussi pour rendre hommage à la baronne Adèle de Broc, amie de la reine Hortense, qui s'est noyée ici le 10 juin 1913, dans la cascade de Grésy. Aujourd'hui, les passerelles en encorbellement qui ponctuent la balade sont complètement sécurisées pour profiter sans risque de la magie du site.

L'ACTU

POLLUTION STUPÉFIANTE

Le célèbre festival de Glastonbury, dans le sud-ouest de l'Angleterre, représente un danger pour les anguilles. En cause : la quantité impressionnante de drogues contenues dans l'urine déversée dans la nature par le public. Des échantillons d'eau ont été prélevés dans la rivière Whitelake par des chercheurs de l'université galloise de Bangor, en amont et en aval du site du célèbre festival, avant, pendant et après cet événement qui attire 150 000 personnes chaque année. Or les concentrations de MDMA (ecstasy) sont multipliées par 104 après le rassemblement et celles de cocaïne sont 40 fois plus importantes en aval qu'en amont ! La concentration de stupéfiants dans la rivière est telle qu'elle menace l'existence de l'anguille européenne, une espèce protégée. D'après les chercheurs, si on retrouve ce phénomène de contamination dans tous les festivals de musique, à Glastonbury, la proximité du site avec la rivière fait que la drogue n'a pas le temps de se dégrader dans le sol avant d'atteindre l'eau douce. Pour les anguilles, la pandémie de Covid-19 aura donc été une « bonne nouvelle », le festival de Glastonbury, comme beaucoup d'autres à travers le monde, ayant été annulé deux années de suite.

Mardi **17 octobre**

Saint Baudouin – On fête aussi les Austrude, Osée

Soleil
lever : **8 h 14**
coucher : **18 h 56**

La pluie tombe toujours plus fort sur un toit percé. *(Proverbe japonais)*

Patronymes animaliers

SAMUEL MORSE

Né en 1791 dans le Massachusetts, Samuel Morse est un scientifique américain qui a inventé l'alphabet qui porte son nom et qui permet de communiquer facilement à distance par impulsions électriques. En décomposant les lettres en signaux longs et courts, cet outil a été utilisé très longtemps, même quand des moyens plus sophistiqués auraient pu le supplanter, comme le Télex par exemple. C'est seulement avec l'arrivée de la communication numérique que cet alphabet a commencé à tomber dans l'oubli, même chez les militaires. Pour les Français, le morse évoque un gros mammifère marin à défenses mais celui-ci n'a, en fait, aucun rapport avec le nom de Samuel Morse car, en anglais, l'animal se nomme *walrus*.

Unités de mesure

Le tesla

À ne pas confondre avec la célèbre marque de véhicules électriques, le tesla est l'unité de mesure de champ magnétique depuis 1960. Dans les deux cas néanmoins, la dénomination rend hommage au physicien serbe Nikola Tesla, né en 1856 et mort en 1943. Après avoir travaillé avec Thomas Edison sur la téléphonie, Tesla est devenu le spécialiste de l'induction magnétique.

L'ACTU

RILLETTE OU CHAUSSETTE ?

Chaque année, I-Cad, la société qui gère le fichier national d'identification des carnivores domestiques (chiens, chats et furets), établit un palmarès des prénoms attribués à nos amis à poils. L'an passé, pour les chats, ce sont les noms Chaussette, Kitty et Sweetie qui ont été les plus donnés. Pour les chiens, Rillette, Robbie et Loky arrivent en tête. Un peu plus bas dans le classement des chiens, on trouve aussi Ravioli, Pitta et, pour les chats, Bacchus ou encore Chimay, du nom d'une bière trappiste belge. Sans surprise, le top 10 des noms donnés « sur population vivante », c'est-à-dire sur l'ensemble des animaux identifiés ayant entre 0 et 13 ans est plus classique : Minette et Tigrou en tête pour les chats, Oscar et Lucky pour les chiens. I-Cad ne pouvant pas refuser un nom sous prétexte qu'il pourrait porter préjudice à l'animal, certaines personnes s'en donnent à cœur joie avec des noms dégradants, voire insultants. Inutile de vous donner des exemples, ces propriétaires « tordus » n'ont besoin d'aucune publicité…

Argot

Pochetron

L'argot aime jouer avec les suffixes. Ainsi, du très académique nom féminin « poche » pris au sens de « sac », la langue verte a fait un synonyme de « ivrogne » par un raccourci de « plein comme une poche » (à rapprocher de « sac à vin »). Puis elle en a fait un dérivé à l'aide du suffixe péjoratif *-ard* (il fallait bien en rajouter une couche) : « pochard(arde) ». Et à ce dernier, elle a supprimé le suffixe pour le remplacer par *-tron*, sans doute sous l'influence de « litron ».

Mercredi 18 octobre

Saint Luc – On fête aussi les Lucas, Aimable, Gwen, Mabelle

Pluie du matin n'arrête pas le pèlerin.

30 morceaux de bœuf

LE PLAT DE TRANCHE

Avec le rond de tranche et le mouvant, le plat de tranche constitue la partie avant de la face interne de la cuisse du bœuf. Il est composé de six muscles au total, à fibres courtes, et peut peser jusqu'à 10 kg. On découpe dans le plat de tranche de superbes rôtis, mais le boucher peut aussi le proposer en pièces à poêler ou à préparer en grillades.

L'humanité en chiffres

Les crayons sont quasiment tous fabriqués avec du bois naturel. Seulement une petite production est réalisée en résine synthétique, en bois ou en carton recyclés. Chaque année, il se vend 15 milliards de crayons en bois dans le monde, à savoir 475 crayons par seconde, soit l'équivalent de 300 000 arbres. Un seul cèdre fournit entre 50 000 et 70 000 crayons de bois.

RUGBY

Trophée hommage

D'une hauteur de 38 cm, en argent plaqué or, le trophée remis au champion du monde de rugby porte le nom de l'homme considéré comme l'inventeur de ce sport : William Webb Ellis. Surnommé Bill, il n'a été soulevé que par quatre nations depuis 1987 : la Nouvelle-Zélande et l'Afrique du Sud à trois reprises, l'Australie à deux reprises et une fois par l'Angleterre, seul Européen figurant au palmarès. Le Néo-Zélandais Richie McCaw est le seul capitaine à avoir soulevé deux fois le trophée, en 2011 et 2015.

ÇA, C'EST FAIT DIVERS !

Qui aurait imaginé que mettre ses pets dans des bocaux pourrait devenir un business juteux ? Installée dans le Connecticut, l'Américaine Stéphanie Matto a eu cette idée saugrenue qui s'est rapidement révélée très lucrative. Cette starlette de téléréalité avait déjà acquis une certaine notoriété sur les réseaux sociaux et, comme l'explique *The Sun* qui relate cette histoire, certains de ses admirateurs étaient prêts à acheter ses sous-vêtements, ses cheveux, l'eau de son bain, etc. Stéphanie Matto a trouvé plus amusant et plus rentable de leur proposer ses pets en pot, sachant qu'un bocal rempli de son gaz intestinal était vendu 1 000 dollars. Or, aussi délirant que cela puisse paraître, la demande a explosé ! Afin de pouvoir y répondre, la jeune femme a mangé de plus en plus d'aliments connus pour provoquer un excès de flatulences (oignons, choux, flageolets, pois chiches) et avalé plusieurs litres soda par jour. Au point de tomber malade et d'atterrir aux urgences ! Après quelques jours d'hospitalisation, les médecins lui ont vivement conseillé de changer son alimentation. Une fois rentrée chez elle, la starlette a annoncé à ses nombreux fans inquiets qu'elle arrêtait la vente de ses pets. Mais elle leur a promis de leur proposer autre chose à la place. On peut craindre le pire…

Saint René – On fête aussi les Laure, Laura, Cléopâtre, Yaël

Soleil
lever : **8h17**
coucher : **18h53**

À la Saint-René, couvre ton nez.

La bonne blague

Dans une maison de retraite, quatre mamies jouent aux cartes. Un papi passe à côté d'elles avec son déambulateur. L'une des petites vieilles l'interpelle :

« Hé, beau gosse ! Approche-toi, baisse ton pantalon et on va deviner ton âge !

– N'importe quoi ! répond le vieillard ! Espèces de vieilles chouettes lubriques !

– Pas du tout ! répliquent les mamies ! On a un don ! Allez, allez, approche si t'es encore un homme ! »

Piqué au vif, le papi décide de s'approcher et baisse son pantalon. Chacune leur tour, les quatre grands-mères lui tripotent l'entrejambe avant de s'écrier en chœur :

« Tu as 92 ans et un jour !

– Ça alors ! s'exclame le papi. C'est exact ! Mais, comment avez-vous pu deviner ? »

Les mamies lui répondent hilares :

« Tu perds vraiment la boule, Robert, on était toutes les quatre à ton anniversaire hier ! »

OISEAUX MIGRATEURS

L'épervier d'Europe

Il n'est guère plus gros qu'un pigeon, mais on le reconnaît assez facilement à son dos et à ses ailes gris ardoise et à son poitrail barré de roux. Les déplacements de cette espèce sont difficiles à suivre car les éperviers des pays scandinaves hivernent plus au sud en Europe, notamment en France, mais les populations qui nidifient chez nous migrent également pour une bonne partie d'entre elles, surtout vers le littoral méditerranéen. Ces mouvements ont lieu à partir d'août sur une longue période : on constate que les éperviers suivent en fait les passereaux, qui constituent leur garde-manger.

Solution Mots mêlés p. 305

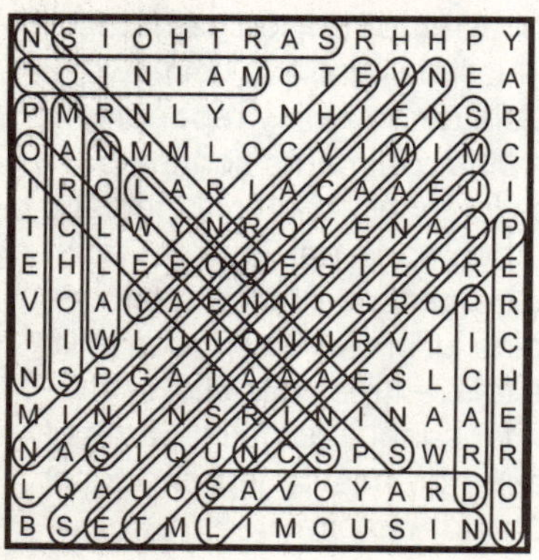

Duos du grand écran

Anna Karina — **Jean-Luc Godard**

Jean-Luc Godard et Anna Karina, un réalisateur emblématique et une actrice fascinante, forment le couple mythique du cinéma de la Nouvelle Vague. Godard offre à Karina l'un de ses premiers rôles dans *Le Petit Soldat*, en 1960, et ils se marient l'année suivante. Ensemble, ils signent 7 films, dont l'iconique *Pierrot le Fou*, en 1965. Anna Karina est aussi chanteuse, et le cinéaste lui écrira plusieurs de ses titres, dont *La Chanson d'Angela*, entendue dans *Une femme est une femme* en 1961. S'ils se séparent, à la vie et à l'écran, en 1967, leur amour reste l'un des plus marquants du cinéma français, incarnant la passion au service de la création.

Vendredi **20 octobre**

Sainte Adeline – On fête aussi les Aline, Adelin

Le sage s'interroge lui-même, le sot interroge les autres.

Argot

Profonde

La poche d'un vêtement est toujours plus ou moins profonde (par opposition au gousset qui, lui, offre peu de profondeur). Ainsi, par métonymie, l'argot de la fin du XVIIIe siècle a fait de « profonde » un synonyme de « poche ». De là sont nées des expressions telles que « en avoir plein les profondes », qui signifie être très riche, « fouilleur de profondes », « escamoteur, voleur à la tire » (à rapprocher de pickpocket, *pocket* signifiant en anglais « poche »).

PROBLÈMES DE MATHS DU CERTIFICAT D'ÉTUDES

Un cultivateur possède 15 vaches laitières qui lui procurent en moyenne 22 l de lait chacune, par jour. De 5 l de lait, on retire 40 cl de crème et 1 l de crème donne 500 g de beurre. Si le beurre vaut 40 F/kg, calculez la somme que rapportent au cultivateur ses 15 vaches en une semaine. Sachant que la période de lactation dure 305 jours, combien ses vaches rapporteront-elles au cultivateur ?

Solution :
Quantité de lait produit par semaine : (15 × 22) × 7 = 2 310 l
Dans 2 310 l de lait, il y a : (2 310/5 =) 462 fois 5 l de lait
Quantité de crème produite : 462 × 0,40 = 184,80 l
Quantité de beurre produit en une semaine : 184,80 × 0,5 = 92,4 kg
Somme rapportée : 92,4 × 40 = 3 696 F
Somme rapportée dans l'année : (3 696/7) × 305 = 161,04 F

Ville en chanson

Bruxelles

Bruxelles a inspiré de nombreux artistes comme Dick Annegarn, Bénabar, Arno, mais une des dernières à avoir chanté son amour pour la capitale belge est Angèle dans son album *Nonente-Cinq* sorti en 2021. La jeune chanteuse avait déjà repris la chanson de Dick Annegarn, *Bruxelles, ma belle* au moment des attentats qui avaient frappé la ville en 2016. Cette fois, son titre *Bruxelles je t'aime* parle du quartier Saint-Gilles, des bières, de la pluie et de son espoir que la ville ne soit jamais coupée en deux par les tensions entre Flamands et Wallons.

au Jardin

LE PAILLIS DE PAILLE

Au XVIIIe siècle, les producteurs de fraises parisiens ont eu l'idée d'utiliser de la paille pour couvrir le sol afin d'étouffer les mauvaises herbes et éviter ainsi que la terre ne vienne souiller leurs récoltes. Depuis, on a utilisé bien des matières comme paillis, mais la paille a toujours des avantages : elle réduit l'évaporation, protège le sol des intempéries et de l'érosion, favorise les micro-organismes et isole contre le froid. Légère et facile à mettre en place, elle est esthétique dans les massifs et ne coûte pas cher. Si elle ne nourrit pas le sol comme le BRF, elle se décompose rapidement et ne risque pas de fermenter. Il est important d'utiliser de la paille bio, car celle-ci est dépourvue de pesticides. En cherchant bien, vous trouverez des sites qui en proposent à proximité de chez vous.

Citations

Quand de Deauville on voit
Le Havre, c'est qu'il va pleuvoir.
Quand on ne le voit pas,
c'est qu'il pleut déjà.

Tristan Bernard

Samedi **21 octobre**

Sainte Céline – On fête aussi les Ursula, Celina, Viateur, Walfroy

Soleil
lever : **8 h 20**
coucher : **18 h 49**

Un homme est bon s'il rend les autres meilleurs. *(Proverbe ukrainien)*

Simone Signoret

L'ACTU

CHERCHER L'INTRUSE

Mireia Rodriguez est devenue la première joueuse de handball à intégrer une équipe masculine senior. Cette Espagnole de 33 ans a rejoint les rangs du CB Albacete, un club de deuxième division régionale, en Castille-La Manche. Récemment arrivée dans cette ville, Mireia a commencé à s'entraîner avec les hommes car il n'y avait pas de section féminine de handball. Devant les qualités sportives de cette joueuse et les éloges de ses coéquipiers, l'entraîneur et le président du club ont décidé de l'inscrire dans l'équipe. La fédération de Castilla-La Mancha a d'abord refusé, en invoquant la non-mixité du handball. Sauf que, en décortiquant le règlement, les dirigeants d'Albacete ont découvert que cette interdiction n'est inscrite nulle part. Leur persévérance a eu raison de la fédération qui, après l'accord unanime des autres clubs du championnat, a finalement donné son feu vert. En France, ce cas existe en hockey sur glace : âgée de 22 ans, la gardienne Charlotte Cagigos est depuis 2021 la seule femme à évoluer dans une équipe professionnelle masculine, en l'occurrence celle des Drakkars de Caen, un club de deuxième division.

Chiffres et expressions

Neuf fois sur dix

« Neuf fois sur dix » est synonyme d'immanquablement. C'est mieux que « deux fois sur trois », qui est fréquent, et bien plus qu'« une fois sur deux » qui ne représentent respectivement que 66 % et 50 % contre 90 % de réussite. À l'inverse, quand on veut signifier à quelqu'un qu'il a peu de chance de réussir, on lui dira qu'il n'a qu'« une chance sur dix » d'atteindre son but.

HEUREUX MARIAGES

C'est sans doute pour donner une fin heureuse à la célèbre fable de Jean de La Fontaine que le 16 janvier 1746 à Lesbois, dans l'actuel département de la Mayenne, Jean Renard, veuf âgé de 34 ans, épousa Anne Corbeau, âgée de 50 ans et dont c'était le premier mariage ! Flattée par son prétendant, avait-elle laissé tomber son héritage dans son escarcelle ? Nous ne le saurons jamais.

OPÉRAS

Le Vaisseau fantôme de Richard Wagner (1843)

Librement inspiré d'une légende de marins retranscrite par le poète Heinrich Heine, ce quatrième opéra du compositeur allemand Richard Wagner marque une transition avec la tradition lyrique de la première moitié du XIXe siècle, notamment par l'emploi des leitmotivs, ces motifs musicaux répétés figurant un personnage, une idée ou une situation qui vont bouleverser l'art lyrique à tout jamais. Ce drame fantastique se noue autour du héros, le Hollandais maudit, condamné à errer éternellement sur les océans pour avoir défié Dieu, à moins de rencontrer une âme pure, seule capable de racheter ses fautes. Senta pourra-t-elle lui offrir cette rédemption ? Le morceau à (ré)écouter : l'ouverture, véritable ouragan wagnérien, dans laquelle on découvre les trois leitmotivs les plus célèbres de l'opéra.

Soleil
lever : **8 h 21**
coucher : **18 h 47**

Dimanche **22 octobre**

Sainte Élodie – On fête aussi les Salomé, Alodie, Zulma

Le premier péché prépare le lit du second. *(Proverbe tchèque)*

Bibliophiles

Damages, Christian Viguié (Rougerie, 2020)

« *Damages* est ici et avant tout un chant de deuil, un presque murmure, la ligne brisée d'un horizon. Tout cela dû à une suite de décès dont ceux de mon père et de ma mère », écrit le poète. La poésie apprivoise les revenants. Ils peuvent revenir sans crainte. C'est une expérience qui fait chaud au cœur, n'abolit pas le mystère, mais nous rend, tout comme eux, présents. « Lorsque je passe sous l'acacia que tu as planté, je m'étonne que ton nom […] soit cette feuille et cette fleur qui ne veulent ni chuter ni croître […]. » Pour ce recueil, Christian Viguié a reçu le prix Mallarmé 2021.

Expressions françaises et anglaises

To have ants in one's pants

Il est souvent trompeur de traduire littéralement ; par exemple, si vous entendez un Anglais dire qu'il a « *ants in his pants* », soit « des fourmis dans son slip/pantalon », il ne veut pas dire qu'il a des fourmis dans les jambes mais qu'il a la bougeotte, qu'il ne tient pas en place. Notre expression se traduit par « *to have pins and needles in one's legs* », qui signifie littéralement « avoir des épingles et des aiguilles dans les jambes ».

LE CHIFFRE **47**

C'est le pourcentage d'emplois qui pourraient être remplacés par l'intelligence artificielle (IA) dans les 25 prochaines années. Il est même possible que ce chiffre, déjà vertigineux, soit encore plus élevé et que la perte massive d'emplois intervienne bien plus tôt. C'est en tout cas le pronostic de chercheurs de l'université d'Oxford qui ont interrogé plus de 350 experts mondiaux en IA pour savoir à quel moment les machines deviendront meilleures que les humains dans diverses professions. Les réponses ont été compilées pour définir des moyennes. Ainsi, au cours des dix prochaines années, les IA devraient être plus performantes que les humains pour traduire des langues (d'ici 2024), rédiger des dissertations de niveau secondaire (d'ici 2026), conduire des camions (2027) ou encore écrire les chansons du top 40 (d'ici 2028). D'autres tâches prendront un peu plus de temps, mais il est probable que nous ayons des machines pilotées par l'IA dans la plupart des magasins d'ici 2031. En 2049, une machine pourra écrire le Goncourt et elle pratiquera des opérations chirurgicales en 2053. Globalement, les spécialistes s'accordent pour dire que l'IA devrait être meilleure que l'humain dans à peu près tous les domaines d'ici 45 ans. Maximum…

Histoire de maillot FOOT

Pour son premier match disputé le 1er mai 1904 face à la Belgique, l'équipe de France de football porte un maillot blanc avec, en guise d'écusson, deux anneaux entrelacés, un rouge et un bleu. En 1906, face à l'Angleterre qui évolue en blanc, un maillot rouge est utilisé, puis un bleu deux ans plus tard, toujours face aux mêmes Anglais. Ce dernier s'impose à partir d'avril 1920 après des années de maillot rayé blanc et bleu. Dès lors, la règle est clairement définie : le maillot principal est bleu, les maillots de rechange peuvent être rouges ou blancs. Quelques maillots particuliers vont tout de même sortir de ce cadre : le maillot rayé vert et blanc de la Coupe du monde 1978, le maillot bleu ciel de 2013, et la marinière de 2011.

Lundi 23 octobre

Saint Jean de Capistran – On fête aussi les Domice

Soleil
lever : **8h23**
coucher : **18h45**

Le singe se regarde dans un miroir et se vit gazelle. (Proverbe arabe)

VERMOT'ROSCOPE

SCORPION (23 octobre-22 novembre)

Votre caractère
Combatif, volontaire, mystérieux, intuitif, réceptif, intelligent, observateur, curieux, profond, adaptable, passionné, impliqué, émotif, hypersensible, piquant, ironique, possessif, endurant, angoissé, nerveux, colérique, jaloux, autoritaire, autodestructeur.

Vos planètes de l'année
Vous pourrez compter sur Jupiter pour avancer dans vos projets, bousculer vos habitudes et booster votre vie sociale ou amoureuse. Saturne sera aussi de la partie, et dès le mois de mars, elle vous accompagnera dans toutes vos entreprises.

Vie relationnelle
Cette année, vos amis et certaines de vos relations tiendront une place importante dans votre quotidien. Ceux-ci vous insuffleront énergie, gaieté et force. Plus que jamais, vous vous sentirez libre d'être vous-même. À partir de mai, de jolis moments d'échanges sont à prévoir.

Amour
En couple, la complicité rythmera votre relation. Bien auprès de votre moitié, vous vous sentirez épanoui et compris. 2023 sera une année fort agréable, ponctuée de bons moments de partage. Savourez-en chaque instant. Pour certains, la période sera aux projets et aux activités communes.

Célibataire, à partir de mai, vous pourrez compter sur de bons influx planétaires et aurez de nombreuses occasions de faire une rencontre. Il ne tiendra qu'à vous d'accueillir l'amour et de lui donner une chance. Donnez-vous les moyens d'y accéder !

Famille
Belle période qui se profile à l'horizon et qui vous permettra de nouer des relations sincères et complices avec vos proches. Certains auront même la possibilité de renouer des liens plus profonds et solides.

Quotidien et vitalité
2023 est une année intéressante pour développer de nouveaux projets, pour vous lancer dans des actions ou des activités qui ne manqueront pas de vous passionner. Votre résistance au stress sera meilleure et cela vous permettra de mieux vivre, ou du moins de mieux apprécier votre vie quotidienne.

Budget
Face à certaines contraintes ou certains imprévus, 2023 vous obligera à porter une certaine attention à la gestion de vos finances. Prudent, vous ferez vos comptes avec une grande régularité, ce qui vous aidera à garder la main sur ceux-ci.

Optimisez 2023
Libérez-vous de vos craintes ou de certaines limites personnelles. Laissez libre cours à votre créativité. Exprimez régulièrement vos émotions ou extériorisez-les. Ne vous isolez pas et ouvrez-vous aux autres. Rapprochez-vous des personnes qui vous font du bien.

Argot

Raisiné

Par analogie de couleur avec une gelée de raisin nommée résiné, le nom « raisiné » désigne le sang dans l'argot du milieu. Il faut alors savoir que raisiné entre dans des expressions que l'on ne retrouve pas toujours dans le langage courant : « avoir quelque chose dans le raisiné » pour « aimer » (différent de « avoir quelque chose dans le sang), « faire du raisiné » pour « saigner du nez », « se cailler le raisiné » pour « avoir le cafard, déprimer ».

Brèves régions

Haute-Savoie/Cordon

Petite commune de Haute-Savoie, Cordon jouit d'une situation exceptionnelle qui lui vaut d'être surnommée le « balcon du Mont-Blanc », en raison, bien sûr, de sa vue panoramique sur le majestueux massif. Mais bien que ce spectacle soit magnifique, il serait dommage de s'en contenter, car Cordon possède d'autres trésors admirables, comme son église baroque, classée monument historique, ou sa « kanche à pommes », un pressoir dont la roue en granit est évaluée à 600 kg. Une dernière curiosité vous attend si vous avez le courage de monter jusqu'à la borne romaine du col du Jaillet, qui marquait, au début de notre ère, la frontière entre les Ceutrons et les Viennois.

Soleil
lever : 8 h 25
coucher : 18 h 43

Mardi **24 octobre**

Saint Florentin – On fête aussi les Magloire, Gloria, Florestan

Jette l'homme chanceux dans le Nil, et il remontera avec un poisson dans la bouche.
(Proverbe égyptien)

BINERO

Remplir les cases vides avec les chiffres 0 et 1, en respectant les règles suivantes :

- Il y a autant de 0 et de 1 sur chaque ligne et sur chaque colonne.
- Il n'y a pas plus de 2 chiffres identiques côte à côte.
- Deux lignes ou colonnes ne peuvent être identiques.

Notez que les chiffres en-dehors de la grille indiquent la somme des deux premiers chiffres directement en dessous, au-dessus, à la gauche ou à la droite d'eux.

	0	1	1	2	1	1	2	0	
1									1
0									1
2									1
0									2
2									0
2									0
0									2
1									1
	1	0	2	1	0	1	1	2	

Solution page 319

Les pires prédictions de l'Histoire

Directeur délégué de l'Institut national du cancer des États-Unis entre 1938 et 1964, Wilhelm Carl Hueper est l'un des premiers pathologistes à avoir montré que certaines substances chimiques provoquaient des cancers, notamment l'amiante. Pourtant, en 1954, alors que des études épidémiologiques commençaient déjà à faire le lien entre tabac et cancer du poumon, Hueper a affirmé lors d'une interview : « Si le tabagisme excessif joue réellement un rôle dans la production du cancer du poumon, il semble être mineur. » La première campagne de prévention antitabac fut lancée dix ans plus tard. Le cancer du poumon est aujourd'hui la première cause de mortalité par cancer. Un fumeur a 10 à 15 fois plus de risque de développer ce type de cancer qu'un non-fumeur.

Séries TV (acteurs et actrices)

BRAD PITT – *DALLAS*

Brad Pitt quitte son Oklahoma natal à 25 ans pour les lumières d'Hollywood. L'arrivée californienne est difficile, il enchaîne les castings et les petits boulots. En 1987, il décroche des petits rôles au cinéma, mais c'est celui qu'il joue dans l'inénarrable série *Dallas*, durant quelques épisodes de la saison 10, qui le lance véritablement. Dans ce célébrissime *soap*, le jeune Brad incarne Charlie, le petit ami de la fille de Jeanna. Ce rôle lui ouvre les portes d'une autre série, *21 Jump Street*, qui lui permet d'asseoir son statut de comédien. Il enchaîne avec le personnage de l'autostoppeur dans *Thelma et Louise* (1991) qui l'élève au rang de sex-symbol et lui permet, l'année suivante, de tourner une pub mémorable pour Levi's. Viendront ensuite *Et au milieu coule une rivière*, de Robert Redford, qui confirme le lancement de sa carrière, puis *Entretien avec un vampire* (1994), *Seven* (1995) et *L'Armée des douze singes* (1995).

Belles plantes

SOUCHET PENCHÉ

Scirpus cernuus a beaucoup de charme. Cette petite plante qui pousse sur les berges ou les pieds dans l'eau, que l'on appelle aussi « scirpe incliné », est réputée peu rustique. On la cultive souvent à l'intérieur, dans les salles de bains. Toutefois, elle supporte des températures de -8 °C et trouve donc sa place au jardin dans bien des régions. Elle forme une touffe de tiges filiformes, assez raides, d'un vert clair acide, un peu retombantes et d'une hauteur de 30 cm, qui portent de petits épis de couleur blanc crème, lumineux, auxquels succèdent de minuscules fruits bruns. Cultivée au bord d'un bassin, dans 2 ou 3 cm d'eau, elle a une fonction oxygénante. On peut aussi l'installer dans un pot dont on immerge la base dans le bassin, ce qui permet de l'abriter en hiver dans les régions au climat froid.

Mercredi **25 octobre**

Saint Enguerran – On fête aussi les Crépin, Daria

Soleil
lever : **8 h 26**
coucher : **18 h 42**

Écoute les conseils de tous et prends celui qui te convient.

Chiffres et expressions

Remettre le compteur à zéro

Quand on veut repartir sur de bonnes bases avec quelqu'un ou dans une affaire, il faut faire table rase du passé. Oublier les aspects négatifs du passé, les échecs et les reproches. C'est pourquoi l'expression nous laisse imaginer une sorte de compteur des souvenirs douloureux qui se serait incrémenté au fil du temps et que chacun aurait envie de faire revenir au début, à zéro.

HISTOIRES DE SUPERMARCHÉS

Le sportif

Avec son logo en drapeau à damier, comme celui des courses automobiles, et son slogan « L'hyper compétition », Rallye était l'enseigne la plus sportive des supermarchés. Si elle a disparu en 2005, le groupe (du même nom) possède aujourd'hui Go Sport et, depuis 1997, un peu plus de 50 % du groupe Casino. En 1945 est ouvert le premier magasin et en 1968 le premier hypermarché, à Brest. En 1989, l'entreprise rachète Genty ainsi que sept hypermarchés Euromarché. La plupart des Rallye sont aujourd'hui des Géant Casino.

Pas si bête

La belle-dame

Elle mérite son nom, cette vanesse, qu'elle soit femelle ou mâle. Elle est incontestablement belle, avec ses ailes rose orangé tachées de noir. Mais elle n'est pas très grande ; son envergure est d'environ 30 mm. À la voir, qui pourrait croire qu'il s'agit du plus extraordinaire papillon migrateur de la planète ? Les belles-dames d'Europe hivernent en Afrique, de novembre à février, et reviennent ensuite chez nous, remontant jusqu'à la Scandinavie. En Amérique, elles voyagent du Canada au Mexique. Elles sont capables de parcourir 12 000 km à 30 km/h, presque sans faire de pause. Ces balades leur réussissent puisque c'est l'un des papillons les plus abondants au monde. On compte jusqu'à trois générations par an et les migrations concernent des millions de belles-dames !

Citations

C'est la contemplation de la connerie qui donne la vocation du pouvoir.

Bertrand Blier

Le bon mot de l'Histoire et le gros mot

« Tout arrive en France ! » François de La Rochefoucauld, 15 octobre 1650

Le constat est rapporté par Sainte-Beuve. Au cours d'une tentative de conciliation organisée à Bordeaux lors de la Fronde des princes, La Rochefoucauld accompagné du conseiller Level et du duc de Bouillon, tous les trois frondeurs, auraient voyagé dans le carrosse de Mazarin. Une situation inconcevable une semaine plus tôt, d'où la formule de La Rochefoucauld. Les hostilités repartiront néanmoins un mois plus tard. Lors de la Fronde, les retournements d'alliance successifs et les intrigues souvent extravagantes démontrèrent sans aucun doute que, chez les nobles au moins, tout pouvait effectivement arriver...

Jeudi 26 octobre

Saint Dimitri – On fête aussi les Rustique, Démétrius

Il ne faut pas se moquer des chiens avant d'être sorti du village.

Charade de position

Je suis un prénom et un nom de quinze lettres :

Avec mes troisième, quatrième, onzième et douzième lettres, je suis un revêtement de sol.

Mes première, deuxième, septième et huitième lettres donnent une étoffe grossière.

-**Avec mes troisième, cinquième et sixième lettres** je suis une balle de service fautive.

Avec mes neuvième, dixième, treizième, quatorzième et quinzième lettres je suis la femelle du cerf.

Avec toutes mes lettres, je suis la plus internationale des actrices françaises.

JULIETTE BINOCHE
(UNO – JUTE – LET – BICHE)

La dictée du mois — Un peuple en colère

Le 20 août 1672, la ville de La Haye, si vivante, si blanche, si coquète que l'on dirait que tous les jours sont des dimanche, la ville de La Haye, avec son parc ombreux, avec ses grands arbres inclinés sur ses maisons ghotiques, avec les larges miroirs de ses cannaux dans lesquels se reflètent ses clochers aux coupoles presques orientales […] gonflait toutes ses artères d'un flot noir et rouge de citoyens pressés, haletants, inquiets, lesquels courraient, le couteau à la ceinture, le mousquet sur l'épaule ou le bâton à la main, vers le Buytenhof, formidable prison dont ont montre encore aujourd'hui les fenêtres grillées et où, depuis l'accusation d'assassinat porté contre lui par le chirurgien Tychelaer, languissait Corneille de Witt.

Alexandre Dumas, La Tulipe noire, *1850.*

coquette, dimanches, gothiques, canaux, presque, couraient, on, portée

Vélo

Le plus grand Tour

Les années 1960 sont animées par la rivalité entre Jacques Anquetil et Raymond Poulidor. Sur les routes du Tour, le paroxysme est sans aucun doute atteint en 1964, notamment sur le puy de Dôme quand les deux hommes se retrouvent côte à côte. Sur la pente à 13 % du final, Poulidor lâche Anquetil et lui reprend 42 secondes. Insuffisant pour décrocher le Tour quelques jours plus tard, mais le duel passionne et divise la France qui vit son premier Tour diffusé en intégralité à la télévision.

LE SAVIEZ-VOUS ?

L'humour belge c'est se moquer des Français.

Mais avec humour.

ENIGMES

À la suite de son arrestation, la police interroge Magnus Bobard : « Alors, Magnus, avoue, tu étais sur les lieux du crime puisque nous avons retrouvé tes empreintes digitales. » « Mais non, qu'j'vous dis que j'ai un alibi en béton. C'est mon frère jumeau que vous devez pincer. » Mais son assertion ne convainc pas ses interrogateurs, pourquoi ?

Solution :
Les jumeaux ont chacun des empreintes digitales qui leur sont propres.

Vendredi **27 octobre**

Sainte Émeline – On fête aussi les Odran, Frumence, Évariste

Soleil
lever : **8 h 29**
coucher : **18 h 38**

À la Sainte-Émeline, journée de bruine.

Onomatopées

dans différentes langues

PARLER FRANÇAIS COMME UNE VACHE ESPAGNOLE

Si l'on en croit l'expression « parler français comme une vache espagnole », c'est mal parler le français. Mais pourquoi espagnole et non pas anglaise, allemande, russe, danoise ou même croate, puisque tous ces bovidés ont le même meuglement : « mou » ? Bien sûr, écrit de façon différente selon les langues : *moo* en anglais, *muh* en allemand et en danois, *my* en russe, *mu* en croate. Il semblerait que toutes les vaches du monde fassent « mou », sauf les vaches françaises qui font « meuh » !

Il (n')a (pas) inventé…

LE MOISI DU ROQUEFORT

Le principe du roquefort, c'est sa pâte dite « persillée », c'est-à-dire enfermant des parcelles de moisissure noble comme on en trouve également dans le bleu d'Auvergne ou la fourme d'Ambert. Autrement dit, s'il n'y avait pas de « moisi », ce ne serait pas du roquefort. Celui à qui on reproche de « ne pas avoir inventé le moisi du roquefort » est considéré comme d'une inculture crasse.

Pêche en mer

Le bar aux leurres en bateau

Le bar se rencontre le plus souvent dans les secteurs agités. Il suit les bancs de petits poissons qu'il chasse en bandes. Les mouettes qui plongent permettent de repérer les bancs de petits poissons ; souvent les bars ne sont pas loin. Parvenu là où se produisent les chasses, on passe au lancer. La ligne est en 30/100, montée sur un moulinet garni de fil 30/100, installé sur une canne lancer de 2,50 à 3 m. Le leurre (leurre souple, poisson-nageur, anguillon…) est récupéré de façon saccadée, en surface ou plus profondément (poisson-nageur coulant, cuiller…). N'hésitez pas à changer de leurre, la vitesse de récupération, la profondeur. Les poissons sont là, dans les vagues : au pêcheur de les convaincre de mordre. Respectez les réglementations locales (tailles, quotas…).

20	+	9	+	8
+	11	–	7	+
5	+	4	–	3

© POMÉDIO

Solution p. 328

Rejoignez l'arrivée en parcourant en ligne continue toutes les cases de la grille (chiffres et lettres). Déplacez-vous horizontalement ou verticalement (diagonale interdite) sans repasser 2 fois par la même case. Chrono à réaliser : 31 s

Châteaux forts de France

LE CHÂTEAU DE BEYNAC (DORDOGNE)

Surplombant la Dordogne, ce château du XIIe siècle possède un imposant donjon roman crénelé. L'édifice est commandé par les barons de Beynac pour surveiller la vallée du Périgord noir. Au cœur de la guerre de Cent Ans, le site est stratégique, situé entre les territoires français et anglais. Accrochée à un éperon rocheux et protégée par des enceintes et des douves doublées, la forteresse est quasi imprenable. Au fil des siècles, l'intérieur du château est richement décoré, notamment par des tapisseries et des fresques. Au XXe siècle, il est racheté par un homme d'affaires qui entreprend sa restauration. Aujourd'hui, Beynac est régulièrement utilisé comme lieu de tournage de films – on l'a vu notamment dans *Jeanne d'Arc* (Luc Besson) et *Fanfan la Tulipe* (Gérard Krawczyk).

Samedi 28 octobre

Soleil
lever : 8 h 31
coucher : 18 h 36

Saint Simon et Saint Jude – On fête aussi les Simone, Faron

On façonne l'argile pendant qu'elle est humide. *(Proverbe africain)*

Charade de position

Je suis un prénom et un nom de douze lettres :

Avec mes première, deuxième, septième, huitième, dixième et onzième lettres, je suis une pauvreté extrême.

Avec mes première, deuxième, troisième, quatrième et cinquième lettres je suis un pain rond.

Mes deuxième, sixième, onzième et douzième lettres forment un archipel ;

Mes première, deuxième et cinquième lettres se trouvent dans le deuxième mot ci-dessus.

Avec mes quatrième, cinquième, neuvième et onzième lettres, je suis un homme qui vit dans le premier mot ci-dessus.

Avec toutes mes lettres, je suis un philosophe et historien des sciences français, membre de l'Académie française.

MICHEL SERRES
(MISÈRE – MICHE – ÎLE – MIE – HÈRE)

Solution Binero p. 315

	0	1	1	2	1	1	2	0	
1	0	1	0	1	1	0	1	0	1
0	0	0	1	1	0	1	1	0	1
2	1	1	0	0	1	0	0	1	1
0	0	0	1	0	1	0	1	1	2
2	1	1	0	1	0	1	0	0	0
2	1	1	0	0	1	1	0	0	0
0	0	0	1	1	0	0	1	1	2
1	1	0	1	0	0	1	0	1	1
	1	0	2	1	0	1	1	2	

Citations

Les baisers servent d'entractes aux scènes d'amour, mais il en est qui trouvent les entractes meilleurs que la pièce.

Courteline

Les plus vieux commerces du monde

Japon – Nishiyama Onsen Keiunkan

Installé près d'un bain thermal dont les eaux chaudes d'origine volcanique sont réputées pour leurs vertus thérapeutiques, l'hôtel *Nishiyama Onsen Keiunkan* accueille des clients depuis... 705 ! Reconnu officiellement comme le plus vieil hôtel du monde par le *Guinness*, il serait tenu par la même famille depuis plus de 1 300 ans, soit environ 52 générations qui n'ont jamais failli à leur vocation d'accueil. Si vous voulez y séjourner, rendez-vous à Hayakawa. Et si ses 37 chambres sont complètes, vous pourrez vous rabattre sur un Hoshi Ryokan, auberge qui accueillit pour sa part ses premiers hôtes en 718. Elle est située sur l'île de Honshu et tenue par les descendants des fondateurs à la 46e génération.

C'ÉTAIT VRAIMENT MIEUX AVANT (?)

« AUJOURD'HUI, TOUT EST POLLUÉ, L'AIR EST DEVENU IRRESPIRABLE ! »

Si la pollution de l'air demeure une réalité préoccupante, déclarer qu'on respirait mieux avant est une absurdité. Sauf si on remonte à l'ère préindustrielle il y a deux siècles. En réalité, pendant des décennies, oxydes d'azote, monoxyde de carbone, dioxyde de soufre et autres fumées noires ont vicié l'air ambiant des villes, sans que personne n'y trouve grand-chose à redire, le pic de ces émissions toxiques ayant été atteint entre 1960 et 1990. Depuis, même si tout n'est pas réglé et que certaines substances comme l'ozone sont évidemment problématiques, la qualité de l'air ambiant s'est largement améliorée et on respire bien mieux dans nos villes. À Paris, depuis trente ans, la concentration en polluants dans l'air a fortement baissé : de l'ordre de 50 % pour les oxydes d'azote, de 70 % pour les fumées noires et même de 100 % pour le dioxyde de soufre. Il en est de même pour toutes les agglomérations. Autrement dit : on respire mieux aujourd'hui qu'hier.

Dimanche **29 octobre**

Saint Narcisse – On fête aussi les Emelinde

Soleil
lever : **8 h 32**
coucher : **18 h 35**

Le courage croît en osant et la peur en hésitant. *(Proverbe romain)*

Ça s'est passé

En octobre 1623

Diego Vélasquez devient le peintre de la cour de Philippe IV, à Madrid. Il est notamment l'auteur du tableau *Les Ménines*.

THÉÂTRES DU MONDE

Le Volcan au Havre

Constitué de deux bâtiments de béton comme sortis de terre par éruption, avec des courbes blanches épurées, le Volcan porte bien son nom. Il dénote au milieu de l'architecture grise et rectiligne d'Auguste Perret et ne laisse personne indifférent.
Cet ensemble imposant, de par son gabarit (environ 11 000 m^2) et son emplacement, visible en continuité du bassin du commerce, est devenu un lieu emblématique de la ville.
Sa scène contemporaine joue la carte de la pluridisciplinarité artistique et accueille les projets les plus éclectiques pour tous les publics.

Citations

C'est plus agréable d'être amoureux d'une femme qu'indifférent à cinq.

Guy Bedos

Rétro Vermot

Une mise en demeure ne veut pas dire qu'on va vous procurer un appartement : demandez plutôt aux locataires qu'on menace d'expulser.

Brèves régions

Paris/Entre chien et loup

Un Parisien avait acheté, au début des années 1970, un chiot qu'il promenait dans les rues et parcs de la capitale, jusqu'au jour où celui-ci lui échappa. Retrouvé dans le parc Monceau, au cœur des quartiers chics de la capitale, l'animal fut capturé par les forces de l'ordre et amené chez un vétérinaire. Surprise de celui-ci après l'avoir examiné : il constata qu'il ne s'agissait pas d'un chien mais d'un loup ! Lorsqu'il fut interrogé, son propriétaire, directeur d'un cabaret parisien, affirma ne l'avoir jamais remarqué auparavant mais trouvait qu'en grandissant son animal de compagnie devenait de plus en plus agressif…

L'ACTU

TOUJOURS PLUS VITE

Avec son avion commercial Overture, l'entreprise américaine Boom Supersonic envisage de transporter une soixantaine de personnes à la vitesse de Mach 2,2, soit 2,2 fois la vitesse du son, donc à plus de 2 600 km/h. Le bolide sera trois fois plus rapide que les jets commerciaux actuels. En pratique, un voyage Paris-New York prendra à peine 3 h 30 et il faudra seulement 6 h 30 pour relier Paris à Sydney. En plus de faire gagner du temps, cette compagnie souhaite rendre les vols plus accessibles en fixant le prix d'un vol de quatre heures, quelle que soit la destination, à environ 80 euros. Certains experts en aéronautique nuancent néanmoins l'enthousiasme de l'entreprise. En effet, à cette vitesse, l'engin générera une telle quantité de chaleur que tout moteur conventionnel fondrait. De nouvelles avancées technologiques sont donc indispensables. Rappelons que le Concorde, en service de 1969 à 2003, était le seul jet supersonique commercial au monde. Son coût exorbitant et son impact environnemental ont fini par définitivement le clouer au sol. Mais Boom Supersonic prévoit quand même de faire décoller le premier Overture d'ici 2026…

Lundi 30 octobre

Saint Bienvenue – On fête aussi les Maéva

Quand Dieu donne le mal, il donne aussi le remède.

Étymologie

Quand la bise vous fait la bise

Les deux noms *bise* que nous connaissons (« vent » et « baiser ») n'ont aucun lien de parenté étymologique. *Bise* dans le sens de « baiser » n'est apparu qu'au début du xxe siècle. C'est un dérivé du verbe *biser*, qui est lui-même une forme dialectale (parler de l'Ouest) du verbe *baiser*. *Bise*, dans le sens de « vent », est beaucoup plus ancien : il est attesté au xiie siècle et viendrait de *bisjo*, nom germanique désignant le vent du nord-est.

La gaffe de l'Histoire

Régine Zaraï

Le 23 décembre 2020, jour de la disparition de Rika Zaraï, la chaîne d'information BFM TV a interrompu ses programmes pour rendre hommage à la chanteuse. Gaffe des documentalistes : les images qui furent alors montrées étaient celles de la chanteuse Régine. Et le présentateur essaya de rattraper l'erreur : « Régine, que l'on voit à l'écran, était une grande amie de Rika Zaraï. »

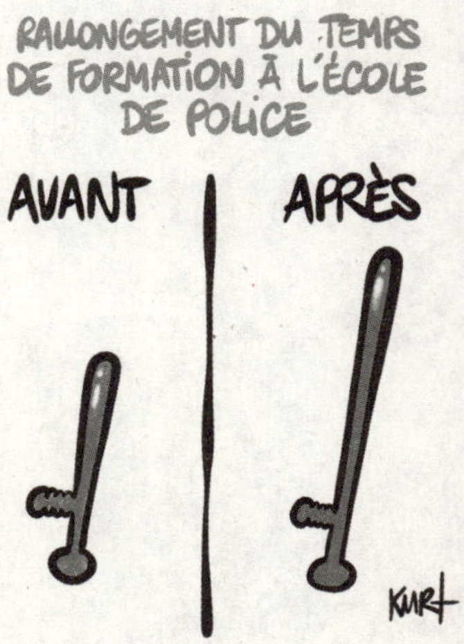

Célébrations en musique

Felix Mendelssohn-Bartholdy (1809-1847)

Compositeur génial mais également excellent dessinateur, nageur aguerri, joueur d'échecs remarquable, ancien élève du philosophe Hegel… Mendelssohn avait-il tous les talents ? Très cultivé, il lisait Homère en grec et parlait quatre ou cinq langues, excusez du peu. Goethe, à qui il fut présenté lorsqu'il n'était qu'un enfant, s'était pris d'affection pour lui, et leur amitié dura jusqu'à la mort du poète. Sa musique comme sa personnalité ont toujours été très appréciées au Royaume-Uni, où il était invité régulièrement par la reine Victoria. L'auteur du *Songe d'une nuit d'été* (1843) a laissé une œuvre foisonnante de préludes et fugues pour orgue ou pour piano, d'oratorios, de symphonies, de musique de chambre et autres quatuors…

Belles plantes

CHIONOCHLOA CONSPICUA

Une graminée à découvrir ! Originaire des montagnes de Nouvelle-Zélande, elle est encore peu présente dans les jardins, malgré ses belles qualités ornementales. C'est une grande, puisqu'elle atteint près de 2 m lorsque ses inflorescences arrivent à maturité. Ses feuilles fines, un peu retombantes, sont d'un vert assez clair, avec une touche d'orange. L'intérêt vient surtout de ses beaux et nombreux épis légers et plumeux, d'un blanc duveteux, sur de hautes tiges arquées. Cette floraison, qui dure tout l'été, justifie une culture en isolé, mais la plante est encore plus belle en groupe. Elle est rustique et robuste, et apprécie le grand soleil et une bonne chaleur estivale ; elle demande un sol neutre ou acide, plutôt frais, mais parfaitement drainé et même franchement caillouteux.

Mardi **31 octobre**

Saint Quentin – On fête aussi les Quincy

Soleil
lever : **7 h 36**
coucher : **17 h 31**

Le chaudron trouve que la poêle est trop noire.

Recette — Pizza de chou-fleur (sans gluten !)

Vous recevez un intolérant au gluten ? Djokovic suit lui aussi ce régime contraignant pour améliorer ses performances sportives et cette diète semble lui réussir. Cette drôle de pizza a tout pour vous convaincre, vous aussi – du moins le temps de ce repas !

Pour 2 à 3 pers. — **20 min de préparation** — **30 min de cuisson**

Pour la pâte
- 1 chou-fleur
- 1 œuf
- 60 g de parmesan
- 20 g de beurre
- Sel, poivre

Pour la garniture
- 20 cl de coulis de tomates
- 2 tranches de jambon blanc
- 1 boule de mozzarella

Coupez uniquement le bout des fleurettes du chou-fleur. Mixez-les au robot ou râpez-les dans un saladier. Ajoutez l'œuf, le parmesan, le beurre fondu et assaisonnez. Mixez encore ou mélangez.

Préchauffez le four à 200 °C (th. 6-7). Aplatissez la pâte en cercle sur un papier sulfurisé, en vous aidant de vos mains. Enfournez à blanc pour 15 min.

Une fois la pâte cuite, versez dessus le coulis de tomates. Taillez le jambon en lanières. Tranchez la mozzarella. Répartissez le jambon et le fromage harmonieusement sur le coulis puis réenfournez la pizza pour 15 min.

UN LIT SUR CINQ FERMÉ DANS LES HÔPITAUX.

Citations

Je voudrais mettre en garde les journaux à scandale. Ma vie sexuelle n'intéresse personne. Même pas ma femme.

Philippe Geluck

.Pains & gâteaux

La brioche Nanterre

C'est une brioche rectangulaire à trancher que l'on trouve souvent en boulangerie. Bien beurrée, pétrie très longtemps, elle a une mie filante et légère. Sa forme est divisée en 6, 8 ou 10 parts. Son origine remonterait à l'an 451. Elle est souvent faite avec de la farine de gruau et se distingue de la brioche parisienne uniquement par sa forme. La parisienne, que l'on appelle aussi brioche à tête, est faite d'une grosse boule surmontée d'une petite.

MÉTIERS IMPROBABLES

IMPRÉGNATRICE POUR ANIMAUX

Installée à Saint-Andiol, en Provence, Marie-Noëlle Baroni a créé un havre de paix pour les animaux sauvages en danger. Depuis une vingtaine d'années, elle les recueille, les soigne et les remet sur pied : blaireaux, renards, hérissons, mais aussi ratons laveurs, lynx ou cigognes… Plus de 35 espèces différentes se côtoient en harmonie dans sa ferme providentielle. « Mon métier, c'est surtout de la rigueur, de l'observation, des connaissances éthologiques bien sûr, et beaucoup de patience. » La relation de proximité unique qu'elle noue avec chacun de ses pensionnaires a conduit le cinéma à faire appel à elle à plusieurs reprises. Ainsi, dans le documentaire *Les Saisons* (2015) de Jacques Perrin, si la scène de l'attaque de la biche par le lynx semble naturelle, c'est en réalité un jeu entre deux animaux qui ont été élevés ensemble depuis leur plus jeune âge par Marie-Noëlle !

Mercredi **1er novembre**

Toussaint – On fête aussi les Harold, Bénigne

Vent de Toussaint, terreur de marin.

HISTOIRES POLICIÈRES

LA TUERIE DU PONT D'ANDERT (AIN)

Le soir du 1er novembre 1838, deux calèches venant de Mâcon roulent en direction de Belley, sous-préfecture de l'Ain. À bord de la première, un domestique, Louis Rey ; dans la seconde, ses maîtres, Sébastien-Benoît Peytel, un notaire parisien récemment installé à Belley, et Félicie, sa femme. Juste après avoir franchi le pont d'Andert, Louis Rey immobilise son attelage et en descend. Peytel s'arrête à son tour. Rey s'approche, sort un pistolet et tire. Son coup de feu manque le notaire, mais atteint Félicie. S'apercevant qu'il a manqué sa cible, l'assassin s'enfuit sur la route. Peytel se lance à sa poursuite, le rattrape et le tue à coups de marteau. Puis, l'officier ministériel retourne à son attelage et roule à bride abattue jusqu'à Belley. Vers minuit, il se présente affolé chez le docteur Martel. Ce dernier constate la mort de Madame Peytel. Aussitôt réveillé, le président du tribunal civil de la commune demande aux gendarmes de se rendre sur les lieux de ce double homicide. Vers 4 heures du matin, le 2 novembre 1838, les agents découvrent la scène du crime. Face contre terre et le crâne fracassé, le corps du domestique gît sur la route. À ses côtés, un pistolet déchargé. La version de Sébastien-Benoît Peytel semble vraisemblable. Pourtant, le président du tribunal n'y croit pas et dès le lendemain, il fait emprisonner Peytel. L'affaire prend alors une tournure politique, car Peytel n'a pas toujours été notaire : ancien critique littéraire et journaliste politique, actionnaire de la revue *Le Voleur* à laquelle Balzac collaborait, il avait fait paraître en 1832 un pamphlet intitulé « Physiologie de la Poire ». Or, la poire en question n'était autre que le roi Louis-Philippe caricaturé. Ce passé de moqueur, son parisianisme et une certaine arrogance ne l'ont pas rendu très populaire à Belley. En outre, ses premières déclarations ne collent pas avec certaines expertises judiciaires. Ainsi, d'après le légiste, Félicie n'a pas été tuée par une balle, mais par deux, tirées à bout portant. Comme mobile, l'accusation évoque bientôt des relations intimes entre Louis Rey et l'épouse du notaire. Ce dernier aurait donc tué les deux amants par jalousie. Interrogées par le juge, la mère et la sœur de Félicie décrivent d'ailleurs Peytel comme un tyran conjugal, impulsif et violent. L'accusé nie, refuse de salir la réputation de sa femme, garde le silence lors de ses interrogatoires. Son avocat ne juge pas utile de venir le rencontrer en prison. Ce ténor du barreau de Lyon est convaincu que l'excellence de sa plaidoirie suffira à prouver l'innocence de son client. Le procès de Sébastien-Benoît Peytel s'ouvre aux assises de l'Ain le 27 août 1839. Une lettre de Lamartine en faveur de l'accusé irrite les magistrats par son snobisme. Autre témoin de moralité, le dessinateur Paul Gavarni arrive trop tard. À l'inverse, les experts et sa belle-famille enfoncent le notaire. Jugé coupable de deux meurtres avec préméditation, Peytel est condamné à mort malgré la mobilisation de ses amis parisiens, notamment Balzac. Il est guillotiné le 28 octobre 1839. Plusieurs historiens sont convaincus qu'il était innocent. Pour eux, victime d'une instruction partiale, le notaire a été condamné à cause de ses idées libérales, de sa mauvaise réputation et du soutien, parfois maladroit, de ses illustres amis.

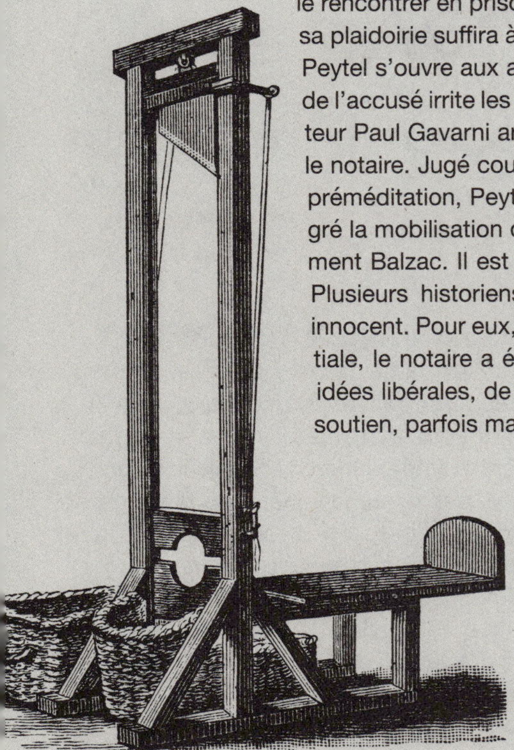

Il (n')a (pas) inventé... LA POUDRE

Mélange de salpêtre, de soufre et de charbon de bois, la poudre fait partie des plus anciennes inventions humaines puisqu'elle apparaît en Chine dès 610. On se moque de celui qui « n'a pas inventé la poudre » car on ne l'estime même pas capable de reproduire ce mélange chimique ancestral. Au XVIIe siècle, l'expression était « ne pas avoir inventé la poudre à canon ».

Jeudi **2 novembre**

Défunts – On fête aussi les Malachie, Marcien

Soleil
lever : 7 h 39
coucher : 17 h 28

Chose acquise à suée est plus chérie qu'héritée.

PROBLÈMES DE MATHS DU CERTIFICAT D'ÉTUDES

La sculpture en forme de cube qui se trouve dans le parc de la ville, de 2 m de haut, est formée d'une série de cubes dont l'arête est égale à 50 cm.

1. Combien de cubes le créateur a-t-il utilisés pour composer sa sculpture ?
2. Le sculpteur désire revêtir chaque côté latéral d'une mosaïque. Chaque tesselle, de forme carrée, mesure 20 cm. Combien de carrés devra-t-il utiliser ?

Solution :

1. Volume de la sculpture : $a^3 = 2^3 = 8$ m³
Volume de chaque cube $= 0{,}50^3 = 0{,}125$ m³
Nombre de cubes $= 8/0{,}125 = 64$

2. Surface d'un côté de la sculpture : $a^2 = 2^2 = 4$ m²
Surface d'un côté d'une tesselle : $a^2 = 0{,}2^2 = 0{,}04$ m²
Nombre de tesselles par côté : $4/0{,}04 = 100$
Nombre de tesselles pour 4 côtés : $100 \times 4 = 400$

30 morceaux de bœuf

LE ROND DE GÎTE

Comme son nom l'indique, le rond de gîte se situe sur la partie galbée de la fesse du bœuf. Il peut être mangé cru, en carpaccio, car il présente une surface importante dans laquelle on découpe de belles tranches extra-fines. D'autres préfèrent le préparer en rôti, mais il faut dans ce cas le barder soigneusement car le rond de gîte est très peu gras et risque de sécher au four.

HISTOIRES DE SUPERMARCHÉS

« Record et moi, la confiance est là »

Le premier hypermarché ouvre en banlieue nantaise à Saint-Herblain en 1967. Dans les années 1980, ses magasins d'Alsace et de Lorraine sont vendus à Cora. Ceux de la région Rhône-Alpes deviendront des Continent avant d'être repris par Carrefour, ou bien des Géant Casino. Celui de Saint-Herblain est aujourd'hui un Auchan.

Belles plantes

HELICHTOTRICON SEMPERVIRENS

L'« avoine bleue » persistante fait partie de ces graminées qui forment des touffes bien nettes et délimitées. D'une hauteur de 40 à 50 cm, elle a des feuilles étroites, dressées, drues et raides, d'une nuance très nettement bleutée, légèrement grisâtre, lumineuse en plein soleil. En été, des chaumes fins et souples, gracieusement arqués, portent des épillets légers jaune paille qui se balancent au-dessus du feuillage. L'avoine bleue forme de jolis groupes à l'aspect ébouriffé dans les parties sauvages du jardin, mais trouve aussi sa place en bordure, dans les rocailles, dans les jardins zen ou les jardins de gravier, ou encore en potées, sur une terrasse ou un balcon. Elle accepte pratiquement tous les types de sol, à condition qu'ils soient bien drainés.

Soleil
lever : **7h40**
coucher : **17h26**

Vendredi **3 novembre**

Saint Hubert – On fête aussi les Gwenaël, Gwenaëla, Papoul, Pirmin

Ne jette pas la pierre dans la source où tu as bu. *(Proverbe hébreu)*

Recette — Mousse au chocolat à l'aquafaba

Si vos invités sont allergiques ou intolérants aux œufs, au gluten et au lactose, la liste des desserts se trouve réduite à peau de chagrin… Heureusement, cette mousse va épater la galerie ! L'aquafaba est l'eau qui se trouve dans les conserves de pois chiches ; elle n'a pas de goût, rassurez-vous, mais sa consistance est proche de l'œuf. Laissez-vous surprendre !

Pour 4 à 6 pers. **10 min de préparation** **2 ou 3 h de réfrigération**

- 200 g de chocolat noir
- 1 grand verre (25 cl) d'aquafaba (jus de pois chiches non salés)
- 1 sachet de sucre vanillé
- 1 pincée de sel

Faites fondre le chocolat au bain-marie : cassez-le en morceaux dans une petite casserole, puis placez cette dernière dans une plus grande. Versez de l'eau dans la grande et mettez à chauffer sur feu doux. Quand le chocolat est fondu (le bain-marie prend un peu plus de temps mais préserve toute sa saveur), mélangez-le hors du feu et réservez.

Montez l'aquafaba en neige ferme avec le sel et le sucre, à l'aide d'un batteur électrique. Incorporez délicatement cette mousse au chocolat fondu à l'aide d'une maryse (spatule en silicone) . Laissez reposer au frais quelques heures.

SOLUTION : C, FOU, S', OEUFS, QUEUE, SEPT, OEUFS, BAS, LANCE, HAIE, LOUP, R', DEUX, DEUX, PUITS, K', AILE, C', BL', HOCKEY, S', HURE, 120, K', ILÔT
(C'EST FOU CE QUE CETTE BALANCE EST LOURDE DEPUIS QU'ELLE S'EST BLOQUÉE SUR 120 KILOS)

Pains & gâteaux

Le panu di i morti de Bunifaziu

Recette traditionnelle de la Toussaint, le pain des morts de Bonifacio est une brioche classique aux œufs, beurre, sucre et lait, mais façonnée en forme de boule avec des raisins secs et des noix concassées ajoutés. À l'origine, ce pain était préparé pour le jour des morts, le 2 novembre, mais de nos jours, il est proposé toute l'année en Corse. C'est une viennoiserie énergétique parfaite pour les petits-déjeuners caloriques des grands sportifs.

OPÉRAS

Fidelio de Ludwig van Beethoven (1805)

C'est le seul opéra de Beethoven, qui y travaillera et le remaniera pendant dix ans. Inspiré de la pièce *Léonore, ou l'Amour conjugal* du français Jean-Nicolas Bouilly, ce drame romantique relate l'histoire de Léonore qui, travestie en homme, se fait engager comme aide-geôlier afin de libérer son mari, Florestan, injustement emprisonné par le sinistre gouverneur Don Pizzaro. À mi-chemin entre l'opéra et l'oratorio, *Fidelio* offre un premier tiers plutôt léger, qui rappelle *La Flûte Enchantée*, avant de poursuivre dans un registre beaucoup plus dramatique. Le morceau à (ré)écouter : *O, welche Lust*, le puissant chœur des prisonniers qui doit en partie son origine à l'un des chœurs d'*Idoménée, roi de Crète* de Mozart.

Citations

Certaines femmes disent que le jour de l'accouchement est le plus beau de leur vie… Je me demande à quoi ressemblent les autres jours de leur vie !

Florence Foresti

Samedi 4 novembre

Saint Charles – On fête aussi les Charlène, Émeric, Jessica, Flour

Soleil
lever : 7 h 42
coucher : 17 h 25

Brouillard de novembre, l'hiver sera tendre.

Étymologie

Il suffit de savoir compter

Les années qui comptent 29 jours en février sont dites « bissextiles ». Cet adjectif (« bissextil » au masculin) vient du latin *bissextus* qui signifie littéralement « deux fois *(bis)* sixième *(sextus)* ». En effet, le jour ajouté tous les quatre ans était placé entre les 23 et 24 février. Le 24 février étant lui-même nommé *sexto ante calendas martis* (« le sixième avant les calendes de mars »), cette journée « bis » fut appelée *bis sexto ante calendas martis*.

La gaffe de l'Histoire

Rouge, blanc, bleu

Lors de son point du 25 février 2021 sur l'épidémie de coronavirus, le Premier ministre Jean Castex présenta différents graphiques, dont certains comparaient la situation de notre pays avec d'autres territoires européens. Problème technique ou étourderie, la France était identifiée sur ces graphiques par un drapeau non pas bleu-blanc-rouge mais rouge-blanc-bleu.

Citations

Il y a des gens qui disent la vérité comme une montre arrêtée donne l'heure : deux fois par jour et pas longtemps.

Frédéric Dard

POULES, POULETTES

LA HOUDAN

Une poule historique ! Originaire de Houdan, dans les Yvelines, où elle était l'attraction de la célèbre foire Saint-Mathieu, elle a été la star des volailles de chair sur les marchés parisiens dans le dernier tiers du XIXe siècle et jusqu'en 1914. Mais sa renommée remonte au moins au XVIIe siècle. Toutefois, après 1918, elle est presque tombée dans l'oubli. Elle connaît une petite renaissance depuis une trentaine d'années, mais surtout en tant que volaille d'ornement. Car elle vaut le coup d'œil, avec sa belle huppe ébouriffée, ses favoris, sa barbe, sa crête en feuille de chêne et sa queue bien fournie. Le plumage est variable, le plus souvent noir cailloutè blanc. Elle pond de gros œufs, se montre assez mauvaise couveuse mais se distingue toujours par sa chair, dense et délicieuse.

Célébrations en musique

Carl Orff (1895-1982)

Carmina Burana signifie « chansons de Beuern », du nom du monastère bénédictin de Beuern en Bavière, où un manuscrit de ces chants a été trouvé en 1803. D'auteurs inconnus, datés des XIIe et XIIIe siècles, ceux-ci condamnent les mœurs du clergé, la cupidité et le puritanisme, tout en louant l'amour, la nature et le vin… Le compositeur allemand Carl Orff a repris une vingtaine de ces poèmes médiévaux pour composer *Carmina Burana* en 1937, son œuvre la plus connue. Par ailleurs, Carl Orff, qui jouait remarquablement du piano, de l'orgue et du violoncelle, a composé d'autres chefs-d'œuvre de musique classique contemporaine, tels que les chœurs sur des textes de Friedrich Schiller et de Bertolt Brecht, les cantates *Catulli Burana* (1943) et le *Trionfo di Afrodite* (1953), ainsi que des pièces musicales pour le théâtre.

Soleil
lever : 7 h 44
coucher : 17 h 23

Dimanche 5 novembre

Sainte Sylvie – On fête aussi les Silvina, Zacharie, Géric

Ce n'est pas le champ qui nourrit, c'est la culture.

Argot

Rébecca

Il n'est pas fréquent que l'argot fasse des allusions à la religion dans son lexique. Pourtant, rébecca qui signifie « protestation, opposition » – après avoir eu pour sens « fille ou femme qui ne répond qu'avec aigreur aux observations qu'on lui fait » – est un dérivé de l'ancien verbe « se rebéquer » (protester), avec l'influence probable du nom d'une héroïne biblique, Rébecca. Et « aller au rébecca » ou « faire du rébecca », c'est regimber.

Oiseaux migrateurs

Le martinet noir

Ailes en forme de faux, queue fourchue, grosse tête, livrée noire et silhouette générale en arbalète : le martinet noir ne saurait être confondu quand il est en vol. Et en vol, il l'est quasiment en permanence puisqu'il ne se pose ni pour se nourrir ni pour dormir, mais seulement pour nidifier, ce qu'il fait en général dans les trous des vieux bâtiments. Et il nidifie dans toute l'Europe et dans toutes les régions françaises. Il migre assez tôt pour aller chercher les insectes volants dont il se nourrit en Afrique centrale et du Sud, puis il revient pour nidifier fin mars début avril.

Le saviez-vous ?

Belle ou pas, la belle au bois dormant est avant tout une feignasse qui passe ses journées au lit.

La bonne blague

Lorsque j'avais 16 ans, ma petite amie avait de gros seins, mais il n'y avait aucune passion dans notre histoire. Du coup, j'ai décidé de trouver une fille sentimentale et passionnée. À 18 ans, j'ai rencontré une fille pleine de passion. Mais, elle était trop émotive. Avec elle, tout était urgent, théâtral et excessif. Elle pleurait souvent et menaçait régulièrement de se suicider. J'ai compris que j'avais plutôt besoin d'une fille équilibrée et stable. Quand j'ai eu 25 ans, j'ai rencontré une fille calme et d'humeur constante, mais elle était ennuyeuse. Elle était totalement prévisible et ne s'enthousiasmait jamais pour quoi que ce soit. Notre vie de couple est vite devenue sans intérêt. Je me suis dit qu'il me fallait une fille avec plus d'énergie. À 30 ans, j'ai enfin trouvé une fille pleine d'énergie. Elle passait sans arrêt d'une chose à l'autre, ne se fixait jamais sur rien. Elle faisait souvent des choses folles et me rendait aussi heureux que malheureux. Au début, c'était amusant, mais notre relation partait dans tous les sens, cela ne menait à rien et je n'arrivais plus à la suivre. J'ai donc décidé de me trouver une fille structurée et avec de l'ambition. À 35 ans, j'ai finalement rencontré une fille intelligente, ambitieuse, les pieds bien sur terre. C'était exactement ce que je voulais et je l'ai épousée. Mais elle était tellement intelligente, ambitieuse et les pieds bien sur terre qu'elle a fini par demander le divorce et a pris tout ce que je possédais. Aujourd'hui, je suis plus âgé et bien plus avisé : je cherche une fille avec de gros seins.

LE FISC PEUT MAINTENANT SURVEILLER NOS RÉSEAUX SOCIAUX

Brèves régions

Seine-Maritime/Le rugby normand

Si, dans notre imaginaire collectif, c'est le sud-ouest de la France qui serait la patrie du rugby, en réalité, c'est au Havre que ce sport a fait ses premiers pas, en 1870. D'anciens élèves d'Oxford et de Cambridge, venus travailler dans des entreprises de négoce havraises, avaient pris l'habitude de se retrouver dans un terrain vague sur le bord de mer pour pratiquer la *combination*, sport que l'on considère comme l'ancêtre du rugby et du football. À peine deux ans plus tard, Le Havre Athletic Club voyait le jour, premier club sportif français, composé de deux sections : l'une de football, l'autre de rugby.

Lundi **6 novembre**

Saint Léonard – On fête aussi les Bertille

Soleil
lever : **7 h 45**
coucher : **17 h 22**

Brume sur gelée n'est pas de durée.

Chiffres et expressions

Répéter dix fois la même chose

Déjà, le verbe « répéter » signifie que quelque chose a été dit plusieurs fois. Si on veut parler un français soutenu, on ne dira pas « répéter deux fois la même chose » car cela serait un pléonasme. Il faut préférer « redire deux fois la même chose ». En revanche, il est clair que « répéter dix fois la même chose », c'est purement et simplement rabâcher !

Solution Chrono p. 318

Solution : 2 circuits possibles
20+5+4-7-11+9+8+=3 = 31 s
20+9-11+5+4-7+8+3 = 31 s

THÉÂTRES DU MONDE

Le théâtre des États à Prague

Fouler les pavés des ruelles étroites de la vieille ville et arriver devant ce bâtiment majestueux datant de 1783 donne la sensation de marcher dans les pas de Mozart. Et c'est un peu vrai puisque c'est ici qu'a notamment eu lieu la première mondiale de son opéra *Don Giovanni*, qui figure toujours au répertoire du théâtre des États. L'intérieur est superbe avec une salle à l'italienne aux loges tapissées de velours bleu et or et son fameux rideau de Vojtěch Hynais dont les motifs allégoriques représentent la construction du lieu.

Expressions françaises et anglaises

There is an elephant in the room

Si un Anglais vous dit « *there is an elephant in the room* », c'est-à-dire « il y a un éléphant dans la pièce », ne regardez pas autour de vous, l'air inquiet. Il fait référence à un sujet auquel tout le monde pense mais que personne n'ose aborder – un peu comme le Brexit ! Celui qui oserait l'aborder serait comme un éléphant dans un magasin de porcelaine ou, comme disent les Anglais, un taureau dans un magasin de porcelaine (« *a bull in a china shop* »).

ENIGMES

Lors d'une perquisition au domicile d'un hacktiviste, la police a saisi son ordinateur. Pour accéder à tous ses fichiers, il leur faut le mot de passe mais le cybercriminel ne se montre évidemment pas coopératif. Cependant, les policiers ont trouvé un pense-bête dont l'accusé se serait servi au cas où il aurait eu un trou de mémoire :

PAPE ; CARDINAL ; MOINE ; PÈLERIN

À votre avis, quel est le mot de passe ?

Solution :
OISEAU, car ce sont tous des mots associés à des oiseaux. Le pape et le cardinal sont des passereaux, le nom complet du macareux est le macareux moine, et celui du pèlerin est faucon pèlerin.

Mardi 7 novembre

Sainte Carine – On fête aussi les Ernest, Engelbert, Amaranthe

Le bois tordu fait le feu droit.

HEUREUX MARIAGES

Le 21 août 1843, un épicier de Saumur nommé Pierre Robin convola en justes noces avec une domestique nommée Louise Desbois. Ils demeuraient rue Royale mais l'histoire ne dit pas s'ils y ont distribué leurs richesses aux pauvres. De même pour Baptiste Robin et Louise Desbois, mariés le 28 juin 1880 à Bernais ou Pierre Robin et Eugénie Desbois mariés le 4 juin 1867 à Courléon.

SUDOKU

2	3		1				9	
					7	5		
	9							
	6	3			8			4
	8			5			7	
9			4			1	3	
							4	
		9	6					
	4				1		6	3

Solution page 333

Citations

Quand on meurt de faim, il se trouve toujours un ami pour vous offrir à boire.

Antoine Blondin

RÉBUS

Les livres français

jeunes filles en fleurs ←

A l'ombre des jeunes filles en fleurs de Marcel Proust

Citations

On passe la moitié de sa vie à retenir sans comprendre, et l'autre moitié à comprendre sans retenir.

Antoine de Rivarol

Pêche en mer

Le congre à soutenir en bateau

Le congre ressemble à une énorme anguille (il dépasse souvent 10 kg) qui vit sur le fond. Les cartes marines et le sonar aident à repérer épaves et rochers où se tiennent les congres. Le matériel est puissant et solide : canne à soutenir de 50 lbs, équipée d'un moulinet « tout gros ». Le fil est un Nylon 70/100, terminé par un bas de ligne acier sur lequel est fixé un hameçon de belle taille. Le plomb (de 500 g à 1 kg) est monté en dérivation sur un coulisseau. On laisse glisser l'appât, un tronçon de poisson bien frais, sur le fond et, fil tendu, il n'y a plus qu'à attendre. On ressent des coups de tête. Un ferrage ample s'impose ! Récupérez très vite, sur plusieurs mètres, afin d'amener le poisson en pleine eau et ensuite le remonter en « pompant » à l'aide de la canne.

Le bon mot de l'Histoire et le gros mot

« C'est légal parce que je le veux. » Louis XVI, 18 novembre 1787

Alors que les discussions pour enregistrer un nouvel emprunt royal s'éternisent au Parlement de Paris, Louis XVI transforme la séance du 18 novembre 1787 en lit de justice. Cette procédure lui permet d'imposer un édit. Plusieurs nobles, dont son cousin, le duc d'Orléans, s'opposent à la légalité de cette décision. « C'est légal parce que je le veux » leur aurait rétorqué Louis XVI, réaffirmant ainsi le caractère absolu de la monarchie. Si tous les témoins ne s'entendent pas sur la formule, ils sont en revanche unanimes pour souligner la tension entre le roi et certains princes du sang. Un an plus tard, pour en finir avec les blocages récurrents du Parlement, le souverain décide de convoquer des États Généraux, préambule de la Révolution.

Mercredi **8 novembre**

Saint Geoffroy – On fête aussi les Scott, Willard

Soleil
lever : **7 h 48**
coucher : **17 h 19**

On est assez riche quand on a le nécessaire.

Ça s'est passé
Le 8 et 9 novembre 1923

Putsch de la Brasserie par Hitler, appelé aussi putsch de Munich. C'est un fiasco complet. Condamné à cinq ans de prison, il n'y restera que neuf mois.

Ville en chanson

Marseille

Berceau du rap français, la cité phocéenne est à l'honneur avec le groupe IAM et son *Marseille la nuit*, qui raconte une excursion nocturne dans les lieux emblématiques du Marseille interlope (le Panier, Belsunce, le Cours Julien…) et bien sûr avec Fonky Family et son tube *Bad boys de Marseille*. En 2020, *Bande organisée,* le premier opus d'un projet imaginé par Jul, a regroupé le gratin du rap marseillais autour de la célèbre maxime locale, « fier d'être Marseillais ». Le clip totalise plus de 360 millions de vues sur YouTube.

Citations

En France, le discours politique vole bas, mais il n'atterrit jamais.

André Frossard

Pas si bête

Le bousier

Il est fort et pas bête ! Fort, et même très fort, puisqu'il est capable de soulever mille fois son propre poids. Ses performances relativisent celles de l'éléphant qui peut porter 8 t, mais qui en pèse lui-même 6. Et il n'est pas bête, car il a compris qu'au lieu de manger des végétaux et de se fatiguer à les mastiquer et à les digérer, il est plus simple de se servir d'une matière nutritive que des gros animaux mettent à sa disposition : leurs excréments. Car ce qu'il soulève, cet hercule de moins de 2 cm de long, ce sont des boules de fèces. Il les enterre dans des galeries, qu'il creuse lui-même, pour se constituer des réserves. Il existe de nombreuses espèces de ce coléoptère, et elles sont spécialisées : excréments de bovins, chez nous, ou crottes de kangourous en Australie.

Patronymes animaliers

JEANNE POISSON

Jeanne Poisson, plus connue sous le nom de Madame de Pompadour, fut la maîtresse de Louis xv de 1745 à 1751. Loin d'être écartée après cette période, elle devint la confidente du roi qui avait fait construire pour elle le Petit Trianon afin qu'elle y installe sa résidence. De bon conseil en matière artistique, on lui doit la fondation de la Manufacture de porcelaine de Sèvres et l'aménagement de la place de la Concorde comme nous la connaissons aujourd'hui, à l'obélisque près. La famille Poisson est originaire de Provenchères-sur-Meuse, dans l'actuel département de la Haute-Marne et le patronyme peut provenir d'un sobriquet pour marquer le côté filant d'un individu ou son mutisme.

Soleil
lever : **7 h 50**
coucher : **17 h 17**

Jeudi **9 novembre**

Saint Théodore – On fête aussi les Mathurin

Quand une rivière grossit, son eau se salit.

L'humanité en chiffres

Selon l'Institut international pour l'exploration des espèces (IISE), les scientifiques découvrent chaque année environ 18 000 espèces, soit près de 50 nouvelles espèces par jour, dont la plupart sont des invertébrés. En Europe, plus de 2 nouvelles espèces sont répertoriées quotidiennement, ce qui représente 770 nouvelles espèces à l'année.

La gaffe de l'Histoire

Se prendre un vent

Sur le plateau de l'émission *The Voice*, la coach Amel Bent a utilisé en mars 2021 une formule assez malheureuse. À une candidate qui était éliminée, elle a dit : « Je vous souhaite le plus doux des vents. » Elle-même a reconnu ensuite que cela n'avait pas le sens voulu mais que la phrase « sonnait bien dans [sa] tête ». La candidate ne s'est pas offusquée de ce vent.

Charade répétitive

Mon premier est une pique.
Mon deuxième est une sarisse.
Mon troisième est une pertuisane.
Mon quatrième est une hallebarde.
Mon cinquième est un épieu.
Mon sixième est une framée.
Mon tout a sa loi.

SILENCE (six lances)

Brèves régions

Seine-et-Marne/Bonaparte à Fontainebleau

On ne mesure pas toujours l'affection que Napoléon Ier avait pour le château de Fontainebleau. L'empereur adorait y résider, car il y avait des appartements intimes, à côté des grands appartements d'apparat. Joséphine, sa première épouse, aimait à se retirer dans son « boudoir turc », une pièce au décor oriental conçue, à l'origine, pour la reine Marie-Antoinette. C'est là que Napoléon lui annonça son intention de divorcer, en 1809. Plus tard, Marie-Louise d'Autriche, nouvelle impératrice, élèvera à Fontainebleau le fils qu'elle eut de l'empereur, l'Aiglon, dont les premiers pas se firent dans la galerie de Diane.

LE CHIFFRE

2,9

C'est, en millions d'euros, le prix atteint par une planche originale de *Spiderman* lors d'une vente aux enchères organisée aux États-Unis. Avec ce montant record, l'homme-araignée écrase tous les autres super-héros. Dans cette planche de trois cases, réalisée par Mike Zeck et tirée du numéro 8 des *Guerres Secrètes*, une série publiée en 1984-1985, le super-héros revêt pour la première fois le costume noir qui se révélera être un parasite extraterrestre et donnera naissance au personnage de Venom, un « super-vilain ». L'œuvre avait été mise en vente à « seulement » 286 000 euros. Le précédent record pour une planche originale d'une bande dessinée américaine remonte à 2014, lorsqu'une page montrant la première apparition de Wolverine pour un numéro de *L'Incroyable Hulk* datant de 1974, a été vendue 573 650 euros.

Vendredi **10 novembre**

Saint Léon – On fête aussi les Léonie, Léo, Eurydice, Noé

Soleil
lever : **7h51**
coucher : **17h16**

C'est son caractère qui fait à chacun sa destinée. (Proverbe romain)

Les plus vieux commerces du monde

Portugal – Livraria Bertrand

C'est à Lisbonne, capitale du Portugal, que se trouve la plus ancienne librairie du monde : *Livraria Bertrand*. Elle fut créée en 1732 par un libraire français du nom de Pedro Faure qui s'associa rapidement avec Pierre Bertrand, un autre professionnel du livre originaire des Hautes-Alpes, qui devint son gendre. Dévastée par le terrible tremblement de terre de 1755, la *Livraria Bertrand* renaquit de ses cendres et continua son développement avec les descendants de la famille. C'est seulement en 2006 qu'elle quitta la dynastie Bertrand pour être rachetée par un groupe et compte aujourd'hui une cinquantaine de points de vente à travers le Portugal.

Citations

Tout jeune, on pousse. Adulte, on se pousse. Vieux, les autres vous poussent.

Jacques Sternberg

HEUREUX MARIAGES

Employé de commerce à Nîmes, Henri Rognon travaillait peut-être dans une boucherie-charcuterie… Il choisit pour épouse une jeune fille de la même ville, Marguerite Françoise Deveaux. Après leur union dans la préfecture du Gard le 4 avril 1885, ils vécurent heureux de nombreuses années, et leur tombe arbore aujourd'hui fièrement les noms « Rognon-Deveaux ».

Séries TV (acteurs et actrices)

KARIN VIARD – *MAIGRET*

Alors âgée d'une vingtaine d'années, Karin Viard quitte sa petite ville de province pour rejoindre Paris et se lancer dans une carrière d'actrice. Elle suit des cours de théâtre, tente de décrocher des castings, mais le succès se fait attendre. Pendant près de dix ans, elle enchaîne les petits boulots, en jouant de temps en temps au théâtre. En 1989, elle obtient un rôle dans un épisode de la série *Les Enquêtes du commissaire Maigret*. Cette opportunité lui permet de se faire remarquer par le réalisateur Étienne Chatiliez, qui lui offre son premier rôle au cinéma, dans *Tatie Danielle* (1990). Karin Viard revient quelques années plus tard dans la nouvelle version de la série *Maigret*, avec Bruno Cremer, dans un rôle plus conséquent. Peu à peu, l'actrice se révèle, jusqu'à décrocher le César de la meilleure actrice en 2000 pour son rôle de mère atteinte d'un cancer dans *Haut les cœurs !* de Sólveig Anspach.

Argot

Rigolo

S'il y en a un avec lequel il ne faut pas rigoler, c'est bien le rigolo ! En effet, dans l'argot des truands, le rigolo est une arme à feu, le plus souvent un révolver. Le rigolo (ou la rigolote ou encore la rigole), c'est aussi une pince de voleur servant à crocheter les serrures. Ces sens sont bien entendu des emplois ironiques de l'adjectif courant « rigolo » (amusant). Les dictionnaires d'étymologie notent que ces emplois de rigolo sont vieillis.

Soleil
lever : 7 h 53
coucher : 17 h 14

Samedi 11 novembre

Armistice – On fête aussi les Martin, Ménas, Véran

Saint-Martin fait le blé fin.

L'humanité en chiffres

L'Étranger, publié en 1942, le premier roman d'Albert Camus, fait partie du « cycle de l'absurde » avec l'essai *Le Mythe de Sisyphe* et les pièces de théâtre *Caligula* et *Le Malentendu*. Troisième roman francophone le plus lu dans le monde, derrière *Le Petit Prince* et *Vingt mille lieues sous les mers*, *L'Étranger* s'est vendu en France à plus de 10 millions d'exemplaires.

Rétro Vermot

L'or est une terre jaune qui n'a pas de langue, mais là où il commence à parler, toutes les autres se taisent.
Proverbe turc

Citations

Ce n'est pas dur la politique comme métier. Tu fais cinq ans de droit et tout le reste c'est de travers.

Coluche

Solution Sudoku p. 329

2	3	8	1	6	5	4	9	7
6	1	4	3	9	7	5	8	2
5	9	7	8	4	2	3	1	6
7	6	3	9	1	8	2	5	4
4	8	1	2	5	3	6	7	9
9	5	2	4	7	6	1	3	8
3	2	6	5	8	9	7	4	1
1	7	9	6	3	4	8	2	5
8	4	5	7	2	1	9	6	3

Duos du grand écran

Kirsten Dunst — Sofia Coppola

C'est une relation sororelle qui unit ces deux artistes : Sofia Coppola, l'aînée, est réalisatrice ; Kirsten Dunst, la cadette, est actrice. En 1999, elles se rencontrent sur le tournage de *Virgin Suicides*, à respectivement 27 et 17 ans. De cette histoire étrange de jeunes filles évanescentes et suicidaires, les deux femmes vont tirer une belle renommée. Elles confirment l'essai en 2006 avec *Marie-Antoinette*, interprétation très rock des derniers jours de la reine et qui vaut au duo une nomination à la Palme d'or à Cannes. Leurs deux films suivants, *The Bling Ring* en 2013 et *Les Proies* en 2017, remporteront un succès plus mitigé.

L'ACTU

POISSONS PILOTES

Selon des chercheurs de l'université Ben Gourion du Néguev (Israël), les poissons rouges seraient capables de conduire un véhicule… sur Terre. Pour cette étude un brin extravagante, les scientifiques ont créé un dispositif robotisé susceptible de bouger en fonction des déplacements d'un gros poisson rouge nageant dans un aquarium. Ils ont installé des caméras suivant le mouvement du poisson et liées à un ordinateur guidant un véhicule installé sur une plateforme. Lorsque le poisson rouge se rendait dans la partie avant de l'aquarium, la voiture avançait et lorsque le poisson restait dans la partie arrière, elle restait immobile. Pour parfaire leur étude, les chercheurs ont également placé une cible à l'extérieur du véhicule. Lorsque le poisson rouge parvenait à atteindre la cible, il recevait un peu de nourriture en guise de récompense. Eh bien, après quelques jours d'entraînement, le poisson a réussi à atteindre cette cible à chaque fois, et ce, quel que soit son point de départ. En clair : un poisson rouge a la capacité de transférer sa représentation spatiale pour se déplacer sur Terre !

Dimanche **12 novembre**

Saint Christian – On fête aussi les Astère, Josaphat, Cunibert

Soleil
lever : **7 h 55**
coucher : **17 h 13**

Quand on n'a pas d'idées, il faut avoir des jambes.

Brèves régions

Yvelines/Limay, nid d'espions

Le château des Moussets, sur la commune de Limay, face à Mantes-la-Jolie, dans les Yvelines, appartient aujourd'hui encore à la Russie. Construit au XVIIe siècle, entouré d'un parc de huit hectares, il fut acheté en 1945 par l'ambassade d'URSS. Pendant la guerre froide, ce lieu de repos du personnel de la Chancellerie, idéalement situé à 40 kilomètres de Paris, fut la cible de mille fantasmes. Les fonctionnaires qui venaient y passer quelques jours au calme étaient soupçonnés d'être des espions soviétiques, alors qu'il ne s'agissait que de familles venues profiter de l'un des trente studios aménagés dans le parc du château.

30 morceaux de bœuf

LE ROND DE TRANCHE

Avec le plat de tranche et le mouvant, le rond de tranche constitue la partie avant de la face interne de la cuisse du bœuf. Comme son nom l'indique, il est parfaitement adapté pour se cuisiner en rôti, d'abord à feu vif, pour dorer sa surface, et ensuite à four chaud pour le cuire à cœur. Certains professionnels le proposent aussi en steaks à poêler.

Espace

Une nuit dans le ciel

Lancée en 1991, la Nuit des étoiles permet au grand public de participer à diverses manifestations gratuites organisées par l'Association française d'astronomie, Planète Sciences et, certaines années, la Société astronomique de France. Elle s'étend sur trois jours, du vendredi au dimanche, et se déroule en août, au plus proche possible du maximum d'étoiles filantes des Perséides.

LE CHIFFRE

8 000

C'est le nombre d'années auquel a été condamné un ressortissant australien à rester en Israël. Cette sentence totalement inédite est destinée à le contraindre de verser une pension alimentaire à son ex-femme pour ses deux enfants jusqu'à leur majorité. De fait, la justice israélienne lui interdit de quitter le pays jusqu'au 31 décembre 9999, l'échéance la plus éloignée possible que l'on puisse saisir dans le système informatique, pour être bien sûr qu'il s'acquittera de ses obligations. Tant qu'il n'aura pas réglé sa « dette future », il ne pourra quitter le territoire ni pour le travail ni pour les vacances. Si ce jugement est exceptionnel, il n'est pas rare que les tribunaux civils et religieux d'Israël exercent « activement » leur autorité pour interdire à certaines personnes, y compris les non-résidents, de quitter le pays jusqu'à ce que toutes les réclamations en justice dont ils font l'objet soient résolues.

Soleil
lever : **7 h 56**
coucher : **17 h 12**

Lundi **13 novembre**

Saint Brice – On fête aussi les Livia, Homobon, Maxellende

L'habit de soie n'a pas de puces. *(Proverbe estonien)*

ÇA, C'EST FAIT DIVERS !

L'Américain Roman McClay était un obscur auteur de romans de science-fiction. Pour sa trilogie *Sanction* publiée entre 2018 et 2020, il disait mélanger la fiction avec des « personnes » et des « événements réels » afin de « brouiller la frontière entre ce qui existe et ce qui est possible ». Lyndon McLeod, de son vrai nom, ne mentait pas. Ses livres contenaient les noms de personnes bien réelles qui, comme leurs personnages dans ses romans, ont été assassinées. Par McLeod lui-même. Dans le premier volume, le tueur assassinait un « personnage » dénommé Michael Swinyard dans un immeuble de Denver. L'homme existait vraiment et a bien été abattu trois ans plus tard dans les mêmes conditions. Dans un autre, l'auteur racontait le meurtre d'Alicia Cardenas, une tatoueuse. La jeune femme existait également et a été tuée, avec une autre femme, dans les mêmes conditions que son « personnage ». Lyndon McLeod a poursuivi sa sanglante série en allant abattre un homme dans un autre salon de tatouage ainsi que la réceptionniste d'un hôtel, puis il a été interpellé par la police et abattu, après un échange de coups de feu. Un porte-parole de la police de Denver a confirmé que les livres écrits sous le pseudonyme Roman McClay étaient des éléments clés de l'enquête. Trois assassinats réels y étant annoncés, les enquêteurs vont minutieusement étudier chaque tome de la série *Sanction*. D'autant plus que l'intrigue tourne autour d'un serial killer et que Lyndon McLeod avait été soupçonné en 2020 dans trois affaires criminelles. À l'époque, le « romancier » n'avait pas été poursuivi.

Les pires prédictions de l'Histoire

En 1878, l'électricité publique est expérimentée sur l'avenue de l'Opéra, à Paris : 32 globes de verre sont placés le long de l'avenue et pourvus de lampes à arc électrique. Sujette à de fréquentes coupures, la lumière diffusée est très faible. Ce qui est la preuve, pour certains, que l'éclairage électrique n'a aucun avenir. Éminent professeur à Oxford, Erasmus Wilson déclare : « Je peux vous affirmer sans être contredit que lorsque l'exposition de Paris fermera ses portes, la lumière électrique s'éteindra avec elle, et l'on n'en entendra plus jamais parler. » Trois ans plus tard, le public se presse à la première Exposition internationale d'Électricité pour admirer les ampoules électriques de Thomas Edison, le tramway électrique de Werner von Siemens, le téléphone de Alexandre Graham Bell ou encore un réseau de distribution électrique conçu par Marcel Deprez.

Citations

Le moins que l'on puisse demander à une sculpture, c'est qu'elle ne bouge pas.

Salvador Dalí

FOOT

Bleu éphémère

Le 12 octobre 2005, l'équipe de France se qualifie officiellement pour la Coupe du monde 2006 en s'imposant largement face à Chypre lors du dernier match (4-0). Le chronomètre a dépassé les trois minutes de temps additionnel lorsque le sélectionneur Raymond Domenech procède au dernier changement et fait entrer Franck Jurietti. Numéro 21 dans le dos, le défenseur des Girondins de Bordeaux fête alors sa première sélection avec les Bleus. Une sélection qui ne dure que cinq secondes, le temps que l'arbitre siffle la fin du match. Les Bleus se hissent ensuite en finale de ce Mondial 2006, sans Jurietti. Le défenseur ne sera plus jamais appelé en équipe de France et devient alors le joueur à la carrière internationale la plus courte de l'histoire. Un record qui sera difficile, voire impossible à battre.

Mardi **14 novembre**

Saint Sidoine – On fête aussi les Balsamie, Devrig

Soleil
lever : **7 h 58**
coucher : **17 h 11**

Mal vit qui ne s'amende.

Curiosités scientifiques

La quête de l'invisibilité

Des chercheurs sont parvenus à créer un système de lentilles qui rend invisible tout objet passant dans son champ. Une entreprise américaine a même mis au point un « bouclier » jouant sur ces caractéristiques pour rendre invisible la personne cachée derrière. Mais l'invisibilité existe dans la nature. Certains céphalopodes possèdent des cellules spécialisées possédant une protéine, la réflectine. Celles-ci peuvent modifier la manière dont elles diffusent la lumière et, de fait, devenir invisibles. En faisant exprimer la réflectine dans des cellules humaines, des chercheurs ont ainsi réussi à les rendre transparentes. De là à imaginer le faire sur un homme, il n'y a qu'un pas…

Chiffres et expressions

Se mettre à dix contre un

« Quand on veut gagner, il vaut mieux se mettre à dix contre un, c'est plus sûr », écrit Jean-Paul Sartre dans *Les Mains sales* en 1948. Effectivement, l'expression est claire car, à part les super-héros, personne ne peut se battre contre dix autres individus et en sortir vainqueur. L'expression peut également pointer une injustice envers quelqu'un de faible.

LE CHIFFRE

60

C'est, en millions, le nombre de nids de poissons des glaces découverts, par hasard, dans la mer de Weddell, en Antarctique. Cette gigantesque colonie tapisse le fond marin sur plus de 240 km². Située à 300 m de profondeur, c'est la plus importante zone de reproduction de poissons jamais découverte. Chacun des nids compterait en moyenne 1 700 œufs. Les trois quarts d'entre eux sont surveillés par un seul mâle pour les protéger contre des prédateurs comme les phoques. Le biologiste allemand Autun Purser était à l'affût de baleines sur un brise-glace lorsqu'une caméra braquée sur le fond de la mer de Weddell a commencé à révéler des dizaines de milliers de nids, à raison d'un tous les 25 cm dans toutes les directions. Il a fallu deux ans aux chercheurs pour répertorier et photographier la totalité du site. Apparu il y a 150 millions d'années, le poisson des glaces vit uniquement dans les eaux froides de l'Antarctique. Vertébré à sang blanc, il dispose de protéines « antigel » qui lui permettent de survivre dans les eaux glaciales.

Argot

Riz-Pain-Sel

On aurait pu le surnommer « pâtes-beurre-poivre » ou encore « pomme de terre-jambon-vinaigre », mais non : c'est l'appellation « riz-pain-sel » que l'argot des militaires de la fin du XVIIIe siècle a choisie pour désigner l'officier ou le sous-officier chargé du service de l'intendance. Par extension, ce surnom a été appliqué à tout soldat de l'administration (qui n'était donc pas au front), contrairement aux biffins, les soldats de l'infanterie.

Soleil
lever : 7 h 59
coucher : 17 h 10

Mercredi **15 novembre**

Saint Albert – On fête aussi les Adalbert, Léopold, Arthur, Victoire

À la Saint-Léopold, reste bien couvert.

Expressions disparues

Avoir l'air de revenir de Pontoise

On dira aujourd'hui d'une personne qui a les idées confuses qu'elle est « à l'ouest ». Jusqu'à la fin du XIXe siècle, on aurait dit qu'elle avait « l'air de revenir de Pontoise ». Et ce, parce qu'au Moyen Âge, un seigneur de Pontoise, susceptible et cruel, faisait venir à lui les voyageurs passant par cette ville, et les soumettait à un interrogatoire sans queue ni tête. Ces pauvres étrangers, déroutés et déconcertés par les questions et les menaces du tyran, répondaient « à côté de la plaque ».

La gaffe de l'Histoire

Un soldat peut en cacher un autre

À l'occasion du centenaire du soldat inconnu italien, début 2021, le Président du Conseil de ce pays a voulu publier un hommage sur les réseaux sociaux. Malheureusement, ses mots dédiés au courage des soldats de 1914-1918 étaient illustrés par une photo de combattants américains de la Seconde Guerre mondiale sur un fond de carte de la Colombie.

Citations

L'homme sage doit connaître ses limites. Moi c'est simple, j'arrête de boire dès que je ne peux plus lire l'étiquette.

Jean-Jacques Peroni

Belles plantes

CANNE À SUCRE POURPRE

La canne à sucre est une plante tropicale qui ne supporte pas le gel, mais cette variété, Saccharum officinale Purpureum, survit à des températures légèrement inférieures à 0 °C. On peut donc la planter dans les jardins méditerranéens ou dans des zones océaniques abritées. À défaut, installez-la en pot, elle s'y adapte fort bien, ou cultivez-la comme un dahlia, en déterrant la souche et en la gardant en cave durant l'hiver. Elle forme une touffe dense de feuilles rubanées, joliment arquées, d'un beau vert un peu bleuté. Au centre, apparaissent des cannes à croissance rapide, pouvant atteindre plus de 2 m, d'une couleur nettement pourprée, prenant peu à peu une nuance plus foncée, presque noire sous le grand soleil. Associez cette espèce luxuriante à des yuccas et à des daturas.

C'ÉTAIT VRAIMENT MIEUX AVANT (?)

« LA LANGUE FRANÇAISE FOUT LE CAMP ! »

En réalité, le français va bien. Il n'y a jamais eu autant de francophones sur Terre. Depuis 1985, son nombre de locuteurs dans le monde est passé de 106 à 265 millions. Il devrait atteindre les 700 millions en 2050. Et ce n'est pas tout ! Cinquième langue la plus parlée au monde, le français est aussi le deuxième idiome appris comme langue étrangère, la troisième langue des affaires et même la quatrième langue utilisée sur Internet. Bien sûr, on ne la parle pas comme à l'époque de Molière et on ne l'écrit plus comme Victor Hugo. Depuis les années 1950, la langue a beaucoup évolué, le subjonctif imparfait est certes moins utilisé et des mots devenus désuets se sont effacés, mais des centaines d'autres sont apparus (environ 150 nouveaux entrent chaque année dans les dictionnaires) et la grammaire s'est oralisée. Depuis Rabelais, notre langue s'imprègne sans cesse de son époque, c'est une langue vivante !

Jeudi **16 novembre**

Sainte Marguerite – On fête aussi les Gertrude

Soleil
lever : **8 h 01**
coucher : **17 h 09**

Il ne faut pas parler latin devant les clercs.

Charade répétitive

Lente est **mon premier**.

Toto est le nom de **mon deuxième**.

Un grenadier est **mon troisième**.

Un morpion est **mon quatrième**.

Un anoploure est **mon cinquième**.

Un phtirius est **mon sixième**.

Un mélophage est **mon septième**.

Mon tout est un moyen de transport.

POUSSETTE (poux sept)

Lacs de France et d'Europe

Le lac Saimaa (Finlande)

La Finlande est connue pour ses lacs qui sont plus de 180 000. Le lac Saimaa qui couvre près de 4 400 km² est la plus importante pièce d'eau du Jarvi Suomi (région des lacs) au sud-est du pays, où l'eau représente 40 % du territoire. La région a subi une érosion glaciaire qui n'a laissé que quelques reliefs rocheux, c'était il y a 10 000 ans. Les paysages sont grandioses : le bleu des lacs alterne avec le vert des forêts. La nature a été conservée dans un état remarquable malgré les aménagements réalisés autrefois par le royaume de Suède ou par l'empire Russe. Des canaux relient les lacs entre eux ; ils servent au transport du bois et de minerais. Un dépaysement total à vivre en été, mais toutes les saisons sont agréables autour de charmantes cités comme Savonlinna, Imarta, Lappeenrata.

Brèves régions

Somme/Le gâteau battu

Le gâteau battu est une spécialité de la Somme, et plus particulièrement de la région d'Abbeville. Déjà connu en 1653, les Flamands l'appelaient alors « gâteau mollet » ou « pain aux œufs ». C'est une sorte de brioche à la croûte brune, dont la pâte jaune doré très alvéolée est plus aérée et moelleuse que la brioche traditionnelle. Sa forme reconnaissable évoque la toque d'un cuisinier et la richesse de ce gâteau en beurre et en œufs en faisait un dessert réservé aux fêtes. Aujourd'hui, on déguste volontiers le gâteau battu accompagné d'une confiture, ou d'une compotée de pommes ou de rhubarbe.

La dictée du mois Les anciens cataclysmes

L'Atlantique ronge nos cotes. La pression du courant du pôle déforme notre fallaise ouest. La muraille que nous avons sur la mer est minée de Saint-Valéry-sur-Somme à Ingouville, de vastes blocs s'écroulent, l'eau roule des nuages de galets, nos ports s'ensablent ou s'enpierrent, l'embouchure de nos fleuves se barrent. Chaque jour un pan de la terre normande se détache et disparaît sous le flot. Ce prodigieux travail, aujourd'hui ralenti, a été terrible. Il a fallu pour le contenir cet éperon immense, le Finistère. Qu'on juge de la force du flux pôlaire et de la violence de cet afouillement par le creux qu'il a fait entre Cherbourg et Brest. Cette formation du golf de la Manche aux dépends du sol français est antérieure aux temps historiques.

Victor Hugo, Les Travailleurs de la mer, *1866.*

côtes, falaise, empierrent, barre, polaire, affouillement, golfe, dépens

Soleil
lever : **8 h 02**
coucher : **17 h 07**

Vendredi **17 novembre**

Sainte Élisabeth – On fête aussi les Élise, Hilda, Aignan

Mieux vaut un diable connu que vingt hommes inconnus. *(Proverbe espagnol)*

OISEAUX MIGRATEURS

Balise Argos

Observation directe, baguage, marquage coloré, radars : les moyens d'étudier et de suivre les migrations des oiseaux sont nombreux et nous permettent d'en avoir une connaissance précise. On utilise aussi des émetteurs électroniques. Les plus petits ont une faible portée et ne servent à étudier que des déplacements limités. Mais la balise Argos permet de suivre le trajet d'un oiseau par satellite, avec une précision de l'ordre de 150 m, l'ornithologue restant dans son fauteuil. Toutefois, elle est trop lourde pour les passereaux et n'est utilisée que pour les grands oiseaux, comme les cigognes.

Rétro Vermot

– Joséphine, pourquoi avez-vous brisé ce tableau ?

– Monsieur m'avait dit de casser une croûte …

Bibliophiles

De sang-froid, Truman Capote (Gallimard, 1966)

« On va y aller et leur foutre plein de cheveux sur les murs. » 1959, Kansas. Une famille est sauvagement massacrée. Truman Capote s'empare de l'affaire, interroge témoins, voisins, policiers, consulte le dossier de l'enquête, rencontre les meurtriers. Il reconstitue avec minutie le drame, des derniers jours des victimes à l'exécution des coupables, avec pour ambition de s'approcher au plus près du réel, tant dans la précision des faits que dans la parole, et de dire la vérité et ce qu'elle révèle des protagonistes et de l'Amérique profonde. Un thriller glaçant comme le scalpel d'un médecin légiste.

Les scandaleuses

Fortunée Hamelin, « le plus grand polisson de France »

Née à Saint-Domingue en 1778, Fortunée Lormier Lagrave est élevée sur la plantation de canne à sucre de son père jusqu'à l'âge de 11 ans. En 1789, elle est expédiée en France en compagnie de sa mère qui veut la marier rapidement et, en 1792, la jeune fille épouse le très riche Romain Hamelin. Elle a 14 ans, lui 22. Alors que la Terreur prend fin, la bourgeoisie parisienne se jette avec frénésie dans tous les plaisirs. Fortunée s'impose par sa beauté et sa finesse d'esprit comme l'une des « reines » de la capitale. Un jour d'été de 1796, en pleine période des « Merveilleuses » et des « Incroyables », elle crée la sensation en se promenant sur les Champs-Élysées vêtue d'une simple robe de gaze, sous laquelle elle est totalement nue. Pour fuir le scandale, son époux l'emmène en Italie où elle met au monde ses deux enfants. Puis, estimant avoir rempli son devoir de femme mariée, elle rentre à Paris et commence à collectionner les amants. On se bouscule pour aller chez la « belle Mme Hamelin » qui reçoit la crème des hommes influents du Directoire, y compris le général Bonaparte. Sous le Consulat et l'Empire, la maison de « l'Enchanteresse » deviendra un « ministère bis » où l'on postule et intrigue. Après avoir reçu le Tout-Paris dans son salon pendant des années, Fortunée meurt en 1851. Elle repose au Père-Lachaise auprès de ses deux enfants et de son mari Romain Hamelin dont elle était pourtant séparée.

Samedi **18 novembre**

Sainte Aude – On fête aussi les Odon, Maudez, Patrocle

Soleil
lever : **8 h 04**
coucher : **17 h 06**

Baiser de lèvres ne vient pas toujours du cœur.

La gaffe de l'Histoire

Van Gogh, le poète

Sophie Codegoni, une mannequin italienne née en 2000, a voulu faire de l'effet avec des références culturelles lors d'une émission de *Big brother VIP 6* à laquelle elle participait en octobre 2021. « Vous pouvez me dédier tous les poèmes de Shakespeare et de Van Gogh, vous ne serez jamais la bonne personne », a-t-elle déclaré. Depuis, les téléspectateurs ne peuvent plus la voir en peinture.

Les plus vieux commerces du monde

Russie – Goum

C'est en 1893 que fut inauguré à Moscou sur la Place Rouge, en face du Kremlin, le grand magasin *Goum*. Il avait été conçu à l'époque sur le modèle des passages parisiens et arborait 16 000 m² de verrières sous lesquelles s'étalaient des échoppes de luxe. Avant la révolution de 1917, on vendait ici des mets de choix, des parfums ou de la soie. Puis, pendant l'époque soviétique, le *Goum* devint magasin d'État et proposa des produits issus du bloc de l'Est tout en restant assez haut de gamme par rapport aux autres boutiques de la capitale. À la chute de l'URSS, les clients se pressèrent au *Goum* pour découvrir les premières boutiques occidentales, comme *Yves Rocher* ou *Les Galeries Lafayette*. Elles ont elles-mêmes aujourd'hui cédé la place à des marques prestigieuses comme Gucci ou Vuitton.

RUGBY

Les filles aussi

Quatre ans après les hommes, les femmes lancent leur Coupe du monde. Comme pour le rugby masculin, le féminin est dominé par la Nouvelle-Zélande qui remporte cinq des huit 1res éditions, la France terminant 3e à six reprises. Anecdote folle : en 1994, l'Angleterre décroche le 1er de ses deux titres. Le trophée est exposé un temps au musée World Rugby, à Twickenham, puis disparaît. Depuis, une réplique est remise au vainqueur. Quant à l'original, il est retrouvé quinze ans plus tard… dans un grenier.

Au Jardin

LE PAILLIS DE GRAMINÉES

Les tiges de grandes graminées sont légères et ne pourrissent pas. Broyées ou coupées en tronçons, elles constituent un paillis intéressant, proche de la paille mais plus durable. On trouve du paillis de miscanthus dans le commerce, mais comme il est décoratif, vous pouvez le cultiver vous-même : coupez les tiges en fin d'hiver et utilisez-les aussitôt en paillage. D'autres graminées conviennent aussi comme le panic, la canche cespiteuse ou le calamagrostis. Il s'agit là d'un paillage esthétique, qui a aussi une grande capacité de rétention d'eau et prévient donc le dessèchement. Comme les tiges sont creuses, elles sont isolantes et protègent du froid la souche des plantes fragiles. Et contrairement à ce que l'on pourrait croire, elles ne sont pas soulevées par le vent.

Dimanche 19 novembre

Saint Tanguy – On fête aussi les Eudeline, Eudes

De bien mal acquis, courte joie. *(Proverbe du xvie siècle)*

Randonnées

LA MALADRERIE DES TEMPLIERS, DANS LES GORGES DE L'ARDÈCHE

Cette rivière relativement courte (125 km) prend sa source dans les monts du Vivarais, puis grossit jusqu'à devenir l'un des plus grands canyons de France. Au départ du village du Garn (Gard), une randonnée permet de sillonner les berges de l'Ardèche, puis de monter jusqu'au site de la Maladrerie des Templiers, un ancien monastère du xiie siècle, situé face au décor splendide du cirque de la Madeleine.
Les 15 km se déroulent sur un dénivelé de 500 m ; il faut compter 5 h 30 pour les parcourir.

Citations

La mort est une libération.
Surtout pour la famille.
Olivier de Kersauson

Argot

Roloto

Dans l'argot des cités, le roloto, que l'on trouve également sous la forme « kholoto », désigne de façon péjorative une personne qu'on ne peut pas prendre au sérieux, sur laquelle on ne peut pas compter (c'est en quelque sorte l'équivalent des noms familiers « bouffon » ou « fumiste »).
Il s'agit d'un emprunt à l'argot algérien *khouloutou (kh* se prononçant presque comme un *r)* qui signifie « mauvaise fréquentation ».

Ça s'est passé

Le 19 novembre 1523

Fin du conclave, assemblée des cardinaux pour élire le souverain pontife. Il aura fallu pas moins de 49 jours pour désigner le pape Clément vii.

Jeux de société

Le poker

Le poker, c'est comme la belote : toute une ambiance ! Mais cette fois, c'est à l'américaine : saloon enfumé, lumières de Las Vegas, fortunes gagnées et perdues aussi sec que le whisky, bluff, as caché dans la manche… Une de ses premières figures légendaires est une femme entrée dans l'histoire sous le nom d'Alice Poker, sorte de Calimity Jane qui, revolver au côté, fit fortune aux cartes en dépouillant les chercheurs d'or, ouvrit une salle de jeu (et un lupanar) avant de se retirer à New York où elle a fini ses jours en vieille dame respectable. On dit que c'est grâce au poker que Nixon finança sa candidature au Congrès en 1946… Or le jeu a des origines européennes : au xve siècle, des Allemands jouent au *Poch* ; au début du xixe siècle, le *Poque* est populaire en France. Et ce sont des colons français qui l'introduisent à La Nouvelle-Orléans en 1829.

Brèves régions

Tarn-et-Garonne/Pierre Perret

C'est à Castelsarrasin que Pierre Perret vit le jour, le 9 juillet 1934. Ses parents tenaient le *Café du Pont* où se côtoyaient ouvriers, agriculteurs et soldats. Enfant, il observait les clients, les écoutait parler et construisit ainsi son image de la France populaire et tendre. Sa rencontre avec la musique à l'âge de 7 ans sera une vraie révélation. Grâce à ses chansons aussi engagées que malicieuses, jamais vulgaires, il a incarné pendant toute sa carrière une certaine forme de poésie et d'amour de la langue française, qui lui ont valu une réelle reconnaissance : son nom a été donné à plus de vingt écoles, de son vivant.

Lundi **20 novembre**

Saint Edmond – On fête aussi les Octave, Benward

Soleil
lever : **8 h 07**
coucher : **17 h 04**

L'habit ne fait pas l'homme et la barbe ne fait pas le philosophe.

LE SAVIEZ-VOUS ?

Revenez demain,
je vous dirai
ce qu'est
la procrastination.

Les pires prédictions de l'Histoire

Le premier film parlant français, *Les Trois Masques* d'André Hugon, sort sur une poignée d'écrans en 1929. À cette occasion, Louis Lumière, inventeur du cinématographe avec son frère Auguste, avoue son scepticisme : « Les films parlants sont quelque chose de tout à fait nouveau. Ce sont des inventions bien intéressantes, mais je ne crois pas qu'elles restent à la mode. » Plus radical, le comédien Pierre Fresnay affirme : « Le film parlant, c'est un monstre non viable, la combinaison absurde de deux moyens d'expression antinomiques. C'est voué à un échec évident très rapidement. » Deux ans plus tard, en 1931, alors que le cinéma parlant s'est définitivement imposé, Fresnay décroche son premier grand rôle dans *Marius*, premier volet de la trilogie marseillaise de Marcel Pagnol transposée à l'écran, un film entièrement sonore.

Argot

Rousse

Lorsqu'il est féminin, « rousse » désigne en argot la police ; lorsqu'il est masculin, il désigne le policier, qu'on nomme également « roussin » (apparu au début du XIXe siècle). Ce dérivé de roux fait allusion aux préjugés que l'on avait à l'égard des personnes ayant cette couleur de cheveux, que l'on considérait comme des traîtres et des hypocrites. Il y a sans doute aussi un jeu de mots avec roussin, qui désignait dans le langage courant un cheval.

Espace

Hermès, le rêve abandonné

Au milieu des années 1970, la France développe un projet de navette spatiale baptisé Hermès, le messager des dieux dans la mythologie. La première navette devient projet européen au cœur de la décennie suivante et, alors qu'une maquette à taille réelle est exposée au Bourget en 1991, il est finalement abandonné après environ vingt ans de développement.

ÇA, C'EST FAIT DIVERS !

Les policiers de Doubs (dans le Doubs, sans aucun doute) se sont lancés dans une affaire digne d'un San Antonio : une boîte à livres servait, à intervalles réguliers, de dépôt pour des magazines pornographiques. Incommodés par la présence de ces revues très spécialisées, plusieurs riverains s'étaient plaints à la mairie. Après quelques jours de planque devant la boîte à livres, les agents ont pu surprendre le coquin. L'homme, plutôt âgé, s'est révélé être un grand amateur de cette littérature. En toute bonne foi, il a expliqué aux agents que les revues disparaissant chaque fois qu'il en déposait, il pensait faire œuvre utile en en remettant de nouvelles. Réprimandé pour son attention un brin déplacée, il promit qu'on ne l'y prendrait plus. Afin d'éviter tout malentendu, la mairie a ajouté dans la boîte à livres ce message préventif : « Merci de ne pas mettre des revues pour adultes et de respecter cette consigne. »

Soleil
lever : 8h08
coucher : 17h03

Mardi **21 novembre**

Présentation de Marie – On fête aussi les Gélase, Rufus

La façon de donner vaut mieux que ce qu'on donne.

Pains & gâteaux

Les follaerts de Dunkerque

Ces petits pains au lait parsemés de raisins secs ou de pépites de chocolat sont en forme de crottes d'âne. La légende raconte que l'âne de Saint Martin s'était perdu dans les dunes. Pour remercier les enfants qui l'auraient retrouvé, le saint aurait transformé les crottes de son animal en brioches. Les follaerts sont donc traditionnellement mangés à Dunkerque pour la Saint-Martin, le 10 ou le 11 novembre. On les appelle aussi folards ou voelaren.

L'humanité en chiffres

La vanille, denrée de luxe, est produite à raison d'un kilo environ toutes les 4 secondes, soit 8 000 tonnes de vanille naturelle par an à l'échelle planétaire. La production mondiale de vanille préparée représente en moyenne 2 500 tonnes par an. Les deux pays champions qui en assurent la fabrication au niveau mondial sont l'Indonésie et Madagascar.

Séries TV (acteurs et actrices)

JEAN DUJARDIN – *UN GARS, UNE FILLE*

Jean Dujardin a débuté sur les planches, puis à la télévision avec les sketchs de sa bande les *Nous c Nous*. Mais il accède véritablement à la notoriété grâce à la série humoristique *Un gars, une fille*, qui remporte un grand succès. Entre 1999 et 2003, il tourne avec sa partenaire, à l'écran et dans la vie, Alexandra Lamy, 438 épisodes racontant la vie quotidienne d'un couple de trentenaires. Attiré par le grand écran, l'acteur décide d'arrêter la série et casse son image d'acteur comique avec *Le Convoyeur* (2004). Dujardin alterne ensuite entre les différents registres, revient à la comédie avec *Brice de Nice* (2005), puis repart sur les drames avec *Contre-enquête* et *99 francs* (2007). Il est aussi reconnu à l'international grâce à *The Artist*, le film de Michel Hazanavicius sorti en 2011 et récompensé par l'Oscar du meilleur film étranger.

Citations

Je n'aime pas être chez moi. À tel point que lorsque je vais chez quelqu'un et qu'il me dit : « Vous êtes ici chez vous », je rentre chez moi !

Raymond Devos

Expressions françaises et anglaises

Filer à l'anglaise

Parfois les Anglais et les Français se rendent la pareille. Par exemple, les Français filent à l'anglaise et les Anglais filent à la française (« *take French leave* », littéralement « prendre congé à la française »). Ah, les gredins ! *Pardon my French !* Cette expression qui se traduit littéralement par « excusez mon français », est employée par les Anglais pour s'excuser d'avoir utilisé un terme qui pourrait offenser… comme si la langue française pouvait choquer ! Quant aux « *french letters* », ne vous méprenez pas : ce ne sont ni des lettres de l'alphabet français tel que le c cédille, ni une missive écrite en français, mais des capotes anglaises. C'était tellement plus bienséant de s'entre-blâmer !

Mercredi **22 novembre**

Christ Roi – On fête aussi les Cécile, Shirley, Sheila, Philémon

Soleil
lever : **8 h 10**
coucher : **17 h 02**

Le doute est la clé de toute connaissance.

L'OBÉSITÉ est-elle un problème ?

HISTOIRES DE SUPERMARCHÉS

Le pionnier du prix unique

En 1928, les Nouvelles Galeries créent Uniprix. Au départ, comme son nom l'indique, le concept, qui vient des États-Unis, était de vendre à prix unique. Ensuite, ce sera une chaîne de magasins à petit prix. Quatre Uniprix ouvrent à Paris, puis d'autres à Nice, Bordeaux et Marseille. Pour les concurrencer, les magasins du Printemps créent Prisunic en 1931, talonnés par les Galeries Lafayette qui lancent Monoprix en 1932. Enfin, Le Bon Marché crée Priminime. En 1960, ces quatre enseignes comptent 160 magasins.

30 morceaux de bœuf

LE RUMSTECK

Si le mot « steak », désignant globalement toute pièce de viande rouge, s'écrit avec un « a », le rumsteck n'en prend pas ! C'est la partie la plus maigre du bœuf, située au niveau lombaire, juste après le faux-filet et avant la queue de l'animal. On peut le découper en pavés à braiser, en rôti et même en cubes pour préparer des brochettes ou l'utiliser dans la fondue bourguignonne.

Chantiers de restauration

La citadelle de Besançon

Œuvre de Vauban classée au patrimoine mondial de l'Unesco, la citadelle de Besançon, dans le Doubs, abrite actuellement plusieurs musées et un zoo. Ce site, dont la construction a commencé en 1668, est aujourd'hui bien conservé et mis en valeur, notamment grâce aux chantiers qui y sont organisés par le Club du Vieux Manoir. Dans ce monument exceptionnel à l'impressionnante silhouette, les chantiers de jeunes ont permis la pose de pierres sèches, la taille de la pierre, le rejointoiement des maçonneries, la confection de badigeon, la réalisation de marches d'escaliers et, bien sûr, un travail permanent de nettoyage et de dévégétalisation du site. Une action qui participe au succès de ce haut lieu du tourisme de Bourgogne-Franche-Comté, qui accueille chaque année 200 000 à 300 000 visiteurs.

Châteaux forts de France

LE CHÂTEAU DE BONAGUIL (LOT-ET-GARONNE)

À l'inverse d'autres forteresses, ce château du XIIe siècle ne défend pas de position stratégique. Situé à la frontière du Quercy, l'édifice appartient à la baronnie de Roquefeuil, qui le conserve durant plusieurs siècles. D'importantes défenses lui sont ajoutées, notamment une barbacane et des canonnières dans les tours et les courtines. Sa situation géographique paisible lui vaut de n'être jamais ni attaqué, ni endommagé. Au XVIIIe siècle, le confort du château est amélioré par la nouvelle propriétaire, qui le transforme en lieu d'apparat : certains remparts sont aménagés pour la promenade, d'autres sont carrément ouverts ; de nouveaux appartements sont construits hors de l'enceinte et les ponts-levis sont fixés au sol. Plusieurs restaurations sont engagées au XIXe siècle, jusqu'à son classement comme monument historique.

Soleil
lever : **8h11**
coucher : **17h01**

Jeudi 23 novembre

Saint Clément – On fête aussi les Colomban, Bassim, Rachilde

Saint-Clément montrera comment l'hiver se passera.

VERMOT'ROSCOPE

SAGITTAIRE (23 novembre-21 décembre)

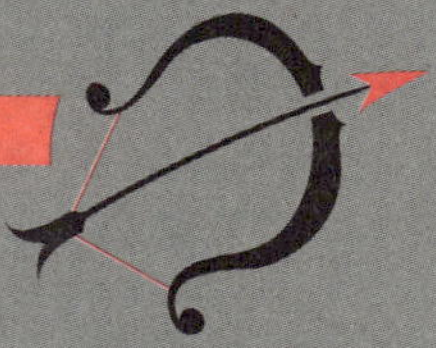

Votre caractère

Vif, entreprenant, enthousiaste, curieux, généreux, spontané, communicatif, disponible, pédagogue, avant-gardiste, ouvert sur le monde, bienveillant, optimiste, gai, bon vivant, gourmand, direct, franc, indépendant, aventureux, risque-tout, impulsif, pressé, hyperactif, enflammé, colérique.

Vos planètes de l'année

Cette année, Saturne et Neptune vous obligeront à mieux vous organiser, à mieux définir vos objectifs, à agir avec plus de prudence et surtout à ne pas prendre de risques inconsidérés. Ainsi, tous vos actes et choix devront être pensés et mûrement réfléchis.

Vie relationnelle

2023 sera une période intéressante pour tous ceux qui désirent modifier leur sphère amicale. Profitez des mois qui viennent pour définir d'autres relations avec vos amis, faites du tri, rompez avec les attaches qui ne vous correspondent plus, ouvrez-vous à d'autres personnes.

Amour

En couple, soyez attentif aux quatre premiers mois de l'année car ils donneront le tempo de votre vie conjugale pour le reste des mois à venir. Surfez sur les bons aspects planétaires de début 2023 pour améliorer vos échanges et donner une direction propice à l'épanouissement à votre duo.
Célibataire, si vous voulez rencontrer l'amour, c'est sur le premier trimestre que vous devrez agir. Acceptez les invitations qui se présentent et donnez-vous les moyens de vous ouvrir à un nouveau sentiment.

Famille

2023 sera marquée par des moments compliqués qui vous obligeront à être plus présent vis-à-vis de certains membres de votre famille. Plus que jamais, vous devrez profiter de cette période pour ressouder les liens qui vous unissent et apaiser les tensions. Cultivez la bonne humeur. Misez sur l'écoute et le partage.

Quotidien et vitalité

Si vous pouvez compter sur une belle capacité de récupération, vous ne serez pas à l'abri de baisses de régime. Pensez à vous préserver et ne faites rien qui pourrait accentuer certains malaises. Ménagez-vous et faites des pauses régulièrement. Efforcez-vous d'avoir une bonne qualité de vie.

Budget

De mars à mai, vous aurez la possibilité de stabiliser votre situation ou d'améliorer vos conditions de vie. Passé cette période, vous devrez faire quelques efforts pour consolider votre nouvelle situation.

Optimisez 2023

Ne cédez ni à l'ennui ni à la morosité. Essayez de rester optimiste comme vous savez l'être. Pensez à prendre de la distance vis-à-vis de certains événements. Entourez-vous de personnes fiables.

Unités de mesure

Le volt

La 1re pile électrique fut inventée en 1800 par Alessandro Volta. On l'appelait alors la pile à colonne de Volta, ou pile voltaïque, ou encore tout simplement pile de Volta. Mais c'est plus d'un demi-siècle après sa mort seulement que le nom de « volt » a été donné à la différence de potentiel électrique et force électromotrice en hommage au chimiste lombard né et mort à Côme.

Brèves régions

Vaucluse/Brun de Vian-Tiran®

Avant d'être une porte du Luberon touristique, la ville de l'Isle-sur-la-Sorgue est historiquement marquée par le travail de la soie et de la laine. C'est ici qu'en 1808 Laurent Vian installe, avec son beau-père Charles Tiran, un moulin pour fouler les draps de laine et les couvertures. Huit générations et plus de deux siècles après, l'entreprise Brun de Vian-Tiran® conserve le respect des gestes traditionnels et est devenue le premier fabricant de couvertures naturelles en France. Les fibres naturelles du monde entier y sont aujourd'hui noblement tissées, que ce soit du mérinos, de l'alpaga, du lama, du cachemire ou même du poil de chameau…

Vendredi **24 novembre**

Sainte Flora – On fête aussi les Bieuzy, Flore, Florette, Floride

Soleil
lever : **8h13**
coucher : **17h01**

À la Sainte-Flora, plus rien ne fleurira.

ACCIDENT DE CHASSE : IL TIRE SUR UN AUTOMOBILISTE

LE CHIFFRE

500 000

C'est, en euros, le don anonyme reçu par le village d'Espéraza dans l'Aude. Ce cadeau aussi généreux qu'inattendu représente plus de 25 % du budget annuel de cette commune rurale de 2 000 habitants. Cette belle histoire a débuté par une lettre adressée à la mairie d'Espéraza, dans laquelle un anonyme expliquait son attachement profond au village de ses grands-parents dans lequel il ne pouvait plus se rendre. À la fin de la missive, l'inconnu annonçait qu'il comptait faire un don de 500 000 euros prochainement et demandait à la ville de prendre contact avec une agence bancaire particulière. Dans un premier temps, les élus ont cru à un canular ou à une tentative d'escroquerie, mais après vérifications, l'établissement financier a confirmé que tout était bien en règle et qu'il attendait un RIB de la commune pour lui transférer les fonds. Le virement a donc été effectué quelques jours plus tard et grâce à cette somme, le village a gagné près de quatre ans sur plusieurs investissements déjà prévus. Le mystérieux bienfaiteur a posé deux (petites) conditions à son don : baptiser une rue ou une place du nom de son père et fleurir la tombe de ses grands-parents. L'anonyme ne devrait donc pas rester inconnu très longtemps…

LA SNCF TESTE UN ROBOT POUBELLE

Expressions

françaises et anglaises

To keep one's eyes peeled

Si un Anglais vous demande de « *keep your eyes peeled* », qui, littéralement, signifie « garder vos yeux épluchés/pelés », ne prenez pas un air offusqué devant cette image assez répugnante, il vous demande juste d'ouvrir l'œil, d'être vigilant. Ouf !

Bibliophiles

M. L'Enfant du siècle, Antonio Scurati (Les Arènes, 2020)

Voici le premier volume d'un triptyque romanesque monumental : le portrait de Mussolini « à la première personne », confronté à des documents historiques (articles de presse, courriers, discours…), de la création d'un groupuscule fasciste (1919) au premier crime d'État assumé (1924-1925). Une plongée dans la tête d'un monstre : sexe, pouvoir, violence, montée des populistes, faiblesse ou lâcheté des démocrates, huile de ricin, gourdins, bouffées de haine… Ce roman historique – car il ne faut pas oublier qu'il s'agit d'un roman – ne vous laissera pas tranquille.

Précocité FOOT

Kylian Mbappé est incontestablement un phénomène. En mars 2021, l'attaquant du Paris Saint-Germain s'offre un doublé face à l'Olympique lyonnais et atteint la barre symbolique des 100 buts en Ligue 1. Âgé de 22 ans et 91 jours, il devient alors le plus jeune joueur de l'histoire du championnat français à y parvenir, dépassant l'ancien record d'Hervé Revelli (23 ans et 153 jours). Mais le natif de Bondy ne s'arrête pas à un simple record national. Son record de précocité est aussi celui des cinq grands championnats européens. À titre de comparaison, le record d'Espagne appartient à Lionel Messi, centenaire à l'âge de 23 ans et 149 jours. Kylian Mbappé est aussi le plus jeune joueur de l'histoire à avoir atteint les 10 buts marqués en UEFA Champions League (18 ans et 350 jours).

Samedi 25 novembre

Sainte Catherine – On fête aussi les Cathy, Ketty, Mercure

Le papier souffre tout.

THÉÂTRES DU MONDE

Les Bouffes-du-Nord à Paris

Ce théâtre fut construit en 1876 par l'architecte Leménil dans le quartier excentré de La Chapelle, qui se trouvait à l'époque en lisière de champs. Malgré sa belle salle aux 530 places, il fut boudé par le public parisien et ferma ses portes à la fin des années 1950. Ce n'est qu'en 1969 qu'il fut repris par Peter Brook, qui a eu la bonne idée de le conserver dans son jus, ce qui lui valut d'être classé monument historique en 1993. Un charme étrange et envoûtant se dégage de ses murs à l'enduit ocre, patinés par les traces du temps que l'on ne cherche plus à cacher.

PROBLÈMES DE MATHS DU CERTIFICAT D'ÉTUDES

Vous désirez rafraîchir votre salle de séjour d'une longueur de 5,11 m et d'une largeur de 4,37 m. Vous avez décidé de repeindre les murs. Un des murs a une baie vitrée de 240 × 215 cm, et l'autre une porte dont l'encadrure mesure 86 × 210 cm.

La peinture que vous avez l'intention d'acheter a un rendement de 13 m², et vous pensez que deux couches suffiront. Sachant que sur le marché vous trouverez des pots de 0,5 l à 84,60 F ; de 2,5 l à 215,80 F ; de 3 l à 215,80 F et de 5 l à 173,80 F, quelle est la combinaison de pots la plus avantageuse pour peindre votre salle ? La hauteur de la pièce est égale à 2,5 m.

Solution :
Surface des murs : ((5,11 + 4,37) × 2) × 2,5 = 47,4 m²
Surface de la baie vitrée : 240 × 215 = 51 600 cm² = 5,16 m²
Surface de la porte : 86 × 210 = 18 060 cm² = 1,81 m²
Surface totale à peindre : 47,4 – 5,16 – 1,81 = 40,43 m²
Nombre de litres requis : (40,43/13) × 2 = 6,22 l
La combinaison la plus avantageuse est 1 pot de 5 l et 1 pot de 3 l qui vous coûteront 389,60 F. Cependant, si vous désirez qu'il vous reste le moins de peinture possible, vous pourrez acheter 1 pot de 5 l et 1 pot de 2,5 l pour le même prix.

Charade répétitive

Mon premier s'appelle Babe.
Mon deuxième s'appelle Wilbur.
Mon troisième s'appelle Pua.
Mon tout est un conte folklorique.

Les Trois Petits Cochons

LE CHIFFRE

47

C'est le nombre d'années pendant lesquelles une voiture est restée garée au même endroit, à Conegliano, en Vénétie (Italie). Angelo Fregolent, son propriétaire, a garé pour la dernière fois sa Lancia Fulvia en 1974 sur une place de parking, devant le kiosque à journaux qu'il tenait avec sa femme. L'Italien se servait de sa voiture pour y stocker diverses choses. En partant à la retraite, le commerçant n'a pas jugé bon de déplacer sa voiture et ne l'a plus jamais utilisée. Avec le temps, la Lancia est devenue une attraction locale, fréquemment photographiée par les touristes. Dans certains guides, elle est même référencée comme lieu de patrimoine ! Il y a un an, la voiture a finalement été déplacée pour pouvoir réaliser des travaux de voirie dans la rue. Angelo a accepté l'enlèvement de sa Lancia à condition qu'elle « ne soit pas traitée comme une épave ». Son souhait a été exaucé : restaurée par des entrepreneurs locaux, la voiture est désormais exposée en centre-ville comme une statue.

Dimanche **26 novembre**

Sainte Delphine – On fête aussi les Conrad, Sirice

Soleil
lever : **8 h 16**
coucher : **16 h 59**

À la Sainte-Delphine, mets ton manteau à pèlerine.

Citations

Les cacahuètes, c'est doux et salé, fort et tendre, comme une femme. Les cacahuètes, c'est le mouvement perpétuel à la portée de l'homme.

Jean-Claude Van Damme

Citations

Étant donné que le temps n'est pas pour moi de l'argent, et que l'argent ne fait pas le bonheur, j'ai tout à gagner en perdant mon temps.

Cami

MOTS MÊLÉS

Villes de Nouvelle-Calédonie

C	N	E	R	O	D	T	N	O	M	E	N	A	A
M	U	O	P	P	R	T	I	O	G	S	Q	B	L
X	R	N	E	U	O	H	I	R	E	N	O	P	A
U	S	E	E	U	T	N	P	P	A	I	T	A	N
K	A	I	H	N	D	U	L	E	E	P	O	Y	A
O	O	O	R	O	E	I	O	I	L	S	A	W	C
U	F	U	U	A	A	H	M	B	A	E	E	A	O
A	A	E	M	R	P	I	G	R	M	D	B	E	B
O	L	G	U	A	D	U	R	N	A	E	M	M	E
U	S	O	Y	N	C	A	O	C	E	L	U	U	U
A	B	A	I	K	M	H	I	L	V	I	D	O	O
E	T	O	O	E	R	A	M	B	U	F	H	N	P
E	P	N	A	F	A	R	I	N	O	O	F	O	M
I	E	B	H	O	U	A	I	L	O	U	B	D	V

Solution page 350

Cherchez les noms des villes de Nouvelle-Calédonie cachés dans la grille ci-dessus. Vous les trouverez soit horizontalement, soit verticalement ou encore en diagonale ; ils peuvent se lire de gauche à droite ou de droite à gauche.

BÉLEP	ÎLE DES PINS	MONT-DORE	POUEMBOUT
BOULOUPARIS	KONÉ	NOUMÉA	POUM
BOURAIL	KOUAOUA	OUÉGOA	POYA
CANALA	KOUMAC	OUVÉA	SARRAMÉA
DUMBÉA	LA FOA	PAÏTA	THIO
FARINO	LIFOU	POINDIMIÉ	TOUHO
HIENGHÈNE	MARÉ	PONERIHOUEN	VOH
HOUAÏLOU	MOINDOU	POUÉBO	YATÉ

L'humanité en chiffres

Le footballeur Lionel Messi a remporté en 2021 son 7e Ballon d'Or, soit 4 de plus que Johan Cruyff et Michel Platini. Il a désormais 5 Ballons d'Or de plus qu'Alfredo Di Stefano, Franz Beckenbauer et Ronaldo, 6 de plus qu'Eusebio et Zinedine Zidane. Ces sportifs figurent pourtant dans le panthéon des plus grands joueurs de l'histoire. Lionel Messi les a donc tous dépassés.

MÉTIERS IMPROBABLES

BRUITEUR

Un bruiteur conçoit manuellement ou mécaniquement des bruitages pour le cinéma, les séries télé, les dessins animés, etc. De la porte qui grince au piétinement d'un dinosaure, du coup de fusil au frôlement d'un tissu, cet « artiste du bruit » recrée toutes sortes d'effets sonores, y compris des sons naturels mal restitués lors d'un tournage. Il peut aussi inventer des bruits bizarres, par exemple pour les dessins animés. Être bruiteur demande de grandes qualités d'écoute et d'observation, et une sacrée imagination. Cet « envers » du son a été révélé par les Monty Python dans l'une des séquences cultes de leur comédie *Sacré Graal* (1975) : pour imiter le bruit des sabots de chevaux imaginaires que des chevaliers feignent de chevaucher, leurs écuyers frappent des noix de coco entre elles !

Soleil
lever : **8h17**
coucher : **16h58**

Lundi **27 novembre**

Saint Séverin – On fête aussi les Séverine, Virgile, Goustan

À la Saint-Séverin, le grand froid revient.

MOTS FLÉCHÉS

Comme la surface du reg Demeure		Au-dessus du talus Courut		Permet d'être à la page Mad dans un film		Platine Qui n'a pas encore servi		Rencontre sur le pré		Détesté Prend la parole		Dans la campagne de Russie
								Limai Était sur les genoux				
Coléoptère Forment un tapis							Couvris Crie comme l'hirondelle					
					Ne reste pas sans emploi Espace						Précolom-bien	
Lectrice Qualifie un ovaire				Style de coiffure Calembour pour humour					Fit l'innocent Boulette			
						Segment de tube Régime alimentaire						Plat de riz
Bout de saucisse Tire les traits			Nacrer Vous permettiez							Petite classe Conduit d'eau		
		Ne comprends pas Vient d'avoir						Regimbai Base de grog				
Engin spatial	Bout de sucre Rempla-çant				Se mettre au courant Ville de Moselle						Comme une mouette	
				Une goutte Se trouvent dans le bahut			Montrera son hostilité Fumasse					
A le bras long Vieil accord						Secret Saisir						
		Rafraichis-sait les égyptiens Créés							Île de France Entre trois et quatre			Piquer
Actinium Provoqué par un manque de soutien			Tête renversée Accident de circulation					Difficile à vaincre Manquer de chaleur				
					Émis un cri Mènent leur monde à la baguette					Précède l'écha-faudage Joyeux ou Simplet		
Sur les toits Avoir un rictus									Vaisseau Avec ça			
							Laça Renvoi				Aire de vent	
Telle une poupée Déclenche un fléau						Rouge						
				Jaunir								

SOLUTION PAGE 352

Mardi **28 novembre**

Saint Jacques de la Marche – On fête aussi les Sosthène

Soleil
lever : **8 h 18**
coucher : **16 h 58**

Tel Avent, tel printemps.

Citations

Les hommes sont comme les chiffres : ils n'acquièrent de valeur que par leur position.

Napoléon Bonaparte

Étymologie

Au feu, les pompiers !

Avant de devenir un « homme du feu », le pompier était un fabricant de pompes – non pas de chaussures, mais d'appareils aspirant l'eau. C'est le sens qu'avait le nom *pompier* au XVIe siècle, le pompier lui-même étant appelé « garde-pompes ». Ce n'est qu'au début du XVIIIe siècle que *pompier* a pris le sens qu'on lui connaît aujourd'hui. Quant à *pompe*, s'il indique dans le langage familier une « chaussure », c'est parce qu'à l'origine il désignait une chaussure percée, qui « aspirait » donc l'eau !

Solution Mots mêlés p. 348

C	N	E	R	O	D	T	N	O	M	E	N	A	A
M	U	O	P	P	R	T	I	O	G	S	Q	B	L
X	R	N	E	U	O	H	I	R	E	N	O	P	A
U	S	E	E	U	T	N	P	P	A	I	T	A	N
K	A	I	H	N	D	U	L	E	E	P	O	Y	A
O	O	O	R	O	E	I	O	I	L	S	A	W	C
U	F	U	U	A	A	H	M	B	A	E	E	A	O
A	A	E	M	R	P	I	G	R	M	D	B	E	B
O	L	G	U	A	D	U	R	N	A	E	M	M	E
U	S	O	Y	N	C	A	O	C	E	L	U	U	U
A	B	A	I	K	M	H	I	L	V	I	D	O	O
E	T	O	O	E	R	A	M	B	U	F	H	N	P
E	P	N	A	F	A	R	I	N	O	O	F	O	M
I	E	B	H	O	U	A	I	L	O	U	B	D	V

Patronymes animaliers

NICOLAS POUSSIN

Le peintre français Nicolas Poussin est né en 1594 sur le territoire de l'actuelle commune des Andelys, dans l'Eure. Sa famille était arrivée en Normandie quelques années plus tôt, fuyant la Picardie à cause des guerres de religions. Après avoir étudié à Paris et à Rome, il devient le peintre officiel du roi de 1640 à 1642 avant de retourner finir sa vie dans la capitale italienne. Son style, très reconnaissable, est lumineux et hyper réaliste. Entre 220 et 260 tableaux lui sont attribués, ainsi que près de 400 dessins, ce qui fait de lui un artiste très productif. Le patronyme Poussin peut dériver d'un surnom affectueux désignant un homme de petite taille. Il est répandu dans toute la France.

À L'AVENIR, POUR ÉCONOMISER L'EAU, IL FAUDRA ÉVITER LES BAINS.

ÇA, C'EST FAIT DIVERS !

Atteint d'insuffisance cardiaque au stade terminal, l'Américain David Bennett n'avait plus qu'une seule alternative : accepter une xénogreffe, une intervention chirurgicale inédite et pleine de promesses pour l'avenir qui consiste à transplanter un greffon appartenant à une espèce biologique différente de celle du receveur. En l'occurrence, le quinquagénaire a reçu un cœur de porc génétiquement modifié. En janvier 2022, cette première médicale mondiale couronnée de succès a fait le tour des médias. Lorsqu'elle a aperçu le « miraculé » à la télévision, Leslie Shumaker a ressenti un terrible choc. Malgré les années, elle a reconnu l'homme qui avait poignardé son frère 34 ans plus tôt. Les faits se sont déroulés le 30 avril 1988 dans un bar du Maryland. Edward Shumaker, 22 ans, buvait et parlait avec Norma, la femme de David Bennett, lorsque cette dernière, pour s'amuser, s'était assise sur ses genoux. Fou de jalousie, David Bennet s'était emparé d'un couteau et avait poignardé à sept reprises Edward à l'abdomen, à la poitrine et dans le dos. Paralysé à vie, le frère de Leslie a passé le restant de ses jours dans un fauteuil roulant. Il est mort en 2005 d'une crise cardiaque. Pour son geste, David Bennet a été condamné à 10 ans de prison. Après six années passées derrière les barreaux, il a été libéré en 1994. « Mon frère a souffert pendant 17 ans, la vie de toute ma famille a été détruite à cause de cet homme », a expliqué Leslie Shumaker à la radio britannique, en colère de voir David Bennett célébré comme un « héros ». On la comprend…

Soleil
lever : **8h20**
coucher : **16h57**

Mercredi **29 novembre**

Saint Saturnin – On fête aussi les Sernin

Sel et conseil ne se donnent qu'à celui qui le demande. *(Proverbe italien)*

Recette — Blanquette de veau

Pour 6 pers. | **30 min de préparation** | **1 h 45 de cuisson**

- 1,5 kg de viande de veau pour blanquette
- 2 oignons
- 2 carottes
- 1 bouquet garni
- 60 g de beurre
- 60 g de farine
- 200 g de champignons de Paris
- 200 g de crème fraîche
- Sel, poivre

Coupez la viande puis placez les morceaux dans une cocotte à fond épais, couvrez d'eau et entamez la cuisson à feu moyen-vif. Pelez les oignons et ciselez-les ; épluchez les carottes et taillez-les en rondelles. Dès le début de l'ébullition, écumez la surface puis ajoutez les oignons et les carottes, le bouquet garni, du sel et du poivre. Laissez cuire 1 h 30 environ à feu moyen-doux : la viande doit se déliter facilement en fin de cuisson. Pendant ce temps, faites revenir les champignons à part et réservez-les.

Sortez la viande et la garniture de la cocotte (sans le bouquet garni) et réservez au chaud puis versez le bouillon filtré dans un récipient.

Faites chauffer le beurre dans la cocotte et ajoutez la farine en fouettant. Versez ensuite le bouillon et faites cuire à feu doux. Ajoutez les champignons et la crème en remuant. Nappez la viande et la garniture de sauce et servez avec du riz.

Ville en chanson

Montréal

Montréal change au fil de ses quartiers et au gré des saisons très marquées. L'été tant attendu commence avec Ariane Moffatt dans *Je rentre à Montréal* : « Le soleil inonde le terminal / Et le dub fait danser mes scandales / Je serais rentrée à la nage / Si je n'avais pas eu tant de bagages… »). Quant au plus connu des Montréalais, Leonard Cohen, il réchauffe l'hiver de sa voix grave et laisse sa ville traverser ses chansons, notamment sa célèbre *Suzanne* qui raconte ses promenades au bord du fleuve Saint-Laurent et sa relation avec une jeune femme habitant le Vieux-Montréal.

Ça s'est passé

En novembre 1923

L'hyperinflation en Allemagne, qui a débuté à l'été 1922, explose en novembre. Le 15, 2 500 milliards de marks valent un dollar.

Le bon mot de l'Histoire et le gros mot

« Nous avons gagné la guerre et non sans peine. Maintenant il va falloir gagner la paix, et ce sera peut-être encore plus difficile. »
Georges Clemenceau, 11 novembre 1918

Partisan de la guerre jusqu'à la victoire, Clemenceau est devenu président du Conseil en novembre 1917. Sur le terrain, la situation évolue peu à peu en faveur des Alliés. Après une grande offensive dans les Flandres en avril 1918, les Allemands ne cessent de reculer. En juillet, ils sont repoussés derrière la Marne ; en octobre, leur défaite est acquise. Le 11 novembre 1918, accueilli en héros à l'Assemblée nationale, Clemenceau annonce la signature de l'Armistice aux députés. Lucide, le « Père de la victoire » prévient d'emblée les élus que construire une ère de paix sera une tâche particulièrement ardue. La montée des totalitarismes dans les années qui suivront donnera raison au Tigre…

Jeudi **30 novembre**

Saint André – On fête aussi les Tugdual

Soleil
lever : **8 h 21**
coucher : **16 h 56**

Il vaut mieux dix ans glaner qu'une seule année moissonner.

Citations

L'homme fort dit : je suis. Et il a raison. Il est. L'homme médiocre dit également : je suis. Et lui aussi a raison. Il suit.

Victor Hugo

BD DE COLLECTION

Bicot

Publié en 1924 dans le supplément dominical de *L'Excelsior*, *Bicot et Suzy* (puis simplement *Bicot*) connaît rapidement le succès. Il s'agit d'une adaptation française de la série américaine *Winnie Winkle*, un *comic strip* drôle et joliment dessiné par Martin Branner, Winnie étant une jeune femme émancipée, dont le petit frère s'appelle Perry. Mais dans la version française, ce n'est pas la sœur qui a la vedette, mais le frère, Bicot, un gosse de la rue qui n'aime pas l'école et fait des tours pendables.

Citations

Les talons hauts ont été inventés par une femme que l'on embrassait toujours sur le front !

Marcel Achard

Solution Mots fléchés p. 349

	R		P		W		P		D		H	
L	O	G	E	M	E	N	T		U	S	A	I
	C	A	R	A	B	E		V	E	T	I	S
P	H	L	O	X		U	T	I	L	E		B
	E	O	N		A	F	R	O		N	I	A
S	U	P	E	R	E		I	L	E	O	N	
	S	A		I	R	I	S	E	R		C	P
T	E		O	M	E	T	S		R	U	A	I
		O	S	E		A	E	R	E	R		L
O	V	N	I		M	L		H	U	E	R	A
	A	T	E	L	E		F	U	R	T	I	F
O	C		Z	Y	T	H	U	M		R	E	
	A	C		C	Z	A	R		P	E	U	R
P	T	O	S	E		V	A	G	I		S	I
	A	N	T	E	F	I	X	E		N	E	F
R	I	C	A	N	E	R		L	I	A		L
	R	U	S	S	E		C	E	R	I	S	E
P	E	S	E		S	A	F	R	A	N	E	R

Brèves régions

Vendée/Ventre à choux

Les Vendéens portent depuis la nuit des temps le surnom de « ventres à choux ». Mais les origines de cette appellation sont controversées. Pour certains, elle viendrait de la taille des choux et de leurs feuilles lorsqu'ils sont sur pieds, qui permettaient de cacher des chouans dans les sillons pendant les guerres de Vendée. Pour d'autres, elle fait référence aux feuilles de chou qui étaient utilisées pour cicatriser le nombril des nouveau-nés. On ne peut pas négliger non plus l'hypothèse d'un surnom péjoratif utilisé par les citadins pour désigner les populations paysannes qui n'avaient rien d'autre pour se nourrir que ce légume.

LE CHIFFRE

23 500

C'est, en euros, la somme dépensée par un collectionneur allemand pour l'acquisition de la toile *Wild and Free* (littéralement « Sauvage et Libre ») créée par Pigcasso. Comme son nom l'indique, l'artiste est… un cochon ! Ce peintre de 7 ans et 200 kg n'en est pas à sa première œuvre. Il vit dans un refuge en Afrique du Sud et a commencé à exercer ses talents lorsqu'il n'était qu'un porcelet. Depuis, il a exécuté plus de 400 tableaux différents. Composée d'innombrables rayures bleues et blanches, l'œuvre *Wild and Free* représente plusieurs semaines de travail pour Pigcasso. Une longue session de créativité qui s'explique par son style peu académique : pour peindre, il tient dans sa gueule un pinceau et agite frénétiquement la tête devant une toile vierge. Le montant atteint par cette toile représente un nouveau record pour une œuvre d'art réalisée par un animal. Le précédent, qui s'élevait à « seulement » 16 900 euros, appartenait à Congo, un chimpanzé.

Soleil
lever : **8 h 22**
coucher : **16 h 56**

Vendredi 1er décembre

Sainte Florence – On fête aussi les Éloi, Ansan, Mokhtar

En décembre, fais du bois et endors-toi.

HISTOIRES POLICIÈRES

LES DISPARUS DE BOUTIERS (CHARENTE)

Ils se sont volatilisés dans la nuit du 24 au 25 décembre 1972. Depuis, pas une trace, pas le moindre indice, rien. Cas unique dans les annales judiciaires françaises, c'est la seule affaire où, après la disparition d'une famille entière, aucun corps n'a été retrouvé, et où l'on ne dispose d'aucune piste. Tout commence donc le soir du réveillon de Noël 1972. La famille Méchinaud – Jacques, le père, 31 ans, son épouse Pierrette, 29 ans, et leurs fils, Éric, 7 ans, et Bruno, 4 ans – passe la soirée chez des amis à Cognac (Charente). Vers 1 heure du matin, ils prennent congé de leurs hôtes pour rentrer chez eux à Boutiers, à moins de 4 kilomètres. Leur Simca 1100 disparaît dans l'épais brouillard qui enveloppe le secteur. Plus personne ne les reverra. Inquiets de n'avoir aucune nouvelle, les parents de Jacques contactent la gendarmerie le 26 décembre. On leur explique que la famille est sûrement partie en vacances et aucune investigation n'est lancée. Début janvier 1973, les quatre Méchinaud n'ayant donné aucun signe de vie, les gendarmes ouvrent enfin une enquête préliminaire pour « disparition inquiétante ». Dans la foulée, ils perquisitionnent leur maison à Boutiers. À l'intérieur, le poêle à fioul est froid. Sous le sapin, les cadeaux pour les enfants sont encore emballés. Dans le réfrigérateur, les huîtres et la dinde sont avariées. Aucun effet personnel de la famille ne semble manquer. Dans un premier temps, les enquêteurs privilégient la thèse de l'accident, à cause des mauvaises conditions météorologiques durant la nuit du 24 décembre. Des plongeurs examinent le lit de la Charente et les étangs des environs. Sans aucun résultat. D'autres hypothèses doivent être envisagées : mauvaise rencontre nocturne, suicide collectif, assassinat de la famille par le père avant sa fuite, départ précipité à l'étranger pour commencer une nouvelle vie, etc. Pour trouver une piste, tous les proches, les voisins et les amis des Méchinaud sont entendus. Et certains témoignages font voler en éclat l'image d'une famille sans histoire. Depuis quelque temps, Pierrette avait un amant, un voisin du village, et elle songeait à divorcer. Jacques l'avait découvert et il l'aurait très mal supporté. Pourtant, si cette relation adultère est peut-être la clé du mystère, rien ne démontre qu'elle a déclenché la disparition…

Depuis cinq décennies, grâce aux avancées technologiques, des sondages sont régulièrement organisés dans les rivières et points d'eau de la région, des carrières et bâtisses abandonnées sont fouillées. En vain. En 2012, la découverte d'ossements humains dans un bois à proximité de Boutiers a relancé le dossier. Mais les analyses ADN n'ont révélé aucun lien avec les Méchinaud. En 2020, l'amant de Pierrette a été réinterrogé par les gendarmes, sa maison perquisitionnée et l'un de ses terrains passé à la moulinette. Pour rien. En janvier 1973, Paul Boujut, le journaliste qui suivait l'affaire pour *La Charente libre* avait écrit : « Seul le hasard permettra un jour peut-être d'élucider cette mystérieuse disparition. » Cinquante ans plus tard, tout porte à croire qu'il ne se trompait pas…

Citations

La dictature est une forme autoritaire de la démocratie dans laquelle tout ce qui n'est pas obligatoire est interdit.

Léo Campion

Ça s'est passé

Le 1er décembre 1623

Décès du peintre François Watteau, surnommé Watteau de Lille et connu pour ses toiles sur des sujets d'actualité ainsi que ses portraits.

BD de collection

La Famille Illico

En anglais, *Bringing Up Father*. Publiée à partir de 1913 dans différents journaux, cette série est écrite et dessinée par George McMannus. Elle fait partie des *family strips* et met en scène une famille : Jiggs a fait fortune en gardant des goûts de prolétaire alors que sa femme, Magie, a des goûts de luxe. D'où des scènes de ménage politiquement incorrectes ! N'utilisant que des bulles, cette BD se distingue par son graphisme stylisé et clair, qui va influencer des grands comme Hergé et Franquin.

Samedi 2 décembre

Sainte Viviane – On fête aussi les Bibiane

Soleil
lever : **8h24**
coucher : **16h55**

Le bossu ne voit pas sa bosse.

SUDOKU FUTOSHIKI

La grille suivante est basée sur le sudoku et le futoshiki. Les règles sont identiques à celles du sudoku. Les signes < ou > (comme au futoshiki) sont placés entre les cases. Il faut donc respecter les inégalités. Ceci peut vous aider : > > : 3 4 5 6 7 8 9 ; < < : 1 2 3 4 5 6 7 ; > < : 2 3 4 5 6 7 8 ; > > > : 4 5 6 7 8 9 ; < < < : 1 2 3 4 5 6 ; > > < : 3 4 5 6 7 8 ; > < < : 2 3 4 5 6 7 ; > > > > : 5 6 7 8 9 ; < < < < : 1 2 3 4 5 ; > > < < : 3 4 5 6 7 ; > > > < : 4 5 6 7 8 ; > < < < : 2 3 4 5 6

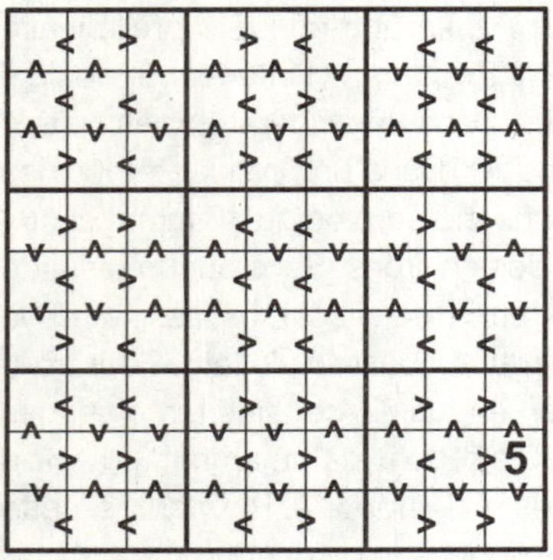

Solution page 357

Ça s'est passé
Le 2 décembre 1823

La doctrine de Monroe, du nom du cinquième président des États-Unis, condamne toute tentative d'interventions européennes sur le continent américain.

Ha! Ha! Ha! La bonne blague Ha! Ha! Ha! Ha! Ha! Ha!

Lors d'une élection législative, un candidat en campagne fait le tour des villes et villages de la circonscription. Arrivé dans un bourg isolé, il est accueilli par son maire. Tout en faisant le tour de la commune, les deux hommes discutent de son histoire et des spécialités du cru. Puis à l'issue de cette visite, le candidat demande au maire :
« Ici, de quoi avez-vous absolument besoin ?
– Deux choses nous manquent, répond l'édile. La première : un médecin généraliste. Le nôtre est parti à la retraite il y a trois ans et depuis nous n'en avons plus. »
Le candidat l'interrompt aussitôt, s'éloigne de quelques mètres, sort son téléphone portable, discute pendant deux minutes et revient.
« Voilà, pour votre médecin, c'est réglé ! annonce-t-il fièrement.
Puis, il demande : « Quelle est l'autre chose qui vous manque ?
– Avoir enfin du réseau, lui répond le maire. Chez nous, aucune communication ne passe. »

Les pires prédictions de l'Histoire

Deux ans après avoir perdu l'élection présidentielle de novembre 1960 face à Kennedy, Nixon se présente au poste de gouverneur de Californie contre le sortant Pat Brown. Il est sévèrement battu par son adversaire. Le lendemain du scrutin, Nixon dépité donne sa « dernière conférence de presse ». La plupart des experts politiques et les médias affirment que sa carrière politique est terminée. La chaîne ABC diffuse un documentaire intitulé « Nécrologie politique de Richard Nixon ». Six ans plus tard, Nixon remporte la présidence des États-Unis et, en 1972, il sera réélu en obtenant la majorité dans 49 États. Il est vrai que ce deuxième mandat ne s'est pas très bien terminé…

Brèves régions

Haute-Vienne/Gandhi en Limousin

C'est avant tout parce que le Limousin est une région verdoyante que Sofie Goetghebeur et Tony Verhulst ont créé à Bussière-Galant, en Haute-Vienne, « Elephant Haven », une maison de retraite pour éléphants. En effet, l'animal consomme chaque jour jusqu'à 300 kg de végétaux et plus de 150 litres d'eau. Les animaux qui viennent ici finir leurs jours proviennent de zoos ou de cirques d'Europe et peuvent profiter de 29 hectares de liberté. Le premier d'entre eux fut Gandhi, une éléphante d'Asie de plus de 50 ans. Elephant Haven est un projet solidaire qui fonctionne uniquement grâce aux dons et au bénévolat.

Soleil
lever : 8 h 25
coucher : 16 h 55

Dimanche 3 décembre

Saint François-Xavier – On fête aussi les Birin

Nul n'est trop bon et peu le sont assez. *(Proverbe du XIIIe siècle)*

THÉÂTRES DU MONDE

Le théâtre de la Concordia

En plus d'être indéniablement ravissant, il s'agit du plus petit théâtre à l'italienne du monde : seulement 99 sièges dont 67 à l'orchestre. Sa construction, en 1808 à Monte Castello di Vibio (petit village en Ombrie au centre de l'Italie) se veut un symbole de liberté en donnant accès à un lieu de culture et d'échanges en pleine occupation napoléonienne. Abandonné pendant plus de 40 ans, il a été restauré grâce à des fonds européens à la fin des années 1990 et accueille à nouveau des spectacles. On peut même s'y marier !

RÉBUS

Les livres français

V S
E I
R P
È

Le Nœud de vipères de François Mauriac

Pas si bête

L'empuse gongylodes

Elle n'est pas banale, cette cousine asiatique de la mante religieuse. Elle paraît délicate, avec des pattes fines, et ressemble à un violon, d'où son nom anglais, *wandering violon mantis* (mante violon errante). Malgré sa grande taille, puisqu'elle atteint 10 cm, on pourrait la croire fragile et réduite à ne se nourrir que de feuilles. Mais pas du tout. C'est une carnivore à tout crin, prête à sauter sur tout ce qui bouge, dont des mouches. À sauter, car elle ne vole pas, mais fait des bonds. Toutefois, pour chasser, elle a une excellente technique : elle se campe sur ses quatre pattes arrière et, lorsqu'une proie passe à sa portée, elle détend comme un ressort son prothorax, entre son abdomen et sa tête, et saisit sa victime entre ses pattes avant hérissées de piquants. Une véritable arbalète.

LA CROISSANCE FRANÇAISE À 0 %, MACRON RÉÉLU.

LE CHIFFRE

8 004

C'est le nombre d'abdominaux effectués en une heure par Nicolas Bodereau, un Sarthois âgé de 23 ans. Avec cette prouesse réalisée lors d'un concours qui se déroulait à Nazelles-Négron (Indre-et-Loire), le jeune homme entre dans *Le Livre Guinness des records*. Lors de l'épreuve, il avait pour adversaire l'ancien champion en titre, Roger Prévost, un homme de 85 ans, qui avait réalisé 6 788 levées de buste en 2017. Cette fois, l'octogénaire n'a pu en effectuer « que » 6 745 pendant le temps imparti. Entre ces deux adversaires, qui appartiennent à deux générations très éloignées, tout a commencé en 2021. Alors qu'il était confiné à cause du Covid, le jeune Sarthois a décidé de défier son aîné en s'y préparant en secret. Et à force d'entraînement, il a annoncé avoir effectué 9 996 contractions abdominales chez lui. En l'apprenant, l'octogénaire a répliqué qu'une telle prouesse n'était pas crédible et il a invité son challenger à la réitérer devant des huissiers. L'affrontement entre les deux hommes a donc tourné à l'avantage du (beaucoup) plus jeune.

Lundi 4 décembre

Sainte Barbara – On fête aussi les Adnette, Cyran, Barbe

Soleil
lever : 8 h 26
coucher : 16 h 55

Deux avis valent mieux qu'un.

Citations

Le comble du cynisme : assassiner nuitamment un boutiquier et coller sur la devanture : « Fermé pour cause de décès ».

Alphonse Allais

La gaffe de l'Histoire

Zurich n'est pas en Italie

Propagande abusive ou erreur sincère ? Telle est la question qu'on peut se poser en voyant la photo choisie par un professeur de psychiatrie légale pour illustrer sur Twitter son post sur les manifestants anti-passe sanitaire. Il évoquait la mobilisation à Trieste en Italie mais son image montrait une foule immense qui correspondait à la « Street parade » de Zurich trois ans auparavant.

Citations

Les religions sont peu prolixes sur cette question que j'adore : que faisait Dieu avant la Création ?

Roland Topor

C'ÉTAIT VRAIMENT MIEUX AVANT (?)

« DE MON TEMPS, ON VIVAIT MIEUX. »

Nourri par le mythe religieux du jardin d'Éden perdu, ce sentiment que la vie était plus belle avant ne date pas d'hier. Au Ier siècle, le poète romain Valerius Caton se lamentait déjà : « Il m'aurait mieux valu naître alors que la Nature était plus clémente. Ô sort cruel qui m'a fait venir trop tard, fils d'une race déshéritée ! » Plus près de nous, certains déclinistes nous exaltent, des trémolos dans la voix, la France des années 1950, 1960 ou 1970, « un bon vieux temps » dont ils ne retiennent que le meilleur, mais effacent le pire : la pauvreté qui touchait 15 % de la population française, les usines qui répandaient leurs déchets dans l'atmosphère, les centaines de milliers de gens qui vivaient dans des bidonvilles, les épidémies meurtrières de tuberculose et de variole, l'absence de soins palliatifs et de traitements pour les cancers, le racisme, la misogynie et l'homophobie à la bonne franquette, sans oublier la peine de mort…

Belles plantes

MILLET DES BOIS JAUNE

Répandu dans les zones boisées de presque toutes les régions françaises, le millet des bois est une graminée formant une touffe de 50 cm de haut, surmontée de panicules légères, un peu violacées. La variété ornementale Millium effusum aurea se distingue par un feuillage jaune d'or très lumineux. Et ce millet jaune, lâche et étalé, porte en été des panicules également jaunes. Rustique et vigoureux, il est idéal au printemps, sous les arbres et les arbustes, pour accompagner la floraison des jonquilles, et reste décoratif jusqu'à l'automne, et même en hiver s'il ne fait pas trop froid. Il apprécie un sol frais mais bien drainé, riche en humus, exposé mi-ombre. S'il n'a pas de rhizomes envahissants, le millet jaune se ressème généreusement et peut coloniser de vastes zones.

Soleil
lever : **8 h 27**
coucher : **16 h 54**

Mardi **5 décembre**

Saint Gérald – On fête aussi les Bassus, Crispine

Visage de brebis et griffes de loup.

Le bon mot de **l'Histoire** et le gros mot

« Du sublime au ridicule, il n'y a qu'un pas. » Napoléon Ier, 10 décembre 1812

Cette remarque de Napoléon est rapportée à trois reprises par Dominique Dufour de Pradt, son ambassadeur à Varsovie en 1812, à la fin de la retraite de Russie. Début d'autocritique de la part de l'empereur ? Peut-être ! Décidée alors que l'Empire est à son apogée, la campagne de Russie est en effet un désastre. Malgré la conquête de Moscou, le Tsar n'abdique pas et Napoléon doit se résigner à rentrer. Mais le froid, la neige et les Cosaques vont décimer la Grande Armée. Sur 600 000 hommes entrés en campagne, 40 000 à peine franchissent la Berezina, la dernière « victoire » napoléonienne devenue – quel symbole ! – le synonyme de « débandade »

Citations

Un intellectuel est un type qui est rassuré quand il n'est pas compris.

Pierre Perret

L'humanité en chiffres

Chaque année, l'Homme consomme 25 % de la production végétale de la planète, soit plus de 113 milliards de tonnes de biomasse. Cela correspond à 16 tonnes par habitant en moyenne ! Toutes les secondes, 3,5 millions de kilos de matière végétale sont prélevés par l'Homme. En 2050, une population de 9 milliards de Terriens pourrait prélever environ 140 milliards de tonnes.

LE CHIFFRE

420 000

C'est, en euros, le montant atteint par la première édition du livre de J. K. Rowling, *Harry Potter and the Philosopher Stone* (en français, *Harry Potter à l'école des sorciers*), lors d'une vente aux enchères organisée aux États-Unis. C'est non seulement, le livre de la série *Harry Potter* le plus cher jamais acheté, mais c'est surtout l'œuvre de fiction du xxe siècle la plus chère jamais vendue. Seuls 500 exemplaires du livre existent dans cette première édition, dont la plupart étaient destinés à des bibliothèques. Ces premiers exemplaires symbolisent les débuts difficiles de J. K. Rowling puisque les aventures de son jeune sorcier furent préalablement refusées par une douzaine d'éditeurs. Cette édition originale peut être facilement identifiée grâce à trois erreurs : sur la quatrième de couverture, on peut lire *Philospher's* au lieu de *Philosopher's* ; à la page 53, dans une liste de matériels, on trouve deux fois la mention *1 wand* (une baguette) ; enfin, le nom de l'auteure indiqué est… Joanne Rowling.

Solution Sudoku Futoshiki p. 354

1	6	3	4	2	8	5	7	9
4	7	8	6	9	5	3	1	2
9	2	5	7	1	3	4	8	6
8	3	2	1	5	7	9	6	4
7	9	4	2	3	6	1	5	8
5	1	6	8	4	9	2	3	7
2	5	7	9	8	1	6	4	3
6	4	1	3	7	2	8	9	5
3	8	9	5	6	4	7	2	1

Mercredi **6 décembre**

Saint Nicolas – On fête aussi les Nikolaï, Colas, Nicole

Soleil
lever : **8 h 28**
coucher : **16 h 54**

À la Saint-Nicolas, l'hiver est là.

Citations

Les rendez-vous ne seraient pas désagréables si les gens ne vous faisaient pas perdre tant de temps à vous expliquer pourquoi ils sont en retard.

Pierre Daninos

OISEAUX MIGRATEURS

La bergeronnette printanière

Elle niche partout en France, sauf en Alsace et en Corse, et se distingue à son ventre jaune, que le mâle exhibe à l'époque de la reproduction, à son dos plutôt verdâtre et à sa longue queue. Mais il y a beaucoup de sous-espèces et le plumage varie. Comme presque tous les insectivores, la bergeronnette printanière doit migrer pour trouver des proies en hiver, et elle se nourrit aussi bien en vol qu'en picorant à terre. Les oiseaux se rassemblent, parfois en troupes très nombreuses, fin août-début septembre, puis se séparent en petits groupes pour migrer. Le retour a lieu essentiellement en avril.

Charade piège

Les réponses sont dissimulées dans les définitions.

Mon premier se trouve là-bas.

Mon deuxième joue à la taille.

Mon troisième est un type de deux-mâts.

Mon quatrième est une plantation de riz.

Mon cinquième est plutôt gnan-gnan.

Mon tout est une victoire de François Ier.

LA BATAILLE DE MARIGNAN
(LÀ-BAS – TAILLE – DEUX-MÂTS
– RIZ – GNAN)

Duos du grand écran

Bill Murray — Wes Anderson

Incarnation du cool à l'américaine et du chic flou, Bill Murray est un acteur culte du cinéma américain. Et ce charisme lunaire s'épanouit à merveille dans les films étranges de Wes Anderson, lui-même aussi fantasque que génial. Les deux hommes se sont rencontrés il y a plus de vingt ans, sur *Rushmore* en 1998, et ont tourné ensemble 10 films, dont plusieurs ont été de très grands succès. Porté par sa muse, Anderson écrit chaque film comme une aventure rocambolesque, ponctuée de personnages bigarrés. Parmi leurs créations, *La Famille Tenenbaum* (2001), *La Vie aquatique* (2004), *The Grand Budapest Hotel* (2014) et dernièrement *The French Dispatch* (2021).

Citations

Le hockey sur glace est un savant mélange de glisse acrobatique et de Seconde Guerre mondiale.

Alfred Hitchcock

La bonne blague

Une femme entre dans un magasin de sex toys pour acheter un vibromasseur. Elle en voit un derrière le comptoir et dit au vendeur :
« Je veux celui-ci ! »
Il lui répond :
« Ce n'est pas à vendre. »
La femme insiste :
« S'il vous plaît, je veux vraiment celui-là. »
Le vendeur lui répète qu'il n'est pas à vendre. La femme le supplie :
« Je vous l'achète 100 euros. »
Le vendeur accepte et la femme repart avec son achat. Dix minutes plus tard, le patron de la boutique entre et demande à son vendeur :
« Comment vont les affaires aujourd'hui ? »
Et l'autre lui répond :
« C'est assez calme, mais je viens de gagner cent euros avec mon thermos. »

Soleil
lever : 8 h 29
coucher : 16 h 54

Jeudi 7 décembre

Saint Ambroise – On fête aussi les Ambroisie, Azenor

Il n'y a pas plus sourd que celui qui ne veut pas entendre.

Expressions disparues

Lâcher les cataractes

Lâcher les cataractes, c'est manifester sa colère. Cette expression, qui était déjà vieillie à la fin du XIXe siècle, est une allusion biblique, les cataractes étant les portes supposées retenir les eaux célestes. Et quand Dieu, en colère contre les hommes, les ouvrit, cela provoqua le déluge… Une cataracte désigne aujourd'hui (en plus de la pathologie de l'œil) une cascade d'eau remarquable par sa hauteur et, au sens figuré, une pluie torrentielle.

ENIGMES

Il y a cinq personnes. L'une d'entre elles est un assassin. En utilisant les assertions suivantes, découvrez-le :

1. Actuellement, Michel s'entraîne pour un triathlon.
2. Thomas voulait avoir son propre haras mais il finit par quitter la campagne et s'installer à Lyon.
3. Pascal est plombier. Il va installer le chauffage central chez Jean-Luc le mois prochain.
4. Il y a de cela deux semaines, l'assassin s'est gravement foulé la cheville.
5. Jean-Luc et Nathan ont fait connaissance il y a trois mois.
6. L'assassin est le frère de Nathan.
7. Nathan et son frère ont passé toute leur vie à Lyon.

Solution :
Nathan n'est pas l'assassin puisqu'il est le frère de celui-ci.
Michel n'est pas l'assassin puisque ce dernier souffre d'une entorse grave alors que Michel s'entraîne pour un triathlon.
Thomas n'est pas l'assassin. Il ne peut être le frère de Nathan puisqu'il n'a pas toujours vécu en ville.
Jean-Luc ne peut être le frère de Nathan puisqu'ils n'ont fait connaissance que récemment.
C'est donc Pascal.

Expressions

françaises et anglaises

To pick someone's brain

Si un Anglais vous dit qu'il aimerait « *pick your brain* », qui signifie littéralement « picorer votre cerveau », ne vous inquiétez pas, vous n'avez pas affaire à un psychopathe, il fait simplement appel à votre intelligence ! En effet, il désire juste vous poser quelques questions pour vous consulter sur un sujet.

FOOT

Bourreaux des Bleus

Si Diego Maradona, Ronaldo (le Brésilien), Ferenc Puskas ou encore Alfredo Di Stéfano n'ont jamais fait trembler les filets d'une équipe de France, ils sont plus de 830 à y être parvenu depuis le premier match disputé en 1904. Les plus redoutables se trouvent cependant au début du siècle dernier lors des premiers matchs de l'équipe de France. Le recordman absolu est belge, il se nomme Robert De Veen et totalise 13 buts en sept matchs disputés entre 1906 et 1912. Il est suivi d'un Danois, Sophus Nielsen, auteur d'un record : il est le seul à avoir inscrit 10 buts en un match face aux Bleus, lors de la victoire 17-1 des JO de Londres en 1908, plus lourde défaite de l'histoire de l'équipe de France. Deux joueurs de l'après-guerre figurent dans le top 10 : le Belge Jef Mermans et la légende Pelé.

Vendredi **8 décembre**

Immaculée Conception – On fête aussi les Elfried, Eucher

Soleil
lever : **8 h 30**
coucher : **16 h 54**

Le prix s'oublie, la qualité reste.

LE SAVIEZ-VOUS ?

À Noël, les adultes en font toujours trop pour des enfants qui n'en ont jamais assez.

Chantiers de restauration

L'habitation Loyola

C'est à Remire-Montjoly, en Guyane, que l'association Chantiers Histoire et Architecture Médiévales a récemment organisé un chantier de consolidation et restauration d'un muret de soutènement de l'ancienne habitation Loyola. Construite en 1674 par l'ordre des Jésuites, c'est une ancienne exploitation de canne à sucre, de café et d'indigo. Après plus de deux siècles d'oubli, recouverte par la végétation, l'habitation Loyola est redécouverte dans les années 1980 et se présente aujourd'hui comme des vestiges de quelques murs éventrés et fragiles, de faibles hauteurs. Les bénévoles se sont donc consacrés à la dévégétalisation du site, à la purge des maçonneries, à la réalisation de fondations, à la consolidation des maçonneries existantes et à la restitution des maçonneries manquantes pour redonner vie au lieu.

Argot

Scoumoune

Le nom « scoumoune », qui signifie « malchance qui semble s'attacher à quelqu'un », a été employé par les Français d'Algérie dès le début du XXe siècle. Puis il s'est répandu dans l'argot des truands de Corse et de Marseille. C'est un emprunt à l'italien *scomunica* ou au corse *scomun*, eux-mêmes issus du latin *excommunicare*, « excommunier ». *La Scoumoune*, film de José Giovanni (1972), est une adaptation de son roman *L'Excommunié* (1958), CQFD !

Ville en chanson

New York

New York, la ville qui ne dort jamais, se retrouve dans une multitude de chansons et dans toutes les langues : *New York avec toi* du groupe Téléphone, *Englishman in New York* de Sting, *Empire State of Mind* d'Alicia Keys et Jay-Z, pour n'en citer que trois. Mais la plus emblématique et connue du monde entier est certainement *New York New York*, initialement chantée en 1977 par Liza Minnelli dans le film éponyme de Martin Scorsese, et reprise par Frank Sinatra deux ans plus tard.

MÉTIERS IMPROBABLES

VERBICRUCISTE

Les verbicrucistes (ils sont une poignée en France à vivre de ce métier) créent des grilles de mots croisés. Depuis sept ans, Gaëtan Goron exerce cette profession rare à plein temps, fournissant six grilles par semaine au quotidien *Libération* et une par mois à *Philosophie Magazine*. Chaque jour, il imagine des dizaines de combinaisons de mots qui coïncident à la perfection, en respectant les lignes et en inventant des petites définitions spirituelles et/ou rigolotes. Une véritable performance pour laquelle il n'existe ni formation ni école. « J'ai appris tout seul. Il faut en faire beaucoup, aimer les lettres et les maths, prendre du plaisir à jongler entre logique et humour, et se renouveler sans cesse », confie le trentenaire, passionné par son métier mais inquiet de le voir peut-être disparaître avec le développement des intelligences artificielles…

Soleil
lever : 8 h 32
coucher : 16 h 53

Samedi 9 décembre

Saint Pierre Fourier – On fête aussi les Léocadie

Les fautes sont grandes quand l'amour est petit. *(Proverbe italien)*

Pains & gâteaux

Le kougelhopf

Cette brioche, que l'on trouve aussi orthographiée kouglof, kougelhof, kugelhof, kugelopf, kugelhopf ou kouglouf, est une spécialité alsacienne, mais aussi du sud de l'Allemagne, de l'Autriche et de la Tchéquie. Elle est réalisée dans un moule haut, cannelé et creusé en son centre. Elle peut être sucrée avec des raisins secs imbibés de rhum (ou de kirsch) et des amandes, ou salée avec des lardons et des noix. C'est un gâteau de fête, que l'on trouve toute l'année, mais surtout à Noël.

Rétro Vermot

– Puisque tu es bien sage à l'école, demande ce que tu voudras.

– Bien, j'voudrais ne plus retourner à l'école !

Patronymes animaliers

JULES RENARD

Jules Renard, mort prématurément en 1910, était un écrivain dont le roman emblématique, *Poil de Carotte*, a fait le bonheur des lectures d'enfance de nos grands-parents. Toute son œuvre est empreinte d'un humour féroce et a donné le jour à d'innombrables citations qui font aujourd'hui partie du panthéon de la littérature française. Décoré de la Légion d'honneur, membre de l'Académie Goncourt, Jules Renard était très attaché au département de la Nièvre qui l'accueillit alors qu'il n'avait que deux ans. Né dans la Mayenne, il tient son patronyme d'une autre œuvre de référence, datant du Moyen Âge, le *Roman de Renart*, car celle-ci popularisa le nom du goupil pour qualifier quelqu'un de malicieux.

Célébrations en musique

Edvard Grieg (1843-1907)

Le compositeur norvégien Edvarg Grieg puise son inspiration dans les paysages et les traditions de son pays natal. Ainsi, trolls, fées, lutins et gnomes s'invitent parfois dans ses créations... Initié très tôt à la musique classique par sa mère, pianiste, Grieg apprit à jouer du piano en travaillant sur les œuvres de Mozart, Weber et Chopin. Il étudia ensuite au Conservatoire de Leipzig, où il découvrit Schumann et Wagner et commença à composer lui-même. Puis, l'auteur d'*Humoresque* et du *Concerto pour piano et orchestre en la mineur* se partagea entre Copenhague, considérée alors comme le centre culturel de la Scandinavie, Oslo et Bergen, avant de s'établir définitivement à Troldhaugen. Parallèlement, il fit régulièrement des tournées à l'étranger, notamment en Allemagne, en Italie et en Hollande. Son œuvre comprend de la musique de chambre, des pages symphoniques, de la musique de scène dont fait partie celle écrite pour le drame *Peer Gynt* d'Ibsen (1876).

Dimanche **10 décembre**

Saint Romaric – On fête aussi les Eulalie, Koulizh

Soleil
lever : **8 h 33**
coucher : **16 h 53**

Le timide a peur avant le danger, le lâche au milieu du danger, le courageux après le danger.

Brèves régions

Vosges/Neufchâteau sans château

Comme son nom ne l'indique pas, la commune de Neufchâteau, dans les Vosges, ne possède pas de château, ni vieux ni neuf. Celui qui existait autrefois à l'emplacement de l'actuel centre-ville a été entièrement détruit. La démolition des fortifications dura plus de 50 ans et se termina au début du XVIIIe siècle, après les deux sièges de la cité par les troupes françaises au moment de la guerre de Trente Ans. Seul vestige qui permet aujourd'hui d'imaginer la configuration ancienne, la rue Saint-Nicolas fut, en des temps lointains, un pont permettant de relier la cité à son château et de traverser le fossé qui l'entourait.

Ça s'est passé

Le 10 décembre 1948

L'assemblée générale de l'Onu, réunie à Paris, adopte la Déclaration universelle des droits de l'Homme. Seuls 50 des 58 États membres approuvent le texte, mais aucun ne se prononce contre : le Yémen, le Honduras, l'Union soviétique, la Pologne, la Tchécoslovaquie, la Yougoslavie, l'Afrique du Sud et l'Arabie saoudite s'abstiennent.

Citations

La pire calamité après un général bête, c'est un général intelligent.

Charles de Gaulle

MOTS MÊLÉS

Personnages du Hobbit

L	O	G	E	L	A	S	G	O	L	L	U	D	H
M	F	T	J	B	H	G	N	L	A	U	C	R	B
D	T	S	T	E	E	G	B	S	O	K	A	I	L
N	G	D	A	O	L	O	A	G	I	B	L	P	L
B	O	F	U	R	R	L	L	L	U	B	S	E	B
E	Z	D	R	N	O	L	I	L	O	A	I	O	G
N	O	R	I	G	N	U	N	N	U	R	M	L	T
N	O	I	E	A	D	M	M	R	D	B	O	S	H
G	A	L	L	N	X	N	O	A	U	I	A	F	O
G	O	Z	A	D	I	N	L	R	N	G	R	N	R
Z	M	R	R	A	E	A	U	A	A	E	I	L	I
A	H	A	R	L	G	F	O	D	W	A	L	I	N
T	B	H	S	F	I	D	A	I	D	M	I	R	E
J	T	B	K	B	I	R	O	D	N	J	F	O	C

Solution page 371

Cherchez les noms des personnages du Hobbit cachés dans la grille ci-dessus. Vous les trouverez soit horizontalement, soit verticalement ou encore en diagonale ; ils peuvent se lire de gauche à droite ou de droite à gauche. Tous les noms de la liste sont distincts dans la grille, c'est-à-dire qu'aucun nom n'est complètement inclus cans un autre.

AZOG
BALIN
BARD
BEORN
BIFUR
BILBON
BOFUR
BOLG
BOMBUR
DÁIN
DORI
DWALIN
ELROND
FILI
GALADRIEL
GANDALF
GLOÏN
GOLLUM
KILI
LEGOLAS
LINDIR
NORI
OÏN
ORI
RADAGAST
SAROUMANE
SAURON
SMAUG
TAURIEL
THORÏN
THRÁIN
THRANDUIL

Bibliophiles

Ce vaste monde, David Malouf (Albin Michel, 1991)

David Malouf signe une saga époustouflante, plongée dans la mémoire du siècle (des années 1920 aux années 1990), roman de l'innocence perdue. Le « vaste monde », c'est d'abord le nom d'un parc d'attractions de Singapour transformé en camp de prisonniers par l'armée japonaise. Travailleurs forcés, deux soldats australiens se lient d'amitié et, ensemble, écarquillent les yeux devant la multitude insoupçonnable des hommes, des paysages et des expériences de vie. La langue puissante de l'auteur, mêlant trivial et merveilleux, restitue deux parcours, l'épopée de gens simples, terriblement proches et vivants.

Soleil
lever : **8 h 34**
coucher : **16 h 53**

Lundi **11 décembre**

Saint Daniel – On fête aussi les Gentien, Sabin

Tel temps à la Saint-Daniel, même temps à Noël.

LES MOTS DÉCLENCHEURS SONT DES ANAGRAMMES.

MOTS FLÉCHÉS

ENTAIL-LERAIENT / PERSON-NALISTE		SEES / NIER		NUI		AIDER / RENOM		FICS / ELURENT		REVEUSE		SESSA
SEN / PEINA				OSIDE / ANSE						AR / SEREIN		
					SINCERE / REQUIS							
NI / LA			MATER / TAULE						SUR / ILET			
		SAIE / OISELLE					LIEES / ETRIPA					
SEOUL / TETS						PUNIE						SEC
				TRAQUE							MAIS	
ERE / SAUTIL-LER				GLANASSE		TRISAI-EUL		SEME / SANSA				
									TRI	SI		
LI / LESINE-RAIT			VIE		SATIRE							GEAI
										GA / SIRE		
AVEN / TE					RASEE		IRA / SE				PLINE	
		SIEGEA / MARI							PIE / TAPI			
ERRERAI	ART		SENS / TUI					PLIE / AIR				
							ARES / LA					TA
AMIRAU-TES / TATE										AI		
				NASALITE								

SOLUTION PAGE 368

Mardi **12 décembre**

Saint Corentin – On fête aussi les Coralie, Lupita

Soleil
lever : **8 h 34**
coucher : **16 h 53**

L'enfer est pavé de bonnes intentions.

Pêche en mer

Le fretin coloré à la palangrotte

Sur les fonds rocheux de la Méditerranée, la pêche à la palangrotte, ligne tenue à la main, va vous procurer diverses espèces de petits poissons : girelles, vives, serrans, rascasses et autres finiront dans la soupe. La palangrotte se pratique à partir d'une embarcation au mouillage ou dérivante. La ligne est terminée par un plomb de 20 à 100 g selon les courants ; 2 ou 3 empiles sont montées en dérivation sur le bas de ligne. Les hameçons n° 4 à 8 sont eschés avec un ver, de la chair de moule, de poisson ou de calamar. Le plomb est descendu sur le fond puis remonté de quelques dizaines de centimètres. Les touches se ressentent nettement ; elles sont suivies d'un ferrage de l'avant-bras. Enroulez la ligne sur une planche ; cela évite les emmêlages, surtout si vous pêchez à plusieurs.

Onomatopées
dans différentes langues

L'OBSOLESCENCE D'UNE ONOMATOPÉE ?

Autrefois – il n'y a pas si longtemps que ça –, les téléphones sonnaient tous de la même façon et faisaient « dring », voire « dring dring ». Aujourd'hui, alors que les téléphones portables ont remisé au placard les postes fixes, qu'ils ont tous des sonneries différentes que l'on ne pourra jamais transcrire par une onomatopée, notre « dring » n'est-il pas amené à disparaître ? De même, que vont devenir le « ding » anglais, le « ring » espagnol, le « tring » néerlandais, le « dzyń » polonais ?

PROBLÈMES DE MATHS DU CERTIFICAT D'ÉTUDES

Une lasagne gigantesque pèse 2,4 tonnes et mesure 12,5 m par 1,25 m. Elle contient 1 250 kg de feuilles de lasagne, 400 kg de viande de bœuf haché, 50 kg de carottes, 50 kg de céleri et une quantité égale de sauce Béchamel et sauce à la tomate.

1. Quel est le poids de chaque sauce ?
2. Sachant qu'une lasagne de 13 cm × 9 cm donne 8 parts, combien de parts la lasagne gigantesque va-t-elle donner ?
3. Sachant qu'il y a environ 277 calories dans approximativement 170 g de lasagne, combien de calories y a-t-il dans chaque part ?

Solution :
1. Poids des ingrédients connus : 1 250 + 400 + 50 + 50 = 1 750 kg
Poids de chaque sauce : (2 400 – 1 750)/2 = 325 kg
2. Surface de la petite lasagne : 13 × 9 = 117 cm²
Nombre de petites lasagnes contenues dans la grande :
(1 250 × 125)/117 = 1 335
Nombre de parts : 1 335 × 8 = 10 683
3. Poids de chaque part : 2 400/10 683 = 0,225 kg ou 225 g
Nombre de calories : (277/170) × 225 = 366,6

Rétro Vermot

Devant un nouveau-né :
– Regarde ta petite sœur, comme elle a de beaux yeux.
– Je crois bien, ils sont tout neufs.

Soleil
lever : **8 h 35**
coucher : **16 h 53**

Mercredi **13 décembre**

Sainte Lucie – On fête aussi les Josse, Lucette, Ursicin, Mencia

Qui doute ne se trompe pas.

Recette — Carottes râpées, coriandre, gingembre et curcuma

Votre belle-fille s'est mise au régime mais vous voulez lui faire plaisir ? Cette entrée très peu calorique est délicieuse. Pour en faire un repas complet, accompagnez-la d'une tranche de jambon blanc.

Pour 4 pers. — **20 min de préparation**

- 600 g de carottes
- 1 bouquet de coriandre (les feuilles)
- 1 pouce de gingembre
- 1 cuil. à café de curcuma

Pour l'assaisonnement :

- Jus de citron ou vinaigre de votre choix
- Huile d'olive
- Sel, poivre

Pelez les carottes et râpez-les dans un saladier. Lavez et ciselez la coriandre puis ajoutez-la aux carottes. Râpez le gingembre par-dessus, saupoudrez de curcuma et mélangez.

Dans un bol, mélangez le jus de citron ou le vinaigre avec l'huile d'olive puis assaisonnez à votre goût. Versez l'assaisonnement dans le saladier et mélangez bien.

À savoir
L'association curcuma-poivre-huile d'olive est préconisée dans le régime anti-inflammatoire. Le gingembre et le citron sont bourrés de vertus tonifiantes. Et la carotte rend aimable, c'est bien connu ! Cette recette a décidément plus d'un tour dans son sac.

Argot

Tablier

Jamais avare de métaphores, l'argot désigne par « tablier de sapeur » ou « tablier de forgeron » une abondante et épaisse toison pubienne s'étendant jusqu'au bas-ventre – à ne pas confondre avec la spécialité culinaire lyonnaise, à base de gras-double !
À l'époque où l'expression est apparue (fin du XIXe siècle), les sapeurs de la Légion étrangère portaient un large tablier en cuir sur le ventre et l'on a tous en tête l'image du forgeron avec son grand tablier noir.

Citations

On dit que les aveugles ne voient pas ; c'est faux : ils voient noir.

Frédéric Dard

Ça s'est passé

Le 2 décembre 1923

Naissance à New York de la soprano Maria Callas, cantatrice grecque. Après une grande carrière à l'Opéra, la diva décède le 16 septembre 1977 à Paris.

Brèves régions

Yonne/Prisons et cachots de Sens

La ville de Sens propose des itinéraires de découverte de son patrimoine dont certains sont basés sur les prisons et cachots. Ces visites passent notamment par la « Prison de César » qui pourrait laisser croire que l'empereur romain ait été enfermé dans la ville bourguignonne. Il faut en fait comprendre que c'était le lieu d'emprisonnement des ennemis de César, le « *carcer Caesaris* ». L'histoire du « Cachot de Sainte-Colombe » est en revanche plus dramatique puisque c'est ici qu'aurait été détenue avant son martyre la sainte d'origine espagnole qui fut décapitée à Sens à l'âge de 16 ans, en 273.

Jeudi **14 décembre**

Sainte Odile – On fête aussi les Nicaise, Folquin

Soleil
lever : **8 h 36**
coucher : **16 h 53**

Chaque fève a sa tache noire.

Chiffres et expressions

Sur le coup de dix heures

Cette expression est elliptique, il faudrait dire exactement « sur le dernier coup de dix heures ». Car elle fait référence à la pendule qui sonne les heures, le milieu de la matinée étant précisément situé au dixième et dernier coup de dix heures. Certains pourraient avoir la tentation d'écrire « sur les coups de dix heures » mais la formule est incorrecte pour l'Académie.

La dictée du mois

Un couple, avenue de l'Opéra

Ils s'en allaient tous les deux, remontant l'avenue de l'Opéra. Lui, un gommeux quelconcque, aux souliers plats, relevés et pointus, aux vêtements étriqués, comme s'il avait du sangloter pour les obtenir ; en un mot, uns de nos joyeux rétrécis. Elle, beaucoup mieux, toute petite, mignonne comme tout, avec des frisons fous pleins le front, mais surtout une taille… Invraissemblable, la taille ! Elle aurait certainement pu, la petite blonde, sans ce gêner beaucoup, employé comme ceinture son porte-bonheur d'or massif. Et ils remontaient l'avenue de l'Opéra, lui de son pas bête et plat de gommeux idiot, elle, trottinant allègremment, portant haut sa petite tête effrontée.

Alphonse Allais, « Pour en avoir le Cœur net », À se tordre, *1891.*

quelconque, dû, un, plein, Invraisemblable, se, employer, allègrement

Il (n')a (pas) inventé…

LES TROUS DU GRUYÈRE

« Il n'a pas inventé les trous du gruyère » est peut-être la plus subtile des expressions du genre. Car, en effet… il n'y a pas de trou dans le vrai gruyère inventé en Suisse, contrairement à l'emmental, fabriqué en France et dont la qualité est proportionnelle aux trous. On trouve d'ailleurs parfois l'expression sous la forme « il n'a pas inventé les trous de l'emmental ».

au Jardin

LE PAILLIS DE PAPIER ET DE CARTON

Les encres des journaux ne sont plus toxiques depuis longtemps. Il n'est pas conseillé pour autant d'introduire les pages de votre quotidien préféré dans le pot-au-feu, mais vous pouvez les utiliser au jardin pour tapisser le sol afin d'éviter les mauvaises herbes. Toutefois, le papier journal se décomposant rapidement, il en faut une bonne couche pour qu'il résiste quelques semaines. Le papier kraft et le carton sont plus durables, même s'ils disparaissent aussi assez vite. Ils ont des avantages car ils conservent assez bien l'humidité et apportent une certaine protection contre le froid – du moins le carton, en couche épaisse. Ils ne sont pas décoratifs, mais on les recouvre d'ordinaire de paille ou de déchets de tonte. Inconvénient : limaces et escargots les apprécient pour s'abriter !

Vendredi 15 décembre

Sainte Ninon – On fête aussi les Nina, Mesmin

La familiarité ouvre la porte à l'amour, mais elle la ferme à l'amitié.

Étymologie

Gare au houx et au peigne !

Le verbe *houspiller* est issu de l'ancien français *houssepignier*, lui-même composé de deux verbes synonymes, *housser* et *pigner*. Le second nous a donné *peigner*, mais au XIIIe siècle, il avait aussi le sens de « battre ». Quant à *housser*, il signifie au sens propre « nettoyer avec un balai de houx », mais il était également employé au XIIIe siècle au sens figuré de « battre, maltraiter ». Quand on houspille quelqu'un, on ne le fouette plus, mais ne le maltraite-t-on pas avec des paroles aussi cinglantes qu'un fouet ?

La bonne blague

Ha! Ha! Ha! Ha! Ha! Ha! Ha! Ha! Ha!

Deux joueurs de pétanque à la retraite discutent :
« À ton avis, on joue à la pétanque au paradis ?
– Je ne sais pas, mais le premier qui meurt devra prévenir l'autre par n'importe quel moyen. »
Quelque temps plus tard, l'un d'eux décède et une nuit, son spectre apparaît devant son ami qui lui demande aussitôt :
« Alors, c'est comment là-haut ?
– Écoute, j'ai une bonne et une mauvaise nouvelle pour toi.
– Ah bon ? Dis-moi…
– La bonne nouvelle, c'est qu'ici on joue à la pétanque. La mauvaise, c'est que tu es inscrit au tournoi dimanche prochain… »

Expressions françaises et anglaises

The best thing since sliced bread

Le pain en tranches, quoi qu'on en pense, est l'élément de base de la vie anglaise, que ce soit pour les tartines grillées matinales, les casse-croûte du midi ou encore pour les célèbres sandwichs au concombre servis à l'heure du goûter. Alors ne soyez pas surpris si l'expression *it is the best thing since sliced bread*, littéralement « c'est la meilleure chose depuis le pain coupé », correspond à nos expressions « la meilleure invention depuis le bouton à quatre trous » ou « on n'a pas fait mieux que depuis l'invention du fil à couper le beurre ».

Espace

Au cœur de la comète

Le 12 novembre 2014, le petit atterrisseur Philae se pose sur Tchouri. L'exploit est historique : il s'agit du premier atterrissage de l'histoire sur le noyau d'une comète. Financés à hauteur de 20 % par la France, la mission Rosetta/Philae permet alors de récolter des données uniques pendant près de deux ans sur les caractéristiques et le fonctionnement de la comète.

RUGBY

La France accueille le monde

20 équipes, 48 matchs, 9 stades : la 10e Coupe du monde de rugby de l'histoire se déroule en France du 8 septembre au 28 octobre 2023. Si la France organise l'épreuve pour la 2e fois, il s'agit de la 4e édition avec des matchs disputés sur le sol français, également terre d'accueil des éditions 1991 et 1999, respectivement organisées par l'Angleterre et le Pays de Galles. Le coup d'envoi promet d'être spectaculaire puisqu'il verra l'équipe de France affronter la Nouvelle-Zélande.

Samedi **16 décembre**

Sainte Alice – On fête aussi les Adélaïde, Aïda, Alizée

Soleil
lever : **8 h 38**
coucher : **16 h 54**

Le bienfait revient à la porte de son auteur. *(Proverbe perse)*

Les pires prédictions de l'Histoire

« Un jour marqué par l'infamie », s'est exclamé Roosevelt après l'attaque japonaise surprise de Pearl Harbour le 7 décembre 1941. Une « attaque surprise », vraiment ? Depuis les travaux de l'historienne Roberta Wohlstetter, spécialiste du renseignement militaire, on sait que l'offensive nippone était en fait largement prévisible. La marine américaine avait déchiffré les codes de la marine japonaise et elle écoutait les conversations de ses amiraux depuis plusieurs mois. Et tout indiquait qu'une opération d'envergure était en préparation. Les Américains ont ignoré ces signaux car ils ne collaient pas avec leurs préjugés militaires sur le Japon. Trois semaines avant l'attaque, le 13 novembre 1941, les actualités de Paramount expliquaient elles aussi qu'une frappe massive pourrait bien avoir lieu contre la base navale américaine…

Séries TV (acteurs et actrices)

BLAKE LIVELY – *GOSSIP GIRL*

Née dans une famille d'acteurs et d'agents artistiques, Blake Lively avait un chemin tout tracé. Elle l'a d'ailleurs emprunté dès l'âge de 11 ans en jouant des petits rôles au cinéma. L'actrice connaît un premier succès critique avec le film *Quatre filles et un jean* en 2005, lorsqu'elle a 17 ans, mais sa véritable révélation au grand public se fera avec *Gossip Girl*, une version new-yorkaise branchée de *Dallas* qui s'étire sur 6 saisons et 121 épisodes, dans lesquels Lively incarne Serena Van der Woodsen, une riche héritière à la vie mouvementée. Grâce à ce personnage marquant, Lively accède à la notoriété internationale. Lorsque la série se termine, en 2021, Blake Lively devient une star hollywoodienne et enchaîne les rôles de premier plan, comme dans *Green Lantern* (de Martin Campbell, 2011) ou *Café Society* (de Woody Allen, 2016).

Solution Mots fléchés p. 363

	T		E		U		R		F		V	
P	E	R	S	O	N	N	A	L	I	T	E	S
	N	E	S		I	O	D	E	S		R	A
P	A	I	E	N		R	I	N	C	E	E	S
	I	N		A	R	M	E	T		R	U	S
A	L		A	S	I	E		E	L	I	S	E
	L	O	U	E	S		P	U	I	N	E	
T	E	S	T		Q	U	A	R	T	E		C
	R	E	E		U		T		E	S	M	E
T	A	I	L	L	E	U	R	S			I	S
	I	L		A		T	I	A	R	E	S	
R	E	L	I	S	A	I	E	N	T		A	G
	N	E	V	A		L		A	I	R		A
E	T		E	G	A	I	E	S		E	P	I
		I		N	E	S	S		P	I	L	E
A	R	R	I	E	R	E		R	A	S	E	
	A	M	U	S	E	R	A	I	T		I	A
E	T	A	T		S	A	L	A	I	E	N	T

Brèves régions

Essonne/Le climat d'avant

Du temps de nos ancêtres, les registres paroissiaux et d'état civil ne servaient pas uniquement à noter les naissances, baptêmes, mariages, décès et sépultures. En effet, il n'est pas rare de trouver, dans des espaces laissés libres, des considérations formulées autrefois par le curé ou le maire, comme ici à Videlles, dans l'Essonne : « L'année 1816 fut une année extraordinairement tardive. L'on ne commença la moisson que le 18 août, et encore les bleds n'étaient pas bien mûrs. L'on ne vendangea pas, seulement quelques-uns car la nuit du mardi au mercredi 22 octobre a tout gelé les raisins, qui à cette époque n'étaient même pas encore rouges. »

Soleil
lever : **8 h 38**
coucher : **16 h 54**

Dimanche **17 décembre**

Saint Judicaël et Saint Gaël – On fête aussi les Brian, Wivine

Le pire démon, c'est celui qui prie. *(Proverbe polonais)*

Randonnées

AUTOUR DE L'ABBAYE DE SAINT-MAURICE, SUR LES BERGES DE LA LAÏTA

Frontière naturelle entre le Morbihan et le Finistère, la Laïta possède des berges changeantes à mesure qu'elle se rapproche de l'Océan. Elle prend son origine au confluent de l'Ellé et de l'Isole, à Quimperlé, creusant un sillon dans la forêt bretonne, puis ses rives s'abaissent et deviennent sablonneuses en rejoignant la station du Pouldu. Prisée des amateurs de paddle, elle est aussi très agréable à découvrir à pied, sur le GR34, au niveau de l'abbaye de Saint-Maurice, sur les sentiers forestiers qui surplombent l'eau d'un bleu profond.

Citations

Avant, on faisait de la chirurgie esthétique pour se donner un p'tit coup de jeune. Et maintenant, c'est pour tirer un p'tit coup avec un jeune.

Anne Roumanoff

Citations

Je me suis souvent demandé ce qui peut bien différencier une bonne grippe d'une mauvaise.

Pierre Dac

Les plus vieux commerces du monde

Royaume-Uni – John Smith & Son

Fondée en 1751, *John Smith & Son* a été longtemps la plus ancienne librairie du monde anglophone. Ce commerce, d'abord basé à Glasgow, s'accompagnait d'une bibliothèque itinérante. Malheureusement, la vente de livres au détail a cessé en 2000, après 250 ans de bons et loyaux services. Cependant, dans le cadre du groupe JS qui en est aujourd'hui propriétaire, l'activité de librairie universitaire se poursuit avec l'université Strathclyde de Glasgow, celle de Londres ainsi qu'à l'étranger. *John Smith & Son* trouve ainsi une nouvelle vocation autour des bourses pour les étudiants et veut aborder des questions telles que la pauvreté numérique et le bien-être mental. Une manière innovante de poursuivre plus de deux siècles de culture par les livres.

L'ACTU

UN TRÈS VIEUX MONSIEUR

Il y a tout juste 30 ans, un groupe d'explorateurs découvrait dans une grotte des Pouilles, au sud de l'Italie, un crâne humain recouvert d'une épaisse couche de calcaire. Pendant deux décennies, les archéologues ont laissé les os intacts de peur de causer des dommages irréparables lors d'une tentative d'extraction. En conséquence, les chercheurs ne pouvaient qu'émettre des théories sur l'individu surnommé « l'homme d'Altamura ». De récents progrès scientifiques ont permis d'apporter de nombreuses précisions sur cet individu confiné dans une grotte. Grâce à la datation uranium-thorium, on sait désormais que la stalactite dans laquelle le crâne est incrusté date d'il y a entre 187 000 et 128 000 ans. De même, un échantillon génétique de l'homme d'Altamura a pu être prélevé, ce qui en fait le plus ancien Néandertalien à avoir produit de l'ADN. Les chercheurs ont également appris grâce à ses dents que c'était un jeune adulte et qu'à la différence des autres Néandertaliens retrouvés, il présentait des signes de maladie dentaire. Les scientifiques pensent qu'il est tombé dans un puits naturel où il est resté coincé. Il serait mort de faim ou de soif. La grotte dans laquelle il était emprisonné s'est peu à peu remplie de sédiments, le préservant d'une manière unique. L'endroit étant inaccessible, y compris pour un animal, il est fort probable que tout son squelette y soit encore, « fondu » dans la roche.

Charade

piège

Les réponses sont dissimulées dans les définitions.

Mon premier a de la patte.

Mon deuxième est une bande de ris.

Mon troisième est l'abréviation de cela.

Mon quatrième a bon fond.

Mon tout est un animateur français ; il fut l'un des maîtres de Fort Boyard.

PATRICE LAFFONT (PATTE – RIS – CELA – FOND)

Lundi **18 décembre**

Saint Gatien – On fête aussi les Gatienne

Soleil
lever : **8 h 39**
coucher : **16 h 54**

Des goûts et des couleurs on ne discute pas. *(Proverbe romain)*

FÊTE DU HARENG

L'humanité en chiffres

Plus de 20 millions de tonnes de fromage sont fabriquées chaque année, soit près de 655 kg par seconde.
La production de fromage augmente de 2 % par an.
Les États-Unis sont le premier pays producteur mondial de fromage. Les Français sont les premiers exportateurs en valeur, tandis que les Allemands le sont en quantité. Dans le top 10 des exportateurs se trouvent l'Irlande, la Nouvelle-Zélande, les Pays-Bas et l'Australie.

30 morceaux de bœuf

LE TENDE DE TRANCHE

Attention à ne pas faire l'erreur commune de dire ou écrire « tendre de tranche » pour désigner ce morceau utilisé principalement pour confectionner des rôtis.
La viande n'en est pas moins tendre pour autant et fait également de très bons steaks.
Comme pour la plupart des morceaux, il faut sortir le tende de tranche du réfrigérateur en amont de la cuisson.

La bonne blague

Un financier très riche roule dans sa limousine lorsqu'il aperçoit deux femmes en train de manger de l'herbe sur le bord de la route. Intrigué, il ordonne à son chauffeur de s'arrêter et sort de sa voiture. Il s'approche de l'une des femmes et lui demande :
« Pourquoi mangez-vous de l'herbe ?
– Nous n'avons pas d'argent pour nous nourrir alors nous mangeons de l'herbe, lui répond la malheureuse.
– Eh bien, vous pouvez venir chez moi et je vais vous nourrir, propose le financier.
– Merci, Monsieur, mais j'ai un mari et deux enfants avec moi. Ils sont là-bas, sous cet arbre, lui dit la pauvre femme.
– Qu'ils viennent aussi, lui répond le financier. »
Puis se tournant vers l'autre femme, il ajoute :
« Vous aussi Madame, vous pouvez venir.
– Merci, Monsieur, mais j'ai aussi un mari et quatre enfants avec moi, lui explique-t-elle.
– Pas de problème ! Ils peuvent venir eux aussi ! Il y a assez à manger, lui répond le financier. »
Par chance, tout le monde réussit à s'entasser dans la limousine et le chauffeur redémarre. Après quelques kilomètres, l'une des pauvres femmes s'adresse au financier :
« Monsieur, vous êtes vraiment gentil. Merci mille fois de tous nous emmener chez vous.
– Ravi de le faire ! lui répond le financier. Vous verrez, vous allez vraiment apprécier chez moi. Mon gazon fait presque 30 cm de haut. »

ENIGMES

Durant le procès d'un homme accusé d'avoir allumé un feu de forêt volontairement, le procureur proclame : « Si l'accusé est coupable, il avait forcément un complice. » « Ce n'est pas le cas », rétorque l'avocat de la défense.

Pourquoi l'avocat aurait-il mieux fait de se taire ?

Solution :
Le procureur déclare que l'accusé n'a pas agi seul. En récusant cette hypothèse, l'avocat dit indirectement que l'accusé est coupable, puisqu'il a agi seul.

Mardi **19 décembre**

Saint Urbain – On fête aussi les Samantha

On ne peut donner que deux choses à ses enfants : des racines et des ailes. *(Proverbe juif)*

Argot

Travailler

Si pour tout un chacun travailler, c'est exercer son métier, il n'y a rien d'étonnant à ce que pour les truands, « travailler » soit « voler » ou « assassiner ». Ainsi, « travailler dans le bât », c'est commettre des cambriolages dans les maisons, tandis que « travailler à l'extérieur », c'est pratiquer le vol à l'étalage. Ceux qui « travaillent dans le rouge » ne sont ni plus ni moins que des assassins ! Et celui qui « travaille peinard » œuvre sans complice.

Élections

Citations

Le problème quand on a perdu ses lunettes, c'est que l'on est obligé de les retrouver pour pouvoir les chercher.

Gustave Parking

Solution Mots mêlés p. 362

L	O	G	E	L	A	S	G	O	L	L	U	D	H
M	F	T	J	B	H	G	N	L	A	U	C	R	B
D	T	S	T	E	E	G	B	S	O	K	A	I	L
N	G	D	A	O	L	O	A	G	I	B	L	P	L
B	O	F	U	R	R	L	L	L	U	B	S	E	B
E	Z	D	R	N	O	L	I	L	O	A	L	O	G
N	O	R	I	G	N	U	N	N	U	R	M	L	T
N	O	I	E	A	D	M	M	R	D	B	O	S	H
G	A	L	L	N	X	N	O	A	U	I	A	F	O
G	O	Z	A	D	I	N	L	R	N	G	R	N	R
Z	M	R	R	A	E	A	U	A	A	E	I	L	I
A	H	A	R	L	G	F	O	D	W	A	L	I	N
T	B	H	S	F	I	D	A	I	D	M	I	R	E
J	T	B	K	B	I	R	O	D	N	J	F	O	C

Brèves régions

Seine-Saint-Denis/La Double-Couronne

Utilisée notamment pendant la guerre de 1870, la Double-Couronne était une ligne de fortification longue de 1 150 m, bâtie dans la ville de Saint-Denis, quasiment sur l'actuel tracé de l'avenue de Stalingrad et de la rue Gabriel-Péri. Elle avait pour vocation de protéger Paris au nord et était ouverte par trois portes, vers Le Havre, Calais et Gonesse. Bombardée en continu du 21 au 26 janvier 1871, on estime que la Double-Couronne reçut environ 22 000 projectiles pendant ces 5 jours. De nouveau endommagée par une explosion en 1916, elle fut rasée et remplacée par des logements après la Première Guerre mondiale.

L'ACTU

ET LA RÉGION LA PLUS HEUREUSE EST…

Si les Parisiens vivent dans la ville la plus stressante (voir article du 10 août), les Ligériens, eux, sont les champions de France du bonheur. Selon le Baromètre des Territoires, une enquête réalisée auprès de 10 000 personnes, 81 % des habitants des Pays de la Loire se déclarent heureux contre 72 % en moyenne ailleurs en métropole. Les Ligériens sont également ceux qui ont le plus confiance en l'avenir (61 %) et ils sont 70 % à penser que leur commune est un endroit où « il fait bon vivre ». Enfin, 40 % d'entre eux affirment que leur région n'a aucun défaut, contre 30 % en moyenne en France. Et comme si ça ne suffisait pas, les ravis des Pays de la Loire se déclarent en moyenne encore plus heureux que l'année dernière !

Mercredi **20 décembre**

Saint Théophile – On fête aussi les Zéphyrin, Isaac

Soleil
lever : **8 h 40**
coucher : **16 h 55**

Épines et chardons piquent fort, mais mauvaises langues bien plus encore.

La dictée du mois Passation de pouvoirs

Erguebzed, à qui le poid des années commençait à faire sentir celui de la courronne, las de tenir les rennes de l'empire, effrayé des troubles qui le menaçaient, plein de confiance dans les qualités supérieures de Mangogul, et pressé par des sentiments de religion, pronostiques certains de la mort prochaine ou de l'imbécillité des grands, descendit du trône pour y placer son fils ; et ce bon prince crut devoir expié dans la retraite les crimes de l'administration la plus juste dont il fût mémoire dans les anales du Congo. […] Des conférences fréquentes avec ses ministres, des guerres à soutenir, et le maniment des affaires, l'instruisirent en fort peu de temps de ce qui lui restaient à savoir.

Denis Diderot, Les Bijoux indiscrets, *1748.*

poids, couronne, rênes, pronostics, expier, annales, maniement, restait

Citations

Vous connaissez le chemin le plus court entre deux points ? La ligne droite. Et le plus long ? Le taxi !

Patrick Timsit

HEUREUX MARIAGES

Madelaine Hyvert n'en pouvait plus de se geler toute seule dans son lit. Elle choisit avec soin son conjoint et épousa à Rouvray, dans l'actuel département de la Côte-d'Or, le 8 juillet 1766, un laboureur nommé Jacques Chaudot. Depuis cette date, elle ne connut que des nuits chaudes où il venait se blottir contre elle pour son plus grand bonheur.

Belles plantes

GAZON DES MASCAREIGNES

C'est l'alternative au gazon classique dans les zones sèches et chaudes, notamment dans les jardins méditerranéens. Toutefois, Zoysia tenuifolia s'adapte aussi dans les zones tempérées, où la température ne descend pas au-dessous de -10 °C. C'est une plante tapissante écologique puisqu'elle ne demande pratiquement pas d'arrosage une fois qu'elle est établie, rarement des tontes, tout en résistant parfaitement au piétinement et aux embruns. Elle offre un aspect moutonnant intéressant, et mérite d'être cultivée aussi dans les jardins zen. En hiver, le gazon des Mascareignes jaunit à partir de -4 °C, mais retrouve sa belle couleur verte au printemps. Il s'étale spontanément mais ne se ressème pas ; il est vendu en godets, en plaques ou en rouleaux. Il accepte tous les sols, sauf ceux nettement humides.

Soleil
lever : 8 h 41
coucher : 16 h 56

Jeudi 21 décembre

Saint Pierre Canisius – On fête aussi les Thémistocle

À l'hiver, s'il est en eau, succède été bon et beau.

Ça s'est passé

Le 21 décembre 1985

Le premier « restaurant du cœur » ouvre en France. L'initiative avait été lancée par l'humoriste Coluche quelques mois plus tôt. Fin septembre, il s'était élevé publiquement contre le gaspillage alimentaire et la destruction des excédents agricoles, alors qu'une partie de la population mourait de faim. Aujourd'hui, 142 millions de repas sont distribués ; il existe plus de 1 900 centres et antennes, avec 70 000 bénévoles réguliers à pied d'œuvre.

Charade

piège ou fausse charade

Les réponses sont dissimulées dans les définitions.

Mon premier utilise une chatte.
Mon deuxième a écrit des odes.
Mon troisième est nu comme un ver.
Mon quatrième est un autre nom pour le saï.
Mon tout fut une résidence de rois de France.

CHÂTEAU DE VERSAILLES
(CHATTE – ODE – VER – SAÏ)

Curiosités scientifiques

À l'origine de tout

Dans la mythologie grecque, Théia est la fille du ciel (Ouranos) et de la Terre (Gaïa). Son union avec Hypérion donne plusieurs enfants dont Sélène, la Lune. En astronomie, vous connaissez évidemment Gaïa et Sélène, mais n'avez sans doute jamais entendu parler de Théia. Et pourtant, Théia est le nom donné à une planète d'une taille similaire à celle de Mars venue percuter la Terre il y a plus de 4 milliards d'années. De cette collision serait née la Lune et la vie sur Terre, Théia pouvant avoir apporté une grande partie de l'eau terrestre. Si nul ne connaît son origine, des vestiges de Théia se cacheraient dans le manteau terrestre en deux morceaux : l'un sous l'Afrique, l'autre sous le Pacifique.

La bonne blague

C'est un très vieux monsieur qui doit garder ses petits-enfants un après-midi pendant que leurs parents sont partis faire des courses. Les gamins adorent que leur papy leur raconte des histoires de l'ancien temps, quand il était jeune. Et ça tombe bien parce que lui, il aime bien leur en raconter. Il s'installe dans son fauteuil, les mômes s'assoient autour de lui et il commence son histoire. Ce jour-là, ses petits-enfants ont insisté pour avoir une histoire de la guerre, la Seconde.

« J'ai une histoire terrible, vraiment terrible, commence le papy. Un jour, les soldats allemands sont arrivés dans le village. Ils sont passés dans chaque maison et ont embarqué tous les hommes, les jeunes, les vieux, tous. Ensuite, ils nous ont fait monter dans des camions et nous ont conduits dans la forêt. Une fois là-bas, ils nous ont séparés en deux groupes et ils ont dit : ce groupe-là, on va tous vous fusiller. L'autre groupe, on va tous vous sodomiser… »

Comme leur grand-père s'est arrêté, les gamins le relancent : « Et alors ? Qu'est-ce qui s'est passé ensuite ? » Le papy hésite un peu et répond : "Bah, euh… je suis mort… »

Vendredi 22 décembre

Sainte Françoise-Xavière – On fête aussi les Gratien, Deved

Soleil
lever : **8 h 41**
coucher : **16 h 56**

Chien qui marche, os trouve. *(Proverbe québécois)*

VERMOT'ROSCOPE

CAPRICORNE (22 décembre-20 janvier)

Votre caractère

Réservé, timide, calme, méfiant, posé, maîtrisé, concentré, franc, respectueux, travailleur, observateur, solide, résistant, déterminé, ambitieux, sincère, fiable, hypersensible, critique, cérébral, intransigeant, matérialiste, buté, entier, solitaire.

Vos planètes de l'année

Saturne, votre planète vous permettra de vous rapprocher de certains amis. Neptune, elle, vous donnera l'occasion d'exprimer vos émotions. Jupiter viendra vous titiller sur les premiers mois de l'année avant de vous faire les yeux doux à partir de mai. Pluton vous permettra de bousculer vos habitudes.

Vie relationnelle

2023 sera une année propice aux liens solides et aux partages sincères. Vous saurez que vous pouvez compter sur vos amis et cela vous rassurera ou vous mettra du baume au cœur. Quoi que vous viviez, vous aurez l'occasion de vous « nourrir » de vos relations amicales.

Amour

En couple, belle année en perspective pour améliorer vos échanges avec votre partenaire et parvenir à un meilleur épanouissement. 2023 sera idéale pour mieux vous comprendre et réussir à dépasser les petites problématiques de 2022. Dans l'ensemble, c'est une bonne année que s'annonce.

Célibataire, vous allez enfin pouvoir tourner une page et clôturer un chapitre de votre vie amoureuse. Dès le mois de mai, tous les ingrédients seront rassemblés pour concocter une belle rencontre. Ce sera à vous de jouer et de laisser une chance à la naissance d'un nouveau sentiment.

Famille

Si les premiers moments de 2023 sont un peu tendus ou compliqués, une fois l'hiver passé, tout devrait rentrer dans l'ordre et vous retrouverez des relations plus apaisées et plus harmonieuses. Ainsi, dès le printemps, l'écoute, l'entente et le partage seront à nouveau à l'honneur.

Quotidien et vitalité

C'est une belle année qui s'annonce, et ce, même si vous devez faire face à quelques moments de fatigue de janvier à fin avril. Passée cette période, vous serez en pleine forme, résistant, enjoué et plus optimiste que jamais. 2023 sera propice aux nouvelles activités, profitez-en.

Budget

Certains pourraient voir leur train de vie changer à partir du mois de mars. Soit vos revenus évolueront et vous permettront de mieux vivre, soit vos nouvelles conditions viendront impacter vos finances. Quoi que vous viviez, vous devrez vous adapter.

Optimisez 2023

Soyez à l'écoute de votre environnement. Acceptez de vous faire plaisir de temps à autre. Reliez-vous aux autres et savourez les plaisirs simples de la vie.

Le bon mot de l'Histoire et le gros mot

« L'électroencéphalogramme de la chiraquie est plat. Ce n'est plus l'Hôtel de ville, c'est l'antichambre de la morgue. Chirac est mort, il ne manque plus que les trois dernières pelletées de terre. » Nicolas Sarkozy, décembre 1994

La sentence assassine a été révélée, sans jamais être démentie, par l'hebdomadaire *Marianne*. Elle témoigne, en langage sarkozien, du climat électrique au sein de la droite française, entre les camps Chirac et Balladur lors de la campagne présidentielle de 1995. Pour avoir trop bruyamment soutenu le second, Nicolas Sarkozy sera ostracisé pendant le premier mandat de Jacques Chirac, élu président de la République face à Lionel Jospin. Pendant cette période, Chirac assurait en petit comité : « Sarkozy, il faut lui marcher dessus *et* du pied gauche. Il paraît que ça porte bonheur. »

Soleil
lever : 8 h 42
coucher : 16 h 57

Samedi **23 décembre**

Saint Armand – On fête aussi les Dagobert

Beau temps à la Sainte-Adèle est un cadeau du ciel.

Argot

Turne

Les emprunts de l'argot à l'alsacien se comptent sur les doigts d'une main. Pourtant, il y a « turne » (ou « thurne »), passé même dans le langage familier, qui désigne une chambre d'étudiant offrant peu de confort et, par extension, une maison insalubre, un logement misérable. Ce nom vient de l'alsacien *türn* qui signifie « prison », ce qui effectivement ne laisse rien présager de bon. Il est apparu dans l'argot au tout début du XIXe siècle.

Les plus vieux commerces du monde

Royaume-Uni – Pearson

L'histoire de ce plus vieux magasin de vélos du monde commence en 1860 quand un forgeron du nom de Thomas Pearson vint s'installer à Londres. Une photo de famille le montre portant une casquette de cycliste et il est probable qu'il ait toujours été passionné de vélo. Ce n'est pourtant qu'en 1880 qu'il se spécialise dans les pièces détachées de vélos puis, au fil des années, il crée sa propre gamme de bicyclettes. Son fils Harry reprend l'entreprise de 1890 à 1946 et ainsi de suite jusqu'à aujourd'hui où elle est dirigée par les frères Will et Guy Pearson, la cinquième génération familiale en ligne directe. En ouvrant, en janvier 2012, un second magasin, ils s'amusaient eux-mêmes à déclarer : « Nous avons un programme de déploiement lent : un magasin tous les 150 ans. »

Rétro Vermot

Observation injustifiée :

– Eh bien ! Joseph, qu'est-ce que c'est que ces manières de siffler en travaillant ?

– Mais, Madame, je ne travaille pas, je siffle seulement…

L'ACTU

JOB DE RÊVE

L'hôtel Rangá, un quatre-étoiles situé dans le sud-ouest de l'Islande, à une centaine de kilomètres de la capitale Reykjavik, recrute chaque année, de mi-septembre à mi-octobre, un « chasseur » ou une « chasseuse » d'aurores boréales. Photographe amateur ou professionnel, la recrue doit réaliser des clichés de très haute qualité des fluorescences, toujours spectaculaires, qui dansent certaines nuits dans le ciel islandais lorsque toutes les conditions atmosphériques sont réunies. Ces photographies sont exclusivement réservées à l'hôtel de luxe qui peut les utiliser pour faire sa promotion auprès des touristes. En contrepartie, l'heureux élu est logé et nourri gratuitement sur place. Le prix du billet d'avion pour rejoindre la « Terre de glace » est également pris en charge. Pour avoir une chance de décrocher ce job unique et assister à ce phénomène lumineux magique, il faut postuler directement sur le site Internet de l'hôtel : https://hotelranga.is

Dimanche **24 décembre**

Sainte Adèle – On fête aussi les Adélice, Adélie, Tarsille

Soleil
lever : **8 h 42**
coucher : **16 h 57**

À la Noël, froid dur annonce épis durs.

Recette — Délice façon cheesecake

Le cheesecake est un dessert constitué d'une base biscuitée et d'une préparation fromagère. En voici une recette d'une grande simplicité ne nécessitant que très peu d'ingrédients !

Pour 6 pers. — **20 min de préparation** — **1 h de repos au frais** — **Pas de cuisson**

- 1 petit paquet de spéculoos
- 1 petit pot de confiture de lait
- 3 œufs
- 1 grand pot de mascarpone

Commencez par réduire les biscuits en miettes soit à l'aide d'un robot-mixeur, soit en les plaçant dans un sachet alimentaire et en les écrasant au rouleau à pâtisserie. Répartissez-les au fond d'un moule à fond amovible. Tassez à l'aide d'une cuillère puis versez une couche de confiture de lait.

Cassez les œufs et séparez les blancs des jaunes. Montez les blancs en neige ferme. Dans un cul-de-poule, mélangez les jaunes d'œufs, le mascarpone et 2 cuil. à soupe de confiture de lait. Incorporez les blancs au mélange au mascarpone sans les casser.

Versez cette préparation dans le moule et placez au frais pour au moins 1 h.

Conseil
Vous pouvez saupoudrer ce dessert de cacao amer en poudre.

THÉÂTRES DU MONDE

Le théâtre antique d'Orange

Au cœur de la vallée du Rhône, ce monument du Ier siècle est un exceptionnel héritage de la Rome impériale. Sa forme s'inspire des théâtres grecs, comme celui de Delphes, mais rappelle aussi des édifices romains comme celui de Bosra en Syrie. Il doit sa renommée notamment à son magnifique mur de scène, haut de 37 mètres et étonnamment bien conservé, qui ressemble à la façade d'un palais. Il accueille chaque été l'un des plus prestigieux festivals d'opéra et de musique classique, les Chorégies d'Orange.

Citations

Certains pensent qu'il suffit d'avoir mauvais caractère pour avoir du caractère, comme s'il suffisait d'avoir mauvaise haleine pour avoir du souffle !

Grégoire Lacroix

Brèves régions

Val-de-Marne/Beauté-sur-Marne

« Charles V le Sage, roi de France et premier dauphin de Viennois, éleva en ce lieu vers 1375 le château royal de Beauté. Il y mourut le XVIe jour de septembre 1380. Charles VII donna en 1444 ce domaine à Agnès Sorel qui en prit le titre de Dame de Beauté. La tour et les bâtiments en ruine, rasés par ordre de Louis XIII, disparurent vers 1626. » Ce texte est gravé sur une plaque que l'on peut voir aujourd'hui au 7, avenue Watteau, à Nogent-sur-Marne. C'est le dernier témoignage de l'existence de cette bâtisse dont même les fondations ont été arasées par la construction de la ligne de chemin de fer, transformée aujourd'hui en RER.

Lundi 25 décembre

Noël – On fête aussi les Emmanuel, Jésus, Jacopone

Blanc Noël, vertes Pâques.

Argot

Veuve

L'argot ne manque pas de logique. Preuve en est le nom « veuve » : c'est parce qu'elles voient mourir tous ceux qui les fréquentent, qui leur sont attachés, que les potences et, plus tard les guillotines, ont été appelées « veuves ». Ainsi, les expressions « coucher avec la veuve », « épouser la veuve », « cramper avec la veuve » signifiaient « être condamné à la pendaison ou à la guillotine » et le « cocu de la veuve », c'était le bourreau !

Ville en chanson

Hanoï

La capitale du Vietnam est à l'honneur dans une chanson délicate de La Grande Sophie. En 2014, la chanteuse découvre Hanoï et y reste un peu plus longtemps que prévu, notamment parce qu'un typhon tropical l'empêche de découvrir le centre du Vietnam. Cette résidence prolongée lui inspire cette chanson qui décrit le dépaysement, la chaleur humide, les scooters qui grouillent et même le traditionnel théâtre de marionnettes sur l'eau : « Hanoï, tu me fais voir, ton sourire, ta vie dehors, tes couleurs aussi, sous la jungle électrique j'perds mon chemin… »

LE SAVIEZ-VOUS ?

La division est une opération mathématique qui a pour but de mieux régner.

Bibliophiles

La Neige de l'Amiral, Alvaro Mutis (Sylvie Messinger, 1989)

Milieu de moustiques, de fièvres et de maladies, la jungle sud-américaine, avec ses rivières ponctuées d'obstacles et de rapides, semble pleine de dangers. Pourtant, en son cœur, il y a peut-être une scierie où monter un commerce de bois, gage de fortune… À bord d'un vieux rafiot, un bourlingueur mélancolique, alcoolique et revenu de tout, se lance dans une énième aventure, celle qui, cette fois, pourrait lui apporter la richesse et la réponse à une question essentielle : où et comment vivre ? À la fois roman d'aventure et conversation avec soi, voici un voyage au pays des hommes, vénéneux et envoûtant.

L'ACTU

LE MEILLEUR AMI DE CERTAINS HOMMES

En Suisse, selon Tier im Recht, la fondation pour le droit des animaux, le nombre de cas de maltraitance générale atteint des niveaux records. L'organisme a recensé plus de 1 700 cas l'an passé contre 1 500 au cours des 12 mois précédents. Interrogé par la presse locale, Andreas Rüttimann, conseiller juridique de Tier im Recht, a déclaré qu'il y avait des inquiétudes particulières concernant des agressions sexuelles contre les chevaux. D'après lui, sur les 105 cas de cruauté sur des équidés, au moins 10 % ont été commis par des zoophiles. En France, si une vingtaine d'affaires seulement ont été jugées par les tribunaux ces dix dernières années, l'association Animal Cross estime le nombre de visites mensuelles sur des sites spécialisés dans la zoopornographie à environ… 1,5 million. Et encore, cette évaluation exclut les sites pornographiques, avec une partie sur la zoophilie, qui ont un trafic très important. Depuis 2021, une nouvelle loi contre la maltraitance animale punit de quatre ans d'emprisonnement et de 60 000 euros d'amende ce genre de lubricité et son visionnage.

Mardi **26 décembre**

Saint Étienne – On fête aussi les Estève, Esteban, Stève, Stéphanie

Soleil
lever : **8 h 43**
coucher : **16 h 59**

Entre Noël et Chandeleur, il n'y a plus de laboureur.

POULES, POULETTES

LA FLÈCHE

Voici une volaille cornue ! La flèche arbore en effet une crête divisée en deux parties dressées et recourbées vers l'avant, deux jolies petites cornes rouges qui lui ont valu d'être surnommée la « poule de Satan », et qui sont complétées, sous le bec, par deux longs barbillons. Avec cette tête originale, le coq est particulièrement impressionnant, d'aspect élancé, à grandes pattes et au plumage le plus souvent noir brillant. Originaire du village de Mézeray, dans la Sarthe, cette poule doit son nom à la ville voisine de la Flèche. Elle fait partie de races françaises très anciennes puisqu'elle est mentionnée dès le XVIe siècle. Sa chair est très réputée, et on la trouvait sur toutes les grandes tables parisiennes au XIXe siècle. Poule placide, elle est assez grosse et facile à élever.

Citations

Si vous voulez aller sur la mer, sans aucun risque de chavirer, alors n'achetez pas un bateau : achetez une île !

Marcel Pagnol

Chiffres et expressions

Un jeu de sept familles

Lorsqu'il apparut en Angleterre en 1843, le jeu de société ne comprenait que quatre familles. Quatre comme les points cardinaux, les quatre membres de l'être humain, etc. Trente ans plus tard, en 1876, le caricaturiste André Gilles l'introduit en France et dessine sept familles au lieu de quatre. Sept comme les jours de la semaine, les couleurs de l'arc-en-ciel ou les merveilles du monde.

PROBLÈMES DE MATHS DU CERTIFICAT D'ÉTUDES

Une ménagère décide de tricoter des housses pour les 4 coussins à recouvrir qu'elle a achetés à 25 F chacun. Pour chaque housse, 4 pelotes de grosse laine sont requises. Chaque pelote pèse 100 g et la laine coûte 84 F/kg. Notre ménagère utilise deux grands boutons pour la fermeture de chaque housse, ceux-ci sont vendus par quatre et coûtent 20 F le paquet. Elle met 1 h 15 pour tricoter chaque housse et y coudre les boutons. Si elle avait acheté des coussins semblables dans un commerce, chacun lui aurait coûté 210 F.

Combien cette ménagère a-t-elle gagné par heure de travail ?

Solution :
Coût des coussins : 4 × 25 = 100 F
Nombre de pelotes requises : 4 × 4 = 16
Poids des pelotes : 16 × 100 = 1 600 g ou 1,6 kg
Coût de la laine 1,6 × 84 = 134,40 F
Coût des boutons : 20 × 2 = 40 F
Coût total des coussins avec leur housse : 100 + 134,4 + 40 = 274,40 F
Bénéfice : (210 × 4) – 274,4 = 565,60 F
Gain par heure : 565,6/(1,25 × 4) = 113,12 F

Citations

Ce qui a perdu Napoléon, c'est l'ambition. S'il était resté simple officier d'artillerie, il serait encore sur le trône.

Henri Monnier

Soleil
lever : **8 h 43**
coucher : **17 h 00**

Mercredi **27 décembre**

Saint Jean l'Évangéliste – On fête aussi les Fabiola, Hans

L'avare ne possède pas son or, c'est son or qui le possède.

GRANDES ÉCOLES

Fémis

Installée dans les bâtiments des anciens studios Pathé-Nathan à Paris, la Fémis, dont l'autre appellation est l'École nationale supérieure des métiers de l'image et du son, forme les futurs professionnels du cinéma et de l'audiovisuel. Fondée en 1986, c'est l'école française de cinéma la plus réputée à l'étranger – dans les classements internationaux, elle se place régulièrement aux côtés de la Tisch School à New York et de l'USC à Los Angeles. Chaque année, une promotion d'une quarantaine d'élèves décroche le (très) difficile concours et s'engage pour quatre ans de formation. Plusieurs spécialisations sont proposées, regroupant tous les corps de métiers : réalisation, image, son, montage, décors, production, scénario. De nouveaux cursus ont été créés dernièrement, à l'image de l'évolution de l'industrie : scripte, distribution-exploitation et création de séries TV. Au fil des apprentissages, encadrés par des professionnels en activité, les étudiants écrivent, filment et montent leurs propres films ou ceux de leurs camarades. Ils utilisent ainsi les quatre plateaux de tournage hérités des studios Pathé, marchant sur les traces de Marcel Carné qui, en son temps, y a tourné *Les Enfants du Paradis*.

OISEAUX MIGRATEURS

L'étourneau sansonnet

Il est bien connu pour former des troupes nombreuses, de véritables nuages, surtout le soir, avant de gagner ses dortoirs. Ces vols groupés rassemblent plusieurs milliers d'oiseaux et leurs évolutions sont spectaculaires. Par exemple, quand ils sont menacés par un épervier, les étourneaux se défendent en formant une boule ! Ils sont présents dans une grande partie du monde et se montrent très adaptables. Ils sont largement insectivores, ce qui conduit les populations les plus septentrionales à migrer vers le sud ; celles-ci se déplacent alors en groupe, à faible altitude, d'un vol direct et assez rapide.

OPÉRAS

L'Orfeo, favola in musica (Orphée, fable en musique) de Claudio Monteverdi (1607)

Inspiré des *Métamorphoses* d'Ovide, c'est le premier opéra de l'histoire, le chef-d'œuvre fondateur du répertoire lyrique. À travers la légende d'Orphée qui a le pouvoir de charmer par son chant les dieux, les hommes ou les bêtes et tente d'arracher son épouse Eurydice aux Enfers, Monteverdi réalise l'union accomplie du verbe et de la musique. Le génie du compositeur italien est d'avoir mêlé avec brio les diverses formes musicales de son époque : recitativo, ariosio, chœurs polyphoniques, danses, ritournelles… À la fois simple et extraordinaire, cette « fable en musique » est empreinte d'une richesse musicale et d'une force émotionnelle qui annoncent la période baroque. Le morceau à (ré)écouter : *Tu se morta, se morta mia vita,* bouleversante lamentation d'Orphée sur la fragilité du bonheur lorsqu'il apprend la mort d'Euridice.

Si tu salues le givre, une bonne récolte il te livre !

Jeux de société

La dictée géante

Qui a dit que la dictée était un pensum ? En 1857, pour distraire Napoléon III et son épouse, Mérimée rédige un texte qu'il dicte aux convives de la cour impériale. L'empereur fait 75 fautes, Eugénie 72… L'histoire ne dit pas s'ils en ont ri. Depuis 2013, l'écrivain Rachid Santaki organise des dictées publiques, qui réunissent aussi bien des groupes scolaires que des individus de tous horizons et de tout âge. Sa philosophie ? Découvrir des textes littéraires, en faire un socle commun, intégrer les règles de la grammaire de manière ludique et décomplexée. Sa dictée géante a réuni 1 473 participants le 31 mars 2018 ! Pour s'entraîner à la maison, écoutez *France Culture* le samedi à 17 h (ou en podcast) : Olivia Giesbert et Rachid Santaki proposent et corrigent chaque semaine une nouvelle dictée.

Étymologie

De l'étoffe à l'immeuble

La langue française a réussi un exploit qu'aucun alchimiste n'a jamais accompli : transformer un simple morceau de tissu en grand immeuble ! En effet, à l'origine, la bure est une simple étoffe de laine grossière, celle dont on faisait les « bures » des moines. Puis *bure* a désigné le tissu dont on recouvrait la table sur laquelle on écrivait. Cette table s'est donc appelée *bureau*. Par métonymie, on a désigné par *bureau* la pièce dans laquelle se trouve cette table de travail, et, par métonymie toujours, l'immeuble dans lequel se trouvent ces pièces !

Espace

Space Rider

Trois décennies après l'abandon d'Hermès, la France et l'Europe attendent 2 023 pour faire renaître le rêve d'une navette spatiale. Nommé Space Rider (le cavalier de l'espace) et en partie développé en France, ce système de transport spatial pour des missions non habitées pourra rester deux mois en orbite et revenir se poser sur Terre afin d'être réutilisé jusqu'à six fois.

FOOT

Records inaccessibles

Lors de l'Euro 2020, Cristiano Ronaldo est devenu le meilleur (et unique) buteur de l'histoire de la compétition avec 14 buts. Mais il est un record que la légende portugaise ne parviendra pas à vaincre : celui du nombre de buts inscrits en une seule édition. Ce record est français, propriété de Michel Platini, auteur de neuf buts lors de la victoire de l'équipe de France à l'Euro 1984. Un autre Français possède un record inaccessible : Just Fontaine. Lors de la phase finale de l'édition suédoise de la Coupe du monde 1958, qui s'est soldée par une médaille de bronze pour la France, l'attaquant des Bleus a inscrit 13 buts. En d'autres termes, tout joueur désireux de s'approprier ces records devra inscrire deux buts par match lors d'une phase finale et se hisser en finale lors de chacun des deux tournois.

Vendredi **29 décembre**

Saint David – On fête aussi les Abigaël

Sous l'eau, la faim ; sous la neige, le pain.

Unités de mesure

Le watt et le joule

Le nom « watt », qui désigne l'unité de puissance électrique ou thermique, rend hommage à l'ingénieur écossais James Watt, grand promoteur de la machine à vapeur. Un watt équivaut à un joule par seconde, lequel « joule » doit son nom au physicien anglais James Joule qui a énoncé la relation existant entre le courant traversant une résistance et la chaleur dissipée par celle-ci.

Châteaux forts de France

LE CHÂTEAU DE MONTSÉGUR (ARIÈGE)

Perché sur les falaises calcaires pelées du Pays Cathare, cet ancien château fort du XIIIe siècle est aujourd'hui en ruines. Situé à 1 200 mètres d'altitude, sur une montagne surplombant le village de Montségur, et prolongé par une tour de guet accrochée à la falaise, il incarne l'exemple classique des forteresses cathares. Le site a d'ailleurs longtemps abrité une importante communauté de ces dissidents de l'église romaine et fut assiégé à plusieurs reprises, afin de pousser les cathares à renier leur foi – en 1244, la forteresse céda et 200 personnes furent massacrées. Plusieurs familles se succèdent entre ces murs au fil des siècles, mais le château finit par être abandonné. Il réapparaît à la fin du XIXe siècle, auréolé de légendes autour du Graal et d'un supposé trésor cathare…

Charade classique

Mon premier est un pain rond.

Mon deuxième est la forme de la nageoire de nombreuses espèces de raies.

Mon troisième pousse de façon serrée et en abondance.

Mon quatrième est un morceau de la capitale de l'Égypte.

Mon tout est un animateur audiovisuel et producteur de télévision français.

(MICHE – AILE – DRU – CAIRE)
MICHEL DRUCKER

LES BUREAUX DE TABAC SE DIVERSIFIENT ET DEVIENNENT DES AGENCES BANCAIRES.

Les scandaleuses

Ching Shih, « la Terreur des mers de Chine »

En 1801, Ching Shih travaille comme prostituée dans une maison close de Canton lorsqu'elle est remarquée par le puissant pirate Cheng I. Quand celui qui est à la tête d'une flotte de 400 navires exige de l'épouser, la jeune femme accepte à la condition qu'il la laisse participer à la gestion des opérations pirates. Ainsi, à la mort de son mari en 1807, elle hérite de son rôle et dirige une « armée » de dizaines de milliers de pirates. Ching Shih établit d'emblée un code strict : la désobéissance, le vol dans les villages amis, le détournement de butin sont passibles de mort immédiate. Si l'un de « ses » pirates a des relations, même consenties, avec une prisonnière, il est décapité sur-le-champ. En 1808, l'empereur Jiaqing lance son armada contre Ching Shih. Au lieu de se rendre, elle attire la flotte impériale dans un piège et récupère 60 navires supplémentaires. Deux ans plus tard, elle accepte de signer une trêve et d'abandonner la piraterie, en échange d'une amnistie pour elle et tous ses hommes. Grâce au butin qu'elle a amassé, Ching Shih ouvre une maison de jeux et de passe à Guangzhou, et meurt en 1844. Pour l'anecdote, elle a inspiré le personnage de Dame Ching, l'un des neuf « seigneurs des pirates » qui apparaissent dans le film *Pirates des Caraïbes : jusqu'au bout du monde* (2006).

Citations

La tortue est le seul animal qui peut faire l'amour avec un hérisson. Mais elle en a rarement envie.

François Cavanna

Bill Murray

Samedi **30 décembre**

Saint Roger – On fête aussi les Anysia, Tirid

Soleil
lever : **8 h 44**
coucher : **17 h 02**

Là où on s'aime, il ne fait jamais nuit. *(Proverbe africain)*

Les pires prédictions de l'Histoire

À l'origine, le projet de Gustave Eiffel ne devait être qu'une installation provisoire pour l'Exposition universelle de Paris de 1889. De nombreuses voix se sont élevées contre cette monstrueuse absurdité. Les riverains du Champ de Mars et une bonne partie de la presse française se sont insurgés contre cette tour laide et inutile. Des personnalités comme Guy de Maupassant, Émile Zola, Alexandre Dumas fils, le compositeur Charles Gounod ou encore l'architecte Charles Garnier ont même signé une lettre pour dénoncer « la honte de Paris ». Ouverte au public le 15 mai 1889, la Dame de fer a pourtant accueilli deux millions de visiteurs en six mois. Et très vite, les scientifiques vont en faire le terrain privilégié de leurs expérimentations. Devenue indispensable pour le développement de la TSF, l'après-guerre la consacrera comme LE monument emblématique de Paris.

Pains & gâteaux

Le cougnou, pain de Jésus

Cette spécialité de Belgique et du Nord de la France est traditionnellement préparée pour la période allant de la Saint-Nicolas à Noël. Son nom varie selon les localités : la cougnole, quéniole, cuniole, ou coquille a toujours la forme d'un Enfant Jésus emmailloté. Dans ces régions, on trouve des moules à cougnou, mais il est possible de réussir la forme sans eux. C'est une brioche à la mie tendre et filante qui exige de préparer la pâte la veille de la cuisson. Certains ajoutent des raisins secs.

Lacs de France et d'Europe

Le Léman, lac franco-suisse

Ce lac, aussi connu sous le nom de lac de Genève, est l'un des plus importants de l'Europe occidentale. Il couvre 581 km^2. Sa longueur est de 73 km pour une largeur de 14 km. La partie nord et ses extrémités sont suisses (cantons de Genève et de Vaud), alors que la partie centrale est française (Haute-Savoie). Le Léman résulte du plissement des montagnes alpines et de l'érosion glaciaire. Sa profondeur est importante (de 150 à 300 m). Il est alimenté par le Rhône et des rivières qui descendent des montagnes. Il faut douze ans pour que l'ensemble du volume du lac soit intégralement renouvelé. Autour du lac des microclimats ont permis l'installation de stations balnéaires, tant en Suisse qu'en France. La pollution a beaucoup régressé et les poissons du lac sont très réputés (féra, omble).

Célébrations en musique

Jules Massenet (1842-1912)

Jules Massenet est, pour les mélomanes et les autres, l'auteur de grands opéras comme, *Thaïs Werther* ou *Manon*. Créateur de 25 opéras inspirés d'œuvres littéraires, pianiste, timbalier, compositeur (lauréat au prix de Rome) et professeur hors pair, Massenet avait plus d'une corde à son arc. Son œuvre se distingue par une richesse et une diversité étonnantes : musique de scène, musique symphonique, concertos, cantates, chœurs, oratorios, opéras, etc. En tant que professeur, il encourageait ses élèves à enrichir leur culture en s'intéressant aux autres formes d'art car « voyager, lire, voir des œuvres d'art, tout cela aussi, c'est de la musique ! » Considéré comme l'héritier de Charles Gounod, avec qui il partageait un sens inné de la mélodie et le goût pour les sujets religieux, Jules Massenet a contribué à l'évolution et au rayonnement de l'opéra français et a influencé de nombreux compositeurs, dont Puccini et Debussy.

Soleil
lever : 8h44
coucher : 17h03

Dimanche **31 décembre**

Saint Sylvestre – On fête aussi les Colombine, Yona, Colombe

L'hiver au feu, l'été à l'ombre.

HEUREUX MARIAGES

Le 13 juillet 1706, à Levroux dans l'Indre, Jean Taureau épousa Jeanne Vaché. Puis, le 8 février 1836, à Saint-Christophe-de-Double, en Gironde, c'est la combinaison inverse qui se produisit lorsque fut célébrée l'union entre Jean Vache et Jeanne Taureau. Deux couples qui eurent peut-être des enfants doux… comme des agneaux !

30 morceaux de bœuf

LE TENDRON

Sous le plat de côte, la paroi abdominale du bœuf est appelée le tendron. C'est un morceau très riche en goût, bon marché, composé d'un peu d'os et de cartilages et d'une texture assez persillée. Coupé en fines tranches et mariné dans des épices, il peut être grillé. Sinon, il faut le faire mijoter dans un bouillon pendant plusieurs heures pour en apprécier toutes les saveurs.

Patronymes animaliers

BENICIO DEL TORO

Bien connu des passionnés du grand écran, Benicio del Toro est né en 1967 à Porto Rico. En 2000, le film *Traffic* lui permet d'obtenir l'Oscar du meilleur acteur dans un second rôle, puis son interprétation de Che Guevara dans *Che*, en 2008, le prix d'interprétation masculine au Festival de Cannes. Il est devenu Espagnol en 2011 « en raison de sa contribution dans le domaine artistique et de ses origines espagnoles », et il est effectivement issu de la péninsule ibérique quand on remonte son arbre généalogique au-delà de la quatrième génération. Son patronyme a deux explications possibles : soit il est le surnom d'une personne bouillante comme un taureau, soit le nom d'une commune de l'actuelle province de Zamora.

Les plus vieux commerces du monde

Réunion – Fontaine tortue

À Saint-Denis-de-la-Réunion, on l'appelle la « boutik chinois » mais son vrai nom est *Fontaine tortue*. Ce commerce a ouvert en 1830 et a changé de propriétaire plusieurs fois en deux siècles. Il est tenu aujourd'hui par Tony Ten-Shong dont le grand-père est arrivé de Chine sur l'île de la Réunion au début des années 1900. Le magasin est installé dans le « Bas de la Rivière », un quartier prospère depuis la nuit des temps grâce aux moulins à blé. Le grand-père de Tony a commencé par fonder ici une boulangerie, puis l'activité s'est étendue avec son fils qui créa un dancing au milieu du XXe siècle. Aujourd'hui, *Fontaine tortue* est à la fois une boulangerie, un snack, mais aussi un commerce de proximité qui vend tous les produits de première nécessité.

Vivement 2024…

Les jeux Olympiques

Le championnat d'Europe de football

L'élection présidentielle américaine

Le 80e anniversaire du Débarquement

et de la bataille de Normandie

… et toujours
l'Almanach Vermot !